中華思想의 實體 I

- (中華思想의 震源은 儒家인가? 道家인가?) -

제1권. 중화사상의 진면목을 논구해야할 당위성

제2권. 이족이 수립한 요순사관과 통치이념의 정통성을
　　계승한 유가

제3권. 황제사관을 내세우고서 역사왜곡을 감행한 도가

지은이 이 현모

도서출판 장서원

일러두기 :

1. 본서에 인용된 모든 문장의 출처는 다음의 서적이다. 그리고 원문에 대한 해석의 의역이 지나칠 경우에는 한자의 본뜻을 살리기 위해 한자의 본래의 의미대로 수정하였다.

2. 접속사의 경우는 ( )안의 한자와 대칭을 이루기 위해 불필요하더라도 반드시 글자의 뜻을 그대로 해석해서 채웠다.

3. 문맥상 이해를 돕기 위해 필요한 부분은 < >를 사용하여 보충했음. 가령 제(帝)라고 한 것을 제<舜>이라고 한 것과 자왈(子曰)을 <공자>말씀하셨다고 한 경우이다.

4. 한자의 뜻풀이는 인용한 책 및 인터넷에 있으므로 생략하였다.

5. 또 다른 번역본을 함께 인용한 것은 A p234, B p123, C p123으로 구분하여 표시하였다.

목차

저자의 말 : 출판에 즈음하여

주목 : 머리부터 발끝까지 중화사상으로 젖어 있는 중국민족이나, 아니면 뼈 속까지 중화사대주의에 물든 일부 우리민족의 구성원들은 본서가 다루려는 이 주제를 자진해서 결코 논구할 수 없다. 왜냐하면 그 까닭은 중화사상의 근원을 동아시아의 역사의 진실이라고 철석같이 믿는 그들이 감히 자신들의 신념을 무너뜨릴 수 있는 이 주제를 논구할 그런 발상을 어떻게 떠올릴 수 있으며 더 나아가 설사 그렇게 해야겠다는 생각이 그들의 의식 속에 떠올랐다고 하더라도 무슨 배포와 용기를 가지고서 이 작업을 시도할 수 있겠는가? 하는 의문점 때문이다. 즉 어떤 경우에서도 본서가 다루려는 주제가 중화사상의 오만과 편견의 의식에 침투하여 그들의 이성적 양심의 한복판에 논구의 터를 도저히 잡을 수가 없다는 판단 때문이다.

태평양을 사이에 두고 세계 최강대국인 미국과 더불어 환태평양 세력권을 형성하고 있는 우리나라와 중국 그리고 일본이 공동으로 인류공영의 목적을 추구하면서 동아시아의 평화를 구축하려면 당연히 먼저 공동작업의 근본토대인 공생공존의 애타적 의식부터 공유해야 한다. 그런데 그 공동의 유대의식을 구성하는 목적의식의 배경에 그런 공감대의 명백한 역사적 근거가 이미 확고하게 마련되어 있다면 금상첨화이겠는데, 다행히도 동아시아 3국은 이미 그런 역사적 토양을 충분히 형성하고 있다. 그것은 한국인과 일본인과 중국인이 고대선조로부터 계승한 민족역사의 밑바닥에 자리 잡고 있는 고대문명과 문화의 뿌리가 동질적이라는 점이다. 그렇다면 당연히 세 나라의 문명과 문화의 뿌리가 동질적이라는 역사적 사실을 어떻게 입증할 것인가? 하는 방법론이 문제가 될 것이다. 그런데 이 논증의 실마리가 한자로서 기록된 중국고대문헌에 있기 때문에 그것을 객관적 자료로 삼아 이 사실을 입증해야 한다. 더 더욱 일본인이 내세운 초대천황인 신무(神武 일본식 명 진무)천황의 출발이 BC660년임을 감안하면, 당연히 일본을 제외한 두 나라 곧 중국의 요·순 왕조와 한국의 고조선 왕조의 역사가 맞물린 고대시기를 기록한 중국고대경전이 역사의 한 복판에 서지 않을 수 없으며 그리고 한자로 기록된 중국고대경전이 모든 논구의 바탕이 되지 않을 수 없다.

중국고대왕조사는 세계사에서 유래를 찾을 수 없는 특이한 역사를 형성했다. 그것은 다민족 나라이면서도 정복과 피정복, 지배와 피지배의 구조를 갖추지 않았기 때문이다. 왜냐하면 고대시기에 전세계에서 나라를 다스리는 위정자가 사해동포(四海同胞)의 정신으로 모든 이민족을 아울러 잘 사는 나라를 만들려고 한 통치이념을 수립한 경우가 결단코 없었기 때문이다. 그런데 그 작업의 주체가 중국 땅에 정착한 이족이기에 곧 이들의 사고방식이 모든 이족이 지닌 고유한 정신이라고 판단할 여지가 충분해진다. 더 나아가 동아시아 국민성의 밑바탕에는 사해동포정신이 기본토대를 이루고 있다고 말할 수 있게 된다.

그런데 오늘날에는 그런 공동의 유대감이 왜곡되고 변질되어 전혀 다른 이질적인 모습을 하고 있기 때문에, 그 점을 돌이켜 반성을 제대로 해야만 비로소 각 민족이 앞으로의 미래발전을 긍정적으로 모색하고 더 나아가 다 함께 더불어 도모해야 할 공동노선을 제대로 검토해 볼 수 있게 될 것이다.

그러므로 필자는 이 지면에서 우리의 독자들에게 한 말씀을 드리고서 본서의 논구를 본격적으로 시작하려고 하는데, 그것은 중국역사의 왜곡된 근원을 바로 세우지 않고서는 우리민족의 역사를 제대로 파악할 수 없고, 또한 그리하여 심히 굴절된 우리민족의 역사의식을 제대로 반성하고서 더 나은 미래의 길로 나아갈 수 없다는 점이다. 즉 중국민족의 왜곡된 역사의식의 산물인 중화사상의 정체를 정확히 해부해야만 우리민족의 주체성과 자부심과 정기를 올바르게 일깨울 수 있고 그리고 날조된 일본역사의 허구성도 함께 바로 잡을 수 있으며 그리하여 비로소 삼국의 민족이 서로 협력하여 동아시아 평화구축에 합심할 수 있게 된다는 점이다.

그리고 서두에 독자들에게 말씀드리고 싶은 말씀은 본인이 이 글을 집필할 수 있도록 기회를 준 행운은 그동안 우리학계가 꾸준히 번역작업에 매진하여 거둔 탁월한 성과이며 그리하여 본인이 과거의 저술을 총체적으로 검토할 수 있게 되었다는 점이다. 곧 한자와 한문의 장애를 제거할 수 있도록 원문의 의미를 거의 손색없이 옮겨 놓았기에 이제는 난해한 한문의 장애 때문에 동아시아의 역사를 전체적으로 개괄할 수 없었던 한계를 극복하고서, 그동안 의혹으로만 품고 있었던 의문점을 제대로 객관적으로 규명할 수 있게 되었다는 것이다.

그러므로 우리들이 우리민족의 고유한 민족정체성을 제대로 바라보기 위해서는, 우선적으로 그동안 우리학계가 축척한 연구물을 바탕으로 하여 고대중국왕조의 본 모습을 파악하도록 진력해야 하는데, 그 방법은 중국고대왕조의 정치사상을 수록하고 있는 그들의 고대경전에서 그곳에 담겨 있는 통치사상의 역사적 의의를 밝히고서 그런 연후에 왜곡된 시각으로 굴절되어 오만과 편견으로 점철된 패권적 중화사관의 폐단을 차분히 극복해 나가는 길이다. 왜냐하면 유가가 필사적으로 계승하여 수호하려는 고대왕조의 통치사상의 본질을 부정하고서 탄생한 패권적 중화사상은 전국시대에 등장한 황로학에서의 도가와 법가가 의도적으로 왜곡한 역사의식으로부터 기인한 것이기 때문이다.

그런즉 중국역사의 기록과 역사관을 참조로 하여 동아시아의 고대역사 및 자국의 역사를 객관적으로 서술할 적에는 더 각별하고 세심한 주의를 기우려야 한다. 그러므로 누구든지 중국고대역사를 연구함에 있어서는 고대경서에 담긴 통치이념의 역사적 의의와 객관적 사실성에 각별히 주목해야 한다. 왜냐하면 통치이념을 형성한 정치상황 그리고 그런 통치이념이 등장한 시기의 역사적 객관성을 외면하고서 무시해 버리면, 후대에 등장한 역사서가 앞선 시기의 왕조의 역사를 왜곡하는 작업이 의외로 손쉬울 것이 당연하기 때문이다.

따라서 문·사·철의 명칭대로 국문학과 역사학과 철학이 각각 독자적으로 연구하고 또한 독립적으로 교육하더라도, 그러나 우리민족은 동아시아민족의 정체를 규명해야하는 중대한 역사적 과제 앞에서 중국의 이족이 수립한 중국고대왕조의 통치이념을 배제하고 오로지 사마천이 저술한 사기를 비롯한 중국고대역사서의 기록만을 주된 사료로 삼아 동아시아 고대왕조와 문명의 역사를 독단적으로 구성하는 잘못을 더 이상 범해서는 결코 안 된다. 그 이유는 오늘날에 이르러 구분된 철학과 역사학의 지식이 고대이래로 근세까지 서로 불가분의 관계로서 밀접하게 엮어 있었기 때문이다.

다시 한 번 더 부언하자면, 오늘날의 역사학자들이 탐구하는 고대왕조의 기록이 고대통치사상과 무관한 사관의 기록이 아니라, 오히려 그 통치사상에 투철한 지식인이어야만 감히 붓을 잡을 수 있었든 사관들의 기록이었다는 점이다. 그 점은 가령 삼국사기의 저술자인 김부식을 오늘날 이르러 유학자로 볼 것인지 아니면 역사학자로 볼 것인지를 따져보면, 쉽게 납득이 갈 것이다.

따라서 동아시아의 역사이해의 길잡이 역할을 하게 된 '춘추좌씨전'의 비중도 공자가 편집한 춘추 역사서의 각 구절을 도덕적 가치관을 바탕으로 하여 재해석하는 과정에서 후대의 선비들이 그와 같은 전통을 마련한 것이기 때문에, 당연히 동아시아역사의 진면목을 파악하려면 그 작업은 단순한 시간의 흐름 속에서 발생한 사실의 기록을 넘어선 역사철학의 안목으로 진행되어야 한다. 그런데 그 입장은 다행스럽게도 이미 고대 전국(戰國)시기에 맹자가 말씀해두었다.

"맹자께서 말씀하셨다(孟子曰). 「왕다운 왕의 자취가 종식되고서(王者之跡) 시가 없어졌으니(熄而詩亡), 시가 없어진 뒤에(詩亡然後) 춘추가 만들어졌다(春秋作).

진나라의 승(晉之乘)과 초나라의 도올(楚之檮杌)과 노나라의 춘추(魯之春秋)가 똑같은 것이다(一也). 그 일은 곧 제 환공·진 문공의 일이요(其事則齊桓晉文), 그 문체는 곧 사관의 문체이다(其文則史).

공자께서 말씀하셨다(孔子曰) '그 올바름은 곧 <구>내가 취했다(其義則丘竊取之矣)'」 [1]

그러므로 우리들은 역사가가 철학적 이념에 무지하고서는 결코 진실한 역사관을 바탕으로 하여 객관적인 역사를 제대로 기술할 수 있는 역사가가 될 수 없다는 점을 분명히 직시해야 한다. 왜냐하면 인간의 삶은 획일적이고 일방적으로 진행되는 기계적인 방식이 아니라 끊임없이 변화하는 상황에 적응해 나가야 하는 유동적인 방식이므로, 따라서 생동하는 삶의 현장에서 분쟁을 조정하고 조절하는 실질적인 정치사상의 이념을 간과하고서는 역사가가 역사현장의 모습을 제대로 감지할 수 없기 때문이다.

그렇기 때문에 누구든지 공자의 사상에 담긴 진정한 의도를 간과하고서 단순한 말의 해석에 함몰되어 자기중심적으로 춘추필법을 논해서는 안 되며 또한 더 나아가 '춘추공양전(春秋公羊傳) 및 춘추좌씨전(春秋左氏傳)'을 논구한 전국시대 이후의 시각에 맞추어 중국고대역사의 본질을 파악하려고 해서도 안 된다. 그리고 더 나아가 우리민족의 정체를 설명함에 있어서 그들의 시각을 실증적 바탕으로 삼아 시시비비를 결정하려고 해서는 결코 안 된다. 그럼에도 불구하고 그런 관습적인 태도를 벗어나지 못했기 때문에 우리민족은 지극히 유감스럽게도 우리민족 자신의 고대역사관을 제대로 수호할 수 없었던 것이다.

그리하여 지금에 이르러 우리민족은 중국이 고조선과 고구려 발해의 혼이 깃든 만주의 역사를 날조하고 그리고 일본이 한반도의 고대역사를 왜곡하여도

1) 맹자<이루 하 21장> p 244

그것을 제대로 반박하지도 못하고 있는 현실을 애써 외면할 수밖에 없게 되었다. 하지만 그러한 잘못된 태도는 객관적이고 구체적인 역사의 사실을 파악할 수 없어서가 아니라, 동아시아 고대사상의 정체를 정확히 직시하려는 눈을 애써 감아 버렸기 때문에 그렇게 된 것이니, 지금이라도 만시지탄의 심정을 억누르고 이 점을 분명히 밝혀 역사적 인식을 제대로 바로 잡아야 한다.

그런데 왜곡된 사실은 그렇다고 치더라도, 어떻게 하여 이런 어처구니없는 일이 지금껏 비판과 수정 없이 내려 올 수 있었을까? 하는 의문점은 하여간 누구라도 한번쯤은 되짚어 보아야 한다. 물론 어찌 그럴 듯한 변명은 없을까마는 그러나 이런 참담한 현실은 실로 기가 막히고 한탄할 일인 것만은 자명하다.

어쨌든 간에 우리민족의 수난사는 중국이 일찍부터 우리의 고대사를 왜곡하고, 심지어 일본까지 왜곡할 때부터 이미 그 싹이 틔어졌으며 그리고 더 나아가 만주(滿州)역사에 무관심해진 우리민족이 오로지 한반도내로 움츠러져 그리하여 민족정기가 한껏 오그라들 때부터 시작되었다고 말해도 무방하다.

그리하여 한민족의 정기를 이어 받은 선각자의 인물들이 좁은 한반도를 떨치고서 대륙의 만주에서 금나라와 청나라를 건국하고서 이웃 중국을 심히 압박하거나 중국본토를 지배하기에 이르렀어도, 민족의 긍지와 자부심이 아예 꺾인 이 땅의 반도(半島)인들은 고조선, 고구려 시대의 동족을 오랑캐라고 매도하는 그런 차가운 시선을 가지고서 그런 웅대한 역동성을 담고 있는 이족(夷族)민족의 혼이 지닌 역사적 의의를 아예 외면하고 더 나아가 배척하면서 오히려 주변민족을 경시하고 군림하려는 중국을 우러러 보고 그리하여 종국에 이르러서는 소중국(小中國)을 지향하고서 겉으로 화려해 보이는 중국왕조에게만 굴종적인 사대만 하려고 안달을 했으니 심히 통탄할 뿐이다.

이 점은 중국과 일본이 우리의 고대사를 왜곡한 것과 마찬가지로 우리민족이 우리민족의 정체성을 스스로 왜곡한 것이니 심히 부끄럽지 않을 수 없다.

따라서 이와 같은 문제점을 해소하려는 본서의 목적이 중국민족의 올바른 정체를 밝혀 우리민족의 역사의 본질을 바로 세우려는 작업에 일조하려는 것이므로, 본서가 장차 동아시아 각국이 적극적으로 동아시아의 평화공존을 추진해야 하는 큰 작업에 미력하나마 조그마한 밑거름과 보탬이 되었으면 한다.

끝으로 오늘날의 출판업계가 대단한 어려움을 겪고 있음에도 불구하고 본서의 취지를 십분 이해하시고서 어려운 출판을 결심해 준 장서원 장 석홍 사장님께 진심어린 감사의 말씀을 드린다. 그리고 집사람과 주변 동료 교수님 그리고 여러 가지의 일을 도와준 철학과 조교 임 호빈 군에게도 깊은 감사의 말을 표한다.

강릉 우거에서 다정 이 현모

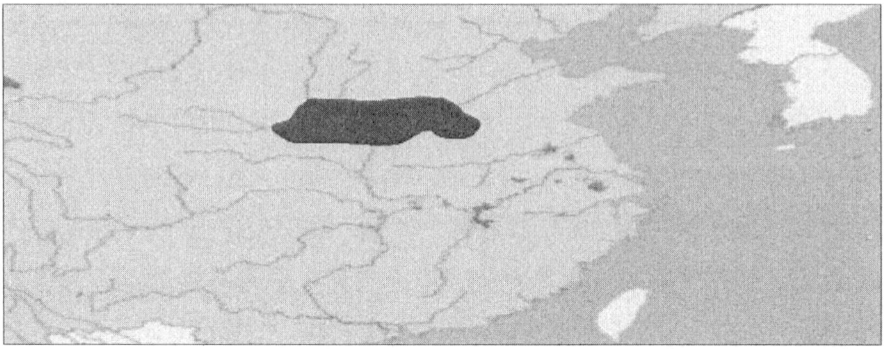

요·순·우 시대를 거쳐 확립된 하나라 시대의 영토로 추정됨

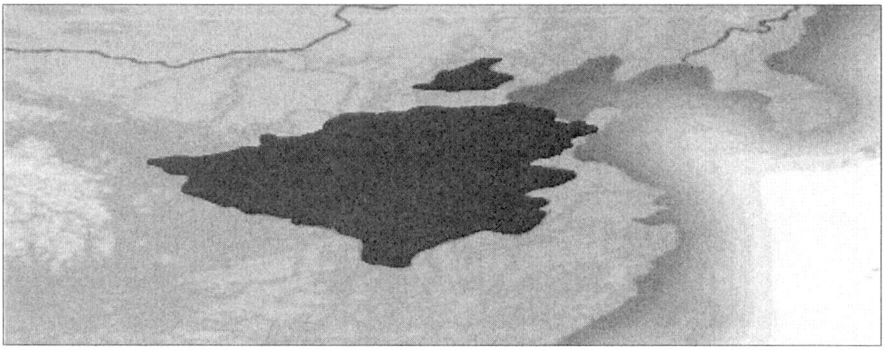

무왕에 의해 건국된 주나라의 영토 : 위의 요서지역의 영토가 고죽국 지역으로 추정됨

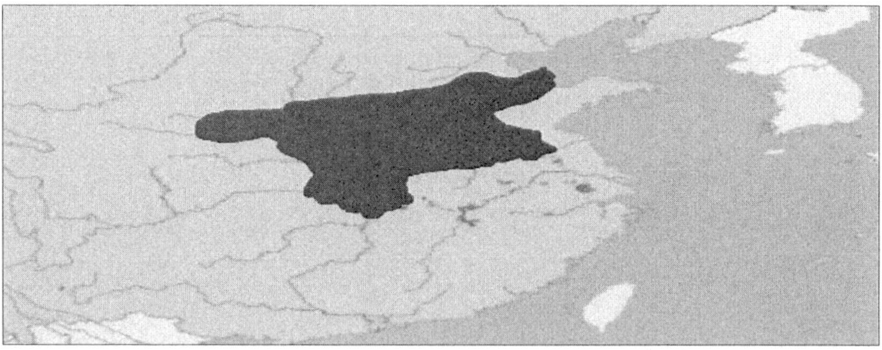

탕왕에 의해 건국된 상나라의 영토로 추정됨 : 고죽국의 영토는 위의 지도에 표기되어 있음

전체개요

연대	중국	요서	한국	일본
BC2333년(?)			고조선건국(?)	
BC2~~~년(?)	요·순·우 시대			
BC2070년(?)	하나라			
BC1600년(?)	상나라	고죽국(?)		
BC1111년(?) 혹은 1046년(?)	주나라			
BC1100년			기자조선(?)	
BC770년	(동주)춘추시대			
BC723~645년(?)	관중			
BC664년		고죽국멸망		
				BC660년(?)일본초대 신무천황
BC551~479년	공자			
BC479~381년	묵자			
BC403년	전국시대			
BC372~289년(?)	맹자			
	맹자이후 등장 순자 때까지 추연 및 노자, 열자, 장자 활약			
BC298~238년	순자			
BC280(?)~233년	한비자			
BC221년	진나라 통일			
BC202년	한나라 통일			
BC194년			한씨조선 혹은 위만조선(?)	
BC108년			고조선 멸망	
				AD712년 일본고사기 AD 720년 일본서기

들어가는 말

주목 Ⅰ: 우리후손들이 우리조상의 정체성을 제대로 알고서 지금껏 계승했다면, 어찌 금나라와 청나라의 역사가 남의 나라의 역사가 되었겠는가? 하는 문제점은 우리민족의 정체성을 규명하는 작업에 가장 중대한 동인(動因)중 하나이다. 그 이유는 고조선이래로 발해까지 다함께 더불어 고조선민족이었던 부족들이 어느덧 한쪽이 다른 쪽을 오랑캐로 부르고 있으니 심히 부끄럽기 짝이 없기 때문이다. 그런데 불구하고 우리민족이 이런 점을 자각하지 못한다면, 우리민족이 부여족이었던 백제의 온조왕을 두고서 도대체 어떤 민족이라고 불려야할지 의아스럽게 된다. 더 나아가 근본적으로 오늘날까지 우리민족은 자신을 스스로 (古)조선의 민족이라고 부르지 않고 한(韓)민족이라고 부르고 있는데, 과연 그대로 한(韓)씨조선의 민족이라고 불려야 하는지의 타당한 근거조차 어처구니없게 된다. 적어도 우리민족이 제대로 된 역사의식을 가졌다면, (고)조선의 민족으로서 부여인, (고)조선의 민족으로서 여진인, (고)조선의 민족으로서 말갈인, (고)조선의 민족으로서 예맥인, 남쪽의 마한, 진한, 변한의 거주민을 통틀어 (고)조선의 민족으로서 진국(辰國)의 진국인이라고 불려야 마땅했었다. 그러나 최근세까지 우리 민족이 중국의 한나라에 의해 멸망한 (고)조선이 고구려, 백제, 신라로 나누어졌다가 다시 발해와 통일신라의 2국체제로 재편된 역사를 스스로 무시하고 고려를 거쳐 조선시대에 이르러 아예 북방의 발해의 역사와 발해의 민족을 남의 나라의 역사와 남의 나라의 민족으로 치부한 역사관을 당연하게 여겼으니, 어찌 중국민족으로부터 멸시를 당하지 않을 수 있었겠는가? 이 점은 참으로 안타까울 뿐이다.

그런즉 금인과 청인이 본래 (고)조선의 우리민족이었기에 그들과 더불어 이룩한 우리민족의 역사를 그리고 또한 그들의 삶의 흔적을 우리민족의 역사서에 줄곧 기록해 왔었더라면, 당연히 중국민족은 자신들의 역사서에 우리민족이 지배한 중국역사를 써야만 했을 것이고, 그리고 또한 동북공정작업을 거쳐 만주의 역사를 감히 중국왕조의 역사라고 우기지도 못했을 것이다.

하지만 우리민족이 중화사상에 짓눌려 스스로 앞장서서 소중국민(小中國民)이 되고자 하여, 만주인을 순수 우리말인 오랑캐로 매도하고서 우리조상들이 함께 어우러진 우리민족의 순수골간조차 부정했으니 어찌 그와 같은 일이 부끄럽고 통탄스럽지 않을 수 있겠는가?

주목 Ⅱ : 중국고대왕조는 다민족으로 구성된 왕조이었기 때문에 단일민족관이 있을 수 없었다. 하지만 하나의 민족이 다른 민족을 지배하는 그런 불평등한 구조의 왕조가 아니었다. 그러므로 중국고대왕조는 보편적 가치를 지닌 가장 바람직한 사해동포(四海同胞)의 의식으로 민본주의(民本主義)의 통치방식을 집행한 왕조였다. 곧 그와 같은 통치이념을 수립한 왕조는 당시의 지상에서 동아시아의 이(夷)족이 세운 왕조이외에는 결코 존재하지 않았다.

그런데 진(秦)나라가 전국시대를 종식시키고 나서 곧바로 채택한 전제군주의 왕조체제가 사해동포의 범민족적 정신을 배척한 이래로 어느 사이에 중국인의 뇌리에 자리 잡기 시작한 화하족이란 단일민족관은 주변의 다민족을 배척하고, 무시하고, 억압하고 군림하려는 통치방식을 당연한 것으로 여기게 되었다.

주목 Ⅲ : 통치이념 즉 정치이념의 목적은 바람직한 사회질서를 형성하고 유지시키는 것이다. 즉 사회구조, 사회체제 등으로 일컬어지는 사회조직 및 기관을 제대로 형성하고 또한 그들을 잘 작동하게 하여 그리하여 그 속에 속해있는 사회구성원들의 안녕과 평화와 번영을 추구하려는 것이다. 이러한 목적에 가장 잘 부합하는 방법은 사회구성원들이 각자 정명(正名)사상에 의해 사회구조의 하드웨어와 소프트웨어를 잘 이해하고 그리고서 자신에게 주어진 임무를 책임지고 충실히 수행하는 것이다.

독자는 궁금해 할 것이다. 곧 그것은 무슨 의도로 이 책을 쓴 것인가? 즉 이 책이 바라는 바의 기대가 도대체 무엇인가? 하는 점이다. 또한 이 책의 논구주제가 과연 오늘날에도 여전히 다루어져야 할 마땅한 필요성과 그리고 더 나아가 이 시대가 직면하고 있는 대립갈등의 문제들을 해결할 수 있는 길잡이의 효능을 과연 지니고 있어서, 그리하여 이 주제들이 현실적으로 반드시 논구되어야만 할 적절한 시대적 당위성을 지니고 있는 논구과제인가? 하는 점이다. 다시 말해 본서가 논구하려는 주제들이 지난 시기의 역사왜곡을 밝혀서 앞으로의 공생공영에 장애요인이 되는 역사피해의식의 갈등을 해소할 수 있는 현실적 의의를 지니고 있는 근본과제인가? 하는 점이다.

그리하여 과거에도 현실적이었고 또한 지금도 현실적이며, 더 나아가 미래에도 현실적일 수 있는 이 주제가 우리민족을 비롯한 중국과 일본 민족들로 하여금 자신들의 과거역사를 제대로 되돌아보게 하고, 현재에도 여전히 꼬여 있는 민족감정의 부정적 요인을 올바르게 진단하도록 하여, 서로가 밝은 미래를 함께 열어갈 목적의식을 공유할 수 있게 할 주제인가? 하는 점이다.

그러므로 이 논구의 정당성과 필요성은 가령 누군가가 기독교와 이슬람교가 지배하는 지중해와 중동의 지역에서 과거의 그리스·로마신화와 이집트 신화가 여전히 필요한가? 하는 물음을 제기했을 때의 경우와 비교하여 유추해 봄직하다. 왜냐하면 그 물음에 대해 예상할 수 있는 답변의 여지는 이 논구주제에 대한 답변과 결코 대동소이할 수 없기 때문이다. 즉 지중해를 둘러 싸고 있는 지역의 고대문명과 문화에 대한 지속적인 연구는 학문적인 입장에서는 여전히 중요하고 또한 당연히 지속되어야 하겠지만, 그러나 현재에 작용할 수 있는 실질적 영향력이 거의 소멸한 그 사상들은 오늘날의 그 지역의 당면한 현실적 문제들을 해결할 수 있는 적임의 이념도 아니고 또한 앞으로도 결코 그렇게 될 수 없기 때문이다.

따라서 본서는 시작의 첫 장에서 이 책의 주제가 그리스·로마의 신화와 이집트의 신화와는 전혀 달리 반드시 우리민족과 동아시아민족의 현재와 미래를 위하여 철저히 규명되어야 할 주제임을 먼저 명백히 밝혀 두고자 한다. 다시 말해 중국역사의 왜곡은 중국민족에만 국한된 문제가 아니라, 여전히 동아시아민족 전체의 문제라는 점을 말해 두고자 한다.

그런즉 우리들은 우리 조상들이 오히려 이 주제를 의도적으로 기피했거나 아니면 이 주제가 담긴 사상적 그리고 역사적 의의를 외면함으로서 여러 불미한 민족정신의 훼손문제를 발생시킨 조상을 대신하여 심히 부끄러워하고 또한 철저히 반성해야만 한다. 왜냐하면 진작 우리의 학도들이 이 주제를 제대로 다루어야만 했기 때문이다.

따라서 본서는 다음의 3가지의 의도를 지니고서 논구를 시작할 것이다.

첫째는 중국고대왕조가 확립한 통치이념과 노선이 현대성을 지니고 있기 때문에 현대사회의 정치현안을 해결할 수 있는 방법론이 될 수 있는가? 하는 점이다.

둘째는 중국고대왕조를 수립한 주체가 이족이라면 중국고대왕조의 통치이념을 동아시아의 이족들이 공유하고 있는 일반적 가치관이 아닌가? 하는 점이다.

셋째는 중국고대왕조가 확립한 통치이념의 현대성이 보편적 인륜의 가치관으로부터 기인하는 것이라면, 앞으로 동아시아의 가치관이 인류사회를 이끌고 갈 정치이념의 역할을 수행할 수 있지 않겠는가? 하는 점이다.

그러므로 본서가 독자들에게 이 주제가 현대성을 지니고 있다고 단언할 수 있는 까닭은 본서가 다루는 중국고대왕조의 통치이념이 시공을 초월한 보편적 가치를 지니고 있기 때문이며 따라서 본서는 그 점을 바탕으로 하여 이 주제를 논구해 나갈 것이다. 곧 이 주제가 한편으로는 현대 민주주의사회에 적합한 가치관이 되기에 현대적일 수밖에 없고, 또 다른 한편으로는 자연과학의 발전에 의해 이룩된 산업사회의 토양에도 적합한 것이기에 현대적일 수밖에 없다는 이유 때문이다.

따라서 본서는 황하유역의 9주에서 시작된 조그마한 통일왕조가 주나라시대까지 주변의 이민족의 영토를 오로지 무력에 의한 정복만으로 통일왕조의 영역을 확대해 나간 것이 아니라는 역사적 사실위에서, 먼저 이족이 수립한 통일왕조의 이념의 정체와 그리고 그런 통일왕조이념이 도대체 왜 그리고 어떻게 왜곡되었는지에 대한 의문점을 논구하려고 한다. 또한 그렇게 하면 종국적으로 진(秦)나라 이후의 중국왕조들이 주변민족과 첨예한 갈등과 극단의 대립을 형성하면서 정복과 피정복의 과정을 되풀이하도록 만든 중화사상의 실체가 자연스럽게 드러날 것이다. 물론 본서가 그렇게 하려는 주된 이유는 역사왜곡의 토대 위에 수립된 중화사상이 고대왕조가 수립한 통치노선과 달리 주변의 다민족에 대해 우월적이고, 배타적이고, 억압적이고, 지배적인 자세로 군림하려고 하면서 급기야 동아시아가 평화롭게 공존할 수 있는 사상적 터전을 붕괴시킨 책임소재를 분명히 하기 위함이다.

어쨌든 본서는 이 논구를 통해 중국고대왕조가 수립한 통치이념의 가치관은 초월적 입장에서 수립된 보편성에 바탕을 두고 있음을 보여 줄 것이며, 그리하여 중국고대왕조가 나라의 정사(政事)가 탐욕스러운 위정자의 자의적인 판단에 의해 좌우되지 않도록 모든 사람들이 승복할 수 있는 대원칙으로 정치전면에 내세운 천명사상의 역사적 의의를 논구할 것이다. 곧 그 점은 무릇 정통의 종교가 항상 시대에 알맞게 거듭나서 현대적일 수 있었던 까닭이 교리의 초월성 때문인 것처럼, 중국고대왕조가 수립한 통치이념이 그런 성격을 지닌 통치이념이라는 것이다.

그런데 누군가가 만약 이 사상이 시·공을 초월한 보편성을 지닌 것이 아니라고 반박하고자 한다면, 당연히 그는 중화사상이 지닌 보편성을 반대급부로 내보여야 한다. 그러면 지금의 본서가 고대왕조가 수립한 통치이념의 현대성을 따지면서 동시에 그것이 담당해야할 현대사회를 위한 민주주의의 지도이념으로서의 역할을 고찰할 엄두조차 내지 못했을 것이다.

그리고 더 나아가 특히 주목해야할 점은 다민족을 평화롭게 아우르고서 진심으로 다민족이 동일한 의식을 지닌 왕조의 구성원이 되도록 만들기 위한 수단으로서 겸양을 미덕으로 한 각종의 행동양식인 예를 제정한 예법정신이다. 왜냐하면 그 사상에 깃든 겸양의 특성은 여타의 다른 문명발상지역에서는 도저히 발견되지 않은 독특한 사고방식이기 때문이다. 따라서 예법에 의해 수립된 사회질서가 범민족적 인류의 가치관을 지닌 사회체제의 근본토대임을 절실히 인식하게 되면, 누구든지 시공을 초월하여 중국왕조의 통치이념과 노선이 지닌 현대성을 느끼게 될 것이다.

그러므로 본서는 1, 2, 3 각권에서는 본서의 목적에 적절한 주제를 논구하고, 본 주제에 내포된 현대성에 대해서는 2권과 3권의 논구를 끝맺는 후기에서 간략하게 언급하려고 한다.

§ 1. 이 책의 논구주제가 의도하는 목적

주목 : 일찍이 우리조상이 수용한 중국고대사가 실로 그들이 부당하게 왜곡한 역사라고 따질 정당한 근거와 마땅한 방법이 없었기 때문에 이 땅의 후손들이 그냥 지나쳤지만 그러나 지금에 이르러서 이 땅의 후손이 마땅히 그 왜곡된 점을 바로 잡겠다는 작업을 시도하는 일이 극히 잘못된 것인가? 하는 점이다.」

논구초점 Ⅰ : 중화사상을 고찰하는 학자들은 지금까지도 그 사상이 태동한 책임을 한(漢)대의 동중서(董仲舒)에게 전적으로 돌리고서 그를 비난하지만, 과연 그것이 과연 올바르고 정당한 판단과 평가일까? 하는 의문점은 제대로 규명되어야 한다.

그러나 진정으로 그렇지 않기 때문에, 동중서에 의한 유가가 전국시대의 도가와 법가의 진정한 모습인 황로학에 의해 왜곡된 고대왕조의 통치이념의 터전 위에서 역이용당한 꼴만 아닌가? 하는 역설적인 의구심이 가능해진다.

아울러 그럼에도 불구하고 어쨌든 유학이 통일왕조의 통치이념으로 채택되었기에 그나마 중화사상의 배타성과 우월감이 그 정도의 선에서 절제될 수 있었던 것이 아닌가? 하는 물음도 같은 맥락의 연장선상에서 가능해진다.

논구초점 Ⅱ : 본서가 앞으로의 논구를 통해 도달하려는 결론은 다음과 같이 요약될 수 있다.

고대왕조의 정치이념은 왕조를 보존하고 유지하기 위한 단순한 정치이념이 아니다. 왜냐하면 그 이념과 노선은 다민족(多民族)을 하나로 통합하기 위한 범민족적 통치이념이었기 때문이다. 그리고 그 이념을 정립하고 실행한 주체가 바로 이족이다. 그러므로 이족이 세운 중국고대왕조의 역사가 곧 중국역사의 뿌리인 것이다.

그런데 중국고대왕조의 정통성을 간직한 민본주의적 덕치노선을 외면하고 패권주의적 법치노선을 확고하게 견지해야만 했던 전국시대는 가공의 화하(華夏)족을 내세워 훗날의 중화사상의 기틀을 만들었던 시기였다. 그러므로 오늘날의 중국이 주변의 다민족과 더불어 공동번영을 추구하려고 한다면, BC2000년경 황하유역을 시발로 하여 중국전역으로 확장해간 고대왕조의 개척역사를 돌이켜 보고서 밝은 미래를 위한 현명한 전략의 올바른 선택을 해야 한다.

그렇다면 이 시대의 우리민족도 마땅히 지난 역사를 돌이켜 반성하고 그런 연후에 우리자신들에게 다음의 질문을 제기하여 마땅히 그 대응방안을 적극적으로 모색해 나가야 한다. 그 질문은「동북공정으로 우리민족의 정체성을 왜곡시킨 중국민족이 장차 우리민족에게 어떤 민족의식으로 다가 올 것이며 그리고 그런 그들에 대해 우리민족은 어떻게 대응해야 할 것인가?」하는 문제점이다.

본서가 앞으로 논구하려는 주제의 성격을 서두에 명쾌하게 요약해 두어야만, 산만해 보일 수 있는 이 주제의 논구방향이 제 목적지에 도달할 수 있게 할 이정표가 명확히 확립될 것이다. 즉 나아갈 방향이 산만하지 않도록 일관성 있게 논구의 짜임새를 구성해 두어야만 본서의 의도가 논구의 종착지에 무사히 도달할 수 있게 될 것이다.

왜냐하면 본서가 고대경전의 기록 속에서 정당한 증거를 알맞게 추려내어 기존의 중화사상을 부정하게 되면, 당연히 이 같은 본서의 주장은 중화사상의 신봉자에 의한 강력한 반론에 직면하게 될 것이 충분히 예상되기 때문이다.

그러므로 본서가 이 주제를 당당하게 논구하기 위해서는 먼저 짚고 넘어가야 할 장애부터 미리 짚어 두어야 하는데, 그것은 그들이 본서가 다루는 논구주제가 잘못되었다는 반증의 근거로 요·순(堯舜)시대 이전의 시기를 제기했을 경우에 어떻게 할 것인가? 하는 의문점에 대한 우려감이다. 물론 이 부분에 대해서는 2장 1절에서 다시 지적할 터이지만, 우선적으로 여기에서 분명히 밝히고자 하는 바는 사실적으로나 논리적으로나 결코 그렇게 반박될 수 없다는 점이다. 즉 고고인류학적 지식에 의해 이 주제의 논조가 흩뜨려지고, 산만해지고, 두서없이 엉클려져서 독자들에게 거부당할 일이 결코 없을 것이라는 점이다. 다시 말해 단지 독자들이 부정적인 입장을 취하면서 본서의 논구를 거부할 경우가 발생한다면, 당연히 그 사태는 본서가 여기에 인용한 문장들의 본의를 잘못 해석하여 그 기록의 객관성을 왜곡한 잘못을 범했을 경우에 한해 발생할 뿐이라는 것이다.

그 이유는 첫째 본서가 구석기인이건, 신석기인이건 간에 선사시대를 역사시대로 전환시킨 역사의 주체가 누구인지를 논구하려는 것이지, 언제, 어디에 선사시대의 부족민들이 존재했는지를 논구하려는 것이 아니기 때문이다. 즉 그들이 언제, 어디에서 존재했었는가? 하는 사실규명은 인류사를 연구하는 과제로서는 대단히 중요하지만, 그러나 그들이 오늘날의 역사를 형성한 주체의 뿌리가 아닌 한에서는 단지 구석기인과 신석기인들이 존재한 시기와 장소에 관한 연구는 본서의 논구주제가 될 수 없기 때문이다.

둘째 여기에서 인용된 발췌문은 수미일관된 논리성과 사실적인 정당성을 갖추고 있기 때문이다. 만약 그렇지 않다면, 본서의 주장은 황당한 억지논구를 제멋대로 하고 있는 한심한 작태라는 비난과 더불어 거부되어 마땅할 것이다. 그런즉 본서는 이미 발췌되어 본서의 논증과정에 인용된 문장대신에 누구라도 고대문헌에 실려 있는 또 다른 문장을 그 자리에 대신 인용해도 본서의 논지가 결코 변경되는 일이 없도록 철저히 따지고 또 따져서 인용하였다. 특히 여기에 인용된 문장들은 각기 서로 다른 여러 서적들에 수록된 것들이어서 자칫하면 그 인용문이 견강부회(牽強附會)한 것일 수 있거나 아니면 중구난방(衆口難防)한 것이 될 수 있기 때문에 더 더욱 본서는 주의하였다.

그럼에도 불구하고 부정적 시각으로 반박할 여지는 여전할 것이므로, 본서는 우려되는 그 점을 불식시키기 위해, 최우선적으로 앞으로 진행될 논구방향을 명확히 해두려고 한다. 곧 반드시 그렇게 해야만 할 이유는 요·순 이전의 시기를 가공하여 요순의 역사를 폄하하고 그리고서 역사의 정통성을 변질시키려 한 것이 중화사상의 본질임을 밝히기 위함 때문이다. 따라서 당연히 요·순(堯舜) 임금이전의 황제(黃帝)역사를 가공하여 편입한 역사적 인물들의 정체규명이 주된 논구대상이 된다.

그리하여 본서가 논구하려는 의도와 방향이 수미일관되게 오로지 한 길로만 나아가게 되면, 당연히 그 수미일관성은 양자택일의 선택을 강요하지 않을 수 없게 된다. 그것은 만약에 본서가 제시한 증거들이 허구적인 것이라고 주장하게 하면, 당연히 서경의 글들이 허구가 되고, 그와 마찬가지로 공자의 사상이 허구라고 주장하게 되면 역으로 사마천이 바라본 중국의 고대사가 진실이 될 것이고, 그와 반대로 서경의 내용이 사실이고 또한 공자가 계승한 왕도사상의 내용이 사실이라면 당연히 중국의 고대사를 후대의 누군가가 왜곡하였다는 것이 진실이게 되는 점이다.

그러므로 본서는 다음의 두 가지 점을 분명히 하여, 유가에 경도되어 도가에게 불공정할 수 있겠다는 혹자의 의심을 해소하려고 한다.

첫 번째는 중국의 고대경서가 모든 중국의 고대 역사서보다도 더 명확하고 객관적인 기록이라는 점을 밝혀서, 본서의 논구가 자의적이고 또한 편협한 일방적 시각으로 논구한 것이 아님을 밝힌 점이다. 따라서 본서의 논구가 결코 일방적이지 않고 편파적이지 아니함을 분명히 밝히기 위해, 유가의 글보다는 노자와 열자와 함께 대표적인 도가사상가이면서 황로학파의 인물인 장자의 글을 서두에 인용하였다. 그리고 노자와 열자에 앞서 특히 우선적으로 장자의 글을 인용한 이유는 장자가 전국시대에 등장한 황로학의 본모습을 적나라하게 확연히 보여주고 있기 때문이다.

그런즉 아래의 글은 장자에 수록된 이야기로서 주의 무왕의 군대가 은의 주왕을 치려 가는 모습을 보면서 문무귀와 적장만계라는 두 명의 가공인물이 나눈 대화로 구성된 글인데 도가의 허구성을 명확히 보여준다. 따라서 이 글에서 주목해야할 점은 도가가 유가의 역사이전의 역사를 가공할 사실을 독자들에게 「<지극한 덕이 행해지던 시대의> 그 일은 능히 후세에 전할 수가 없었다(事而無傳)」라는 말로서 변명하면서 정당성를 꾀한 점이다.

그런데 이 글이야 말로 역설적으로 도가가 서경과 시경에서 볼 수 없었던 삼황오제의 역사를 그들이 가공했었다는 사실을 증명하는 것이 된다. 그 이유는 맨 마지막에 기록된 바처럼 도가는 자기 자신들의 사상의 뿌리와 출처에 대해 당당하게 그리고 명쾌하게 말할 수가 없는 정황의 제약을 제대로 보여주기 때문이다. 그 점은 차후의 논구에서 자세히 다룰 것이다.

"…적장만계가 말했다(赤張滿稽曰). 「아무래도 순이 다스리던 시대만은 못하군(不及有虞氏乎). 그러기에 이런 재앙이 떨어지지(故離此患也)」

문무귀가 말했다(門無鬼曰). 「천하가 고루 다스려져 있었는데(天下均治) 그런데 순이 바르지 않게 다스렸다는 것인가(而有虞氏治之邪)? <그렇

지 않으면> 천하가 어지러운 터에 그런데 나중에 순이 흥하게 다스렸다는 것인가(其亂而後治之輿)?」

적장만계가 말했다(赤張滿稽曰). 「천하가 고루 다스려지는 것은 누구나가 원하는 바다(天下均治之爲願). <그러나 그렇게 잘 다스려져 있었다면> 그러면 왜 순을 끌어내어 정치를 시킬 필요가 있었겠는가(而何計以有虞氏爲)?

<순의 정치를 비유하자면> 순의 다스림은 종기에 약을 바르고(有虞氏之藥瘍也) 대머리에 그래서 틀 머리<가발>를 올리며(禿而施髢) 병자가 능히 의사를 찾는 것과 같다(病而求醫). 효자는 약을 달여서 아버지에게 드릴 때에는(孝子操藥以修慈父), 그 안색이 거칠고 핏기가 없어 파리하다(其色燋然). <세상에서는 이를 칭찬하지만> 성인은 <부모의 병으로 해서 칭찬 듣는 이런 행위를> 부끄럽게 생각한다(聖人羞之).

진정한 덕이 행해지던 시대에는(至德之世) 현인을 존중하지 않았고(不尙賢), 유능한 사람을 발탁하지 않았다(不使能). 높은 곳에 있는 위정자는 나무의 옷가지와 같아서(上如標枝) <스스로 높다고는 의식하지 않았고>, 민중은 들에서 뛰노는 사슴같이 자연스럽게 살고 있었다(民如野鹿).

사람들은 행위가 단정해도 능히 <그것이> 의에 해당하는 것인 줄을 몰랐고(端正而不知以爲義), 서로 사랑하면서도 능히 <그것이> 인에 해당하는 줄을 알지 못했고(相愛而不知以爲仁), 성실하면서도 능히 <그것이>

충에 해당하는 줄을 몰랐고(實而不知以爲忠), 약속을 잘 지키면서도 능히 <그것이> 믿음에 해당하는 줄을 몰랐다(當而不知以爲信). 그리고 어리석은 듯이 꾸물꾸물 일하면서도 능히 서로가 서로를 도와주고(蠢動而相使) 그것이 은혜를 베푸는 일로써 몰랐다(不知以爲賜).이렇게 행하였으므로 자취가 남을 까닭이 없었으니(是故行而無迹) <지극한 덕이 행해지던 시대의> 그 일은 후세에 전할 수가 없었든 것이다(事而無傳)」”[2]

이와 같은 장자의 글은 모든 도가사상가의 저서에 일관되게 관통하고 있는 것으로서, 그들은 자연의 상태가 평화로운 상태라는 점을 독선적이고 독단적으로 기정사실인양 전제하고서 그리고 춘추전국시대의 혼돈과 혼란의 모든 책임을 유가가 존중하는 옛 성인들에게 있다고 줄기차게 단정적으로 주장하였다. 즉 장자에서처럼 도가사상가들은 고대왕조가 수립하여 전승되어 온 성인(聖人)설과 성왕(聖王)설과 부정하고서 거부하였던 것이다.

그러므로「왜 순의 시대가 어지러운 세상이었는가?」하는 의문점에 대해서는 역으로 전국시대의 도가사상가들이 그 근본원인과 책임을 유가에 전가한 그들의 진정한 의도가 도대체 무엇인지가 먼저 명확히 밝혀져야 한다. 그 이유는 유가가 말하는 성인설이 왜 도가사상가들에 의해 심히 부정되어야만 했는가? 하는 대척(對蹠)적인 의문점 때문이다.

그런데 도가의 주장을 고스란히 그대로 수용하고서 따라가게 되면, 어느 사이에 그들과 더불어 누구라도 자가당착에 빠지지 않을 수 없게 된다. 즉 순과 같은 성인이 등장하도록 빌미를 준 더 앞선 원인이 도대체 무엇인가? 하는 의문

2) 장자 p292

점이 전혀 해소되지 않은 채로 고스란히 그대로 남겨져 있기 때문에 그러하다.

그리고 더 나아가 순(舜)임금보다도 더 앞선 인물이 혼란을 야기했다고 하면서도 동시에 그 인물이 요(堯)임금이 아니라고 하게 되면, 당연히 논리적으로 황제(黃帝)가 되는데 그렇게 되면 자가당착에 빠져 역설적으로 황제가 무위자연의 도를 실행한 성인이라고 결코 말할 수 없게 되는 점 때문에 그러하다.

그러면 이율배반적인 것이 되어 스스로 자가당착에 빠지지 않을 수 없게 되는데, 곧 옛 시절은 평화로운 상황인데도 불구하고 옛 성인들이 등장하여 평화로운 상태를 혼란스럽게 만들었다고 말하는 것은 옛 성인들을 성경에서의 사탄에 해당한다고 말하는 꼴이 되고, 그 반대로 혼란의 주범을 오히려 성인이라고 말하는 것은 도대체 도가사상가들이 왜 굳이 그런 인물들을 성인이라는 용어로 일컬어야 하는지조차 의문스러워지기 때문이다.

두 번째는 유가의 글 대신에 장자의 글을 먼저 인용하여 본서가 논구하려는 주제와 목적이 편파적이지 않은 객관적인 시각의 논구라는 점을 분명히 밝힌 점이다. 그 이유는 도가사상가들이 자신들의 원대한 야심을 달성하기 위해 생각해낸 무위자연의 이론을 세상에 설파하면서 자신들이 세속의 일과 무관하게 정신적인 평온을 추구하는 도덕적 인물로 가장하였지만, 그러나 실제로는 전혀 그렇지 않고 오히려 그들이야 말로 황로학의 사상가로서 지극한 야심을 지닌 정치적인 인물들이었기 때문이다. 그러므로 그들이 의도하는 바의 목적이 유가를 겨냥한 정치적인 것이 명백히 밝혀지게 되면, 곧 그 점이 자연스럽게 본서의 논구방향이 자의적이 아님을 입증해 주게 된다.

따라서 본서가 인용하는 글들은 도가사상이 추구한 정치적 의도와 목적이 고대왕조의 통치사상을 계승하여 수호하려는 유가사상의 통치목적과 크게 다를 바가 없을 뿐더러 더 나아가 도가가 유가와 같은 뿌리를 바탕으로 하고 있는 선비들의 작품임을 여실히 보여줄 것이다.

그러면 그 점에는 각별히 유념하고 주목해야할 문제점이 있는데, 그것은 유가를 배척하려고 한 도가사상가들이 자신들의 뿌리가 결코 유가와 다를 뿐더러 더 나아가 항상 유가보다는 자신들이 더 상위에 그리고 우위에 있음을 보여주려고 했던 강박관념이다. 그렇기 때문에 그들은 서경이 수록한 역사의 시발점을 변조하지 않을 수 없었던 것이다. 따라서 이 점이 본서가 논구하려는 주제의 핵심과제임을 먼저 밝혀두는 바이다.

어쨌든 그 점이 확연히 드러난 대표적인 글 중의 하나가 「장자 제33편 천하」[3]의 글이다.

"세상을 치유하는 방법과 기술은 많이 있다(天下治之方術者多矣). 모두 것에 이것이 있음으로서(皆以其有) 더 이상으로 더해질 수가 없다(爲不可加矣).

옛날에서 전해온 소위 방법과 기술은(古之所謂道術者) 과연 어떻게 존재하였는가(果惡乎在)?

말을 하자면(曰), <어디에서나 있는 것으로> 없는 곳이 없다(無乎不在).

말을 하자면(曰), 도의 영묘한 작용은 어찌 나타나는가(神何有降)? 명료하게 드러나는 것은 무슨 원인으로부터 생겨나오는가(明何由出)?

성인에게서 생겨 나오고(聖有所生), 왕에게서 이루어지는 것(王有所成), 모두 것이 1에 근원을 두고 있다(皆原於一)………."[4]

하지만 그것의 역사적 객관성을 확보하려면, 도가가 우선적으로 현실적인 타

---

3) ibid p552 - 「천하」편은 장자서적 전체에 대한 발문(跋文)의 성격을 지니고 있는 글로서, 선진(先秦)시대의 학술을 해설한 자료로서는 최고(最古)의 것이어서 문헌적으로는 매우 귀중한 위치에 놓인 글이라고 평가하는 주석이 있음.

4) ibid p552

당성부터 먼저 구비해야만 했었다. 그러므로 도가는 그 목적에 걸 맞는 가공의 이야기를 만들기 이전에 그런 현실적 타당성을 뒷받침할 학문적 이론의 토대부터 정비해야만 했다. 즉 도가는 현행의 모든 학파의 사상들이 자신들이 내세우는 도(道)로부터 비롯되었음을 주장할 객관적 근거부터 마련해야만 했던 것이다. 하지만 무위자연의 도를 내세운 도가들은 유가가 견지하는 예법의 질서와 전혀 다른 현실적인 방안을 내세워 곧장 차별지울 수 도저히 없었다. 그러므로 훗날 도가를 비롯한 황로학은 전략적으로 위로는 요·순 사관대신에 황제사관을 내세우고 그리고 아래로는 유가에서 이탈한 법가가 새로운 법치노선을 내세우게 되었지만, 그 이전에는 일단 유가가 견지한 전통의 노선을 그대로 수용하지 않을 수 없었던 것이다. 아래의 장자의 글은 도가의 바로 그런 모습을 그대로 보여 주고 있다.

"………법률로서 상하의 분을 정하고(以法爲分), 관명에 의해 직무를 나타내고(以名爲表), 발언과 실적을 참조해서 허실을 확인하고(以參爲驗), 공죄를 고려해서 상벌을 결재해 간다(以稽爲決). 그 상벌을 등급매기는 숫자는 일, 이, 삼, 사 등이며(其數一二三四是也), 백관은 이 숫자 화된 등급에 의해 질서를 유지하게 된다(百官以此相齒).

농사일로서 백성들의 천직을 삼고(以事爲常), 의식문제를 가장 중요시 하고(以衣食爲主), 가축의 번식과 곡식의 저장(蕃息畜藏), 노인과 어린이와 고아와 과부 등에 대해 특별한 고려를 베푼다(老弱孤寡爲意).

이런 시책들은 모두 다 백성들을 잘 살게 하는 도리에 부합하는 시책들이다(皆有以養民之理也)."[5]

그런즉 연이어 기록된 그 다음의 글에서는 오히려 도가선비들의 사상의 근원이 유가와 마찬가지로 시경(詩經), 서경(書經), 예경(禮經), 악경(樂經), 춘추(春秋)를 벗어나 있지 않음을 보여줄 수밖에 없게 되었는데, 바로 그 난맥 때문에 장자를 비롯한 도가들은 유가가 가르침의 근본을 삼는 모든 경전이 도가의 성인들의 가르침에서 비롯된 작품으로 조작하지 않으면 안 되었던 것이고 또한 더 나아가 유가의 위상이 자신들의 위상보다도 아래에 있다는 이야기를 가공하지 않으면 안 되었던 것이다. 그리하여 장자는 그런 근본적 이유 때문에 유가의 계승한 경전들이 자신들이 추종하는 도에서 연유하였다는 주장을 가감하게 펼쳤다.

"옛 성인은 이것을 갖추고서(古之人其備乎), 천지조화의 영묘한 작용과 짝하고(配神明), 천지의 덕을 도탑게 하고(醇天地), 만물을 화육하고(育萬物) 천하를 평화롭게 하여(和天下), 그 은혜가 백성에게 널리 미쳤다(澤及百姓). 그리고 근본이 되는 이법에 통찰하여(明於本數), 그 통찰이 지엽적인 것에 이어져(係於末度). 여섯 가지 예악과 네 가지 법률에까지 이어졌고(六通四闢), 작은 것 큰 것, 정제된 것 거친 것에까지 이어졌다(小大精粗). 그 통찰의 활동이 없는 것이 없었다(其運無乎不在)."[6]

그리고서 장자는 고래로 전승된 경전들을 다음과 같이 차근차근히 설명하였다. 그런데 이 점이 오히려 거꾸로 장자의 정체를 추측할 수 있게 해주는 근거가 되는데, 그 이유는 당시의 일개 필부로서는 도저히 접할 수 없는 고급지식

---

5) ibid p552

6) ibid p553

을 도대체 어떻게 장자가 그렇게 세세히 알 수 있었겠는가? 하는 점 때문이다.

> "그들의 업적 중 명백한 형태로 제도화된 것은(其明而在數度者) 예전부터 전해오는 법규와 조상으로부터 전승해 오는 기록을(舊法世傳之史) 중요시하여 많이 소유하고 있다(尙多有之).
>
> 시경, 서경, 예악에 남아 있는 이것은(其在於詩書禮樂者) 추나라와 노나라 선비들(鄒魯之士), 벼슬아치 선생들(搢紳先生), 많은 이들이 그것을 통찰할 수가 있었다(多能明之).
>
> 시경은 사람의 의지를 인도하는 것(詩以導志), 서경은 정치의 일을 인도하는 것(書以導事), 예경은 사람의 행동거지를 인도하는 것(禮以導行), 악경은 사회의 조화를 인도하는 것(樂以道和樂以導和), 역경은 음양의 이치를 인도하는 것(易以導陰陽), 춘추는 대의명분을 인도하는 것(春秋以導名分), 이 이치가 널리 천하에 분산되고(其散於天下) 그리고 중국에 배치되어(而設於中國者), 여러 학파가(百家之學) 종종 아마 도로 일컬었다(時或稱而導之)."[7]

그러므로 도가의 사상가들이 유가의 사상을 공박함에 있어서 항상 유가의 가르침이 도가의 가르침보다 상위에 놓여 있지 않고 오히려 도가의 사상이 유가의 사상보다도 상위에 놓여 있음을 내세우기 위하여 전례에 없었던 새로운 역사의 질서를 만들기에 이르렀다. 곧 유가의 군자(君子)와 성인(聖人)보다도 더 상위에 지인(至人), 신인(神人), 천인(天人)을 내세웠다.

---

7) ibid p553

"도의 근원과 일체가 된 인물을(不離於宗) 천인이라고 하고(謂之天人),

도의 청순함을 그대로 지니고 있는 인물을(不離於精) 신인이라고 하고(謂之神人),

도의 진실을 체득한 인물을(不離於眞) 지인이라고 한다(謂之至人).

하늘로서 근원의 도로 삼고(以天爲宗), 덕으로서 근본으로 삼고(以德爲本), 도로서 출입하는 문으로 삼고(以道爲門), 모든 변화를 예견하는 인물을(兆於變化) 성인이라고 한다(謂之聖人).

인으로서 은혜를 베풀고(以仁爲恩), 올바름으로서 도리를 행하고(以義爲理), 예로서 행동하고(以禮爲行), 음악으로서 성정을 조화하고(以樂爲和), 화기애애하여 자애가 넘쳐 있는 인물을(薰然慈仁) 군자라고 한다(謂之君子).……"[8)]

그리고서 장자는 자연스럽게 서경의 요순보다도 황제를 더 앞선 서열에 배치하였다. 그리고 그 점은 빠짐없이 도가문헌의 기본이 되었고 그리하여 도가를 황로학의 근원이라고 말할 수밖에 없게 만드는 근거가 되었다. 또한 도가의 이런 글들은 도가사상가들의 뿌리가 결코 유가와 무관하지 않다는 점을 여실히 보여주었다.

"…대저 고대의 예악으로서(毁古之禮樂) 황제에는 함지라는 음악이 있었고(黃帝有咸池) 요에는 대장(堯有大章), 순에는 대운(舜有大韶), 우에는 대하(禹有大夏), 탕왕에는 대호라는 음악이 있었으며(湯有大濩), 문왕에게는 벽옹의 음악이 있고(文王有辟雍之樂), 무왕과 주공은 무라는 음악을 제작하였다(武王周公作

8) ibid p552

武(무)).…"[9]

그런즉 유가와 동일한 뿌리에서 입장을 달리한 선비의 무리들이 도가의 선비들이며 따라서 그들이 내세운 무위자연의 도가 유가를 철저히 배격하고 배척하기 위한 방법이라는 점을 철저히 해명하기 위해서는 필히 유가와 도가의 연결고리가 제대로 논구되어져야 하는 것이다. 여하간 장자가 그 점을 잘 보여주고 있기 때문에 본서는 먼저 서두에 장자를 논구의 중심에 내세우게 되었다.

더욱이 그렇게 할 수 밖에 없도록 만든 배경은 도가사상이 춘추시대에 등장하였다고 그들 스스로 말을 하고 있지만, 실상은 그렇지 않고 오히려 전국시대에 출현한 것이었기 때문이다. 그리하여 또한 도가사상가들이 논어에 수록된 유가의 인물들과 또한 세상의 정세에 정통한 이유도 다름 아닌 유가의 선비들처럼 고대왕조의 기록뿐만 아니라 논어까지 읽고 그 내용에 정통한 선비들이었다는 정황 때문이다.

그러므로 본서는 중국의 역사가 왜곡된 실상을 밝히려는 것뿐만 아니라, 종국적으로 역사왜곡이 동아시아 정국의 흐름, 사상의 흐름 더 나아가 문명발달과 문화발전의 흐름을 바람직한 방향으로 나아가지 못하도록 하였다는 점과 또한 그 피해가 고조선의 역사를 계승하고 있는 우리민족이라는 점과 끝으로 아직도 그 왜곡의 그물망에 갇혀 사대주의(事大主義(사대주의))의 실상조차 제대로 파악하지 못하고 있는 우리 민족의 어리석음을 아울러 일깨워 주려고 한다.

1) 이 책이 논구하려는 주제들을 위한 개요

논구초점 : 이 책이 다루는 주제들은 크게 다음의 네 가지의 관점을 바탕으로 논구를 진행하게 된다.

첫째는 중국의 고대왕조사는 왕도사상을 수립한 이족의 역사로서 중국

9) ibid p555

사상과 문명의 근본 틀을 수립하였다는 입장.

둘째는 유가인 맹자와 순자의 왕도정치와 법가인 한비자의 패도정치가 지향하는 정치노선의 차이점을 황로학의 관점에서 파악해야 한다는 입장.

셋째는 동아시아 문명과 문화의 근본사상은 천명사상과 민본사상으로 구성된 고대왕조의 통치사상의 맥을 계승한 것이며 그리고 그 맥과 정치노선을 견지하고 수호하려는 인물과 학통이 공자와 그 제자인 유가라는 입장.

넷째는 도가와 황로학 그리고 사마천의 사기가 유가가 계승하고서 수호하려는 고대왕조의 통치사상과 그것을 수립한 이족의 통치노선을 왜곡시킴으로서 동아시아의 역사흐름이 주변의 모든 민족을 아우르는 범민족적 공영노선 대신에 자국의 이익에만 치중한 패권주의노선으로 나아가도록 변질시켰다는 입장.

결론적으로 말하자면, 중국고대역사의 왜곡은 동아시아를 비롯하여 중국과 인접한 국가의 민족들에게 불행을 가져다주었을 뿐만 아니라 더 나아가 실제로는 중국민족들에게 부끄러운 역사를 형성하도록 만들었다는 것이다. 곧 문명과 역사가 겉모습으로는 화려한 외양을 갖춘 것처럼 보일지라도 내면에 있어서도 오히려 중국민족은 자신들이 의도적으로 이민족으로 둔갑시켜 배타적으로 배척한 그 민족의 지배를 받으면서 주권을 상실한 치욕을 감내하는 고통을 중화사상이란 허장성세의 의식으로 위장하였을 뿐이라는 것이다. 물론 지금에 이르러서도 중국민족은 중화민족의 의식을 자랑스럽게 강조하지만 그러나 중국민족이 영원히 간직해야할 치욕의 역사는 그 의식보다도 더 높은 차원의 민족공영의 의식을 포기한 당연한 결과이기 때문에 중국국민은 자신들의 역사에 간직된 역사왜곡의 실상을 스스로 부끄러워하고 반성해야 한다.

중국의 고대사가 이족의 역사가 아니라면, 중국의 역사를 왜곡한 사상은 역설적으로 오히려 유가가 된다. 그리고 그와 더불어 유가사상의 바탕이 되는 서경과 시경의 모든 기록도 또한 마찬가지의 처지에 놓이게 된다. 왜냐하면 가장 위대한 인물인 황제와 그리고 황제가 다스리는 화하족이 있는데도 불구하고 요·순과 이족의 역사를 내세웠으니 이런 괴이한 역사왜곡이 도대체 어떻게 가능할 수 있었겠는가? 하는 의아심이 거꾸로 정당한 의문점으로 제기될 수 있기 때문이다.

더 나아가 그렇게 되면 중국고대왕조의 출발을 불투명하게 만들어 교묘하게 역사를 조작한 후대의 도가들이 짊어져야할 책임을 왜 공자와 유가들이 대신 짊어져야만 했는가? 하는 의문점이 타당한 문제제기조차 될 수 없게 되기 때문이다. 곧 후대의 도가가 정당하기 때문에 전대의 유가의 거짓을 더 이상 논구할 이유조차 없어지기 때문이다. 그러면 당연히 그런 의문점을 풀기 위해서는 어느 쪽의 논구이건 간에 상관없이 당연히 논구는 확실한 근거를 찾아 그로부터 차근히 의혹을 해명해 나가야 한다.

따라서 그 방법은 확실한 주나라의 실체를 두고서 도대체 그 주나라가 어디에서 어떻게 출현하게 되었다는 것인가? 하는 의문점으로부터 시작하는 길이다. 그 다음으로 주나라의 뿌리가 주나라의 역사가 밝힌 바대로 상(商 다른 명칭으로는 殷)나라인데, 그 상나라를 실체로서 인정할 것인가? 하는 문제를 해명해야 한다. 그러면 20세기 이전까지도 중국인들은 상나라의 실체에 대해 애매모호한 태도를 취했으니 그런 사고의 밑바닥에는 도대체 무슨 의도가 도사리고 있었던 것인가? 하는 의구심을 우선적으로 해명해야 한다. 다시 말해 주나라가 계승한 문명과 문화의 틀은 도대체 어디에서 연유한 것일까? 하는 의문점부터 확실하게 정리·정돈해두어야 하는 것이다.

그런데 이런 의문점들을 말끔히 해소하지 않고 적당히 얼버무리게 되면, 당연히 주나라의 문명의 틀이 상나라가 아닌 다른 근거지에서 유입하여 주왕조가 새롭게 형성한 틀이라는 억지주장조차 가능해진다. 더 나아가서 주나라의 뿌리조차 상나라와 전혀 다른 이질적인 것이라고까지 우기게 된다면, 비록 그 주장이 참으로 어처구니가 없는 것일지라도 가능할 수 있게 된다.

따라서 이런 본질적인 의문들을 연속적으로 짚어 나가게 되면, 결국 요·순의 시대와 맞닥뜨리게 되고 그로부터 고대왕조의 시원의 역사적 의의를 따지지 않을 수 없게 된다. 하지만 그 문제는 어떤 경우에서도 고고인류학이 다룰 수 있는 차원의 과제도 아니며 그리고 결코 그렇게 될 수도 없고 또한 되어서도 안 된다.

왜냐하면 황로학의 도가와 법가 및 사마천 같이 역사서책을 기술한 선비들이 주도한 중국역사의 왜곡의 결과가 마침내 명백한 중국고대왕조사의 기록들을 애매한 비역사적 시대의 이야기 거리로 둔갑시켜 놓은 점은 역사학의 관점으로는 도저히 해명할 수 없는 정치·도덕적인 사상의 과제이기 때문이다. 그리고 더 나아가 그들은 주나라 이전의 역사를 애매하게 만듦과 아울러 고대역사를 신화와 전설의 시대인 양 만들었던 조작도 역사학이 묵과하고 있는 도덕적 신뢰의 과제이기 때문이다.

그런즉 그들이 활약한 전국시대를 종식하겠다는 의도는 올바른 것이라고 할 수 있겠지만 그러나 그 수습방법이 지극히 혐오스럽고 치졸한 것이어서 선비로서는 감히 해서는 안 될 일을 범했다고 지극히 비난받아야 마땅하다. 그들은 자신들의 작업을 정당화하기 위해 고대왕조가 수립한 영토개념의 역사적 의의부터 바꾸어야 했는데, 여하튼 그 일은 스스로 자신들의 근본뿌리를 부정하는 일이었다. 만약 그들의 논리가 정당하다면 더더욱 중화사상은 근거가 없는 허구에 의해 왜곡된 사고방식이 될 뿐이다.

어쨌든 그 엄청난 사상적, 정치적, 역사적 잘못 때문에 중국고대역사의 정통성이 흐트러짐과 동시에 그에 걸 맞는 모든 동아시아 역사자체가 시기적으로 맞지 않게끔 되었고, 그 뿐만 아니라 결과적으로 그들이 명백한 그들의 역사를 팽개치면서 신화의 이야기로 적당히 얼버무린 역사 때문에 인류사에서 가장 오랜 역사를 지닌 동아시아의 역사전체의 진실이 오히려 지구상에서 가장 늦은 문명발상지로 오인 받게끔 되었다. 비록 지금에 이르러 고고인류학이 동아시아의 지역의 진정한 고대역사를 차츰 밝혀 나가고 있긴 하지만, 여전히 왜곡된 고대중국역사의 중독성 때문에 그 작업조차 왜곡될 불안과 염려를 심히 금할 수 없게 된다.

(1) 이족과 화하 족 그리고 통치이념의 정통성에 담긴 역사적 의의

논구초점 1 : 한 왕조 내에서 어떤 왕족이 반란을 일으켜 왕권을 쟁탈하는 경우와 특정세력이 기존의 왕조를 무너뜨리고 새 왕조를 내세우는 경우는 다른 민족이 침범하여 정복자의 위치에서 속국을 다스리는 경우와는 전혀 다른 두 경우이다(본서는 왕조를 오늘날의 국가 혹은 정부와 동일한 의미로 사용함). 이 구분을 명확히 인식하지 않으면 중국고대사의 본 모습을 뚜렷이 파악할 수 없으며 더 나아가 중국고대사가 왜곡되었다는 점을 결코 간파할 수 없게 된다.

논구초점 2 : 하나라가 우임금의 왕위를 세습함으로서 확립된 왕조의 정통성을 은나라와 주나라의 건국의 명분으로 내세우기 위해 천명사상과 혁명사상을 내세웠다. 그런데 전국시대의 진(秦)나라는 종주국인 주(周)나라와 달리 그런 명분을 전혀 내세울 수 없었다. 하지만 왕조의 정통성을 확보하지 않고서는 통치의 명분을 내세울 수 없고 그러면 다민족으로 이루어진 천하를 장차 다스릴 수가 어렵게 되기 때문에 어쨌든 정통성을 확보할 수 있는 명분을 어디에선가 찾아내거나 아니면 시급히 만들어야만 했었다. 그래서 진(秦)나라뿐만 아니라 전국시대의 강대국들 간에는 이족을 대신한 화하족의 중화사상이 반드시 필요해진 것이다.

물론 진나라 이후의 한나라도 진나라가 수용한 중화사상의 기반을 자연스럽게 계승하였지만 그럼에도 불구하고 무제에 이르러 황로학에 기반을 둔 법가사상대신에 공자의 유가사상을 왕조의 통치이념으로 삼아 천하를 다스릴 정통성을 공고히 하였다.

그렇지만 중화사상의 기반에 얹혀 그 이념이 거꾸로 역전된 유교의 왕

도사상은 한편으로는 태평천하(太平天下)을 지향하는 경세제민의 정치기반을 제공하였지만, 다른 편으로는 왕조의 이익을 위해서는 언제든지 피비린내 나는 패권주의의 칼날 앞에서 어쩔 수없는 무기력한 한계를 드려내지 않을 수 없었다.

그런데 역설적으로 오히려 그 이중성이 이족과 화하족의 구별이 의도적이었음을 보여주는 확실한 근거가 된다.

황하를 거점으로 하여 확장된 그리고 다민족으로 구성된 중국의 통일왕조의 통치이념의 요체는 서경에 기록되어 있는 솔복(率服)이란 말에 함축되어 있다. 솔복이란 말이 글자 그대로 「아랫사람을 거느리고 와서 복종한다.」는 뜻이므로, 서경의 기록은 이족이 최초로 통일왕조를 건국한 방식이 강압적 무력에 의한 정복이 아닌 민본주의적 이념에 의한 솔복임을 분명히 천명하고 있다. 그런즉 무력을 전혀 사용하지 않고 통일왕조를 건국하는 일이 도저히 불가능한 일이더라도, 그러나 요·순임금의 통일방식의 본질이 정복하여 지배하려는 목적의 무력이 아니었기 때문에 인류역사상 처음으로 중국 땅에서 다민족으로 구성된 통일왕조가 지배자와 피지배자로 이루어진 계급사회가 아닌 사해동포의 이념에 의한 공생공영의 사회질서를 탄생시켰다.

그러므로 본서는 이족이 수립한 통일왕조의 이념을 왜곡시켜 중화주의의 통일왕조로 출발한 근본적 실체를 밝히려는 것이다. 왜냐하면 고대통치이념을 부정하고서 중앙집권적 전제군주제도를 채택한 통일왕조의 진나라가 단명으로 몰락하면서, 그 생생한 역사적 현장이 역사왜곡의 실상의 문제점을 확연히 보여주었기 때문이다. 곧 그 종말이 언제나 전국시대의 무도(無道)한 양상으로 되돌아 가버리는 점이다. 그러므로 오늘날에 이르기까지 중국역사의 정사(正史)로 확고히 자리 잡고 있는 황제사관이 중화(中華)사상 즉 화하(華夏)사상의 바탕을 이루게 된 점은 반드시 비판적으로 고찰되어야 한다. 그리고 그 작업은 우선적으로 화하의 용어에 담긴 진정성부터 따져보면서 시작되어야 한다.

중국사전에 수록된 하(夏)의 글자는 크고 넓다는 뜻이다. 그러므로 광대한 대륙인 땅에서 먼저 정착하고서 문명을 일군 민족들이 자신들이 거주하는 영토를 넓고 크다고 생각하는 것은 극히 자연스러운 발상이기에 당연히 어느 누구도 그 점을 하등 이상하게 생각해야할 이유가 전혀 없었다고 말할 수 있다. 그럼에도 불구하고 하(夏)의 용어가 전혀 엉뚱하게도 당시의 중국영토 내에서 동일한 통일왕조의 동일한 구성원으로서 공존하고 있었던 이족과 만족과 융족과 적족을 의도적으로 배척하기 위한 수단인 곧 기존의 여러 민족의 흔적을 말살하려는 이질적이고 배타적이고 차별적인 가치관을 떠받치는 수단인 인위적인 화하족의 개념을 만들 때에 악용되었다면, 그 용어의 뜻은 전혀 다르게 변질될 수밖에 없게 된다. 또한 그렇게 변질된 내용을 담고 있는 용어가 주변민족과 국가를 억압하기 위한 통치이념으로 악용될 때에는 그 폐해(弊害)의 여파가 여간 심각해지지 않을 수 없게 된다.

그러므로 화하족의 용어가 지닌 부정적인 배타성은 같은 왕조를 구성하고 있는 같은 백성인 이족, 만족, 융족, 적족끼리 서로 배척하도록 만들었다는 점이다. 그리고 그 점에 대해서는 뚜렷한 확증을 가지고서 구체적으로 논구할 수 있는데, 곧 그 실상은 역설적으로 주나라의 무왕이 은나라의 주왕을 축출할 때의 정황이 확연히 증명해 준다.

따라서 그 당시의 정황을 바탕으로 하여 다음의 몇 가지 문제점을 아래와 같이 정리하면 단번에 그 실상을 직시할 수 있게 된다.

첫째, 가장 주목해야 할 관점은 은 왕조의 붕괴가 이민족인 주 왕조의 침략에 의한 것이라면 주 왕조는 중국 정통왕조가 아니며, 비록 멸망되었지만 오로지 은 왕조만이 중국의 정통왕조이어야 한다는 점이다. 그렇기 때문에 어쩔 수 없이 부득이 은 왕조는 이족이 세운 국가가 되고 하나라와 주나라를 화하 족이 세운 왕조라는 가공의 전설이 황로학에 의해 등장하게 된다.

둘째, 주 왕조가 은 왕조를 섬긴 봉건제후국이라면, 당연히 주 왕조는 화하족으로 구성된 봉건제후국이거나 아니면 당연히 주 왕조는 이족이거나 아니면 융족이어야 한다는 점이다. 그런데 화하족의 개념은 그 당시에 실제로 없었고 또한 주 왕조는 융족이 세운 왕조가 아니었기 때문에 당연히 주 왕조는 이족에 뿌리를 둔 왕조가 아닐 수 없게 된다.

셋째, 은 왕조의 백성인 이족을 이민족으로 간주하게 되면, 당연히 주 왕조의 백성은 화하족이거나 융족이어야 한다는 점이다. 그런데 주 왕조의 백성이 그런 화하족이 아니라면 오히려 당연히 융족은 주 왕조의 백성이어야 하고 또한 융족도 중국민족의 구성원이어야 한다.

넷째, 주 왕조의 백성이 화하족이고, 무왕을 도운 서쪽의 민족이 융족이라면, 화하족이 융족의 도움을 받아서 이민족인 이족을 멸망시킨 것이 된다는 점이다. 그러면 중국은 오랜 기간 동안 토착민인 화하족이 침략자인 이민족의 지배를 받았고, 드디어 화하족이 융족의 도움으로 침략자로부터 주권을 회복한 것이 된다. 그리고 중국고대왕조의 역사는 출발부터 비참하지 않을 수 없게 된다.

다섯째, 화하족이 이민족인 이족의 왕조를 멸망시키고 고토(古土)를 수복하였다면, 당연히 은 왕조 이전에 그 땅에는 화하족의 왕조가 있어야 한다는 점이다. 그렇게 되면 모든 중국고대사가 요·순시대의 역사부터 왜곡이 불가피해지게 된다. 만약 그렇지 않고 본래부터 이족의 은나라의 땅을 서쪽의 화하족이 아니라 융족이 침략하여 점령하고서 주 왕조를 건국했었다면, 당연히 그 경우는 주 왕조는 이민족의 침략에 의한 정복왕조가 된다.

여섯째, 역설적으로 은 왕조의 이족이 침략자인 이민족이라고 하게 되면, 당연히 중국문명과 문화의 정통성은 서쪽의 화하족이거나 융족에 있게 된다는 점이다. 그런데 화하족이 실재한 민족이 아니라 가공의 민족개념이라고 하게 되면, 당연히 융족이 오히려 중국문명의 주된 민족이 되고 또한 융족의 문화가 중국문화의 원류가 된다.

그러므로 역사적으로 화하족의 개념이 의도적으로 가공된 것이라면, 당연히 그 글자의 근원부터 살펴보아야 한다. 왜냐하면 화하라는 용어가 비록 배타적인 용어일지라도 그러나 그 용어가 국경을 침략하여 지배자가 된 이민족이 자신들과 피지배자인 토착민인 중국민족을 구분하기 위해 악의적으로 만든 용어가 아니라, 당시 중국 땅에 살고 있었던 중국민족이 가공하여 악용한 용어이기 때문이다. 다시 말해 화하의 용어는 주나라를 전복하려는 선비의 집단이 요순사관을 대신할 황제사관을 만들기 위해 착상하여 탄생시킨 가공의 민족개념이기 때문이다. 그리하여 화하족의 개념이 의도적으로 가공된 것임을 밝히는 작업은 중국역사의 왜곡을 밝히는 중요한 핵심과제가 된다.

그런데 그 점에 대해서는 오히려 서경의 글이 중화(中華)의 의미를 제대로 유추해 볼 수 있게끔 한다. 그것은 서경(書經) 순전(舜典)에서 순(舜)의 치적을 화(華)라고 기록된 점과 그리고 하나라를 건국한 계의 부친인 우왕의 성씨가 하(夏) 씨인 점이다. 그러므로 중화(重華)라고 표현된 순에 관한 기록에서 화(華)의 의미를 음미해 볼 필요가 있다.

"옛 제인 순의 덕을 살펴(曰若稽古帝舜曰若稽古帝舜) 말하자면(曰), 거듭하여 빛남이(重華) 제요와 부합하시니(協于帝協于帝), 깊고 지혜로우시며 우아하고 밝으시며(濬哲文明), 온화하고 공손하시며 미덥고 충실하셔서(溫恭允塞), 그윽한 덕이 위로 올라가 들리므로(玄德升聞), 그래서 자리에 임명되었다(乃命以位)."[10]

---

10) 서경 p21

그런데 거듭 빛난다는 중화(重華)의 표현은 요임금과 순임금의 치적이 결코 분리될 수 없을 정도로 연속적이고 화합적이라는 것을 보여주고 있기 때문에 가장 자랑스러운 경우에 적용한 화(華)의 용어는 당연히 고대중국왕조의 전통을 수렴한 용어가 아닐 수 없게 된다. 따라서 화하라는 명칭은 중화사상을 추구한 그 당시의 인물들이 서경의 기록에서 순의 화(華)와 우의 하(夏)를 함께 묶어서 만든 용어라고 유추해 봄직하다.

그러므로 후대에 이르러 이족의 정통성을 부정하지 않으면 안 되는 세력이 은밀하게 화하족의 개념을 억지로 만들어 가공의 역사로 다시 구성하려고 하니까, 모든 과거의 역사가 뒤죽박죽이 되지 않을 수 없게 된다. 곧 요임금과 순임금이 다른 민족의 인물이 되고 그리고 하나라가 화하족의 왕조가 되면서 이민족인 이족의 은나라에게 멸망당하는 역사관을 만들지 않으면 안 되게 된 점이다.

그런데 이 부정한 역사조작의 행위는 왜 굳이 후대의 중국인들이 이 명칭을 이용하여 자신들의 뿌리를 억지로 이족에서 분리시켜야만 했는가? 하는 의문점을 낳게 되고 그리고 그 때문에 그 의문점이 동아시아 역사를 이해하는 작업에 있어서 가장 중요한 비중이 지닌 논구주제가 아닐 수 없게 된다. 그러면 이 용어가 지닌 진정한 문제점을 명확히 파악하려고 하면, 당연히 화하족의 개념에 담긴 황제사관의 시각을 철저히 고찰해야만 한다.

통상적으로 중국의 역사학계는 화하족을 중국인구의 대다수를 차지하는 한족의 원류가 되는 민족이라고 규정하였다. 그리고 그 명칭에 관해서는 화하족의 화는 화산(華山)을 말하고 그리고 하는 하수(夏水)를 말하는 것이라는 주장을 소개하고 또 하(夏)씨 부족과 부족이 연합하여 하(夏)는 화하 족이 되었다는 주장도 소개한다. 그러면 화산의 지역도 섬서성(陝西省)이고, 하수의 지역도 섬서성(陝西省)이기 때문에 논란의 여지를 불려 일으킬 수 있게 된다. 그 뿐만 아니라 중국이 하나라의 실체에 대해 실증적 자료의 부족을 내세우고서 애매모호한 태도를 취했기 때문에 그 동안 논란이 가라앉을 수 없었지만, 그러나 모든 자료의 정황은 하나라의 실존을 결코 부정할 수 없도록 하였다.

그런데 전설과 뒤섞인 화하족에 관한 설명에는 각별히 주목하지 않으면 안 되는 특이점이 있었는데, 그것은 시기에 관한 것으로서 화하족은 삼황오제에 속하는 화제와 신농씨의 후손이며 그리고 기원전 2070년 하나라를 건국하고 기원전 1600년까지 약 500년간 존재했었다는 설명이다. 그리고 이 설정을 바탕으로 하여 전국시대이후의 사상가들이 중국고대사를 이족과 화하족 간의 투쟁의 역사로 전환시키고 중화사상을 태동시켰기 때문에 당연히 이와 같은 이야기들이 춘추전국시대에 탄생했을 것이라는 짐작이 가능하지 않을 수 없게 되었다.

그리하여 후대에 등장한 중국역사서인 죽서기년과 사기는 하(夏)나라가 우(禹)을 뒤이어 왕위에 즉위한 우의 아들 계(啓)를 1대로 하여 마지막 걸(桀)까지 13세, 16대, 471년간 지속되었다고 기록하였다. 그리고 하나라는 기원적 1600년경에 동이족이 세운 상(은)나라에 의해 멸망당했지만, 화하족은 기원전 1046년 주나라를 세우고서 자기 조상의 나라를 멸망시킨 상나라를 멸망시켜 자기 민족의 정체성을 회복했다고 왜곡된 억지주장을 하였다. 그리고서 그들은 후안무치하게 시치미를 떼고서 자신들이 날조한 역사와 역사관에 근거하여 화하족이라고 새롭게 탄생시킨 부족을 역사현장의 중심에 놓고서 동이, 서융, 남만, 북적의 부족을 자신들의 민족구성체가 아니라고 극단적으로 배척하면서 그리고 곧장 그들을 반문명적(反文明的) 미개인(未開)으로 낮추어 멸시하였다. 하지만 그런 중국사의 서적과 달리 서경에 수록된 문서에서는 결코 그런 신화에 의한 이족과 화하족 간의 투쟁의 흔적이 전혀 발견되지 않는다. 따라서 고대경전에 따르면 그런 일이 결코 있을 리 만무하게 된다. 그런즉 누군가가 이족과 화하족 간의 투쟁을 주장하더라도, 그 근거는 여하간 전국시대 이후에 쓰인 기록이기 때문에 결코 본서의 논구를 반박할 자료가 될 수 없다.

그러므로 화하 족에 관한 역사관이 얼마나 왜곡된 것인지는 다음의 의문점으로 정리되어질 수 있다.

첫째, 전국시대의 중국인들이 왜 굳이 부끄러움을 무릅쓰면서까지 자신들의 조상을 화하족이라고 주장하면서 기존의 이족을 지극히 부정해야 했는가? 하는 의문점이다.

둘째, 우의 하나라가 중국의 정통왕조라고 인정한다면, 왜 우에게 왕위를 물려준 순임금을 화하족의 조상으로 우선적으로 내세우지 않았는가? 하는 의문점과 그리고 하나라이후의 은나라와 주나라도 연이어 요와 순임금을 왜 공경하였는가? 하는 의문점이다.

셋째, 이족과 화하족이 서로 철저하게 적대하는 민족이었다면, 어떻게 선대왕조의 이념을 후대의 왕조에서 고스란히 수용하게 되었으며, 그리하여 왜 요와 순임금의 통치이념과 하나라와 상나라와 주나라의 통치이념이 한 결 같이 동질적이게 되었는가? 하는 의문점이다.

넷째, 은나라가 이민족의 왕조라면 그들은 하나라 때에 어떤 경로를 거쳐 중국 땅으로 진입하여 중국 땅을 지배할 수 있게 되었는가? 하는 의문점이다. 왜냐하면 그 의문점은 역으로 은족이 하나라 이전부터 중국 땅에 정착하고 있었던 중국 고유의 민족이라면 오히려 화하족을 이민족일 수밖에 없도록 만들기 때문이다. 그와 아울러 그 반대의 의문은 이족이 하나라의 시기에 중국 땅에 들어와 하나라를 멸망시키고 토착민인 화하족을 지배했다가 다시 화하족의 주나라에게 멸망당했다면 도대체 그 이족의 민족은 어디로 사라졌는가? 하는 의문점이다.

그런데 이런 의문점의 제기가 화하족과 중화사상에 담긴 허구성 때문에 비롯된 것이기 때문에, 서경의 기록이 화하족에 관한 억지주장을 논박할 명확한 근거를 아닐 수 없게 된다.

왜냐하면 그 이유는 서경의 하서와 상서와 주서의 기록들이 후대의 공자에 의해 편찬된 것이건, 혹은 후대의 공자에 의해 직접 편찬된 것이 아니건 간에 그러나 어쨌든 그 기록의 내용이 누군가에 의해 가공된 것이 아니기 때문에, 따라서 서경에 수록된 모든 기록이 당연히 전대의 왕조로부터 후대의 왕조로 전승된 기록이 아니라면 도저히 그런 편찬이 가능할 수 없기 때문이다.

그 뿐만 아니라 더 나아가 설사 주나라의 구성원이 화하족이고 그리하여 자신의 조상들이 수립한 하나라를 멸망시킨 그 은나라를 주나라가 멸망시킨 것이라고 가정하더라도, 주나라가 도대체 서경에 수록된 상서의 기록들을 그대로 보전하는 정도를 넘어서 이민족이 세운 상나라의 통치이념까지 수용해야 할 이유가 도대체 없었기 때문에 서경의 기록은 의심받을 수 없게 된다. 다시 말해 한편으로는 이족이라고 깔보면서 또 다른 편으로는 그들이 이룩한 문화와 문명을 존중하고 수용하였다면, 화하족의 태도는 이율배반적일 수밖에 없게 되기 때문이다.

그러므로 서주(西周)시대에는 언급조차 되지 않았던 화하족의 이야기가 동주시대 이후로 접어들면서 정사(正史)의 기록이 아닌 누군가가 조작한 전설을 통해 세상에 유포되었다면, 당연히 그 전설은 필히 역사를 왜곡시키지 않으면 안 되는 특정세력이 자신들의 특정한 목적을 달성하기 위해 불손한 의도를 가지고서 억지로 조작한 역사왜곡의 산물일 수밖에 없게 된다.

그러므로 더 이상 필요한 논구는 다시 제5장에서 자세히 검토할 것이다.

(2) 왕도사상과 패도사상의 대립이 지닌 근본문제점

논구초점 1 : 왕정제도하에서의 고대왕조의 통치이념이 일찍 역사의 무대에서 퇴장되지 않고, 역사이래로 줄곧 정치이념으로서 존속할 수 있었던 이유는 현재의 민주주의가 지향하는 바의 이념적 요체를 이미 두루 갖추고 있었기 때문이다. 즉 국민을 위하는 가장 바람직한 지도자를 선발하고 그리고 그 지도자가 자신이 선택한 훌륭한 인재와 더불어 유기적 공동체를 경영한 방식이었기 때문이다.

그런즉 중국고대왕조에서 요·순임금의 정권교체가 바로 이런 요소를 가장 충실히 갖추고 있는 역사의 본보기이기 때문에 주목하지 않을 수 없게 된다. 그리고 이 선양의 미덕은 후일에 이르러 비도덕적인 군주에 대한 민중혁명의 당위성을 옹립한 유가의 분명한 근거가 되었다.

따라서 중국고대사의 본질을 이해하려고 하면, 누구든지 반드시 고대왕조의 정치사상의 요체인 선양제도가 지닌 정치적 의의를 간파해야만 비로소 그 본질의 핵심에 다가설 수 있게 된다.

논구초점 2 : 백성을 다스려야 하는 관점에서만 보면, 어쨌든 법가와 도가가 결합하여 형성된 황로학에서의 패도정치도 유가인 맹자의 왕도정치의 이념과 별다른 차이가 없어 보일 수 있기 때문에 겉만 보면 양자의 구분이 쉽지 않을 수 있게 된다.

그러나 세습제와 맞물린 정치상황에서의 패도정치는 승자승의 원칙에 의해 모든 것을 독식하는 제도를 주장하였기 때문에 어떤 경우에서도 패도정치 하에서는 마음을 진정으로 열어놓고서 훌륭한 인재를 등용하는 일이 말처럼 쉽지 않았다. 오히려 그런 탁월한 인재는 왕조의 독이 될 수 있었기 때문이다. 따라서 전국시대의 패도정치는 아래로는 현명한 신하들과 더불어 국정을 함께 다스리는 협치(協治)의 도덕정치와 철저히 구별된다.

그리고 전통적인 왕도정치는, 비록 유가가 한(漢) 대에 국교로 채택되었다고 하더라도, 전제군주제도에서의 제왕(帝王)학이 지향한 방식 곧 선왕이 자신의 왕자들 중에서 직접 후계자를 선택하여 오랜 기간의 훈육을 거친 후에 비로소 왕위를 물려주는 통치방식과 철저히 구별된다.

공자의 제자들이 논어 미자(微子)편에는 공자가 초(楚)나라에서 채(蔡)나라로 돌아오는 길에 만난 두 사람의 은자와 그의 제자 자로가 문답한 대화와 그런 연후에 되돌아 온 자로와 공자가 나눈 대화를 자세히 기록해 두었는데, 그 대화는 춘추시대의 혼란한 모습과 그리고 그 혼란의 와중에 놓인 공자의 입장을 명확히 보여준다.

"……걸익이 말하였다(桀溺曰). 「당신은 누구인가(子爲誰)?」 <자로가>말하였다(曰). 「중유라 하오(爲仲由)」

<걸익이> 말하였다(曰). 「그대가 바로 노나라 공구의 무리인가(是魯孔丘之徒與)? 」<자로가> 대답하여 말했다(對曰). 「그렇소(然)」

<걸익이>말하였다(曰). 「막힘이 없이 기운차게 흘러가는 넓은 물줄기의 흐름처럼 천하가 모두 이러하니(滔滔者天下皆是也), 그런즉 누구와 더불어 변역시키겠는가(而誰以易之)? 또한 그러므로 사람을 피하는 선비를 따르는 것보다는(且而與其從辟人之士也) 어찌 세상을 피하는 선비를 따르는 것만 하겠는가(豈若從辟世之士哉)?」

씨앗 덮는 일을 하면서 그리고 그치지 않았다(耰而不輟).

자로가 돌아와 아뢰니(子路行以告), 공자께서 크게 낙담하고 계시다가 말씀하셨다(夫子憮然曰).

「새와 짐승과 더불어 무리지어 살수 없으니(鳥獸不可與同群), 내가 이 사람의 무리와 함께 하지 않고(吾非斯人之徒與) 그러면 누구와 함께 하겠는가(而誰與)? 천하에 도가 있으면(天下有道), <공자인 구>내가 <그들과> 더불어 변역시키려 하지 않을 것이다(丘不與易也)」"[11]

곧 이 글은 춘추시대의 혼란에 직면한 지식인의 자화상을 보여주는 중요한 단서가 되는데, 그 까닭은 다음과 같은 이유 때문이다.

첫째는 「막힘이 없이 기운차게 흘러가는 넓은 물줄기의 흐름처럼 천하가 모두 이러하니(滔滔者天下皆是也)」라는 글이 시대의 흐름에 순응하여 가만히 숨죽이고 지켜보자는 그런 기회주의 사고방식의 은자(隱者)들의 입장을 보여주기 때문이고,

둘째는 전자와 달리 「천하에 도가 있으면(天下有道), <공자인 구>내가 <그들과> 더불어 변역시키려 하지 않을 것이다(丘不與易也)」라는 글이 혼탁한 시대를 바로 잡기 위해 적극적으로 나서야겠다는 투철한 참여의식의 공자의 입장을 보여주기 때문이다.

그런데 이 상반된 입장의 차이점은 본서가 차후에 차례로 논구할 여러 주제들의 길잡이가 될 역사적 상황을 직시할 수 있게 해주는데, 그 까닭은 어느 쪽의 입장에 서는가에 따라 그 당시의 선비들의 역사적 행보가 전혀 달라졌기 때문이다. 곧 왕도정치의 노선에 따라 정국을 정상화하려는 입장과 탐욕스러운 제후들이 자신의 입지를 강화하는 방향에 편승하려는 입장인데, 따라서 그 두 입장은 아래와 같이 정리될 수 있다.

하나는 관자(管子)를 거치면서 더욱 분명해진 고대왕조의 통치노선을 수호하면서 춘추시대의 혼란을 극복하려는 공자의 입장이다.

다른 하나는 공자의 변역의 사고방식이 시대의 흐름에 순응하기보다는 오히려 역으로 시대의 흐름에 역행하는 것으로 판단하고서, 춘추전국시대에 걸쳐 줄기차게 공자의 노선을 비난하면서 그 노선을 무력화시키려는 도가와 묵가, 법가의 입장이다.

---

11) 논어 p363~364

그러므로 언뜻 보면, 매우 그럴 듯해 보이는 노자의 상선(上善)의 의미는 춘추시대의 난국을 배경으로 하고서 바라보게 되면, 그 의미가 지극히 기회주의적 발상의 극치라고 비판받지 않을 수 없게 된다. 왜냐하면 아래 문장을 제각기 하나하나씩 따로 떼어 놓고 보면, 참으로 그럴듯해 보이지만, 그러나 조금만 더 깊숙이 들어가서 따져 보면, 전체맥락이 참으로 모순에 가득 차 있음을 전적으로 알아챌 수 있기 때문이다.

"상선은 물과 같다(上善若水). 물은 만물을 이롭게 하고 그리고 다투지 않으며(水善利萬物而不爭), 뭇사람이 싫어하는 곳에 처한다(處衆人之所惡). 그러므로 도에 가깝다(故幾於道). 사는 것은 땅을 좋아 하고(居善地), 마음은 깊은 것을 좋아하고(心善淵), 함께하는 것은 어진 것을 좋아하고(與善仁), 말은 진실을 좋아하고(言善信), 법은 다스리는 것을 좋아하고(正善治), 움직이는 것은 때를 좋아한다(動善時). 오직 다투지 않는지라(未唯不爭) 허물이 없다(故無尤)."[12]

그러므로 상선약수(上善若水)를 설파한 노자의 진의를 제대로 파악하려면, 당연히 물의 본성을 상식적인 입장에서 논구한 연후에 노자의 말이 무엇을 의도하였는지를 따져보아야 한다.

우선 중국고대왕조의 본격적 역사는 황하의 홍수를 다스리는 치수로부터 비로소 시작되었다. 그 경우처럼 물이 적당한 수준의 정도를 벗어나게 되면 그 피해가 이루 다 말할 수 없게 된다. 그리고 물은 인위적으로 수로를 잘 만들어 올바르게 제대로 관리를 하지 못하게 되면, 실로 일상생활에 막대한 불편을 초래하게 된다. 더 나아가 오물과 같은 폐수가 야기하는 환경오염과 같은 사태는 이로 말할 수 없을 정도의 불편을 야기한다.

12) 노자 p64

그 뿐만 아니라 물은 다투지 않는 것이 아니라 오히려 물이 다량으로 모여 막대한 파괴력을 형성할 정도가 되면, 인간은 실로 그 위력을 도저히 감당할 수 없게 된다. 마찬가지로 거꾸로 가뭄 때처럼 물이 심하게 부족하게 되면 그 사태는 홍수 때와 마찬가지로 인간사회에 심대한 피해를 준다. 그러므로 섣불리 물이 선하다고 단정 짓는 것은 상식적인 판단이 될 수 없다.

그런즉 뒤이은 여러 문장들은 앞선 상선(上善)의 문장과 전혀 연관이 없는 문장으로서 그 문장을 연이어 읽은 사람으로 하여금 순간적인 착각에 빠져 들게 만든다. 곧 물의 성격이 선하고 어진 것인 양 오판하도록 만드는 점이다.

그렇다면 이 글의 진정한 의도는 도대체 어디에 있는 것인가? 그 점에 대한 암시는 마지막 구절에 있다. 그것은 「움직이는 것은 때를 좋아하고(動善時), 오직 다투지 않는지라(未唯不爭) 허물이 없다(故無尤)」는 말이다. 이 말에 담겨있는 진정한 의도는 형태가 없는 물처럼 시류에 따라 처세하면서, 현 상황에 대해 시시비비(是是非非)를 가리려고 따지면서 다투는 행동을 굳이 해서는 안 된다는 암시이다. 다시 말해 곧은 선비라면 당연히 춘추시대를 야기한 책임을, 전국시대라면 전국시대를 야기한 책임을 명백히 따져야 하는데, 그러나 도가의 선비들은 오히려 그런 책무를 회피하고 그 대신 새로운 역사관을 앞세우고서 유가로 하여금 주나라가 확립한 정통성을 포기하고 곧바로 자신들의 처세대로 상황논리에 따라 유연하게 전국시대의 흐름에 그대로 순응하라는 권유 내지 충고 내지 경고를 보낸 점이다. 다시 말해 주나라 시대에는 주나라의 상황에 맞게, 춘추시대에는 춘추시대의 상황에 맞게, 전국시대에는 전국시대의 상황에 맞게 처세하는 입장이야말로 변화를 이끄는 만물의 진정한 도에 부합하는 태도로서, 비유컨대 그 방식이 바로 물의 무형(無形)의 성질에 부합하는 처세의 요령이라는 것이다. 그리하여 노자는 마지막 문장에서 물처럼 그렇게 행동하면, 굳이 다툴 여지가 없게 된다는 결론을 내렸다. 더 나아가 노자는 상선약수(上善若水)의 이 글 뜻에 유가들이 이미 지나간 주나라 시대의 예법을 가지고서 춘추전국시대의 변화된 상황을 집요하게 얽매려고 하니까, 오히려 시대에 역행하는 분쟁만 자꾸 일으키고 있다는 비난까지 담아 두었다.

물론 이와 같은 비판에 대해 도가의 입장은 세찬 반론을 제기할 수 있겠지만, 그러나 정당한 관점에서 올바른 반박을 하려면 당연히 그 입장은 상선(上善)의 문장이 물(水)에 대한 다음의 통상적인 비유와 맥을 같이 하고 있는지부터 먼저 해명해야 한다. 곧 도가사상가들보다 훨씬 앞선 법가사상가인 관중이 그가 보필한 춘추시대의 첫 번째 패자[13]인 환공과 나눈 문답 속에 기록되어 있는 글이다.

곧 그 문답은 환공이 관중에게 제후를 넘어서 패왕이 되고 싶은 속내를 드러내었을 때 관중이 환공에게 답한 내용인데, 그 곳에 노자의 상선의 문장과 대비될 수 있는 표현이 들어 있는데, 그것은 「백성들이<백성들의 마음이>이 물이 <낮은 곳으로> 흐르는 것처럼 돌아왔다(民歸之如流水)」 는 구절이다.

> "「…… 관중이 대답하였다(管子對曰). 「만약 군주께서 앞으로 패왕이 되시어, 큰일을 하실 의향이시라면(君若將覇王大擧事乎) 즉 반드시 그 근본의 일을 따라야 합니다(則必從其本事矣).」
>
> 공이 몸을 움직여 자리를 옮기고서(桓公變躬遷席) 공손히 두 손을 마주잡고서 그리고 묻고자 말했다(拱手而問曰). 「감히 묻거니와(敢問) 그 근본이란 무엇을 말함이요(何謂其本)? 」

13) 중국역사서에는 제국간(諸國間) 혹은 제후간(諸侯間)에 맺어지는 회합이나 맹약을 회맹(會盟)이라 하며, 그 회맹에서 맹주(盟主)가 된 자를 패자라고 하는데, 춘추오패는 춘추시대 5인의 패자를 일컫는 오백(五伯)이라는 용어로 설명되고 있음.

관중이 대답했다(管子對曰). 「제나라의 백성이야말로(齊國百姓) 군주의 근본이십니다(公之本也). 사람들은 지나칠 정도로 기아를 걱정하고 있건만(人甚憂飢) 그런데 세금은 무겁게 거두고 있습니다(而稅斂重). 사람들은 죽음을 심히 두려워하고 있건만(人甚懼死) 그런데 형의 집행은 가혹합니다(而刑政儉). 사람들은 노역으로 심하게 몸을 다치고 있건만(人甚傷勞) 그런데 위에서는 <농사>철을 무시하시고 부역에 동원하고 계십니다(而上擧事不時).

군주께서 지나친 세금을 가벼이 해주신다면(公輕其稅斂), 곧 사람들은 기아를 걱정하지 않아도 될 것입니다(則人不憂飢). 그 형의 집행을 너그럽게 해 주신다면(緩其刑政) 곧 그들은 죽음을 두려워하지 않을 것입니다(則人不懼死). 농사에 지장이 없도록 때를 가려 부역에 동원하신다면(擧事以時), 곧 그들은 노역으로 몸을 상하지 않을 것입니다(則人不傷勞)」 환공이 말하였다(桓公曰). 「과인은 중부의 말씀을 잘 들었소(寡人聞仲父之言). 이 세 가지 일은 들은 대로 시행하리라(此三者聞命矣). 그러나 내 멋대로 할 것이 못되니(不敢擅也), 종묘에 삼가 고하고서 시행을 하겠소(將薦之先君)」 ···

가까운 자에게는 정성과 신의로 대하고(近者示之以忠信), 먼 자에게는 예의로 대하였다(遠者示之以禮儀). 수년을 이렇게 행하니(行此數年), 그러자 물이 <낮은 곳으로> 흐르는 것처럼 백성들이(민심이) 돌아왔다(而民歸之如流水).”[14)]

그런데 더 나아가 관자의 이 문장에는 특별히 더욱 더 주목해야할 관점이

14) 관자 p434~435

있는데, 그것은 관자가 거론한 패왕의 도는 진나라와 한나라에서 구축한 중앙집권방식의 전제군주제도하에서의 통치방식이 아니라 여전히 전통의 통치이념에 입각한 봉건제도하에서의 통치방식인 점이다. 그런데 이 점이 지닌 중요성에 대해서는 차후에 점차 논구해 나갈 것이기 때문에 여기서는 더 이상 다루지 않겠지만, 그러나 관자가 유가와 도가의 사상가들보다도 훨씬 더 앞선 인물이기 때문에 춘추시대의 공자의 입장과 그리고 그를 공격한 전국시대의 도가의 입장에 관한 정황을 파악하는데 있어서 결정적인 판단의 시금석이 된다는 점만은 분명히 짚어두고자 한다. 왜냐하면 그 점을 간과하게 되면 앞으로의 논구를 제대로 따라갈 수 없을 것이기 때문이다.

그러면 위의 관점으로 되돌아가 우선적으로 주목해야할 문제점은 다름 아닌 모든 도가의 사상가들이 관자에 수록된 바의 물의 성격과 동일한 입장을 취하고 있었다면 당연히 그들에게 굳이 유가의 사고방식을 철저히 부정할 이유와 필요가 있을 리 만무했었다는 판단이다. 왜냐하면 노자가 자신의 정치노선을 물처럼 비유했지만 그러나 그 의도가 관자와 전혀 달랐다면, 당연히 그 차이점이 도가의 입장이 전통의 고대통치노선을 거부한 입장이었다는 점을 명확히 판정할 수 있게 해주는 정당한 판단근거가 되기 때문이다.

그렇다면 도가의 사고방식을 정당하게 비판하기 위해서는 당연히 춘추시대의 공자가 「위태로운 나라에는 들어가지 않고(危邦不入), 어지러운 나라에는 살지 않으며(亂邦不居), 천하에 도가 있으면 나타나 벼슬하고(天下有道則見), 도가 없으면 숨어야 한다(無道則隱)」 [15]고 가르친 자신의 말처럼 은거하지 않고, 왜 거꾸로 세상을 변역하고자 적극적으로 나섰는가? 하는 의문점을 분명히 해소해야만 공자의 입장과 의도를 정당하게 변호하고서 도가를 평가할 수 있게 된다. 그리고 그 의문점은 공자의 시대인 춘추시대가 걸·주의 시대처럼 도가

15) 논어 p158

사라진 시대인가? 하는 점을 따져 보아야만 해명될 수 있고 따라서 당연히 그 해명을 위해서는 춘추오패의 등장시기의 연대순을 판단기준으로 삼아야 한다.[16] 왜냐하면 그 이유는 춘추오패의 등장이 춘추시대의 난국이 심화되어가는 변화의 양상을 보여주기 때문이다.

첫째는 동주가 시작된 시점인 BC770년으로부터 100년이 지난 BC659년(제환공 23년)에 환공이 북쪽 산융이 연나라를 공격하자 연나라를 구원하고 그리고서 남쪽 초나라를 정벌하여 첫 번째 패자가 된 시기의 중요성 때문이다.

두 번째는 공자의 생존한 시기(BC551~479년)로부터 보면, 제(齊)환공, 송(宋)양공, 진(晉)문공, 진(秦)목공, 초(楚)장왕은 공자생전의 인물이어서 공자가 잘 알 수 있었던 인물이었고, 오(吳)부차와 월(越)구천은 공자 말기에 활약한 인물들이어서 공자가 비록 그들을 잘 알 수 없었다고 하더라도 여전히 춘추시대의 인물들이었기 때문이다.

제(齊)나라 환공(桓公:BC716~643) : 성은 강(薑)이고, 씨(氏)는 여(呂)이며, 이름은 소백(小白)이다. 춘추(春秋)시대 제(齊)나라 15대 군주로 BC685년에 등극했다. 춘추오패(春秋五霸) 중 첫 번째 인물이다. 강태공(薑太公) 여상(呂尙)의 12대 손이고, 제희공(齊僖公) 녹보(祿甫)의 셋째 아들이다. 모친은 위국(衛國) 사람이다.

---

16) 아래의 춘추오패는 두산백과가 중국역대인명사전, 중국역대인물 초상화, 한국인문고전연구소의 내용을 소개한 것을 다시 사마천의 연대기와 비교하여 인용한 것임.
묵자(BC 479년경 ~ BC 381년경)
맹자(BC 372년 추정 ~ BC 289년 추정)
장자(BC 369년 ~ BC 289년경)
순자(BC 298년 ~ BC 238년)
한비자(BC 280?~BC 233)

송(宋)나라 양공(襄公:미상~BC637년 추정) : 성은 자(子)이고, 이름은 자보(玆甫)이다. BC650년부터 BC637년까지 재위에 있었던 송(宋)나라 군주로써 진목공(秦穆公)과 더불어 춘추오패(春秋五霸)로 간주되기도 하지만, 순자는 오(吳)부차와 월(越)구천을 오패로 간주한다. 송양공은 제환공(齊桓公)이 죽고 제나라에 내란이 일어나자 위(衛), 조(曹), 주(邾)나라 등의 사람들을 이끌고 제나라를 공격하여 제효공(齊孝公)을 옹립했다. 그는 야망이 대단하여 제환공의 패업(霸業)을 계승하여, 초(楚)나라와 패권(霸權) 다툼을 하였다.

진(晉)나라 문공(文公 : BC697년~628년) : 성은 희(姬)이고, 이름은 중이(重耳)이다. 춘추(春秋)시대 진(晉)나라의 22대 군주로 진헌공(晉獻公: 미상~BC651)의 아들이고, 모친은 호의(狐姬)이다. 여희(驪姬; 진헌공의 비)의 난으로 국외로 도피하여 19년 동안 망명생활을 했다. BC636년에 진목공(秦穆公)의 지지 하에 진나라로 돌아와 진회공(晉懷公)을 죽이고, 자립하여 군주가 되었다.

진(秦)나라 목공(穆公 : BC659~621) : 진(秦)나라의 14대 군주로 본명은 임호(任好). 진나라의 진흥의 터전을 마련한 뛰어난 군주로서 현신, 책사들의 보필을 받아 서융(西戎) 지역의 많은 영토와 영민(領民)을 대폭 병합시켜 진을 무시하지 못할 서방 강국으로 융성시켰다. 이 때문에 진목공을 춘추오패에 포함시키는 이도 있는데, 오패(五霸)로까지 간주하지는 못하더라도 서융의 패자

(霸者)인 점만은 확실하다. 또한 진문공(晉文公)의 장인이다.

초(楚)나라 장왕(莊王:미상 ~ BC591년) : BC614에 왕위에 올랐고. 성은 웅씨(熊氏)이며, 이름은 여(旅) 또는 여(侶, 呂)이고, 목왕穆王)의 아들이다. 양자강 중류지역을 본거지로 삼았던 초나라는 기원전 7세기 중엽부터 활발한 북진정책(北進政策)을 추진했다.

주왕(周王)의 사신인 왕손만(王孫滿)에게 주(周)왕실의 구정(九鼎)의 경중(輕重)을 물었다가 오히려 반론을 당한 이야기는 잘 알려져 있다<주왕조가 앞으로 얼마나 지속할 수 있겠느냐 하는 요지의 질문>. 주나라를 대체할 뜻을 품고 있었다.

오(吳)부차(夫差:미상~재위 BC496~473) : 합려(闔閭)의 아들이며 오나라의 군주. 아버지가 월왕(越王) 구천(句踐)에게 패하여 죽자 그 유언을 받들어, 와신(臥薪)하며 복수를 다짐하였다. 마침내 BC494년 월(越)나라를 공격하여 대승을 거두고 굴복시켰다.

월나라를 굴복시킨 부차는 북진(北進)정책에만 신경을 쓰며 제(齊)나라를 공격하는 동안에, 설욕에 여념이 없던 구천이 공격해와 태자를 사로잡았다. 부차는 구천에게 화의(和議)를 요구하였으나 거절당하고, 2~3차례 월나라의 공격으로 오나라는 결국 망하고 말았다.

월(越)나라 구천(句踐:미상~BC465) : 아버지 윤상(允常)이 죽은 뒤 왕위를 이어받자마자 오왕(吳王) 합려(闔閭)와 싸워 그를 죽였다. 2년 후인 BC494년에 구천은 부차에게 패배하여 회계산(會稽山)에 숨었다가 버티지 못하고 용서를 빌어 오왕의 신하가 되었다. 그 후 구천은 회계산의 치욕을 씻기 위하여 쓸개를 핥으면서 부국강병(富國强兵)에 힘썼다. 그리하여 끝내 부차를 꺾어 자살하게 하고, 서주(徐州)에서 제후와 회맹(會盟)하여 패자(覇者)가 되었다.

그런즉 공자가 생존하고 있었을 적에 활약한 오패의 인물은 단지 오나라 부차와 월나라 구천이었고 그리고 공자사후의 시대(BC479년)는 춘추의 막바지의 시기로서 얼마 안 가서 전국시대(BC453년 진나라가 韓·魏·趙 삼국으로 분열된 해, BC403년 주나라 威烈王으로부터 삼국의 군주가 공식적으로 작위를 받은 해)가 도래하였던 것이다. 그러므로 공자가 여러 나라 제후들에게 고대왕도정치의 노선을 답습할 것을 설파한 노력은 전국시대의 맹자에게로 넘어가게 되었다. 그리고 공자의 입장이 본격적으로 뭇 선비들에게 공격대상이 되었던 시기가 맹자이후의 전국시대로 간주하면, 노자의 상선약수(上善若水)의 의미가 명확히 드러나게 된다.

그런데 여하간 전국시대에 등장한 맹자의 왕도정치사상이건 그리고 한비자의 패도정치사상이건 간에 어쨌든 정치사상은 당연히 만백성을 위한 정치이념을 담고 있어야 하기 때문에 비록 그 내용의 상당부분은 대립적일지라도 그 이외의 상당부분은 서로 공통되지 않을 수 없게 된다. 즉 정치가 백성을 위해야 한다는 당위론에 있어서는 서로가 공통적인 모습을 보여주는 점이다. 그러므로 상호 공통적인 점만 중시하거나 아니면 그 차이점만 중시하여 유가를 옹호하거나 아니면 도가 및 법가를 옹호하는 일은 지극히 잘못될 수 있게 된다. 곧 유가를 보수적으로 그에 반해 도가를 진보적이라고 평가하는 그런 편향적인 시각이 실로 잘못될 수밖에 없게 되는 점이다. 다시 말해 유가와 도가가 난세를 수습할 동일한 목적의식을 공유하고 있더라도, 공격하는 입장의 명확한 동기, 이유, 목적을 전체적인 맥락에서 조망하면서 그 주장의 차이점을 낱낱이 따지지 않고 한 쪽 편의 입장에 서서 그 주장만을 여과 없이 옳다고 견지하게 되면, 곧바로 서로의 입장차이가 야기하는 정치적 핵심쟁점이 도대체 무엇인지를 객관적으로 명확히 드려다 볼 여지가 없게 되는 점이다. 그러면 패도정치가 지닌 부정적 측면을 들추어내고서 왕도정치의 관점에서 비판하려고 하는 경우이건 또한 그와 반대의 경우이건 간에, 한 쪽 편의 관점을 중점에 놓고서 다른 쪽 편의 문제점만 비판하게 되면, 그 논구는 심히 불공정한 학적 작업이 될 수밖에 없게 된다.

그런즉 양 입장의 차이를 공정한 눈으로 명확히 평가하려고 하면, 오히려 그들을 배제한 제 3지대의 객관적 증거를 찾아 채택하고서 양측을 비교하는 기준으로 삼아야 한다. 왜냐하면 공자와 그의 문인들의 저술을 바탕으로 하여 패도사상을 논구하기 보다는 오히려 그들보다 훨씬 앞선 인물인 주나라 초기의 태공망의 사상을 담은 육도(六韜)와 춘추시대의 제나라 제상 관중의 사상을 담은 관자(管子)을 바탕으로 하여 두 사상의 차이점을 논구하는 것이 보다 더 바람직한 방법이 될 수 있기 때문이다. 즉 극단적으로 설사 그 서책이 태공망과 관자의 직접 저서가 아니라 다른 누군가에 의한 위작이라고 하더라도, 어쨌든 그 서책은 그 당시까지의 모든 사상의 소재를 토대로 하여 후대의 다른 인물이 그들의 입장을 객관적으로 기술한 것이기 때문이다. 다시 말해 어떤 불순한 의도를 가지고 전혀 다르게 기술하고자 시도했더라도 태공망과 관자의 인물이 실존한 위대한 인물이었기 때문에 그런즉 이미 자신보다 앞서 태공망과 관자를 기록한 또 다른 서책의 내용들과 터무니없이 다르게 기록할 수 없었기 때문이다. 또한 제삼자가 태공망과 관자와 같이 명망 있는 인물에 대해서는 위인전의 형식으로 주관적인 평가는 할 수 있어도, 그들의 사상이 담긴 서책을 그들의 평소의 판단과 행동과 다르게 저술하고서 그들이 직접 쓴 저서라고 주장하는 일은 실로 불가능한 일이기 때문이다.

그럼에도 불구하고 위작의 문제가 발생하였는데 그러나 그런 경우는 제삼자가 그의 이름을 빌려 저서를 발간한 경우로서 위의 경우와 전혀 다른 사례이다. 더욱이 태공망과 관자의 서책에 대해서는 그 당대에 유가, 도가 및 다른 유파들이 그들의 사상이 담긴 저서가 아니라고 위작의 시비를 걸지 않았기 때문에 본서가 지금 그 저서의 기록을 역사규명의 객관적인 자료로 활용해도 별다른 문제가 전혀 없다. 다시 말해 태공망과 관자의 서책이 공자이후의 시대에 갑자기 등장한 것이라면 당연히 그 당시에 위작의 시비에 휩싸였을 것이고, 또한 그 내용도 각 유파의 이해관계 때문에 시비대상거리가 되었을 것이기 때문이다.

그런데 이 논구에서 주나라 초기의 인물인 태공망이 중요해지는 이유는 육도에 기록된 무위(無爲)에 관한 진술 때문이다. 곧 장자가 말한 바처럼 무위에 관한 이야기가 자신들의 시대이전에도 있었다면, 당연히 태공망의 이야기가 그들에게 본보기가 되었을 것이기 때문이다. 그런데 이것을 두고서 거꾸로 장자 이후의 시기에 도가의 누군가가 그들의 생각을 육도에 삽입한 것이라고 우길 수 있겠지만, 그러나 그렇게 말하기에는 그 내용이 너무나도 도가의 사고방식과는 거리가 멀고 또한 오히려 서경에 기록된 사고방식과 일맥상통하기 때문에 여하간 도가의 사상가들이 이런 글들을 참조하여 자신들의 생각을 형성했을 것이라고 추정하는 것이 더 타당해 질 수밖에 없게 된다.

마찬가지로 관자의 서책에서도 그와 같은 점이 발견되는데, 그렇게 되면 관자가 도가들보다 훨씬 앞선 시대의 인물이기 때문에, 관자가 황로학의 뿌리가 되게 되어 오히려 도가는 스스로 자가당착에 빠지게 된다. 곧 그 내용은 아래 글에서 요·순의 정치를 폄하하고 황제의 정치를 드높인 후반부의 글이다. 그런즉 만약에 이 글을 위작이 아니라 관중의 글이라고 주장하게 되면, 당연히 도가의 조종(祖宗)은 노자가 아니라 관자가 되어야 마땅할 것이다. 그러나 이 글을 제외하고는 관자의 시대에 도가의 징조는 전혀 발견되지 않는다. 따라서 이 글은 더 이상의 재론될 여지가 없는 글일 뿐이다.

"옛날 요가 천하를 다스린 것을 보면(昔者堯之治天下也), 진흙을 이겨서 물건을 만들 때(猶埴在埏也), 도공의 뜻대로 되는 것 같았고(唯陶之所以爲), 용광로에 들어간 쇠붙이가(猶金之在鑪) 주물공 뜻대로 불리는 격이었다(恣冶之所以鑄). 그 백성들은 요가 끌면 그러면 오고(其民引之而來), 밀면 그러면 갔으며(推之而往), 하라고 지시하면 그러면 그 일을 이루고(使之而成), 금하면 그러면 중지하였다(禁之而止). 그러므로(故) 요가 천하를 통치한 것은(堯之治也) 법령을 뚜렷하게 세운 것뿐이라고 할 수 있다(善明法禁之令而已矣).

황제가 천하를 통치한 것을 보면(黃帝之治天下也), 그 백성들은 끌지 않아도 오고(其民不引之而來, 밀지 않아도 갔으며(不推而往), 시키지도 않아도 이루고(不使而成), 금하지 않아도 그만두었다(不禁而止). 그러므로(故) 황제가 천하를 통치한 것은(黃帝之治也) 법을 세워 그리고 바꾸지 않음으로써(置法而不變), 백성으로 하여금 그 법에 의존케 한 것이라고 할 수 있다(使民安其法者也)."[17]

따라서 태고망의 저서인 육도가 이런 맥락에서 보면, 중요한 역사적 의의를 지니게 되는데 그 점은 사마천이 사기 세가에서 태공을 고대왕조 사상에 정통한 인물로 묘사하고 있지 않기 때문이다. 즉 고대통치이념을 실행하려는 인물보다는 권모술수가로 기술하여, 그 결과 주나라가 그런 권모술수에 의해 건국된 것처럼 되었기 때문이다.

"주서백 희창은 유리라는 곳을 빠져나와 돌아와서 (周西伯昌之脫羑里

17) 관자 p575

歸), 여상과 몰래 일을 꾸미고 덕을 닦아서 상나라 정권을 무너뜨렸으니 (與呂尙陰謀修德以傾商政), 그 일들은 대부분 용병술과 기묘한 계책이었다(其事多兵權與奇計).

그러므로(故) 후세에 용병술과 주나라의 권모를 말할 때(後世之言兵及周之陰權) 모든 종파가 태공을 받들어 근본이 되는 권모가로 삼은 것이다(皆宗太公爲本謀)."[18]

그런데 육도의 전반적인 구성은 민본사상을 바탕으로 하여 정치와 군사의 방책을 기술하고 있기 때문에 고대통치이념과 관련하여 주목하지 않을 수 없게 된다. 여하간 그 점은 제3장에서 다시 거론할 것이므로 일단 여기서는 서책에 관한 논구를 더 이상 하지 않겠다.

그러면 당연히 서경의 기록이 주목될 수밖에 없게 되는데, 그 이유는 서경이 육도와 관자를 비롯하여 논어에 기록된 민본사상의 원천이기 때문이다. 그런데 그 점은 뒷부분의 「이족이 세운 왕조의 정통성의 본질은 무엇인가?」에서 논구될 것이므로, 여기서는 공자가 가르친 민본주의의 실체를 먼저 언급하겠다.

그런즉 논어는 민본주의 요체를 가장 잘 설명한 공자의 말씀인 「백성에게 일을 시킬 때에는 큰 제기를 받들 듯이 하고(使民如承大祭)」라는 문장을 기록해 두었는데, 그 글이 너무도 중요한 의미를 담고 있기 때문에 우선적으로 검토되어야한다. 왜냐하면 공자가 백성의 사역을 큰 제사를 지내는 일에 비유하였기 때문이다. 다시 말해 백성의 사역을 수단으로 삼지 않고 목적으로 간주한 점 때문이다. 곧 이 말은 위정자가 백성을 자신의 조상을 받들 듯이 대우해야한다는 뜻이므로, 따라서 이 말은 백성의 소리가 하늘의 뜻이라는 천명사상

---

18) 사기 세가 p

을 가장 잘 표현한 내용이 아닐 수 없다.

"중궁이 인을 묻자(仲弓問仁仲弓問仁), 공자께서 말씀하셨다. 「문을 나갈 때에는 큰 손님을 뵌 듯이 하며(出門如見大賓), 백성에게 일을 시킬 때에는 큰 제사를 받들 듯이 하고(使民如承大祭), 자신이 하고자 하지 않는 것은(己所不欲) 남에게 베풀지 말아야 하니(勿施於人), 이렇게 하면 나라에 있어서도 원망함이 없으며(在邦無怨), 집안에서도 원망함이 없을 것이다(在家無怨)」

중궁이 말하였다(仲弓曰). 「제<옹>가 비록 불민하오나(雍雖不敏) 청컨대 이 말씀을 종사하겠습니다(請事斯語矣)」"[19),

그러므로 공자의 사상을 그대로 답습한 맹자도 왕도정치의 본질을 전통사상의 핵심요인인 민본주의에 입각하여 다음과 같이 설명하였다. 곧 맹자가 뜻하는 민본사상의 요체는 위정자가 백성들이 일상생활에서 풍족한 삶을 누릴 수 있도록 만드는 정사(政事)였다.

"농사철을 어기지 않게 하면(不違農時), 곡식을 이루 다 먹을 수 없으며(穀不可勝食也),

촘촘한 그물을(數罟) 웅덩이와 연못에 넣지 않으면(不入洿池), 고기와 자라를(魚鼈) 이루 다 먹을 수 없으며(不可勝食也),

도끼와 자귀를(斧斤) 때에 따라 산림에 들어가게 하면(以時入山林) 재목을(林木) 이루 다 쓸 수 없을 것입니다(不可勝用也).

---

19) 논어 p230

곡식과 고기와 자라를(穀與魚鼈) 이루 다 먹을 수 없으며(不可勝食), 재목을(林木) 이루 다 쓸 수 없으면(不可勝用), 이는(是) 백성으로 하여금 산 이를 봉양하고 죽은 이를 장송함에(使民養生喪死) 유감이 없게 하는 것이니(無憾也),

산 이를 봉양하고 죽은 이를 장사지냄에(養生喪死) 유감이 없게 하는 것이(無憾) 왕도의 시작입니다(王道之始也)."[20]

그런즉 공자와 맹자에 앞서 관자의 패도정치도 백성으로 하여금 잘살게 해야 한다는 고대왕조의 통치이념을 그대로 답습하여 부국정책을 착실히 추진하였던 것이다.

그리고 이런 이치가 이루어져야만 비로소 그 사회에 진정한 예법이 필요하게 되고 더 나아가 그런 진정한 예는 인의를 바탕으로 해야만 비로소 그 진가를 발휘할 수 있게 된다. 따라서 당연히 인의의 바탕이 없는 겉모양의 예는 왕도정치의 본질을 벗어난 예의 허울을 쓴 허례로서 오히려 강자가 약자를 통치하는 지배수단만 될 뿐이다. 곧 백성들에게 대접만 받으려고 하고 반대로 자신이 베풀어야 하는 정사는 제대로 하지 않는 경우이다. 따라서 「부가 백성에게 있다면, 군주는 부자인 것이다」 라고 생각하는 전통적 사고방식을 지닌 군주는 결코 부도덕해질 수 없다.

그런즉 그런 사고방식으로 점철된 왕도정치의 이념은 시종일관 임금이 부도덕한 데도 불구하고 그런 패덕한 군주를 위해 신하와 백성에게 충성과 복종만을 강요하는 논리를 결코 용납하지 않았다. 그러므로 왕도정치의 첫 출발은 바로 백성을 가장 위할 수 있는 임금을 내세우는 일을 본분으로 삼았다. 왜냐하면 백성을 공경하지 않을 인물을 임금으로 내세우고 그리고 그 군주에게 백성을 위한 통치를 바란다는 것은 애초부터 논리의 일관성이 결여된 모순된 통치

20) 맹자 p21

방식이기 때문인데, 그러면 그 경우에는 군주가 신하와 백성들에게 의로운 행동 곧 충성을 결코 요구할 수 없었기 때문이다.

따라서 군주가 반드시 도덕적이어야만 가능한 왕도사상의 이념은 군왕이 도덕성에 상응하지 않을 경우에는 그 왕의 존립이 전연 불가능한 것이 되기 때문에 따라서 당연히 군왕이 반드시 도덕적일 수밖에 없도록 구속하는 구체적이고 객관적인 방법을 갖추게 되었다. 만약 그렇지 않았다면, 군주에 대해 충성과 복종을 강요받은 백성들이 겉치레적인 그런 당위성만 내세운 통치사상을 결코 용납할리 만무하였고 또한 그런 사상이 줄곧 중국왕조의 통치이념으로 지속될 수 없었다. 다시 말해 그런 실현을 실제로 보여 주지 않았다면, 그 사상은 후대의 사상가들에 의해 일찌감치 배척되어 진작 역사의 무대에서 추방되었을 것이다. 그리고 더 나아가 왕도사상이 선제적으로 미연에 부도덕하거나 혹은 부도덕하게 될 인물이 군왕이 되는 경우를 방지하는 방법 대신에, 오히려 사후에 그런 인물을 왕위에서 혁명(革命)의 방식으로 강제로 축출하는 방법만 개진했었다면, 그 방법은 진부한 것으로서 일반백성들이 이전에 벌써 식상했을 것이다. 그럼에도 불구하고 훗날 장자(長子)상속이 유가의 가르침인 것처럼 오도된 점은 왕도정치의 의의가 전혀 왜곡된 것으로서, 왕도정치의 이념을 수호하려는 공자의 근본정신이 전혀 아닌 것이다.

따라서 고대왕조의 성왕(聖王)이 수립한 왕도사상은 그런 우려를 불식하고 또한 사후의 폐단을 미리 예방하기 위해 선도적인 선양의 방식을 채택하였다. 그러므로 왕도사상을 계승한 유가는 서경에 수록한 바대로 요임금이 순임금에게, 순임금이 우임금에게 선양한 것을 바람직한 왕조의 본보기로 삼았다. 그런즉 우임금의 자손이 혈연으로 계승한 하 왕조를 임금이 솔선수범(率先垂範)하는 덕치(德治)주의 노선의 본보기로 삼지 않았던 것이다. 왜나하면 왕도정치는 바로 윗사람의 솔선수범을 도덕질서의 근본으로 삼고 있기 때문이다. 비록 하나라 때부터 주나라 때에 이르기까지 세습을 하였기 때문에, 비록 공자가 시대상황에 얽매여 마음을 비워야만 가능한 선양제도를 모든 가르침의 전면에 내세우지 못했을지라도, 그 의의만은 공자가 요·순임금처럼 탐욕이 없다면 절로 이루어지는 무위의 정치를 설파한 가르침 속에 뚜렷이 드러나 있다.

그러므로 공자는 그런 정치행위의 모든 취지를 담고 있는 솔선수범의 의의를 아래 글을 통해 말하였다.

"계강자가 공자에게 정치를 묻자(季康子問政於孔子), 공자께서 대답하셨다(孔子對曰). 「정은 바로 잡는 뜻이니(政者正也) 그대가 바름으로써 솔선수범한다면(子帥以) 누가 감히 바르지 않겠는가(孰敢不正)?」"[21]

그런즉 위정자가 탐욕을 부리지 않으면 백성이 탐욕을 부릴 까닭이 없다는 말뜻은 곧 위정자들이 탐욕을 부리지 않으면 세상의 어지러움은 금방 수습이 된다는 말뜻이 되는데, 공자는 그 취지를 아래 말로서 해명하였다. 그리고 더 나아가 공자의 이 말 뜻은 춘추의 난국이 너희와 같은 무리 때문에 발생한 것임을 의미하는 것으로서 춘추시대의 난국을 이해하는 데에 결정적인 단서가 된다.

"계강자가 도둑을 걱정하여(季康子患盜) 공자에게 대책을 묻자(問於孔子), 공자께서 대답하셨다(孔子對曰). 「진실로 그대가 탐욕을 부리지 않는다면(苟子之不欲), 비록 <백성들에게> 상을 주면서(雖賞之) 도둑질하게 하더라도 도둑질을 하지 않을 것이다(不竊)」"[22]

21) 논어 p243
22) ibid p244

그리고서 공자는 바람을 군자로 그리고 풀을 백성으로 비유하여 위정자가 좋은 정치를 하면 곧장 그 혜택을 백성들이 누릴 수 있다는 점을 위정자들에게 반드시 일깨워 주려고 하였다. 특히 이 글이 주목받아야 하는 까닭은 춘추와 전국시대를 망라하여 선비들이 제대로 합심하여 난국을 수습하려고 솔선수범한다면 반드시 평화롭게 수습이 된다는 의미를 담고 있기 때문인데, 그런즉 유가의 입장에서 보면 결코 이단일 수밖에 없는 황로학의 선비들은 공자의 이런 생각은 도저히 수용할 수 없었던 것이다.

"계강자가 공자께 정<정사, 정치>을 물으면서 말하였다(季康子問政於孔子曰). 「만일 무도한 자를 죽여서(如殺無道) 도가 있는 데로 나아가게 하면(以就有道) 어떻겠습니까(何如)?」

공자께서 대답하셨다. 「그대가 정사를 함에(予爲政) 어찌 죽음을 쓰겠는가(焉用殺)? 그대가 선하고자 하면(予欲善), 그러면 백성들이 선해 지는 것이다(而民善矣).

군자의 덕은(君子之德) 바람이요(風), 소인의 덕은(小人之德) 풀이니(草), 풀에 바람이 가해지면(草上之風), 풀은 반드시 쓰려진다(必偃)」"[23]

그러므로 왕도정치사상에서 비롯된 공경의 덕치노선 즉 집착하지 않고 마음을 비우는 통치방식은 중국민족의 마음에 굳건히 자리매김하였고, 그리고 더 나아가 왕도정치사상을 계승한 유가의 가르침이 다른 유파의 줄기찬 비판에도 불구하고 동아시아 정치이념으로 우뚝 서 있을 수 있게 되었던 것이다. 물론 그렇게 될 수밖에 없는 당연한 이유는 BC2000년 전후에 수립된 고대통치사상

---

23) ibid p244~245

이 원천적으로 역서의 지천태(地天泰)괘가 지향하는 바의 도덕적 의의인 하늘과 땅이 서로 융합하고 있는 이치, 곧 만물이 조화와 균형을 이루어 세상을 이루고 있는 이치, 상하를 평등하게 연결하는 공경의 이치를 앞서 보여 주었기 때문이고, 또한 그 이치가 후대에 이르러 등장한 도가에서의 무위의 정치사상, 기독교에서의 신이 가장 낮은 곳으로 임한 종교사상, 불가에서의 원융회통의 종교사상을 훨씬 앞서 이미 고스란히 투영하고 있었기 때문이다.

따라서 왕도사상에 기인한 유가의 정명(正名)사상도 마찬가지로 그와 같이 정치·도덕적으로 해석해야 한다. 왜냐하면 정명사상은 모든 것이 제자리에 놓여 있으면 정상적이게 되는 경우를 전제하는 것이므로, 그것이 바로 가장 자연스럽게 잘 이루어지는 경우를 전제하고 있기 때문이다. 그리하여 정명사상이 자신에게 부여된 직분을 철저히 수행하는 확고한 소명감과 책임감을 바탕으로 하여 민본정치의 한 축을 담당할 수 있게 되었던 것이다. 그런즉 아래의 서경(書經) 우서(禹書) 대우모(大禹謨)의 글이 고대왕조가 수립한 정명사상의 요체를 가장 잘 일깨워 주기 때문에 각별히 주목해야 한다.

> "<우가> 말하였다(曰). 「임금이 임금의 자리에 있는 것을 어렵게 여길 수 있고(后克艱厥后), 신하가 신하자리에 있는 것을 어렵게 여길 수 있어야(臣克艱厥臣) 정사가 비로소 다스려져(政乃乂) 백성이 덕에 빠르게 감복할 것입니다(黎民敏德)」"[24)]

또한 더 나아가 정명사상은 바로 말과 행동이 다르지 않아야 한다는 준엄한 도덕적 본질을 담고 있는 것이기 때문에 결국 교언영색(巧言令色)이나 행동으

---

24) 서경 p52

로 실천하지 않는 식언(食言)을 결코 용납하지 않았다. 그러므로 위정자는 말과 행동을 함에 있어서 신중과 신중을 기하지 않으면 안 되었던 것이다.

"자로가 말하였다(子路曰). 「위나라 군주가(衛君) 선생님을 기다려 그리고서 정사를 하려고 합니다(待子而爲政). 선생께서는 장차 무엇을 우선하시렵니까?(子將奚先)」

공자께서 말씀하셨다(子曰). 「반드시 명분을 바로 잡겠다(必也正名)」

자로가 말하였다(子路曰). 「예 그렇군요(有是哉)! 선생님의 에두름도<둘러대심도>(子之迂也)! 무엇으로 어떻게 바로잡을 수 있겠습니까(奚其正)? 」

공자께서 말씀하셨다(子曰). 「생각하는 것이 천박하구나(野哉), 유야(由也)!. 군자는 자기가 알지 못하는 것에는(君子於其所不知) 입을 닫고서 가만히 있는 법이다(蓋闕如也).

명분이 바르지 못하면(名不正) 말이 도리에 따르지 못하고(則言不順), 말이 도리에 따르지 못하면(言不順) 일이 이루어지지 못한다(則事不成).

일이 이루어지지 못하면(事不成) 그러면 예악이 창성하지 못하고(則禮樂不興), 예악이 창성하지 못하면(禮樂不興) 그러면 형벌이 알맞지 못하고(則刑罰不中), 형벌이 알맞지 못하면(刑罰不中) 그러면 백성들이 손발을 둘 곳이 없어진다(則民無所措手足).

그런 고로(故) 군자가 이름을 붙이면(君子名之) 반드시 말할 수 있으며(必可言也), 말할 수 있으면(言之) 반드시 행할 수 있는 것이니(必可行也), 군자는 그 말에 대하여(君子於其言) 구차함이 없을 뿐이다(無所苟而已矣」"[25]

그러므로 고대중국역사와 그 당시의 중국민의 사상을 이해함에 있어서, 요·순의 정치사상을 배척하고 또 요·순임금의 선양이 지닌 진정한 본질을 깨우치지 못한 자는 결코 왕도정치가 지향하는 천명사상과 민본사상의 의의를 제대로 이해하지 못할 수밖에 없게 된다.

그리고 그 깨우침의 한계를 벗어나지 못하는 자는 오늘날의 민주주의가 중우정치의 함정에 빠져 허우적거리면서 빠져나오지 못하는 이유와 그 해결방법이 바로 민본주의를 추구한 왕도정치에서 찾아 볼 수 있다는 점도 느끼지 못할 것이다. 왜냐하면 오늘날의 민주제도가 구성원이 직접 자기 손으로 자신의 통치자를 선발하는 방식을 가장 훌륭한 장점으로 내세우지만, 그러나 자신의 선택이 나중에 가장 어리석은 결정으로 판명되었을 경우에 취할 수 있는 방법은 여전히 두 가지 방법 이외에 다른 선택이 결코 있을 수 없기 때문이다.

하나는 자신의 잘못된 결정을 수용하고서 끝까지 그로부터 발생할 결과를 고스란히 감내하는 방식과, 다른 하나는 국민소환 제도를 통해 지도자를 축출하거나 그것도 아니면 극한적인 방법인 민중의 봉기로서 축출하는 방식이다.

그러므로 형식적 민주주의제도가 어리석은 국민을 선동하여 국가의 장래가 위태롭게 만드는 경우를 사전에 방비할 요건이 전혀 갖추고 있지 않은 점에서만 보면, 국민의식이 성숙되지 않은 곳에서는 오히려 그 제도가 사회혼란을 방치하고 조장할 여지를 더 확장하는 제도로 전락하게 된다. 더욱이 역설적으로 사회발전의 원동력인 기술이 고도로 발전하면 할수록 거꾸로 그 대오에서 낙오하는 사람이 더 많아지게 되고, 또 그런 약자들이 많아지면 많아질수록 당연히 다수결의 원칙이 작동하는 민주주의에서는 선동과 그리고 그 선동에 휩쓸리는 유권자들 때문에 사회가 불안해지고 위태롭게 된다. 그런데도 불구하고 현대인이 자신들의 통치자를 직접 선출한다는 제도의 형식에 함몰되어, 정작 민주주

25) ibid p253~255

의제도가 안고 있는 취약점을 극복할 진정한 민주정치의 방도가 오히려 고대의 민본주의에 있음을 전혀 주목하지 않는 점은 대단히 아쉽기만 하다.[26)]

여하간 왕도정치는 왕과 신하가 덕을 매개로 하여 일체가 되어 도덕적 인품과 국가를 경영할 탁월한 능력을 지닌 인재를 등용하여 나라의 질서를 올바르게 관리해 나가는 것이므로, 당연히 인재등용의 첫 출발은 곧바로 왕 자신이 자신의 후계자부터 제대로 세우는 것으로부터 시작한다.

그런데 불행하게도 요·순임금이 세운 왕도정치의 통치이념은 우임금에 이르러 자신의 혈육이 계승한 세습왕조 때문에 선양사상 대신에 혁명사상이 천명사상의 핵심을 이루게 되고 그리하여 왕도사상의 노선도 어리석은 왕의 무능함 때문에 정상적이어야 할 정국이 비정상적인 난국으로 나아갈 첫걸음을 내딛게 된다. 왜냐하면 선양에 의한 왕위계승이 우임금 이후에도 줄곧 지속되었다면 굳이 전래의 천명사상이 혁명의 사상으로 나아갈 필요가 없었을 것이기 때문이다. 물론 선양제도라고 하여 그런 혁명적 사건이 발생하지 않는다고 단정할 수 없겠지만, 그러나 선양제도에서의 왕위계승의 문제점은 세습왕조가 야기된 왕위계승문제와 전혀 다른 정황의 다음의 정치여건이 무너져야만 가능해지기 때문에 세습제 왕조에서 필요한 혁명에 대해 그렇게 말할 수 있다.

첫째는 성숙한 도덕적 질서가 붕괴되어야만 발생할 수 있는 왕위계승의 문제점은 현명한 왕이 존재하는 한 결코 발생할 수 없다.

둘째는 선양제도가 봉착할 수 있는 문제점은 넓은 대륙에서 훌륭한 인재를 발탁할 방법이 수월치 않을 경우인데, 그 점은 현명한 임금과 현명한 신하들이 함께하는 협치(協治)정치의 노선으로 충분히 극복할 수 있다.

그러므로 그 점에 대해서는 서경이 그 방법과 경우를 구체적으로 기록해 두

---

26) 다음의 결론이 비록 논란의 여지가 있다고 하더라도 역설적인 관점에서 오히려 더 주목해야 한다. 그것은 오늘날의 중국공산당이 비록 많은 문제점을 안고 있더라도 여전히 지속하고 있는 이유가 바로 요순으로부터 비롯된 민본주의에 근거하고 있으며, 그런즉 중국의 공산주의의 정치이념도 의도했건 혹은 의도하지 않았건 간에 왕도정치의 노선을 따라가고 있기 때문에 존속가능하다는 주장도 가능하게 된다.

었다. 즉 요임금이 순<임금>을 발탁하여 곧바로 왕위를 양위한 것이 아니라 오랜 기간의 수련을 거친 후에야 비로소 왕위를 완전히 양위한 점과[27] 그리고 그에 상응하여 왕위를 계승하려는 후계자도 공경하는 마음으로 충실히 그 제도를 따랐던 점이다. 그렇기 때문에 사리사욕을 추구하는 인재가 선발되어 왕위를 계승하지 않은 한에서는 결코 세습제도에서의 혈족끼리 왕위를 쟁탈하는 그런 문제는 전혀 발생하지 않게 된다. 왜냐하면 현명한 임금과 현명한 신하들이 어울러 현명한 후계자를 선택한 현명한 결과는 세습이 야기하는 그런 반란의 양상을 결코 용납할 수 없기 때문이다. 그러므로 요임금이 자기 자식을 후계자로 천거한 것을 거절한 경우와 우임금이 자기 자식을 후계자로 천거한 것을 수용한 두 경우는 왕도정치의 근본을 변질시킨 갈림길이 된다. 만약 누군가가 우임금을 두둔하고서 그것이 잘못된 경우가 아니라고 반박하려면, 당연히 우임금을 계승한 그의 아들인 계가 추후에 자기 자신의 후계자를 앞선 방식대로 선발하지 않은 합당한 이유를 우선적으로 제시해야 한다. 그런데 계가 선양의 방식으로 자신의 후계자를 선발하지 않고 혈통으로 이어진 세습의 계승방식을 고착시킨 점에 대해서는 더 이상의 변명이 있을 수 없다. 왜냐하면 우임금의 아들인 계가 자기 자식에게 자신의 왕위를 세습시킬 때까지, 계가 도저히 선양의 방식을 집행할 수 없을 정도의 주변정세의 급격한 변화가 전혀 없었기 때문이다. 더 나아가 계의 아들이 여타의 인물보다도 매우 출중하여 계의 신하들이 적극적으로 추천했었다는 증거도 달리 없었기 때문이다.

따라서 본서는 이와 같은 의문점을 바탕으로 하여 중국고대왕조의 통치이념이 수립한 정통성을 논구하려고 한다.

---

27) 후대에 요·순의 경우를 흉내 내어 선양을 한 예가 없는 바는 아니지만, 그러나 가장 중요한 차이점이 있는데 그 경우는 오랜 기간의 수련을 통해 통치자가 갖추어야 할 인품과 능력을 함양케 한 이후에야 비로소 양위를 한 경우가 아니기 때문에 전혀 요·순의 경우와 비교될 바가 아니다. 그러므로 가장 역설적인 경우로서 오랜 기간 정치 무대에서 엄격한 국민들의 심판을 거쳐 대통령이 탄생하는 미국의 경우와 오랜 기간 동안 현장에서 능력을 검정 받은 후에 비로소 당지도자가 되는 중국의 경우가 오히려 그런 맥락과 서로 일맥상통하기 때문에 대단히 역설적이다.

(3) 천명사상과 민본사상 그리고 혁명사상

논구초점 : 천명사상은 세습제 때문에 그 의의가 충분히 드러날 수 없었지만, 그러나 천명은 냉혹하리만큼 공정성을 바탕으로 한 사상이다. 만약 천명이 인간을 따라 좌우되는 편파적인 명이라면 결코 세습의 왕들이 반성하지도 않았을 것이고, 혁명의 사상도 불가능했을 것이다.

그런즉 요·순임금의 선양제도 대신에 세습제도를 채택한 하나라도 따르지 않으면 안 되었던 천명사상은 왕통의 정통성과 직결된다. 그러므로 역대의 왕조가 천명사상을 내세운 경우는 크게 세 가지이다.

첫째는 새로운 왕조가 출범할 때에 건국의 명분으로 내세우는 경우.

둘째는 왕조의 중흥을 도모하려는 왕이 정국쇄신을 위해 건국정신을 일깨워야할 경우.

셋째는 첫 번째의 맥락과 연결된 것으로서 부패한 왕조를 타도할 명분을 내세워야 할 경우.

그러므로 천명사상은 항상 민본사상을 바탕으로 삼아 그 내용을 구성하게 된다. 왜냐하면 백성의 마음이 떠난 곳에서는 왕조가 유지될 수 없기 때문이다. 곧 아무리 뛰어난 통치술을 발휘해도 그 통치술이 민본주의에 입각하지 않으면 곧 왕조가 무너지고 또한 왕이 축출되는 것을 막을 수 없기 때문이다. 그리하여 민본주의에 입각한 천명사상은 곧바로 혁명사상으로 나아가게 된다. 그리하여 서경 상서(商書) 함유일덕(咸有一德)에서는 천명사상과 혁명사상이 결코 분리되어 있지 않음을 잘 수록해 두었다. 특히 이 글이 상서에 수록된 배경이 주목되는데, 그 이유는 첫째는 중국왕조사에서 하나라를 전복하고 상나라가 처음으로 혁명을 하였기 때문이고, 둘째는 상나라도 정치를 잘못하면 그렇게 된다는 교훈을 하였기 때문이고, 셋째는 후대에 만일 그런 일이 다시 일어난다면, 반드시 그 기준을 반드시 천명의 민본사상에 두어야 함을 정립하였기 때문이다.

"아(曰嗚呼)! 하늘을 믿기 어려운 것은(天難諶) 그 명이 일정하지 않기 때문이니(命靡常), 그 덕이 일정하면(常厥德) 지위를 보전할 수 있고(保厥位), 그 덕이 일정하지 않으면 (厥德靡常) 구주가 그 때문에 망할 것입니다(九有以亡)."[28]

유가가 전래의 천명사상의 본의를 어떻게 파악했는지를 살펴보려면, 먼저 논어에 수록된 다음의 공자의 말씀부터 주목해 보아야 한다. 아래의 글은 백성을 염두에 두지 않고서 정사를 문란케 한 위정자에게 빌붙으면 반드시 하늘이 용서치 않는다는 의미를 담고 있는 글인데, 공자가 당시의 곡학아세하는 무리를 질타하는 모습을 생생히 보여준다.

"왕손가가 물었다(王孫賈問曰). 「아랫목 신에게 잘 보이기보다는(與其媚於奧) 차라리 부엌 신에게 잘 보이라하니(寧媚於竈), 무슨 말입니까(何謂也)?」

공자께서 말씀하셨다(子曰). 「그렇지 않다(不然). 하늘에 죄를 얻으면(獲罪於天), 빌 곳이 없다(無所기禱也)」" [29]

여기에서의 부엌 신(竈)은 당대의 권세가들인 신하들이고, 아랫목 신(奧)은 군주 내지 제후들을 비유한 것인데, 신하가 군주를 시해하는 그런 세태에 시류에 영합하여 일신의 안위와 영달을 꾀하려는 그런 말에 대해, 공자가 근본에 어긋나면 어느 것인들 도덕적 원죄를 벗어날 수 없다는 따끔한 일침을 가한 것이다. 따라서 위 글은 춘추시대의 정황을 제대로 살필 수 있는 대단히 중요한 글이 아닐 수 없다. 왜냐하면 이 글은 공자가 어지러운 정국에서 위정자와 선비들이 취해야할 올바른 판단의 근본을 밝히고 있기 때문이다.

그러므로 천명사상을 이해하기 위해서는 세습제의 군주제도 하에서 공자가 선양제도를 시행한 요·순임금의 시대를 유가의 근본으로 삼은 이유를 반드시

28) 서경 p266
29) 논어 p59~60

살펴야 한다. 그러면 논어에서 제자들이 공자가 선양을 한 요·순임금에 대해 극히 우러러 칭송한 말과, 세습을 한 우임금에 대해서는 적극적인 칭송의 말 대신 단지 소극적으로 비난할 바가 없다고 한 말을 함께 기록한 점을 주목해야 한다.

"공자께서 말씀하셨다(子曰). 「우임금은(禹) 내 비난할 네가 없으시다(吾無間然矣).

평소의 음식은 간소하게 하시면서도(菲飮食) 그리고 <제사에는> 귀신에게 효도를 다하시고(而致孝乎鬼神),

의복은 검소하게 하시면서도(惡衣服) 그리고 불면의 제복에는 아름다움을 다하시고(而致美乎黻冕),

궁실을 낮게 하시면서도(卑宮室卑宮室) 그리고 <백성을 위한> 치수사업에 힘을 다하셨으니(而盡力溝洫),

우임금은(禹) 내 비난할 데가 없으시다(吾無間然矣)」"[30]

그런즉 공자를 따르는 유가들은 우임금을 요·순임금을 능가할 정도의 임금으로 추앙하지 않았다. 물론 왜 그럴까? 또한 왜 유가들이 우임금을 그럴 정도로 추앙의 대상으로 삼지 않는 것일까? 하는 의문점에 대해서는 당연히 그 이유를 다른 역사서의 기록을 찾아서 논구할 수 있겠지만, 그러나 근본논구는 서경을 바탕으로 하여 판단해야 한다.

왜냐하면 당대의 일을 가장 정확하게 기록하고 있는 서경은 우임금이 자기 자식을 후계자로 삼고 그리고 그 후손들이 계속 세습하는 방식을 경계하는 방

---

30) ibid p162~163

법과 유언을 하지 않은 점을 분명히 묘사하고 있기 때문이다. 그런즉 서경의 기록이 자기 아들이 왕위를 계승하는 것을 용인하고 그리고 그 후손이 줄곧 세습하면서 야기한 많은 문제점들을 자세히 기록하고 있기 때문에, 당연히 그 기록은 정통유가들이 우임금이 요순의 반열에 올려놓고 그를 왕도정치의 이념의 수호자로 예우할 수 없도록 만든 근본원인이 아닐 수 없게 된다.

그러므로 요순의 양위를 무시하고 우의 아들 계에 의해 건국된 하나라에서의 세습제로 말미암아 혁명사상이 고대왕조의 통치노선에 뒤늦게 등장한 사실은 왕도정치의 이념상 불가피한 결과에 해당한다. 왜냐하면 피지배자가 백성을 탄압하는 지배자인 폭군을 왕좌에서 강제로 몰아내는 방식은 사후의 방식으로서 비정상적인 불가피한 경우이기 때문이다. 물론 이 경우는 단지 폭군만 몰아내고 왕조는 유지하는 경우와 폭군의 제거와 더불어 왕조를 교체하여 새로운 왕조를 여는 경우로 나눌 수 있다. 이 점에 대해서는 서경은 두 가지 경우를 모두 다 수록해 놓았고 특히 후자의 경우에 대해서는 하나라 걸 왕을 몰아낸 탕왕의 경우와 상나라 주왕을 몰아낸 주나라 무왕의 경우를 구분하여 그 차이점을 논구해야할 정도로 자세히 기술해 두었다. 그런데 이와 같은 전통적인 혁명의 경우와 전혀 다른 모습의 경우가 등장했는데, 그것은 혁명의 정당한 명분이어야 할 민본사상과 부합하지 않으면서도 도리어 자신의 반란을 합법화하는 경우이다. 다시 말해 왕조에서 발생한 정변의 혼란을 수습하는 과정에서 민본주의적 명분을 스스로 걷어찬 정변의 당사자들이 자신의 정권쟁탈을 오히려 정당화하려는 경우이다. 곧 골육상쟁을 포함하여 탐욕의 신하들이 군주의 자리를 차지하기 위해 저지른 처절한 하극상의 경우가 점철되어 야기된 춘추전국시대의 어지러움 속에서 주나라를 대신하여 천하의 주인이 되기 위해 급기야 고대왕조의 천명사상에 의한 혁명을 부정하고 탄생한 왕조교체의 경우이다. 따라서 진정한 혁명사상을 밝히는 과정에서는 반드시 전국시대에 그와 같은 패역무도한 천하통일을 뒷받침하기 위해 등장한 황로학과 그리고 이 노선의 종착역이 된 중화사상의 정체가 전통적 혁명사상과 대비되지 않을 수 없게 된다.

여하튼 서경에 천명의 시초인 천(天)의 용어가 처음 기록된 곳은 우서(虞書) 요전(堯典)인데 요임금이 월령을 만들면서 언급한 흠약호천(欽若昊天)이란 말이다. 그리고 두 번째로 등장한 곳은 요임금이 자기 후계자로 신하들이 추천한 공공이 부적절하다고 거부하면서 말한 도천(滔天)이다.

그런즉 아래 글에서의 흠약효천(欽若昊天)이 넓고 큰 하늘을 공경히 따른다는 의미이고, 도천(滔天)이 세력이 커 하늘을 두려워하지 않고 업신여긴다는 의미이므로, 그 경우의 천(天)은 모두 다 천명(天命)사상에 근거를 두고 있다.

"이에 희와 화에게 명하여(乃命羲和), 넓고 큰 하늘을 공경히 따르며(欽若昊天), 해와 달과 별의 절기를 기록하며 모양의 변화를 살펴서(歷象日月星辰) 공경하여 사람들에게 때를 알려주라고 하셨다 (敬授人時)."

"제<요>가 말씀하셨다(帝曰), 「누가 나의 일을 뒤이어 할 수 있는지<내 자리를 이을 수 있는지>를 묻겠노라(疇咨若予采)」

(驩兜曰) 「공공이(共工) 두루 모아서 업적을 갖추었습니다(方鳩僝功)」. 제<요>가 말씀하셨다(帝曰), 「아니다(吁)! 쉬고 있을 때는 말을 잘하지만 등용하면 어기고(靜言庸違) 얼굴만 공경하고 하늘을 업신여긴다(象恭滔天)」"[31)]

따라서 그 내용은 다음의 두 가지 관점으로 요약되는데, 하나는 민본사상이고 또 다른 하나는 혁명사상이다.

우선 첫째는 왕위를 계승한 자는 천명을 받지 않고서는 불가능하다는 전제

---

31) 서경 p 15 - 兜는 투구 두가 아니라 도솔천 도로 읽어야 한다.

조건으로서, 곧 하늘이 만물을 낳고 생장하는 것을 본분으로 삼아 마찬가지로 왕위를 계승한 자는 하늘과 마찬가지로 백성을 위한 정사를 해나가야 한다는 민본사상이다. 그런즉 순임금이 우임금에게 왕을 물려주려고 했을 때에 우임금이 사양했을 때에 고한 말도 같은 맥락에서 대단히 중요해진다.

그러므로 서경은 오자지가(五子之歌)의 글을 기록하여 민본주의가 왕도정치의 근본임을 명백히 밝혔다. 오자는 우임금의 아들 계의 아들인 <우임금의 손자>태강의 동생들인데, 태강이 정사를 잘못하여 백성들이 배척하자 곧 유궁의 제후가 태강을 폐위시켰는데, 그 때에 지은 다섯 문장의 노래이다. 아래의 글은 그 중에서 첫 번째와 다섯 번째를 인용한 글이다. 우선 첫 번째 글은 민본주의를 벗어나게 되면 곧 천명을 상실하게 되어 왕위를 유지할 수 없다는 교훈이다.

"첫 번째로 말하였다(其一曰). 「<우임금>황조께서 훈계를 하셨으니(皇祖有訓), 백성은 가까이 할 수 있지만(民可近), 아래로 낮추어 볼 수는 없다(不可下). 백성은 오직 나라의 근본이니(民惟邦本), 근본이 튼튼해야만 나라가 편안하니라(本固邦寧)」[32]..

그리고 다섯 번째 글은 모든 왕조의 후계자들에게 경종을 울리는 글로서 왕위를 잃고 나서 후회해본들 소용이 없다는 교훈이다. 곧 백성들에게 외면당하면 천하의 어디에서도 발붙일 곳이 없다는 점이다.

다섯 번째로 말하였다(其五曰). 「아(嗚呼)! 어디로 돌아갈까(曷歸)? 내가 품은 슬픔이여(予懷之悲)! 만백성이(萬姓) 나를 원수로 여기니(仇予) 내가 장차 누구를 의지하겠는가(予將疇依)? 슬프다(鬱陶乎) 내 마음이여(予心))! 얼굴이 두꺼워

32) ibid p184

도 부끄럽도다(顔厚忸怩). 그 덕을 삼가지 아니하니(弗愼厥德), 비록 뉘우친들(雖悔) 돌이킬 수 있겠는가(可追)?」"[33)]

그리고 둘째는 왕위가 선양이 아니고 세습으로 인하여 왜곡되었기 때문에 하늘이 끊임없이 경고를 보내다가 마침내 그 인내가 종국에 이르게 되면 하늘은 냉정하게 새로운 인물로 내세워 왕조를 교체하게 된다는 혁명사상이다. 서경은 그 점에 대해서도 새로운 왕조가 내세운 명분을 명확히 기록하고 있다. 그리고 그로부터 혁명사상이 왕도사상의 핵심이론이 아니라 민본사상으로부터 파생된 이론에 지나지 않음이 확연해진다. 왜냐하면 무력으로서 앞의 왕조를 무너뜨리더라도 백성들의 지지가 없는 한, 천명을 타도명분으로 내세워 혁명을 기치를 드높일 수가 없기 때문이다. 아래의 글은 새로운 왕조가 혁명의 기치로 내세운 천명사상인데, 서경(書經) 상서(商書) 탕고(湯誥)에 수록된 상나라 탕왕이 천하에 선포한 말의 내용이다.

"왕이 말씀하셨다(王曰). 「아(嗟)! 너희 만방의 백성들아(爾萬方有衆)! 나 한 사람의 고함을 분명하게 들어라(明聽予一人誥)). 크신 상제가(惟皇上帝) 마음을 아래 백성에게 내리셔서(降衷于下民) 그것을 따라서 일정한 본성을 두시니(若有恒性), 그 도에 합당하게 할 수 있어야(克綏厥猷) 임금이다(惟后)."[34)]

그리고 이 점에 대해 함유일덕에 수록된 아래의 글은 탕왕의 혁명이 권력을 탈취하기 위한 사욕의 의한 모반의 정변이 아니라 백성들을

---

33) ibid p189 - 忸은 익을 유가 아니라 부끄러워 할 육으로 읽어야 함.
34) ibid p222

위한 민본사상에 정변임을 명백히 밝히고 있다.

"하늘이 우리 상을 사사롭게 도운 것이 아니라(非天 私我有商) 오직 하늘이 순일한 덕을 가진 자를 도운 것이니(惟天佑于一德), 상나라가 아래 백성에게 요구한 것이 아니라(非商 求于下民) 오직 백성이 순일한 덕을 가진 사람에게 귀의한 것입니다(惟民歸于一德)."[35]

그런즉 후대의 세습제가 왕도정치사상을 답습하여 왕자들 중에서 왕재를 선택하여 엄격한 훈육을 거친 후에 왕위를 물려주는 방식을 취했지만, 그러나 그 점은 자신이 지닌 기득권의 모든 것을 백성들을 위해 거리낌 없이 버릴 수 있는 마음에서 비롯된 것이 아니라, 자신이 차지하고 권좌의 왕조를 최우선적으로 중히 여기는 마음에서 비롯된 것이므로, 그런 겉모양만 가지고서 천명사상에 의거한 선양제도와 비슷하다고 말할 수 전혀 없게 된다. 왜냐하면 왕도정치의 노선은 사후의 불미스러운 혁명사건을 미리 예방하려는 선도적인 정치노선이기 때문에 왕도정치의 노선을 부분적으로 답습한 점만 보고서 진정으로 왕도정치를 계승하였다고 말해서는 안 되기 때문이다.

그러므로 왕도사상의 핵심요소인 천명사상과 민본사상과 혁명사상이 갖춘 수미일관성 때문에 후대에 이르러 유가가 인·의·예·지(仁義禮智)의 이론을 더욱 세련되게 체계화하여 유가사상의 본질로 정립하였다. 그러면 이와 같은 사고방식이 무엇을 근거로 하여 형성되었는가? 하는 의문점이 명백해져야 하는데, 그 의문점을 해명해주는 후대의 글이 서경(書經) 상서(商書) 탕고(湯誥)에 기록되어 있다. 그것은 하늘이 인간의 본성을 내려 주었다는 사고방식이다.

---

35) ibid p268

"<湯>왕이 말씀하셨다(王曰). 「아! 너희 만방의 백성들아(嗟爾萬方有衆)! 나 한사람의 고함을 분명하게 들어라(明聽予一人誥)라. 오직 크신 상제께서(惟皇上帝) 마음을 아래 백성에게 내리셔서(降衷于下民) 그것에 따라서 일정한 본성을 두시니(若有恒性) 그 도에 합당하게 할 수 있어야(克綏厥猷) 오로지 임금이다(惟后).」"[36]

따라서 그 핵심은 두말할 것도 없이 다음과 같이 자연스럽게 요약된다. 곧 그 점은 통치자가 백성을 사랑하는 마음이 없으면 진정한 정치가 이루어질 수 없기 때문에 통치자는 반드시 백성을 사랑하는 마음인 인의 사상을 갖추어야 하는 덕(德)이다. 그리고 그렇게 하려면 반드시 백성을 자신과 동류로서 여기지 않으면 안 되기 때문에 공평한 생각이 바탕이 된 공경과 겸손의 마음을 갖추어야 한다.

그리고 더 나아가 항상 서로를 공경하고 서로에게 겸손한 태도를 견지하기 위해서는 당연히 모든 언행이 그렇게 될 수 있는 행동양식을 만들고서 따라야 하는데 당연히 그것은 예법이 되는 것이다. 그런 예는 모든 제도와 절차에 모두 적용되는 것이므로 모든 국정과 개인의 행동의 원칙은 예법으로 규정되는 것이다. 그러므로 전국시대에 열 왕들에게 각광을 받은 법가사상은 민본주의의 정신을 바탕으로 한 예법이 아니라 오로지 정권을 유지시키려는 열 왕들의 야욕만을 바탕으로 한 법규이기 때문에 일시적인 효과는 거둘지라도 영속성이 없는 탓에 이해관계가 얽힌 끊임없는 정쟁을 유발하게 된다.

그런즉 민본사상을 바탕으로 한 인·의·예·지(仁義禮智)의 본질을 살피려면, 전국시대의 맹자의 말이 제격이다. 곧 맹자가 제나라 선왕의 질문에 대한 여러

36) ibid p222

가지 답변의 말미에 민본사상의 근본을 설명한 점이 제격이기 때문에 그러하다. 우선 맹자는 진정한 왕은 백성을 위한 왕 곧 민본주의 정신을 구현하는 왕이라고 규정하였다.

> "<齊宣王>말하셨다(曰). 「덕이 어떠하면(德何如) 곧 왕이라 할 수 있겠습니까(則可以王矣)?」
>
> <孟子>말하셨다(曰). 「백성을 보호하고서 왕이라 하면(保民而王) 필적할 수가 없습니다(莫之能禦也)」"[37] ....

그리고서 맹자는 왕이 민본주의에 입각하여 다스리지 않은 나라의 모습을 설명하였다. 특히 맹자가 덕치주의를 하지 않는 대신에 형벌로서 백성을 규율하는 모습을 표현한 '罔民也(백성을 그물질 하는 것)'는 잘못된 법가의 모습을 가리킨 표현 중 가히 압권이라고 말할 수 있다.

> <맹자께서> 말씀하셨다(曰). 「떳떳한 생업이 없으면서도 떳떳한 마음을 가지고 있는 자는(無恒産而有恒心者) 오직 선비만이 가능한 것입니다(惟士爲能). 백성으로 말하면 곧 떳떳이 살 수 있는 생업이 없으면(若民則無恒産) 그로 인하여 떳떳한 마음이 없어지는 것입니다(因無恒心). 만일 떳떳한 마음이 없어진다면(苟無恒心), 방벽함과 사치함을 하지 않음이 없을 것이니(放辟邪侈), 그리하여(無不爲已) 죄에 빠짐에 이른 뒤에(及陷於罪然後) 그에 따라 이들을 형벌한다면(從而刑之), 이것은(是) 백성을 그물질하는 것입니다(罔民也). 어찌 인인의 지위에 있

---

37) 맹자 p31

으면서(焉有仁人在位) 백성을 그물질하는 짓을(罔民) 능히 할 수 있겠습니까(而可爲也)?」 ……"[38)]

그리고서 맹자가 설파한 내용은 고래로 전승된 통치이념의 핵심으로서 통치자가 명시해야할 바를 그대로 반영하고 있다. 특히 '奚暇治禮哉(어느 겨를에 예의를 다스리겠습니까?)'란 내용은 모든 유가의 경전 곧 서경, 육도, 관자, 논어, 그리고 순자가 설파하고 있는 내용으로서 왕도정치를 실천하려는 왕이 항상 반성해야할 마음가짐의 근본인 것이다.

> "………「지금에는(今也) 백성의 생업을 만들어 주되(制民之産), 위로는(仰) 족히 부모를 섬기지 못하고(不足以事父母), 아래로는(俯) 족히 처와 자식을 기를 수 없어서(不足以蓄妻子) 풍년에는 일년 내내 고생하고(樂歲終身苦), 흉년에는 사망을 면치 못합니다(凶年不免於死亡). 이것은 죽음을 구제하기에도 부족할까 두려울 뿐이니(此惟求死而恐不贍) 어느 겨를에(奚暇) 예의를 다스리겠습니까(治禮哉)?」 "[39)]

따라서 인·의·예·의 마음을 갖추었다고 하더라도 그것을 뒷받침할 실천적 지식이 결여되어 있다면 모든 것이 마음에 불과한 것이 되므로 실천을 하여 마음으로 바라는 바를 실현하려면 당연히 방법과 수단과 도구에 관한 실용적 지식을 갖추어야 하는데, 바로 맹자의 다음 글은 왕도사상의 수미일관된 그런 방식을 그대로 보고 있다.

---

38) ibid p40
39) ibid p41

“왕이 이것을 행하고자 하신다면 (王欲行之) 곧 어찌 근본을 돌이키지 않습니까(則盍反其本矣)?

오묘의 집 가장자리에(五畝之宅) 뽕나무를 심는다면(樹之以桑), 오십 세 된 자가 비단옷을 입을 수 있으며(五十者可以衣帛矣), 닭과 돼지와 개와 큰 돼지를 기름에(鷄豚狗彘之畜) 새끼를 칠 때를 잃지 않게 한다면(無失其時) 칠십 세 된 자가 고기를 먹을 수 있으며(七十者可以食肉矣), 백묘의 토지에(百畝之田) 농사철을 빼앗지 않는다면(勿奪其時) 여덟 식구의 집안이 굶주림이 없을 수 있으며(八口之家可以無飢矣), <학교>향교의 가르침을 삼가서(謹庠序之敎) 효제의 의리로써 거듭한다면(申之以孝悌之義) 머리가 반백이 된 자가 도로에서 짐을 지거나 이지 않을 것이니 (頒白者不負戴於道路矣), 늙은 자가 비단옷을 입고 고기를 먹으며(老者衣帛食肉)여민이(黎民) 굶주리지 않고 춥지 않게 되며(不飢不寒), 이렇게 하고서도 然而) 왕이 아닌 자는 있지 않았습니다(不王者 未之有也).」”[40]

그러므로 유가가 수호하려는 인·의·예·지(仁義禮智)에 의한 왕도정치의 도덕사회는 격물치지에 의한 실용적이고 구체적인 지식이 뒷받침되어야 가능해진다. 그러나 역으로 생각하면 순환논법처럼, 그런 실용적 지식을 개발해 나가기 위해서는 당연히 도덕의식이 선행되어야 한다는 말할 수 있기 때문에 왕도정치의 노선이 그런 논법을 극복하기 위한 방법으로 먼저 교육을 통해 지혜로움을 갖춘 도덕적 지식인들을 육성하려고 한 것이라고 단정지울 수 있다.

---

40) ibid p42 - 향교(鄕校)를 상나라 시대에는 상이라 했고 은나라 시대에는 서라고 했는데 두 글자의 합쳐 학교를 가리킴

그리고 더 나아가 천명(天命)사상의 짝을 이루는 사고방식은 천벌(天罰)사상인데, 앞의 글은 우(임금)가 묘족인 유호씨의 반란을 징벌할 적에 감(甘)땅에서 맹세한 감서(甘誓)에 수록되어 있고, 뒤의 글은 윤정(胤征)의 글 속에 수록되어 있다.

"유호씨가 오행을 함부로 하고 업신여기며(有扈氏威侮五行), 삼정을 게을리 하여 폐기하자(怠棄三正), 하늘이 그 명을 끊어 버렸으니(天用勦絶其命), 이제 나는(今予) 오로지 하늘의 벌을 공손히 집행할 것이다(惟恭行天之罰)."[41]

"이제 내가 너희 무리로써(今予以爾有衆) 하늘의 벌을 받들어 시행한다(奉將天罰). 너희 여러 군사들은(爾衆士) 왕실에 힘을 함께하여(同力王室) 나를 도와(尙弼予) 천자의 위엄 있는 명령을 공경히 받들기를 바란다(欽承天子威命)."[42]

그리고 또한 하서에 뒤이은 상서 첫 부분인 탕서 첫머리의 글에 '(天命殛之)'란 말이 기록되어 있고 그리고 탕서 끝머리에 '하늘의 벌(天之罰)'이란 말이 기록되어 있다. 곧 천명과 천벌을 하나의 논리로 묶어 수미일관되도록 해두었다.

"너희가 나 한사람을 보필하여(爾尙輔予一人) 하늘의 벌을 집행하기를 바라노라(致天之罰) 내가 너희에게 크게 상을 주리라(予其大賚汝). 너희가 믿지 않음이 없도록 하라(爾無不信). 임금인 내가 식언하지 않으리라(朕不食言). 너희가

41) 서경 P177~178
42) ibid p196

맹세하는 말을 따르지 않으면(爾不從誓言) 내가 곧 너를 <너의>처와 자식까지 죽여 용서하지 않을 것이다(予則孥戮汝罔有攸赦)."[43]

그러므로 천명사상에는 형이상학적 측면에서 대단히 중요한 의의를 함축되어 있는데, 왕도정치의 진면목을 간과하고서는 결코 그 중요성을 깨달을 수가 없게 된다. 그러므로 후대에 이르러 유가의 문도들이 그와 같은 고대통치이념의 이치를 간과했기 때문에 형이상학적 측면에서 우왕좌왕하게 된 것이다. 그리고 그 점은 2권에서 자세히 논구할 것이다.

(4) 혁명의 정변과 반란의 정변과의 차이

논구초점 : 은나라와 주나라에 의해 왕조가 교체된 역사적 사실에 대해서는 분명히 역사는 혁명으로 규정하고 있다. 그런데 진나라의 통일 이후의 중국역사에는 혁명이란 단어를 제대로 적용시킬 만한 경우가 없어져 버렸다. 왜 그럴까? 하는 의문에 대해, 그 이유를 따져 보는 작업은 대단히 소중한 과제이다.

하지만 진나라가 천하를 통일과정에서는 주나라처럼 민본주의적 대의명분을 내걸 처지가 아니었다. 그리고 그 이후의 왕조들도 마찬가지로 앞선 왕조를 비판하고서 천명사상을 드높인다는 명분을 감히 천하 민민 앞에 떳떳하게 내걸 수가 없었다. 그렇게 하려면 먼저 위정자가 솔선수범하여 민본주의의 모범을 보여야 하는데, 이미 전제군주제도 하에서 오만해진 황제의 자리가 그런 명분을 겸손하게 내걸 여지를 두지 않았다. 더욱이 진나라의 통일과정이 한나라의 고조가 진시황을 뜻을 받든다거나, 한나라 이후의 여러 왕조의 왕들이 한 고조의 뜻을 만든다거나, 당나라가 수나라의 태조를 받는다거나 하는 일을 도저히 있을 수 없게 만들었다.

그 이유는 고대왕조의 전통적인 통치이념을 유가를 경원시하는 전국시

43) ibid p207

대의 선비들이 강자의 이익을 받들기 위해 배척해 버렸고, 더 나아가 그런 약육강식의 논리 위에서 탄생한 왕조를 견제할 방법조차 제도적으로 아예 없애 버렸기 때문이다. 즉 봉건제도에서는 천하 만민을 위한다는 명분을 내걸고서 제후들을 규합해야하므로 견제의 기능이 제도적으로 가능했지만, 그러나 전제군주제도에서는 황제의 권력이 절대적이기 때문에 어느 기관에서도 그와 같이 견제할 방법이 없었던 것이다.

물론 반(反)유가의 입장은 봉건제도에서의 왕조나 전제왕조에서의 왕조나 망하기는 매일반이라는 인식을 가지고서 반론을 제기할 수 있겠지만, 그러나 결과만 가지고서 그 차이점을 무시할 것이 아니라, 나라를 건전하게 통치하려는 목적을 염두에 두고서 그 차이점을 뚜렷하게 구별해야 한다.

역사적으로 왕조의 교체가 선양에 의해 이루어지는 바람직한 예는 찾아보기 어렵다. 그러므로 혁명이건 반란이건 간에 정변은 무력에 의해 이루어진다. 그런데 앞서 혁명과 반란을 구별하는 가늠은 결국 천명을 수여받는 원천인 백성들이 지지를 하느냐에 달려 있기 때문에 따라서 반란이 아닌 혁명의 범례는 중국고대역사에서 처음으로 선양이 아닌 무력으로 왕조를 교체한 상나라의 탕왕의 경우가 된다. 그 점에 대해 서경 상서(商書) 이훈(伊訓)에서의 글은 탕왕의 무력은 성무(聖武)라고 표현하였다.

"우리 상나라의 <탕왕>임금이(惟我商王) 성스러운 무력을 드러내고 널리 펴서(布昭聖武), <걸 왕>포악함을 너그러움으로 대신하였는데(代虐以寬), 많은 백성들이(兆民) 믿어서 마음에 품었습니다(允懷)."[44]

44) ibid p233

그러므로 고대왕조에서는 민본주의 바탕위에서 천명을 수여 받고서 백성의 지지를 받을 수 있는 성무(聖武)가 아니고서는 감히 어느 누구도 함부로 혁명을 꾀할 수 없었던 것이다. 즉 왕위찬탈의 반란은 있어도 왕조를 바꾸는 혁명은 결코 없었던 것이다. 그리하여 봉건제도하의 고대왕조에서는 각 나라마다 맹자가 말한 바의 미덕이 당연시되었다.

> "대국을 가지고서도 소국을 섬기는 자는(以大事小者) 천리를 즐거워하는 자요(樂天子也), 소국을 가지고서 대국을 섬기는 자는(以小事大者) 천리를 두려워하는 자이니(畏天者也) 천리를 즐거워하는 자는(樂天子) 온 천하를 보전하고 (保天下), 천리를 두려워하는 자는(畏天者) 자기 나라를 보전한다(保其國)."[45]

더 나아가 고대왕조의 통치이념이 통치의 방법과 수단으로 예법과 형법을 양축으로 삼고 있었기 때문에 당연히 덕치와 법치의 양면성을 지닌 통치방식 하에서는 혁명의 명분은 함부로 내세울 수 없었다. 그러므로 어느 한 쪽의 비중을 덜 중요시 할 수 없었던 두 요소가 조화와 균형을 이루어야만 제대로 된 통치를 할 수 있었던 정치노선에서는 당연히 고대통치이념을 계승한 명분을 천명하는 일이 새로운 왕조가 정통성을 확보하는 골간이었던 것이다.

더욱이 선을 덕치로 그리고 후를 법치로 확고하게 체계화한 고대통치이념 하에서 통치의 성공은 위정자가 민본사상에 입각하여 제정한 사회규범인 예법을 자발적으로 솔선수범하여 모범적으로 적극 실행하는가에 달려 있기 때문에 혁명의 명분은 극히 엄격한 것이었다. 다시 말해 덕치가 결여된 법치는 아무리 법이 훌륭하다고 하더라도 집행대상인 일반 백성들이 제대로 수용할 수 없는 경우에 발생한 여러 가지 위법사건조차도 추호도 관용의 여지를 두지 않고 강제력을 행사하기 때문에 법치가 덕치를 결코 선행해서는 안 된다는 통치방식이

---

45) 맹자 p49

어서 혁명의 명분은 자의적으로 함부로 내세울 수 있는 일이 아닌 것이었다. 다시 말해 덕치는 끊임없이 자기반성과 겸손을 바탕으로 하여 위정자가 예법의 실천을 모범적으로 보여주어 백성들을 이해시키는 행동을 다스림의 근본으로 삼고 있었기 때문에, 그리고 더 나아가 예와 법의 요체를 백성들이 충분히 이해하고서 적응할 수 있는 기회와 시간을 주었기 때문에, 그리하여 위정자와 그 뜻을 같이 하게 된 백성들이 불만을 가질 수가 없도록 만들었기 때문에 엄격한 것이었다.

그리하여 고대왕조의 통치이념을 혁명의 명분으로 내세워 왕조교체의 정통성을 확보한 새 왕조는 예와 법을 제정한 위정자의 덕치가 항상 그 법의 집행과정에서 발생하는 위반에 대해 한편으로는 시행착오에 대한 반성과 아울러 시정하고, 또 다른 편으로는 무지한 일반백성을 관용으로 구제하여 사회구성원들을 화합시키려고 하였기 때문에 강압적인 법치노선 대신에 덕치로서 백성을 포용하려는 정치를 하려고 대대로 노력하였던 것이다.

그러므로 왕조가 교체되는 과정에서 그것을 혁명으로 볼 것인가? 아니면 단지 반란으로 볼 것인가? 하는 점은 멀리 나아갈 필요도 없이 전국시대의 맹자의 말로서 충분히 가늠할 수 있게 된다. 그것은 정변이 난세에 처한 정국에서 백성을 위한 명분과 백성의 지지를 받고 있느냐의 가늠이다. 왜냐하면 민본주의적 사고가 정치의 근본을 이루고 있다면 결코 난세가 조성될 수 없고, 그리하여 정변이 일어날 리 만무하고, 또한 백성의 지지를 상실할 리 없기 때문이다. 즉 위정자의 무능과 탐욕, 부정, 부패 등에 의한 정국농단으로 야기된 난세가 아닌데도 불구하고 아래 사람에 의한 정변이 발생했다면, 그것은 결코 혁명이 될 수 없기 때문이다. 그러므로 맹자의 말을 현대적 용어로 바꾸어 구성하더라도, 별 무리 없이 그대로 현대 민주주의 정치의 기본이념이 될 수 있다.

"맹자가 말했다(孟子曰). 「걸·주가 천하를 잃은 것은(桀紂之失天下也) 백성을 잃었기 때문이니(失其民也), 백성을 잃은 것은(失其民者) 그 마음을 잃은 것이다(失其心也). 천하를 얻음에 방도가 있으니(得天下有道) 백성을 얻으면(得其民) 천하를 얻을 것이다(斯得天下矣). 백성을 얻음에 방보가 있으니(得其民有道) 그 마음을 얻으면(得其心) 백성을 얻을 것이다(斯得民矣). 마음을 얻음에 방도가 있으니(得其心有道) 원하는 것을(所欲) 주어서 모이게 하고(與之聚之) 싫어하는 바를(所惡) 베풀지 말아야 한다(勿施爾也」"[46]

그리고 더 나아가 맹자는 여전히 오늘날의 정치현실에서도 통용되는 말을 하였는데, 그것은 민주정치 하에서 정권을 획득하기 위해 내건 복지정책이 일시적으로는 유효할지라도 나라의 근본정책이 될 수 없고 따라서 모든 정책의 근본방향이 일자리 제공과 일자리 창출에 있음을 지적한 말이다. 곧 좋은 것을 제공하여 백성들의 지지를 받을 것이 아니라 좋은 것을 스스로 갖출 수 있는 능력을 만들어 주고서 백성들의 지지를 받도록 해야 한다는 말은 시대를 초월하여 참으로 현대적이다.

"맹자가 말했다(孟子曰). 「선으로 남을 복종시키려는 것은(以善服人者) 능히 남을 복종시킬 수가 없으니(未有能服人者), 선으로 사람들을 길러준 뒤에야(以善養人然後) 능히 남을 복종시킬 수 있다(能服天下). 천하가 마음으로 복종하지 않고서(天下不心服) 능히 왕이었던 자가 있지 않았다(而王者 未之有也)"[47]

하지만 맹자 이후에 등장한 도가의 글은 전국시대의 난국을 극복하는 방법에 있어서 유가의 방식을 거부하고서 마치 무위의 정치를 행하는 성인에 의한 새 정치가 도래할 것처럼 말하였지만, 그러나 그들의 의도는 결국 황로학적 법

46) ibid p209
47) 맹자 p238

치에 의한 정치였을 뿐이고 또한 그 무위의 방식도 그런 법치노선을 추구한 정치 공학적 술책에 불과하였을 뿐이다.

그러므로 왕조에서 발생한 정변이 단순한 반란으로 기록할 것인가? 아니면 혁명으로 기록할 것인가? 하는 점은 당연히 민본사상에 근거하여 사관이 판단해야할 문제가 된다. 하지만 이 과제는 사관이 제대로 민본주의적 사상을 충분히 이해하고서 과거와 현재와 미래를 아울러 미래지향적인 판단을 할 수 있는 보편적이고 초월적인 이론에 입각하여 어느 정국에서도 그리고 어느 정파에 휩쓸리지 않는 객관적이고 공정한 판단기준을 확정할 수 있는 굳센 의지의 인물이어야만 하는 전제조건 때문에 말처럼 쉽게 되지 않는 심히 어려운 과제이다. 따라서 고대왕조는 평상시에 선비들이 그런 사관이 될 수 있도록 민본주의사상을 제대로 교육시키려고 했던 것이다.

그런 점에서 맹자는 혁명과 반란을 판별하는데 필요한 일정한 기준을 나름대로 정리해 두었는데, 그것은 다음과 같은 엄격성이다. 곧 걸·주와 같은 인물이 천하를 어지럽히지 않는 한에서는 천명을 혁명의 명분으로 내걸고서 왕조를 쉽게 교체할 수 없다는 것이다. 물론 그 이유는 유가의 입장에서는 걸·주의 시대처럼 도저히 수습 불가능한 상황이 아닌 한에서는 여전히 주공 단과 같은 인물이 나서 정국을 수습할 수 있는 여지가 충분히 있다고 생각하였기 때문이다. 다시 말해 걸·주와 같은 상황에 이르러 도무지 나라를 일신할 방도가 여의치 않을 경우가 아닌 한에서는 선비들이 나서서 나라를 일신할 여지가 충분히 있다고 여겼기 때문이다. 그러므로 그런 노력을 포기하고서 혁명을 도모하는 행위는 유가들의 입장에서는 반란이 아닐 수 없게 된다.

"필부로서 능히 천하를 소유하는 자는(匹夫而有天下者) 덕이 반드시 순·우와 같아야 하고(德必若舜禹), 그리고 또 천자가 천거해줌이 있어야 한다(而又有天子薦之者). 그러므로(故) 중니께서 천하를 소유하지 못하신 것이다(仲尼不有天下).

대를 이어 천하를 소유할 적에(繼世以有天下) 하늘이 폐하는 바는(天之所廢) 반드시 걸·주와 같은 자이다(必若桀紂者也). 그러므로(故) 익과 이윤과 주공이(益伊尹周公) 천하를 소유하지 못한 것이다(不有天下)."[48]

2) 논구가 지향하는 방향과 목적

(1) 상(은) 왕조와 주 왕조의 연속성

논구초점 Ⅰ : 하·은·주 삼대의 걸쳐 왕조 교체의 주역은 한 결 같이 하나라·은나라 마지막 왕인 걸·주의 폭정을 단죄한다고 만천하에 포고하면서 동시에 자신들이 우 임금과 탕 임금을 계승한다고 천명하였다. 그리하여 왕조가 바뀌었기 때문에 전 왕조와 후 왕조의 제도가 같을 수 없었지만, 통치이념과 노선을 단절시키지 않았고 또한 변경하지 않았다. 그 이유는 전 왕조의 몰락을 백성들에게 납득시키려면 타당한 명분을 내걸어야만 했기 때문이다.

그런데 앞에서 지적하였듯이, 진나라는 주나라의 문왕과 무왕을 계승한다는 명분을 내세우지 않았다. 오히려 한 술 더 떠서 자신을 전국시대의 다른 왕과 차별하여 황제라고 칭하였다. 즉 그들을 제후로 격하시키지 않고 자신만 한껏 드높인 것이다. 그리하여 진나라 이후에는 앞선 왕조의 성왕(聖王)에게 부여한 천명을 계승한다는 전통이 사라져버렸다. 그러므로 이민족이 침략하여 중국민족을 지배하여도 사라진 그런 전통을 되살려 통치의 근본으로 삼을 필요가 아예 없어졌다. 즉 역설적으로 중국민족이 편리하게 그런 여건을 만들어 주었기 때문이다.

논구초점 Ⅱ : 이 문제가 대단히 현대적인 점은 민주제도 하에서 정권이 교체되더라도 건국이념과 국체를 수호하고 국민을 위해야 하는 당위

48) 맹자 p276

성은 불변적이기 때문이다. 즉 이 점이 바탕이 되어야만 수미일관된 역사의 전통을 갖춘 국가를 유지할 수 있기 때문에 고대왕조가 수립한 정통성은 시대를 초월하여 충분히 현대정치의 귀감이 될 수 있는 것이다.

주나라가 은나라의 천명을 이어받았다고 선포한 것은 역사적으로 대단히 중요한 의의를 지닌다. 그 이유는 춘추전국시대가 다름 아닌 주나라 시대에 발생한 난국이기 때문이다. 즉 주나라가 천명을 이어받았다고 하여 확립한 역사의 정통성이 객관적인 사실이기 때문에 따라서 전국시대를 일단 종식시킨 진(秦)나라의 통일과정이 중화사상의 실체를 명백하게 보여줄 수 있기 때문이다.

사마천의 사기, 세가, 제태공세가의 기록대로 한다면, 주왕의 죽음은 비참하기 그지없었다. 죽은 후에도 활로 세 번이나 맞고 그리고서 사지가 절단되고, 무왕에 의해 주왕의 목이 잘리어서 긴 창에 걸렸으니 그 비참한 말로는 말로 이루 형용하기 어렵다. 그럼에도 불구하고 주나라가 결코 은나라와 단절할 수 없었던 이유는 첫째는 주왕조의 인물이 은족 출신이었기 때문이며, 둘째는 은왕조가 하 왕조를 계승하였듯이 주 왕조가 은 왕조가 지닌 정통성과 문물을 계승하지 않고서는 도저히 통일왕조의 주인공이 될 수 없었기 때문이다. 그리하여 비록 무왕의 동생인 삼숙(三叔)과 멸망한 은나라 주왕의 태자 발이 공모하여 일으킨 반역을 진압한 이후 은의 선비를 <낙양>낙읍으로 이주시키면서 공생의 길을 열었던 이유도 바로 이 점에 있었다. 즉 아래의 글 속에 있는 「상나라에서 이주한 왕사들에게 고한다(用告商王士)」는 표현과 「우리 작은 나라가 감히 은나라의 명을 취하려고 한 것이 아니라(非我小國 敢弋殷命)」는 표현이 그 점을 실증하고, 그리고 은나라의 명을 정돈했다는 '칙은명(勅殷命)'의 표현이 그 점을 뒷받침한다.

“삼월에(惟三月) 주공이(周公) 처음으로 새로운 읍인 낙읍에서(初于新邑洛) 상나라에서 이주한 <왕이 임명한 선비>왕사들에게 고하시다(用告商王士).

왕이 다음과 같이 말씀하셨다(王若曰). 「너희 은나라의 남아 있는 많은 선비들이여(爾殷遺多士)! 하늘이 가엾게 여기지 않아(弗弔) 민천이 크게 은나라에 망함을 내리시거늘(旻天大降喪于殷), 우리 주나라가 상제의 도와주는 명을 받아서(我有周佑命) 하늘의 밝은 위엄을 받들어(將天明威) 왕의 벌을 이루어서(致王罰) 은나라의 명을 바로 잡아(勅殷命) 상제의 일을 끝마쳤노라(終于帝).

그러므로(肆) 너희 많은 선비들이여(爾多士)! 우리 작은 나라가(非我小國) 감히 은나라의 명을 취하려고 한 것이 아니라(敢弋殷命) 하늘이 명을 주지 않으신 것은(惟天不畀) 진실로 혼란한 자를 견고히 하지 않기 때문으로(允罔固亂) 우리를 도운 것이니(弼我) 우리가 감히 그 지위를 구한 것이겠는가(我其敢求位)?”[49]

그리고서 주나라 성왕을 대신하여 주공이 고한 글은 무왕이 천명한 바와 마찬가지로 상나라가 받은 천명을 이어 받았다는 명분을 내걸면서, 자신들이 오로지 한 길로 천명을 따른 것이니 천명을 거역한 망한 은나라를 두고서 천명을 따르고 있는 주나라를 반역할 마음을 가지지 않도록 촉구하였다.

“오로지 상제께서 은나라에게 명을 주지 않으신 것은(惟帝不畀) 오로지 우리 아래 백성들이 순종한 행위가(惟我下民 秉爲) 오로지 하늘의 밝음을 경외하였기 때문이다(惟天明畏).

49) 서경 p629

내가 들으니(我聞) 상제께서 편안함으로 인도하신다고 하거늘(曰上帝引逸), 하나라가 편안함으로 나아가지 않자(有夏不適逸), ……………. 이에(乃) 너희 선조인 성탕에게 명하여(爾先祖成湯) 하나라를 개혁하시고(革夏) 뛰어난 백성으로 사방을 다스리게 하셨다.[50] ………………

오직 하늘이 은나라에 명을 주지 않으신 것은(惟天不畀) 그 덕을 밝히지 않았기 때문이다(不明厥德). 모든 사방의 작고 큰 나라가 망한 것에는(凡四方小大邦喪) 그 벌에 이유가 있지 않음이 없다(罔非有辭于罰)

<상제께서>명을 내리며 말하시기를(有命曰), 「은나라를 끊어서 바로 잡으라(割殷)」 고 하시기에, 상제께 바로 잡을 것을 고하신 것이다(告勅于帝).

우리 일이 두 갈레로 가지 않았다(惟我事不貳適). 너희 왕가는 우리를 따라야 할 것이다(惟爾王家我適).

그런데 이와 같은 글이 역사적으로 대단히 중요해지는 이유는 역사의 단절이 아니라 역사를 계승하는 원칙을 보여주기 때문이다. 즉 좋은 점은 계승하여 발전시키고 반대로 나쁜 점은 수정하거나 폐기하는 원칙을 보여주기 때문이다. 즉 서경은 그 점을 혁(革)이라고 하였기 때문에 혁명은 반드시 민본사상에 의거하지 않으면 위에서 논한 정당한 혁명이 될 수 없게 된다.

"왕이 말씀하셨다(王曰). 「아(猷)! 너희 선비들에게 고한다(告爾多士). 내가 오로지 이 시기에 너희를 서쪽으로 옮겨 살게 한 것은(予惟時其遷居西爾) 나 한

50) ibid 632~633

사람이 덕을 받는 것이 편안하지 못해서가 아니라(非我一人奉德不康寧) 이는 천명이시니(時惟天命) 어기지 마라(無違). 임금인 나는 감히 뒤끝을 두지 않을 것이니(朕不敢有後) 나를 원망하지 마라(無我怨)」

생각건대 너희는 오로지 은나라 선인들이 <다음의 내용을 실은>책과 전적을 두었음을 알고 있다(惟爾知惟殷先人有冊有典), 은나라가 하나라의 명을 개혁하였다(殷革夏命)」"[51]

만약 이와 같은 문서가 서경에 수록되어 있지 않았다면, 역사는 주나라에 앞선 상나라의 실체를 부정할 수 있고 그리고 은나라에 앞선 하나라와 요·순·우의 임금조차 부정할 수 있었을 것이다. 그러나 하·은·주의 글이 서경이 수록되어 있었기 때문에 그 기록의 객관성에 의거해 전국시대의 역사왜곡의 진상이 명백히 드러나지 않을 수 없게 되었다. 그러므로 그로부터 반드시 간과해서는 안 될 점은 이와 같은 기록의 역사적 의의를 도가를 비롯한 황로학이 무력화하였기 때문에 진나라 이후의 수많은 왕조의 흥망성쇠가 이와 같은 천명사상을 통해 역사적 교훈을 되새길 수 없게 되었고 또한 그런 정치적 격변기 속에서 선비들은 무위자연의 사고방식에 편승하여 이기적으로 자신 보신에만 급급하게 된 알량한 모습을 당연한 처세로 변명할 수 있게 되었다는 점이다. 그런즉 진정한 사관(史官)의 붓은 중국민족의 역사관인 이족의 요·순 사관 대신에 가공의 화하족의 황제사관이 들어서게 된 역사왜곡의 진상이 곧 중화사상의 실체라는 점을 제대로 조망해야 한다.

(2) 전국시대를 대처하는 유가와 도가의 입장

논구초점 1 : 본서는 유가와 도가의 학문적 성격을 순수철학적 입장에

---

51) ibid 642~643

서 논구하려는 것이 아니다. 오히려 오늘날까지 중국민족의 역사관으로 자리 잡고 있는 중화사상의 역사적 근원을 유가와 도가의 본질 중 어느 쪽에 있는지를 따지려는 작업이다.

도가의 가르침이 단지 초월적인 형이상학의 이론만 추구한 사상이었다면, 유가를 공격할 별다른 이유가 없었기 때문에 결코 유가를 그렇게 심하게 공박하지 않았을 것이다. 곧 도가의 이론이 전통의 천명사상을 보다 더 정치(精緻)하게 규명하려는 목적의 학문이었다면, 당연히 도가는 유가의 가르침이 목적으로 하는 바의 통치이념과 별다른 마찰을 야기할 입장이 아니어서 그리하여 유가가 하는 일에 무관심했을 것이다.

그런데 그렇지 않았기 때문에 당연히 도가는 유가를 왜 그렇게 매도했을까? 하는 의문점이 제기될 수밖에 없게 된다. 다시 말해 그런 심오하고 신비스러운 붕새(鵬)를 자처한 도가가 자신들 눈에 기껏해야 황작(黃雀)과 같은 유가를 그렇게 극심하게 비난하였으니 실로 아이러니컬하지 않는가? 하는 의문점이 발생하게 된다.

만약 진정으로 합당한 이유가 없다면 너무도 격에 맞지 않은 비난의 행위 때문에 도가의 그런 모습은 너무도 우습고, 유치하고, 황당해질 수밖에 없게 될 뿐이다. 그렇다면 도가의 그런 모습에는 반드시 합당한 이유가 있을 터이니, 그 이유가 명백히 밝혀져야 한다.

논구초점2 : 자연의 갖가지 여러 모습은 상대적인 것이어서, 모든 양상이 다 좋은 것일 수 없다. 따라서 인간사회에서 가장 좋은 상태를 지향하는 무위의 개념은 가장 인위적인 개념일 수밖에 없다.

그런데 그런 무위의 정치를 할 수 있는 성현은 황제와 같은 인물밖에 없다. 그러므로 그런 성현에게는 오히려 함께 의론할 신하가 필요치 않게 된다.

그런즉 도가의 성현은 절대적인 존재가 되며 또한 그런 절대적인 존재는 언뜻 보면 모든 일을 해결할 수 있는 해결사이고 더 나아가 구세주처럼 보일 수 있겠지만, 그러나 현실에서는 독선적이고 독재자가 될 수밖에 없다. 왜냐하면 그런 절대적인 존재자가 왕도정치의 노선을 배척하는 길로 걷게 되면 결국 전국시대에 패권만 추구한 패도정치의 패자가 될 수밖에 없기 때문이다. 그리하여 도가사상은 종국적으로 독재자를 옹호하는 논리의 종착역에 이르게 된다.

후대에 이르러 어린 임금을 두고서 발생한 황후의 섭정이나 환관의 발호는 민본주의 정신으로 다스려지는 요·순의 왕도정치제도 하에서는 도저히 불가능한 일임을 누구라도 대뜸 알 수 있다. 그리고 민본사상을 실천하기 위해 우수한 인재를 후계자로 선발하여 교육시키고 더 나아가 현장에서 폭넓은 경륜을 쌓게 하여 등용한 선양제도의 방식은 BC2000년 전후 세계 전역의 어떤 왕조에서도 그 실행한 예를 찾아 볼 수 없다. 굳이 비교하자면 BC5~4세기경 고대 그리스에서 철학자 플라톤이 내세운 철인정치인데, 하지만 요·순 임금의 통치방식은 그보다도 훨씬 앞선 우수한 모델일 뿐만 아니라, 더욱이 플라톤의 철인정치사상은 단지 기상의 정치이론일 뿐이기 때문에 상호비교조차 제대로 할 여지조차 생기지 않는다. 왜냐하면 어떤 이론이라도 실제로 시도조차 제대로 해보지 못했다면, 그 이론은 역사의 현장에서 승리한 진정한 이론의 자격을 획득할 수 없기 때문이다.

물론 혹자가 이런 요·순임금의 계승방식이 그 이후의 진행과정에서 당파적인 혼란을 야기하여 잘못될 수 있다는 반박을 할 수 있겠지만, 그러나 오랜 기간을 걸쳐 임금이 직접 인재를 검증하고서 마침내 양위한 요·순임금의 선양방식은 중우(衆愚)정치의 폐단에 시달리고 있는 현재의 민주주의제도에서 충분한 귀감이 될 수 있다.

그런데 비록 그동안의 역사에서 이 점이 줄곧 도외시 되었지만, 그러나 이 점이야말로 유가를 공박한 도가가 어떤 잘못을 범했는지를 논구할 수 있는 핵심근거가 되기 때문에 본서는 차후의 자세한 논구에 앞서 미리 그 요점을 간략히 정리해 두려고 한다.

춘추의 오패시대를 거쳐 시대가 전국의 칠웅시대로 접어들게 되면서, 전통적인 사고방식은 마침내 비(非)유가 내지 반(反)유가의 선비들로부터 도저히 그 난국을 수습할 능력이 없는 사상으로 내 몰리게 되었다. 그런데 암울한 시대를 조성한 주된 이유는 전국칠웅의 사사로운 욕심 때문일 뿐이지, 결코 전통적인 사고방식이 잘못되었기 때문에 그렇게 된 것이 전혀 아니었다. 그러므로 역사의 필체는 더 엄격한 객관적 시각으로 그렇게 만든 책임의 소재를 명백히 기술해야만 했었다. 왜냐하면 춘추와 전국의 패자 중에서 누구라도 민본주의의 천명사상을 복원하여 주 왕실을 떠받들다가, 마침내 한계에 이르러 은 왕조를 교체한 주 왕조의 무왕처럼 무능한 주나라를 대신한 새 왕조를 건국할 수 있었기 때문에 그러하다.

만약 진정으로 혼란한 정국의 수습이 그런 방식으로 전혀 불가능했었다면, 맹자와 같은 유가의 이론은 이미 역사에서 폐기되어 퇴장되었을 것이고 또한 공자를 뒤이은 맹자와 순자의 등장도 애초부터 불가능했었을 것이다. 그런데도 불구하고 유가를 제외한 다른 계통의 선비들이 아무도 그런 왕도정치의 방법을 추구하려 않았기 때문에, 그로부터 「왜 그랬을까?」하는 의문이 제기될 수밖에 없게 되는 것이다.

그러므로 이 의문점은 근본적으로 주나라 주공(周公)이 성왕을 보조하여 왕실과 국정을 안정시키고 발전시켰다는 점을 전제로 해야만 타당성을 지닐 수 있게 된다. 설사 주공처럼 하지 않았더라도 강력한 패자들이 서로가 그런 마음으로 국정을 도맡아 춘추시대를 이끌었다면, 천하를 안정시킬 수 있었을 것이고, 또한 진정한 협치(協治)의 정국을 만들 수 있었을 것이다. 설사 주나라의 왕이 무능하여 더 이상 국정을 맡길 수 없었던 경우에 처했다면 혁명의 이념에 부합하여 탕왕과 무왕이 행동한 바대로 왕을 교체할 수 있었을 것이다.

그러나 그렇게 되지 않게 된 이유는 다른 무엇보다도 자신들이 주 왕조를 대신한 새로운 왕조의 왕이 되겠다는 욕심을 앞 세웠기 때문이다. 곧 주 왕조의 존재와 권위를 그런대로 인정하고 존중한 겉보기와 달리 춘추시대의 패자들조차 주공 단처럼 주 왕조를 옹위하여 천하의 질서를 평정할 마음이 추호도 없었는데, 하물며 탐욕스러웠던 전국시대의 군주들에게서 그런 일을 기대한다는 것은 두말할 필요조차 없이 애초부터 난망한 일이었다. 그리고 더 나아가 제후를 보좌하던 신하가 어느 날 제후를 시해하고 그 자리를 차지한 불충한 제후들의 경우에는 그 제후가 주나라가 지닌 왕조의 정통성을 고스란히 이어 받을 수 없는 도덕적 약점으로 인해 유가들의 목소리가 도저히 들어설 틈이 도대체 있을 리 만무했다.

하지만 역설적으로 생각해 보면, 전국시대의 열 왕(列王) 전체를 걸·주로 간주하고 그리고 자신은 걸주를 몰아내고 그 자리를 차지한 탕왕과 무왕과 같은 인물이라고 여긴 제후가 만약 있었다면, 그는 탕왕과 문왕과 무왕처럼 처신하고서 때를 기다렸다가 천하를 통일할 기회를 반드시 포착할 수 있었을 것이다. 유가는 바로 이 점을 주장한 것이고 다른 선비들은 그것을 부정하였기에 전국시대는 패왕을 부추기고 영합한 백가사상가들에 의해 춤추게 되었다.

그런즉 주나라를 대신할 새로운 왕조를 바라면서 그리고 은나라 성왕이나 주나라 문왕처럼 행동할 수 없는 인물을 옹립하려 한 도가는 우선적으로 유가가 요·순임금의 양위를 바탕으로 하여 전개하고 있는 왕도정치사상을 그대로 용납할 수 결코 없었다. 따라서 요·순임금의 선양사상과 그리고 주왕조의 문왕의 정신을 결코 수용할 수 없었던 도가는 왕도정치사상의 본질을 대신할 통치이념으로 무위의 정치논리를 내세우고서, 한 편으로는 새롭게 등장할 왕조의 정체를 신비스러운 베일 속에 감추고, 또 다른 편으로는 황제와 같은 가공의 인물을[52] 역사의 전면에 내세워 왕도정치의 본질을 교묘하게 흐리는 전략을 펼

---

52) 설사 황제를 이족의 치우 왕을 격퇴한 역사상의 실재한 실존인물로 간주하더라도,

쳤다. 그러므로 유가를 배척한 전국시대의 왕과 그를 뒷받침한 선비들의 무리들은 다음과 같이 떠드는 맹자를 도저히 용납할 수 없었던 것이다.

"……문왕을 본받으면(師文王) 대국은 오년(大國五年), 소국은 칠년이면(小國七年) 반드시 천하에 정사를 하게 될 것이다(必爲政於天下矣)[53].

……제후가 문왕의 정사를 행할 수 있다면(諸侯有文王之政者), 칠년 이내에 반드시 천하에 정사를 할 것이다(必爲政於天下矣)[54]."

따라서 맹자를 비롯한 정통유가는 무도해진 전국시대의 왕들뿐만 아니라 그런 혼란의 단초를 제공한 주나라 왕에게도 천하를 다스리려면 통치의 정통성을 반드시 확보해야 한다는 각성을 줄곧 촉구하였다. 그런즉 중국고대역사는 황제사관에 의해 오염된 그 점이 역설적으로 역사의 진실을 그대로 증명해 준다. 곧 왕도정치가 지닌 도덕성을 전면적으로 거부할 수밖에 없었던 그런 왕들과 왕도정치노선과 전혀 다른 새로운 길을 추진한 선비의 무리들이 함께 어울려 왜곡시킨 역사의 결과물이 후대에 이르러 자가당착에 빠지지 않을 수 없게 된 이민족에게 지배당한 역사적 사실이다.

그에 대한 논구는 2권에서 자세히 논구할 것이므로, 단지 여기는 앞으로의 논구방향을 위해 그 역설적인 측면을 두 가지의 입장으로 요약해 두고자 한다.

하나는 통치자가 완전히 마음을 비워야만 가능한 선양제도의 구체적인 방법을 제시하지 않고, 황제와 같은 위대한 성인이 무위의 정치를 하여 백성들을

역사적으로 그의 생존시기와 배경이 결코 이족의 출신이 아닌 화하족이라고 할 여지가 전혀 없고, 오히려 그 당시의 정황으로 보면 마땅히 이족의 출신이 아니며 안 되기 때문에, 이러나저러나 간에 도가가 말하는 그런 황제의 모습은 전설로 가공된 인물일 수밖에 없다. 그렇게 되면 당연히 왜 도가가 황제의 인물을 내세워야 했는가? 하는 물음이 오히려 주된 논구과제가 되는 것이다.

53) 맹자 p205
54) ibid p215

편안하게 해 준다는 식의 황당한 논리는 스스로 순환논법에 빠지면서 어떤 합당한 결과를 결코 도출할 수 없다는 점이다. 곧 그 이유는 깨우칠 수도 없고, 가르칠 수도 없고, 배울 수도 없는 무위자연의 도의 성격 때문이다.

다른 하나는 유가가 계승한 왕도정치의 도덕성을 부정적인 입장에서 배제하고 나서, 백성들을 평화롭게 다스릴 방법을 도가가 결코 제시할 수 없다는 점이다. 그러므로 도가는 오로지 신비스러운 능력을 가진 왕의 통치능력에만 의존하게 되는 어처구니없는 논리를 구사하게 되었던 것이고, 그리고 황로학으로 나아간 도가는 마침내 유가의 도덕적 질서 대신 법가의 형법적 질서를 수용하기에 이르게 되었다. 더 나아가 결과적으로는 도가는 중화사상을 잉태시키고 또 영글게 한 기반조성까지 충실히 달성하였다.

따라서 유가와 도가의 진정한 차이점은 왕도사상의 선양제도가 지닌 역사적 의의를 도외시하고서는 결코 파악할 수 없게 되며, 그리고 더 근본적으로 이족의 정통성을 부정한 역사의 왜곡을 꿰뚫지 않고서는 또한 마찬가지로 유가를 그렇게 공박한 도가의 진면목을 바라 볼 수 없게 된다.

마찬가지로 그런 점을 외면하고서 오로지 도가의 용어를 형이상학적 사상으로 억지로 해석하려고 시도하면, 그 태도는 도가가 신비스러운 용어를 사용하면서 추구한 정치적 의도를 심히 왜곡시키게 된다. 곧 도가의 사상가들이 자신들이 계승한 무위자연사상을 현실정치와 무관하게 분리하여 별개의 형이상학적 이론으로 미화하고 더 나아가 견강부회하게 종교적인 차원으로까지 끌어 올리게 되면, 그 작업은 사후에 드러난 결과를 두고서 문제점을 비판하면서 자신들의 생각과 입장을 변명하거나 합리화하는 수준이상의 발언이 될 수 없게 된다. 왜냐하면 그런 현학적 해석은 문명과 문화를 발전시키면서 인간사회를 발전시키는 현실정치를 선도적으로 이끌고 나가야 하는 도덕적 이념의 역할을 결코 수행할 수 없기 때문이다.

따라서 1권을 이은 2권과 3권이 유가가 도가에 의해 배척당해야만 했던 이유와 도가가 유가를 배척해야만 했던 이유를 자세히 다룰 것이다.

§ 2. 논구주제의 명확성을 위한 논구방식

주목 : 중국 문헌의 기록만을 객관적이고 실증적인 자료로 삼아 구성한 중화사상의 허구성을 허물어뜨리고 그리고서 우리민족의 독창성을 입증하기에는 우리의 고대문헌이 너무도 빈약하였다. 따라서 우리민족의 원류인 고조선(古朝鮮)의 역사가 중국 민족의 원류인 요·순임금의 당우(唐虞)시대보다 훨씬 앞선다는 사실을 도저히 내세울 자신이 없었다. 왜냐하면 우리 민족에 대한 중국문헌의 빈약한 기록과 많지 않은 고조선시대의 유물을 바탕으로 하여 그와 같은 주장을 아무리 내세워 봐도, 중화주의에 함몰되어 오만방자해진 중국 민족이 자신들의 기록을 내세우면서 눈길조차 주지 않는 현실적 장벽을 넘어 설 수 없었기 때문이다. 오히려 거대해진 중국민족의 외형 앞에서 주눅이 들어 마침내 그들을 종주국으로 떠받드는 사대주의의 지경에까지 이르게 되었다.

따라서 그런 잘못된 인식을 타파해야 한다면, 오히려 역으로 우리들이 동아시아 민족역사의 길을 가로 막고 있는 중화사상의 허구성을 반박자료로 내세워 우리 민족의 원류를 입증하는 길을 열어야 한다. 그리고 반드시 그 작업을 추진해야 한다.

그런데 그동안 그 작업을 현재의 철학학회와 역사학회가 결코 할 수 없었다. 그러므로 본서가 두 학회를 대신하여 그 작업을 수행하려고 하기 때문에 다음의 1)과 2)장에서 본서의 논구방식과 기존학회의 논구방식의 차이점을 밝혀두고자 한다.

본서의 논구를 수용하든지 거부하든지 간에 소중국(小中國)을 지향한 우리 민족이 지극히 반성해야할 점은 주나라 시대의 봉건제도가 낡은 제도이고, 또한 철기의 발전으로 주나라 사회가 변천하였기 때문에 당연히 전제군주제도인 군국제도가 변화된 시대에 부응하는 적절하고 우월한 제도인 것으로 간주하는 사대적 의식이다. 즉 봉건제도가 철기문명에 의한 농업생산의 증대와 생산인구의 증가에 의한 사회구조에 알맞지 않는다는 판단은 터무니없는 생각일 뿐더러, 더욱이 후대에 널리 확산된 존왕양이(尊王攘夷)의 사고방식조차 엄밀히 따져 보면 주변에 산재한 이민족의 침략이 만든 실질적 역사의 산물이 아니라 오히려 전제군주제도가 스스로 초래한 중화사상의 산물일 뿐이다. 그런즉 비록 중국이 인구가 많고 물산이 풍부했다고 하더라도 이민족의 왕조에 지배를 당한 역사 앞에서는 결코 대국이란 용어가 무색한데도 불구하고, 지레 움츠리고서 중국왕조 앞에 저자세로 나아간 우리네 사대부의 태도는 비난받아 마땅한 것이었다. 그런데도 불구하고 그것을 민족의 생존을 위한 불가피한 선택이라는 강변하는 것은 언어도단이며, 오히려 권력을 탐한 선비들이 자신의 생존을 위해 처세한 선택이었을 뿐이었다. 그러므로 올바르고 타당한 민족사관의 수립을 위해 본서는 이와 같은 논구를 시도하려고 한다.

1). 이 책이 유가와 도가의 순수연구서적과 다른 차이점

문제제기 : 경서에 기록된 통치이념은 시대를 초월한 보편성을 추구하지만, 그러나 동시에 그 이념을 기록한 경서는 시대의 산물로서의 역사서이기도 하다. 그리고 가장 정확한 역사현장의 기록물이다. 왜냐하면 일반 백성들이 평소에 야기하는 수많은 일상적 사건과 달리 한 왕조의 정국을 총체적으로 통괄할 정책을 결정한 객관적인 정황과 그리고 그 결과로서의 구체적인 사건을 기록하고 있기 때문이다. 그런즉 기록을 위한 충분한 역량을 갖추어야만 가능한 통치이념의 기록물인 경서는 아무도 쉽게 흉내를 낼 수 없는 지난(至難)한 기록의 작업이기 때문에 가장 신뢰할 만한 역사서인 것이다.

그런데 경서를 연구함에 있어서 후학들이 후대에 등장한 역사서와 주석서의 기록을 올바른 사실로 기정사실하고서 그 해석에만 몰두하게 되면, 중화사상의 흐름 속에서 정작 중요한 경전의 본의와 진정한 목적을 간과하는 우를 어쩔 수 없이 자연스럽게 범하게 된다. 하지만 그 경우는 곡학아세란 말이 등장할 정도로 정치적인 야망을 달성하기 위해 의도적으로 그리고 계획적으로 경서의 해석을 심히 왜곡한 경우와 질적으로 다른 경우이므로 심히 안타까울 뿐이다.

하여간 곡학아세에 가장 부합하는 역사왜곡이 중국고대역사에서 일어났는데, 그것이 전국시대에 이르러 중국의 이족문명사를 완전히 이방인의 역사 즉 이민족의 역사로 둔갑시키려 한 사실이다. 그리하여 경서가 의도한 본래의 취지와 의의가 왜곡되었다. 하지만 이것을 정작 바로 잡아야 할 경전연구가들이 그런 왜곡된 정치여건 속에 매몰되어 그럴 엄두와 의도조차 전혀 내지 않았기 때문에 그로부터 수많은 역사사건의 현장이 오염되고 또 오류의 전철을 되풀이하여도 후대의 선비들이 그 사실을 그대로 답습하였다.

그러므로 누군가가 경서의 본래 취지를 되살려 역사현장의 오염을 바로 잡아야 했었지만, 그러나 전제군주제도 하에서 순수경전연구가들의 집단인 유학자 및 사관들도 시간의 흐름에 순응하여 그런 작업을 시도할 총체적 역량 곧 역사적 인식을 이미 상실하였기 때문에 안타깝게도 그런 작업은 전혀 시도되지 않았다.

그리하여 도가에 의해 자신들의 사상이 공격받은 유가가 도리어 그들을 대신하여 중화사상의 원류로 간주되는 치욕의 상황에 처해서도 유가의 문도들은 제대로 된 반론조차 내지 못했다. 그러나 실상은 전혀 그렇지 않기 때문에 비록 만시지탄이지만 이 심각한 문제를 바로 잡아야 한다. 왜냐하면 이 문제가 바로 잡혀져야만, 동아시아의 왜곡된 역사가 바로 잡히고 그리고 앞으로 동아시아의 민족이 추구하는 진정한 평화의 길이 열릴 수 있기 때문이다.

그러므로 본서의 작업이 여타의 다른 연구서와 달리 경전의 해석을 통해 역사왜곡을 바로 잡으려고 하기 때문에, 본서는 순수경전연구서와 다르고 또한 순수역사서와도 다르다고 말할 수 있다.

본서의 으뜸 목적은 중화사상이 특별한 의도를 가진 특정한 집단이 인위적으로 조작된 역사의식의 산물이며 또한 그 왜곡이 중국고대왕조를 건설한 이족(夷族)의 문명사를 해체하려고 한 특정세력의 집요한 의식화작업이었다는 점을 밝히려는 것이다. 그래서 본서의 제목은 그 의도에 걸맞게 선택된 것으로서, 그리하여 그 왜곡을 주도한 특정집단이 바로 유가(儒家)가 아니라 도가(道家)라는 점을 일깨우려는 것이다[55].

그런데 본서가 이와 같은 시각으로 논구를 진행하려면, 당연히 본 논구에 앞서 서두에 몇 가지 선결과제를 먼저 짚고 넘어가야만 하는데, 그 이유는 본 주제를 중점적으로 다루려면 먼저 그 문제점부터 짚고 가지 않으면 안 되기 때문이다.

그 점은 우선적으로 우리 조상과 현재의 우리들이 중국에 대한 사대정신의 굴레를 벗어나지 못하고서 이족의 용어만 나오면 무조건 오랑캐라고 번역한 수치스러운 태도이다. 물론 이와 같은 저자세의 태도는 우리 조상들이 중국역사와 그 문명의 근원에 대해 무지했던 탓에서 기인한 것이기에 더 이상의 지적은 불필요한 것이겠지만, 그러나 지금 우리들이 그 점을 바로 잡지 않으면 앞으로 탄생할 우리 후손들에게 천추의 부끄러움을 남길 것은 분명하다.

그리고 이 지적의 단적인 예는 유가와 도가의 여러 서책을 번역한 수많은 글에서 쉽게 발견되는데, 우선 서두에 그 예를 간략히 소개하고 나서, 그런 연

52) 「유가와 대비되는 노자의 사상의 본질을 파악하려면, 당연히 두 가지 사안을 검토해야 한다. 하나는 황제신화이고 다른 하나는 황로학이다. 그리고 이 두 가지 사안은 민중들이 자발적으로 원한 것인지, 아니면 누군가가 의도적으로 조작하여 민중 속에 유포하여 민중의 뇌리와 가슴 속에 자리를 잡도록 한 것인지가 검토되어야 할 것이다. 왜냐하면 이 사실의 논구가 곧 중화사상의 근원을 밝히는 작업이기 때문이다. 황제신화는 아이러니컬하게도 서경의 기록에 등장하지도 않고 그리고 하·은·주 삼대의 왕조들이 요·순임금의 덕을 계승하면서도 요·순임금의 조상이라는 황제의 존재를 언급조차 하지 않았기 때문에 결코 황제는 역사에서 공식적으로 공인된 인물은 아니다. 더욱이 노자의 도덕경에 황제의 이름이 거론도 되지 않은 점으로 보아 전국시대에 급부상한 인물로 간주해야한다.」

후에 본 주제를 논구하겠다.

유가의 대표 서적인 시경의 첫 부분에 해당하는 우서(虞書) 순전(舜典)에 다음의 글이 실려 있다. 그런데 이 문장을 해석함에 있어서, 우리의 학계는 관습적으로 만이(蠻夷)를 만이(蠻夷)라고 번역하지 않고 이민족(異民族)으로 번역하는 잘못을 범하고 있다. 더욱이 앞서 지적한 바대로 자발적으로 무리를 거느리고 와서 복종하였다는 솔복(率服)이란 말은 중국왕조가 형성된 본모습을 보여주는 중요한 용어이므로 특히 주목하고서 그 진의를 파악해야 한다.

> "열두 목민관에게 물어보고 말씀하셨다(咨十有二牧民). "「식량을 마련하는 농사는 때에 맞아야 한다(食哉惟時). 먼 곳에 있는 이를 너그럽게 어루만지며 가까이 있는 이를 친하게 하며(柔遠能邇), 덕이 있는 이를 도탑게 하고, 인후한 사람을 믿고(惇德允元), 그리고 흉악한 사람을 거절하면(而難任人), 이민족도 따라서 복종할 것이다(蠻夷率服)」"[56]

그러므로 우리민족은 마지막 구절의 만이(蠻夷)를 이민족이라고 결코 번역해서는 안 된다. 왜냐하면 만이가 그 당시에 중국 왕조를 구성하고 있는 주된 백성이었고 또한 오늘날의 중국 문명과 문화를 이룬 뿌리이며 골간이기 때문이다. 따라서 글자 그대로 '만족과 이족도 따라서 복종하게 될 것이다'라고 번역해야지, '…이민족도 따라서 복종할 것이다'라고 번역해서는 결코 안 된다는 것이다.

만약 이 관점에 이의가 있다면, 그 입장은 서경이 '여러 백성들이 복종할 것이다'라고 기록하지 않고 굳이 '만이(蠻夷)'라고 기록한 것인지를 누구보다도

---

56) 서경 p36

앞장서서 그 이유를 따져보아야 한다. 왜냐하면 중국 고대사의 진면목을 도외시하고서 만이를 오로지 이민족이라고 번역하게 되면, 당연히 이민족이란 번역은 상대적으로 화하족을 전제해야만 타당한 해석이 되어, 따라서 구주(九州)와 왕조의 중앙(中央)지역을 벗어나 산재해 있는 이족과 만족 및 그 밖의 종족을 모두 다 동일한 하나의 왕조의 백성이라는 해석은 전혀 불가능해지기 때문이다. 다시 말해 만이를 이민족이라고 이해하게 되면, 당연히 상대적으로 화화족이 이미 그 당시에 실존하는 민족이어야만 하기 때문이다.

그리하여 본서는 중국 토착민이 이족과 만족인가? 아니면 화하족이 존재했기 때문에 이들은 이민족인가? 하는 의문을 반드시 선결적으로 규명해야할 가장 본질적인 과제 중 하나인 것이다. 특히 이 과제의 중대성은 다음과 같은 문장을 어떻게 해석하느냐에 따라 중국 역사 이해의 기본방향이 달라지기 때문에 더 더욱 그러하다. 왜냐하면 요순의 시대에는 하나라에 해당하는 하의 개념이 없었기 때문에 그런 의미로 해석해서는 안 되기에 그러하다는 것이다.

> "제가 말씀하셨다(帝曰). 「고요야! 만과 이가 하를 어지럽게 하며(蠻夷猾夏), 겁을 주고 죽이며(寇賊), 안팎으로 악한 일을 하고 있다(姦宄)」."[57]

그러므로 당연히 이 기록에서 하(夏)를 우의 아들이 건국한 하나라로 해석하는 경우와 그렇게 해석하지 않은 경우에는 전혀 상반된 역사관이 충돌할 수 있게 된다. 그리고 그런 과오는 도가의 서적을 해석할 적에도 똑같이 되풀이되고 있다. 즉 도가의 대표서인 장자의 말미인 천하 편에 수록된 사이구주(四夷九州)의 말을 '사방의 오랑캐와 중국 전체'라고 번역한 점에서 그러하다. 왜냐하면 사이구주는 곧 요임금에 이어 등극한 순임금 때에 확정된 나라를 일컫는 용

---

57) ibid p41

어이기 때문이다.

"…… 묵자는 자기의 도를 해설하여 이렇게 말했다(墨子稱道曰). 「옛날에 우는 홍수를 막고(昔者禹之湮洪水), 강과 하천을 터서(決江河) 그리하여 사방의 오랑캐 땅과 구주의 왕래를 자유롭게 만들었을 때에는(而通四夷九州也), 큰 강은 삼백(各川三百), 지류는 삼천(支川三千), <그 밖의> 무수한 작은 물이 범람하고 있는 것을(小者無數), 우는 친히 삼태기 보습을 잡고 공사를 독려해서(禹親自操橐耜) 그리하여 천하의 지류의 강을 하나로 합류케 만들었다(而九雜天下支川).……"[58]

하지만 번역을 그와 같이 하게 되면, 당연히 중국고대사가 근본적으로 왜곡될 수밖에 없다. 왜냐하면 구주 안에 만과 이족이 살고 있고 그리고 그들이야말로 그 고대왕조의 주된 백성임에도 불구하고, 구주의 영토바깥에 그들과 구별된 이족을 설정되면서 그리하여 마치 구주에는 화하족이 살고 반대로 구주바깥에는 이족이 살고 있는 것처럼 말하는 것이 되기 때문이다. 더욱이 이와 같이 번역하면, 오늘날의 명칭인 동이. 남만, 서융, 북적을 모두 통틀어 사이(四夷)로서 간주해야 하기 때문에 어불성설이 된다. 그런데 특히 번역을 그와 같이 하려면, 반드시 정상적인 의미의 국경선이 결정되어 있어야 하는데, 그런 국경선은 진시황이 만리장성을 강화한 시점에 비롯된 것이기 때문에 결코 번역을 그렇게 해서는 안 된다. 따라서 그런 의역 대신에 정상적인 번역을 해야 하는데, 그 점은 다음과 같다.

"묵자가 마음에 그리워하여 입으로 늘 칭송하면서 말했다. 「옛날에 우는 홍수를 막고 강과 하천의 물길을 틔워서 사방의 이족 땅, 구주를 통하게 했을 때에

58) 장자 p556 - 湮는 묻힐 인이 아니라 막힐 연으로 읽어야 한다.

각 하천은 삼백, 지류는 삼천, 작은 무수히 많은 것들을 우가 친히 전대, 보습을 잡고 천하의 하천(川)을 모았다.」……"

즉 번역을 이처럼 하게 되면, 이 글은 사이구주(四夷九州)에서 사이(四夷)는 오늘날 한반도에 사는 우리 민족을 지칭하는 그런 동이(東夷)의 개념이 아니라 그 당시에 구주 안팎의 지역에 살고 있는 전반적인 백성을 지칭하는 것임을 단번에 알아챌 수 있게 한다. 즉 그 당시의 중국 민족의 골간이 곧 이족이라는 점이다.

그렇다면 위의 문장이 비록 묵가의 직접적인 말이 아닌 장자가 묵자를 평가하기 위해 인용한 글일지라도, 그러나 그 글은 전국시대의 장자가 부지불식간에 자연스럽게 중국 고대사의 근원을 여과 없이 그대로 표현한 글이므로 당연히 역사적으로 대단히 중요한 의미를 지니게 된다. 왜냐하면 사이구주(四夷九州)에서의 사이(四夷)는 후대의 고압적인 중화사상에 의해 차별화된 동이(東夷), 서융(西戎), 남만(南蠻), 북적(北狄)에서의 그런 동이가 아니라 그 이전의 중국고대왕조를 세운 중국민족의 원주민내지 토착민으로서의 이족을 의미하는 것이기 때문이다.

그렇다면 이 점에서 당연히 제기될 의문점은 왜 사이구주의 이족이 왜 차후에 동이족으로 전락되어야만 했는가? 하는 의문점이다. 다시 말해 중국고대왕조가 근본적으로 이족에 의한 역사이었고 그리고 더 나아가 그 이족들의 삶의 역사는 다른 이웃의 다른 종족들을 무력으로 억압하고 그리고서 배타적으로 배척한 역사가 아니었는데, 그런데도 불구하고 동질의 이념 속에 공존하는 구성원들끼리 서로 편 가름하도록 만들기 위해 누가 무슨 의도에 의해 또 어떤 과정을 거쳐서 현실에서 존재하지도 않았던 화하족의 개념을 만들었는가? 하는 점이다. 그리하여 이쪽의 이족은 화하족이 되고, 저쪽의 이족은 동이족이 되고, 또 이쪽의 융족은 화하족이 되고 저쪽의 융족은 서융족이 되고, 이쪽의 만족은 화하 족이 되고 저쪽의 만족은 남만족이 되고, 마찬가지로 이쪽의 적족은 화하족이 되고 저쪽의 적족은 북적이 되도록 하여 왜 서로의 인간관계를 상호 적대적인 관계로 전환시켰는가? 하는 의문점이다.

그리하여 중화사상에 젖어서 일상적인 입장에서 그대로 받아들일 수 있는 문장을 두고서 공자의 유가가 이들을 야만인 취급하였으며 따라서 유가가 후대에 중화사상의 진원지라고 곡해하기에 이른 것이다.

그러므로 이 책은 그런 점을 역사의 정통성을 지닌 중국고대서적에서 찾아내어 굴절된 역사의 오류를 바로 잡고자 하는 것이다. 그리고 공자의 유가들이 그런 악의적인 오류의 역사를 결코 만들 리가 없기 때문에 그런 왜곡된 오류의 근거는 당연히 공자의 가르침을 따르는 유가의 사상을 극단적으로 비난하고, 부정적으로 배척하는 사상에서 찾아야 하는데, 바로 도가의 사상이 그 중심에 놓여 있다는 것이다.

따라서 본서는 순수하게 역사만을 전문적으로 다루는 역사연구서와 또한 마찬가지로 순수하게 전문적으로 경서의 의미만을 다루는 고대경전 연구서와는 그 논구내용이 사뭇 다르다. 그리하여 그들이 다루는 방대한 양의 세세한 전문적 내용을 논구하려는 것이 아니고 오로지 그들이 간과하고 있는 오류의 근원만을 되짚어 문제를 바로 잡으려 하는 것이기 때문에 논구에 인용되는 내용들이 적을 수밖에 없다.

2). 이 책이 역사의 순수연구서적[59]과 다른 차이점

59) 역사학자들이 중국고대문헌의 기록들을 실증적 자료로서 제시한 것들 중에는 왜곡된 중국인의 시각에 의해 기록된 내용들이 매우 많다. 그럼에도 불구하고 그동안에는 우리조상 뿐만 아니라 그 기록과 직접 관련된 여러 민족들이 중국인들이 기록한 산해경, <전한의 사마천의> 사기, <반고의> 후한서 등에 기록된 조상들의 역사를 실증적 근거로서 인용할 수밖에 없었다. 하지만 오늘날에는 중국지역과 동아시아

문제제기 : 앞장에서 논구한 바대로 중국의 역사서를 바탕으로 하여 동아시아의 고대역사의 모습을 구성하게 되면, 도저히 왜곡된 시각이 엉클어 놓은 고대시기의 기록 때문에 그 진실한 모습에 제대로 접근할 수가 없게 된다. 그리하여 오로지 중국의 문헌에만 의존하여 동아시아 문명의 원류를 설명하고 있는 역사학의 토대위에서는 어떤 경우에도 언제나 동아시아의 고대문명의 원형은 중국이어야만 했고 그와 반대로 이족의 역사무대는 철저히 무시되고, 거부되고, 배척당해야만 했다. 그리고 그런 여파로 말미암아 기록이 별반 없는 동이족인 우리민족도 점차 그 흐름 속에 함몰되면서 마침내 사대부들이 앞장서서 소중국(小中國)을 지향하는 사대주의 노선을 채택하기에 이르렀다. 그리고 민족의 정체성을 유지하려는 민족주의자들이 동이족의 고유한 과거유물과 유적으로 중국보다 앞선 독자적인 과거역사를 내세워도 그 주장들은 학계로부터 도저히 공인받을 수가 없었다.

그렇다면 어쩔 수없이 중국의 문헌 속에서 이족의 실체를 밝혀 중국인이 인정하게끔 만들어야 하는데, 그러나 그 과제는 역사학계의 입장에서는 지극히 불가능해 보이는 과제일 뿐이다. 왜냐하면 이미 왜곡된 역사의 기록에 함몰된 부류에게는 그 흐름을 스스로 헤치고 나와 그리고서 그

여러 지역에서 발굴되는 고대 유물들이 그 기록의 왜곡된 실상들을 줄줄이 보여주고 있기 때문에 중화사상의 역사관에서 벗어나야 한다. 그렇지만 최근에 발굴된 그런 유물들을 가지고서 중국 중심의 역사관이 지닌 문제점을 지적하고 그리고 그 잘못을 수정하려면 많은 시간이 필요하기 때문에, 본서는 여기에서 그동안 실증사학자들이 객관적 자료로서 내세운 중국문헌의 기록이 야기한 왜곡된 실상을 우선적으로 지적하려고 하는 것이다.

따라서 그렇게 하려면 그 방법은 중국문헌은 춘추시대를 기점으로 삼아 서로 달리 구분하지 않을 수 없다. 하나는 역사학자들이 중시하는 사마천의 사기와 같은 역사문헌이 지닌 문제점을 직시하는 것이고, 다른 하나는 본서가 중시하는 중국고대왕조의 직접적 기록물인 경전에서 동아시아의 문명의 흐름을 직시하는 것이다. 즉 유가가 경전으로 삼고 있는 서경과 같은 고대문헌이다. 그렇다면 당연히 서경이 사기보다도 더 중시되어야 하는데, 그 이유는 이미 지적한 바대로 고대경전은 춘추와 전국시대보다 훨씬 앞선 시대의 상황을 객관적으로 기록하고 있을 뿐만 아니라 바로 그 중국고대인들의 통치이념을 기록한 객관적인 역사자료이기 때문이다.

장벽을 허물 의지가 전혀 나올 수 없기 때문이다.

그러나 주저앉은 부류와 달리 그 장벽을 극복하고자 하는 사람에게 그 서광이 전혀 없는 것이 아니다. 그리고 그 서광을 보여주는 것은 중국인들의 가장 오래된 기록물이자 동시에 역사서인 고대 경전이다. 그런데 앞장에서 말한 바처럼 그런 부류의 역사학의 연구자들은 그것을 철학계의 이념서적으로 간주하고서 전혀 다룰 생각도 없었고 또 그것을 그렇게 다룰 역량도 갖추고 있지 않았기 때문에 지금에 이르러 이 기록이 담긴 역사적 의의와 가치의 과연 수긍할 것인지도 의문스럽다.

그럼에도 불구하고 본서는 역사학계가 다루지 않는 경서의 통치이념을 다루고서 역사의 실체문제에 접근하려고 한다. 따라서 본서는 기존의 역사서와는 전혀 그 성격이 다르다. 그리하여 본서는 이 과제를 논구하여 우리민족의 독자적인 고대역사가 공인받을 수 있는 굳건한 터전을 제공하고자 한다.

본서는 역사서로 알려진 책을 바탕으로 하여 중국고대왕조의 정통성과 중국민족의 정체를 논구한 것이 아니라 오로지 경서를 바탕으로 하여 중국고대왕조의 정통성과 중국민족의 정체를 논구한 것이기 때문에 기존의 역사서와는 그 논구방식과 의도가 전혀 다르다. 그러므로 본서가 다루려는 주제에 대한 학술적 접근방식은 고고인류학의 지식을 바탕으로 삼아 중국민족의 기원을 고찰하는 역사학의 접근방식과도 구별된다. 왜냐하면 중국고대문명을 확립한 고대왕조의 기원은 선사시대에 중국각지에 편재한 여러 부족들의 삶의 흔적을 단순히 취합한 방식에 의해 파악되는 것이 아니라, 중국대륙에 산재한 여러 이민족을 하나의 왕조의 백성으로 통합시킨 고대왕조의 통치이념에 의해 파악되는 것이기 때문이다.

그러므로 중국고대왕조의 본모습을 파악하기 위한 본서의 작업은 중국영토내에서 정착하여 살았던 많은 부족민들의 삶의 터전을 발굴하여 고대시기의 중국대륙의 모습을 구성하는 고고학의 학술작업과는 구별되지 않을 수 없다. 그 뿐만 아니라 본서는 고대시기에 중국대륙 곳곳에 산재한 풍습과 풍속을 기록한 각종 지리서의 자료를 바탕으로 삼아 중국고대의 모습을 구성하는 역사의 작업과는 그 목적과 성격이 전혀 같을 수가 없다. 물론 인류문화학적인 탐구방식을 넓게 확장하게 되면, 어느 시점에 생활방식의 질적 변화를 도모한 역사의 주체들이 누구인지를 파악할 수 있다고 주장할 수 있겠지만, 그러나 물질적 유물과 유적이 보여주는 그런 질적 변화의 근본배경인 정신적 실체에 다가서지 않고서는 그 주체의 본모습을 정확히 밝혀 낼 수가 없다.

따라서 본서는 중국고대왕조의 실체를 역사서의 기록이 아닌 경전의 기록으로 파악하려는 것이다. 그 이유는 단적으로 자기 자신이 누구인지를 깨닫고자 하는 사람은 자신의 외관이 아니라 정신의 내면을 드려다 보아야 하는 것과 같이, 독선적인 화하사상에 입각하여 고대역사를 왜곡한 전래의 중국고대역사서와 달리 경전은 왕도사상이건 패도사상이건 간에 통치이념을 순수하게 기록하여 왕조가 변천하는 모습을 그대로 보여 주기 때문이다.

그러므로 다음의 의문점은 고대역사서의 한계를 단적으로 보여주는 대표적인 경우가 된다. 그것은 하나라의 지배영역을 매우 좁게 그려 놓은 중국지도가 어떻게 하여 서주시대를 지나 춘추전국시대에 이르러서는 그렇게 넓게 확대되었는가? 하는 점이다. 통상적으로 왕조가 자신의 지배영역을 크게 확장하려면 당연히 정복전쟁을 감행해야 하는데, 주나라 이전 시기에 누가 그렇게 강력한 원정을 시도했는지의 기록이 전혀 없기 때문이다. 그러므로 이 의문점은 당연히 봉건제도와 군현제도의 차이점을 논구하고 그리고 그 다음으로 진시황이 만리장성을 쌓아 국경선을 만든 근본배경과 한나라 무제가 정복전쟁을 벌린 배경을 근본적으로 따져보아야만, 비로소 그 의문을 해명할 수 있는 윤곽이 확연히 드러나게 된다.

그러므로 본서는 기존의 역사서와 다른 입장에서 중국고대의 실체에 다가서려고 하며, 그 차이점을 몇 가지 경우로 요약하였다.

1. 먼저 지적하려는 것은 고대의 중국왕조는 왕도정치대신에 패권주의에 의

한 패도정치를 추진하지 않았어도 자연스럽게 오늘날의 거대한 국가를 건설할 수 있었다는 점이다. 왜냐하면 요·순임금시대에 건설한 왕조가 그런 역량의 토대를 충분히 갖추었기 때문이다. 이 관점에 대해서는 미국이 17개 주로 시작하였지만, 오늘날에 50개 주로 확장한 외양을 참조해 볼 수 있다. 물론 당연히 누군가가 고대중국과 미국의 출발이 서로 다른 만큼 그런 수평적인 비교가 무리라는 반박을 가할 수가 있겠지만, 그러나 그 과정의 내면을 찬찬히 들어다 보면, 두 경우가 모두 다민족(多民族)을 아우르는 이념을 갖추고 있었다. 그러므로 고대중국의 영토 확장과 근대 미국의 영토 확장을 비교할 수가 있게 된다.

그러므로 왕조가 왕국을 다스리는 왕의 재목에 따라 영고성쇠를 겪지 않을 수 없다고 하더라도, 그러나 왕국이 교체되는 원인이 단지 신하가 왕위를 탐내 감행한 궁전반란이거나 아니면 타국을 지배하기 위한 이민족의 침략에 의한 것이라면, 당연히 통치이념의 명분에 하자가 발생한다는 점을 우선적으로 유념해야 한다. 즉 백성을 다스리는 정치가 아니라 백성을 억압하고서 자신의 이익을 취하기 위해 지배하려고 할 적의 경우이다.

왜냐하면 주변의 여러 민족을 아우르면서 광대한 왕국을 건설해 나가는 경우에서 왕도의 길이 아닌 패도의 길로 나아가게 되면, 당연히 패권주의의 길로 접어든 왕조는 얼마 못가 자신이 취한 똑같은 방식으로 대대적인 반격을 받아 몰락하였기 때문이다. 그 뿐만 아니라 이민족에 대해 패권주의식 강압 통치를 도모한 나라일수록 더 큰 불행을 초래하였기 때문이다.

그 점은 패도정치에 입각한 중국왕조가 그들이 배척한 이민족에게 정복당해 지배를 받게 된 역설적인 결과에서 명백해진다. 그리고 그 결과는 패도의 방식이 매우 잘못된 통치방식임을 적나라하게 보여 주고 있다.

즉 진나라가 만리장성을 쌓고서 북방의 견융을 경계하지 않을 수 없었던 이유는 그들을 적대적으로 배척해야할 여건 때문이었는데, 진나라가 법가노선을 넘어서 왕도노선을 표방하면서 그들과 함께 공존하려고 시도했다면, 그 결과는 전혀 달라질 수 있었을 것이다. 다시 말해 어차피 그들과 더불어 살아가지 않으면 안 될 지형 조건에서 그들을 군사력으로 억누르고서 왕조를 유지하는 방식 대신에 그들을 문화적 입장에서 그들을 포용하면서 왕조를 유지하는 방식을 선택하고서 나아가야 했었다는 점이다. 즉 전국시대이후에서도 요·순시대가 추구한 포용정책이 중국역사를 올바르게 이끌고 갔었을 것이라는 점이다.

그러므로 특히 중국고대사를 이해하는데 있어서 주목되는 점은 어떻게 구주(九州)로 시작한 요·순임금시대의 영토가 춘추전국시대에는 종전보다도 더욱 확장되었으며 그리고 그런 방식으로 영토의 외연을 더욱 충분히 확장할 여지가 있었음에도 불구하고 진나라의 진시황은 왜 그렇게 하지 않고 그 대신 만리장성을 쌓아야만 했는가? 하는 의문점이다.

왜냐하면 만리장성을 쌓은 진나라와 달리, 주나라는 대규모의 정복전쟁을 감행하지 않았음에도 불구하고 양자강 이남의 남방과 초나라가 위치한 서남방의 영토를 더욱 확장하였기 때문이다. 그리고 더 나아가 주나라의 춘추전국시대에 남방제후국인 초나라, 오나라, 월나라가 차례로 맹활약하였는데, 도대체 그런 역사적 사건이 어떻게 가능하게 되었는지의 연유가 전국시대의 패권주의로서는 도저히 설명될 수 없기 때문이다. 만약 주나라가 이들 지역에 대규모의 정복전쟁을 감행한 패권왕조였다면, 이들 나라가 춘추시대에 패자가 될 수 없었을 것이다.

그러므로 한대에 이르러 패권주의가 종전보다 더 강화되면서 사방의 이민족을 무력으로 지배하려고 시도했지만, 그러나 일시적인 효과 이외에는 역설적으로 왕조의 존속기간만 짧아졌을 뿐이다. 더 나아가 오히려 배척하거나 또는 지배하려고 한 북방의 이민족의 침입으로 그들에게 지배를 당하는 치욕과 수모를 겪어야했고 그리고 그렇게 하여 등장한 새로운 왕조가 앞의 왕조의 통치이념을 계승하는 전통의식을 찾아 볼 길이 없게 되었다는 점뿐이다.

이 점은 중국역사를 고찰하는데 있어서 가장 중요한 요인으로서 다른 무엇보다도 특히 주목해야할 사안이다. 즉 주나라까지 계승된 왕조의 전통을 허물어뜨리고 새롭게 구축한 화하족의 정통성이 이룩한 결과는 도대체 무엇인가? 하는 의문점이다.

2. 이와 같은 패권주의적 패도정치의 길로 다시 나아가게 되면, 동아시아 문화민족의 속성에 의해 중국은 또다시 고립된 방향으로 접어들게 될 것이며 종국적으로 중국의 장래는 발전의 미래가 아닌 참담한 분열의 과정으로 접어들게 될 것이라는 점이다.

왜냐하면 화하족을 내세우고서 중국왕조가 추구한 패도정치가 오히려 이족이 추구한 왕도정치에서의 중국민족을 역으로 왜소화시켰기 때문이다. 다시 말해 역설적으로 오히려 지금의 중국을 만든 역사의 주체들이 역설적으로 그들이 인위적으로 내세운 화하족의 왕조가 아닌 그들이 의도적으로 배척한 북방의 이민족의 왕조들이었다는 점에서 확연해지기 때문이다.

물론 중국민족이 정통왕조로 내세우는 한(漢) 왕조도 실상 따지고 보면, 남방계통의 왕조이며, 만약에 진(秦)나라가 그대로 왕조를 존속했다면 중국민족은 서방의 민족이 주체가 되어야 했고, 더 더욱 문제가 되는 것은 초나라 패왕 황우가 한나라 고조 유방을 이겼다면 중국민족은 서남방계통이 득세했을 것이다. 그러므로 화하족에 의한 민족사관은 실로 어처구니없는 발상의 산물인 것이다.

그리하여 그들이 내세운 한족의 정통성이 오호십육국시대를 맞이하면서 여지없이 무너졌으며 그들이 내세우는 수당의 시대도 오호십육국시대의 연장선상에 놓인 왕조일 뿐 결코 순수한 하화족의 왕조가 아닌 것이었다. 더 나아가 송나라 이후의 원나라와 명나라 이후의 청나라까지 고려하면, 중국의 역사는 오히려 그들이 인위적으로 배척한 민족에 의해 수난을 당한 역사로서 점철될 뿐이다.

이 점은 중국이 패권주의적 시각으로 주변의 민족을 배타적인 우월의식으로 군림하려고 했을 때, 왕조의 초창기에는 강력한 무력에 의해 가능했을지라도 곧이어 왕조가 쇠약해지게 되면 역으로 그들의 침략을 받아 지배당하게 된 점을 명백하게 보여주는 사례이다.

그러므로 만약 중국역사가 이족의 전통대로 왕도정치의 노선을 견지했었더라면, 그런 불행한 역사를 초래하지 않고 그들과 더불어 번영을 구가했을 것이라는 판단이 성립한다. 왜냐하면 사방의 이민족들은 인위적으로 화하족이라 불리기 이전부터 중국민족이었기 때문이다. 그러므로 국경선이내의 화하족과 국경선 밖의 새 외 이민족이란 대립구도 하에서 서로 견제하기보다도 왕도사상의 공동이념 하에서 상호번영을 추구하고 구가했을 것이다.

그런데 새로운 통일왕조가 만리장성을 국경선으로 삼아 그들을 영토 밖으로 내 몰고 배척하였기 때문에 결국 전쟁을 통한 치열한 투쟁의 역사를 점철하게 된 것이다.

3. 봉건제도에서 군현제도를 실시한 전제주의로의 이해과정에서 순수한 왕도정치가 변질되고 그리고 패도정치가 중국정치의 본질로 자리매김하게 된 점이다. 이 점은 역사적으로 대단히 중요한 의의를 내포하고 있는데, 그 이유는 진나라 이전의 고대왕조가 지속시킨 중국봉건제도를 오늘날에 이르러 이민족으로 구성된 미국의 연방제도와 비교할 수 있기 때문이다. 그렇게 되면, 미국의 연방제가 다소간에 우여곡절을 겪었지만 여전히 순항하고 있는 점이 봉건제의 왕조와 전제군주제도의 왕조를 검토하는 작업에 있어서 대단히 중요한 참조사항이 될 것이다.

어쨌든 패도정치에서 왕이 모든 권력을 장악해야 하는 작업이 으뜸 과제가 된 이유는 자신이 무력으로 정권을 장악했기 때문에 마찬가지로 똑같이 자신도 그렇게 될 것을 두려워했기 때문이다. 그런즉 비록 주나라가 전래의 봉건제도를 답습하고 있었지만, 그 점을 가장 우려하여 친족으로 봉건제후를 삼지 않으면 안 되었든 점을 주목하지 않을 수 없게 되는데, 그렇게 되면 역설적으로 주나라의 봉건제도를 더더욱 발전시킨 제도가 곧 진시황의 전제군주제도라고 말할 수 있게 된다. 그러므로 그런 측면 때문에 왕조를 이끌고 가는 통치이념이 정작 중요해진다.

그러면 중국왕조사에서 왕도정치가 허물어지는 원인제공을 주나라가 만들었다는 가정도 가능해지는데, 실제적으로도 주나라가 자신의 통치명분을 정당화하기 위해 은족을 격하시킨 사실은 그런 시선의 가정을 충분히 뒷받침할 수 있다. 그리고 중국역사의 왜곡의 진상은 주나라 역사에 정통한 선비들이 전국시대에 이르러 전제군주제도의 골격을 만들고서 그리고 봉건왕조를 대신한 전제왕조인 진나라를 거쳐 한나라 때에 이르러서야 비로소 확고해지기 시작한 것이라는 주장이 객관성을 지닌 가정으로 성립할 수 있게 된다.

따라서 본서는 먼저 중국고대왕조사와 그리하여 왕도정치의 이념을 수호하려는 공자의 가르침이 후대에 이르러 왜곡된 근본이유를 논구하려고 한다. 그러면 이 내용은 추후에 제3권의 논구가 순조롭게 진행될 수 있도록 하기 위한 충분한 길잡이가 될 것이다. 또한 그렇게 해야만 현재의 우리민족 뿐만 아니라 일본민족까지 포함해서 이웃의 중국민족과 더불어 다 함께 동아시아의 굴절된 역사의식을[60] 올바르게 바로 잡고서 그리고 제대로 된 역사의식을 공유하고서 공동번영을 추구할 수 있게 될 것이다.

따라서 중국고대왕조사가 왜곡된 과정은 중국문명의 근본 틀을 형성한 세 가지 큰 계기로부터 파악해야 하는데, 그 세 가지 점은 다음과 같다.

첫째는 주나라가 은나라로부터 통치이념과 방법으로서 홍범구주를 계승한 역사적 사건.

둘째는 공자가 서경과 역경 그리고 춘추를 편찬한 역사적 사건.

셋째는 사마천이 사기에서 가공의 인물인 황제를 내세워 중국왕조의 정통성과 그 통치이념의 본질을 왜곡시킨 역사적 사건이다.

---

60) 역사를 왜곡한 점을 고찰하게 되면, 중국은 BC403~221년간의 전국시대를 거치면서 확실하게 이족의 역사를 송두리째 부정하는 역사관을 만들었고, 일본은 한반도에서 백제가 멸망한 이후인 AD720년과 712년에 만든 두 개의 역사서인 일본서기와 고사기를 통해 일본역사를 송두리째 변조하였다. 그리고 대한민국은 자진해서 왜곡된 중국왕조의 역사관에 몰입하고서 자국의 고대역사를 송두리째 잘라 내거나 아니면 사대주의의 시각으로 우리나라의 역사를 중국역사의 변방나라로 스스로 격하시켰다.

첫 번째 사건의 역사적 의의는 그런 방식이 중국의 지역에서 살아가는 모든 부족을 총망라하여 그들의 정체성을 해체시키고 하나로 융합하려는 사상과 문화의 원형으로서의 통치이념을 통일국가를 구성하는 근본 틀로서 확실히 자리매김했다는 점이다. 그리고 그 정통성이 중국의 국경선이 어떻게 변화하든지 간에 그리고 중국의 민족이 어떻게 확장되든지 간에 오늘날까지의 중국인들에게 자신의 정체성을 확립하고 동아시아에서의 중국의 위상을 참다운 문화국가의 지도국으로 드높인 근본요인이라는 점이다. 그러므로 이 근본 틀에 담긴 역사적 의의를 먼저 살펴봄으로서 중국고대왕조의 정신이 어떻게 왜곡되었는지를 살펴볼 수 있게 된다.

두 번째 사건의 역사적 의의는 주 왕조의 통치권의 권위가 실추되고 그 대신 제후국들의 군주들이 그 권위를 대신하게 된 상황에서 통치권을 복원시키려는 공자의 의도를 오늘날의 의미로 해석해서는 결코 안 된다는 점이다. 비록 주 왕조의 권위가 실추되어 제후국의 군주들이 그 자리를 넘볼 수가 있게 되었지만, 명분이 없는 상황에서는 천하의 백성들을 승복시킬 수가 전혀 없었기 때문에, 따라서 공자를 제대로 이해하려면 춘추시대가 오패의 시대로 나아갈 수밖에 없었든 근본배경을 먼저 염두에 두어야 한다.

그러면 그 점에서 가장 중요한 의문점을 규명해야 하는데, 그것은 왜 춘추오패는 주공 단처럼 주나라왕실과 그 통치권의 권위를 강화시키려하지 않았는가? 하는 의문점이다. 더욱이 동주에서 서주로 바뀐 주나라 왕조에서 동주의 유왕(幽王)이나 하나라의 걸 왕(桀王)이나 은나라의 주 왕(紂王)이 나라를 망치고 있는 경우가 아니라면, 그들은 주나라 왕조에 충성하여 주 왕조의 권위를 복원시켜야 하는데, 그럼에도 불구하고 왜 그렇게 하지 않았는가? 하는 의문점이다. 그 의문점에서 일단 분명해지는 사실은 주나라의 무능함과 별개로 제후국의 군주들이 결코 그렇게 하고 싶지 않았다는 점이다. 그리고 그런 생각들로 가득한 제후들과 또한 그런 그들에게 가세한 선비들이 무력으로 천하를 차지하려고 탐욕을 부린 끝에 마침내 주나라가 전국시대에까지 도달하게 된 점이다.

그러면 주나라의 왕조를 대신하려는 그런 욕망들이 잘못된 것인가? 하는 이 의문에 대해, 공자는 분명하게 그들의 불순한 욕망이 왕도정치의 붕괴를 유발하였다고 진단하고서 잘못된 것으로 평가한다. 그러므로 공자의 그런 비판적 입장을 단순히 주나라의 통치권의 권위에 한정하게 되면 너무도 편협한 이해가 되어 후대의 중화사상의 진원지로 비난할 여지만 제공하게 된다.

하지만 공자는 위의 저서를 통해 분명하게 오늘날의 중국의 지역을 차지하고 있는 왕조가 왕도정치의 노선으로 나아가야만, 주변 민족과 더불어 진정한 평화를 이룩할 수 있다는 통치이념을 견지하고서 패도정치에 유혹당하는 제후들을 강력히 비판하였기에 도가들에게 격하당하고 매도당했다. 지금 그 점을 제대로 파악해야만 오늘날까지 이어지는 동아시아의 패권주의의 본질과 그 문화적 폐해를 직시할 수가 있게 된다.

세 번째 사건의 역사적 의의는 다민족으로 구성된 왕조에서 통치이념의 정통성과 권위도 없이 천하만민(天下萬民)으로 하여금 새로운 왕조의 신민이 되라고 한때 기록을 관장하였던 사관이 왜곡한 역사서는 실로 어처구니없는 지식인의 횡포라는 점이다. 그런데 춘추전국시대에는 여러 제후국의 군주들은 이런 생각을 가지고서 부국강병의 노선으로 나아갔다. 물론 약육강식의 여건에서 오로지 자국을 보존하려는 생존전략으로 부국강병노선을 견지했다고 변호할 여지의 소국도 없지는 않겠지만, 그러나 이미 전국시대로 접어든 주나라의 말기의 시기에 제후의 지위대신에 왕을 참칭하고서 패도의 부국강병의 노선을 지향한 제후들의 의도는 분명하게 주나라를 대신하여 새로운 왕조의 주인공이 되고자 한 것이었다.

그럼에도 불구하고 가장 걸림돌이 되는 점은 바로 천하만민을 복속시킬 정통성과 명분을 갖추어야 하는 조건인데, 그들이 주나라가 계승한 왕도정치의 장통성과 명분을 이어받기에는 실로 난망하다는 것이다. 그리하여 이런 명분이 필요한 제후의 욕망에 기여하여 일신의 영달을 추구하려는 지식인들이 그들의 의도에 맞추어 새로운 발상의 이론을 제공해 주었는데, 그것이 기존의 왕도노선을 배격하는 패도노선이었고 공자를 배척하게 된 근본이유였던 것이다.

그리고 그 대표적인 노선이 하나는 법가노선이었고 다른 하나는 도가노선이었다. 그리고 이 노선을 후대에 이르러 역사의 면죄부를 주고서 중국의 정통노선으로 규정한 사건이 바로 사마천의 사기였다. 그러므로 사기는 바로 오늘날의 중국과 동아시아와 그 주변의 역사를 왜곡시키게 되는 흐름의 한 가운데에 놓여 있게 되고 그리고 비난되어야할 역사관이다.

물론 이 점에 대해 기존의 역사가들이 강력한 반박을 제기할 수 있는데, 그 여지는 하나는 사마천이 법가를 옹호하지 않았고 그리고 다른 하나는 도가는 결코 패도노선이 아니라고 주장하는 것이다. 즉 사마천의 사기를 그런 시각으로 판단하고 평가해서는 안 된다는 이의제기이다.

그러므로 본서가 그런 점을 유념하고서 본서가 전반적인 흐름을 따지려는 것이며, 더 나아가 결론으로서 이족에게 문화적 빚을 짊어진 다른 이민족 부족들이 중국고대사를 의도적으로 왜곡시키고서 그리하여 동아시아의 역사적 노선을 정상궤도에서 이탈시켰다는 점을 밝히려는 것이다.

제1부 - 선결되어야할 문제점들

논구초점 : 사마천은 전국시대가 종식되고 난 이후에 전국시대의 도가를 뒤이어 유가를 폄하하는데 선봉장이 되었다. 그는 공자의 제자들이 논어에 공자에게는 스승이 없었다고 분명히 기록하였음에도 불구하고 사기의 중니제자열전 제7(仲尼弟子列傳第七)에서 공자의 위상을 다음처럼 기록하여 철저히 격하시켜 놓았다. 즉 유가사상이 도가사상에게 한수 지도를 받은 것처럼 해 놓은 것이다.

“공자가 말했다(孔子曰). 「나에게서 학문을 통달한 자는(受業身通者) 일흔 일곱이다(七十有七人)」………. 공자가 스승으로 섬김 사람은(孔子之所嚴事) 주나라에서는 곧 노자(於周則老子), 위나라에서 거백옥(於衛蘧伯玉), 제나라에서 안평중(於齊晏平仲), 초나라에서 노래자(於楚老萊子), 정나라에서 자산(於鄭子産), 노나라에서 맹공작(於魯孟公綽)이다.………」[61]

도가의 선비들이 노자를 공자의 스승으로 둔갑시켜야 했는가? 하는 물음은 대단히 중요한 역사적 의의를 지닌 의문점이다. 더욱이 사마천은 노자를 주나라 인물로 기록하여 도가의 뿌리가 주나라에 있고, 그리하여 중국사상의 정통

---

61) 사기 P128, p130

성이 도가에 있는 것으로 기록하였다.

그러므로 위의 의혹은 도가의 등장시기와 직결되는 문제로서, 노자의 도덕경의 출현시기와 맞물려 있다. 그런데 그 시기를 가늠할 수 있는 유일한 전거는 사마천이 저술한 사기의 기록이다. 그 이유는 사마천이 노자를 두 가지로 기록해 두었는데, 하나는 노자를 공자와 동시대인물로 기록한 것과 다른 하나는 공자가 서거한 BC479년 이후 129년이 지난 뒤인 BC350년에 진(秦)나라 헌(獻)공을 알현하고 진언을 한 주(周)나라 태사(太史)를 일컬어 노담(老聃)이라고 기록하였기 때문이다.

그런데 이 기록이 대단히 이상할 뿐이다. 그 이유는 사마천이 노담이 거론하기 이전에 공자가 생존한 시기에 노자의 도덕경이 이미 존재하고 있었다면 결코 사마천이 자신의 사기에 노담을 기록할 수가 도대체 없었기 때문이다. 즉 BC350년에 진 헌공을 알현한 노담이 노자라면 그 이전에는 도덕경이 결코 없었다는 사실이 성립하며 그리하여 현존하는 도덕경은 노담이 지었다는 결말이 된다. 하지만 사마천은 노담이 도덕경을 지었다고 기록하지도 않았고, 또한 그 노담이 그 노자인지도 불분명하다고 기록하였다. 그 이유는 사마천이 노담이 진 헌공을 알현할 적에 이미 그가 도덕경을 저술한 인물이었다고 말하게 되면, 노담이 결코 불분명한 인물이 될 수 없기 때문이다. 다시 말해 노담이 노자인지가 불분명하다는 이유는 첫째는 도덕경은 존재하는데 그가 그것을 저술한 장본인인지는 모르겠다는 것과 둘째는 노담의 시기 이전에는 도덕경이 존재하지 않았지만 곧바로 그 이후에 도덕경이 나타났으므로 시기적으로 보아 노담이 당사자가 될 수밖에 없다는 것을 의미하기 때문이다. 곧 노담이 노자가 되면 당연히 사마천이 도덕경이 등장한 시기를 진나라 헌공의 시대인 BC350년이라고 밝힌 것이 되고, 반대로 노담이 노자가 아니게 되면 이미 공자시대에 등장하여 존재하고 도덕경을 두고 사마천이 어연 150년 이후의 인물을 도덕경의 저자이라고 주장한 꼴이 되어, 사마천이 실로 어처구니없는 인물이 되는 것이다. 적어도 사마천이 실없는 인물이 아니라면, 그리고 사기가 지닌 역사적 성격으로 보아, 노담의 기록은 진실의 여부와 상관없이 자료의 객관성을 지니게 된다. 왜냐하면 사마천은 황로학에 경도되어 있는 학자이기 때문에, 따라서 그에게는 공자시기에 도가가 출현하였다는 이야기를 전면적으로 부정할 그런 불리한 사실을 기록할 이유가 결코 없기 때문이다. 그럼에도 불구하고 그렇게 기록한 이유를 따지자면, 그것은 사관이었던 그의 양심 때문이라는 사실이외에는 달리 생각할 여지가 없다.

따라서 그로부터 분명해지는 점은 사마천은 여하간 그 기록 속에 분명한 추론의 단서를 남겨 놓았다는 것이다. 그것은 다름 아닌 노담이 진 헌공을 알현한 전국시대의 BC350년이 곧 도가가 출현한 시기라는 점이다. 즉 노담의 이야기는 BC350년 이전까지는 도덕경이 존재하지 않았다는 것을 객관적으로 증명하는 것이기 때문이다. 특히 이 시기가 중요한 역사적 의미를 지니고 있는 까닭은 도가들이 무위자연의 사상이 공자의 생존시기인 춘추시대에 비롯되었다고 말하지 않으면 안 되는 이유 때문인데, 곧 도덕경과 열자와 장자의 서적이 모두다 BC350년 이후에 등장한 황로학의 산물이라는 사실을 감추기 위함 때문이다. 그런데 BC350년이 이와 같은 판단의 객관적 기준이 되는 근거는 사마천이 기록한 또 다른 문장에 있다. 그것은 생존시기가 BC298~238년으로 추정되는 순자에 관한 기록이다. 곧 사마천은 순자에 관한 기록 속에서 장주를 언급하고 있는데, 직하에서 도가사상의 인물들이 활동할 적에 거론되지 않던 장자가 직하학자들 중에 막내에 해당하는 순자가 활동할 적에 비로소 기록되어 있는 점이다.

> “순경은 혼탁한 세상의 정치를 혐오하였다(荀卿嫉濁世之政). ………. 장주 같은 교묘한 언변으로 떠들어 대며 풍속을 어지럽히자(如莊周等又猾稽亂俗), 이에 유가 묵가 그리고 도가의 과거행적의 성패를 규명하여(於是推儒墨道德之行事興壞) 이를 정리한 수만 자의 글을 저술하고서 그리고 세상을 하직했다(序列著數

萬言而卒)."[62]

그러므로 도가의 등장시기를 따지게 되면 당연히 도가의 진정한 목적이 유가를 배척하고 대신 그 자리를 차지할 새로운 왕조를 위한 통치이념의 정립과 대중적 지지를 획득하기 위함이라고 말할 수 있게 된다. 곧 고대왕조의 통치이념의 수호자인 공자의 세력을 무력화하기 위함이다. 또한 도가의 그러한 웅대한 의도를 염두에 두고서 도가의 글을 주목하게 되면, 사마천이 거론한 노자와 노담의 두 인물이 모두 다 주나라 사관이었다는 기록과 그리고 후자인 노담이 진나라가 천하를 통일할 패자라고 예언했다는 기록은 실로 엄청난 역사적 의의를 지닌 글이 된다.

그리고서 사마천은 더 나아가 본서가 주목하는 말을 기록해 두었는데, 그것은 노자를 속세를 떠나 사는 은군자(隱君子)라고 말한 점이다. 곧 달리 말하면 도가사상가들이 자신의 정체를 감추고 있는 인물들이라고 말한 점이다. 그런데 그와 같은 사마천의 말을 순수하게 액면 그대로 받아들이더라도, 그 말은 도가사상가들이 자가당착의 모순을 지닌 인물이라는 점을 강조하는 격이 된다. 그 이유는 그들이 왕조의 역사를 관장하는 중대한 직책인 사관을 맡아서 가장 고급적인 많은 정보 즉 지식을 접촉하였고 또한 접촉하고 있고 또한 더 나아가 접촉할 수 있음에도 불구하고 세속의 일과 전혀 무관한 은군자로 자처한 점 때문이다. 다시 말해 그들은 정작 중요한 요직에 앉아 있으면서 거꾸로 그 지위를 이용하여 주나라 왕조를 반드시 전복시켜야겠다고 마음을 먹은 지식인들이었기 때문에, 오히려 거꾸로 세상 사람들에게 자신들의 진정한 정체를 숨기고 싶어 했던 인물들이었기 때문이다.

그러므로 도가를 위시하여 이런 이중성을 지닌 황로학자들이 주나라를 전복하기 위해 주도면밀하게 꾸민 역사왜곡의 실상은 반드시 규명되어야 한다.

---

62) ibid p451

제1장. 중국고대사는 왜곡되었는가?

논구초점 : 본서가 중국역사의 왜곡을 논구하는 작업은 막연한 의심으로부터 나온 추측의 산물이 아니다. 그것은 명확히 사마천의 사기에 기록된 객관적 근거에 의한 것이다. 사마천은 사기에서 전국시대의 법가를 황로학에 근본을 두고 있다고 기록하였다.

그런데 후대의 역사가는 사마천의 말을 그대로 인용하면서도 고대경전의 내용을 전적으로 부정한 사마천의 말은 전혀 신경을 쓰지 않았다. 곧 요·순사관을 부정하고 황제사관을 버젓이 중국역사로 왜곡시킨 바꾼 사실이다. 더욱이 자신들의 조종인 공자를 그렇게 심하게 매도한 도가 곧 황로학의 부도덕한 작태를 조목조목 따져 바로 잡아야할 유가의 문도들조차 황로학의 역사관에 매몰되어 공자와 그의 제자들이 세인들에게 우롱당해도 외면하였으니, 어찌 왜곡된 역사가 제대로 바로 잡히기를 바랄 수 있었겠는가?

따라서 고전을 단지 사상을 수록한 서책으로 치부하면서 오로지 한(한)대 이후의 역시기록을 정사(正史)로 간주하여 모든 고대역사를 조명하여 오늘날까지 이르렀으니 반드시 그 점은 마땅히 시정되어야 한다. 그런즉 진정한 역사의 진상은 고대경전에 문헌에 담겨 있는 점을 유념하고서 왜곡된 역사의 진상과 잘못을 정확히 파악한 연후에 올바르게 시정해야할 것이다.

역사왜곡의 현장을 직접적으로 고대경전의 기록만으로 입증하려고 하면, 그 작업이 순탄치 않게 될 뿐더러 더 나아가 실로 만만치 않은 장애를 부딪쳐 난파당할 수 있게 된다. 그 이유는 이미 황로학의 시각에 의해 왜곡된 글이 정론으로 자리매김하고 있기 때문이다. 그러므로 고대경전에 이어 등장한 후대의 역사서들이 대부분 황로학의 이야기를 사실인양 기정사실화한 이상, 진실을 규명하려는 역사적 작업은 이 사실을 밝힐 수 있는 유일한 전거(典據)인 사마천의 사기의 글을 내세워 역으로 모든 사실을 제자리로 되돌려 놓아야 한다. 따라서 역사왜곡의 실마리를 풀 수 있는 객관적인 자료인 사기의 글이 논구의 전면에 놓여야 하는데, 아래의 글이 그 역할의 적격이기에 우선적으로 먼저 참조되어야 한다.

"신불해(BC385?~337년)는(申不害者) 경 땅 사람으로(京人也) 본래 정나라의 하찮은 신하였다(故鄭之賤臣). <그가> 학술을 익혀 한나라 소후에게 <관직을> 요구하자(學術以干韓昭侯), 소후가 <그를> 등용하여 재상으로 삼았다(昭侯用爲相). 안으로는 정치를 바로 잡으며 교화에 힘쓰고(內脩政教), 밖으로는 제후들을 <적절히> 대응하면서 15년이 흘렀다(外應諸侯 十五年). 신불해가 세상을 마칠 때에는(終申子之身) 나라는 다스려지고 군대는 강해져서(國治兵彊) 아무도 한나라를 침략하지 못했다(無侵韓者). 신불해의 학문은 황로학에 근본을 두고(申子之學本於黃老) 그리고 형명학을 주장하였다(而主刑名). ....

한비자는(韓非子) 한나라의 여러 공자들 가운데 한사람이었다(韓之諸公子也). <그는> 형명이나 법술에 관한 학문을 좋아하였는데(喜刑名法術之學) 그런데 이들 모두는 황로학에 근본을 두고 있었다(而其歸本於黃老). .... 이사와 함께 순자를 섬겼는데(與李斯俱事荀卿), 이사는 자기가 한비자만 못하다고 생각했다(斯自以爲不如非). .... <한비자는> 유학자들은 경전의 글귀를 이용하여 법도를 어지럽히고(以爲儒者用文亂法) 그리고 협객들은 무력을 가지고 금령을 범한다고 생각했다(而俠者以武犯禁).…."[63]

그런즉 사마천의 기록은 곧바로 다음의 의문점으로 직결된다. 도대체 춘추시대에 존재하지 않았던 황제의 사상이 어떻게 전국시대에 등장하게 되었는지를 왜 기록해 두지 않았을까? 하는 의문점 때문이다. 즉 도가의 조종(祖宗)과 같은 위상의 인물인 노자는 그가 저술했다는 도덕경에서 황제의 인물을 거론조차 하지 않았는데, 정작 노자의 사상을 확산시킨 장자는 요·순임금보다 훨씬 앞선 황제를 역사의 전면에 내세우고서 무위자연(無爲自然)의 사상을 설파하면서 황제로부터 도가사상이 비롯되었다고 말한 역사적 근거 때문이다. 그렇다면 도가가 황로학의 모습으로 등장한 정확한 시기가 전적으로 의혹의 대상이 된다.

그런데 정작 사마천은 사기에서 황제를 무수히 등장시켜 무위자연의 도를 설파한 열자와 장자의 인물과 서책의 내용을 전혀 그리고 거의 언급하지 않으면서 오히려 황제를 언급한 인물로서 추연을 내세웠다. 그리고 이 기록은 대단히 중요한 역사적 의의를 지닌다. 그 이유는 그 기록이 추연의 시기가 맹자보다는 뒤이고 장자보다는 앞이라는 사실을 의미하는 것이기 때문이다. 따라서 추연을 논구하려면 당연히 사마천이 기술한 전국시대의 정황을 전제해야 한다. 왜냐하면 전국시대의 뭇 선비들이 집중적으로 이 시기에 전통을 고수하려는 유가를 부정적인 시각으로 바라보면서 황로학의 길을 통해 역사왜곡을 감행했을까? 하는 의문은 시대적 배경 없이는 도대체 파악하기 어려운 문제인데, 사마천이 사기에 그 점을 명쾌하게 기록해 두었기 때문이다.

"그 당시(當是之時) 진나라는 상앙을 등용하여(秦用商君) 나라를 부유하게 하

63) ibid P44~46

고 병력을 강화했으며(富國强兵), 초나라와 위나라는(楚魏) 오기를 등용하여(用吳起) 싸움에서 이겨 적국을 약화시켰다(戰勝弱敵). 제나라 위왕과 선왕이(齊威王 宣王) 손자·전기의 무리를 기용하였고(用孫子田忌之徒) 그리하여 제후들은 동쪽을 바라보고 제나라에 조공을 바쳤다(而諸侯東面朝齊). 천하는 바야흐로 합종과 연횡에 힘을 기울이고(天下方務於合從連衡) 남을 침략하고 정복하는 것만을 현명하다고 여기는 때였다(以攻伐爲賢). 그런데 이에 맹자는 요임금과 순임금과 하·은·주 세 개 성왕들의 덕치만을 부르짖으므로(而孟軻乃述唐虞三代), 가는 곳마다 받아들여지지 않았다(是以所如者不合)."[64]

즉 이 글은 곧바로 고대왕조의 역사를 왜곡한 실상이 맹자를 기점으로 하여 이루어졌음을 직시할 수 있게끔 해 준다. 그리고 뒤이어 기록된 사기의 글은 맹자의 수난과 추연의 태도변경이 난세를 살아가는 뭇 선비들이 취해야할 처세의 길잡이가 되었음을 뒷받침해 준다. 그 뿐만 아니라 맹자를 뒤이은 추연이 역사왜곡의 문제점을 다룸에 있어서 결정적인 인물이 아닐 수 없게 되는데, 그 이유는 황제사관의 핵심인 황제의 존재에 대해 사마천이 '먼저 차례대로 현재로부터 거슬러 올라가 황제에까지 도달하여(先序今以上至黃帝) 학자들의 공통된 방법에 따라(學者所共術) 시대에 따른 흥망성쇠를 대략 견주면서(大並世盛衰)'라고 사마천이 직접 기록하여 도가에 앞서 추연이 황제를 언급하였음을 분명히 증명해 주기 때문이다.

"<맹자는>…맹자 칠편을 지었다(作孟子七). 그 뒤로 추자의 무리가 출현했다.

64) ibid p436

(其後有騶子之屬). 추자<騶子>………. 그 다음은 추연은 맹자보다 뒤의 인물이었다(其次騶衍後孟子). 추연이 목도한 것은((騶衍睹) 나라가 점점 더 사치가 심해져(有國者益淫侈) 덕을 숭상하는 일이, 만약 <시경의>대아가 자기 자신을 단정히 하는 것처럼, 일반백성들에게 널리 펴져 나가게 하는 일이 불가능하다는 것이었다(不能尙德 若大雅整之於身, 施及黎庶矣).

이에 음양성쇠를 깊이 살펴 (乃深觀陰陽消息) 그리고 기괴하고 광대한 변화를 기술해 나가며(而作怪迂之變), 종시, 대성 편 등 십여만 자를 지었는데(從始大聖之篇十餘萬言). 거기에 실린 말들은 허황되어 도리에 맞지 않았다(其語閎大不經). 반드시 먼저 작은 일을 체험하고서(必先驗小物), 능히 큰 것으로 추론하여(推而大之) 무한한 곳에 이르고 있다(至於無根).

먼저 차례대로 현재로부터 거슬러 올라가 황제에까지 도달하여(先序今以上至黃帝) 학자들의 공통된 방법에 따라(學者所共術) 시대에 따른 흥망성쇠를 대략 견주면서(大並世盛衰), 거기에 따른 상서로운 조짐의 규칙을 기술하고서(因載其禨祥度制) 능히 먼 데까지 추론하여(推而遠之) 천지가 생기기 전에까지 도달하였는데(至天地未生), 아득하고 오묘하여(窈冥) 능히 그 근원을 헤아릴 수가 없다(不可考而原也)."[65]

그러면 이 글의 내용은 음미하면 음미할수록, 도가의 이론이 추연으로부터 나온 것인지 아니면 추연의 사고가 도가로부터 나온 것인지를 아리송하게 만드는데, 그러나 전체 상황으로 보아 도가가 전국시대에 비로소 등장했기 때문에

65) ibid p439~440

당연히 그 이론의 바탕은 추연으로부터 비롯되었다고 미루어 짐작할 수 있다. 그리고서 뒤이어 사마천은 다음의 인물들을 거론하였다.

그러므로 위의 글과 더불어 아래의 글은 사마천이 추연이후에 이르러서야 황제와 도가의 이론이 등장했음을 명확하게 입증하는 객관적 자료가 된다. 곧 사마천이 황제와 도가를 동시에 거론하였기 때문에 앞에서 말한 황로학은 곧 황제와 도가의 사상이 결합한 학문을 말하는 것이다.

> "신도는 조나라 사람이다(愼到趙人). 전병과 접자는 제나라 사람이다(田騈接子齊人). 환연은 초나라 사람이다(環淵楚人). 이들은 모두 황제와 노자의 도덕에 관한 학설을 공부하여(皆學黃老道德之術) 그 취지를 분명하게 밝혀 해설하였다(因發明序其指意). 그리하여 신도는 열두 편의 논문을 저술하였고(故愼到著十二論), 환연은 상편과 하편으로 된 논문을 저술하였고(環淵著上下篇), 전병과 접자도 각각 논문을 저술하였다(田騈接子皆有所論焉)."[66]

하지만 사마천은 정작 주요한 대목에서 황제와 황제에 앞선 시대의 신화의 인물을 거론한 장자를 언급하고 있지 않다. 그리고 더더욱 이상한 점은 전국시대 끝 무렵의 유학자인 순자는 자신의 저서 순자에서 사마천이 도가로 기록한 장자를 지극히 평범한 자연학파로 기록하고 있다는 점이다. 즉 그 사실은 순자가 도가의 정체를 정확히 인식하지 못하고 있었다는 것을 의미하든지 아니면 도가의 정체는 익히 알아도 장자의 정체를 정확히 파악하지 못하고 있었다는 것을 의미한다. 그 점은 앞으로 3권의 도가에서 논구할 것이므로 여기서는 더 이상 언급하지 않겠다.

어쨌든 그들의 행동이 옳은지는 별도로 하고, 그들을 하여금 그렇게 만든 계

---

66) ibid p449 -신도가 생존한 시기를 BC395~315년으로 추정하는데, 이 시기는 대단히 주목된다.

기는 두말할 나위도 없이 고대왕조의 통치노선을 수호하려는 유가들이 전국시대에 배척받지 않을 수 없는 상황이었고 그리하여 급기야 그로부터 변절한 선비들이 시류에 영합하기 위해 역사왜곡의 방향으로 치닫게 되었던 것이다. 즉 그들은 전국시대의 장벽 앞에서 좌절되어 선비로서의 도리를 포기하게 되었다는 것이다. 그에 대한 전거는 추자의 무리에 앞선 맹자의 모습을 기술한 사마천의 글인데, 그 글 속에 그런 사실이 잘 함축되어 있다.

"……<추연은> 제후들 사이를 돌아다니며 이처럼 공경과 후대를 받았는데(其游諸侯見尊禮如此)), 진나라와 채나라 사이에서 굶어서 푸르죽죽해졌던 공자나(豈與仲尼菜色陳蔡) 제나라와 위나라에서 고초를 겪었던 맹자와(孟軻困於齊梁) 어찌 같은 범주에 넣을 수 있겠는가(同乎哉)?

그 까닭은 무왕은 인의를 내세워 주왕을 정벌하여 스스로 왕이 되었지만(故武王以仁義伐紂而王), 백의는 굶으면서도 주나라 곡식을 먹지 않았으며(伯夷餓不食周粟), 위나라 영공이 군진에 대해 묻었지만(衛靈公問陳) 그러나 공자는 대답하지 않았으며(而孔子不答), 위나라 혜왕이 조나라를 치려고 모의할 때(梁惠王謀欲攻趙), 맹자는 주나라 태왕<고공단보>이 빈 땅을 떠난 일을 칭송하였기 때문이다(孟軻稱大王去邠).

이러한 일들이 어찌 세속에 영합하여 구차스럽게 상대방의 비위를 맞추려는 생각이 있었다면 가능했겠는가(此豈有意阿世俗苟合而已哉)?

쥐고 있는 네모난 자루 끝을(持方枘) 둥근 구멍에 아무리 넣으려고 한들(欲內圓鑿) 들어갈 리가 있겠는가(其能入乎)?"[67]

그에 반해 사마천은 추연이 지극한 공대를 받았다고 기록하였다. 따라서 역사왜곡의 진상을 말할 적에는 곧 황로학의 도가인물이 뒷면에 서고 실질적인 작업은 권력을 쥔 형명학의 법가들이 전면에서 추진했다고 단정지울 수 있게 된다. 그런즉 두 개의 흐름을 별개로 놓고 보면 역사왜곡의 실체가 두드려지게 드려나지 않지만, 그러나 두 개의 흐름을 합쳐 놓고 보면 중국의 역사가 그들의 손에 의해 의도적으로 조작되었음을 직시할 수 있게 된다.

그런 시각으로 사마천이 구사한 논법을 해체하고서 들여다보면, 그가 두 개의 상반된 사건을 교묘히 짜깁기하여 마치 공통의 성격을 지닌 사건처럼 만들고서 자신들의 입장을 올바른 것인 양 변명하고 있는 정황이 대뜸 눈에 뜨인다. 가령 위의 문장을 뒷받침하기 위해 연이어 비유한 예처럼 사마천이 상나라의 이윤이 섬긴 탕 임금과 진나라 백리해가 섬긴 목공의 통치방식의 차이점을 무시하고서 동등하게 평가한 점이다.

> "한편 어떤 사람들이 말하기를(或曰) 이윤은 솥을 등에 지고(伊尹負鼎) 그리고 있는 힘을 다하여 탕왕이 왕위에 오르게 해 주었으며((而勉湯以王), 백리해는 수레 아래에서 소를 먹이다가 (百里奚飯牛車下而), 목공에게 등용되어 패업을 이루게 해 주었는데(穆公用霸), 이들은 먼저 영합을 하고(作先合) 그런 뒤에 그들을 대도로 이끌었다고 하기도 한다(然後引之大道).
>
> 추연의 말은 상궤에서 벗어나는 것들이었지만(騶衍其言雖不軌), 혹시 또한 소를 친 백리해와 솥을 짊어진 이윤과 같은 의도를 가지고 있지 않았을까(儻亦有牛鼎之意乎)?"[68]

---

67) p443 - 內는 속의 내가 아니라 들일 납으로 읽어야 한다.
68) ibid p443

그러므로 역사왜곡의 실상이 중화사상의 실체와 그리고 중화사상이 야기한 폐해와 직결되어 있음을 직시하고서, 역사왜곡의 현장으로 되돌아가야만 비로소 유가와 도가의 입장 차이를 감지할 수가 있게 될 것이다.

제1절. 무엇을 왜곡했는가?

주목 : 전국시대는 모두 제후들이 왕으로 참칭한 시기였기 때문에 어차피 혁명이 불가피한 상황으로 치닫게 되었다. 그런 와중에 도가의 선비를 위시한 황로학자들은 새로운 왕조를 위해 제기한 방책이 요·순 사관을 대신한 황제사관의 통치이념이었다. 그런데 요·순 사관은 역사의 진실일 뿐만 아니라 그 내용은 투철한 민본주의에 입각한 삶의 기록이었기 때문에 황제사관의 거짓된 이야기가 요·순 사관의 진실을 말살할 수 없었다. 그러나 도가는 비록 학문에서는 국학의 자리를 유가에게 빼앗겼지만, 그러나 민간종교의 모습을 하고서 일반백성들의 가슴 속에 황제사관을 중국의 역사로 여기도록 만들고 중화사상을 만방에 확산시켰으니, 그런즉 황로학에 의해 저질어진 역사왜곡의 진상은 참으로 통탄할 사건이 아닐 수 없다.

그러면 실제로 무엇을 왜 왜곡해야만 했는지의 물음이 해명되어야 하는데 그 왜곡된 실상은 서경의 글이 명백히 입증해 준다. 그리고 서경의 기록을 왜곡시켜야할 이유는 서경의 솔복(率服)이란 글자대로 중국고대왕조를 형성한 이족의 역사가 여전히 전국시대까지 내려 온 중국의 정사(正史)이었기 때문이다. 또한 그 점은 전국시대의 도가와 법가가 추진하는 통일정책에 근본적으로 방해가 되는 정치노선이었기 때문이다. 그런데 그 점은 전국시대의 유학자인 순자의 글에서 명확하게 확인된다.

"옛날의 무기는(古之兵) 외날 창과 쌍날 창, 활, 화살이었다.(戈矛弓矢而已矣) 그러나(然而) 적국은 이것들을 써보기도 전에 굴복해 왔다(敵國不待

試而詘). 성곽을 제대로 만들지 않고(城郭不辨), 해자를 파지 않고(溝池不抇), 견고한 요새를 구축하지 않고(固塞不樹), 적을 막는 여러 가지 장치를 설치하지 않았지만(機變不張), 그런데도(然而) 나라는 편안하고 외침을 두려워하지 않고(國晏然不畏外) 그리고 확고하게 나라의 질서를 세웠다(而固明內者). 그것은 다름 아니라(無它故焉) 도를 분명히 밝히고 백성들의 직분을 공평히 한 뒤(明道而分鈞之) 백성들을 때에 맞게 부리고 성실히 그들을 사랑하여(時使而誠愛之), 백성들이 임금에게 화합하여 따르기를 그림자나 산울림처럼 하였기 때문이다(下之和上也如影響).

명령을 따르지 않은 자는 그런 연후에 형벌로 처형하였다(有不由令者)(然後誅之以刑). 그러므로 한 사람을 처형하여 온 천하가 복종하게 되고(故刑一人而天下服), 죄인은 임금을 원망하지 않고(罪人不郵其上) 죄가 자신에게 있음을 알았다(知罪之在己也). 이리하여(是故) 형벌은 줄어들고 그리고 위엄은 떨쳐진 것이었다(刑罰省而威流). 그것은 다름 아니라(無它故焉), 이와 같은 도를 따랐기 때문이다(由其道故也).

옛날(古者) 요임금이 천하를 다스렸을 때(帝堯之治天下也) 모두 한 사람을 죽이고 두 사람을 벌줌으로서(蓋殺一人刑二人) 능히 천하가 다스려졌다(而天下治). 전하는 말에(傳曰), 「위엄은 사나웠지만 그러나 쓰이지 않았고(威厲而不試), 형벌은 시행되었지만 그러나 쓰이지 않았다(刑錯而不用)」 고 하는데, 이것을 가리킨다(此之謂也)." 69)

> 따라서 황로학자들은 고대통치이념을 견지하고 있는 이러한 유가의 가르침을 세상에서 무력화시키고 배척하지 않고서는 새로운 왕조를 위한 적절한 통일의 명분을 내세울 수 없었던 것이었다.

인간은 의미를 부여하는 존재이다. 더욱이 진실한 모습 그대로 찍어야 할 자기사진조차 아름답게 가공하는 바에야, 어찌 자국의 역사를 자국민 위주로 가공하여 변조하는 일을 어느 국가인들 마다하지 않을 수 있겠는가? 그러나 그런 일에는 반드시 피해를 보는 당사자가 상대적으로 발생하기 마련이다. 그런데 강자가 변조를 하는 일과 약자가 변조하는 일은 각자가 처한 입장의 차이 때문에 그 목적과 성격이 달라지므로, 어떤 일에서도 변조된 사실의 진실을 규명하려는 입장은 이 점을 크게 유념하고서 왜곡된 진상을 되돌려 놓아야 한다.

중국고대역사의 본 모습을 파악하려는 작업에서 인용된 경전들은 그 서책이 등장한 시기를 증명할 객관적인 자료의 부족 때문에 기록된 내용의 진위에 관한 많은 시비가 일어나 그리하여 위작논쟁이 끊이질 않았다. 그 뿐만 아니라 모든 저술이 저자가 직접 저술하여 공적인 보관소에 엄밀히 관리되어 명확히 전승된 경우가 아니었기 때문에 더욱 그러하다. 그러므로 다음의 입장에 입각하여 기록과 내용의 진위여부를 세심히 따져 보아야 한다.

첫째는 서책을 제자 및 관련 인물이 대신 저술하거나 편찬하거나 편집하는 것이다. 공자의 논어나 석가의 불경이나, 현대서양철학에서의 여러 경우처럼 그 제자들이 스승이 육성으로 남긴 내용을 글로서 정리하거나 또는 직접 원고로 남긴 것들을 편집하여 책으로 간행한 경우들이다.

둘째는 의도했던 책을 완성하지 못하고 미완성으로 끝난 경우에 그 나머지 부분을 관련인물이 보충하여 완본의 책으로 간행한 경우이다. 그런 경우는 엥

---

69) 순자B p441~442 - 황하의 치수에 실패한 곤을 우산에서 처형하고, 공공을 유주로 귀양 보내고 환도를 숭산으로 쫓아 보낸 것을 가리키는데, 서경(書經) 우서(虞書) 순전(舜典)에 수록되어 있다. 서경 p33

겔스가 마르크스의 자본론을 보충하여 완간한 데에서 찾아 볼 수 있다.

셋째는 후대의 누군가에 의해 좋은 의도이건 불순한 의도이건 간에 위작된 위서의 경우이다.

그런데 위에서 거론한 경우는 그 당시의 인물이 직접 저술하여 간행한 것이 아니기 때문에 그와 같은 종류의 시비가 발생하는 것이다. 그러므로 본서는 서경의 기록과 중국의 역대 주요경전을 서로 비교 검토하여, 중국고대왕조의 본모습을 규명하려고 한다. 그리고 이 작업은 공자의 말씀처럼 문헌의 증거를 통해 진행하려고 한다. 공자의 학문적 자세는 팔일(八佾) 편 9장에 잘 드려나 있다.

> "공자께서 말씀하셨다(子曰), 「하나라의 예는(夏禮) 내가 말할 수 있으나(吾能言之), <하의 후손의 나라>기나라가 그 증거를 충분히 채우지 못하고(杞不足徵也), 은나라의 예는(殷禮) 내가 말할 수 있으나(吾能言之), <은나라의 후손의 나라>송나라가 그 증거를 충분히 채우지 못하는 것은(宋不足徵也), 문헌이 원래 부족했기 때문이다(文獻不足故也). 문헌이 충족되면(足) 곧 내가 증명할 수 있을 것이다(則吾能徵之矣).」"[70]

그리고 뒤에서 거론할 도가의 사상가들이 중국고대왕조사를 왜곡시켜야할 동기도 공자의 다음 말에서 언뜻 엿볼 수 있다. 다음의 글 속은 공자가 주나라의 문화가 하나라, 은나라의 문물을 계승하고 나서 그리고 그것을 더욱 발전시킨 문화이므로 당연히 주나라의 문화를 따르겠다는 뜻을 밝힌 문장이므로, 이 문장은 요순으로부터 내려온 중국고대왕조의 일관된 전통이 고수되어야할 이유가 명확히 밝혀져 있는 중요한 대목이다.

> "공자께서 말씀하셨다(子曰), 「주나라는 하은 2대를 살펴보았으니(周監夏殷

70) 논어 p 56

二代), 찬란하고 찬란하다! 그 문화여(郁郁乎文哉). 나는 주를 따르겠다(吾從周).」"[71]

그러면 주례는 도대체 무엇인가? 하는 의문이 논구되어야 하는데, 그 까닭은 이 의문에는 단순한 예에 관한 해명을 넘어서 주례에 담긴 고대통치이념의 정통성의 의의가 함께 해명되어야 하기 때문이다.

주례는 국가의 제도 및 문물과 일반백성의 생활양식 등을 규정한 오늘날의 기준으로 보면 종합법전이다. 그리고 주례와 더불어 삼례라고 불리는 의례(儀禮)와 예기(禮記)가 있었는데, 공자 사후에는 그로부터 그의 제자와 자손들이 대학과 중용을 별도로 편찬하였고 그리고 그것들은 고대사상과 공자의 가르침을 교육하는 자료가 되었다. 그러므로 하나라와 은나라의 규범을 계승하여 발전시킨 주례를 모든 제도와 행동양식의 중심에 놓고서 제후들이 존중하고 따라야 한다고 설파한 유가는 고대왕조의 실체와 역사를 정확히 파악하고 있는 선비집단이었던 것이다.

그런데 사기를 저술한 사마천이 생존한 시기와 서경을 편찬한 공자가 생존한 시기와 시경의 첫무대인 요·순·우의 추정된 시기의 간격을 따져 보면, 대략 다음과 같은 간격이 놓여있다. 대략 요·순·우시기를 BC2000년 전후, 공자를 약 BC550~450년 사이, 사마천을 BC100~1년 사이로 간주한다면, 곧 춘추시대의 공자가 고대왕조를 바라보는 시선과 전국시대를 마감한 이후에 한 왕조의 사마천이 고대왕조를 바라보는 시선이 결코 같을 수가 없게 된다.

따라서 시기적으로 보면 사기를 저술한 사마천보다는 서경을 편찬했다는 공자의 생존시기가 고대왕조의 시기와 더 가깝기 때문에 공자의 기록이 고대왕조의 사상을 더 생생히 또 더 정확히 기술하고 있을 수밖에 없다. 따라서 공자의 시기에 전혀 언급이 없었던 것이 사마천의 사기에 기록되어 있다면 당연히 그

71) ibid p 60

출처와 더불어 그 내용의 진위여부가 문제되지 않을 수 없다. 그러므로 중국고대사의 기능을 지닌 서경을 편찬한 공자가 왜곡한 것인지 아니면 사기를 저술한 사마천이 역사를 왜곡한 세력의 마지막 인물이 되어 왜곡의 작업을 마무리한 것인지를 면밀히 따져야 한다.

그리고 그것을 가늠하는 기준은 다음의 세 가지로 압축될 수 있다.

첫째, 공자가 편찬한 서경이 황제의 기록을 포함하고 있었다면, 당연히 모든 후대의 도가의 저서와 그 밖의 기록물이 이것을 인용하지 않았을 리가 없고 따라서 황로학이 득세한 진나라에서 진시황의 분서갱유 때에 서경이 다른 유가의 서적과 더불어 소실되는 난을 당하지 않았을 것이다. 그 뿐만 아니라 공자가 그렇게 역사를 왜곡하도록 당시의 학자들이 방관하지 않았을 것이다.

둘째, 공자가 편찬한 서경이 황제의 기록을 포함하고 있었다면, 맹자가 그의 저서에서 감히 우(禹)임금에게 자리를 선양한 순(舜)임금과 주(周)의 문왕(文王)을 각기 동이(東夷)와 서이(西夷)라고 말하지 못했을 것이다.

셋째, 만약 공자가 그와 같이 의도적으로 왜곡하였다면, 공자의 기본적인 학문의 태도부터 문제가 있었을 것이다. 그런데, 공자는 제자를 가르침에 있어서 과거의 기록을 기본으로 삼았고, 또한 전거가 없는 점에 대해서는 그 점을 분명히 밝히고서 그에 대한 자신의 입장을 개진하였다. 그런 공자의 태도는 논어 팔일 9장에 분명히 기록되어 있음을 앞에서 밝혔다.

그와 정반대로 사마천은 철저히 동이족의 정통성을 부정한 인물로 치부해도 무방한 역사가였다. 그런데 그런 그를 가장 중요한 역사의 인물로 주목할 수밖에 없는 이유는 사마천은 그의 사기에 황로학을 의도적으로 유교보다 더 높이 평가하여 오늘날의 중화사상을 잉태시킨 대표적인 인물이기 때문이다. 즉 그는 공자가 지향한 진의를 오도시켰고 또한 유교의 가르침을 명백히 곡해시킨 인물이었기 때문이다. 따라서 만약 그가 유가의 진면목을 제대로 파악하고 나서 그리고 유가를 의도적으로 배격하기 위해 그렇게 황로학을 높이 평가하였다면,

당연히 그는 진정한 골수중화주의자라고 평가되어야 마땅하다.

어쨌든 사마천의 의도는 그가 결정한 열전의 순서를 참조해 보면 단번에 파악된다. 곧 그는 논어에서 공자가 그렇게 높이 평가한 백이·숙제를 열전 첫머리에 배치 해놓고서 그리고 그런 연후에 심히 매도하여 공자와 유가를 간접적으로 심히 우롱하였다. 그리고서 사마천은 관중과 인영을 백이·숙제 다음인 두 번째로 배치하고, 그 다음인 3번째에 노자와 한비자를 배치하여 철저히 공자와 유가를 폄하하고 배척하였다. 이것이 매우 잘못되었다는 이유는 열전의 첫 인물로 택한 백이숙제를 그렇게 심하게 부정적으로 평가하는 일은 대단히 의아스러운 경우이기 때문이다.

그러면 왜 그렇게 해야만 했을까? 하는 의문은 곧바로 그가 3황의 신화 및 전설을 역사서에 소개하기에는 부적합하다고 판단한 그가 왜 황제를 중국역사의 시발점으로 삼아야 했을까? 또 그가 중국의 역사에서 요·순임금과 유가의 정통성을 거부해야 할 이유가 무엇이었을까? 또 더 나아가 황제의 사상은 언제부터 실체화되었는가? 하는 의문으로 나아갈 수밖에 없게 된다.

그런데 황제의 존재는 논어와 맹자 및 묵자의 문헌에는 전혀 나타나지 않을 뿐더러, 특이하게도 노자에게서도 전혀 언급이 없다. 하지만 희한하게도 이들보다도 앞선 전대의 인물인 관자의 문헌에 언뜻 언급되어 있다. 그런데 현존하는 관자 속에 들어 있는 그 문헌은 관자 자신이 직접 저술한 것이라고 평가받는 문장이 아니라 후대에 누군가가 끼어 넣은 것으로 간주되는 기록물이다. 그렇다고 하더라도 황제의 존재를 관자의 문헌 속에 왜 언급해두어야 했을까? 하는 의문점은 어쨌든 간에 일단 눈길을 끌게 만든다. 왜냐하면 관자가 강태공의 나라인 제나라에서 활동한 인물이기 때문이다. 그렇지만 관자 자신이 황제를 언급할 리가 만무하기 때문에 후대에 누군가가 의도적으로 삽입했다고 밖에 달리 추측할 길이 없는데, 따라서 왜 관자의 책 속에 그렇게 해야만 했을까? 하는 의문점은 여기서 굳이 따지기보다 일단 무시해도 좋을 것이다.

그 이외의 문헌에서 황제를 언급한 인물은 열자와 그리고 장자이다. 이들의 저서에서 공통되는 점은 저자로 알려진 두 사람이 모두가 오리무중의 인물이라는 점이다. 물론 전하는 바에는 열자는 정(鄭)나라 사람이고 그리고 장자는 제나라 출신이다. 열자의 저자가 장자의 저자보다 더 앞선 사람이라고 말할 수 있는 근거는 장자에서는 열자의 인물이 거론되는데 비해 열자에는 장자가 거론되지 않기 때문이다. 만약 열자의 저자가 장자의 저자보다도 후대의 인물이라면 당연히 장자의 책에서는 열자가 인용될 수 없다. 적어도 그와 같이 인용되려면, 열자의 저자는 장자의 저자와 최소한 동시대의 인물이거나 아니면 더 앞선 시대의 인물이어야 한다. 물론 장자의 비중을 따진다면 두 사람이 동시대의 인물이 되기가 심히 어렵게 된다. 그러므로 열자에서 인용된 황제의 내용이 대단히 중요해진다. 그 이유는 왜 정나라 출신인 열자가 황제의 사상을 수록해야만 했을까? 하는 의문점 때문이다.

그러므로 특별한 시선으로 이 점을 주목해야 하는데, 그 이유는 열자를 인용한 장자가 제나라 출신이고, 장자가 등장한 시기에 출현한 황로학이 제나라의 직하궁에서 탄생하였기 때문이다. 따라서 이런 점들을 두루 연결시킬 연결고리를 찾아보면, 그 연결고리들이 결코 우연적일 수 없다는 점을 느낄 수 있다. 그리하여 그 연결고리가 우연적이 아니라고 여긴다면, 비록 제나라가 전국시대를 통일하여 새로운 통일왕조의 주인공이 되지 못했다고 할지라도, 한 때나마 그런 야망을 가지고서 황로학의 터전을 제공했을 것이라는 가정쯤은 대뜸 할 수 있게 된다.

하여간 이런 일련의 연결고리를 더듬어 가게 되면, 한 가지 주목할 만한 사실에 직면하게 되는데, 그것은 강태공 여상을 황제의 후손이라고 주장한 경우이다. 그런데 그 점은 결코 역사적인 사실일 수 없다. 그런데도 불구하고 역사적인 사실처럼 의도적으로 만들었다. 그러면 그 이유가 도대체 무엇일까? 하는 의문점이 여하간 주목대상이 아니 될 수 없다.

주나라 문왕의 할아버지는 고공단보인데, 그는 지금의 서안(장안)지역에 이주하여 주나라의 모태를 마련하였고 그리고 그곳으로 수많은 융족이 이주하여 마침내 주나라의 탄생과 더불어 주나라의 백성이 되었다. 그렇다면 당연히 주나라의 백성은 은(상)족인 이족과 이주민인 융족으로 구성되지 않을 수 없다. 물론 그 속에는 적족과 더러 만족도 섞어 있었겠지만 그러나 주된 백성은 이족과 융족이었을 것이다. 그런데 그런 여건 속에서 문왕과 강태공이 장안을 가로지르는 위수(渭水)가에서 만났다.

그런데 정작 역사적인 의문점은 강태공에게서 발생한다. 그것은 문왕의 집안에서도 황제의 족보가 없는데, 어떻게 동쪽에서 온 강태공이 황제의 후손이 될 수 있겠는가? 하는 의문점이다. 그렇게 되면 당연히 강태공의 집안의 서열이 문왕의 집안보다도 더 높을 뿐만 아니라 문왕이 서안지역에 뿌리를 내리기 이전에 이미 강태공의 집안이 그 지역을 다스리고 있어야만 마땅해진다. 그러나 그런 징후와 증거는 전혀 없다. 그러므로 강태공을 황제의 후손이라고 내세우는 점은 매우 특별한 의도가 개입되어 있지 않으면 결코 꾸밀 수 없는 일이다.

그 이유는 서쪽 지방의 강태공이 동쪽지방의 이족의 나라인 제나라에 와서 제후가 되었는데, 그가 정작 자신의 뿌리를 황제의 자손이라고 하게 되면 그것은 스스로 자신을 결코 이족이 아니라고 주장하는 꼴이 되기 때문이다. 그렇지만 강태공은 결코 자신을 융족 출신이라고 말하지 않았다. 물론 설사 융족이라고 하더라도 노골적으로 그렇게 말할 수는 없었을 것이다. 하지만 실제로 그는 융족 출신이 아니었다.

그렇지만 황제의 후손이라는 그런 주장은 어쨌든 강태공을 이족이라고 말하는 것을 부정하는 것이 되니까, 갑자기 그의 출신이 혼란스럽게 된다. 즉 그들 황제인 후손으로서 곧 화하족 출신이라고 하게 되면, 곧바로 문왕이 아닌 그가 중국역사의 적통을 이어받은 인물이 된다. 그러나 그런 일은 주나라에서는 불가능한 일이다. 어쨌든 간에 그를 이족 출신이라고 말하게 되면 당연히 그는 황제의 후손이 될 수 없는 것이고, 마찬가지로 융족 출신이라고 말해도 그는 황제의 후손이 될 수 없다. 더군다나 그가 황제의 후손이 되면, 자신이 옹립한 이족 출신의 문왕의 집안을 황제의 후손인 자신의 집안보다 격하시키는 것이 된다. 그런데도 불구하고 그런 난감한 상황을 아예 무시하고서 강태공을 황제의 후손으로 만들려면, 우선적으로 먼저 문왕을 포함한 모든 주나라 백성부터 화하족으로 만들어야 한다. 그러나 주나라 문왕의 혈통은 은나라 이족의 혈통이다. 따라서 강태공이 황제의 후손이라는 설은 후대에 이르러 황로학에서 의도적으로 가공한 것일 수밖에 없게 된다.

그런데 요·순우 삼대임금에서 하은주 삼대로 이어진 이족의 역사를 황제와 화하족의 존재를 가공하여 변조시키려면 여하간 특별한 역사적 사건이 필요한데, 그 경우는 유일하게도 주나라 무왕이 주나라의 서쪽백성을 이끌고 은나라의 동쪽백성을 굴복한 사건 밖에 없다. 왜냐하면 유일한 그 역사적 경우를 제외하고는 달리 황제를 중국역사의 선두에 내세워 이족의 역사를 뒤엎을 기회가 결코 있을 리 만무하기 때문이다. 하지만 반드시 제거하지 않으면 안 되는 다음의 걸림돌 때문에 그 기회조차 무산될 수밖에 없다. 그 난제는 무왕의 아버지인 문왕의 출신이다. 문왕을 황제의 후손이고 화하족이라고 가공하기에는 극복해야할 장애가 너무 많다는 점이다. 그렇게 하려면 고대서적의 일관된 내용을 전부 바꾸어야 한다.

그리하여 갈 수 없는 어려운 그 길을 포기하고 그 대신에 매우 치졸한 방법이긴 하지만 새로운 방법을 찾아내었는데, 그것이 바로 앞서 거론한 주 왕조의 공신인 강태공을 화하족의 선조로 둔갑시키는 일이었다. 왜냐하면 강태공의 등장은 역사적인 측면에서 보면 대단히 극적이고 또한 신비롭기 때문이다. 그리하여 가공의 역사는 문왕과 무왕 대신에 강태공을 내세우고서 주나라 백성을 이족과 융족이 아닌 화하족으로 둔갑시키고 그리고서 그들을 황제가 탄생한 영광스러운 부족출신으로 미화시켰다. 따라서 이런 점들을 하나씩 차례로 더듬어 가면, 결국 화하족과 황제의 탄생은 음흉한 계책에 의해 만들어진 상상의 산물이 아닐 수 없게 된다. 즉 정치무대에서 결코 주류가 될 수 없었던 세력이 화하족이라는 가공의 부족을 만들고 또 가상의 황제를 중국역사의 시조를 삼아,

새로운 역사와 새로운 정치사상으로 왕조의 정통성을 수립하려는 야심찬 계획의 일환으로서 추진하였다는 것이다.

따라서 그런 맥락과 더불어 신비에 쌓인 도가의 저자들을 유추해보면, 그들은 고도의 교육을 받은 지성인들로서 그리하여 결코 평범한 재야의 일반선비들이 아니라고 단정지울 수 있다. 왜냐하면 생업에 종사하기 바쁜 일반민중이 그런 엄청난 정치적인 의도를 실현하기 위해 고도의 추상적인 도가의 용어를 만드는 학적 작업에 뛰어드는 일은 실로 불가능하기 때문이다. 그러므로 그들이 다른 인물로 위장하여 자신의 신분을 철저히 숨긴 채 도가의 이론을 펼쳐야만 했던 정국을 고려한다면, 당연히 그런 처지에 해당하는 실존인물은 현실정치에 참여하고 있는 익명의 정치적 인물 이외에 달리 있을 수 없게 된다.

만약 이와 같은 추론이 잘못된 것이라고 반박하려면, 당연히 그 지적은 도가의 인물들이 철저한 은자로서 현실적인 속세의 일에는 전혀 무관심한 인물이었다는 점과 더 나아가 그들이 현존하는 도가의 서책조차 저술하지 않았다는 점을 아울러 개진해야 한다. 왜냐하면 현실에 무관심한 은자들이 그렇게 열을 내어 유가를 신랄하게 비난할 이유가 도대체 있을 수 없기 때문이다. 즉 현실을 달관하여 속세를 등진 이들이 속세에서 부단히 도덕적 가치관을 올바르게 세우려고 애쓰는 유가들을 배척할 필요를 조금도 느끼지 않아야 정상적이기 때문이다.

그렇지만 그들은 비정상적인 방법으로 끊임없이 유가를 공격했다. 따라서 그들은 실제로는 은거한 것이 아니라 오히려 은거를 빙자하여 자신들의 신분을 교묘하게 숨기고서 세상의 한 복판에서 세상을 줄곧 지켜보면서 현실정치의 중심부에 서 있는 유가를 음흉한 방식으로 공격하였다고 밖에 달리 말할 수 없다.

그렇게 되면 그들이 지향하는 목적을 달성하는 전략이 무엇인지 궁금해진다. 그것이 체계적이고, 조직적이고 계통적이건 아니면 그런 것과 무관하게 각기 개별적이건 간에, 도가의 의도는 다음의 세 가지로 요약될 수 있다.

첫째는 유가의 도와 덕을 전면적으로 부정하는 작업이다.

둘째는 황제를 내세워 요·순을 격하하여 중국 고대역사를 이족 중심이 아니라 가공의 부족인 화하족의 역사로 전환시키려는 작업이다.

셋째는 그런 모든 작업이 무위자연의 하늘의 도에 의한 냉엄한 결과이므로 따라서 황제의 자손에 의한 왕조가 등장하면 모든 민중이 절대로 승복해야 한다는 의식(意識)을 정당화하려는 작업이다. 또한 황제의 도를 계승한 인물이 등장하면 마찬가지로 승복해야 한다는 의식(意識)이다. 그러면서 그들은 자신들의 작업이 지향한 바의 목적을 달성하기 위해 진력했던 것이다.

그렇다면 그들이 어떻게 유가의 허점을 파고들고서 그런 가공의 이론을 만들 수 있었겠는가? 하는 의문이 당연히 꼬리를 물고 제기되지 않을 수 없다. 그에 대한 해명의 실마리는 유가의 선비들이 자신들의 교과서로 사용한 여러 가지 서책에서 발견된다. 그것은 바로 중국고대의 초기역사관이다. 그 점은 예기(禮記) 예운(禮運) 3장에서 잘 나타나 있다. 그런데 그 글에는 결코 중국의 전설상의 삼황이 거론되어 있지 않다. 단지 의례적으로 "후세에 성인이 나서고야(後聖有作 然後)"라는 글귀를 기술하였는데, 후대의 누군가가 그 글을 삼황오제로 바꿀 수는 있겠지만, 그렇게 되면 앞 선 "옛날(昔者) 선왕의 시대엔 궁실이 없었다(先王未有宮室)"는 글귀를 부정하는 것이 된다. 그럼에도 불구하고 도가들이 요·순 시대이전의 역사의 허점을 적절히 활용하여 삼황오제의 전설을 가공하여 삽입하였다. 그러나 역설적으로 그점은 오히려 고대시기의 변천과정은 결코 그렇지 않았다는 것을 여실히 증명해 주는 자료만 될 뿐이다.

"옛날(昔者) 선왕의 시대엔 궁실이 없었다(先王未有宮室). 겨울엔 곧 토굴에서 살고(冬則居營窟) 여름에는 곧 나무를 모아 울타리를 만들어 살았다(夏則居

檜巢). 아직 불로 음식을 익혀 먹는 법을 몰라(未有火化) 풀과 나무의 열매를 먹고(食草木之實) 새와 짐승의 고기를 생식했다(鳥獸之肉). 그 피를 마시고(음기혈) 털이 붙은 채로 그것을 먹었으며(茹其毛) 아직도 마사가 없어서(未有麻絲) 새털과 짐승의 가죽을 입었다(衣其羽皮).

후세에 성인이 나서고야(後聖有作 然後) 불을 사용하는 이점을 알았으며(修火之利) 쇠붙이를 녹여 틀에 넣어서 그릇을 만들고 질그릇을 만들었다(范金合土). 나무를 베고 깎아서 대사, 궁실, 유호를 만들었으며(以爲臺榭宮室牖戶), 짐승의 고기를 싸서 굽고 삶고(以炮以燔), 적을 만들고 단술과 식초를 만들어서 제사에 올렸다(以亨以炙 以爲醴酪).

삼과 실을 다스려서(治其麻絲) 베와 명주를 만들었다(以爲布帛). 이로써 산 사람을 봉양하고 죽은 이를 장송하며(以養生送死) 귀신과 상제를 섬겼다(以事鬼神上帝). <이것은> 모두가 고초의 예에 따른 것이다(皆從其朔)."[72]

물론 이 글은 선대의 공자와 그의 제자 자유가 나눈 대화의 글이기에 후대의 도가의 인물들이 거부할 수 있겠지만, 그러나 후대의 도가의 인물이 예운(禮運)의 이 글을 반박하려면 먼저 역사의 근거부터 제시해야 한다.

더욱이 예운(禮運)의 기록은 유가의 진면목을 보여준 글로서 묵자의 사상이 어디에서 연유하였는지를 보여줄 뿐만 아니라, 춘추의 어려움에 처한 공자가 자신이 고대통치이념의 정통성을 힘써 견지하려 함을 '대동(大同)'과 '소강(小

---

72) 예기 p263

康)'이란 용어를 사용하여 명확히 보여 준다. 아래의 글은 공자가 대도(大道)와 대동(大同)의 의미를 설명한 글이다.

"……대도가 행해지던 시대에는(大道之行也) 천하는 <사유물이 아니라> 공공의 것이었다(天下爲公). 현명한 이를 선발하고 재능을 인정했다(選賢與能). 신의를 배우고 익혀 화목함을 수행하였다(講信修睦). 그런 고로(故) 사람들은 자기 부모만을 다만 사랑하거나(不獨親其親), 자기자식만을 다만 사랑하지 않았다(不獨子其子). 늙은이로 하여금 편안하게 그 수명을 마칠 수 있게 하고(使老有所終), 장년으로 하여금 그 힘을 충분히 발휘할 수 있게 하고(壯有所用), 어린이로 하여금 건전하게 자랄 수 있게 하고(幼有所長), 과부와 고아와 홀로 사는 사람과 불치의 병을 앓은 사람을 불쌍히 여겨(矜寡孤獨廢疾者) 모두 부양받을 수 있게 하였다(皆有所養). 남자는 직분이 있고(男有分) 여자는 <시집갈 곳>의탁할 곳이 있었다(女有歸).

재화라는 것은 땅에 버려지는 것을 싫어하지만(貨惡其弃於地也), 반드시 자기 속에 감추어 두지 않았으며(不必藏於己), 힘은 몸에서 나오지 않는 것을 싫어하지만(力惡其不出於身也) 반드시 자기를 위하지 않았다(不必爲己). 이런 고로(是故) 음모가 막혀서 일어날 수 없었으며(謀閑而不興), 절도와 난적이 일어날 수 없었다(盜竊亂賊而不作). 그런 고로(故) 바깥 출입구를 닫지 않았으니(外戶而不閑), 이것을 일러 대동이라 한다(是謂大同).

그리고서 공자는 '소란하던 세상이 조금 안정되었다'는 의미의 소강(小康)의 도덕적 의의를 설명하였다. 그런데 이 소강의 의미가 오히려 도가에게 무위의 도를 개진할 빌미를 주었다고 볼 여지가 충분히 있기 때문에 주목하지 않을 수 없다. 왜냐하면 이들은 유가에서 성군이라고 일컬어지는 인물들이므로 그들의 치세를 일컬어 태평성대(太平聖代 : 어질고 착한 임금이 다스리는 태평한 세상)라고 말함 직한데도 불구하고, 공자가 소강이라고 하였기 때문이다. 곧 우의 시대를 소강이라고 하면 당연히 소란이 없었던 시대가 상대적으로 있어야 하게 되고, 그러면 그것을 두고서 도가가 무위의 도로 세상을 다스린 성인의 시대를 상정할 수 있게 되기 때문이다.

"지금은 대도는 이미 숨어버렸다(今大道旣隱). ………………그런 고로(故) 계책이 행하여지고(謀用是作) 그래서 전쟁이 이로부터 발생하였다(而兵由此起). 우·탕·문·무·성왕·주공이(禹湯文武成王周公) 이 때문에 바야흐로 선택되었다(此有其選也). 이 여섯 군자는(此六君子者) 예에서 삼가 하지 않는 일이 없었다(未有不謹於禮者也), 올바름을 밝힘으로서(以著其義), 믿음을 성취함으로써(以考其信), 허물을 밝혀내고(著有過), 인을 도리로 삼아(形仁), 겸양을 설명하여(講讓), 백성들에게 법도가 있음을 보여주었다(示民有常也).

이에 이 도를 따르지 않는 자가 있으면(如有不由此者) 권세가 있는 자일지라도 백성에게 재앙을 끼칠 자라고 하여 내쫓는다(在勢者去 衆以爲殃). 이것을 일러 소강이라고 한다(是謂小康).""[73]

73) ibid 259~260

그러므로 공자는 모든 난국의 책임을 위정자인 임금과 그 신하들에게 함께 지우고서 왕도(王道)를 회복하려고 하였고 그리고 유가의 제자들은 그의 가르침을 따랐던 것이다. 그런즉 유가의 선비들은 전국시대에 열강의 왕들에게 난국의 책임을 묻지 않고 오히려 그들의 이익을 위해 계책을 발휘한 선비들과는 도저히 행동을 같이 할 수 없게 되었다. 그런데 유가를 무위의 도를 가지고서 그렇게 집요하게 공격하고 배척한 선비들이 만든 세상이 곧 진나라의 천하였고 그리고 그 진나라의 말로(末路)가 전제군주제도의 역사를 가장 잘 압축해서 보여주는 생생한 범례가 될 수 있기 때문에 무위의 도가 보여주는 바는 매우 이례적이고 또한 역설적이게 된다.

여하간 위의 글을 뒤이은 아래의 글에서 공자는 예법정치의 요체를 설명하면서 동시에 역사가 지닌 한계를 지적하였는데, 바로 그 한계의 지적이 황로학이 고대역사를 변조하였음을 명백히 입증하는 객관적인 근거가 되는 것이다.

"<자유>언언이 다시 묻고자 말했다(言偃復問曰). 「세상을 다스림에 있어서 예의란 이처럼 긴급한 것입니까(如此乎禮之急也)?

공자가 말했다(孔子曰). 「대체로 예라는 것은(夫禮) 선왕이 하늘의 도리를 받들어(先王以承天之道) 사람의 뜻을 다스리는 것이다(以治人之情). 그러므로(故) 이것을 잃는 자는 죽고(失之者死) 얻는 자는 산다(得之者生).」 ....

언언이 다시 묻고자 말했다(言偃復問曰). 「공자의 예에 대한 근본적인 설명을(夫子之極言禮也) 들을 수 있겠습니까(可得而聞歟)?」.

공자가 말했다(孔子曰). 「내가 하나라의 법도를 보고 싶어서(我欲觀夏道) 이 때문에 <하나라의 후신인> 기나라에 갔었다(是故 之杞). 그러나 고증할 만한 풍속이 부족했다(而不足徵也). 나는 하나라의 사시에 관한 서적을 얻을 수 있었다(吾得夏時焉).

나는 은나라의 법도를 보고 싶어서((我欲觀殷道), 이 때문에 <은나라의 후신인> 송나라에 갔었다(是故 之宋). 그러나 고증할 만한 풍속이 부족했다(而不足徵也). 나는 곤건을 얻을 수 있었다((吾得坤乾焉)

'곤건'에서 말하는 바의 의리와(坤乾之義) '하시'에서 말하는 등급인(夏時之等) 이것을 나는 보고서((吾以是觀之) 예의 시초를 알게 되었다(夫禮之初). 예의 시작은 모든 음식에서 비롯되었다(始諸飮食).……………… "[74]

그런데 예기의 이런 입장과 달리 사마천은 자신이 저서인 사기에서 도가에 대해 지극히 우호적이고 관대한 입장을 드려내고 있다. 즉 당시까지 어느 누구도 노자의 실체를 제대로 모르는데 그의 사기에서는 노자의 인물에 대해 지극히 상세히 기록되어 있다. 마치 누군가가 세세히 작성한 신상명세서를 보고 그가 사기에 그렇게 기록하였거나 아니면 그가 스스로 만든 가공의 기록이다. 우선 그가 기록한 노자는 초나라 사람으로서 주나라의 관리였기 때문에 그에 관한 기록은 주나라와 초나라의 기록에서 옮겨 써야 한다. 그렇게 되었다면 당연히 그 기록에 대한 출처가 명확히 밝혀졌을 것이고 그 이전에 또한 다른 사람들도 이미 그런 출처를 보았을 것이다. 그런데 그런 정황은 어디에서도 도무지 발견되지 않는다. 만약 그런 기록이 확실히 존재했다면 도가의 학자들이 사마천에 앞서 사마천처럼 명확하게 기록하였을 것이다. 하지만 그런 정황은 전혀 없다.

---

74) ibid p261

그렇다면 아무도 모르는 그 기록이 어떻게 사기에 등장할 수 있는지는 상식적으로는 도저히 납득이 안 되는 의문거리로 부상하게 된다. 그리고 사마천은 무슨 의도를 가지고 노자를 그렇게 높이 올려놓아야만 했는가? 하는 의문점도 더 더욱 증폭하게 된다. 어쨌든 노자의 신체까지 세세히 묘사할 정도이면, 그 기록은 기록에 관한 한 전문가의 작품임에는 분명하다.

그런데 도가사상을 유가사상보다 더 높은 경지의 사상이라고 격상시켜야할 정치적 필요가 있지 않는 한, 노자의 사상은 분명히 공자보다 앞선 사상이 결코 될 수 없다. 후대에 이르러 전한의 사마천이 사기열전에서 노자를 공자보다 선배이고 그리고 관령 윤희가 노자의 글을 받아서 그의 후계자가 되었다고 한다면 당연히 그가 공자시대에 곧바로 자신의 제자를 받아들어 도가학파를 형성했어야 마땅하다. 그리고 그렇게 되었다면 곧바로 그 당시의 유가의 제자들과 충돌이 잦았어야 했을 것이다. 그런데 전국시대에 도가의 사상가들이 집요하게 공자의 사상을 공격하는데 비해 공자 생존 당시에는 그들이 공자와 그 제자들을 비난하거나 비판하지 않았다는 점에서 공자 생존 당시에는 그런 사상이 유행하지 않았다고 단정지울 수 있다. 왜냐하면 공자가 찾아가 한수 배우고 존경을 표현한 노자의 사상을 감히 유가의 제자 중 누가 나서서 비판할 것이며 또한 그와 반대로 공자가 깊은 존경을 표하는데 노자의 제자들이 일부러 그 존경을 무시하고 유가를 심하게 비난한다는 것은 도저히 상식적으로 이해가 되지 않을 뿐더러, 또한 만약 그렇게 정면으로 비난하였다면 노자의 제자들이 예의가 없는 무도한 자들이라고 매도당해도 변명의 여지가 없을 것이기 때문이다.

하지만 공자의 생존시기에는 그런 조짐이 전혀 없었기 때문에 그 점은 무시해도 좋을 것이다. 부연해서 다시 말하자면, 공자가 생존한 시기에는 도가의 인물들이 춘추시대를 극복하고 혼란한 시대를 구원할 사상을 피력하고 다니지 않았기 때문에 당시의 유가의 선비들이 그런 관점은 전혀 따질 이유가 없었다는 것이다.

가령 유가를 맹공격한 묵가만 하더라도 공자가 서거한 BC479년 그 해에 출생하였기 때문에 공자자신은 묵가를 알 리가 만무하였지만, 묵가는 공자를 비판하였기 때문에 당연히 묵가가 공자보다 연배가 앞선 인물이면서 그리고 공자보다 더 탁월한 사상가인 노자의 사상을 비판하지 않을 리가 없었을 것이기 때문이다. 또한 그 밖의 다른 제자백가사상가들이 출생한 시기도 그러하기 때문이다. 더욱이 공자의 말씀을 기록한 논어에서는 자신의 사상을 부정하는 다른 사상에 대해 공자가 자신의 입장을 직접 밝힌 내용을 그 제자들이 결코 기록하지 않을 리가 없기 때문이다. 그 뿐만 아니라 더 나아가 공자에게 학문을 배우는 직접제자들이 결코 가만히 있지 않았을 것이고 따라서 그 제자들의 반박도 기록되지 않을 리가 없기 때문이다. 그에 반해 공자이후에 출생한 제자백가사상가들은 직접적으로 유가를 공격하고 있기 때문에, 따라서 그런 모든 점을 취합해 보면 역사왜곡의 진상이 명백히 드러나지 않을 수 없게 된다. 그러면 사마천의 사기 이전에 삼황오제의 용어가 실려 있는 대표적인 서적이 장자이기에 특히 주목받지 않을 수 없게 된다.

여하간 그런 장자는 그 문장을 유가의 인물인 공자와 안연과 자공을 내세우고서 마치 그런 역사를 슬그머니 기정사실화하였다. 그런데 그 점은 자신들이 왜곡하려는 역사를 유가의 입을 빌려서 사실인양 호도하려는 것이기 때문에 도저히 용납될 수 없는 바람직하지 못한 선비의 모습으로서 비난받아 마땅하다. 왜냐하면 서책이 대중화되고 정보가 공개되어 있는 상황이라면 곧바로 대중이 그런 잘못을 가릴 수 있었겠지만, 그러나 전혀 그렇게 할 수없는 고대시기에서는 곧바로 대중이 그런 비난의 내용에 현혹되어 사실인양 믿게 될 수밖에 없기 때문이다.

그러므로 다음의 내용은 도가들이 대중들이 유가를 불신하도록 만들기 위해 가공한 이야기이므로, 그 점을 염두에 두고서 직시해야만, 그 글의 의도를 제대로 파악할 수 있게 된다. 즉 논어에서 공자가 가장 높게 평가한 제자인 안연을 내세워 유가가 마치 그들이 가공한 신화의 사실을 익히 알고 있는 것처럼 기정사실화한 내용이다.

“안연이 동방의 제나라에 <사신으로> 가게 되었는데(顏淵東之齊), 공자는 근심스러운 듯한 표정이었다(孔子有憂色). <그래서> 자공이 자리에서 내려가(子貢下席) 그리고 공자에게 묻고자 말했다(而問曰).

「………………………………………………………………………………」

공자가 말했다(孔子曰). 「………내가 걱정하는 바는(吾恐) 안회가 제나라 군주와 함께 있는 자리에서 요순이나 황제의 도를 늘어놓고(回與齊侯言堯舜黃帝之道) 그리고 다시 수인씨나 신농씨의 말을 이야기하는 것이다(而重以燧人神農之言). <제나라의 군주>그가 장차 <그 성인들 같은 훌륭한 점을> 자기 속에 찾다가(彼將內求於己) 그러다가 자기에게서 그것이 없음을 자각했다고 하자(而不得). 자기에게 없음이 확실하다고 느끼면 곧 <안회의 말에> 의혹을 품을 것이며(不得則惑) 사람이 의혹을 품으면 곧 죽을 것이다(人或則死). ……….」”[75]

그럼에도 불구하고 도가의 이런 방법을 두고서 장자학파들은 단지 비유해서 말했다고 두둔하거나 혹은 옹호하는데, 그것은 실로 잘못된 태도로서 일방적이고 편파적인 행위일 뿐이다.

어쨌든 간에 사마천은 두 가지 점에서 유가에 대해 결코 좋은 감정을 가질 수 없었든 인물이었다. 그 이유는 첫째 맹자의 가르침을 계승하고 있는 춘추공양전의 대가인 동중서가 한 무제의 신임을 받아 유교를 교육이념으로 삼게 한 점 때문이다. 그러면 춘추좌씨전의 대가인 그가 심한 반발심을 가질 수 있게 된다. 둘째는 그가 이릉(李陵)을 옹호하다가 한 무제에 의해 궁형을 당해 신체불구자가 되었을 뿐만 아니라, 더 나아가 한 무제가 그가 높이 평가한 황로학

75) 장자 p361

을 강제적으로 배척하였기 때문이다.

그런데 공교롭게도 사마천이 궁형 이후에 사기를 저술했고 그리고 그 서책에서 유가를 교묘한 방식으로 폄하하였기 때문에 당연히 그의 기록을 의심하려 들면 충분히 의심받을 수밖에 없다. 그러나 사마천의 글이 그런 의혹의 정황을 충분히 소지하고 있더라도, 곧장 그 정황만으로 사마천이 유가를 폄하하려고 했다는 단정을 쉽게 내릴 수는 없다. 적어도 그런 평가는 그가 사기를 저술하려고 했던 동기부터 살펴보고 나서 그리고 객관적 정황을 찾아내어 타당하게 제시해야만 가능해진다. 왜냐하면 누구라도 그런 규모의 저술을 기획하려면, 그 인물이 대단한 야심가가 아니고서는 불가능하며 또한 그런 야심에는 거대한 정치적 배경이 뒷받침되지 않고서는 실현될 수 없는 일이기 때문이다. 그러므로 그가 공자나 노자와 같은 훌륭한 사상가가 아니라, 그런 사상가와 사상을 평가하여 자신의 기록에 반영한 역사가이기 때문에, 오히려 모든 정황상 그가 그렇게 기록한 의도가 더 심한 의문의 대상이 되는 것이다.

하여간 그런 여지를 지닌 사마천은 사기본기의 첫머리를 황제(黃帝)의 기술로부터 시작하였고,[76] 그리고 나머지 오제와 우임금을 모두 황제의 후손으로 통일시켰다.

아래 글은 본기의 첫 부분인데, 이로써 사마천은 황제사관을 중국역사의 정통으로 내세우고서 서경이 수립한 요·순사관의 정통성을 배척하였다.

"황제는(黃帝者) 소전씨의 자손으로(少典之子) 성은 공손이고(姓公孫) 이름은 헌원이라 불렀다(名曰軒轅). 태어나면서부터 신비하고 영묘해서(生而神靈) 아주 어렸을 때부터 말을 할 수 있었다(弱而能言). 어려서는 생각이 빨랐고(幼而徇齊), 자라서는 인정이 많고 사리에 밝았으며(長而敦敏), 성인이 되어서는 해박하

---

76) 사기본기 p35~61

고 기억력이 좋고 총명했다(成而聰明)."

그리고서 사마천은 요·순까지 내려온 황제계보를 만들어 마치 요·순임금 왕조이전에 황제 왕조가 있는 것으로 기정사실화하였다. 그러나 그 지역이 황하유역인지는 결코 밝히지 않았다. 만약 황제의 왕도가 황하유역이라면 황하치수 때문에 거짓이 되는 것이고, 반대로 그 지역이 황하유역이 아니라면 요임금이 황제의 다스려서 번영한 왕도에서 치수도 안 된 척박한 황하유역으로 이주를 한 경우가 되기 때문에 어쨌든 황제계보는 비논리적인 글이 된다.

"전욱제 고양은(帝顓頊高陽者) 황제의 손자이면서 그리고 창의의 아들이다(黃帝之孫而昌意之子也). 그는 고요하고 심모를 갖추었고(靜淵而有謀) 두루 능통하고 일머리도 알았다(疏通而知事). 또 적당한 땅을 골라 곡식을 기르고(養材以任地) 하늘의 변화에 따라 절기를 기재했으며(載時以象天), 귀신에 의탁하여 예의를 제정하고(依鬼神以制義) 오행의 기를 다스려 백성들을 교화했으며(治氣以教化), 정갈한 몸과 정성 어린 마음으로 제사를 지냈다(潔誠以祭祀). ………."

"제곡 고신은(帝嚳高辛者) 황제의 증손이다(黃帝之曾孫). 고신의 아버지는 교극이라 불렀고(高辛父曰僑極), 교극의 아버지는 현효라고 불렀으며(僑極父曰玄囂), 현효의 아버지는 황제로 불렀다(玄囂父曰黃帝). 현효와 교극은 모두 제위에 오르지 못했고(自玄囂與僑極皆不得在位) 고신에 와서야 비로소 제위를 올랐다(至高辛卽帝位). 고신은 전욱에게는 사촌의 아들이 된다(高辛於顓頊爲族子). ………."

그리고서 사마천은 요·순·우를 위의 계보에 알맞게 적당히 구성하였는데, 그렇게 할 수 있는 여지는 서경에 수록된 기록은 이들 간에 혈연관계가 있다는 것을 전혀 보여주지 않았기 때문이다. 그래서 사마천은 아래의 글이 보여주는 바대로의 계보로 정리할 수 있었던 것이다. 하지만 서경은 혈연관계가 있다는 것을 보여주지 않았을 뿐더러 더 나아가 서로가 타인사이임을 명확히 기록해 두었기 때문에 사마천의 기록은 황로학에 의해 자행된 역사왜곡의 실상을 고스란히 그대로 보여주는 명백한 예증이 아니 될 수 없게 된다.

"제곡은 진봉씨의 딸을 맞이하여(帝嚳娶陳鋒氏女) 방훈을 낳았다(生放勳). 추자씨의 딸을 맞이하여(娶娵訾氏女), 지를 낳았다(生摯). 제곡이 붕하자(帝嚳崩) 그래서 지가 대신자리에 올랐다(而摯代立). 지가 섰으나(帝摯立) 잘 다스리지 못하고 붕했다(不善 崩). 그래서 아우인 방훈이 옹립되었으니(而弟放勳立) 이 사람이 제요이다(是爲帝堯). ………"

"우순은 이름을 중화라 일컫는다(虞舜者 名曰重華). 중화의 아버지는 고수라 일컫고(重華父曰瞽叟), 고수의 아버지는 교우라 일컫고(瞽叟父曰橋牛), 교우의 아버지는 구망이라 일컫고(橋牛父曰句望), 구망의 아버지는 경강이라 일컫고(句望父曰敬康), 경강의 아버지는 궁선이라 일컫고(敬康父曰窮蟬), 궁선의 아버지는 제 전욱이라 일컫고(窮蟬父曰帝顓頊), 전욱의 아버지는 창의라 일컫는다(顓頊父曰昌意). 순에 이르기까지 일곱 세대가 흘렀다(以至舜七歲矣). 궁선에서부터 순임금에 이르기까지는(自從窮蟬以至帝舜) 모두 가난하고 비천하며 관직과 작위가 없는 자들이다(皆微爲庶人).………"

"하나라 우는(夏禹) 이름을 문명이라 일컫는다(名曰文命). 우의 아버지는 곤이라 일컫고(禹之父曰鯀), 곤의 아버지는 제 전욱이라 일컫고(鯀之父曰帝顓頊), 전욱의 아버지는 창의라 일컫고(顓頊之父曰昌意) 창의의 아버지는 황제라고 일컫는다(昌意之父黃帝). 우는(禹者) 황제의 현손이자(黃帝之玄孫) 그리고 제 전욱의 손자이다(而帝顓頊之孫). 우의 증조부 창의와 아버지 곤은(禹之曾大父昌意及父鯀) 모두 제왕의 지위에 오르지 못하고(皆不得在帝位) 천자의 신하가 되었다(爲人臣). ………."

하여간 위의 계보의 글은 사마천이 사관으로서는 차마 해서는 안 될 역사왜곡을 자행한 실체인데, 이것이 허구의 글로서 조작된 것임은 다음과 같은 문제점 때문에 명백해진다.

우선적으로 보아도 잘못된 점은 제 우가 제 전욱의 손자인데, 제 우에게 왕위를 물려준 제 순은 제 전욱의 7세손이고, 그리고 제 요는 제곡 고신의 아들이고, 우는 고신의 삼촌인 제 전욱의 손자이어서, 요임금과 우임금은 서로 육촌이 되게 된 점이다. 즉 요와 순과 우임금 간에는 나이 차이 때문에 요임금이 우와 육촌 간이 될 수 없고, 또한 우임금보다도 나이가 많은 순임금이 도저히 전욱의 7세손이 될 수 없는 일이다. 따라서 사기의 내용이 서경의 내용과 전혀 맞지를 않게 된다. 그럼에도 불구하고 서경의 틈을 비집고 들어가 아래와 같은 계보로 만들어 중국역사의 정통으로 삼은 점은 어안이 벙벙할 정도여서 더 이상의 언급이 나오지 않을 지경이다.

"황제로부터 순과 우에 이르기에(自黃帝志舜禹) 모두 모두 같은 성씨에서 나왔음에도 국호를 다르게 하여(皆同姓而異其國號)) 덕을 널리 밝혔다(以章明德). 그런고로 황제는 유웅이고(故黃帝爲有熊), 제 전욱은 고양(帝顓頊爲高陽)이고,

제곡은 고신(帝嚳爲高辛)이고, 제 요는 도당(帝堯爲陶唐)이고, 제 순은 유우이다(帝舜爲有虞). 제 우는 하후이고 그리고 별도의 다른 성씨로는 성이 사씨이다(帝禹爲夏后而別氏 姓姒氏). 설은 상이고 성은 자씨이다(契爲商 姓子氏). 기는 주이고 성은 희씨이다(棄爲周 姓姬氏)."[77]

그럼에도 불구하고 사마천은 자신들에게 쏠릴 수 있는 의혹의 눈초리를 덮어버리기 위해 능청스럽게 의혹의 모든 책임을 유가에게 슬그머니 떠넘기고 그리고서 한 술 더 떠서 아래의 말로서 거짓을 진실인양 둔갑시켜 놓았다. 즉 위의 이 사실을 공자는 전했지만 유가가 그렇게 하지 않았다는 기록이다. 하지만 사마천이 황제의 이야기를 전국시대에 이르러 제자백가들이 말했다고 기록한 내용은 황제계보가 조작된 것임으로 그대로 보여 준다.

"태사공이 말했다(太史公曰). 많은 학자들이 오제를 칭찬한지 오래 되었다(學者多稱五帝尙矣). 그렇지만 상서(서경)에는(然尙書) 요 이후의 일만 실려 있게 되었고(獨載堯以來), 그래서 백가들이 황제에 대해 말했지만(而百家言黃帝), 그 문장은 믿기 힘들어(其文不雅馴) 줄곧 벼슬아치선생들은 언급을 어려워했다(薦紳先生難言之).

공자가 전한 바의(孔子所傳) '재여문오제덕(宰予問五帝德)'과 '제계성(帝繫姓)'을 유가는 괴이쩍게도 전하지 않았다(儒者或不傳).

나는 일찍이 서쪽은 공동산에 이르고(余嘗西至空峒), 북쪽은 탁록벌판을 지나고(北過涿鹿), 동쪽은 바다에 천천히 나아가고(東漸於海), 남쪽은 회수 강을 건

77) ibid 同

넜는데(南浮江淮矣), 마침내 늙은이들이 모두 황제와 요·순·우를 칭찬하는 곳을 각각 가보면(至長老皆各往往稱黃帝堯舜禹之處), 풍교가 다른 곳과 달라(風敎固殊焉) 종합하면 옛 내용과 어긋남이 없이 사실과 같았다(總之不離古文者近是). 내가 춘추와 국어를 고찰하였는데(予觀 春秋 國語), 그것이 '오제덕' '제계성'의 장을 뚜렷하게 밝혔으나(其發明 '五帝德' '帝繫姓'章矣), 깊이 고찰하지 않은 것뿐이고(顧弟不深考), 그 내용이 허황된 것만은 아니다(其所表見皆不虛).

상서(서경)에는 내용이 누락되어 시대 간의 간격이 큰데(書缺有間矣), 이에 흩어져 없어진 내용들이 때때로 다른 이야기에서 발견된다(軼乃時時見於他說). 배우는 것을 좋아하여 마음으로 뜻을 깨달은 사람이 아닌 생각을 사실 본 것도 없고 들은 바가 없는 자에게 이 이야기는 어렵은 것이다(非好學深思 心知其意 固難爲淺見寡聞道也). 나는 자료를 수집해 순서에 맞게 기록하여(余井論次) 말 가운데 특별한 것을 골랐으므로(擇其言尤雅者) 그런고로 본기로 저술하여 책 첫 내용으로 삼는다(故著爲本紀書首)."[78]

그렇다면 이로부터 다음의 의문이 제기될 수밖에 없는데, 그것은 이 기록들이 명백하게 중국고대사를 왜곡한 명백한 증거라고 입증해 줄 단적인 예가 무엇인가? 하는 문제점이다.

그런데 그 의문점은 서경의 우서(禹書) 요전(堯典)과 진나라 때의 여불위가 수록한 것을 다시 인용한 한나라 때의 예기(禮記)의 월령(月令)[79]이 밝혀 줄

78) 사기 p同

79) 일반국어사전에서는 한 해 동안에 행해지는 정례의 정사(政事)·의식(儀式)·농가 행

수 있다. 왜냐하면 두 곳에 기록된 봄, 여름, 가을, 겨울의 기록을 상호비교해서 살펴보면 그 차이점이 확연히 드러나기 때문인데, 곧 드러난 그 차이점이 예기의 기록이 이미 도가의 사상에 물들어 있는 점을 확실히 보여주는 명백한 전거이기도 하기 때문이다.

1)서경의 봄. "희중[80]에게 나누어 명하여(乃命羲仲) 우이에 머무르게 하니(宅嵎夷) 양곡이라 하였다(曰暘谷). 나오는 해를 공경히 손님같이 맞이하여(寅賓出日) 봄에 시작하는 농사를 고루 차례로 할 것이니(平秩東作), 낮은 하루의 반이고(日中), 뜨는 별 이름은 조이다(星鳥). 그 때를 중춘에 맞게 하면(以殷仲春) 백성은(厥民) 농사하려 흩어지고(析), 새와 짐승은 교미하여 새끼를 낳고 젖을 먹인다(鳥獸孶尾)."

: 예기의 봄. "맹춘의 달에(孟春之月) 해는 영실에 있다(日在營室). 어두울 때에(昏) 삼성이 남방의 중앙에 있고(參中), 아침에는(旦) 미성이 남방의 중앙에 있다(尾中). 그 날은 갑을이고(其日甲乙), 그 제는 태호이며(其帝太皞) 그 신은 구망이다(其神句芒). ………."

2)서경의 여름. "거듭 희숙에게 명하여(申命羲叔) 남교에 머무르게 하니(宅南交), 명도라고 하였다(曰明都)[81]. 여름에 변하는 것을 고루 차례로 할 것이니(平秩南訛), 공경히 맞이할 것이다(敬致敬致). 낮은 길고(日永) 뜨는 별이름은 화이

사(農家行事) 등을 다달이 구별하여 기록해 두던 표(表)라고 설명함.

80) 희중(羲仲) - 천문을 맡은 벼슬아치 가운데 한 사람. 희숙(羲叔), 화중(和仲), 화숙(和叔)이 다 같음. - 출처(서경, 유교경전번역총서 5, 성균관대학교)

81) 다른 계절과 달리 여름의 계절에서는 이 세 글자가 본문에서 빠져있음

다(星火). 그 때에 중화를 바르게 하면(以正仲夏), 그 백성은(厥民) 계속 흩어져 나가고(因), 새와 짐승은 털이 드물어지며 가죽이 변한다(鳥獸希革).

: 예기의 여름. "맹하의 달에는(盟夏之月) 해가 필성의 성좌에 있다(日在畢). 어두울 때에(昏) 익성의 남쪽 하늘의 중앙에 있고(翼中), 아침에는(旦) 무녀성이 남쪽하늘의 중앙에 있다(婺女中婺女中). 그 일진이 병정이오(其日丙丁), 이 땅을 주재하는 제는 염제이고(其帝炎帝其帝炎帝) 그를 보좌하는 신은 축융이다(其神祝融). ………."

3)서경의 가을. "화중에게 나누어 명하여(分命和仲) 서쪽에 머무르게 하니(宅西), 매곡이라 하였다(曰昧谷). 들어가는 해를 공경히 보내어(寅餞納日) 가을에 이루는 농사를 고루 차례로 할 것이니(平秩西成), 밤은 하루의 반이고(宵中宵中), 뜨는 별 이름은 허이다(星虛). 그 때를 중추에 맞게 하면(以殷仲秋), 백성은(厥民) 기운이 평온하고(夷), 새와 짐승은(鳥獸) 털이 빠지고 다시 나서 윤택해진다(毛毨)."

: 예기의 가을. "맹추의 달은 (孟秋之月) 해가(日) 익성에 있는데(在翼), 저녁에는(昏) 건성이 남방의 중앙에 있고(建星中), 아침에는(旦) 필성이 남방의 중앙에 있다(畢中). 그 일자는 경신에 해당하며(其日庚辛), 그 제는 소호이며(其帝少皞) 그 신은 욕수이다(其神蓐收).[82] ………."

82) 소호와 욕수에 대해서는 "황제가 중앙에서 중국을 지배하던 시절, 세상의 네 방위는 각각 그 방위의 제왕들과 그들을 보좌하는 신들에 의해 다스려졌다.
그 중 서방의 제왕이 소호이며, 서방의 제왕을 보좌하는 신은 가을의 신인 욕수로 왼쪽 귀에 뱀을 붙이고 두 마리의 용을 타고 있었다."고 인명사전에서는 설명하고

4)서경의 겨울. "거듭 화숙에게 명하여(申命和叔) 삭방에 머무르게 하니(宅朔方), 유도라고 하였다(曰幽都). 겨울에 변하는 것을 고루 살필 것이니(平在朔易), 날은 짧고(日短日短) 별 이름은 묘이다(星昴). 이때에 중동을 바르게 하면(以正仲冬) 백성은(厥民厥民) 집안으로 들어가고(隩), 새와 짐승은 털이 가늘어진다(鳥獸氄毛鳥獸氄毛)."

: 예기의 겨울. "맹동의 달은(孟冬之月) 해가(日) 미성의 위치에 있다(在尾). 어두울 때는(昏) 위성이 하늘의 남쪽중앙에 있고(危中), 아침에는(旦) 유성이 남방의 중앙에 있다(七星中). 그 날은 임계(其日壬癸)이고, <그 제는> 전욱(顓頊)이며, 그 신은 현명이다(其神玄冥)………."

더 나아가 요전(堯典)에 윤달을 정할 수 있는 천문적 지식과 정치의 도리를 다 함께 밝혀 놓았기 때문에, 그것은 중국고대왕조시기를 가늠할 수 있는 결정적인 전거로서의 역할까지 할 수 있다.

"제가 말씀하셨다(帝曰). 「아! 너 희와 화아(汝羲暨和)! 일 년은(朞) 삼백육십육 일이니(三百有六旬有六日), 윤달을 써야만(以閏月) 네 계절을 정하여 한 해를 이룰 수 있다(定四時成歲). 진실로 모든 관직을 다스려(允釐百工) 여러 공적들이 모두 다 넓으리라(庶績咸熙)."[83]

그리고 후대의 예기와 전대의 서경의 사이에 놓인 시기의 논어에는 바로 이 계절에 따른 책력<천체를 측정하여 해와 달의 움직임과 절기를 적어 놓은 책>

있다.
83) 서경 p13

에 대한 공자의 말씀을 그대로 수록해 두었기에 전국시대를 거치면서 모든 전대의 기록이 황로학의 의도대로 오염되었다는 것을 파악할 수 있게 된다.

> "안연이 나라를 다스리는 것을 묻자(顏淵問爲邦), 공자께서 말씀하셨다(子曰). 「하나라의 철을 행하며(行夏之時), 은나라의 수레를 타며(乘殷之輅), 주나라의 면류관을 쓰며(服周之冕服周之冕), 음악은 곧 소무를 할 것이요(樂則韶舞), 정나라의 음악을 추방해야 하며(放鄭聲) 말재주 있는 사람을 멀리 할 것이니(遠佞人), 정나라의 음악은 음탕하고(鄭聲淫), 아첨하고 간사하고 미혹하는 말재주 있는 사람은 위태로운 것이다(佞人殆)」"[84)]

즉 공자가 하나라의 책력을 행한다고 하였다면, 당연히 공자가 생각하는 책력은 서경의 기록과 동일한 것일 수밖에 없는데, 그에 반해 예기의 기록은 서경의 기록과 달리 도가의 이야기가 덧붙여 구성되었기 때문에, 바로 그런 점이 이미 모든 역사의 기록이 황로학의 발상에 의해 왜곡되었음을 입증해 준다.

그런데 더 나아가 고대문헌에 없던 사상이 후대문헌에 등장한 사실이 역사왜곡의 증거가 되는 까닭은 다음과 같은 이유 때문이다.

상식적으로는 서경의 기록이 앞선 시대의 글이므로 당연히 신화적인 이야기로 구성되어 있어야 되고, 반대로 후대의 예기의 기록은 그런 신화적인 점을 철저히 제거하여 오히려 서경처럼 말끔하게 정리되어 있어야만 정상적이기 때문이다. 그런데 이와 정반대로 서경은 말끔하게 기록되어 있는데 비해, 당연히 그렇게 되어 있지 않아야할 예기의 기록은 전혀 비과학적인 신화적 내용을 담아 기술하고 있으니, 오히려 거꾸로 그 점이 이미 도가의 사상이 너무 넓고도 깊게 뿌리 내렸음을 보여주는 증거가 될 뿐만 아니라 또한 왜곡된 역사가 기정

84) 논어 p311~312

사실화되었다는 점을 보여 주는 객관적 증거가 되기 때문이다.

제2절. 중국이란 용어는 왜 왜곡되었는가?

주목 : 고대왕조의 통치제도인 봉건세도 하에서의 중국이란 개념은 전국시대를 거쳐 진나라 시대의 황로학적 법가의 패도사상에 의한 군현제도 하에서의 중국이란 개념과 전혀 다르다.

그런데 지금의 중화사상은 후자의 산물이다. 그러므로 진나라 이후에 더 더욱 알차게 여문 그런 패도사상을 밑바탕으로 하여 한나라 무제는 유가의 덕치노선을 통치이념으로 내세운 겉보기와 달리 철저히 대규모 군사력으로서 주변 국가들을 압도하려고 했다. 이것이 처음으로 역사상에 등장한 중화사상의 본보기이다.

고대왕조가 출범한 시기의 구주(九州)는 실로 자그마한 지역이었다. 그러므로 참 역사는 역설적으로 그런 지역에서 출발한 왕조가 어떻게 정복이 아닌 방법으로 강대한 영토를 확보한 왕조로 성장했는가? 하는 의문점을 풀어주어야 한다.

그런데 사마천은 전국시대의 추연을 기술하면서 중화사상의 진원지를 밝힐 중요한 역사적 사실을 기록해 두었다.

"<추연>그는 또한 유가들이 중원지방이라고 하는 곳은(以爲儒者所謂中國者) 천하의 팔십분의 일에 해당할 뿐이라고 여겼다(於天下乃八十一分居其一分耳). 중원지방을 적현신주라고 명명하였다(中國名曰赤縣神州). 그는 적현신주 안에는 원래부터 구주가 있었는데(赤縣神州內自有九州), 우임금이 정해 놓았다는 구주가 바로 이것이지만(禹之序九州是也), 이것은 주로 볼 수 없는 것이라고 하였다(不得爲州數).

<중원지방>중국 이외에 적현신주 같은 것이 모두 아홉 개가 있는데(中國外如赤縣神州者九), 이에 이른바 이것이 구주라고 하였다(乃所謂九州也).………. 그의 학설은 대개 이러한 유형이었다(其術皆此類也)."[85]

그런데 이 기록은 크게 중요한 세 가지 점을 일깨워 준다.

첫째는 중원의 역사는 이족의 역사라는 점이다. 중원이란 용어를 변함이 없는 한, 이족의 정통성도 변함이 없다는 점이다.

둘째는 조그마한 중원지역과 강대한 주나라의 영토를 비교해 보면, 당연히 중원지역을 벗어나 산재해 있는 주민을 이족, 만족, 융족, 적족이라고 부른 것은 지극히 당연한 것으로서 그 호칭은 중국 땅에 사는 사람들끼리 서로를 분별하여 부르는 단순한 호칭이었다는 점이다.

셋째는 적현신주(赤縣神州)의 용어를 추연이가 사용했다면, 이미 그 당시에 황로학의 사상이 선비사회에 널리 유포되어 있었다는 점이다. 왜냐하면 적현신주의 용어는 유가들이 사용하는 용어가 결코 아니었기 때문이다. 즉 그 용어는 황로학의 사상을 담고 있는 용어인데, 대체로 각종 용어사전은 「고대에 적현(赤縣)은 염제(炎帝)가 다스리던 지역이었고, 신주(神州)는 황제(黃帝)가 다스리던 땅이었는데, 황제가 염제를 물리치면서 그 땅을 합병하였다하여 적현신주(赤縣神州)를 중원(中原)지방을 가리키는 말로 사용하고 있다고 함」[86]으로 설

85) 사기 p440

86) 사기 p442 - 사마천 사기의 주석이 용어사전의 내용을 잘 인용하고 있기 때문에 그대로 옮긴 것임.

명하고 있다. 그러므로 추연이 그 당시에 이 용어를 사용하였다는 사실은 도가에게 황로학의 발상을 촉발시킨 인물이 곧 추연이라는 점을 그대로 알려준다. 그러므로 앞서 지적한 바대로 중국역사를 왜곡시키기 위해서는 황로학의 관점의 도가가 중원의 역사를 굳이 변질시켜야만 했든 이유가 특히 중요해진다.

어쨌든 황하의 유역에서 구주로 발판하여 통일왕조를 수립한 요·순임금시대에는 그 지역을 벗어나면 곧장 주변의 이족과 만족을 접촉하지 않을 수 없게 된다. 그 이유는 비록 요임금의 왕조가 이족을 중심으로 출발하였지만, 그 지역을 벗어나 산재해 있는 모든 이족과 더 나아가 더 남쪽으로 내려간 지역에 거주하는 만(蠻)족들이 다함께 솔복하여 요임금의 당(唐) 왕조의 구성원이 곧바로 된 것이 아니기 때문이다. 그러므로 중국이 공식적인 단 하나의 국가명칭이 아닌 상황에서는 자연히 왕조가 지배영역을 확장해 나감에 따라 새롭게 편입되는 지역민들의 명칭은 그대로 사용하지 않을 수 없게 된다. 그러므로 중화사상이 가공한 화하족을 중앙에 배치하고서 네 개의 이민족이 마치 중앙의 화하 족을 에워싸 복종하고 있는 듯이 둔갑시킨 역사왜곡은 부도덕한 선비들이 자행한 어처구니가 없는 지성의 횡포이면서 또한 교만일 수밖에 없다.

따라서 진정한 중국(中國)의 용어를 제대로 이해하려면 당연히 중국고대왕조의 통치이념을 파악해야만 비로소 가능해지게 된다. 중국은 글자그대로 여러나라의 중심인 나라라는 뜻인데, 이 뜻은 단순히 영토의 개념이 아니다. 만약 중국이란 용어가 고정된 영토를 지칭하는 단순한 의미의 개념이라면 어떤 왕조가 들어서도 통치의 중심지인 수도는 변경되어서는 안 된다. 그러나 그 의미는 고정된 영토를 지칭하는 것이 아니라, 모든 지역의 제후국들을 총괄하여 다스리는 통치권의 정통성을 지닌 통일왕조의 중심지를 뜻한다. 그렇기 때문에 당연히 중국지역은 왕조에 따라 달라질 수밖에 없다. 그런데 공교롭게도 중국왕조의 역사는 북방의 황하를 중심으로 하여 진행되었고 그리하여 황하주변지역이 중국, 중방, 중원의 지역으로 고착되었다.

그럼에도 불구하고 이 의미를 통일왕조 그 자체에 적용하게 되면 모든 국외 지역이 변방으로 전락하게 되어 통일왕조와 그 밖의 지역 간에는 상호 적대적인 관계가 형성될 수밖에 없게 된다. 그런데 중화사상은 중국의 의미를 그와 같이 사용하여 중국민족이 주변민족을 오만과 편견으로 대하게 되었고 그리하여 중국민족과 주변민족 사이에 불편한 민족감정이 발생하게 되었다. 이런 민족관은 세계화 시대에는 결코 바람직하지 않은 감정으로써 중국을 세계중심국가로 도약하는데 더 없는 장애요인만 될 뿐이다. 왜냐하면 오만과 편견으로 의식화된 중국민족이 자신의 나라를 모든 세계의 문명과 문화의 중심지로 만드는 것이 결코 가능하지 않기 때문이다. 오늘날의 중국이 진정한 세계중심국가가 되고 싶다면, 당연히 고대왕조가 수립한 겸손과 예의를 갖춘 중국민족으로 거듭나야 한다.

어쨌든 간에 서경에 사용된 중국의 용어는 왕이 다스리는 지역을 가리키는 의미를 포함하여, 전 지역을 아우르는 통치의 권위를 가리키는 의미의 용어였다. 그런즉 서경에서의 이 용어는 오늘날의 중화민국의 약자가 아닐 뿐만 아니라 또한 패권적이고 패도적인 화이(華夷)사상의 의미를 담고 있는 용어가 아닌 것이었다. 즉 그 용어는 단지 왕조가 직접 다스리는 지역을 중심으로 한 경기지역과 그 밖의 다른 지역을 구별하기 위해 사용한 일반적 용어에 지나지 않았던 것이다. 마치 일상인들이 일상생활에서 시가지의 중심부를 중앙이라고 부르는 방식과 마찬가지의 그런 일반적인 용어였든 것이다.

그리고 그와 같은 일반적 의미는 같은 책 서경에서의 중방(中邦)이란 용어를 참조해보면 더욱 명확해 진다. 그러므로 중화사상이 형성되기 이전의 중국의 용어를 오늘날처럼 중국 전영토를 아우르는 국명처럼 해석해서는 결코 아니된다. 그렇게 해서는 안 되는 까닭은 다른 서책에서 보다는 전국시대 초기의 인물인 묵자의 저서에서 확인해 보는 것이 더 객관적일 수 있으므로, 아래에 인용한다.

"……… 옛날에 진나라 문공은 자기영토 밖으로 망명한 일이 있었으나 그러나 천하를 바로 잡았다(文公出走而正天下). 제나라 환공도 자기나라 밖을 떠난 일이 있었으나 제후들을 제패하였다(桓公去國而覇諸侯). 월나라 임금 구천은 오나라 임금에게 치욕을 당하였으나(越王句踐遇吳王之醜), 그러나 중국의 어진 임금들을 협박하기에 이르렀다 (而上攝中國之賢君).

이 세 사람들은 명성을 얻고 천하에 공로를 이룩할 수 있었던 것은(三子之能達名成功於天下也) 모두다 그의 나라에서 물러나서(皆於其國抑) 그리고 큰 치욕을 당했기 때문이다(而大醜也).……."87)

이 문장속의 월 왕 구천의 기록이 지닌 역사적 의의는 문공과 환공에게는 천하와 나라를 적용한 점과 다르게 월 왕 구천에게는 중국이란 용어를 적용하였기 때문이다. 다시 말해 월 왕에게 적용한 중국이 천하를 의미하는 것이라면 굳이 중국이란 용어를 별도로 사용할 이유와 필요가 없는 일이기 때문이다. 따라서 봉건제도 하에서 왕이 거주하는 경기지역을 일컫는 일반적인 용어일 뿐인 중국은 결코 확대해석 되어서는 안 된다.

그런데 이 기록이 본서가 차후에 논구할 주제에 중요한 문제를 제기하는데, 그 이유는 월 왕이 다스리는 변방지역이 만(蠻)족이 거주하는 지역임에도 불구하고 춘추오패의 하나가 된 제후국의 영토라는 점 때문이다. 그런즉 만약 중국이란 용어를 곡해하여 월나라를 주나라의 제후국으로 보지 않게 되면, 월나라는 변경 밖의 이민족의 국가가 되어 월 왕 구천이 중국을 유린한 이민족의 왕이 되기 때문에 결코 그렇게 해서는 안 된다. 그리고 그와 달리 반대로 월나라를 당연히 주나라의 제후국이라고 여기면서, 이족, 융족, 만족, 적족의 용어를

---

87) 묵자 p81

국외의 이민족으로 해석하면, 월나라 백성은 만족이 아니라 화하족이 되기 때문에 결코 그렇게 해서는 안 된다.

이런 점은 맹자의 서적에서도 확인할 수 있다. 즉 아래의 글에서처럼 '하가 이를 변화시켰다(夏變夷)'란 표현인데, 즉 이 말은 고대왕조가 왕조 내의 서로 다른 이민족을 교화시켜 나간 사실을 설명한 일반적인 내용일 뿐인데, 그럼에도 불구하고, 맹자의 이 표현을 중화사상의 시각으로 확대 해석하여 중국민족이 국외의 이민족을 변화시킨 것으로 차별적인 해석을 하게 되면 그 뜻이 크게 왜곡됨으로 결코 그렇게 해서는 아니 된다.

> "나는 하의 문물제도를 사용하여 이족을 변화시켰다는 말은 들었고(吾聞用夏變夷者), 이족에게 변화를 당했다는 말은 듣지 못하였느니라(未聞變於夷者也).
>
> 진량은 초나라 태생이니(陳良楚産也) 주공과 중니의 도를 좋아하여(悅周公仲尼之道) 북쪽으로 중국에 가서 공부하거늘(北學於中國) 북방의 학자들이(北方之學者) 혹시라도 그보다 앞 선자가 없으니(未能或之先也) 그는 이른바 호걸의 선비라는 것이다(彼所謂豪傑之士也). ……."[88]

따라서 중국이란 용어는 은나라가 사용할 때의 중국의 중심지역과 주나라가 사용할 때의 중국의 중심지역이 각기 달랐기 때문에 영토에 초점을 맞추고서 이해하려고 하면 큰 혼란과 착각에 직면하게 된다. 즉 주나라가 왕도를 서쪽의 효경(지금의 西安)에 두었기 때문에 그 지역을 중원이라고 부르는 것과 같은 맥락이다. 왜냐하면 은나라에서 중국이라고 한 지역의 중심부는 왕성이 있는 하남(河南)성을 중심으로 하북(河北)성, 산동(山東)성, 산서(山西)성 등이었고

88) 맹자 p160

그 반면에 주나라에서 중국이라고 한 지역의 중심부는 왕성이 있는 서안(西安)의 섬서(陝西)성이었던 점 때문이다. 그러므로 그냥 중국이라고 부르는 경우와 지금처럼 중화민국을 줄어서 중국이라고 부르는 경우는 현격한 의미의 차이를 갖게 된다. 왜냐하면 후대에 이르러 형성된 중국의 의미가 주변국가에 대해 갖는 상대적인 의미와 고대시기의 중국이란 용어가 주변국가와 갖는 상대적인 의미는 각기 전혀 다르기 때문이다. 즉 중국이란 용어는 초기에는 어느 왕조에서도 사용할 수 있는 일반적인 용어에 불과했기 때문에 중화사상의 중국이 야기할 문제를 유념해서 결코 해석상의 잘못을 범하지 않도록 주의해야 한다.

그 점은 곧바로 주의 무왕이 은의 주왕을 타도할 적에 자신들을 서쪽의 무리라고 천명한데에서 확인된다. 그리고 주나라가 건국된 뒤에는 그 곳이 중원이라고 불리게 된 점에서 더욱 명확해진다.

> "갑자일 새벽에(時甲子昧), 왕이(王) 아침에 상의 교외 목야에 이르러(朝至于商郊牧野) 맹세하셨다(乃誓). 왕이 왼편으로 누런 도끼를 잡고(王左杖黃鉞), 오른편으로는 대장기의 흰 장식을 잡으시고(右秉白旄以麾), 말씀하셨다(曰). 「멀리 왔도다(逖矣), 서쪽 땅의 사람들이여(西土之人)!」."[89]

물론 서경의 주서에서도 중국이란 용어가 등장한다. 그런데 그것은 이전에도 그렇게 사용한 경우와 같은 경우의 맥락이기 때문에 별다른 문제가 없다.

> "「이제 왕께서 오로지 말씀하시기를(今王惟曰), ' 선왕이 이전에 밝은 덕을 부지런히 써서(先王旣勤明明德) 회유하고 가깝게 하시니(懷爲夾), 여러 나라가 조공하려고(庶邦享), 형제가 되어 방문하려 찾아와서는(作兄弟方來), 또한 벌써

89) 서경 p404

밝은 덕을 썼으니(亦旣用明德), 후왕의 법은 옛 법을 모아서 한 곳에 합치겠다(后式典集)'고 하시면, 여러 나라가 크게 조공할 것입니다(庶邦丕享).

황천이(皇天) 이미 선왕에게 중국의 백성과 강토를 맡기셨으니(旣付中國民 越厥疆土于先王), 이제 왕께서는(肆王) 오직 덕을 사용하시어(惟德用) 앞뒤로 미혹한 백성들을 화합하여 기쁘게 하시어(和懌先後迷民), 선왕께서 받으신 천명을 즐겨 사용하소서(用懌先王受命).」

이와 같이 살피어소서(已若玆監). 오로지 <다음의> 말씀을 올립니다 (惟曰).「만년에 이르도록 오로지 왕이 되시어서(欲至于萬年惟王) 자자손손 길이 백성을 보호하시길 바랍니다(子子孫孫永保民)」."[90]

그런데 이 글에서 기록된 중국민이란 용어를 두고서 역시 앞의 경우와 마찬가지로 오늘날의 시각으로 해석하게 되면, 그것이 부지불식간에 역사를 왜곡시키는 우를 범하게 된다.

더 나아가 민족의 개념을 더 상세히 구분해서 사용하면 더 그렇게 된다. 가령 같은 민족의 구성원들을 두고서 마치 우리가 고구려인, 백제인, 신라인이라고 했다가, 삼국통일이후에는 고구려 유민은 발해인, 한반도의 신라인은 그대로 신라인, 고려시대에는 고려인, 조선시대에는 조선인라고 한 것처럼, 중국도 마찬가지로 같은 백성을 두고서 왕조의 변천에 따라 하(夏)족, 은(殷)족, 주(周)족이라고 하는 경우이다. 그렇기 때문에 우리민족은 한나라가 고조선을 멸망시키고 고조선지역을 한사군이 강점했을 때에는 그들을 하(夏)족, 은(殷)족, 주

90) ibid p571

(周)족 그리고 진(秦)족이라고 하지 않고 한(漢)족이라고 하였던 것이다.

그런데 너무도 기가 막히는 문제점은 한때나마 중국왕조에 사대를 한 우리민족이 지금도 여전히 중국 중심의 역사관에 매몰되어 같은 민족을 우리말인 오랑캐라는 용어를 적용하고서 비하하고 있으니 참으로 개탄스럽지 않을 수 없다. 다시 말해 고대시기에 중국, 만주, 한반도 및 일본열도에 걸쳐 있었던 이족의 역사를 무시한 체, 동이, 서융, 남만, 북적이란 용어에 휩쓸려, 모든 중국기록 속에 이족이란 용어만 발견되면, 무조건 우리민족이 만주의 여진족을 경멸하여 부르던 오랑캐의 용어를 적용하여 번역하니까 부끄럽지 않을 수 없다는 것이다. 곧 자진해서 자신의 선조를 욕보이고 그리고 자기 자신마저 비하하는 현실을 바로 잡을 의지를 외면하면서 여태껏 살아왔고 또 살아가고 있으니 어찌 민족정기를 바로 세울 수 있으며, 앞으로의 우리민족이 나아가야할 방향과 진로를 제대로 잡아갈 수 있겠는가? 하는 문제점 때문에 그러하다.

따라서 이런 폐단을 바로 잡기 위해서, 그리고 동아시아 역사의 근원을 제대로 이해하기 위해서는, 그리하여 차후에 우리민족이 바람직한 진로를 결정하기 위해서는 이 용어의 진상부터 우선적으로 명확히 밝혀야 한다. 그런데 물론 이 작업은 그렇게 만만한 작업이 아니다. 왜냐하면 이 작업에는 지금까지의 잘못된 선입견부터 버려야 한다는 심리적인 강박감이 가로 막고 있기 때문이다. 즉 지금껏 중국문화에 주눅이 든 우리민족의 열등감을 극복하는 작업이 결코 쉽지 않다는 것이다.[91] 하지만 중화사상은 고대중국왕조의 산물이 아니므로, 이족[92]의 역사를 부정하려는 중화사상에 대해서는 반드시 심도 높은 논구를 해야 한다.

그런데 역사에 고착된 중화사상에 관한 개략적인 내용[93]은 시중에 소개된 백

91) 동아시아의 역동성은 고구려 발해의 멸망이후 북방이 거란과 몽골, 여진의 정복사로 바뀌면서 그들이 중국을 지배하면서 동아시아 북부를 중국의 북방지역으로 편입시키면서 역설적으로 중국의 문화사를 더욱더 강화시키는 결과만 초래했다.

92) 구이족 : 후한서 동이전 - 견이(畎夷), 우이(嵎夷), 방이(方夷), 황이(黃夷), 백이(白夷), 적이(赤夷), 현이(玄夷), 풍이(風夷), 양이(陽夷)라고 했는데 이 점은 고대 중국지역의 이족을 지칭하는 것이 아니므로 단지 참조로 인용할 뿐이다.

가사전의 내용을 그대로 인용해도 무방할 터이기 때문에 본서는 그것을 바탕으로 하여 논구를 이어 나가겠다.

"중국에서 나타난 자문화 중심적 사상으로서 중화(中華中華) 이외에는 이적(夷狄夷狄)이라 하여 천시하고 배척하는 관념이 있기 때문에 화이사상(華夷思想)이라고 한다. 중은 중앙, 화는 문화라는 뜻으로서 중화는 자신들이 온천하의 중심이면서 가장 발달한 문화를 가지고 있다는 선민의식(選民思想)을 나타낸다. 그리하여 자신들 이외의 타 지역의 부족민들을 동이(東夷), 남만(南蠻), 서융(西戎) 북적(北狄)으로 구분하여 중국의 천자(天子)가 모든 이민족을 교화하여 세상의 질서를 유지한다는 천하국가관(天下國家觀)을 낳았다."

그리고 이와 같은 천하국가관은 왕화사상(王化思想)에 의해 뒷받침되는데, 비록 그런 왕화사상이 한나라가 유학을 국학으로 채택하면서 이루어지긴 했지만, 그러나 전제군주제도 하에서의 왕화사상은 마치 유럽열강들이 다른 대륙의 여러 식민지를 개척하는 과정에서 기독교의 성경을 이용한 역사적 사실을 연상시킨다. 어쨌든 왕화사상은 대략적으로 다음과 같다.

왕화사상은 전국시대와 진나라시대에 걸쳐 형성되었다가 유가사상이 통치철학으로 자리 잡은 한나라시대에 이르러 체계화되었다. 전국시대의 군주들은 문무 관료를 양성하였고 내외에 대하여 형벌과 무력으로 자신의 권력을 공고히 하였지만, 유가의 사상가들은 그 흐름과 무관하게 군자의 덕으로 백성을 다스려야 한다는 사상을 줄곧 펼쳤다. 이 주장은 왕의 덕으로서 백성을 교화하는 것을 이상으로 하는 왕도정치의 사상으로서, 진나라를 이어 천하를 통일한 한(漢) 왕조가 유교를 통치이념으로 채택하게 되자, 왕이 살고 있는 중국의 땅은

93) 두산백과사전 등에 수록된 중화사상의 편에서

물론이고 그 변경이나 세외지역도 천자의 은혜를 입어야 한다는 생각이다. 이 사상은 이로부터 중국의 마지막 왕조인 청나라에 이르는 약 2000년 동안 황제 정치체제 밑에서 관료와 지식인층에 의해 정착되었다.

그러므로 왕의 덕을 중핵으로 생각한 왕화사상의 세계질서 속에서는 종족적 민족적 차이는 별로 문제가 되지 않는다. 일찍이 춘추시대까지는 이, 만, 융, 적이라 하여 중화세계로부터 차별과 배척을 받던 이민족도 왕화를 기준으로 하여 중화세계 속에 포함된다. 외국에서 통상 사절이 와서 조공하는 것도 같은 맥락이다.

그리고 왕화사상은 무한하게 퍼질 가능성을 포함하고 있기 때문에 오히려 국경관념이나 영토관념을 가진다는 것은 자신의 가능성을 부정하는 결과가 된다. 19세기 이후 열강이 비교적 용이하게 중국의 영토와 이권을 분할할 수 있었던 것도 중국 측에 명확한 국경이나 영토관념이 없었던 것이 하나의 원인이 되기도 하였다.

그런데 이런 내용을 여과 없이 그대로 수용하게 되면, 그 태도는 고대 동아시아의 역사를 왜곡된 채로 방치하는 격이 된다. 그 이유는 이와 같이 두루뭉술하게 짜깁기한 진술은 사실에서건 논리에서건 간에, 어느 측면에서도 당연히 논리적 수미일관성을 결여하기 때문이다. 왜냐하면 유가의 근본은 공자에 있는 것이 아니고 고대왕조의 통치이념에 있기 때문이다. 즉 이미 주나라가 그 이념을 계승하였기에 공자가 그 이념을 수호하게 된 것이었고, 그리하여 주례복기의 입장을 타파하려는 세력에 의해 공자와 그의 유가들이 공박을 당하고 마침내 배척을 당하는 상황까지 이르게 된 것 일뿐, 공자 사상 자체 때문에 그렇게 된 것이 아니기 때문이다.

따라서 인용된 설명은 이·만·융·적의 부족이 춘추시대 이전에는 차별과 박해와 배척을 받았다가 중화사상 덕분에 차별을 받지 않게 된 것처럼 듣고, 보고, 읽는 사랑으로 하여금 오인하게 만들 수 있다. 더 나아가 그와 같은 설명은 오히려 겸양을 바탕으로 하는 공·맹의 유가정신마저 훼손시킨다. 또한 그런 맥락은 한 결 같이 중국 역사에서 화하족의 중국 민족이 세웠다는 한(漢), 진(晋), 송(宋), 명(明)의 왕조를 제외한 나머지 진(秦)나라 이후의 남북조(南北朝)시대, 수(隋), 당(唐), 원(元). 청(淸)나라의 이민족의 왕조들이 마치 중화사상 덕분에 개화되어서 그리하여 중국 땅을 다스릴 수 있게 되었다는 어처구니없는 결론마저 이끌어 낼 수 있게 된다.

그러므로 겸양을 미덕으로 삼아서 평화공존의 사회를 구축하려는 고대왕조의 통치이념을 수호하려는 유가가 오히려 화하족을 중화사상의 선민으로 둔갑시킨 주범인양 오인시킬 수 있는 그런 설명은 얼토당토하지 않는 적반하장 격이므로 요주의해야 한다.

따라서 왕화사상이 말하는 바처럼 한나라 이후에 중국 바깥의 이민족이 중국 안으로 침범하여 중국 왕조를 세울 수 있었던 배경을 유교의 이념 덕분이라고 말하고 싶다면, 당연히 유가를 중화사상의 시발점으로 설명할 것이 아니라, 그 시기를 훨씬 더 거슬러 올라가 평화공존의 틀을 마련한 고대왕조의 통치이념에서 찾아야 한다. 왜냐하면 중화사상 즉 화하족의 역사관[94]은 배타적인 관

---

94) 신라가 수도였을 때에는 신라인이 소위 서울사람이었다. 또 개성이 수도였을 때에는 개성사람이 소위 서울사람이었다. 또한 현 지명의 서울(과거의 漢城)이 수도인 지금에서는 서울사람이 소위 서울사람인 것이다. 따라서 어느 시대이건 어느 나라이건 간에 수도 사람이외에는 모두 다 촌사람이 되고 마찬가지로 소위 수도 사람은 깍쟁이가 되는 것이다. 그런 고로 이런 시각은 역시 중국에서도 마찬가지이다. 그런데 단순한 이런 상황이 도리어 심각한 민족문제로 부각된 까닭은 수도권이란 정도의 중국의 의미를 중국의 과거 지식인들이 영토전체를 아우르는 나라이름으로 확장하고 그리고 가공의 화하족을 중화민족으로 내세워 오늘날까지 중국인으로 하여금 자기네 사람이외에는 선민적인 우월의식으로 대하게끔 만들었기 때문이다. 그런데 이런 종류의 감정과 의식은 공자의 유가사상이 아닌 것이기 때문에 후대의 다른 사상에서 그 근원을 찾아야 마땅했지만. 그러나 오히려 그렇게 하지 않고 철저히 유가에게 그 책임을 모두 전가하여 문제의 본질을 흐렸기 때문에 철저한 논구가 필요하였던 것이다. 만약 공자의 유가사상이 지극히 부정적인 화이사상이라면 어찌 만주족인 청나라가 공자의 사상을 중국인보다도 더 존중하였겠는가? 하는 의문점에 대하여 화하족인 중국인은 성실히 답변해야한다.

점에서 중국인만의 특별한 우월의식을 담고 있고 또한 원천적으로 동이족을 배제하려는 역사관이기 때문이다. 따라서 중화사상의 본질을 제대로 설명하려면 먼저 왜곡된 역사속의 불순한 저의를 드려내어 비판하고서 인륜의 근본을 바로 새워야 한다. 하지만 이 작업은 이미 오랜 기간 동안 중화사상에 주눅이 들어 진정한 비판정신에 입각하여 순수하게 역사의 진상을 바라 볼 의지가 전혀 없는 역사학자들에게는 오히려 돈키호테 식의 우스꽝스러워 보이는 만용처럼 비칠 수 있기 때문에, 당연히 이 작업은 결코 수월하게 진행될 수 없는 지난한 작업이 될 수밖에 없다.

어쨌든 중화사상에서의 중화의 의미는 "문화가 찬란한 중앙의 큰 나라"를 뜻한다. 그리고 이 사상의 근저에는 종족 간의 차별성이 자리 잡고 있다. 그런데 이런 차별성의 근원을 살피기 위해 고대시기로 되돌아가면, 고대시기에는 오늘날처럼 중국주변의 민족들에 대해 중국인들이 갖고 있는 그런 우월감이 아니라 왕조 교체기에 주나라 왕조가 멸망한 은나라의 백성들에게 도덕적 비판을 가한 정도가 발견될 뿐이고, 결코 서로 다른 민족 간에 어느 한쪽이 다른 어느 쪽을 특별한 선민의식을 가지고 차별하려한 흔적은 전혀 발견되지 않는다. 만약 그랬다면, 맹자가 맹자 이루(離婁) 편에서 "순(舜)임금은 동이족(東夷族)이고, 문왕(文王)은 서이족(西夷族)이다"라고 도저히 말하지 못했을 것이다. 그러므로 이 글은 맹자가 전국시대에 은밀히 확산되는 역사개조의 풍조에 대해 주나라가 이족의 왕조이고 또한 이족이 세운 역사의 통치이념과 정통성을 계승한 왕조라는 점을 일깨우려는 의도를 지닌 글이 아닐 수 없게 된다. 따라서 맹자의 이 글을 올바르게 해석하려면, 반드시 역사를 왜곡해야만 했던 전국시대의 특성을 철저히 고려해야 한다.

그렇다면 중화사상의 본질을 이해하기 위해서는 은나라를 멸망시키고 건국한 주나라의 상황을 다른 왕조의 상황과 비교하여 상대적으로 먼저 참조해야 할 필요가 있다. 그 이유는 고대통치이념을 거부한 역사왜곡의 진행시점이 주나라 역사가 양분된 동주(東周)시대 말기의 전국시대였기 때문이다. 곧 주나라의 말기가 다른 왕조의 단순한 말기와 달리 그 시기에 중국고대왕조의 역사를 왜곡한 작업이 진행되었기 때문이다.

여하간 주 왕조는 은 왕조를 무력으로 전복하여 건국한 왕조이기 때문에 주 왕조에게는 은 왕조를 멸망시킨 당위성과 주 왕조를 건국한 정당성을 설명하기 위한 정치적 명분이 당연히 필요하였다. 즉 은 왕조를 멸망시킨 정당성과 합법성을 내세워 전 왕조의 백성인 은나라 주민을 복종시켜 통치의 안정을 도모할 방법인 통치이념이 필요하였든 것이다. 물론 당연히 그 시기가 공자도 노자도 태어나기 이전의 주나라 초기이므로, 당연히 그 일은 공자와 노자 및 제자백가 사상가들과는 전혀 무관한 시대의 일인 것이다. 즉 그들이 주 왕조의 건국과정에 참여하여 주 왕조에 통치이념을 마련한 당사자들이 아니기 때문이다. 하지만 그들이 비록 주나라의 건국이념에는 참여하지 않았더라도, 주나라의 말기에 주나라의 건국이념을 수호하거나 아니면 새로운 왕조의 건국이념을 준비하는 일에 적극 참여하였기 때문에, 그들 모두가 주나라의 건국이념과 결코 무관한 처지가 될 수 없다. 따라서 그런 맥락에 따라 전국시대의 제자백가의 출현은 주나라의 붕괴과정에서 처한 선비들이 주나라의 건국초기 상황처럼 주나라를 대신할 새로운 왕조가 필요한 명분을 별도로 준비하려는 세력과 기존의 정통성을 그대로 방어하려는 세력이 서로 분열하여 각축한 결과로서 이해되어야 한다.

그런즉 중화사상이 전국시대에 잉태된 근원을 찾으려면, 당연히 그 작업은 전국시대의 열 왕에 영합한 제자백가사상가들의 의식을 검토해야 하고 또한 후대의 인물들이 새롭게 구성된 그 역사관과 가치관을 착근한 과정을 철저히 검토해야만 제대로 이루어지게 된다. 그리고 그 과정에서 가장 주목해야할 사상은 우선적으로 황로학의 근본토대인 도가와 그리고 그와 대척점에 놓여 있는 유가이다.

제3절. 화하의 용어가 서경에 기록된 역사의 의의는 무엇인가?

논구초점 : 화하(華夏)라는 용어는 중국의 경전에서 통용되는 일반용어가 아니다. 만일 그것이 일반적인 용어라면 사이(四夷)와 나란히 사용되었을 것이다. 그런데 앞에서 누누이 설명하였듯이 사이는 모든 경서에 두루 언급되는데 비해 화하는 어느 경전에서도 보이질 않는다. 그렇다면 전국시대까지의 경전에 사용되지 않았던 용어가 사이의 용어처럼 중국민족을 아우르는 일반적인 역사용어로 등장하게 되었다면 그 시기는 당연히 전국시대 이후이어야 한다. 그렇다면 그렇게 만든 사상이 황로학이 아니고서는 도저히 불가능한 것이므로 황로학의 정체가 제대로 드러나야 한다.

그럼에도 불구하고 여전히 그것이 한나라 때의 국학인 유가의 산물이라고 주장할 여지가 있는데, 그 이유는 전국시대와 마찬가지로 황로학자들이 유가의 탈을 쓰고 있는 한, 도저히 황로학자와 유가가 구분될 수가 없기 때문이다. 그런즉 한나라 이후의 유가는 황로학에 오염된 유가이며, 또한 침하된 황로학의 사상위에 부유하고 있는 겉모습의 유가일 뿐이므로, 고대왕조의 통치이념을 수호하고 견지하려 했던 공자와 맹자와 순자의 정통성을 제대로 이어받은 유가로 볼 수 없다.

화하의 명칭이 서경에 등장한 이유는 대단히 복잡하다. 왜냐하면 그 이유는 그런 명칭이 부족이 서경 기록의 초기인 요·순우 세 임금과 하은 두 왕조에는 보이지 않다가 주 왕조에서 비로소 등장하기 때문이다. 그러므로 그 명칭이 지닌 의미가 중국고대왕조사를 이해하는데 대단히 중요하다. 하여간 그 명칭은 서경 주서 무성(武成)에 화하(華夏)와 만맥(蠻貊)으로 기록되어 있다.

"상나라의 죄에 대해서(底商之罪) <천지의 신령>하늘의 신과 땅의 신, 왕래하는 곳인 명산과 대천에 고하면서(告于皇天后土 所過名山大川) 말씀하셨다(曰). 「도가 있는 분들의 증손 주나라 임금 발은(惟有道曾孫周王發) 상나라를 크게 바로 잡으려 하는데(將有大正于商), 이제 상나라 임금 수가 도가 없어(今商王受無道) 하늘의 물건을 함부로 하여 없애 버리고(暴殄天物), 여러 백성을 해롭게 하고 포악하게 하며(害虐烝民) 천하에 도망을 다니는 자들이 주인이 되어(爲天下逋逃主) 못과 수풀로 모이듯 하였습니다(萃淵藪). 소자가 이미 어진 사람을 얻어서(予小子旣獲仁人) 감히 공경하여 상제에 이어서(敢祗承上帝) 혼란스러운 계책을 막으니(以遏亂略), 화하와 만맥이(華夏蠻貊) 따르지 않음이 없었습니다(罔不率俾).」[95)]

그런데 이 기록이 아주 묘한 점을 담고 있기 때문에 특히 눈길을 끄는데, 그것은 마지막 문장에 수록된 화하(華夏)와 만맥(蠻貊)의 용어이다. 왜냐하면 만맥이란 용어는 대체적으로 남쪽지역과 북쪽지역에 사는 백성들을 일컫는 말인데, 주나라 무왕이 이 말을 화하와 대칭적으로 사용하였기 때문이다. 다시 말해 주나라가 융족이 거주하는 서쪽지역의 나라이고 은나라가 이족이 거주하는 동쪽지역의 나라이므로, 그렇다면 여기에서의 화하는 당연히 동쪽과 서쪽의 백성을 아울러 지칭하는 것이 된다. 따라서 이 점을 직시하면 후대의 화하사상이 가공의 화하족을 내세워 동이, 서융, 남만, 북적이란 용어로 주변민족을 멸시하는 것은 천부당만부당한 일로서 결코 그렇게 해서는 안 될 일이 된다. 만약 그렇지 않다고 반박하려고 한다면, 당연히 그 입장은 서쪽의 주나라 백성이 화하

---

95) 서경 p419 - 底는 밑 저가 아니라 이를 지의 지로 읽는다.

족이고, 동쪽의 은나라 백성은 동이족이며 주나라보다도 더 서쪽의 백성이 서융족이라고 주장해야 한다. 그런데 그렇게 되면, 주나라의 출발인 고공단보조차 화하 족 출신이라는 주장을 펼쳐야만 하는데, 결코 그 증거가 어디에서도 발견될 리가 없기 때문에 만약 그런 주장을 내세운다면 억지주장만 될 뿐이다. 따라서 다음의 두 가지 경우의 해석 중에서 후자를 선택하여 지금의 시각으로 해석하게 되면 대단히 중요한 오류를 범할 수 있게 된다. 즉 중방 즉 왕이 거주하는 중국에서의 백성을 화하족이라고 주장하는 경우와 달리 주나라 백성을 은나라와 백성과 구분하여 화하족이라고 주장하는 경우이다.

그러므로 화하족이란 말의 정체를 더욱 더 제대로 파악하려면 당연히 그 이전에 사용된 하(夏)의 명칭에 대한 이해가 선결되어야 한다. 그런데 하의 명칭은 맨 처음 서경의 우서(虞書)에 나타나는데, 우임금에 앞선 순임금이 즉위할 적에 신하와 나눈 대화 속에서 만이(蠻夷)의 용어와 더불어 처음 등장한다.

> "열두 목민관에게 물어보고 말씀하셨다(咨十有二牧曰). 「식량을 마련하는 농사는 때에 맞아야 한다(日食哉惟時). 먼 곳에 있는 이를 너그럽게 어루만지며(柔遠), 가까이 있는 이를 친하게 하며(能邇), 덕이 있는 이를 도탑게 하며(惇德), 인후한 사람을 믿고(允元) 그리고서 흉악한 사람을 거절하면(而難任人) 만이도(蠻夷) 복종할 것이다(率服).」"[96]

그리고서 서경의 기록은 순임금이 고요에게 당부하는 말 속에 하(夏)의 용어를 사용하였다. 그런데 이 경우의 하는 분명히 부족 내지 종족을 가리키는 말이 아님을 대뜸 알아차릴 수 있다. 왜냐하면 활의 용어가 지닌 '어지럽히다'는 뜻은

96) ibid p36~37

사람이 사는 곳 즉 지역을 어지럽힌다는 것이지 부족의 사람들을 어지럽힌다는 것이 아니기 때문이다. 다시 말해 이 말은 사람이 사는 지역을 어지럽히기 때문에 그곳에 사는 사람이 괴롭게 된다는 뜻이므로, 결코 하가 종족이나 부족을 가리키는 용어가 될 수 없다. 그러면 하가 가리키는 지역은 당연히 순임금이 다스리는 지역을 의미하게 되고 그리고 순임금이 이족이기 때문에 곧 하는 이족이 사는 지역을 의미하게 된다. 그럼에도 불구하고 굳이 하를 지역이 아닌 부족을 가리키는 용어로서 해석하고 싶어 하면, 우선적으로 순임금이 이족인 점을 해명하거나 아니면 순임금이 이족이 아닌 화하족임을 입증해야 한다.

"제(순>가 말씀하셨다(帝曰). 「고요야(皐陶)! 만과 이가(蠻夷) 하(크고 넓은 땅)를 어지럽게 하며(猾夏), 사람에게 겁을 주고 사람을 죽이며(寇賊) 밖에서도 안에서도 악한 일을 하고 있다(姦宄).

네가 재판관이 되었으니(汝作士), 다섯 가지 형벌에 복종하게 하라(五刑有服). 다섯 가지 형벌에 복종하거든 세 가지로 끝내게 하며(五服三就), 다섯 가지 유배형에는 유배갈 곳을 두되(五流有宅), 다섯 가지 유배갈 곳을 셋으로 나누어 살게 하라(五宅三居), 분명하게 해야만 믿게 할 수 있다(惟明克允)」"[97]

그러면 우선적으로 하의 용어가 훗날 화하족의 하와 어떤 연관이 있는가? 하는 의문점이 해명되어야 한다. 왜냐하면 만약 이 기록의 하가 화하족의 하와 동일한 말이라면, 당연히 동이·서융·남만·북적이란 용어는 이민족으로 구성된 왕조의 구성원인 각 민족을 가리키는 호칭이 아니라 동일한 화하족을 두고서 각 지역에 거주하는 화하족끼리 서로를 구분하는 호칭이 되어야 하기 때문이

97) ibid p41- 陶는 질그릇 도가 아니라 사람이름 요라고 읽어야 한다. 여기서의 宄는 도둑 귀로 읽지 않고 도둑 궤로 읽는다.

다. 다시 말해 그 말은 동이·서융·남만·북적이 서로 다른 이민족을 가리키는 용어가 아니라, 단일의 화하족에 속한 여러 부족을 가리키는 용어라는 뜻이다.

그런데 그런 경우와 달리 이 기록의 하가 화하족의 하와 동일한 말이 아니라고 한다면, 화하족의 하는 두 가지 경우로 구별하여 이해할 수밖에 없게 된다. 하나는 화하족의 하는 우임금의 부족에 대한 명칭인 경우이고, 다른 하나는 화하족에 해당하는 또 다른 민족이 실재하는 경우이다. 하지만 그렇게 구분하여 확인한 결과 화하족이 우임금의 부족을 지칭하는 말이 되어도, 그 부족이 다른 이족, 만족, 융족, 적족이 아닌 별개의 민족이 될 수 없다면 당연히 동이의 민족이거나, 서융의 민족이거나, 남만의 민족이거나, 북적의 민족이 되어야 하고, 그러면 결국 원점으로 되돌아가서 화하족의 말은 곧 이족의 부족명칭이 아닐 수 없게 된다. 왜냐하면 우임금이 서융, 남만, 북적 민족의 출신이라면 곧 바로 그 당시 이족의 왕국에서 어떻게 우가 임금이 될 수 있었겠는가? 하는 의문점부터 해명해야 하기 때문이다. 따라서 이런 점을 염두에 두고서 훗날 전국시대에 등장한 황제사관을 하나라의 역사와 연결시키려는 선비들의 의도를 주목하게 되면, 곧장 역사왜곡의 진원지로 접근할 수 있게 된다.

그 다음으로 따져 보아야할 점은 만이가 순임금의 왕국의 질서를 소란스럽게 하기 때문에 순임금이 재판관에게 그들을 재판하여 유배형을 보내도록 지시한 사실이다. 왜냐하면 그들이 순임금이 다스리는 왕조의 백성이 아니면 도저히 기록될 수 없는 사실이기 때문이다. 그러면 이들을 이민족으로 구별하는 것은 잘못된 것이 아닌가? 하는 의문점이 성립한다. 더욱이 말미에 '분명해야만 믿게 할 수가 있다'는 구절은 재판의 공정성과 확실성을 증명한 기록인데, 그러면 그들이 순임금의 백성이 아니라면 왜 그렇게 공정하게 재판을 해야만 했는가? 하는 의문점이 함께 제기될 것이다.

그렇다면 논구의 객관을 위하여, 전국시대에서 유가를 공박하고 배척하려고 한 도가사상가들의 입장을 참조할 필요가 있다.

장자가 그의 서책인 장자의 천지(天地)편에서 묵자(墨子)를 설명하면서 하나라의 첫 번째 왕인 계(啓)의 아버지인 우(禹)임금이 만든 음악을 두고서 그것을 대하(大夏)라고 소개했는데, 그러면 계가 우임금의 자리를 계승하면서 바로 그 대화의 명칭을 본으로 삼아 나라 명을 하(夏)라고 이름붙인 것이 아닌가? 하는 추측을 불려 일으키게 한다. 즉 우임금이 사용한 음악이기에 계가 조상을 계승한다는 입장에서 하(夏)의 용어를 곧바로 자신의 왕조의 명칭으로 채택한 것이 아닌가? 하는 추정이다. 물론 이 경우는 단지 장자의 이야기에 지나지 않는 것이지만, 그러나 도가가 하의 명칭을 우임금과 직접 결부시켜 생각하고 있다는 점을 유추할 수 있게 해주기 때문에 충분히 참조할 필요가 있는 이야기이다. 또한 그러면 서경의 기록과 달리 떠도는 순임금과 우임금의 불화설은 모두 다 도가사상가들이 가공한 작품이라고 추측할 수 있게 된다.

그러므로 하의 용어는 요·순 시대에 기록된 하와 하나라시대에 왕조명으로 기록된 하와 주나라 시대에 논어에 기록된 하의 경우를 구분해야만 해석의 혼란을 피할 수 있다. 왜냐하면 그렇게 구분을 하지 않으면, 하(夏)의 용어는 논어 제3 팔일 편 5절에 수록된 공자의 말을 이해함에 있어서 다음처럼 대단한 혼란을 야기하기 때문이다.

아래의 한문의 글은 통상적으로 다음과 같이 우리말로 번역된 것인데, 하의 용어가 바로 그런 문제점을 내포하고 있다.

> "공자께서 말씀하셨다(子曰). 「이적(오랑캐)에게도 군주가 있으니(夷狄之有君), 제하(중국의 여러 제후국)에 없는 것과는 같지 않다(不如諸夏之亡也)」"[98)]

---

98) 논어 p53

그런데 누구라도 한문의 기록을 이와 같은 해석하면, 공자의 의도를 명석판명하게 제대로 전달하지 못하게 되는데, 그 이유는 위의 입장이 하의 용어를 지금의 중국과 같은 의미의 국명으로 그리고 이적(夷狄)을 오늘날의 새외의 이민족으로 이해하고서, 이민족을 배척하고 경멸한 중화사상의 시각에 따라 이적을 오랑캐로 번역하였기 때문이다.

따라서 위의 한문의 글에서 하(夏)를 하 왕조의 시대로서 해석하게 되면 우선적으로 문맥의 전후가 맞지 않게 되는 글이 되는데, 그 이유는 이족은 물론이고 하나라 시대에 비로소 등장한 적족도 고대시기의 그 당시에는 하 왕조를 구성하거나 또한 편입된 민족이었기 때문이다.

더욱이 군주가 있는 것이 중요하다는 것을 전제하고서 이적(夷狄)을 오랑캐라고 해석하게 되면, 그 글의 의미는 야만족에게도 군주가 있는데, 어찌하여 우리 우수한 중국민족에게 군주가 없을 수 있느냐! 하는 탄식이 되거나 아니면 우리 우수한 중국민족에게 군주가 없는 것이 극히 잘못된 것이라는 질책이 될 수 있다. 그리고 더 나아가 그 해석에는 어떻게 야만족의 군주와 중국의 군주를 동등하게 비교할 수 있느냐? 하는 불쾌한 반응과 그리고 또한 야만족의 군주와 중국의 군주가 같은 수준의 군주라면 도대체 중국의 군주와 야만족의 군주를 동등하게 비교할 이유가 무엇인가? 하는 불쾌한 반응이 함께 섞여 있을 수 있게 된다.

그러므로 그 문장을 중국 민족과 차별하여 이적을 멸시하는 시선으로 해석을 하게 되면, 당연히 그 문장은 야만족에게 군주가 있다고 하더라도 어떻게 그런 군주가 중국의 군주와 같을 수가 있겠는가? 하는 반어법적인 의미로 전환하여 곧 중국은 군주가 없는 상태일지라도, 그 상태는 야만족의 사회보다도 훨씬 더 낫다는 말투의 문장으로 되기 때문에 이적을 무턱대고 오랑캐의 의미로 해석해서는 결코 안 된다.

그런즉 이 문장을 역으로 생각하여 재구성해 보면 다음과 같은 문장이 될 수 있다. 「이적에 군주가 있는 것은 제하에 군주가 있는 것과 같다」 는 해석이다. 왜냐하면 공자가 말한 한문의 뜻이 「이적에 군주 없는 것이 제하에 군주 있는 것과 같다」 는 그런 의미가 결코 아니기 때문이다.

따라서 위의 문장에서의 하를 하나라를 지칭하는 고유명사가 아닌 통상적인 의미로 받아들이고 그리고서 두 가지 관점을 적용해야만 비로소 올바른 해석이 성립할 수 있게 된다. 하나는 요·순시기의 9주를 기준으로 삼아 9주와 그 바깥 지역을 서로 구분하고서, 제하를 구주지역을 일컫는 일반명사로 이해하는 해석과 다른 하나는 하의 글자가 의미하는 바대로 넓고 광활한 주나라 왕조의 전 지역을 가리키는 일반명사로 이해하는 해석이다.

그렇게 바라보면 공자가 통상적인 만이(蠻夷)의 표현 대신에 이적(夷狄)으로 표현한 이유조차도 공자의 노나라가 북쪽에 위치하고 있기 때문에 공자가 언어습관상 그렇게 인용한 것으로 이해할 수 있게 된다. 왜냐하면 공자의 춘추시절에는 황제와 화하족의 화이사상이 형성되어 있지 않는 시기였으므로 공자가 주나라의 예법까지 무시해 가면서 주변의 이민족을 멸시해야할 상황이 아니었기 때문이고, 또한 노나라와 인접한 제나라가 관자 때에 연나라와 연합하여 고죽국을 멸망시킨 점을 참조해보면 그런 비유가 충분히 가능할 수 있기 때문이다. 그 뿐만 아니라 이미 남쪽에는 초나라와 오나라, 월나라가 주나라 제후국으로서의 면모를 갖추고 있는 반면에 북쪽 변경지대에는 결코 그렇지 않았기 때문에 공자가 만이 대신에 이적이라고 말했다고 유추해 볼 수 있다.

그런즉 위의 문장을 "공자께서 말씀하셨다. 「이적에 군주가 있음은 제하에 군주가 없는 것과 같지 않다」 혹은 「이적의 군주 있음은 제하의 군주 없음과 같지 않다」 "라고 해석하고서, 그 의미를 다음과 같이 이해하는 것이 바람직하다는 것이다. 곧 첫 번째 경우는 봉건제후국의 상황에서, 주나라 영토 밖의 북방에 있는 이족과 적족의 나라에도 군주가 있는데, 주나라 영토 내의 여러 제후국은 군주가 시해되어 교체되는 등의 사건으로 나라가 심히 어지럽게 되었으니 실로 개탄스럽다는 심정을 토로한 말로서 이해하는 경우와, 두 번째 경우는 주 왕조가 권위가 땅에 떨어지고 춘추오패와 같은 제후들이 주 왕조의 권위를 대신하는 상황에 직면하여 주 왕조가 몰락해가는 형세가 왕의 권위가 없는 것과 진배없다는 암울한 처지를 한탄하는 심정을 토로한 말로서 이해하는 경우이다. 따라서 이 글은 공자가 춘추시대에 왕도가 문란해진 상황을 비판하려고 한 것이지 결코 이적을 우리식의 오랑캐로서 폄하하기 위한 것이 아니라는 취지로 해석되어야 한다.

그런데 이 점에서 가장 중요한 의문점이 등장하는데, 그것은 왜 우임금의 아들과 그 자손들이 우임금과 달리 요·순임금의 선양방식을 거부하고 독자적인 세습왕조를 세워야만 했는가? 하는 의문점이다. 그러면 연이어 나올 수밖에 없는「화하족이 왜 뒤늦게 등장했는가?」하는 의문점이 중국고대사의 진실을 파악하려는 논구에 핵심과제로 부상하지 않을 수 없게 된다. 그리고 더 나아가 서경에 화하족이 나타나지 않은 이유가 중국고대사 뿐만 아니라 동아시아 전체의 역사를 이해하는 작업에 극히 중요한 의의를 지니게 된다. 다시 말하면 화하족을 내세워 전래의 역사관을 바꾸지 않으면 안 되었던 이유, 즉 바꾸어야만 했던 절박한 이유가 무엇인가? 하는 의문점이다.

그런데 이미 서경에 이(夷)·융(戎)·만(蠻)·적(狄)에 해당하는 부족명칭이 등장하고 있기 때문에 제대로 된 기록이 없는 화하족의 실존에 대해서는 부정적일 수밖에 없다. 그러므로 화하족이 고대부터 실재한 종족으로 만들기 위해 두 가지 요건을 이용해야 했는데, 하나는 서경의 주서에 기록된 은나라 주민을 주나라 주민으로 바꾼 과정이고 다른 하나는 오행설이다.

물론 이 경우의 은나라 주민은 바로 은나라 왕이 거주한 지역 즉 중방의 주민들을 의미한다. 왜냐하면 은나라 주민의 해석을 넓게 확대하면, 당연히 주나라 문왕이 주나라 왕으로 불리기 이전의 신분인 서백(西伯)의 지역도 은나라의 영토이기 때문이다.

그 뿐만 아니라 오행설도 주목되는 이유는 오행설이 중앙의 대지를 중심으로 하여 각각 동쪽에는 나무, 남쪽에는 불, 서쪽에는 금, 북쪽에는 물을 배치하고 그리고 그 중앙의 노란색의 땅에 수립된 왕조의 백성을 다스린 초대 제왕을 황제(黃帝)라고 생각한 점 때문이다. 특히 오행설의 발상이 역사왜곡의 진원지를 암시하는 근거가 될 수 있는데, 그 이유는 황제와 직접 연관된 사상이 전국시대의 오행설이고 그리고 그 오행설은 황로학의 길을 터준 추연과 직접 연관되어 있기 때문이다. 그러므로 그런 발상은 전국시기보다 훨씬 앞선 시기의 서책인 서경에서는 일절 나타나지 않는다. 만약 그 근거가 반드시 고대경전에 기록되어 있어야만 한다면, 당연히 서경의 요·순임금의 문장에 앞서 황제의 이름이 기록되어 있어야만 마땅하다. 즉 순임금이 요임금의 자리를 그리고 우임금이 순임금의 자리를 물려받으면서 요임금의 사당에 참배한 아래의 기록처럼 기록되어 있어야 한다. 곧 아래에 연이은 두 문장에서 요임금의 사당대신 황제를 모신 사당으로 기록해 두었어야 마땅하다.

"정월 초하루에(正月上日) <요의 조상을 모시는 사당> 문조에서 요가 제위를 마친 자리를 받으시다(受終于文祖)."[99]

"정월초하루날 아침에(正月朔旦) <우임금은 요임금의> 사당에서 천명을 받았다(受命於神宗). 백관을 거느리셨는데(率百官), <순임금>제의 처음과 같이 하셨다(若帝之初)."[100]

그러므로 요임금의 사당 위에 곧 황제의 사당이 있어야만, 사마천이 사기에

99) 서경 p24
100) ibid p72

서 말한 5제(五帝)의 족보가 성립할 수 있게 되는데, 하지만 이 기록에는 그런 기미가 조금도 없다. 그럼에도 불구하고 이 기록이 도가들에게 그런 빌미를 줄 수 있는데, 그 이유는 우임금이 순임금처럼 요임금의 문조에서 왕위를 계승하였다는 기록이 곧 요·순·우임금이 황제의 자손이라는 계보를 만들 틈새를 제공하기 때문이다. 즉 누군가가 그 점을 이용하여 사마천이 기록한 바의 황제계보를 꾸밀 수 있다는 것이다. 하지만 그렇게 될 수 없는데, 그 제약은 만약 황제의 치적이 실제로 서경에 수록되어 있었다면 누군가 악의적인 의도를 가지고서 인위적으로 제거하지 않는 한, 문조의 인물이 황제의 존재를 삭제할 수 없기 때문이다. 즉 요임금이 그것을 알고도 묵인했다면 요임금이 불효자가 되고, 순임금이 알고도 그렇게 했다면 불충한 신하가 되고, 우임금이 알고도 그렇게 했다면 마찬가지로 불충한 신하가 된다. 그러면 종국적으로 요임금이 순임금의 효성을 높이 평가한 점과 순임금이 효성이 지극한 점이 마땅히 모두 거짓이 되고, 서경의 모든 기록이 정당성을 상실하게 될 것이다. 따라서 황제가 요임금의 문조가 될 수 없는 것과 마찬가지로 황제를 요임금의 문조에 인위적으로 갖다 놓을 수가 없는 것이다. 그런데 후대에 이르러 사마천이 사기에 황제의 계보를 버젓이 가공하여 수록하였으니, 진실을 추구하는 입장이라면 사마천을 비롯한 황로학자들이 치밀하고 끈질기게 역사왜곡의 작업을 끝내 완성하려는 무서운 집념에 전율을 느끼지 않을 수 없게 된다. 그러므로 왜곡된 역사에 의혹을 품은 입장은 그런 점을 유념하고서 그리고 그들과 마찬가지의 의지를 가지고서 역사왜곡의 진상을 밝히고서 굽었던 것을 바로 세워야 한다.

제2장. 중국고대왕조사는 어디에서부터 시작되어야 하는가?

주목 : 요임금부터 기록한 서경보다 앞선 기록이 전혀 없었기 때문에 주나라 이전의 중국고대 경전에서는 황제의 인물이 기록되어 있지 않다. 그런데 주나라 말기인 전국시대에 황로학은 황제의 인물을 역사의 전면에 내세웠다. 그리고서 그들은 그로부터 중화사상의 기본 틀인 황제사관을 마련했다.

그러면 당연히 고대로 내려온 서경의 요임금과 전국시대에 등장한 황로학의 황제를 두고서 황제의 실존여부에 대해 두 가지 의문점이 제기되지 않을 수 없다.

하나는 황제가 실존인물이라면 서경은 왜 자랑스러운 황제와 그 직계 후손을 제쳐두고 요임금으로부터 시작한 기록을 남겼을까?

또 다른 하나는 역으로 황제가 실존인물이 아니라면, 왜 가공의 인물인 황제와 직계자손의 이야기를 요임금보다 앞선 역사무대의 전면에 내세우지 않으면 안 되었을까? 하는 점이다.

그런데 이 의문점은 고대 중국왕조는 이족을 바탕으로 하여 차츰 만족, 융족, 적족으로 어우러져 형성된 다민족국가라고 보는 입장과 그에 반해 화하족이 중국민족의 골간이라는 중화사상의 입장 차이를 명확히 보여줄 수 있는 역사의 원천을 철저히 논구해야만 비로소 해결될 것이다. 그런즉 이족의 중국민족사관과 화하족의 중국민족사관 중에서 어느 쪽이 중국고대왕조와 민족역사를 허위적으로 왜곡했는지의 의문점을 철저히 논구하여 진실을 밝혀야 한다.

중국고대통일왕조의 역사가 왜 요와 순과 우의 시대부터 기록되었는가? 하는 의문점을 서경이 분명히 밝히고 있다. 곧 요와 순과 우에 관한 서경의 기록이 보여 주는 통일왕조의 특성은 황하의 치수를 통해 구주를 하나로 통합했다는 점과 그리고 군대를 동원하여 불법적인 행위를 진압할 수 있었다는 점과 구주를 다스리면서 법제와 세금제도를 완비했다는 점과 문화정책을 추구했다는 점이다. 그리고서 통일왕조의 구성원이 이족과 만족과 융족이라고 한 설명이다.

그러므로 서경에서 기록된 바를 근거로 하여 중국고대왕조의 출발을 살펴보면, 서경은 요임금 때에 시작하여 순임금 때에 완성한 황하의 치수가 성공하지 못했다면 통일왕조가 제대로 다스려질 수 없었고, 거꾸로 말하면 황하의 치수가 성공적이었기에 고대통일왕조가 지속적일 수가 있었다고 말할 수 있게 한다.

그러면 황제가 위대한 제왕으로서 실존인물이라면, 왜 서경의 기록은 그로부터 시작하지 않았는가? 하는 근본문제는 마땅히 그로부터 논구되어야 한다. 더 나아가 위대한 황제가 요임금의 조상인데도 불구하고 서경의 요전이 그 사실을 수록하지 않았다면, 곧바로 순전과 우전이 반드시 그 이유를 밝혔어야 마땅한데 그럼에도 불구하고 그렇지 않았기 때문이다. 따라서 본서가 그 점을 유념하고서 위의 특성을 차례로 논구해 나갈 것이다.

제1절. 요·순 이전의 시기는 어떻게 이해되어야 하는가?

주목 : 황하의 치수는 광범위한 지역에 다수의 인간이 동원되어야 하기 때문에 통일왕조의 체제를 갖춘 나라가 아니고서는 그 일을 수행할 수가 없었다.

그리고 그 작업이 북방에서 내려 온 이족들과 깊은 관련이 있는 것만은 어쨌든 부정할 수가 없을 정도로 분명하다. 만약 그들이 이족이 아니라면 당연히 요임금 이전의 다른 민족의 역사를 제시해야만 위의 사실이 부정될 수 있고, 아니면 중국고대왕조를 개국한 이족이 어떻게 중국본토에 정착하여 중국민족의 골간이 되었는지를 합리적으로 설명해야 한다.

사마천은 사기 본기에 황제의 이야기를 기록하여 요·순 이전의 역사를 가공하여 실체화시키려고 했다. 그런데 그렇게 하려면 황제가 황하를 정착하였는지에 대한 의문을 해명해야 한다. 하지만 사마천은 그런 말을 하지 않았다. 황하의 이야기가 지닌 객관성은 하나라시대에 우의 손자들이 노래한 문장 속에 기록되어 있다. 그러므로 아래 글 속의 기주지방이 황제와 관계가 있는지를 설명하지 않고서는 황제의 실체성에 관한 이야기는 도저히 설득력을 지닐 수 없게 된다. 즉 아래 글 속의 기주지방이 역사적인 객관성을 지니고 있는 이유는 아래의 글대로 요임금이 기주지방을 분명히 왕조의 중심지역으로 삼은 이래로, 요·순·우 삼왕을 거쳐 줄 곳 하나라의 중심 지역이었기 때문이다.

"세 번째로 말하였다(其三曰). 「저 요임금으로 인하여(惟彼陶唐) 이 기방을 가지게 되었는데(有此冀方), 이제 그 도를 잃어서(今失厥道) 기강을 어지럽게 하여(亂其紀綱), 멸망함에 이르렀도다(乃底滅亡)."[101]

그런데 본서가 다루려는 목적이 요·순임금시대 이전의 중국지역의 고대모습을 규명하려는 논구가 아니기 때문에, 여기에서는 굳이 그 시기를 논구대상으로 삼을 필요가 없다. 그러나 황제의 인물이 요·순임금의 역사적 의의를 무력화시키려는 의도를 지니고서 등장한 이상, 본서의 주제가 올바르게 논구되기 위해서는 선결되어야할 몇 가지 의혹을 앞서 정리하지 않으면 안 된다. 왜냐하면 본서가 이 논구주제를 다루지 않으면 안 되었든 이유와 목적을 제대로 논구하기 위해서는 어쩔 수없이 요·순임금 이전의 역사가 왜 중국역사의 전면에 기록되지 못했는가? 하는 의문점과 그리고 왜 중국역사가 주나라 이전의 역사를 정통의 역사로 간주하지 않고 흐릿한 전설과 신화의 시대로 은폐하려고 했는가? 하는 역사적 의혹을 당연히 짚고 넘어가지 않으면 안 되기 때문이다.

101) ibid p187

그런데 서경이 중국왕조역사의 시발점으로 삼아 기록된 요·순임금의 시기는 대략 BC 2000년경인데, 바로 이 시기가 가장 중요한 역사적 의미를 지니게 된다. 그리고 그 이유는 BC5000년~3000년경에 걸쳐 황하 중류를 중심으로 존재했던 앙소(仰韶)문화, BC4300~2500년경에 걸쳐 산동성을 중심으로 존재했던 대문구(大汶口)문화, BC2900년 내지 2600년~2000년 사이에 걸쳐 황하하류를 중심으로 존재했던 용산(龍山)문화의 터전이 모두 요·순임금 및 하왕조가 다스린 섬서, 산서, 하남, 산동지역과 겹칠 뿐만 아니라 또한 BC2000년경이 바로 이들의 시기를 연이은 시기라는 점 때문이다. 그러면 논리적으로는 황제의 이야기가 바로 이 시기에 해당하는 이 지역의 사실적인 이야기이어야 하는데, 황로학은 이 시기의 사실을 전혀 알 리가 없었기 때문에 서경처럼 사실적으로 기록하지 못하고 그 대신 황제 및 그 이전의 시기를 신화로 꾸며 요·순임금의 역사적 사실을 격하시켰을 뿐이다. 그리고 그 밖의 양자강 남쪽의 하모도(河姆渡)문화는 만(蠻)족의 존재를 설명할 수 있는 역사적 사실로서 곧 서경에서 만이(蠻夷)의 의미를 밝힐 수 있는 근거가 되며 또 내몽골지역을 포함한 북부지역의 홍산(紅山)문화는 다른 이민족의 존재를 설명할 수 있는 객관적 자료가 된다.

그러면 이로부터 다음의 결론이 논리적으로 도출된다.

첫째는 시기적으로 앙소문화, 대문구문화 및 그 뒤를 이은 용산문화가 더욱 발전하여 자체적으로 요·순임금의 왕조가 되었다고 말하려면, 이들 지역의 민족이 이족 계통의 민족이라고 말해야 한다는 점이다.

둘째는 이 지역으로 이주한 민족이 선주민을 흡수하여 요·순임금시대의 왕조를 건국했다면, 새로 이주한 민족이 곧 이족이라는 점이다.

셋째는 선주민이건 새롭게 유입한 주민이건 간에 서로가 더불어 공존한 생활의 과정에서 왕조가 탄생하였기 때문에 이들의 특성을 두루 살펴볼 수 있는 유일한 용어는 서경에 기록된 사이(四夷)라는 점이다.

그러므로 결론적으로 말하자면, 문명의 발생의 시기를 떠나 요·순임금시대에 이르러서는 황하 주변의 모든 민족은 서로를 사이(四夷)로서 인식하고 있었다는 것과 따라서 황로학이 서경의 역사성을 부정하기 위해 등장시킨 황제의 인물과 그의 역사는 허위로서 그들의 정치적 목적을 위한 작품이라는 것이다.

그런데 어쨌든 황하의 문명은 남쪽에서 이주한 민족에 의한 것이 아니므로 당연히 남쪽의 문명은 아니다. 그리고 서쪽에서 이주한 민족에 의한 것도 아니므로 당연히 서쪽의 문명도 아니다. 서쪽에서 오고 남쪽에서 왔다면 인도 유럽어 계통이거나 남방계이어야 한다. 그리고 중국고대왕조의 기록은 남방이나 서방부터 기록되어야 한다. 더 나아가 황하문명의 주역이 북쪽의 적족이라면 적족이 활약한 북부지방이 고대문명이 가장 발달한 지역이어야 하는데, 오히려 서경에서는 가장 늦게 적족이 등장한다. 그러므로 황하의 문명은 토착민족의 단독작품이거나 아니면 토착민족지역으로 새롭게 이주한 북동부지역의 민족이 그들을 수용하여 그리고 그들과 융합하여 이룩한 문화이어야 한다.

그리고 그 점에 있어서도 기존의 토착민족은 이미 지적한 바대로 북동쪽에서 이주한 이족과 밀접한 관계를 가지고 있는 민족이 아닐 수 없다. 왜냐하면 새로 이주한 민족이 토착민족에게 흡수되어 황하문명이 발달했거나 아니면 토착민족이 새롭게 이주한 민족에 흡수되어 황하문명이 발달했거나 그도 아니면 서로가 동등한 조건에서 융합하여 황하문명을 발전했거나 간에, 그렇게 수립된 황하문명은 결국 이족이 수립한 문명인 것만은 분명하기 때문이다.

그런데 토착민과 이주민이 정복과 피정복의 관계였다면 분명히 지배와 지배의 구조를 형성하였을 것이다. 그 과정에서 토착민이 지배민족이 되었거나 아니면 이주민이 지배민족이 되어야 했을 것이다. 그런데 세계상에서 그 유래를 볼 수 없는 경우로서 황하에 수립된 왕국은 지배와 피지배에 의한 상하관계를 형성하고 있지 않았다.

그 점은 토착민이 이주민을 잘 수용하였거나 아니면 이주민이 토착민을 잘 수용하였거나 간에 서로 잘 융합하였다는 것인데, 그 결과가 이족의 문명이었다면 결국 그 문명이 선주민이거나 이주민이거나 간에 모두다 동북방에서 산재한 민족과 깊이 연관되어 있다는 증거가 된다. 곧 그렇지 않다면 남방과 서방과 북방에서 유입한 우수하고 탁월한 문명의 요소가 있어야 하고 또한 그 민족이 선주민이거나 이주민이어야 하는데 그런 조짐이 전혀 없었기 때문이다. 다시 말해 그 당시에 그런 문명의 경로가 개척되어 있었다면, 당연히 지속적으로 문명유입이 진행되어야 하는데 중국고대왕조가 황하의 치수를 할 즈음에까지 서방에서 그런 민족이 이주하고 또한 그런 민족에 의한 문명의 유입이 전혀 없었기 때문이다. 그런즉 훗날 융족이라고 불린 민족은 황하문명을 이룩한 그런 민족이 결코 아닌 것이다.

그러므로 요·순임금시대에 이르러 황하의 전 지역을 아우른 통일왕조가 등장한 과정까지의 모든 역사적 사건은 서경에서의 요·순임금의 기록에 모두 다 함축되어 있을 수밖에 없게 된다. 왜냐하면 어떤 경우에서도 중국문명의 원류인 황하문명은 황하의 동북방에 산재한 이족의 문명사와 정신적 맥을 같이 하고 있었던 공동의 문명이었기 때문이다. 만일 그렇지 않다고 반박하려면, 다음 두 가지 가능성을 가지고서 반박해야 한다.

하나는 이족이 아닌 다른 나머지 민족이 황하문명을 발전시킨 주체이었다는 가능성과 또 다른 하나는 토착민이 이주민인 이족을 흡수하고서 그들을 우수한 토착민의 문화로 의식화시켜 황하문명을 발전시키는 동력으로 삼고 더 나아가 역으로 동북방에 산재하고 있는 이족과 그 밖의 다른 모든 지역의 이민족을 포섭하여 황하 문명의 주체로 만들었다는 가능성이다. 그러면 곧바로 황하 지역에 선주민이었던 토착민은 도대체 누구인가? 하는 의문점이 제기될 것이다.

그런데 본서의 주제는 이 문제를 따지는 고고인류학적 과제가 아니기에 앞서 미리 개괄적인 입장을 밝혔다. 그러므로 더 이상의 논구는 진행하지 않겠지만, 그러나 본서가 다루려는 주제를 위해 앞서 말한 바를 뒤이은 간단한 언급으로 결론 맺고자 한다.

그것은 선주민인 토착민이 구석기인이건 신석기인건 간에 그들은 결코 인도유럽어족과 같은 서구인들이 아니라는 점이다. 그리고 그들은 추후에 동북방에서 재차 이주한 이족과 더불어 하나의 민족이 되어 황하문명의 주역이 되었다는 점이다. 그러나 본서는 앞으로 다루고자 하는 논점을 변경시킬 수 있는 우려감 때문에 한발 앞서간 추측은 하지 않으려고 한다. 곧 선주민도 이주시기의 차이만 있을 뿐 실제로는 동북방지역에서 남하하여 정착한 주민과 동화하여 점차 황하지역에 널리 분포한 이족일 수밖에 없다는 추측이다.

그러므로 어떤 의문점이 제기되더라도 그 결론에 있어서는 훗날 모든 이민족이 황하문명의 주역인 이족의 세운 통일왕조의 구성원이 되어 공동의 민족이 되었다는 점만은 변함없는 진실이기 때문에, 따라서 이족이 세운 통일왕조의 통치이념을 어떻게 왜곡하여 사해동포의 정신으로 공동번영을 구가하려는 통치노선과 전혀 다르게 주변민족을 억압하고 군림하려고 하면서 주변국가와 긴장관계를 지금껏 지속하도록 만든 장본인들의 정체가 반드시 제대로 밝혀져야 한다.

만약 이 관점이 잘못되었다면, 서경은 상(은)나라 탕왕이 하나라 걸왕을 타도할 적에 아래로는 만족이 위로는 적족이 서로 먼저 자신들을 해방시켜주지 않았다고 원망하는 글을 결코 기록해 두지 않았을 것이다.

그런즉 서경은 요임금의 이전의 기록을 유추하는 일에 대해 중요한 기록을 해 두었는데 그 점은 만방(萬邦)이란 용어를 사용한 점이다.

"큰 덕을 밝힐 수 있어서(克明俊德德) 구족을 가깝게 하시니(以親九族) 구족이 이미 친목하거늘(九族既睦),

백성을 고르게 하고 밝게 하시니(平章百姓) 백성이 밝아졌으며(百姓昭明),

만방을 화합하게 하시니(協和萬邦) 일반백성들이(黎民) 아! 변하여 이에 화목하게 되었도다(於變時雍)."[102]

그리고 요임금이 순임금에게 선양하는 자리에서 문조(文祖)라는 용어를 사용한 점이다. 왜냐하면 문조의 용어는 황하의 유역에 이족이 오랜 기간 동안 정착하였음을 보여줌과 동시에 또한 요임금 때에 비로소 왕조로 발돋움 했었다는 점을 시사(示唆)하기 때문이다.

"<요임금>제가 말씀하셨다(帝曰). 「오너라(格)! 너 순이여(汝舜)! 일을 상의해 보고 말을 살펴보았는데(詢事考言), 너의 말의 공적을 이루게 된지(乃言厎可績) 삼년이니(三載) 네가 제의 자리에 오르라(汝陟帝位)」

순이 덕 있는 자에게 사양하고(舜讓于德) 자리를 잇지 아니하셨다(弗嗣).

정월 초하루에(正月上日) <요의 조상을 모시는 사당> 문조에서 요가 제위를 끝낸 자리를 받으시다(受終于文祖)."[103]

그 뒤를 이어서 서경은 순이 제위를 계승하여 정사를 할 적에 처음으로 두루 산천을 순방하면서 제후들을 만나 정사를 본 뒤에 다시 돌아와 맨 먼저 할 일을 다음과 같이 기록해 두었는데 그 때에는 문조와 동일한 말이지만 예조(藝祖)라는 용어를 사용했다.

"………십일월에(十有一월十有一月) 북쪽으로 순수하여(朔巡守) 북악에 이르

102) 서경 p7
103) ibid p23~24 - 厎는 밑 저가 아니라 이룰 지이다. 그러므로 여기서는 지라고 읽어야 한다.

러서(至于北岳) 서쪽의 예와 같이 하시고(如西禮), 돌아와 <요의 조상을 모시는 사당> 예조에서(歸格于藝祖) 소 한 마리의 희생을 쓰셨다(用特).”[104]

또한 순이 제위를 계승한 곳도 문조(文祖)와 마찬가지의 의미인 예조(藝祖)로서 기록해 두었다. 그런데 조상을 모시는 사당을 의미하는 조는(祖) 문명과 문화가 형성되지 못한 집단 곧 정착하지 못하고 떠돌아다니는 무리에게서는 불가능하다는 것을 가리키기 때문에 주목하지 않을 수 없다.

“스물여덟 해에(二十有八載) <요임금>제가 돌아가시거늘(帝乃殂落) 백성은 아버지와 어머니의 상을 당한 듯이(百姓如喪考妣) 삼년을 상복을 입고(三載), 사해는 여덟 음을 끊어 고요하였다(四海遏密八音).

정월 초하루에(月正元日) 순임금이 <요의 조상을 모시는 사당> 문조에 이르셨다(舜格于文祖).”[105]

마찬가지로 서경은 우임금이 순임금을 뒤이어 제위를 계승한 곳도 요임금의 사당이라고 기록했는데, 그 때에는 문조(文祖) 대신에 신종(神宗)이란 용어를 사용하였다.

“우가 말하였다(禹曰). 「공신을 일일이 점쳐서 길하면 따르십시오(枚卜功臣惟吉之從).」

<순임금>제가 말씀하셨다(帝曰). 「우야(禹)! 관점은(官占) 먼저 뜻을 결정하

104) ibid p28
105) ibid p35

고 난 후에(惟先蔽志) 원구에게 명하는 것이다(昆命於元龜). 내 뜻이 먼저 결정되었고(朕志先定), 다른 사람에게 물은 계책도 다 같으며(詢謀僉同), 귀신도 따라서(鬼神其依) 거북과 <점치는 데 쓰는>시초가 다 화합하여 따랐으니(龜筮協從), 점은 거듭 길하지 않을 것이다(卜不習吉)」

우가 머리를 조아려 절하고(禹拜稽首) 굳게 사양하자(固辭), <순임금>제가 말씀 하셨다(帝曰). 「사양하지 마라(毋), 오직 네가 해야 한다(惟汝諧)」

정월초하루날 아침에(正月朔旦) <우임금은 요임금의> 사당에서 천명을 받았다(受命於神宗). 백관을 거느리셨는데(率百官), <순임금>제의 처음과 같이 하셨다(若帝之初)."[106]

그러므로 문조의 용어를 근거로 판단하게 되면, 당연히 요임금이 다른 지역에서 침입하여 정복왕조를 수립한 인물이 아니기 때문에, 요임금이 이전의 기존의 왕조를 계승한 것인지, 아니면 요임금이 자신의 시대에 비로소 모든 지역을 전부 통합하여 왕조다운 왕조를 수립한 것인지가 중요한 문제가 아닐 수 없게 된다.

그러면 첫 번째의 의문점에 내재한 근본문제점은 다음 절의 주제인 '왜 요순시대이어야 하는가?'하는 논구주제를 위한 선결요건이 된다. 곧 광대한 유라시아 대륙과 그리고 직접적으로 중국대륙에 걸쳐 있었던 여러 민족의 이동과 정착에 관한 의문점이다. 그러므로 서경이 요·순임금시대 이전의 시기를 왕조역사로 기록하지 않은 이유를 살펴보는 과제는 인류역사를 규명하는 작업에서 대단히 중요한 과제가 아닐 수 없게 된다.

그런데 본서는 앞서 이 점에 대해 간략하게 결론을 내렸기 때문에 여기에서

---

106) ibid p71~72

그 점을 또 다시 부언할 이유가 없다. 그럼에도 불구하고 지적되어야 할 점은 그동안 중국의 문명사가 메소포타미아지역의 수메르문명의 역사, 나일 강의 이집트문명의 역사, 인더스 강의 인더스문명의 역사에 비해 그 시기가 대단히 늦은 것으로 간주되어 동아시아의 전체 역사가 왜곡되었다는 점이다.

따라서 본서는 그런 점을 유념하고서 미리 논구의 수미일관성을 위한 하나의 기준을 정하였는데, 그것은 인류문명의 발생시기와 왕조의 출현시기가 별개라는 점이었다. 그리하여 요·순임금이 다스린 왕조의 역사적 기록 이전에 광대한 중국대륙 전역에 걸쳐 뭇 민족들이 곳곳에 산재해 있었다는 전제를 지극히 당연한 기정사실로 인정하고서 본 논구를 시작하였고, 그리고 그와 더불어 그곳에 소규모의 정치집단이 형성되었을 것이라는 전제도 마땅히 인정하고서 본 논구를 시작하였든 것이다.

특히 그 점에 대해서는 이미 지금의 고고인류학자들이 중국의 선사시대의 인간들이 다른 인류문명의 탄생지로 알려진 여러 지역들보다도 더 먼저 인류문명의 터전을 닦았다는 사실을 현재 당시의 유적과 유물의 발굴을 통해 증명하고 있기 때문에 이 주제에서는 그 점에 관한 논구가 더 이상 필요가 없다.

그러나 오늘날처럼 지역관리가 제대로 이루어질 수 없는 한계 즉 교통과 통신의 불편한 제약을 극복하고서 광활한 지역을 하나로 통합하여 거대한 통일왕조를 탄생시킨 역사적 사실은 문명을 발생시킨 역사적 사실과는 전혀 다른 성격의 별개의 문제이기 때문에 따라서 여기에서 반드시 논구되어야 한다. 더욱이 전 지역에 걸쳐 산재해 있는 여러 이질적인 부족들을 자신의 통치영역으로 편입시켜 통일 왕조를 탄생시킬 수 있는 능력을 갖춘 부족이 누구이며 또한 그 능력이 어떻게 형성되었는가? 하는 구체적인 문제로 나아가게 되면, 왕조역사의 문제는 더더욱 문명발생의 역사문제와 논구성격이 전혀 다른 차원의 문제가 되기 때문에 그러하다.

둘째는 주나라는 화하족이 그에 반해 주나라 이전의 상나라는 이족이 수립한 왕조로 규정한 역사관이 야기한 문제점은 중국고대 왕조사를 뒤죽박죽의 혼란에 빠뜨리게 되었는데, 그 연유와 책임이 어디에 있는가? 하는 의문점은 동아시아 역사를 논구하는데 있어서 가장 중요한 핵심과제가 되는 점이다.

그러므로 중국고대문명사와 고대왕조사의 차이점과 연결점을 논구하는 과제는 중국민족사를 이해하는데 가장 중대한 과제가 될 것이며 그리고 그 과제는 요와 순임금 당시의 정치상황에 대한 의문점이 핵심논구과제가 될 수밖에 없다. 그 이유는 요임금도 주변의 여건이 조성되지 않은 상황에서 갑작스럽게 돌연변이처럼 등장한 것이 아니기 때문이다. 즉 요임금에게도 그를 임금으로 등극할 수 있게 만든 정황이 있어야 하고 그리고 그에 대한 가족관계도 있어야 하기 때문이다. 그러므로 서경을 비롯한 중국고대왕조의 기록이 왜 요임금 이전에 관한 사항을 전혀 기록해 두지 않았는가? 아니면 혹시라도 남겨두지 않았는가? 하는 의문점이 그로부터 발생하는 것이다.

물론 이 의문점에 대하여 후대에 이르러 황로학을 이룬 선비들이 황제를 등극시켜 요임금에 이르기 이전 시기의 간극을 메우고서 중국고대왕조의 역사를 변조시켰지만, 그러나 그 모든 것이 의도적으로 조작하여 왜곡시킨 것이기 때문에 그 점은 준엄하게 통렬히 비판받아야 한다. 왜냐하면 황제라는 걸출한 인물이 요·순임금에 앞서 존재했었다고 말하는 것과 요·순임금에 앞서 황제와 그의 자손이 다스린 왕조가 있었고 더 나아가 요·순임금도 그들의 자손이라고 말하는 것 사이에는 천양지 차이가 있기 때문이다. 즉 역사적으로 요·순임금이전에 왕조가 존재했다는 증거가 없는데도 불구하고, 황로학이 사실과 부합하지 않는 고대신화와 황제계보를 만들어 세습제의 왕조가 이미 존재한 것으로 역사를 구성한 것은 역사를 왜곡시키는 엄청난 과오를 범한 것이기 때문이다.

그러므로 세계의 다른 문명발상지의 왕조사와 비교해서 시기적으로 늦은 편인 중국고대왕조의 탄생시기가 오히려 두 가지 관점의 의문점을 스스로 해명하는 역할을 하게 된다.

하나는 중국왕조사가 다른 지역에 비해 늦은 편이거나 아니면 빠른 편이라고 말할 수 없는 만큼 요임금의 이전의 왕조의 기록을 신화나 전설로 구성하게 되면, 그것은 논리적으로나 사실적으로나 비약이 더없이 심하게 되는 점이다. 곧 오히려 늦은 시점이 민본주의의 왕조에 필요한 정치적 요건을 갖춘 이유를 설명하는 근거로서, 황하의 유역에서 민본사상의 통치이념을 갖춘 왕조가 탄생하는 배경을 설명하는 조건이 되는 점이다.

더욱이 그런 맥락에서 보면, 당연히 요·순 왕조가 역사를 명쾌하게 기록할 능력을 갖추고 있었기 때문에, 당연히 요임금의 이전역사도 기록할 수 있을 터인데도 불구하고 왜 그렇게 하지 않았는가? 하는 의문점이 먼저 규명되어야 한다.

그런데 이 점이 야기하는 근본문제는 그리 간단치 않은 문제로서 첫째는 요와 순임금이 이족에 뿌리를 둔 인물이라면, 당연히 중국의 역사가 내세운 화하족과 그리고 화하족을 바탕으로 한 중화사상이 허구가 될 뿐더러 더 나아가서 동이, 서융, 남만, 북적이 중국변방의 이민족으로 구별하고서 차별한 역사적 사실이 지극히 왜곡된 잘못이기에 그 이유를 명백히 규명해야하는 당위성을 더욱 증폭시킨다. 반대로 그와 달리 여전히 사마천의 사기에서의 기록처럼 요임금을 황제와 연관시키고 순임금을 이족으로 구별하게 되면, 그 다음으로는 중국고대왕조사와 중국민족사가 뒤죽박죽이 되고 그와 맞물려 동아시아의 고대문명의 역사조차 신화의 베일 속으로 사라져 세계문명사에서 가장 뒤진 역사가 될 수 밖에 없도록 만드는 난점이 발생하게 된다. 더 나아가 그 문제점은 연달아 사마천의 기록에 대해 근본적으로 제기할 수 있는 의문으로서 어떻게 화하족의 임금이 피지배자인 이족의 비천한 인물을 화하 족을 통솔하는 임금으로 내세울 수가 있었겠는가? 하는 의문점을 발생시킨다.

그런데 그와 같은 의문점들에 대해 혹시라도 누군가가 그 당시에만 화하족과 이족이 공생관계를 맺고서 화합적이었기 때문에 그렇게 될 수 있었다는 억지주장을 펼치려고 하다면, 그런 의아스러운 주장은 화하족과 이족을 이민족으로 구별하고서 차별한 오랜 기간을 우스꽝스럽게 만들 뿐이다.

그 뿐만 아니라 황로학에서처럼 요·순임금의 시대를 억지로 왜곡시키게 되면, 중국왕조사와 민족사가 중국민족인 화하족과 이민족인 동이·서융·남만· 북적 간의 투쟁의 역사가 아니라, 단적으로 처음부터 하나라와 주나라의 주된 백성인 화하족과 상나라의 주된 백성인 이족간의 투쟁의 역사로서 해석해야만 하는데, 그렇게 되면 서경의 객관적 내용과 학문적 의의가 전혀 무색해질 수밖에 없게 된다.

그러나 어쨌든 요순의 앞선 시대에 대해서는 중국경전의 기록에는 거의 언급이 되어 있지 않기 때문에 논란의 여지가 발생하지 않을 수 없게 된다. 그러므로 본서는 어떤 경우에서도 경전 이외의 자료를 논거로 내세우지 않으려 하기 때문에 다른 역사적 사료의 내용을 인용하여 확대해석은 하지 않으려 한다.

그럼에도 불구하고 본서가 고고인류학의 사실과 별개로 논리적인 맥락에 따라 언급하려는 것은 이 논구가 요·순임금 이전의 시대는 이족의 삶과 연관되어 있다는 것을 전제로 하고서 진행된다는 점이다. 왜냐하면 황하를 중심으로 발전한 중국고대왕조의 역사는 북방의 동이족과 깊은 연관을 맺고서 진행된 시기와 직접적으로 연결되어 있기 때문이다. 어쨌든 이 주장은 서경을 비롯한 경전을 근거로 삼고 있는 것이기 때문에 당연히 억측이 아니라 객관적인 타당성을 지닌 것인데, 그 이유는 요순임금 이전의 시대에 황하의 유역으로 진출한 이족이 황하 이북의 지역으로부터 황하지역으로 내려온 것이 아니라면 도대체 그들이 이족이라고 불릴 이유가 전혀 없기 때문이다. 즉 그들이 북방에서 중국지역으로 진출한 이족이 아니고 처음부터 중국지역에 거주한 토착민이라고 한다면, 그들을 훗날 동이족이라고 배척할 이유가 도저히 있을 수 없기 때문이다.

그렇다면 그들이 북방에서 중국으로 유입되기 전까지 북방의 동이족과 연관이 되어 있지 않을 수 없고 따라서 그들이 북방의 동이족과 연결고리를 끊고 스스로 황하의 지역에서 독자적인 왕조를 수립하기 이전까지에는 어떤 경우에서라도 그들의 뿌리가 북방의 동이족과 연결되어 있었다고 판단할 수밖에 없게 된다. 다시 말해 그들이 이족이 아닌 북방의 민족이라면 단지 이족의 지역을 이동경로로 택해 그리고 그곳을 거쳐 남하했다고 주장할 수 있겠지만, 그러나 그들이 이족이 아닌 다른 민족이 아니기 때문에 결코 이족의 지역에서 출발하지 않고서는 어떤 경우에서도 중국의 황하지역으로 이주할 수 없었다는 것이다. 다만 논구의 여지가 있는 점은 그들이 떠난 곳에 남아 있는 다른 북방의 동이족보다도 그들이 더 우세한 정치세력을 지닌 중심부족이면서도 주된 거주지역을 바꾸기 위해 대대적으로 이동한 것인지 아니면, 그 정치주체들로부터 분리된 방계세력이 남하한 것인지의 의문점인데, 그 점에 대한 해명은 추측이상의 주장이 될 수 없다. 더 나아가 황하 주변에 정착한 이족들이 번창해가면서 자연스럽게 왕조를 구성하게 되었는지, 아니면 북방의 이족들과의 관계를 완전히 끊고서 독립적이고 독자적인 왕조를 출범시켰는지는 여기에서는 어떤 결론도 맺을 수 없다.

하지만 요·순임금의 왕조가 이족으로부터 시작한 만큼, 동이족이 북방에서 중국지역으로 이동한 이후에 왕조를 수립하면서 이전의 역사적 사실관계를 단절하기 위해 요순시대로부터 중국고대왕조사를 시작한 것이라고 추정해도 무방할 여지는 충분히 성립한다. 그런즉 중국의 고대왕조사가 이족으로부터 출범했다고 제대로 인식하게 되면, 서경의 기록을 바탕으로 하여 요·순임금의 전후시대를 모순 없이 구성할 수 있게 된다. 물론 이 점에 대해 그에 상응하는 유물과 유적의 사실이 뒷받침되어야 하기 때문에 본서는 여기에서 더 이상의 확대해석을 시도하지 않으려고 한다.

그런데 어떤 연유에서건 중국고대왕조사에서 요·순임금시대의 앞 시대의 기록이 없는 틈을 이용하여 역사왜곡을 시도한 선비들이 전국시대에 등장했으니, 바로 도가사상가를 비롯한 황로학자들이다.

그러므로 이 장에서 진정으로 논구되어야할 점은 도가의 사상가들이 어떤 근거와 어떤 연유로 황제의 인물을 요·순임금의 시대보다 더 앞선 시대의 인물로 만들어 역사의 전면에 내세우고 그리고서 그 역사적 사실의 배경을 신화로서 처리하여 얼버무려야만 했는가? 하는 의문점이다. 더 나아가 그들이 서경의 시기보다 앞선 시기의 역사를 구성하고서 황제와 그 후손을 이족의 인물이 아닌 화하족의 인물로 만들어야 했는가? 하는 의문점이다.

따라서 노자의 서책인 도덕경에는 황제에 대한 언급이 전혀 없기 때문에 의아스럽긴 하지만, 그 밖의 도가사상가들이 요·순 왕조 이전의 시대를 신화적 인물의 시대로 구성하고 그리고 그 다음으로 황제를 내세웠기 때문에, 본서는 황제의 실존성을 논구하려는 것이다. 더 나아가 그것이 근거 없는 허위의 산물이라면 그들이 그렇게 해야만 했던 진실을 밝히려는 것이다.

그 점의 대표적인 사례는 장자에 앞서 열자에게서 먼저 찾을 수 있기에, 그것을 논구의 출발로 삼겠다.

"…복희씨·여와씨·신농씨·하우씨는(庖犧氏女媧神農氏夏后氏) 뱀 몸에 사람 얼굴을 하고 있거나(蛇身人面) 소머리에 호랑이 코이어서(牛首虎鼻) 사람의 형상과는 아주 달랐지만(此有非人之狀) 그러나 대성의 덕을 지니고 있었다(而有大聖之德). <이에 비해> 하의 걸왕, 은의 주왕(夏桀殷紂), 노의 환공, 초의 목공은(魯桓楚穆) 생김새에(狀貌七竅) 다른 사람과 다른 점이 하나도 없었건만(皆同於人), 그러나 다 금수의 마음을 지니고 있었다(而有禽獸之心). 따라서 사람들이 같은 형상을 고집하면서(而衆人守一狀) 지혜가 지극한 인물을 찾고자 하는 것은(以求至智) 바랄 수가 없다<자기모순이 아닐 수 없다>(未可幾也).

황제는 염제와 판천의 들에서 싸웠을 때(黃帝與炎帝戰於阪泉之野), 곰·큰곰·늑대·표범·이리·호랑이를 선봉으로 삼았고(帥熊羆狼豹貙虎爲前驅) 수리·할단새·매·소리개 따위를 기치로 사용했다(鵰鶡鷹鳶爲旗幟). 이것은 힘으로 금수를 부린 것이라 할 수 있다(此以力使禽獸者也).

……………. 태고에는(太古之時) 곧 금수와 사람이 한 곳에서 살았고(則與人

同處), 같이 다니고 했던 것이다(與人並行). <오제>제왕의 때가 되자(帝王之時) 놀래서 흩어지기 시작했고(始驚駭散亂矣), 말세에 이르자(逮於末世) 은밀히 도망쳐 숨고서(隱伏逃竄) <인간이 가하는>해를 피해야만 하게 되었다(以避患害). ……"[107]

그런데 이처럼 도가사상가들이 자신들이 의도한 목적을 관철하기 위해 중국 고대왕조 및 중국민족의 근본역사를 황제의 시기로까지 끌어 올렸지만, 그러나 그들은 오늘날 유물이 발굴되고 있는 지역의 상황을 전혀 몰랐기 때문에 과거의 사실을 아예 신화로서 얼버무린 것이다.

그런데 유가를 통렬하게 비난하면서 극단적으로 배척하려는 입장의 도가선비들이 어떤 연유에서 무엇을 근거로 삼아 이 문제를 신화로 처리할 수 있었는가? 하는 의문점을 따지게 되면, 곧바로 도가의 핵심사상인 무위자연의 사상이 바로 이 의문점을 극복하기 위해 치밀하게 구성된 이론이라는 점을 확연히 깨달을 수 있게 된다.

이 점에 대해서는 본서가 차후에 자세히 논구하겠기에, 우선 여기에서는 열자의 말을 인용하여 그 의문점의 실체를 간단히 지적하겠다.

"…생성되는 것과 생성되지 않는 것이 있고(有生不生), 변화되는 것과 변화되지 않는 것이 있다(有化不化). 생성되지 않는 것이 생성되는 것을 생성하고(不生者能生生), 변화되지 않는 것이 변화되는 것을 변화시킨다(不化者能化化). 생성되는 것은 생성되지 않는 것을 생성할 수 없다(生者不能不生). 변화되는 것은 변화되지 않는 것을 변화시킬 수 없다(化者不能不化). 그러므로(故) 항

107) 열자 p107~108 - 포희씨는 복희(伏犧)씨로 여과는 여와로 읽는다.

상 생성하고 항상 변화한다(常生常化). 항상 생성하고 항상 변화하는 것은(常生常化者) 생성을 멈추는 때가 없고 변화를 멈추는 때가 없다(無時不生 無時不化). 음양이 그러하고(陰陽爾) 사시가 그러하다(四時爾).

생성되지 않는 것은 유일자, 절대자여서 비길 데가 없는 것 곧 無이고(不生者疑獨), 변화되지 않는 것은 끝없는 반복이다(不化者往復). 왕복(往復), 그 사이는 끝나는 일이 있을 수 없다(其際不可終). 의독(疑獨), 그 도는 다함이 없다(其道不可窮)." 108)

그리고서 열자는 역사왜곡의 실체를 파악하는데 가장 중요한 단서를 제공했는데, 그것은 황제서(黃帝書)란 책명을 사용한 점이다. 더 나아가 황제서에 있다고 소개한 내용도 다름 아닌 노자의 도덕경 제6장에 나오는 문장과 동일한 내용의 문장이다.

"황제서는 말한다(黃帝書曰). 「곡신은 죽지 않으며(谷神不死), 현묘한 암컷이라 불린다(是爲玄牝). <현묘한 암컷인> 현빈의 문(玄牝之門)은 천지만물의 뿌리로 일컬어지며(是謂天地之根), 끊임없이 쭉 이와 같이 존재하며(綿綿若存), 작용은 부지런히 일하는 것이 아니다(用之不勤)

그러므로 사물의 생성은 <누군가가 누구를 작의적으로> 생성하는 것이 아니고(故 生物者不生生), 사물의 생성은 <누가 누군가에 의해서> 변화하는 것이 아니다(生物者不化). 스스로 생성하고 스스로 변화한다(自生自化). 스스로 형태와 빛깔을 지니고(自形自色), 스스로 <정신적>지각과 <물리적>힘을 지닌다(自智自

---

108) ibid p25

力). 스스로 소멸되고 스스로 번식한다(自消自息). 생성·변화·형태·빛깔·지각·힘·소멸·번식을 일컫는 것은(謂之生化形色智力消息者) 옳지 않은 것이다(非也)」”[109]

물론 본서는 이미 밝힌 바처럼 1권은 이와 같은 의문점을 논구하기 위한 3권의 전단계의 논구이기 때문에 더 이상의 논구를 하지 않으려고 한다. 그렇지만 이 문제에 의구심을 가진 입장은 누구든지 지금까지의 모든 정황을 논리적으로 종합하고서 그리고 그에 덧붙여 고대유물과 유적을 그 논리에 맞추어 실제상황과 유사한 당시의 모습을 재구성하게 되면, 그는 당연히 중국의 고대왕조사는 북방에서 중국본토로 이주해 온 이족들이 황하를 개척하면서 이룩한 역사이고, 더 나아가 이족의 부족민들이 번창하면서 주변의 여러 민족들을 포용하여 하나로 융합하는 과정에서 비로소 왕조다운 왕조를 형성하여 이룩한 다민족왕조의 역사라는 결론에 도달할 수 있게 된다.

제2절. 왜 요·순 시대이어야 하는가?

논구초점 : 서경이 요·순시대로부터 시작하는 것은 통일왕조의 출발이기도 하지만, 더 큰 역사적 의의는 바로 맹자가 말한 바처럼, 상·하 위정자의 정치적 도리의 근본을 확립하였기 때문이다. 그리고 유가의 선비가 그 보편성을 지닌 통치이념을 수호하려고 하였기 때문에 유가는 중국사상사의 중심에서 우뚝 서 있게 되었다. 그러므로 고대통치이념을 제대로 파악하려면 아래 맹자의 글을 유념해야 할 것이다.

“군주가 되고자 할진 때엔(欲爲君) 군주의 도리를 다할 것이요(盡君道), 신하

---

109) ibid p26~27

가 되고자 할진 때엔(欲爲臣) 신하의 도리를 다해야 하니(盡臣道), 이 두 가지를 (二者) 모두 요·순을 본받을 뿐이다(皆法堯舜而已矣).

순이 요를 섬기는 것으로써 군주를 섬기지 않는다면(不以舜之所以事堯 事君) 그 군주에게 불경을 하는 것이고(不敬其君者也),

요가 백성을 다스리는 것으로써 백성을 다스리지 않는다면(不以堯之所以治民 治民) 그 백성을 해치는 것이다(賊其民者也)."[110]

요·순임금 이전의 중국고대의 역사가 왜 서경에 기록되지 않았는가? 하는 의문점은 앞서 논구하였다. 그리고 그 의문점에 대해서는 중화사상에 물든 중국민족은 다음과 같은 이유 때문에 결코 주목할 수 없었다는 결론을 앞에서의 논구가 이미 내렸다. 그러므로 그 점은 다음과 같이 요약되어진다.

첫째는 요·순임금 이전의 시기가 황제의 시기였고 그리고 요임금이 황제의 자손이라면 서경은 자랑스러운 황제의 기록을 빠뜨릴 수 없는 점 때문이다. 그런데도 불구하고 황제의 이야기가 전국시대 이전에, 특히 유가에서는 전혀 거론되지 않았다는 것은 황제의 이야기가 가공된 이야기에 지나지 않음을 분명히 보여주는 단적인 증거가 된다.

둘째는 황제를 실존인물이라고 가정하고서 생각해 볼 수 있는 경우인데, 그 경우에서 만약 서경을 편집한 인물이 의도적으로 황제의 기록이나 혹은 전해오는 이야기를 빠뜨렸다고 하게 되면, 그 의도가 매우 불손한 것이 될 것이고, 또한 그렇게 되면 그 가정은 요임금을 비방하고서 거부하고 그리고 배척하기 위한 악의적인 의도가 아니고서는 존경하는 요임금의 조상인 황제의 역사와 왕조의 계보를 기록에서 배제할 수가 있겠는가? 하는 반문과 더불어 억지가정이 될 수밖에 없는 논리적 한계 때문이다. 그러면 황제의 실존을 증명할 방법이 전혀

---

110) 맹자 p199~200

없게 된다.

셋째는 그럼에도 불구하고 황제의 이야기가 필요했다면, 당연히 그로부터 그 이유가 도대체 무엇인가? 하는 강력한 의문점이 성립하게 되는데, 그러면 서경에 기록된 요·순·우 3대에 걸친 임금의 역사적 정통성을 부정해야 하는 입장이외에 다른 경우를 도저히 추정할 수 없기 때문이다. 그런데 이 추정을 강력히 뒷받침할 수 있는 확고한 역사적 정황이 존재하는데, 그것은 고대왕조를 이족이 세웠다는 사실과 그리고 이족이 수립한 왕조의 역사적 정통성에 대하여 서주(西周)시대까지는 어느 누구도 이의(異議)을 제기한 적이 없었던 점이다. 그러므로 주나라가 계승한 왕조의 정통성을 부정하고서 그것을 대신할 새로운 역사관을 만든 선비집단이 출현한 시기는 당연히 동주(東周)의 마지막 혼란기인 전국시대 이외에 다른 가능성의 여지가 전혀 없게 된다.

넷째 그렇게 되면, 당연히 북쪽 지역과 동쪽지역과 남쪽지역에서는 그와 같이 요·순·우 3대에 걸친 임금이 수립한 정통왕조의 역사성을 거부하고서 배척할 집단이 될 수 없으므로 당연히 서쪽지방 이외의 다른 지역이 될 수 없음이 확연해지기 때문이다.

그런데 그와 같은 추정을 정당화할 객관적인 증거는 신비에 쌓인 인물인 노자를 소개한 사마천의 기록이 뒷받침 해준다. 곧 노자의 기록을 면밀히 살펴보면, 그 곳에는 사마천이 고대역사를 조작하여 왜곡시킨 점이 확연히 드러나 있다. 물론 그 이유는 사마천의 역사적 시각이 황로학의 황제사관에 치우쳐 있기 때문이지만, 어쨌든 노자에 관한 사마천의 기록이 날조된 것이므로, 당연히 황제사관에 의한 고대역사도 날조된 것이 아닐 수 없고, 그리하여 서경의 요·순사관이 도가의 황제사관에 의해 왜곡된 사실도 확실해진다.

"노자는(老子者) 초나라 고현 여향 곡인리 사람으로(楚 苦縣 厲鄉 曲仁里 人也) 성은 이씨(姓李氏), 이름은 이(名耳), 자는 담이다(字聃=耼). 그는 주나라의 장서를 관리하는 사관이었다(周守藏室之史也).

공자가 주나라에 이르렀을 때(孔子適周), 노장에게 예에 관한 가르침을 청하여 물었다(將問禮於老子) 노자가 이렇게 대답했다(老子曰).

……… 중략 ………

노자는 도와 덕을 쌓고(老子脩道德) 그의 학문은 자신을 숨기고 이름을 알리지 않도록 함에 역점을 두었다(其學以自隱無名爲務). 오랫동안 주나라에 살다가(居周久之) 주나라가 쇠락해 가는 것을 보고는(見周之衰), 마침내 그곳을 떠났다(迺遂去).

그가 <함곡函谷>관에 이르자(至關) 관령 윤희가 말했다(關令尹喜曰). 「선생께서는 앞으로 은둔하려 하시니(子將隱矣) 저를 위해 힘드시더라도 글을 지어주십시오(彊爲我著書)」 이에(於是) 노자는 곧 책 상·하편을 지어(老子迺著書上下篇) 도와 덕의 의미를 500여 자로 말하고(言道德之意五千餘言) 그리고 떠나가 버려(而去), 그가 어디서 생을 마쳤는지를 아무도 모른다(莫知其所終).

……… 중략 ………

공자가 죽은 이래 129년 후에(自孔子死之後百二十九年) 그리고 사서가 <다음과 같이>기록하였다(而史記), 「주나라 태사 담이 진나라 헌공을 만나(周太史儋見秦獻公) <이렇게> 말했다(曰). 처음에는 진나라가 주나라에 합쳐져 있다가(始秦與周合) 합쳐진 지 500년 그리고 분리되고(合五百歲而離), 분리된 지 칠십년 그리고 패왕이 나올 것입니다(離七十歲而霸王者出焉).」 ………."[111]

---

111) 사마천 사기열전(1) p81~82

물론 사마천이 이 내용의 출처가 어디인지, 그리고 후반부의 내용이 어느 나라, 어떤 사서에 의해 기록된 것인지를 밝히지 않아, 모든 점이 의심스럽기 짝이 없다. 그런데 사마천이 기록한 위의 내용 중에서 특별히 주목해야할 대목은 세 가지인데, 첫째는 노자가 주나라 사관(史官)이라는 점이다. 그리고 둘째는 공자가 주나라에서 노자에게 예(禮)를 물었다는 점이다, 셋째는 또 다른 노자인 주나라 사관 태사 담이 진(秦)나라가 패왕이 된다는 점이다.

그러므로 이 기록이 다른 어떤 기록보다도 특별한 까닭은 주나라의 몰락과 멸망을 예측한 두 사람이 모두 다 주나라의 역사를 관장한 사관이었다는 점과, 그리고 주나라의 정통성을 수호하려는 공자를 주나라에서 노자가 무력화시킨 점과, 더 나아가 주나라의 사관이 진(秦)나라를 주나라의 후계자로 지목한 점과, 결론으로 진나라가 고대왕조의 통치이념을 계승한 왕도적인 왕이 아니라 전국시대에 등장한 법가의 법치주의 통치노선을 따르는 패도적인 패왕이 탄생할 것이라고 예언한 점 때문이다. 그런즉 이 내용은 사마천이 단지 유가를 폄하할 목적으로 단순하게 위의 글을 기록한 것이 아니라, 사마천이 황로학의 입장에서 주나라를 멸망시키고 통일왕조로 거듭난 진나라에 대해 역사적 당위성을 부여하기 위해 의도적으로 치밀하게 구성하였다는 점을 확연하게 보여준다. 따라서 중국고대역사의 왜곡을 결정적으로 마무리한 인물이 사마천이라고 단정할 근거가 이와 같기 때문에, 그가 편파적인 황로학의 시각으로 황로학이 날조한 내용을 정당한 역사적 사실로서 기록한 점은 심히 비판받아야 한다. 물론 황로학의 입장은 서경이 고대왕조의 기록을 차례로 취합하면서 요·순임금 이전의 사실을 단칼에 잘라버리고 요임금부터 기록하였다는 부정적인 주장을 내놓을 수 있겠지만, 그러나 그것이 타당한 문헌의 기록과 물증도 없이 자기들의 사고방식에서 가공하고, 조작하고 급기야 모든 고대역사를 왜곡시킨 점에 대해서는 어떤 변명도 가능하지 않다. 더욱이 전국시대 이전까지 중국의 모든 백성이 서경의 기록을 고스란히 수용하고서 그리고 그에 대해 어떤 의문도 제기하거나, 시비를 따지지 않았다는 사실은 그들이 무지해서가 아니라 요·순 이전의 시기가 신화와 황제의 시대가 아니었다는 점을 명백히 알고 있었기 때문이므로, 황로학이 그들이 무지했기 때문에 역사의 진실을 밝혔을 뿐이라는 변명을 결코 해서는 안 된다.

그러므로 본서는 요 ·순임금 이전의 역사에 대해서는 요임금의 왕조가 민본사상을 발판으로 하여 너무도 자연스럽게 이룩되었기 때문이라고 앞서 설명하였다. 왜냐하면 요임금의 왕조의 성립은 이족의 북방지역과 동쪽지역과 만족의 남방지역까지의 영역이 침략과 정복을 반복하면서 서로 간에 적대적인 이질적인 부족감정을 형성하고서 어느 한쪽이 어느 한쪽을 배타적으로 지배하는 형세에서 비롯된 것이 아니었기 때문이다.

더 나아가 요·순임금의 시대에 이르러 비로소 왕조다운 왕조체제가 제대로 갖추어진 역사를 부정하거나 반박할 물증이 주나라가 출범할 당시까지는 전혀 없었는데, 주나라의 말기인 전국시대에 사실을 입증할 물증도 없는 황제사관이 갑자기 등장하여 급속히 세상에 유포된 사실은 오로지 곡학아세한 반유가의 선비들의 정치적 야망이외에 달리 다른 이유를 찾을 길이 없기 때문이다.

따라서 여기서 논구하려는 주제는 앞선 주제의 연속선상에서 계속하여 중국고대왕조의 역사가 왜 요순임금시대를 넘어서지 못했는지의 근거를 밝히려는 것이다. 그리고 이 논구를 정당하게 뒷받침하는 역사적 근거는 서경(書經書經) 우서(虞書) 대우모(大禹謨)의 다음의 기록이다. 왜냐하면 이 기록은 요(堯)임금의 왕국이 천하의 왕국이 된 까닭은 황제(黃帝)의 자손으로서 황제의 왕국을 계승하였기 때문이 아니라, 요임금의 개인의 능력에 의해 천하가 복속하여 이루어진 것임을 분명히 밝히고 있기 때문이다.

"익이 말했다(益曰). 「아(都)! 제<요>의 덕이 넓고 쉼 없이 운행하여(帝德廣運), 이에 성스럽고 이에 신묘하시어(乃聖乃神), 이에 무가 있으시며 이에 문이 있으십니다(乃武乃文).

황천께서 돌아보고 명하사(皇天眷命) 사해를 다 소유하게 하시고(奄有四海) 천하의 임금으로 삼으셨습니다(爲天下君).」"[112]

그런데 이 기록이 정당하다는 점은 선대의 경전보다도 오히려 후대의 경전인 예기(禮記)의 예기(禮器) 편에 나타난 역사의 인식이 훨씬 명확히 할 수 있겠기에 아래에서 먼저 인용하겠다. 물론 그 이유도 다름 아니라 후대의 경전이라면 당연히 도가와 황제사관의 영향을 받을 여지가 충분한데도 불구하고 그렇게 되어 있지 않기 때문에, 그 내용은 일단 아래에 참조될 조건을 갖춘 셈이다. 곧 중국고대역사의 시발을 황제로 기술하지 않고, 요임금으로 기술하고 있는 점이다. 그런데 만약 이 글을 황제를 내세워 작성하게 되면, 먼저 무위를 내세우고 예를 폄하해야 하는데, 그러면 도가의 주장대로 중국고대역사가 요·순임금 때문에 잘못되었다고 기록하지 않을 수 없었을 것이다. 다시 말해 예법을 중시하고서 살아온 백성들에게 그들이 살아온 예법의 삶이 잘못되었다고 기록해야 했을 것이다. 즉 이전 왕조의 일반백성들이 살아간 역사는 요·순임금 때문에 잘못된 예법의 삶을 살아간 역사라고 기록했어야 했을 것이다.

"예는 <몸을 다스리는> 그릇이다(禮器). 그러므로 크게 갖추는 것이다(是故大備). <모든 행실이 크게 갖추어지면> 덕이 성대해진다(盛德也). 예는 간사함을 내쫓고 (禮釋回), 아름다운 기질을 증대시켜 주는 것이다(增美質). <예를> 몸에

112) 서경 p54

갖추고 있으면 곧 단정하게 되고(措則正) 예를 일하는데 베풀면 곧 어떤 일이라 도 잘 행하여진다(施則行) 이것은 사람에게 달렸다(其在人也). ………………

……………… 중략 …………………

선왕이 예를 제정했다(先王之立禮也). <예를 제정함에 있어> 근본이 있고 절문이 있었으니(有本有文), 충신은 예의 근본이고(忠信禮之本也), 의리는 예의 절문이다(義理禮之文也). <근본이> 없으면 세울 수 없고(無本不立) 절문이 없으면 행해지지 않을 것이다(無文不行). 그러므로 반드시 그 정해진 수많은 나라의 예법을 제시하여(故必擧其定國之數) 이로써 예의 큰 경서로 삼았다(以爲禮之大經). ………………………… 중략 ……………………………

예는 때를 가장 크게 생각하고(禮時爲大), 순이 그 다음이고(順次之), 체가 그 다음이고(體次之), 의가 그 다음이고(宜次之), 칭의 그 다음이다(稱次之).

요임금이 순임금에게 왕위를 넘겨주고(堯授舜), 순임금이 우임금에게 왕위를 넘겨주고(舜授禹), 탕왕이 걸왕을 추방하고(湯放桀) 무왕이 주왕을 정벌한 것은 (武王伐紂) 때이다(時也). ………."[113]

그러므로 위에 인용된 이 글이 지닌 역사적 의의는 예법을 제정한 중국고대 왕조의 시기가 서경에서 기록된 바대로 요·순·우 3대 임금의 시기를 넘지 못하고 있다는 지적이다. 즉 그 의미는 설사 요임금 이전에 요임금의 왕조를 이루도록 한 통치기구가 있었다고 하더라도, 그러나 독자적이고 그리고 제대로 된 왕조다운 통일왕조의 출범은 요임금 때라는 것이다.

---

113) 예기 p272~273

그 점의 근거는 은나라 말기와 주나라 초기의 인물인 태공망의 병서인 육도에서도 그런 방식으로 기록되어 있는데, 태공이 옛 성현을 설명할 때 황제의 인물을 아예 거론조차 하지 않고 있다.

그러므로 전국시대에 등장한 도가사상의 선비들이 고대왕조의 정치사상을 거부하고서 그 노선을 부정하고 그리하여 극단적으로 배격하려고 했을 때, 그들이 시도한 출발점이 무엇인가? 하는 의문점에 대한 실마리는 은나라 말기에서 주나라 초기까지 활약한 태공망의 서책인 육도가 적나라하게 보여 주기에 인용하겠다. 즉 왕조를 다스리는 통치의 방도가 도가가 주장하는 바의 무위에 의한 정치가 아니라는 점이다.

"문왕이 태공에게 물었다(文王問太公曰). 「이 세상은 넓고 아득하여(天下熙熙), 한 번 흥하면 한 번 쇠하고(一盈一虛), 한 번 잘 다스려지면 한 번 어지러워지는데(一治一亂), 그렇게 되는 까닭이 무엇입니까(所以然者何也)? 그 임금이 어질고 똑똑하지 못함이 같지 않아서 입니까(其君賢不肖不等乎)? 또는 하늘의 시운의 변화로 저절로 되는 것입니까(其天時變化自然乎)?

태공이 말했다(太公曰). 「임금이 똑똑하지 못하면(君不肖) 곧 나라는 위태롭고 그리고 백성은 혼란하며(則國危而民亂), 임금이 어질고 훌륭하면(君賢聖) 곧 나라는 편안하고 그리고 백성은 잘 다스려 지는 것입니다(國安而民治).

화와 복은 임금에게 달려 있고(禍福在君), 하늘의 시운에 있는 것이 아닙니다(不在天時).」"[114]

그런즉 육도는 왕조가 임금의 지혜로운 덕에 의해 통치된다는 점을 분명히

114) 육도 p42

하고 있기 때문에 유가가 계승하고 수호하려는 고대왕조의 통치이념이 곧 주나라의 통치이념과 동일하다는 점을 명백하게 보여 주고 있으며, 아울러 결코 도가사상이 말하는 황제에 의한 무위자연의 정치사상은 결코 주나라 초기까지도 전혀 없었다는 점을 확인해 준다. 더욱이 후대에 태공망을 황제의 후손이라고 조작한 사실이 있기 때문에 태공망의 글은 더더욱 중요해진다.

"문왕이 물었다(文王曰). 「옛 성현의 이야기를 들려주시겠습니까(古之聖賢 可得聞乎)?」

태공이 대답하였다(太公曰). 「옛날 요임금이 천하에 왕이 됨은(昔者帝堯之王天下上世) 이른바 상고에 어진 임금이라 할 수 있습니다(所謂賢君也).」

문왕이 물었다(文王曰). 「그 다스림은 어떠하였습니까(其治如何)?」

태공이 대답하였다(太公曰). 「요임금이 천하의 임금 노릇하실 적에는(帝堯王天下時) 금과 은이며 주옥으로 장식하지 않았고(金銀珠玉不飾), 비단에 수놓은 것이며 무늬 있는 비단을 입지 않고(錦繡文綺不衣), 이상야릇하고 유별난 것을 보지 않고(奇怪珍異不視), 가지고 놀 기물을 보배롭게 여기지 않고(玩好之器不寶), 음탕한 음악을 듣지 않고(音佚之樂不聽), 궁의 담이며 방을 백토질 하지 않고(宮垣屋室不堊), 수키와며 서까래며 기둥은 조각하지 않고(甍桷椽楹不斲), 띠풀로 이은 누추한 거처의 정원에 풀이 널리 퍼지도 깍지 않고(茅茨徧庭不剪茅茨徧庭不剪), 사슴가죽으로 만든 옷으로 추위를 막고(鹿裘禦寒), 소박한 옷으로 몸을 가리고(布衣掩形布衣掩形), 굳은쌀과 기장밥이며(糲粱之飯) 명아주 콩잎 국을 먹었습니다(藜藿之羹).」"[115]

그러므로 이 글이 지닌 역사적 의의는 앞서와 마찬가지로 주나라를 실질적으로 건국한 문왕이 태공에게 옛 성현을 물었을 때, 도가가 말한 황제가 서경의 요·순임금보다 앞서 실존한 임금이었다면 당연히 황제의 이야기부터 거론하였을 것인데 그럼에도 불구하고 그러나 전혀 그렇게 하지 않았기 때문에 황제가 결코 실존인물일 수 없다는 사실을 명백히 해주는 증거가 되는 것이다. 그렇다면 태공이 황제를 거론하지 않은 사실은 그 이유가 황제가 실존하지 않은 인물이었거나 아니면 임금이라고 거론할 정도의 능력을 갖춘 인물이 아니었기 때문일 터인데, 하여간 그 어느 쪽이건 간에 육도의 기록은 당시의 태공이 황제의 인물을 전혀 몰랐거나 아니면 그들 성현으로 보지 않았다는 것을 분명히 해준다.

따라서 은나라 말기의 문왕과 태공이 나눈 대화의 내용이 주나라도 여전히 서경의 정치노선을 그대로 답습하고 있음을 고스란히 보여주었고, 그리고 후대에 이르러 주나라의 제후국인 노나라에서 공자가 자신의 제자들에게 그대로 가르치고 있었기 때문에 공자시대까지는 황제의 존재가 중국역사의 전면에 등장할 리가 결코 만무하였다는 사실은 객관적으로 입증된다.

그러므로 당연히 중국고대왕조사를 요·순임금의 시대로부터 시작하는 까닭은 당연한 것으로서, 그 점은 유가의 맥을 그대로 계승한 전국시대의 맹자의 글 속에서도 역시 잘 보존되어 있기 때문에 아래에서 인용한다. 만약 요·순임금의 시기 이전에 제대로 된 중국고대왕조가 있었다면 결코 맹자는 그와 같이 기록하지 못했을 것이고 또한 기록할 수조차 없었을 것이다. 특히 이 글이 매우 중

---

115) ibid p44 - 그리고 이 책 p108에 육도에 황제의 이름이 수록되어 있는데, 그 언급이 전체문맥으로 보면 대단히 어색하다. 왜냐하면 그 이유는 두 가지 인데, 이 문장은 태공과 문왕의 아들인 무왕이 나눈 대화로서 요임금보다 앞선 황제를 문왕 때에는 거론하지 않았다가 무왕 때에 거론했다는 것 자체가 이상할 뿐만 아니라, 이 대화는 용병을 함에 있어서 임금이 하는 용병이 아니라, 임금에게 임금의 신임을 얻어야 하는 장수에게 해당하는 내용이므로 더더욱 이상해지기 때문이다. "황제가 말했습니다(黃帝曰). 1은 도로 나아가는 계단이며(一者階於道) 신에 미침에 가까운 길이라 하셨습니다(幾於神)."

요한 역사적 사실을 일깨워 주는데, 바로 바로 황하유역이 바로 그 당시의 중국이라는 점이다. 그 점은 끝머리에 중국이 곡식을 먹을 수 있게 되었다는 표현에서 특히 두드려진다.

"요의 때에 당면하여(當堯之時) 천하가 아직도 평정하지 못해서(天下猶未平), 홍수가 멋대로 흘러(洪水橫流) 천하에 범람하여(氾濫於天下) 초목이 번창하고 무성하며(草木暢茂) 금수가 번식하였다(禽獸繁殖).

오곡이 성숙하지 못하며(五穀不登) 금수가 사람을 핍박하여(禽獸偪人) 짐승의 발자국과 새 발자국의 길이(獸蹄鳥跡之道) 중국에 교차하거늘(交於中國), 요임금이 홀로 이를 걱정하시어(堯獨憂之) 순을 추천하여 그리고 다스림을 펴게 하시니(擧舜而敷治焉), 순이 익으로 하여금 불을 맡게 하셨는데(舜使益掌火), 익이 산택에 불을 질러 태우자(益烈山澤以焚之), 금수가 도망하여 숨었다(禽獸逃匿).

우가 구하를 소통하여(禹疏九河), 빠른 물살의 제수와 탑수를 능히 모두 바다로 주입하고(瀹濟漯而注諸海), 여수와 한수를 트고(決汝漢) 회수와 사수를 배수하여(排淮泗) 그리고 <양자강>강으로 주입하니(而注之江), 그런 뒤에(然後) 중국이(中國) 곡식을 능히 먹을 수 있었다(可得而食也).

당면한 그 시기에(當是時也) 우가 8년 동안 밖에 나가 있으면서(禹八年於外) 세 번이나 집문 앞을 지나쳤어도(三過其門) 그러나 들어가지 못하였으니(而不入), 아무리 밭을 갈고자 하여도(雖欲耕) 될 수 있었겠는가(得乎)?"[116]

---

116) 맹자 p157

그리고 더 나아가 이 글은 고대통치이념을 논함에 있어서 특히 우선적으로 정복과 통치를 분리하고서 역사를 고찰해야 한다는 점을 일깨워 준다. 그 이유는 정복은 하되 통치가 불가능한 경우와 정복과 동시에 그 지역을 자기영토에 편입하여 다스리는 것과는 명백히 구별하지 않으면, 요·순임금시대가 지닌 역사적 의의를 제대로 통찰할 수 없기 때문이다. 곧 요순임금의 통치이념이 주변의 종족을 덕치노선을 바탕으로 삼아 하나의 왕조백성으로 통합해 나가는 방식과 과정인 점이다.

그런 맥락으로 고대시기의 순임금의 치적을 살펴보면, 그와 같은 점이 잘 드러나 있다. 곧 순임금을 요임금을 대신하여 섭정을 할 적의 기록에 그 점이 소상히 적시되어 있다.

"…… 그 해 이월에(歲二月) 동쪽으로 순수하여(東巡守), 대종에 이르셔서(志于岱宗), 하늘에 드리는 제사를 지내시며(柴), 산과 내의 등급에 맞추어 망 제사를 지내시고(望秩于山川), 드디어 동쪽의 제후들을 만나셨다(肆覲東后).

다섯 가지 옥(五玉)과 세 가지 비단(三帛)과 두 가지 산 것(二生)과 한 가지 죽은 것(一死)이 폐백(贄)이었다.

네 계절과 달을 맞추고(協時月), 날짜를 바로 잡으시고(正日), 율과 도와 양과 형을 한 가지로 같게 하시고(同律度量衡), 다섯 가지 예를 닦으시고(修五禮), 다섯 가지 그릇을 같게 하시어(如五器), 순수를 마치고 비로소 되돌아 왔다(卒乃復).

오월에(五月) 남쪽으로 순수하여(南巡守), 남악에 이르러(至于南岳), 대에서 행하신 예와 같게 하셨다(如岱禮).

팔월(八月)에 서쪽으로 순수하여(西巡守), 서악에 이르러(至于西岳), 처음의 예와 같이 하시었다(如初).

십일월에(十有一月) 북쪽으로 순수하여(朔巡守), 북악에 이르러(至于北岳), 서쪽의 예와 같이 하시었다(如西禮).

돌아와 문조의 사당에 이르러 고하고서(歸格于藝祖), 소 한 마리의 희생을 쓰셨다(用特)."117)

그리고 정복을 한 지역을 통치할 경우에는 기존의 지역민을 이주시켜야 할 경우도 흔히 발생했는데, 그 점에 대해서도 서경이 잘 수록해 두었다. 그것은 삼묘를 강제로 삼위로 추방한 사실이다.

"공공을 유주로 유배 보내며(流共工于幽洲), 환도를 숭산으로 귀양 보내며(放驩兜于崇山), 삼묘를 삼위로 내쫓으며(竄三苗于三危), 곤을 우산에 억류해서(殛鯤于羽山), 네 가지로 죄를 주시자(四罪), 그리하여 천하가 다 복종하였다(而天下咸服)."118)

그런즉 갖가지의 특성을 지니고 있는 개별 부족의 이질적 삶의 특성을 다스릴 보편적 성격의 통치이념을 갖출 능력이 없는 한, 공동의 사회질서를 만들어 유지할 왕조다운 왕조가 탄생할 수 없기 때문에 따라서 당연히 요·순임금이전의 생활공간은 그런 조건을 갖추지 못한 생활공간이었던 것이다. 다시 말해 민초들이 좋은 환경이건, 척박한 환경이건 간에 정착의 뿌리를 내리고서 통일왕조를 건설하려면 장구한 시일이 걸릴 수밖에 없는데, 요·순임금이전의 사회는

117) 서경 p28

118) ibid p33 - 兜는 투구 두가 아니라 도솔천 도로 읽어야 한다.

그런 통일왕조를 건설한 능력과 인물을 갖추지 못했다는 것이다.

어쨌든 민초들을 응집시켜 그들의 삶의 터전인 유기적 공동체를 왕조의 틀로 전환시키기 위해서는 반드시 왕조를 탄생시키고 유지시킬 구심점인 통치명분과 이념을 백성들에게 내세워야 하는데, 서경은 요의 시대에 이르러 그것이 비로소 가능하게 되었다는 점을 여실히 보여 준다. 그러므로 도가는 자신들이 내세운 황제의 존재를 황하유역의 민초를 결집시킬 조건을 충분히 갖춘 인물로 묘사했어야 했는데, 그 점을 간과하여 전혀 그렇게 하지 못했기 때문에 도가가 역사를 왜곡한 사실은 객관적으로 명백해진다. 즉 도가의 설명에는 황하유역의 특성과 부합하는 내용이 도대체 없었기 때문이다. 따라서 요·순임금시대 이전과 이후의 분기점은 객관적 사실 내지 정황을 기반으로 삼아 논구되어야 하는데, 그러면 요·순시대 이전과 요·순 시대와의 차이점은 대략 다음과 같은 상황으로 정리될 것이다.

그런데 어쨌든 논구는 현재 중국지역에서 발굴되는 선사시대 이전의 고대문물 중에는 중국고대왕조와 직접 연결되는 것도 있고 그렇지 않는 것을 염두에 두어야 한다. 왜냐하면 아득한 고대의 시기에서는 부족의 이동과 정착 그리고 정복에 의해 이 부족이 저 부족에 흡수되어 동화되거나 아니면 멸족되어 지상에서 사라지는 경우가 다반사였기 때문이다.

그런즉 오늘날의 중국의 전 지역이 고대시기에는 하나의 통일왕조가 다스리는 국토라기보다 오히려 광활한 대륙에 불과하였고 그리고 곳곳에 산재해 있었던 여러 부족들이 통일왕조를 추진할 수단을 충분히 갖추지 못한 여건에 처해 있었다면, 당연히 사실적으로나 논리적으로나 중국지역에서 통일왕조의 출현시기가 다른 문명지역보다도 더 빠를 수 없다고 판단할 수밖에 없게 된다. 왜냐하면 통일왕조는 첫째는 각 지역에서 주변의 여러 부족을 통합한 정치집단이 먼저 출현한 후에 그리고서 또 다시 그런 집단끼리의 교류가 서로 활발해지면서 비로소 등장한 경우와, 둘째는 먼저 강력해진 집단이 무력으로 주변지역을 정벌하여 강제로 복속시키면서 거대한 통일왕조로 등장한 경우와, 마지막으로는 전자와 후자를 절충하여 통일왕조로 등장한 경우이기 때문이다.

여하간 통일왕조가 등장하기 이전의 광활한 중국지역에서도 일단 기존의 토착부족이 각 지역을 산재해 있었고, 그리고 그 부족들끼리 차츰 서로 결합하여 종전보다 더 광범위한 지역을 차지한 부족연맹체가 형성되면서 동시에 정치조직도 구성되었을 것이다. 또한 그런 생존과정에서 기존의 토착집단을 떠나 대거 다른 지역으로 이동하여 새로운 식민 지역을 개척한 부족과 지도자도 있었을 것이다. 따라서 이런 과정을 거쳐 등장한 강력한 통일왕조는 자기 부족들이 곳곳에 이주하여 건설한 많은 식민지역을 비롯하여 주변의 모든 부족들을 규합하여 출현한 것임을 고대역사의 기록과 증거들이 익히 보여주는 바이므로 당연히 중국도 통일왕조도 그런 과정을 거쳐 등장했던 것이다.

그러므로 그런 시기를 지나서 중국의 일정한 지역에 왕조가 등장하여 그리고 점차적으로 지배 영역을 확장한 시기가 어느 시점인가? 하는 문제에 대해서는 왕조성립의 전후사정을 고려한 연후에 판단해야 하는데, 대략 그 시기는 서경에 기록된 다음의 세 가지 사실을 바탕으로 하여 합리적으로 유추할 수 있다.

하나는 황하의 범람을 막기 위해 제방을 쌓아 물줄기를 바꾼 사실이고,

다른 하나는 순임금이 왕조의 통치 지역을 구주로 확정한 사실이고,

마지막은 세금제도의 확정한 사실이다.

그런데 이 기준으로 고대왕조의 실체를 규명하려는 논구를 착수하는 것을 작업에 적절치 않다고 반박할 여지가 있는 입장은 황로학이다. 왜냐하면 황로학은 황제사관을 내세워 요임금의 왕조가 시작되기 이전에 이미 황제가 먼저 왕조를 수립하였다고 주장하였기 때문이다. 그러면 중국고대왕조가 황제의 왕조에서 출발한 것인지 아니면 요임금의 왕조에서 출발한 것인지를 논외로 하고서 양 입장이 먼저 공동으로 동의할 수 있는 전제조건을 찾아야 하는데, 그것은 어떤 왕조이건 간에 왕조가 탄생하기 이전에 왕조가 탄생할 사회분위기가 성숙해 있어야 한다는 점이고 그리고 그 성숙한 사회상태가 왕조이전에 왕조가 존재했다는 주장이 될 수 없다는 점이다. 그 전제조건은 모든 사물의 생성과정

에서 완성되기 이전의 모습과 완성된 모습이 확연히 구별되는 점에서 타당하다. 즉 왕조가 그런 성숙된 인류공동체에서 탄생하게 마련이지만 그러나 왕조는 그런 공동체에 왕조의 통치기능을 덧붙어 탄생한 정치기구이기 때문에 이전과 이후는 확연히 구분된다는 것이다. 다시 말해 왕조가 탄생할 충분한 여건을 아무리 갖추고 있어도 왕조를 건국한 인물이 공동체의 전면에 나서서 정치기구인 왕조를 수립하지 않으면 그곳에는 그런 왕조가 있을 수 없는 것이므로 당연히 왕조가 없는 상태와 있는 상태는 구분되고 왕조의 출발시기도 결정된다는 것이다. 따라서 황제와 요임금중 누가 그런 왕조의 설립자인지는 당연히 서경이 보여주는 기록을 누가 충족시켰는지를 꼼꼼히 따지면 곧바로 판정될 것이다. 그런데 이 점에 대해서도 황로학은 황하의 역사를 건너 뛰고서 또 다른 신화를 구성하여 요·순임금의 역사를 부정하려고 했는데 그 점도 마찬가지로 결코 요임금이전에 요임금에게 왕위를 물려준 왕조가 있었다는 타당한 주장이 될 수 없다. 왜냐하면 황로학이 황제의 인물을 역사의 전면에 내세우려면, 적어도 그 주장은 요임금 이전에 치안과 국방과 정복전쟁을 감행할 수 있는 정도의 강력한 무력을 갖춘 왕국이 이미 존재했었다는 판단을 전제할 때에만 가능하기 때문이다. 왜냐하면 황제는 요임금이전에 황하를 다스린 인물이 아니기 때문에 황하의 주인이 되려면 당연히 그는 무력에 의한 정복자이어야 하기 때문이다. 그러므로 이미 지적한 바대로 황하주변에 산재해 있었던 소규모의 정치집단을 결속하여 통일왕조가 탄생한 중국고대왕조사에서 요임금의 이전에 통일왕조가 존재했다고 주장하는 것은 반박을 위한 반박에 불과하게 된다. 그런즉 요임금의 왕조는 요임금이 황하에 거주한 모든 거주민을 규합한 결실이므로, 왕조가 성립하기 이전에는 각각의 공동체에 정치지도자가 있었어도 결코 그가 요임금과 같은 임금은 아니었고 따라서 그런 정치지도자 중에서 황하에서 처음으로 왕조의 임금이 된 인물은 요임금이 처음인 사실은 역사의 진실일 수밖에 없다.

따라서 고대왕조가 출현한 시기의 문제에서는 첫 번째의 황하의 치수에 관한 논구가 가장 중요한 역사적 의미를 지닐 수밖에 없게 된다. 그 이유는 요임금의 왕조에 앞서 대규모의 부락이 황하주변에 살고 있었고 그리고 그들을 다스리는 강력한 왕조가 있었다면, 당연히 황하의 치수사업을 벌리지 않을 수 없었을 것이기 때문이다. 그리고 그 점은 다음의 두 가지 가설을 가능케 하는데, 하나는 그 이전까지는 치수를 할 정도로 많은 부락민이 살고 있지 않았다는 것과 다른 하나는 치수를 추진할 만한 강력한 왕조가 없었다는 것이다. 다시 말해 황하의 주변에 많은 부락이 없었다면 대규모 치수사업이 필요하지 않았을 것이고, 마찬가지로 치수사업을 할 정도의 능력을 갖춘 왕조가 존재했더라도 많은 부락민이 황하주변에 거주하고 있지 않았다면 치수사업을 할 필요가 없었다는 것이다. 그렇다면 요임금 이전에 왕조가 존재했다고 주장할 경우에는, 당연히 그 당시의 왕조가 왜 그런 치수사업을 벌리지 않았는가? 하는 근원적인 의문점부터 해명해야 한다. 왜냐하면 치수를 못했다는 것과 치수를 안했다는 것에는 엄청난 차이점이 발생하기 때문이다.

그러므로 요·순임금 이전의 역사를 주장하려면, 그 주장은 먼저 그 이전까지는 황하가 자주 범람하지 않아서 그럴 필요가 없었다는 경우와 또 황하주변에는 별로 거주하고 있지 않던 부락민들이 요·순임금시대에 이르러 대거 이주하여 살게 되었다는 경우를 뒷받침할 근거 및 증거를 내놓아야 한다. 그러나 그런 주장은 모두 다 역사적 정황과 부합하지 않는 단지 가설을 위한 가설에 지나지 않게 된다. 왜냐하면 그런 견해는 단적으로 중국의 역사가 황하의 역사가 아니라고 부정하는 주장이 되기 때문이다.

그러므로 진정한 진실은 황하에 거주하는 주민들의 인구가 점점 증대해 나간 결과가 마침내 통일왕조를 형성할 수 있는 조건을 갖추게 되었다는 것이고, 그리고 그 시점이 요임금 때라는 것이다. 그리하여 요임금의 왕조가 황하의 치수사업을 착수할 수 있게 되었기에 비로소 서경에 기록된 바의 역사를 기록할 수 있는 왕조가 탄생하게 되었던 것이다. 요컨대 요임금 이전에 황하주변에 많은 주민들이 살고 있었더라도, 서경은 그 시기에는 여전히 왕조다운 왕조가 형성되어 있지 않았다는 점을 말해 주고 있는 것이다. 그러므로 중국고대사에서 진정한 왕조가 출현한 시기는 황하에서 치수사업을 벌린 요·순임금의 시대 이외에는 왕조다운 왕조가 없었다고 당연히 말해야 한다.

그런데도 불구하고 황하에 왕조다운 왕조가 있었다고 주장하게 되면 그 왕조는 황하의 범람을 방치한 왕조가 되어 논리의 모순을 범하게 되고, 마찬가지로 또 다른 논리를 개발하여 황하 이외에 다른 곳에 이미 왕조다운 왕조가 존재하고 있었다고 주장하게 되면 당연히 요·순임금의 왕조가 정복을 감행하여 그 왕조를 멸망시킨 역사적 사실을 내놓아야 하는데, 중국고대시기에 그런 사실이 전혀 없었기 때문에 그와 같은 가설도 모순만 유발하게 된다. 더 나아가 그 대신에 요·순임금의 왕조가 다른 지역에서 침략하여 황하에 터를 잡고 치수사업을 벌렸다고 가정하게 되면, 그 주장은 고대중국역사가 중국민족인 화하족을 정복하고서 지배한 이민족인 이족의 역사가 되어 더 심한 모순을 유발하게 된다.

따라서 왕조가 황하의 치수를 수행하기 위해서는 대규모의 인력을 동원할 수 있어야 하고, 그들을 먹일 수 있는 많은 식량 및 도구를 마련할 수 있어야 하고, 그에 상응한 전문직 지식도 갖추고 있어야 하기 때문에 앞서 지적한 바대로 중국왕조사는 당연히 요·순임금시대부터 시작하지 않을 수 없게 된다. 더욱이 이러한 조건은 도저히 개별적인 부락이나 혹은 몇 개의 부락들이 연합하는 정도로는 불가능한 수준이기 때문에, 당연히 여러 지역의 참여와 협력이 있어야 할 뿐만 아니라 더 나아가 설사 그런 조건을 충분히 구비했다고 하더라도, 대규모의 치수사업에서 발생하는 갖가지 위험과 부작용 때문에 반드시 그 사업을 추진해야 할 타당한 목적과 토목기술을 필히 갖추고 있는 왕조가 아니면 안 되는 것이고, 따라서 고대중국역사에서 그런 조건을 충족시킨 최초의 왕조가 요임금의 왕조이며 그리고 그 시기가 요임금의 시대인 것이다. 그렇기 때문에 서경은 중국고대왕조사를 요·순임금시대부터 수록하게 되었던 것이다. 그리고 치수에 관해서는 요임금과 순임금의 기록에 각각 수록되어 있는데, 전자는 요임금 때의 기록이고, 후자는 순임금 때의 기록이다. 그런데 전자의 요임금의 기록에는 우(훗날 우임금)의 아버지인 곤이 치수에 실패한 이야기를 기록해 두었고, 후자의 순임금의 기록에는 곤의 아들인 우가 치수에 성공하여 순임금에게 경과를 보고하는 이야기로서 기록해 두었다.

"(요)제가 말씀하셨다(帝曰). 「아(咨)! 사악아(四岳)! 넘실대는 큰물이 바야흐로 피해를 입히고(湯湯洪水方割), 그득히 산을 싸며 언덕을 넘어(蕩蕩괴懷山襄陵) 크고 넓게 하늘을 번질 때(浩浩滔天), 아래에 거주하는 백성이 탄식하였다(下民其咨). 할 수 있는 자가 있거든(有能), 그로 하여금 안정시키게 하리라(俾乂)」

여럿이 말하였다(僉曰). 「아(於)! 곤이 있습니다 (鯀哉)」

제가 말씀하셨다(帝曰). 「아니다(吁), 그렇지 아니하다(咈哉). 명을 어기고(方命) 친족을 허물어지게 한 사람이다(圮族)」

악이 말하였다(岳曰岳曰). 「그러나(异哉) 시킬만한지 시험해 보고 나서(試可), 이에 그만 두게 하소서(乃已)」

제가 말씀하셨다(帝曰). 「가서 공경하라(往欽哉)!」

아홉 해에 이르도록(九載) 공을 이루지 못하였다(績用弗成)."[119]

그리고 서경 익직(益稷)에서도 순임금과 홍수를 다스린 우의 행적을 동시에 잘 기록해 두었다.

"<순>제가 말씀하셨다(帝曰). 「오너라(來)! 우야(禹)! 또한 너도 훌륭한 말을 하라(汝亦昌言)」

우가 절하고서(禹拜) 말했다(曰). 「아(都) 제이시어(帝)! 제가 무슨 말을 하겠

119) ibid p17

습니까(予何言)? 저는 날마다 노력할 것만 생각합니다(予思曰 孜孜)」

고요가 말했다(皐陶曰). 「아(吁)! 어찌 하였습니까(如何)?」

우가 말했다(禹曰). 「홍수가 하늘에 닿아(洪水滔天), 넓고 넓어서 산을 두르고(浩浩懷山), 언덕을 내려가서(襄陵), 아래 백성이 혼란에 빠지게 되었습니다(下民昏墊), 제가 네 가지 탈 것을 타고 다니며(予乘四載), 산을 따라 나무를 베고(隨山刊木), 익과 함께(暨益), 여러 날고기를 올렸습니다(奏庶鮮食). 저는 아홉 개의 하천을 터서(予決九川), 사해에 이르게 했고(距四海), 도랑을 깊게 파서(濬畎澮), 내에 이르게 했습니다(距川), 직과 함께(暨稷) 곡식을 파종하여(播), 여러 말린 음식과 날고기를 올렸습니다(奏庶艱食鮮食). 재물이 있는 것을 없는 곳에 옮기기에 힘써(懋遷有無), 가지고 있는 것을 바꾸게 하니(化居), 많은 백성들이 곡식을 먹게 되어(烝民 乃粒), 만방이 다스려졌습니다(萬邦 作乂)」

고요가 말했다(皐陶曰) 「그렇습니다(兪)! 당신의 훌륭한 말을 본보기로 삼겠습니다(師汝昌言)」”[120]

그 뿐만 아니라 서경은 순임금이 치수에 성공했음을 기록하였고, 그에 대한 보상으로 우를 백관의 우두머리로 임명한 사실도 기록해 두었다.

“비로소(肇) 열두 주를 두시고(十有二州), 열두 산을 봉하시며(封十有二山) 하천을 깊이 파서 물길을 인도하였다(濬川).”[121]

---

120) ibid p88~89
121) ibid p30

"순<임금>이 말씀하셨다(舜曰). 「아(咨)! 사악아(四岳)! 말을 일으켜서(有能奮庸) 제의 일을 넓힐 수 있거든(熙帝之載) 여러 관직의 우두머리 자리에 있게 하여(使宅百揆) 일을 밝게 하며 동류를 따르게 하리라(亮采惠疇)」.

여럿이 말하였다(僉曰). 「백우가 사공이 되면 됩니다(伯禹作司空)」.

(순)제가 말씀하셨다(帝曰). 「그러하다(兪). 아(咨)! 우야(禹)! 네게 물과 땅을 다스렸으니(汝平水土) 이에 힘쓰라(惟時懋哉)」.

우가 절하고 머리를 숙여(禹拜稽首) 직과 설과 고요에게 사양했다.(讓于稷契暨皐陶),

<순>제가 말씀하셨다(帝曰). 「네가 가라(汝往哉)」."[122)]

그러므로 민본사상이 없이는 결코 불가능한 요·순임금시대의 이 토목사업은 명백히 왕도정치사상의 근본을 보여 주는 기념비적인 일대사건이기에 고대역사는 더 이상 거슬러 올라갈 수 없다. 그리고 요·순임금에 의해 이루어진 토목공사는 고대이집트 왕조가 정복을 통해 탄생한 노예들을 이용하여 왕을 위한 거대한 피라미드와 궁전 그리고 신전을 만든 사건과는 차별되기 때문에 황제의 시대를 거론하여 요·순임금의 존재를 격하하는 것은 중국민족의 자랑스러운 정신세계를 스스로 먹칠하는 것이 될 뿐이다.

그 뿐만 아니라 그런 치수사업과 더불어 주목해야할 또 다른 고려대상은 요·순임금의 왕조가 강력한 군사력으로 주변지역을 통제한 기록이다. 특히 일반인들의 생활방식과 달리 지극히 소모적이고 비생산적인 군대조직의 생활방식은 왕조가 막대한 군비를 조달해야 한다는 점에서 왕조의 성립과정을 이해하는데 대단히 중요한 요소가 된다. 그러므로 군사에 관한 사료는 왕조의 모습을 이해

---

122) ibid p38 -陶는 질그릇 도가 아니라 사람이름 요로 읽어야한다.

하는데 대단히 중요한 역할을 지니게 되는데, 서경의 우(虞)서 순(舜)전은 그 점을 잘 수록해 두었다.

"순임금이 말씀하셨다(帝曰). 「아! 우아(自禹咨禹)! 오직 이 유묘가 명을 다르지 않으니(惟時有苗弗率), 네가 가서 정벌하라(汝徂征)」.

이에 우가 모든 제후들을 모아놓고서(禹乃會羣后) 군사들에게 맹세의 말을 하였다(誓于師曰). 「잘 훈련되고 정돈된 무리여(濟濟有衆)! 모두 나의 말을 들어라(咸聽朕命). 어리석은 이 유묘가(蠢兹有苗) 어둡고 미혹되어 공손하지 않다(昏迷不恭). 업신여기고 거만하여 스스로 어진 체하며(侮慢自賢), 도를 어기고 덕을 어그러뜨린다(反道敗德). 군자는 벼슬길에 오르지 못하고(君子在野) 소인이 관직에 있어서(小人在位) 백성은 방기되어 보호받지 못하니(民棄不保), 하늘이 재앙을 내리셨다(天降之咎). 그러므로 내가 너희 군사들을 거느리고(肆予以爾衆士), 순임금의 명령을 받들어 죄를 벌하고자 한다(奉辭伐罪). 너희들이 모두 마음과 힘을 한결 같이 하기를 바라노라(爾尙一乃心力). 공적이 있을 것이다(其克有勳)」."[123)]

그런데 이 기록에서 유달리 주목되는 점은 군사의 동원에 각 제후들이 참여했다는 점인데, 이 점은 요·순임금의 왕조가 봉건제도로 구성되었고 그리고 주나라 때까지 이 제도가 그대로 전승된 것임을 보여 주는 점이다. 왜냐하면 지금의 중국역사는 봉건제도가 주나라시대의 산물인 것처럼 설명하고 있기 때문이다. 그러나 서경의 기록은 봉건제도는 요·순임금시대 이래로 하나라, 상나라, 주나라의 왕조체제로서 주나라에서 시행한 것이 아님을 분명히 보여 준다. 단

---

123) ibid p72

지 주나라는 주공 단에 의해 주왕실의 인물을 대거 제후로 봉했다는 점이 다를 뿐인 것이다. 그러므로 인사(人事)를 공정하게 하려는 요·순임금이 돋보이는 것이다.

그러면 당연히 묘족을 정벌한 사실을 기록한 서경이 왜 그 시대에 동이·서융·남만·북적이란 용어를 별도로 사용하지 않고 굳이 사이(四夷)라는 용어를 널리 사용했는지가 반드시 논구되어야할 주요대상이 된다. 왜냐하면 이 용어가 단순한 실수로 기록된 것이 아니라면, 이 용어는 대단히 중요한 역사적 의미를 지닐 수밖에 없기 때문이다. 다시 말해 서경이 왜 사이(四夷)라는 용어를 그 당시에 사용했는지가 제대로 파악되어야만, 다민족으로 구성된 거대한 요·순왕조의 성격이 비로소 수긍될 수 있기 때문이다. 그와 아울러 여러 민족을 다스린 요임금의 지도력인 왕도정치사상이 지닌 역사적 의의도 명확히 이해될 수 있기 때문이다.

그러면 황하치수사업 다음의 두 번째 경우로서, 서경이 기록한 9주의 확정이 논구되어야 한다. 구주(九州)는 기주(冀州), 연주(兗州), 청주(靑州), 서주(徐州), 양주(揚州), 형주(荊州), 예주(豫州), 양주(梁州), 옹주(雍州)이다.

그리고 서경의 기록은 이족인 도이(島夷), 래이(萊夷), 회이(淮夷), 화이(和夷)와 만족인 삼위(三危), 삼묘(三苗)의 명칭을 함께 거론하고 있기 때문에 각별한 주목이 필요해진다. 왜냐하면 황로학에 의해 지금껏 요임금 이전의 역사가 신화와 전설로 바뀌었고 그리고 이족의 역사가 말살되다시피 했기 때문에, 이 기록은 요임금 이전의 시대가 어떤 모습이었는가? 하는 의문점을 해명할 수 있는 귀중한 자료가 된다. 물론 이전시대에 관한 의문의 역사는 고고인류학에서 발굴한 많은 유적과 유물을 바탕으로 하여 직·간접적인 해명을 시도할 수 있겠지만, 그러나 본서는 오로지 경전의 기록을[124]바탕으로 하여 중국고대왕조의 역사를 다루어나가려는 목적에만 충실할 뿐이므로 위의 구체적 지명이 지닌 역사적 의의를 주된 논구대상으로 삼는다. 즉 구주가 고대시기에 황하 주변지역의 발전한 모습을 보여 주는 청사진이기 때문에 중요한 역사적 자료가 된다는 점이다.

그러므로 어쨌든 중국고대왕조의 역사는 서경에 기록된 바대로, 요임금과 순임금이 고대왕조의 틀을 완성하여 우임금에게 전승한 것으로부터 시작하여, 그 다음 우임금의 아들인 계가 세운 하나라가 그 틀을 계승하여 발전시켰고, 또 하나라를 뒤이어 은나라가 그 틀을 계승하여 더욱 발전시켰으며, 또 그 다음으로 은나라를 뒤이은 주나라가 그 틀을 계승하여 더더욱 발전시킨 사실은 더 이상 의혹의 대상이 될 수 없다. 그러면 요·순임금을 거쳐 삼대로 전승된 통치이념의 틀이 오늘날의 중국사상과 문화의 모태가 되어 이룩한 역사가 곧 중국민족 본래의 진정한 역사라는 점도 당연히 진실이 아닐 수 없다.

그럼에도 불구하고 혹자들이 순임금과 우임금에 관한 역사의 기록을 모두 입증되지 않은 자료로서 부정하게 되면, 당연히 서주시대에 이르러 촉발되기 시작한 춘추전국시대의 수많은 제후국들의 난립양상을 도저히 설명할 길이 없게 된다. 그러므로 이런 부정적 입장을 극복하려면, 우선적으로 주나라 왕조의 뿌리를 확실히 짚고 그리고 그로부터 역순으로 나아가 고대역사에 대한 의혹을 불식시켜야 한다.

그러면 주나라 역사에서 가장 먼저 확인해야할 중요한 인물은 주나라의 조상은 고공단보(古公亶父)[125]인데, 주나라의 역사는 그가 서쪽 지역으로 이주하여 융(戎)족과 적(狄)족들과 함께 동거하였다고 기록하고 있다. 그런데 이 기록이

---

124) 부득이 고고인류학적 입장과 충돌하는 불가피한 경우가 제기된다면, 본서는 별도의 공간을 마련하여 다룰 것이다.

125) 父는 아버지 부가 아니라 나이 많은 남자에게 쓰는 경칭인 보로 읽어야 한다.

지닌 중대한 역사의 의미는 분열된 주나라를 재통일하여 전국시대를 마감하고서 통일왕조가 된 진(秦)나라도 주나라를 대신하여 동주(東周)시대부터 서쪽 지역을 다스린 제후국이었다는 점이다. 그리고 그 사실과 대조적으로 진나라를 공동으로 무너뜨린 항우와 유방이 공교롭게도 모두 다 춘추전국시대에 초나라와 오나라 영역에 속한 강소(江蘇)성 출신인 점도 매우 이채롭다. 초나라와 오·월나라의 지배영역은 만(蠻)족과 융(戎)족의 지역이기 때문이다. 물론 초나라와 달리 역사의 일각에서 오·월의 지배층을 각기 주나라와 하나라 왕족이라고 구별해도 그러나 그 지역이 역사가 말하는 만족과 융족의 지역인 것만은 변함없다.

그러므로 초·오·월 세 나라가 중국전역을 다스리는 통일왕조의 주인공이 되려면 당연히 통일왕조가 봉토(封土)한 제후국이어야 한다. 왜나하면 만약 그렇지 않다면 이들 나라는 중국을 침범한 이민족 나라가 되어야 하기 때문이다. 즉 화하족과 다른 융족이나 만족이 이들 나라의 백성이라면, 전국시대에 이들 나라는 화하족이 차지하고 있는 중원을 침략하고 또한 정복하려는 나라와 민족이 되는 것이다. 그러나 춘추전국의 분열된 주나라의 정국 속에서도 그들은 이민족의 국가로서 중원을 정복하려는 외래의 침략국이 아니었다. 그러면 도대체 무엇이 그렇게 하나로 융합시키고 있는지가 해명되어야 한다. 곧 그것이 이족의 왕조가 수립한 사해동포(四海同胞)의 정신이다.

그런데 사해동포의 용어는 봉건왕조가 여러 나라를 거느려야 하고 그리고 그에 속한 백성들이 각각 달라야만 발생할 수 있는 용어이다. 그리고 비록 나라와 백성을 달라도 제도와 측량 도구 등이 동일해야만 공동체의 일체감을 형성할 수 있어야만 사용할 수 있는 용어이다. 그런즉 요·순임금이래로 주나라 때까지 이 의식으로 왕조가 백성을 이끌었기 때문에 여러 이민족을 포용한 봉건왕조를 이룩할 수 있었던 것이다. 그러므로 요·순임금의 조그마한 왕국이 중국전역으로 확장해간 그 밑바탕에 만방의 사해동포를 공정하게 다스리겠다는 이념이 없었다면 도저히 불가능해진다. 그렇게 하지 않으면 정복과 정복에 의한 전쟁과 갈등만 지속되었을 것이다. 만약 이런 정신으로 왕조를 다스리지 않았다면, 설사 통일왕조가 구성되었다고 하더라도 그 사회는 다른 문명지역의 왕조처럼 지독한 계급사회의 체제가 되었을 것이다. 그러나 그렇지 않았기 때문에 그나마 약육강식의 분열된 상태인 전국시대에서도 통일왕조의 백성의 틀이 유지될 수 있었던 것이다. 더욱이 사해동포라는 말 중의 해(海)는 바다를 의미하는 말이기 때문에 당연히 바다를 몰랐던 내륙의 초나라의 백성들이 만들고 사용할 수 있는 말이 아닌 것이다.

따라서 요·순임금이 수립한 그 이념을 대대로 왕조의 정통성으로 계승하였기 때문에 왕조가 교체되거나 왕이 교체되거나 간에 각 왕조는 여전히 통치의 중심축을 유지해 나갈 수 있었던 것이다. 즉 최악의 경우인 왕위를 쫓겨나 한탄하는 처지에서도 왕이 무엇이 잘못되었는지를 잘 알고 있었기 때문에 통치의 중심축을 유지하여 중국왕조의 역사관을 형성할 수 있게 된 것이다. 그러므로 여기의 글을 「밝고 밝은 우리선조는(明明我祖) 만방지군(萬邦之君)」 이라고 기록한 서경(書經) 하서(夏書) 오자지가(五子之歌)의 네 번째 문장이 바로 그 점을 확인해준다.

"네 번째의 말이다(其四日). 「밝고 밝은 우리 선조는(明明我祖) 만방의 임금이시니(萬邦之君), 전장을 두시며 법도를 두셔서(有典有則) 그 자손에게 주셨다(貽厥子孫). 어디에나 통하는 부피의 단위와 고른 무게의 단위가(關石和鈞) 왕부에 곧 있는데도(王府則有) 그 실마리를 거칠게 하고 떨어뜨려서(荒墜厥緖) 종통을 뒤엎으며 제사를 끊었도다(覆宗絶祀)」."[126]

마지막으로 거론할 점은 세금에 관한 것인데, 그 점은 하서 우공(禹貢) 편에 자세히 수록되어 있기 때문에, 세세한 내용은 이 주제의 성격에 합당치 않으므로 그 요지만 언급하겠다. 우공의 말은 우임금이 세금을 매겨 부과였다는 뜻인데, 이 기록이 중국 고대왕조의 역사의 출발을 요·순임금시대임을 확인해주는 명확한 근거가 되는 점은 모든 내용이 왕조의 모든 지역을 구주(九州)를 확정하고서 그리고 그 지역의 특성에 맞추어 세금과 공물을 부과한 사실을 기록해 두었기 때문이다. 더욱이 우공의 마지막 기록인 아래의 글이 다음의 결정적인 내용을 담고 있기 때문에 요임금의 시발점에 대해서는 더 이상 재고할 여지가 없게 된다. 그것은 "우가 검은 홀을 바쳐(禹錫玄圭) 그 공을 이룬 것을 고하였다(告厥成功)."는 구절인데, 이 문장에서 우가 바친 홀은 순임금이 하사한 홀이고 그리고 우임금이 공을 이루어 보고한 것은 타계한 순임금에게 구주를 완성하여 요임금에서 시작한 왕조가 마침내 이룩되었음을 보고한 것이기 때문에 구주를 개척하기 이전에 또 다른 왕조가 존재하지 않는 한, 중국고대왕조가 당연히 요임금에서 시작한 것이 진실이 아닐 수 없게 된다. 그리고 이 문장은 후대에 순임금과 우임금이 사이가 나쁘다는 이야기를 꾸며 요·순 사관을 부정하려고 시도하였는데, 그것이 날조된 것임을 명확히 보여주는 증거이기도 한다. 곧 후대에 가공된 그런 이야기는 바로 이 글을 모르는 인물이 만들 수 없는 것이므로, 당연히 그가 서경의 글을 익히 아는 선비이고 또한 반(反)유가 인물임에 증명하는 결정적 증거가 아닐 수 없게 된다.

"동쪽으로 바다로 적시며(東漸于海), 서쪽으로 유사에 덮이며(西被于流沙) 북쪽과 남쪽에 미쳐(朔南暨) 명성과 교화가 사해에 다하니(聲敎訖于四海), 우가 검은 홀을 바쳐(禹錫玄圭) 그 공을 이룬 것을 고하였다(告厥成功)."[127)]

---

126) ibid p188

제3장. 고대왕조사의 기록과 전승은 어떻게 가능했는가?

제1절. 서경을 비롯한 고대경전은 믿을 만한 것인가?

주목 : 이족의 통치이념이 가장 잘 드려난 서책이 바로 서경이다. 특히 서경의 구성이 일방적이지 않은 대화체는 고대왕조의 통치방식이 얼마나 열린 정치방식이었는가를 단적으로 보여 주는 객관적 증거이다. 당연히 그 도덕적 의의는 말로 표현할 여지가 없을 정도로 대단하다. 더욱이 임금과 신하가 나눈 대화의 내용이 임금이 스스로 경계하고 또한 반성하는 마음을 담고 있기 때문에, 그 통치방식은 BC2000년경의 세계사에서 그 유례를 도저히 찾을 수가 없는 경이적인 경우인 것이다. 그러므로 그런 서경의 대화체는 뒤이어 등장한 뭇 경전의 범례가 되었고 또한 논어도 그 전통에 따라 대화체로 구성되어 있다. 하지만 이 전통의 맥이 사라짐과 동시에 또한 그 민본주의적 의의도 사라져 버렸으니 실로 통탄할 일이다.

논구초점 : 20C까지 중국은 주나라이전의 역사를 그 실체를 명확히 파악할 수 없었다는 입장으로 고대역사에 대해 애매한 태도를 취해 오다가 은허의 발굴로 인해 비로소 상나라의 존재를 인정하기에 이르렀고 그리고서 마지못해 하나라의 실체까지도 인정하게 되었다.

그러므로 지금껏 중국이 취한 이런 모호한 태도가 무엇을 의미하고 있는가? 하는 의문점의 끝자락은 단번에 중국인들이 자신들의 고대사에 자신이 없어 한다는 점을 단적으로 직시할 수 있게 해 준다. 그 이유는 그

127) ibid p174~175

동안 화이사상으로 기고만장했든 중국민족이라면 당연히 자신의 고대왕조사를 침소봉대해서라도 자신 있게 전면에 내세워야 하는데, 주나라의 역사는 자신 있게 내세우면서도 그러나 그 이전의 역사에 대해서는 왜 꼬리를 감추려고 하면서 이율배반적인 행동을 보여야만 했는가? 하는 의문점에 대한 답변을 곧장 해야만 했기 때문이다. 그러면 중국이 왜 고대사에 대해서는 그런 애매한 태도를 취하면서, 마침내 동북공정을 통해 또 다시 왜곡된 역사를 만들어 만주의 역사를 억지로 중화사상의 역사에 편입시키려 하는가? 하는 의문점에 대해서도 의혹을 해소할 수 있게 될 것이다.

중국이 주나라의 역사를 실체로서 인정한다면, 당연히 그 실체와 연결된 은나라의 실체도 다 함께 인정해야 한다. 그러므로 중국고대사에서 중국인들이 보인 이중적인 처신은 논리적으로 보나 사실적으로 보나 심히 부적절하다. 그 까닭은 은나라의 실체를 부정하게 되면, 주나라가 은나라를 멸망시키고 탄생한 역사적 사실도 부정하게 되며 더 나아가 도대체 주나라는 어떻게 역사무대에 등장하게 되었는지의 설명이 오리무중하게 되기 때문이다. 따라서 주나라의 역사를 인정하면 당연히 주나라가 계승한 은나라의 홍범구주를 인정해야 하고 또한 은나라의 홍범구주를 인정하면 마찬가지로 하나라의 역사를 인정해야 하고 그리하여 마침내 서경의 모든 기록을 명확한 역사적 사실로서 인정해야 한다.

그럼에도 불구하고 중국이 이런 논리적인 사실관계를 인정하지 않게 되면, 당연히 누군가가 후대에 서경의 내용을 의도적으로 만들어 조작한 것이라고 스스로 주장하는 꼴이 되는데, 그러면 누가 그런 엄청난 내용을 어느 시기에 무슨 의도로 조작했는가? 하는 의문점이 비중이 더 큰 역사의 과제가 급부상하게 될 것이다. 더욱이 그런 내용을 조작하려면 엄청난 상상력을 가지고서 고대의 인물과 그 사상을 역사의 시대별로 만들어야 하는데, 그런 방대한 역사왜곡과 날조가 주나라 시대에 가능했겠는가? 하는 의문점이 수직상승할 것이다. 왜냐하면 그런 내용은 주 왕조가 앞장서서 하지 않으면 불가능한데, 자신이 멸망시킨 왕조를 격하시켜야만 하는 주 왕조가 자진해서 자신을 은 왕조의 홍범구주를 계승한 왕조라고 자처하면서 요·순임금 왕조를 중국고대왕조의 시발점으로 삼았겠는가? 하는 의문점 때문이다.

그러므로 주나라시대까지 전승된 서경의 내용을 후대에 누군가가 조작했거나 아니면 주나라 때에 없던 서경을 후대에 누군가가 저술했다고 하는 그런 주장은 결코 성립할 수 없게 된다. 더욱이 그 책이 왜곡된 내용으로 구성된 것이라고 주장한다면, 당연히 그 당시의 다른 서적의 내용도 똑같이 왜곡된 것이기 때문에 그 주장은 결코 타당할 수 없게 된다. 만약 누군가가 의도적으로 만들었다고 주장하더라도, 그 경우는 마찬가지로 다음의 두 가지의 자가당착에 빠지게 되는데, 하나는 당시의 다른 저서의 내용과 서경의 내용이 일치했다면, 당연히 서경을 만든 인물이 그 당시의 다른 서책의 기록을 그대로 옮겨 놓았다고밖에 말할 수 없게 되고, 다른 하나는 서경의 내용이 다른 서적의 내용과 전혀 달랐다면, 이미 그 당시에 논란거리가 되어 결코 중국민족이 존중하는 유교의 경전이 될 수 없어야 마땅해 진다. 따라서 오늘날에 이르기까지 고대경전으로 인정받고 있는 객관적 사실을 도외시하고서 서경의 기록을 진위(眞僞)의 시비 대상으로 삼는 일은 결코 있어서는 안 될 것이다. 왜냐하면 첫째는 서경의 내용을 부정할 수 있을 정도의 객관적 권위를 지닌 고대시기의 서책이 존재하지 않기 때문이고, 그리고 둘째는 그에 버금가는 정도의 서책이 주나라 초기의 시경인데, 그 시경의 내용도 서경의 내용과 다를 바 없기 때문이고, 세 번째는 고대왕조의 역사를 거론한 나머지의 서책들은 후대에 저술되어 그 내용의 객관성을 증명할 고대문헌의 근거조차 없는 자의적인 기록인 점 때문이다.

따라서 지금까지의 본서의 의도와 논구방향을 부정적으로 반박하려면, 당연히 그 논박은 서경의 글들이 사실에 근거하지 않은 허구적인 기록들이고 그러므로 공자의 사상도 잘못된 것이지만 그러나 그 반대로 사마천과 그리고 그의 입장을 동조하는 인물들이 차후에 기술한 중국의 고대사는 거짓이 아닌 사실이라고 말해야만 한다. 그리고 더 나아가 서경의 내용을 견지한 공자와 유가의 무리들이 중국고대의 통치이념과 왕조의 역사를 왜곡하였다고 당연히 주장해야 한다. 다시 말해 공자가 지금의 서경의 내용들을 그 당시의 역사의 기록과 달리 의도적으로 왜곡하고서 편찬한 것이라고 주장해야 한다. 그렇다면 당연히 위의 반론이 자기주장의 정당성을 입증하려면, 서경의 내용이 중국고대 왕조의 실제모습과 다른 것으로서, 왕도정치사상을 계승한다는 명분을 내세운 유가에 의해 왜곡되었다는 점을 타당하게 논증해야 한다.

그러므로 황로학에 의해 자행된 역사왜곡을 바로 잡기 위해서는 서경에 수록된 고대기록은 면밀히 검토되어야 한다. 그런데 서경은 요임금과 순임금과 우 임금이 확립한 왕도정치의 근본을 다음과 같이 기록해 두었는데, 이것이 거짓된 것인지를 가리는 논구가 바로 서경의 기록이 거짓된 것인지를 판명하는 시발점이 될 것이다. 왜냐하면 이것이 거짓된 것이라면, 서경의 내용과 전혀 다른 고대역사가 존재해야 하기 때문이다.

"옛 대우를 상고해 보니(曰若稽古大禹), 다음과 같이 말할 수 있다(曰).

「말과 글의 가르침을 사해에 펴시고(大命敷于四海), 순임금을 공경히 받드셨다(祗承于帝)」

우가 말하였다(曰).

「임금이 그 임금의 자리에 있는 것을 지극히 어렵게 여기고(后克艱厥后), 신하가 그 신하의 자리를 지극히 어렵게 여겨야(臣克艱厥臣), 정사가 비로소 다스려져(政乃乂), 많은 백성들이(黎民) 재빨리 혜택을 받고서 크게 고맙게 여길 것입니다(民德)」

순임금이 말씀하셨다(帝曰).

「그러하다(兪)! 진실로 이같이 하면(允若玆), 아름다운 말이 숨겨지지 않고(嘉言罔攸伏), 들에는 버려진 어진이가 없어(野無遺賢), 만방이 다 편할 것이다(萬邦咸寧).

여러 사람을 살펴서(稽于衆), 자신을 버리고(舍己) 남을 따르며(從人), 무고한 자를 학대하지 않으며(不虐無告), 곤궁한 자를 버리지 않는 것은(不廢因窮), 오직 요임금만이 능히 이룰 수 있는 일이셨다(惟帝時克)」"[128]

그러므로 춘추시대의 공자의 생각과 마찬가지로 전국시대의 맹자도 전국시대가 지향하는 패도(覇道)정치에 대해 분명한 어조로 지극히 부정적으로 평하였다.

"맹자께서 말씀하셨다(孟子曰). 「힘으로서 인의 행위를 빌린 자는 패자이니(以力假仁者覇), 패자는 반드시 대국을 소유하여야 하고(覇必有大國),

덕으로써 인을 행한 자는 왕이니(以德行仁者王), 왕은 대국을 필요로 하지 않는다(王不待大). 탕왕은 70 리를 가지고 하셨고(湯以七十里), 문왕은 백 리를 가지고 하셨다(文王以百里).

힘으로써 남을 복종시키는 자에게는(以力服人者) 진심으로 복종하는 것이 아니라(非心服也), 힘이 부족해서요(力不贍也), 덕으로써 남을 복종시키는 자에게는(以德服人也) 중심으로 기뻐하며 그리하여 진실로 복종함이니(中心悅而誠服也), 70제자가 공자에게 심복함과 같은 것이다(如七十子之服孔子也).

128) ibid p51

시경에서 말하였다(詩云). '서쪽에서부터 동쪽에서부터(自西自東) 남쪽에서부터 북쪽에서부터(自南自北) 불복을 생각하는 이가 없다(無思不服)'고 하였는데, 이것을 말하는 것이다(此之謂也).'」"[129]

그런즉 맹자보다 뒤 늦은 순자는 한 걸음 더 나아가 고내왕조의 동치내력을 총체적으로 다음과 같이 잘 요약하였다.

"왕의 제도는(王者之制) 그 도가 하·은·주 삼대에 불과하고(道不過三代), 법은 후세의 임금도 다르지 않다(法不貳後王). 도가 삼대를 지나면서(道過三代), 근거없이 제멋대로가 되어 그것을 두고서 탕이라고 말하며(謂之蕩), 법이 후세의 임금과 다르게 되어(法貳後王), 그것을 두고서 규범에 맞지 않는 것이라고 말한다(謂之不雅).

의복에는 제도가 있고(衣服有制), 궁실에는 법도가 있으며(宮室有道), 부리는 사람에게는 일정한 수가 있고(人徒有數), 상례나 제례에 쓰이는 용구에는(喪祭械用 喪祭械用) 모두 적당한 등급이 있다(皆有等宜).

음악은 우아한 소리가 아닌 것은(聲則凡非雅聲者) 모두 폐지하며(擧廢), 채색은 옛날에 근거 있는 무늬가 아닌 것은(色則凡非舊文者) 모두 없애며(擧息), 쓰는 용구들은 옛날에 근거가 있지 않은 것이면(械用則凡非舊器者) 모두 부숴버린다(擧毁).

이런 것을 두고서 복고라 말하며(夫是之謂復古), 이것이 왕의 제도인 것이다

---

129) 맹자 p97. 시경(詩經)의 말은 대아문왕유성편(大雅 文王有聲篇)에 있다.

(是王者之制也)."[130]

그런데 여기에서 주의해서 할 것은 「도는 하·은·주 3대에 불과하고, 법은 후왕과 다르지 않다」 고 말한 대목을 제대로 이해해야 하는데, 어쨌든 이 글의 뜻을 명확히 이해하려면, 순자가 말한 다음의 글을 참조해야 한다. 즉 아래 문장에 있는 「<하·은·주> 세 왕조는 비록 망했지만(三代雖亡), 다스리던 법은 남아 있다(治法猶存)」 는 말이다. 물론 순자의 이 말은 주나라가 더 이상 통일왕조의 종주가 될 수 없음을 염두에 두고서 한 말이라고 여길 수 있겠지만, 어쨌든 그 말은 황로학의 입장과 달리 왕조의 교체와 달리 고대통치이념은 그대로 존속되어야 함을 의미한다. 즉 왕조가 망해도 다스리던 법은 남아 있다는 뜻이다.

"무릇 하늘은 백성을 낳고(夫天生蒸民) 자기 지위를 취하는 근거를 마련해 두었다(有所以取之). 뜻을 완전히 수양하고(志意致修) 덕행을 두터이 이루며(德行致厚) 지혜와 생각의 총명함을 이루면(智慮致明) 이는 천자가 천하를 취하는 근거가 된다(是天子之所以取天下也).

정령이 법도에 들어맞고(政令法) 거동이 때에 알맞으며(擧措時) 재판을 공평히 하고(聽斷公) 위로는 곧 천자의 명령을 잘 따르며(上則能順天子之命) 아래로는 곧 백성을 잘 보호해 준다면(下則能保百姓), 이는 제후가 나라를 취하는 근거가 된다(是諸侯之所以取國家也).

뜻과 행실을 잘 닦고(志行修) 맡은 관직을 잘 다스리며(臨官治) 위로는 곧 윗

130) 순자 p122

사람의 뜻을 잘 따르고(上則能順上) 아래로는 곧 그의 직책을 잘 수행한다면(下則能保其職) 이는 사와 대부가 밭이나 고을을 취하는 근거가 된다(是士大夫之所以取田邑也).

법령, 도량형, 형법, 지적도, 호적을 잘 따르고(循法則 度量 刑辟 圖籍) 그 뜻을 모른다 하더라도(不知其義) 그 법칙은 삼가 잘 지키며(謹守其數) 진실로 덜거나 보태지 않고(愼不敢損益也) 아버지로부터 아들에게로 전하면서(父子相傳) 임금을 잘 도와야 한다(以持王公).

그 때문에(是故) <하·은·주의>세 왕조는 비록 망했으나(三代雖亡) 그들이 다스리던 법은 아직도 남아 있으니(治法猶存) 이는 백관들과 관리들이 봉록을 받는 근거가 된다(是官人百吏之所以取祿秩也)."[131]

그 뿐만 아니라 그가 정리한 왕도사상에서 주목해야할 점은 전국시대에 황제사상과 노자사상을 결부시켜 새로운 사상으로 거듭난 황로학의 근본이 결코 서경에서 밝힌 왕도사상의 틀을 벗어나지 못한다고 말한 점이다. 그런즉 이 문장이 밝힌 바대로 왕도정치의 노선은 시대를 불문하고서 왕조의 통치자에게 정치의 근본을 제대로 따라가도록 인도하는 통치의 이정표인 것이다.

그러므로 고대왕조가 수립한 통치노선은 서경의 기록이 보여 주는 바대로 덕치주의와 법치주의가 모두 가능하도록 문무를 갖추어야 한다. 그 점은 요임금의 기록이 보여 주는데, 요임금이 고대왕조의 시발점이기 때문에 당연히 이 문장은 차후의 모든 위정자들의 통치행위에 대해 근본적 강령의 성격을 지니고 있다고 말할 수 있다. 특히 성(聖)과 신(神)을 아울러 갖추고 있다는 「성스럽고

131) ibid p101

신묘하다는((乃聖乃神)」 말은 황로학의 선비들에게 영향을 미치지 않을 수 없는 뜻을 담고 있는 글이다.

"익이 말했다(益曰). 「아(都)! 요임금의 덕이 넓고 쉼 없이 운행하여(帝德廣運), 성스럽고 신묘하시며(乃聖乃神), 무가 있으시며 문이 있으십니다(乃武乃文). 황천께서 돌아보시고 명하시어(皇天眷命), 사해를 다 소유하게 하시고(奄有四海), 천하의 임금으로 삼으셨습니다(爲天下君)」"[132]

그렇다면 당연히 그 서경의 내용이 후대에 이르러 도가의 사상이 영향을 주었는지, 아니면 극단적인 경우로서 도가의 사상이 예로부터 전승된 어떤 사상과도 아예 무관한 상황에서 독자적으로 형성된 것인지가 논구의 쟁점이 될 수 밖에 없다.

더 나아가 모든 전통을 무시한 듯이 또는 무관한 듯이, 또는 세속을 초연한 듯이 한 도가사상가들이 도리어 유가를 극단적으로 비난하고 배척하는 말들을 쏟아내고는 더 적극적이고 열정적으로 당시 정국에 영향을 미치려고 한 이유가 도대체 무엇인가? 하는 관점이 논구의 대상이 될 수밖에 없다. 그 이유는 연역적인 문장을 구성함에 있어서 대전제를 어떻게 설정하느냐에 따라 그 추론과정 및 결론의 타당성이 전혀 달라지는 만큼, 유가가 견지하려는 고대통치노선의 올바름을 문제 삼게 되면, 모든 중국고대사가 문제가 되고, 그 여파로 모든 중국문명과 문화의 근원마저 의심의 대상이 될 것이 충분히 예상되는 일인데도 불구하고, 도가가 황제를 내세워 요·순임금을 격하하고 서경의 권위를 추락시키는 일을 감행한 것은 거대한 정치적 의도가 없이는 진행될 수 없는 일이기 때문이다. 다시 말해 개인으로서는 도저히 감당할 수 없을 정도의 파장이 일게 될 그런 거창한 작업은 몇 명의 사상가에 의해 가능해질 수 있는 일이 결코 아

132) 서경 p54

니기 때문이다.

그런즉 전국시대의 정국과 그 정국을 주도하려는 거대한 정치세력의 뒷받침이 없이는 결코 나타날 수 없는 황로학의 존재는 정치적인 시각으로 들어다 보아야만 그 실체를 정확히 파악할 수 있게 된다. 이 관점은 다음의 정황을 떠올리면 뚜렷해진다. 그것은 진나라가 천하를 제패하고 나서 자행한 분서갱유 이후 줄곧 유가가 지리멸렬하였다면, 그리고 한나라 때에 국학으로 승격되지 않았다면, 중국민족이 지금의 서경의 기록을 경전의 기록으로서 결코 존중하지 않게 되었을 것이라는 점이다.

그러므로 앞에서 충분히 지적했고 그리고 앞으로도 계속 지적할 것이지만, 서경의 본뜻을 무시하고서 왜곡된 시각으로 동이·서융·남만북적의 용어를 무조건 야만적인 이방인으로 해석해서는 안 되며, 마찬가지로 우리민족도 우리말인 오랑캐라는 비하적인 용어로 사용해서 경멸적으로 해석해서는 결코 안 된다. 따라서 서경의 기록을 순수하게 그대로 해석하여, 동이와 남만의 백성이 중국고대왕조를 이룬 바탕이고 그 다음으로 순차적으로 서융과 북적의 백성이 그들과 융합하여 오늘날의 중국민족을 이루었다고 해석해야한다. 그러므로 이 입장과 화하족을 내세워 각 민족을 차별하고 격하하려는 입장과는 천양지간(天壤之間)의 차이점이 있다는 것을 각별히 유념해야 한다.

따라서 이 점을 서두에서부터 독자들에게 주지시킨 본서는 줄곧 중국고대왕조와 그 민족의 역사를 오늘날의 시각으로 판단해서는 안 되며 또한 고대왕조사와 민족사의 내용도 오늘날의 영토개념을 바탕으로 하여 이해해서는 안 된다는 점을 내내 논구하였다.

그럼에도 불구하고 중화사상의 입장이 여전할 것이므로, 다시 한 번 더 그 점을 부언 반복해서 설명하지 않을 수 없게 되는데, 그 점은 중국역사에 황제(黃帝)의 인물을 빼고 이해하는 입장과 황제의 인물을 넣고 이해하는 입장사이에도 천양지간의 간격이 발생한다는 것이다. 그리하여 본서는 고대시기에 제후의 봉토에도 나라 국(國)의 글자를 적용했기 때문에 중국(中國) 혹은 중방(中邦)이란 말은 당연히 오늘날의 영토적인 의미가 아니라 왕조가 봉토한 여러 제후국을 거느린 왕조의 중심적 위상을 상징한다는 것을 지적하지 않을 수 없었다. 그리하여 본서는 여태껏 전국시대에 이르러 중방의 백성을 하화족으로 둔갑시키고 그 중국을 화하족의 왕이 다스린 화하 족의 나라로 변조시키고, 마침내 마지막에 이르러 고대왕조의 동등한 백성인 이·만·융·적의 민족을 도리어 이방의 미개민족으로 전락시킨 왜곡된 중국역사의 실상을 바로 잡지 않으면 안될 이유를 독자들에게 명확히 납득시키려고 하였다.

제2절. 고대왕조의 역사를 전승할 기록의 수단은 갖추어져 있었던 것인가?

주목 : 기록의 수단이 완벽한가? 하는 문제는 기록의 수단이 불충분하면 그 내용이 제대로 기록되지 않아 후대에 잘못 인식될 수 있는가? 하는 문제와 연결된다. 그런데 다행스럽게도 서경의 기록은 후대에 내려가면서도 그 기록의 내용이 결코 훼손되지 않았다. 왜냐하면 요·순임금이래로 주나라까지 역사가 면면히 이어졌고 그리고 후대왕조가 전대왕조의 문물을 계승하였기 때문이다. 다시 말해 갑골문자가 주나라의 문자로 그리고 한자로 이어져 내려 온 기록과정이 훼손되거나 변질되지 않았기 때문에 결코 잘못이 있을 수 없다는 것이다. 즉 글자를 개량한 주역이 동일하고 동질적이기 때문에 전대의 기록을 후대의 사관이 고스란히 원뜻을 그대로 개량된 글자로 옮겨 놓을 수 있었던 것이다. 그러므로 후대의 인물이 기록된 글자를 두고서 그 뜻을 잘못 파악하여 스스로 진의를 오도할 수는 있어도, 그러나 기록된 내용과 글자는 여전히 변함없이 그대로였

던 것이다.

논구초점 : 고대중국역사가 중간에 단절된 적이 없기 때문에 글자가 개량되었더라도 사관이 고어와 신어를 다 함께 알고 있었기 때문에 원문을 새롭게 정리하는 작업에서 큰 어려움이 발생할 수 없었다. 물론 후대에 이르러 사관이 새로운 글로 옮기는 과정에서 의도적으로 내용을 변조한 경우가 더러 있었기 때문에 누구라도 서경에 대하여 그런 우려석인 지적을 할 수 있겠지만, 그러나 전대와 후대의 왕조가 동일한 통치이념으로 나라를 다스렸기 때문에 서경의 경우에는 그런 일이 결코 발생하지 않았다. 그러므로 서주가 아닌 동주에 이르러서는 정국의 혼란 때문에 왕조의 사관이 사관의 역할을 다할 수 없어서, 서경에 더 이상의 기록이 추가되지 못함이 매우 안타까울 뿐이다.

그리하여 전국시대 말기에 이르러 진(秦)나라에서 재상 여불위가 개인의 힘으로 '여씨춘추(呂氏春秋)'를 만들었지만, 그 내용 중 많은 점이 의심스러워 진위부터 가려져야 할 형편이다. 그리고 백년이 지난 뒤에 한나라 사관이었던 사마천도 여불위처럼 개인적인 입장에서 그리고 여불위와 달리 직접 사기를 저술했지만, 그러나 어떤 내용은 사마천의 주관적 관점이 개입되었기 때문에 역시 그 점도 진위부터 가려져야 했다.

기록을 할 수단인 문자와 그리고 그 기록을 담을 여러 가지 필기도구가 없이는 기록이란 지난한 작업이 도대체 불가능하고 따라서 역사에서 객관적인 기록의 전승방식은 도저히 있을 수 없게 된다. 그렇다면 당연히 고대사를 기록한 수단이 언제쯤 제대로 구비되었는지를 기점으로 삼아 그리고서 그 이전에 발생한 역사적 사실들이 어떻게 전승되어 왔는지를 가늠하면서 고대기록의 진위를 결정해야 한다.

그런데 글을 기록하는 직접적인 도구는 기록의 수단인 글자에 비해 더 명백하게 기록의 시기를 판단할 수 있게 해주는 역할을 지니고 있다. 왜냐하면 먼저 주나라 때에는 당연히 한지가 없었기 때문에 한지에 의한 기록이 있을 수가 없는 일이고, 또한 양피지와 같은 가죽도 서구에서 중세기 때부터 사용한 것이기 때문에 주나라의 때의 필기수단이 될 수 없는 일이다. 그러면 두 가지 정도의 경우만 남게 되는 데, 하나는 비단과 같은 피륙에 기록하는 것이고 다른 하나는 돌, 금속, 목간·죽간에 기록하는 것이다. 전자는 양잠이 시작된 시기가 약 BC3000년 정도이므로 요·순·우 및 하··은·주 왕조가 당시의 사건을 비단으로 기록한 일이 가능했다고 추측할 수 있겠지만, 그러나 이례적인 경우가 아니면 경제적인 이유 때문에 도저히 있을 수 없는 일이기 때문에 긴 문서와 서책을 만드는 경우에서는 비단을 사용하는 일은 제외시켜야 한다. 그리고 후자의 경우에서는 목간과 죽간에 의한 기록이 사실로서 입증되었기 때문에 이것과 한지(漢紙) 사이의 기간이 고대기록의 실상이 될 것이다. 물론 금속이나 옥 그리고 돌과 같은 곳에 글을 새기는 경우가 당연히 있었지만, 그러나 그것도 새기는 어려움 때문에 장문의 글을 기록하는 경우에서는 배제된다. 하지만 그것들은 죽간과 같은 역할은 미미했을지라도, 신분을 나타내는 수단으로 이용되었기 때문에 다른 역사적 의문점을 푸는 일에는 단서를 제공하는 실마리가 된다.

그런데 정작 중요한 것은 중국고대사를 전승한 고대중국어는 일찍이 동아시아 민족들에게 한자로 불린 그 글자와는 사뭇 다르다는 점이다. 물론 한자는 한나라의 글자를 의미하는 것이지만 그러나 그 글자가 주나라 때에 골격을 제대로 갖춘 것이기 때문에 실제로는 한나라의 글자라고 말하는 것은 잘못된 경우에 해당한다. 다시 말해 춘추전국시대가 주나라시대였고 그리고 주나라의 문자를 당시의 제후국인 진나라와 또한 진나라 이후의 한나라가 널리 사용하였기 때문에 주나라의 글자라고 말하는 것이 오히려 당연할 일이다. 그러면 한자의 용어는 대단히 중요한 역사의 의문점을 지니게 되는데, 그것은 한자(漢字)라고 주변민족들에게 불리기 이전에 주자(周字)라고 불릴 수 있는 글자가 주변민족에게 알려지지 않았는가? 하는 의문점이다. 그리고 더 나아가 더 근원적인 의문점이 연이어서 발생하는데, 그것은 은나라의 갑골문자의 실체는 왜 역사에서 사라졌는가? 하는 점이다. 이 의문점이 중요한 까닭은 지금에 와서 은나라의 갑골문자가 오늘날의 한자의 원형이라고 판명되었기 때문이다. 그러면 중국고대역사의 정체를 올바르게 밝히기 위해서는 오히려 이 의문은 더더욱 해명되어야 한다. 즉 주나라가 은나라의 문물을 계승했음에도 불구하고 왜 가장 중요한 문자의 흔적을 보존하지 않았는가? 하는 의혹은 단순하게 처리하고 넘어갈 그런 역사적 의문이 결코 아니라는 것이다.

그런데 갑골문자로부터 다음의 몇 가지 결론이 유추될 수 있는데, 그것은 다음과 같다. 그리고 추후에 이것을 바탕으로 하여 논구를 이어나갈 것이다.

1. 거북의 뼈에도 글자를 새길 정도라면 은나라는 대단한 정도의 문명과 문화를 지니고 있다.

2. 거북이 뼈에 새긴 글자의 뜻을 서로 해석할 정도라면, 그 글을 이용하여 서경에 수록된 내용도 충분히 전승할 수 있다.

3. 주나라가 은나라의 문자를 더욱 발전시킨 것이라면, 당연히 은나라의 문자도 그 기원이 있어야 한다. 왜냐하면 주나라가 은나라의 홍범구주를 계승했다면, 당연히 그 사실이 은나라의 문명수준이 주나라의 문명수준보다 우수하다는 것을 단적으로 증명하는 것이며, 또한 그렇게 되면 은나라도 문물을 계승한 하나라의 문명에서 그 기원을 찾아야 할 것이기 때문이다. 그러므로 사실적으로나, 논리적으로나 당연히 서경의 기록은 의심할 여지가 없는 역사적 사실이다.

4. 은나라 이전의 하나라의 문명도 주·은 관계와 대동소이했다. 그 이유는 중국이란 말이 의미하는 바처럼 왕조의 문물제도가 만방의 표준이므로, 제후국의 문물이 중앙의 왕조의 문물보다 더 훌륭할 수 없기 때문이다. 그러므로 은나라가 외래에서 침략하여 하나라를 정복한 이민족 왕조가 아닌 한에서는 결코 건국 초기에는 하나라의 문물보다도 더 우수할 수 없다. 그리고 하나라도 요·

순임금 왕조를 우가 선양받아 계승한 나라이기 때문에, 서경에 기록된 바대로 요·순임금의 왕조가 하나라의 전신인 것이다. 그러면 요·순임금시대의 월령을 후대왕조가 줄곧 계승한 점을 미루어 요·순임금시대가 높은 수준의 문명을 이룩하였다고 말해야 한다.

5. 그러면 가장 중요한 문제점이 남는데, 그것은 은나라 문명을 계승한 주나라가 왜 은나라 문자의 흔적을 없앴는가? 하는 점이다. 다시 말해 홍범구주를 계승할 정도의 문명수준인 주나라가 고도의 글자를 미리 가지고 있거나 아니면 자체적으로 개발했을 여지가 전혀 없으므로 따라서 당연히 그 작업은 은나라의 지식인들이 했다고 말할 수밖에 없게 된다. 그런데 오히려 이점이 또 다른 의혹을 증폭시키는데, 그 이유는 은나라 지식인이 자신들의 언어를 개량하면서 그 흔적을 결코 없앨 이유가 전혀 없기 때문이다. 그렇다면 합당한 이유를 굳이 찾자면, 그 이유는 주나라가 그것을 간직하고 싶지 않았기 때문일 것이다. 물론 그 이유가 복합적인 것일 수밖에 없기 때문에 간단히 말할 수 없더라도, 두 가지 점은 명확하게 추측되어진다. 하나는 은나라가 하나라를 계승할 적과 달리 서방의 주나라에는 독자적인 문자가 없었다는 점이다. 다른 하나는 주나라가 은나라의 문자를 계승하여 새롭게 발전시키면서 그 기원을 은나라에 두지 않고 주나라의 독창적인 작품으로 만들고 싶어 했을 것이라는 점이다.

따라서 한문구조가 은나라의 말의 언어구조와 같다고는 말할 수 없겠지만, 오늘날의 한문은 동쪽의 은나라의 말과 서쪽의 주나라의 말이 섞이어 이루어진 것으로 추측해야만 모든 맥락의 선후가 일관될 것이다.

하여간 위의 추론은 그 밖의 다른 역사적 사실과 부합하기 때문에 논리적으로는 타당하지 않을 수 없게 된다. 곧 다른 고대문명에서의 상형문자를 포함하여, 수많은 부조의 벽화가 역사의 사실을 기록하는 수단이 되어 그 당시의 역사적 사건들을 생생하게 전달하고 있는 점 때문이다. 그러면 그림보다도 한 단계 위인 상형문자가 있었다는 사실만으로도 충분히 서경의 내용이 후대에 그대로 전달되었다고 말할 수 있게 된다.

그러면 중국의 고대 언어가 지금의 한자와 한문의 관계처럼 일방적으로 형성되어 있었는가? 하는 의문점은 더 심도 깊게 논구되어야 한다. 왜냐하면 역사적으로 어느 나라에서도 소리언어가 먼저 등장하고 그 다음으로 글자언어가 등장하였기 때문이다. 즉 한글은 나중에 만들어졌지만, 그러나 한글의 탄생이전에 소리언어의 어순구조가 없었다면 한자를 고스란히 한글의 문장 속에 그대로 수용할 수 없어서 지금쯤은 중국어가 한글을 대신한 모국어가 되어 있었을 것이기 때문이다. 만약 그렇지 않았다면, 한 쪽에서는 오직 한자로만 구성된 한문과 다른 쪽에서는 한자를 수용한 한글문장 및 일본글 문장이 서로 양립하는 일이 결코 없었을 것이다.[133)]

그렇다면 기록에서 가장 문제가 되는 요소는 역시 글자인데, 바로 이 한자가 중국역사를 이해하는 길잡이 역할을 톡톡히 할 수 있다. 왜냐하면 언어가 기록의 수단이외에 의사소통의 수단이기 때문이다. 즉 중국왕조는 다(多)민족을 소리로서 의사소통을 원활하게 만든 것이 아니라, 그런 소리의 발음과 상관없이 문자의 형상을 가지고서 다민족을 원활하게 하나로 소통시켜 통일시켰기 때문이다. 특히 생활풍습이 서로 다른 여러 민족을 어울리게 하여 하나의 통일국가를 형성하고 있을 때에는 더더욱 그 역할이 중요하였다. 그러므로 오늘날의 한자로 불리는 문자기 형성되고 발전하게 된 과정이 중국고대왕조와 중국고대역사를 이해하는데 있어서 결정적인 실마리를 제공할 수 있게 된다.

흔히 오늘날 한자로 불리는 문자는 주지하다시피 한나라 시대의 산물이 아니고 주나라시대에 산물이다. 하지만 그 문자는 은나라와 무관하게 주나라가

133) 고대중국민족의 어순이 문자의 발전에 따른 즉 표음문자인 한자의 성격 때문에 그렇게 된 것인지, 아니면 주나라 때에 다른 민족의 어순에 한자가 수용되어 오늘날의 한문구조가 완성된 것인지가 문제가 된다. 왜냐하면 표의문자인 한자가 없는데도 불구하고 고대의 소리언어의 구조가 현재의 한문구조와 동일했다면, 과연 언어의 전달역할을 제대로 할 수 있었겠는가? 하는 의문점 때문이다. 다시 말해 표의문자는 소리를 표현하는 글자가 아니기 때문에 글자를 만들게 되면 읽는 발음도 새롭게 만들어져야 하는데, 표의문자이전의 표의문자의 발음이 도대체 어떻게 가능할 수 있는가? 하는 점 때문이다.

가지고 있는 고유한 문자가 아니다. 왜냐하면 주나라가 은나라의 홍범구주를 그대로 수용했다는 서경의 기록은 주나라가 은나라의 언어를 사용하고 있는 제후국임을 증명할 뿐만 아니라 또한 은나라가 기록의 수단인 문자를 지니고 있었다는 것을 증명하는데 비해 서방의 제후국인 주나라에는 그런 증거가 없기 때문이다. 하여간 그런 중대한 의의를 지니고 있는 홍범구주에 관해서는 뒷장이 자세히 논구할 것이다.

따라서 한자의 전신인 주나라의 문자가 은나라의 문자와 무관한 독창적인 문자가 되려면, 다음의 논점을 명확히 입증해야 한다.

첫째, 주나라 문자가 독창적인 것이라면 당연히 주나라는 이전 왕조인 은나라와 무관한 서융족의 정복왕조이어야 한다.

둘째, 주나라가 정복왕조가 되려면, 주나라는 은나라의 제후국이어서는 아니되고 고대 은 왕조는 이족의 왕조이어야 한다.

셋째, 주나라가 정복왕조가 아닌 하나라를 뒤이어서 화하족이 세운 왕조가 되려면, 서융족과 무관한 나라이어야 하고 그리고 화하족은 서융족과 마찬가지로 서쪽 지방에 거주한 민족이어야 한다.

넷째, 주나라가 은나라의 제후국이면서 화하족의 왕조라면, 당연히 은나라는 화하족과 이족으로 구성된 나라이어야 한다.

다섯째, 비록 주나라 문자가 독창적인 것이라고 할지라도, 정복왕조인 주나라에게 은나라의 기록물이 전승되려면 당연히 은나라에도 기록의 수단인 문자가 있어야 한다.

여섯째, 정복왕조인 주나라는 은나라의 기록물을 자신의 독창적인 글자로 번역하는 과정에서 반드시 자신의 왕조가 은나라 왕조와 전혀 무관한 정복왕조임을 밝혀 놓아야만 정상적이다.

일곱째, 그와는 달리, 주 왕조가 은 왕조의 제후국으로서 은 왕조를 타도한 것이라면, 주 왕조는 은 왕조의 언어와 문자를 사용하든가 아니면 자신이 다스리고 있는 지역민의 언어와 문자를 사용해야 한다.

여덟째, 주나라의 언어가 은 왕조의 언어와 다른 것이라면 당연히 주나라의 언어는 화하족의 언어이든지 아니면 서융족의 언어이어야 한다. 그러므로 주 왕조의 지배영역에서 사용한 문자가 오늘날의 한자의 기원이 되었다면, 당연히 그 문자의 흔적이 서쪽지역에 남아 있어야 한다. 그렇다면 어쨌든 한자의 기원은 동이족의 문자가 아니라 화하족의 문자이든지 아니면 서융족의 문자이어야 한다.

아홉째, 주왕조의 문자가 은 왕조의 것보다도 더 나은 것이라면 당연히 서융 지역의 문화수준이 은 왕조의 문화수준보다도 더 높아야 한다.

그런데 서경(書經) 주서(周書) 태서(太書) 중(中)은 주 왕조의 출발을 다음과 같이 기록하여, 이민족인 주나라가 이민족인 은나라를 정복한 것이 역사적 사실이 아님을 분명히 보여 주고 있다. 특히 주 왕조는 그 기록에서 은 왕조를 무너뜨린 자신들의 집단을 서쪽 땅의 무리(西土有衆)라고 기록하여, 자신들의 정체가 은 왕조의 서방에 위치한 은의 백성임을 확실히 밝히고 있다.

> "말씀하셨다(曰). 「아(嗚呼)! 서쪽 땅의 무리여(西土有衆). 모두 나의 말을 들을지어다(咸聽朕言)」."[134]

그리고서 주의 무왕은 곳곳에서 은나라 마지막 왕인 주의 폭정을 규탄하면서, 종주국인 은나라의 제후국이었던 주나라가 자신의 종주국을 전복해야만 하는 당위성을 명백히 천명하였다. 그런데 이 글도 전적으로 고대왕조의 정통성을 그대로 보여주고 있는데, 그것은 마지막 구절인 "저 흉악하고 잔인한 주왕을 취하려(取彼凶殘) 우리가 공격을 펼친다면(我伐用張), 탕 임금에게(于湯) 빛이 될 것이다(有光)."라는 표현에 있다. 왜냐하면 무왕이 은나라를 멸망하려가

134) ibid p389

면서, 그것이 은나라의 시조를 빛내는 것이라고 말하는 것은 은나라가 하나라를 계승한 통치이념 더 나아가 하나라가 요·순·우임금의 통치이념을 계승한 것을 자신도 그대로 계승하겠다는 것이기 때문이다.

“……, 오로지 하늘이 백성들을 은혜롭게 하시면(惟天惠民) 임금은 하늘을 받드는 것이다(有辟奉天). 하나라의 걸은 하늘처럼 억제하지 않고(有夏桀弗克若天) 아래 나라로 독을 흘렸는데(流毒下國), 이에 하늘이 성탕을 도와 명하셔서(天乃佑命成湯) 하나라의 명을 내리게 하고서 내치게 하셨다(降黜夏命).

오직 <주왕>수는(惟受) 죄가 걸보다 지나치니(罪浮于桀), 으뜸가는 훌륭한 미자(元良)를 쳐서 떠나게 하고(剝喪元良), 간하고 돕는 비간을 해치고 포학하게 굴었다(賊虐諫輔).

자신에게 하늘의 명이 있다고 말하였으며(謂己有天命), 공경은 행할 만하지 않다고 말하고(謂敬不足行), 제사는 유익함이 없다고 말하며(謂祭無益), 잔혹한 행위가 사람을 해친 바가 없다고 말하였다(謂暴無傷).

그 본보기가(厥鑒) 멀지 아니 하니(有不遠), 저 하나라 임금에 있다(在彼夏王). 하늘이 나로 하여금(天其以予) 백성을 다스리게 하시는 까닭에(乂民), 나의 꿈과 나의 점에 부합하여(朕夢協朕卜), 아름다운 상스러움이 거듭되니(襲于休祥), 상나라를 쳐서(戒商), 반드시 이길 것이다(必克).[135] ……………………. 하늘은 저절로 우리 백성이 바라보는 것을 보시며(天視自我民視), 하늘은 당연히 우

135) ibid p390~392

리백성이 듣는 것을 들으신다(天聽自我民聽). 백성의 책망이(百姓有過) 나 한사람에게 있으니(在予一人), 이제 짐은 반드시 주왕에게로 나아 갈 것이다(今朕必往).

우리가 무기를 들고서(我武有揚) 저 강토로 들어가서(侵于之疆), 저 흉악하고 잔인한 주왕을 취하려(取彼凶殘) 우리가 공격을 펼친다면(我伐用張), 탕 임금에게(于湯) 빛이 될 것이다(有光)."[136]

그러면 한자의 원류가 주나라의 문자이고 그리고 주나라 이전에는 은나라에 갑골문자가 있었다는 점은 사실로서 확실하지만, 그러나 이것만으로 모든 의혹이 깔끔하게 해소되었다고 말할 수 없다. 그 이유는 주나라 문자와 갑골문자사이에 대단한 간격이 벌어져 있기 때문이다. 따라서 두 가지 점을 검토해야 한다.

첫째는 갑골문자는 서경이 요·순임금시대에 거북으로 점을 쳤다는 사실을 기록해 두었기 때문에 자연스럽게 그 기원을 파악할 수 있다. 그러나 주나라가 은나라를 멸망시켰을 때에 은나라의 문자가 오로지 갑골문자이었는지는 불분명하다.

둘째는 주나라가 은나라의 제후국이기 때문에 은나라의 문자를 사용해야 마땅하다. 그러면 그 문자가 갑골문자인 것인가? 하는 점이 대단히 중요해진다. 왜냐하면 갑골문자라면 주나라가 갑골문자를 개량하여 한자의 원형을 만들었다는 것이 되고, 갑골문자가 아니라면 이미 은나라 문자가 한자의 원형의 형태로 존재했다는 것이 되어 한자의 기원은 주나라가 아니라 은나라가 되어야 하기 때문이다.

물론 이런 의혹을 별반 중요하지 않은 논구과제로 여길 수 있지만, 그러나 문명의 발달과정에서는 언어가 차지하는 비중이 너무도 크기 때문에 고대통치

---

136) ibid p394~395

이념의 왜곡을 밝히는 논구과정에서는 반드시 짚고 가야할 핵심과제이다.

그렇다면 서경의 기록은 충분히 가능했고 그리고 언어의 변천과정과 상관없이 그대로 전승되었고, 그 내용도 역사적으로 객관적 사실에는 별다른 문제가 있을 수 없었다고 말할 수 있다. 따라서 그 결론을 다음과 같이 설명할 수 있다.

의사소통은 소리의 말로서도 충분히 가능하지만, 기록은 객관적인 흔적을 남겨야 하기 때문에 문자를 비롯하여 그림, 부호, 기호 등의 수단이 있어야 한다. 그리고 기록한 사람들끼리 그 뜻을 명확히 해독할 수만 있으면, 대대로 당시의 상황을 전달하는 방법에는 별다른 문제가 없다. 그러므로 지금의 문자가 아니더라도 그 내용을 충분히 이해한 인물이 자신의 문자로서 그 내용을 옮기는 것은 하등의 문제가 될 수 없기 때문에 고대의 기록이 어떻게 전승될 수 있었겠는가? 하는 의문을 크게 문제 삼을 필요가 없다.[137] 그리고 고대에 기록을 담당한 집단은 오늘날처럼 모든 사람이 참여할 수 있는 집단이 아니라 극소수의 지배계층의 인물들로 구성되었고 그리고 그들이 사용한 수단도 그 성격이 마찬가지어서 극히 제한된 사람에게만 해독이 가능했기 때문에 기록이 불가능하다고 판단해서는 결코 안 된다.

따라서 그런 수미일관성을 바탕으로 서경의 기록을 주목할 때, 글을 써서 기록하는 일에 관해 서용식재(書用識哉)라고 언급한 서경의 우서(禹書) 익직(益稷)편의 글이 언어에 관해 대단히 중요한 역사적 근거를 제공하기에 아래에 인용한다. 즉 다음의 문장은 요임금과 훗날 왕이 된 우와의 대화를 기록한 글인데 그 속에 글에 관한 '서용식재(書用識哉)'의 언급이 있다.

---

137) 정복에 의해 문명이 파괴되고 그리고 전승이 단절된 경우에는 당시의 언어를 포함한 여러 부호에 대한 해독이 심히 어려워지지만, 그러나 중국의 역사는 요·순임금 왕조의 전통을 줄 곳 다음 왕조가 계승하여 주나라 때까지 이어졌기 때문에, 다른 고대문명의 경우처럼 기록과 해석의 문제가 전혀 발생하지 않는다. 적어도 중국이 주나라 문왕과 무왕의 기록을 역사적 사실로 인정하기 때문에, 당연히 그 속에 담긴 은나라의 시대도 인정해야 하고 더 나아가 서경의 요·순임금의 기록도 필히 인정해야 한다.

“벼슬이 없는 자가 미련스럽게 거짓을 꾸며 남을 헐어 하는 말이(庶頑讒說) 만약 그 곳에 있지도 않은 때의 것이라면(若不在時), 과녁에 맞추는 것처럼 명료하게 드러나도록(侯而明之) 매질하여 기억나게 하고(撻以記之), 글로 써서 기록하여(書用識哉), 마땅히 <백성>선비를 아우르도록 해야한다(欲竝生哉).

벼슬이 있는 자가 임금에게 글을 올릴 때에(工以納言時) 만약 <그것을> 빼어나게 하였다면(而颺之) 법식에 맞으면 곧 그것을 받아들여 채용하고(格則承之庸之), 법식에 맞지 않으면 곧 엄하게 다루어야 한다(否則威之).[138]

그리고 더 나아가 기록에 관해서는 서경(書經) 하서(夏書) 윤정(胤征)에 수록된 정전(政典)이란 말도 주목된다. 왜냐하면 선왕(先王)의 정치를 기록한 서책이므로, 당연히 사실을 바르게 적어 두어야 하기 때문이다. 따라서 아래의 문장은 사관의 기록이 올바른 정사의 표본이 되는 점을 명확히 보여 주는 근거이기 때문에, 역사기록의 중요성을 일깨우기 위해 그리고 왕도정치의 본질을 제대로 파악하기 위해 이 글은 반드시 참조되어야 한다. 곧 아래의 ‘정전이 말하였다(政典曰)’는 표현이 당시에 기록이 존재하고 있었음을 분명히 입증해주기 때문이다.

“유달리 희화가 그 덕을 전복시키고(惟時羲和 顚覆厥德), 술에 빠져 어지럽게 되어(沈亂于酒) 직무를 위반하고 자기자리를 벗어나(畔官離次), 비로소 천기를 어지럽히고 맡은 것을 멀리 버려(俶擾天紀 遐棄厥司), 이에 늦가을 초하루에(乃

138) ibid p95

季秋月朔) 해와 달과 별이(辰) 방성에 모이지 않았다(弗集于房).

악사가 북을 두드리고(瞽奏鼓), 하급관리가 달리며(嗇夫馳), 서민이 뛰어다니는데(庶人走), 희화가 그 벼슬자리에 가만히 앉아 있기만 하여(羲和尸厥官), 듣고서도 알리지 않아서(罔聞知), 천상에서 어둡게 되어(昏迷于天象), 선왕에게서 죽음의 벌을 받는 죄를 범했다(以干先王之誅).

정전이 말하였다(政典曰), 「제 때보다 먼저 한 자도 죽어 용서하지 말며(先時者 殺無赦), 제 때에 미치지 못한 자도 죽여 용서하지 마라(不及時者 殺無赦).”[139]

그러므로 이와 같은 모든 기록을 두고서 후대에 이르러 왜곡되게 거짓으로 기록된 것이라고 말하지 않은 한, 기록의 수단은 이미 갖추어져 있었던 것이고, 더 나아가 설사 암송으로 전해졌다가 나중에 글자로서 기록되었다고 하더라도, 고대왕조가 수립한 통치이념과 그에 따른 정사와 그리고 기록의 역사가 수미일관되어 있기 때문에 서경을 비롯한 고대경전의 기록은 의심의 시비대상이 될 여지가 추호도 없다.

139) ibid p195

제4장. 홍범구주에 집약된 중국사상의 원류는 어떤 것인가?

제1절. 요·순·우의 왕도정치사상이 후대에 전승한 요체

주목 : 왕도사상으로 일컬어지는 고대왕조의 통치노선은 민본사상을 근본으로 삼고 있었기 때문에, 후대에 등장한 어떤 사상도 이 노선을 따르지 않고서는 결코 바람직한 올바른 정치사상이 될 수 없었다. 왜냐하면 민본주의를 표방하는 통치노선을 부정하면 백성을 위하는 사상이 아닌 게 되어, 당연히 백성들이 반민본주의의 사상을 거부하고 더 나아가 그런 노선의 왕조를 배척할 것이기 때문이다. 그런즉 후대의 중국왕조들은 여하간 맹자에 의해 일컬어진 왕도정치를 표방했다.

논구초점 : 태공망과 관자는 춘추시대의 인물이 아니라, 주나라의 건국시기와 춘추시대 사이의 인물들이기 때문에, 당연히 태공망과 관자의 사상을 비판한 사상가는 대부분 유가의 선비가 아니면 도가의 선비일 수밖에 없다. 그런데 두 사람의 서책이 비록 후대에 이르러 유가들이 가르친 교본이 경서가 아닐지라도, 그 내용이 전통의 고대왕조사상을 바탕으로 하여 당대의 혼란한 정국을 수습한 통치사상이었기 때문에 그 서책은 역사적으로 대단히 중요한 의미를 지니고 있다.

그러므로 후대에 지적되는 위작의 시비에도 불구하고 결코 그 내용의 진위가 시시비비의 거리가 될 이유가 전혀 없다. 왜냐하면 설사 누군가가 그들의 이름을 도용하여 위작했다고 하더라도, 그 저자는 전래의 역사와 전래의 사상에 정통한 인물임에는 틀림없기 때문이다. 다시 말해 그 서책의 저자가 진정 누구인가? 하는 의문점과 별개로 태공망의 육도에 담긴 주된 내용들은 은나라시대 말까지 전승된 고대역사와 고대통치사상을, 그리고 관중의 관자는 춘추시대초기까지 전승된 고대역사와 고대통치사상의 내용을 잘 기록해 놓은 책인 것만은 결코 부정될 수 없기 때문이다. 더욱이 위작의 시비는 주로 후대에 유가를 폄하하기 위한 세력들이 도가의 사상을 그들의 서책에 덧붙임으로서 야기된 문제들이기 때문에, 따라서 더 이상 위작의 시비는 고대왕조사상의 통치이념과 정통성을 논구하는 작업에 심각한 지장을 주는 걸림돌이 되지 않는다.

고대왕조의 통치이념을 계승하려는 유가를 비난한 묵가와 도가와 법가는 백성을 위한 방책에 있어서 고대왕조의 통치이념을 크게 벗어나게 되면서, 그 결과 스스로 자가당착의 모순을 드러내지 않을 수 없게 되었다.

그런데 그들이 스스로 한계를 드러낼 수밖에 없는 이유를 살펴보면, 그 점은 단 두 가지로 요약될 수 있다. 하나는 그들의 주장은 고대왕조의 통치노선의 한 면에 치우친 방책에 불과하였다는 점과 또 다른 하나는 난세를 조장한 진정한 원인제공자를 근본적으로 문제 삼지 않고 오로지 올바른 근본통치이념을 견지하려는 유가만 집중적으로 문제를 삼았다는 점이다. 그러므로 묵가와 도가와 법가가 유가를 겨냥한 진정한 의도가 도대체 무엇이었는지는 제대로 논구되어야 한다.

홍범구주는 우왕이 나라를 다스리기 위해 제정한 아홉 종류의 도덕적 규범을 일컫는다. 홍범이란 용어가 가장 근본적이고 기초적인 대원칙을 의미하기 때문에 모든 규범을 총망라하여 각각의 특성에 따라 구분하여 최상위에 자리잡고 있는 아홉 가지의 규범을 홍범구주의 규범이라고 일컫는 것은 당연한 일이다.

그런데 황하의 치수를 담당한 관리가 되어 성공한 덕분에 나중에 순임금의 뒤를 이어 임금이 된 우임금을 두고서, 그가 홍범구주를 제정했다고 말하는 것에는 역사적으로 큰 문제점을 야기할 수 있기 때문에 그에 관한 몇 가지 의문점은 반드시 검토되어야 한다. 물론 홍범구주를 우임금이 제정했다는 인식이 일반적인 역사인식이기 때문에 누구나 그런 의문제기에 대해 별다른 관심 없이 대수롭지 않은 반응만 보일 수 있지만 그러나 그 의문은 결코 가벼운 문제제기가 아니다. 왜냐하면 이점에 대한 의문제기에는 훗날에 화하족을 내세우고서 이족과 차별화를 꾀한 중화사상과 깊은 연관이 있는 문제로서, 따라서 반드시 논구되어야할 과제이기 때문이다. 다시 말해 중화사관에는 우임금을 화하족의 출신으로 간주하는데, 그렇게 되면 우임금과 그의 아들 계가 건국한 하나라가 졸지에 이족출신인 순임금과 탕임금이 건국한 은나라 사이에 놓이게 되고 그리고 화하 족의 주나라가 이족의 상나라로부터 홍범구주를 계승한 꼴이 되어, 서경에 수록된 홍범구주의 역사적 의의가 전적으로 퇴색되어 버리기 때문이다.

그러므로 홍범구주를 논구하려면 우선적으로 먼저 서경의 다음의 글을 참조하고서 시작해야할 것이다. 그것은 홍범구주를 왜 필요로 하는지를 밝힌 무왕의 말이다. 즉 「나는(我) 그 인륜이 펴지게 하는 바를 알지 못한다.」는 말이다. 이 말은 주나라의 통치노선을 고스란히 밝히는 이정표로서 바로 고대통치이념에 따른 민본주의 사상의 발로인 것이다.

> "왕이 이에 말하였다(王乃言曰). 「아(嗚呼)! 기자여(箕子)! 하늘이 드러나지 않은 가운데(惟天陰), 아래 백성을 안정시켜서(騭下民) 그 거처하는 것을 도와 화합하게 하시니(相協厥居) 나는(我) 그 인륜이 펴지게 하는 바를 알지 못한다(不知其彝倫攸敘).」"[140]

그런즉 비록 주나라의 정국이 문란해졌어도, 춘추전국시대에 등장한 제자백가 사상가들이 표면적으로 내세운 공통점은 나라를 다스리는 통치자들이 사리사욕을 추구하는 사심을 버리고 오로지 천하 만민을 위한 공익을 도모하라는 것이었다. 또한 이 사고방식이 지닌 역사적 의의는 단일민족을 넘어서 다민족

---

140) ibid p428

을 다스리는 통치방식을 의미하기 때문에 실로 엄청난 것이다. 다시 말해 여러 이민족을 정복하고 지배하는 과정에서 정복민족이 피지배민족을 차별시하는 것이 당연한 풍토에서 여러 민족을 동시에 아우르는 보편사상이 세계역사상 종교집단이 아닌 통치왕조에 의해 탄생한 경우가 전혀 없는데, 그에 반해 춘추시대를 훨씬 앞선 시기인 요·순임금시대에 이런 사고방식이 형성되어 후대로 내리 전승된 사실은 실로 경탄스러운 일이다.

그러므로 요·순임금의 왕도정치를 몇 마디로 요약하여 설명하기가 지난한 과제일지라도, 그럼에도 불구하고 서경의 글들이 왕도정치의 핵심요소를 잘 보여주고 있기 때문에 그 본질에 해당하는 요지를 정확히 들추어 제대로 논구해야 한다.

아래의 문장은 나중에 민본사상을 논구할 때에 다시 인용하겠지만, 당시의 신하인 우가 순임금에게 올린 말로서 고대왕조가 내세운 통치노선과 그 이념을 잘 설명해 주고 있다.

"우가 말했다(禹曰禹曰). 「아(於)! 제여(帝)! 생각하소서(念哉). 덕은 정사를 훌륭하게 하고(德有善政) 정사는 백성을 기르는데 있습니다(政在養民). 수화금·목·토와 곡식(水火金木土穀)을 잘 닦으시고(惟脩), 덕을 바르게 하고(正德), 기구를 편리하게 쓰고(利用), 먹을 것 입을 것을 삶을 넉넉하게 하는 것을(厚生) 오로지 조화롭게 하고(惟和) <이와 같은>아홉 가지 공을 오로지 펼치고(九功惟叙) 아홉 가지 공의 펼침을 칭송하고(九叙惟歌), 편안해지는 것을 경계하시고(戒之用休) 권세를 감추시고(董之用威) 아홉 가지 공의 펼침을 장려하여(勸之以九歌) 무너지지 않도록 하소서(俾勿壞)」"[141]

141) ibid p57

즉 이와 같이 기록된 서경의 문장처럼 고대왕조의 위정자는 출발부터 백성을 이롭게 하는 것을 통치의 요체라고 분명히 하였다.

그러므로 이 노선은 백성을 다스리는 통치자가 상하계층을 서로 화합시켜야만 비로소 실현될 수 있는 지난한 작업으로서, 반드시 최고통치자의 겸손(謙遜)과 겸양(謙讓)의 정신이 그 작업에 전제되어야 한다. 왜냐하면 최고의 통치자가 오만불손하여 모든 이에 군림하려는 안하무인격의 독선적이고 독재적인 태도를 견지하는 한, 그 사회는 갈등과 분열의 혼란을 벗어날 수 없게 되기 때문이다. 다시 말해 윗사람이 마음을 열지 않는 곳에서는 신하가 제대로 진언할 수가 없으므로 당연히 윗사람이 겸손하고 겸양해야만 비로소 서로 간에 언로가 제대로 트이게 되고 그리하여 의사소통이 활발한 가운데서 나라는 자연스럽게 공생공영의 상호발전을 도모할 수 있게 되기 때문이다. 그러므로 이것은 모든 사회질서의 근본으로서 동양의 민본주의적이건 서양의 민주주의건 간에 정치가는 이 기본요건을 우선적으로 가장 먼저 갖추어야 한다.

그러므로 서경의 첫머리를 장식하는 요임금에 대한 기록이 그 점을 천명하고 있다.

> "옛 제인 요를 상고해보면(曰若稽古帝堯), 그 공이 지극하여 지극한 공이라고 말할 수 있다(曰放勳). 공경하시면서 밝으시며(欽明) 예의범절을 갖추시고 생각하심이 자연스러우셨으며(文思安安), 진실로 공경하시어(允恭) 사양할 수 있어서(克讓) 빛이 동서남북의 바깥까지 미치시며(光被四表) 위아래로 이르시니라(格于上下)."[142)]

마찬가지로 그에 대응하여 요임금으로부터 임금의 자리를 물려받은 순임금

142) ibid p5

의 생각과 행동도 요임금과 다르지 않았다는 점을 아울러 서경이 분명히 하고 있다.

"옛 임금인 순을 상고해 보면(曰若稽古帝舜), 거듭 빛났다고 말할 수 있다(曰重華). 요임금과 부합하시니(協于帝), 깊고 지혜로우시며 예의바르고 밝으시며(濬哲文明), 온화하고 공손하시며(溫恭) 미덥고 충실하셔서(允塞), 그윽한 덕이(玄德) 위로 올라가 들리므로(升聞) 이에 요임금이 명하여 벼슬자리에 앉혔다(乃命以位)."[143]

그리고 더 나아가 순임금으로부터 왕위를 물려받은 우임금에 대해서도 서경은 동일한 평가를 수록해 두었다.

"옛 대우를 상고해 보니(曰若稽古大禹), 글의 가르침을(曰文命) 사해에 펴시며(敷于四海), 제<순>을 공경히 받드셨다고 말할 수 있다(祗承于帝)."[144]

그리하여 서경이 다음과 같이 기록한 요와 순과 우임금의 사고방식을 춘추시대에 이르러 공자가 정명(正命)사상으로 구현했는데, 서경이 보여주는 정명사상은 민본사상에 뿌리를 두고 있는 것이기 때문에 어떤 시기에도 결코 부정하거나, 거부하거나, 감히 허물어뜨릴 수 없었던 지엄한 정치사상인 것이었다.

"<우가> 말하였다(曰). 「임금이 임금의 자리에 있는 것을 어렵게 여길 수 있고(克艱厥后), 신하가 신하의 자리에 있는 것을 어렵게 여길 수 있

143) ibid p21
144) ibid p51

어야(臣克艱厥臣), 정사가 잘 다스려져(政乃乂), 백성이(黎民) 덕에 빠르게 감복할 것입니다(敏德)」."[145]

더 나아가 순임금과 우임금이 요임금을 추모하면서 언급한 정치사상은 후대의 모든 제자백가사상가들에게 동일한 가치관을 제공하게 되는데, 그 중에서 특히 주목되는 요점은 요임금에 관한 다음의 진술이 도가가 내세운 제왕의 모습과 본질적으로 수미일관된다는 점이다.

"익이 말했다(益曰益曰). 「아(도都)! <요임금>제의 덕이 넓고 쉼 없이 운행하여(帝德廣運) 성스럽고 신묘하시어(乃聖乃神) 무가 있으시며 문이 있으십니다(內武乃文). 황천께서(皇天) 돌아보고 명하사(眷命) 사해를 다 소유하게 하시고(奄有四海) 천하의 임금으로 삼으셨습니다(爲天下君).」"[146]

곧 후대에 이르러 도가의 장자(莊子)가 이런 평가를 받는 요·순의 통치능력을 천도(天道)와 무위(無爲)의 개념으로 설명하였는데, 서경의 글을 간과하고 읽으면 마치 유가보다 도가의 사상가가 통치자의 그런 능력을 더 근원적으로 설파하고 있는 것처럼 여기지 않을 수 없게 된다.

"천도는 끝없이 운행하여 그리하여 막히는 일이 없다(天道運而無所積). 고로 만물이 생성하는 것이다(故萬物成). 제왕의 도는 끝없이 운행하여(帝道運) 그리고 막히는 일이 없다(而無所積). 고로 천하가 그에게 귀속된다(故天下歸). 성인의 도는 역시 끝없이 운행하여(聖道運) 그리고 막히는 법이 없다(而無所積). 고

145) ibid p52
146) ibid p54

로 온 세상이 복종하게 된다(故海內服). 천도를 밝히고(明於天) 성인의 도에 통달하여(通於聖) 제왕의 덕을 두루 다 이해한 사람이라면(六通四辟於帝王之德者), 그 사람의 행동은 자연 그것이어서(其自然也) 도를 체득하여 행위가 자연스러워서 고요하지 않을 수 없다(昧然無不靜者矣).…………

무릇 자기 마음을 공허평정하게 갖고 무엇에나 담담한 태도를 취하며(夫虛靜恬淡), 고요하여 인위를 떠나는 것이야말로(寂漠無爲者) 천지의 안정된 모습이며(天地之平) 그리고 도덕의 극치라고 할 수 있다(而道德之至). 고로 제왕이나 성인도 이 경지에 머무는 것이다(故帝王聖人休焉).

이런 이치를 명백히 이해한 끝에 남향하여(明此以南鄕) 요가 임금이 되었고(堯之爲君也), 이런 이치를 명백히 이해한 끝에 북면하여(明此以北面) 순이 신하가 되었다(舜之爲臣也).”[147)]

따라서 장자의 이 글이 내용적으로만 보면 도가의 글이 아니라 유가의 글처럼 느껴질 수 있게 되는데, 그 이유는 단지 끝 부분에 요와 순의 이야기를 했다고 하여 그런 것이 아니라, 아무리 장자가 무위자연의 도를 내세워도 그가 내세운 도가 고대왕조가 수립한 천도, 천명사상을 벗어난 이야기를 결코 꾸밀 수 없는 점 때문이다. 다시 말해 무위자연의 사상이 현실의 정치상황을 올바른 방향으로 이끌고 가는 사상이어야만 올바른 정치사상의 역할을 할 수 있게 되는데, 오히려 무위자연의 사고방식이 거꾸로 현실정치를 해체하는 그런 무정부적인 사고방식을 지향한다면, 어떤 도가의 사상도 정치사상의 역할을 할 수 없었기 때문이다. 그리하여 도가는 전통적인 천명사상을 현학적인 표현으로 신비

147) 장자 p297~298

롭게 구성하였어도 결국 정치현실에 부딪치면 제자리로 되돌아올 수밖에 없었기 때문에, 따라서 그런 여건의 도가를 대신하여 정치전면에 나선 세력이 곧 전국시대의 법가이었던 것이다.

그러므로 순이 요로부터 제위를 계승하는 방식과 절차는 그대로 우에게도 적용되는데, 서경은 그런 방식과 절차를 밟아 제위를 이어받는 것을 천명의 수용이라고 기록했다. 그리하여 서경은 천명을 이어받은 군왕과 신하의 모습을 순임금과 그의 신하들이 나눈 대화에서 명백히 기록해 두었는데, 그 내용은 왕도정치의 원형을 고스란히 보여준다.

"<순>임금이 그것으로 노래를 짓고서 말씀하셨다(帝庸作歌曰). 「하늘의 명을 경계하되(勅天之命), 시기와 기미에 맞게 하라(惟時惟幾)」 이에 노래로 말씀하셨다(乃歌曰). 「<임금이 가장 신임하는> 중신이 기뻐하고(股肱喜哉), 임금이 우뚝 솟고(元首起哉), 모든 관리가 흥성한다(百工熙哉).

고요가 손을 모아 절하고서 머리를 조아리고(皐陶拜手稽首) 소리 높여 빨리 말했다(颺言曰). 「생각하소서(念哉). 임금은 신하를 거느려 일을 일으키니(率作興事), 삼가 공경히 하시며(愼乃憲 欽哉) 이에 일이 이루어지는지를 자주 살펴 공경하소서(屢省乃成 欽哉).」 이에 노래를 만들어 불렀다(乃賡載歌曰). 「임금이 밝으시고(元首明哉), 신하가 어질어지면(股肱良哉), 모든 일이 편안해집니다(庶事康哉).」 또 노래로 말했다(又歌曰). 「임금이 좀스러워지고(元首叢脞哉) 신하가 게을러지면(股肱惰哉), 만사가 어그러질 것입니다(萬事墮哉)」

<순>절하며 말씀하셨다(帝拜曰). 「그러하다(兪)! 가서 직책을 잘 수행하라(往欽哉)」" [148]

그리하여 서경에 수록된 왕도정치의 근본은 면면이 이어져 중국고대왕조의 통치철학의 골간을 이루게 되는데, 그 역사적 의의는 요임금이 순임금에게 그리고 순임금이 우임금에게 왕위를 양위하여 왕도정치의 토대를 수립한 기념비적인 사실에서부터 비롯되었다. 왜냐하면 인간이 구성한 사회구조에서 자신의 빛나는 지위를 자신의 혈육에게 직접 넘겨주지 않고, 혈육이 아닌 다른 인물에게 고스란히 넘겨주는 일 이상으로 마음을 비우는 행위가 결코 있을 수 없기 때문이다. 즉 왕위의 선양은 통치자가 자신의 왕위를 자기 혈육에게 물려주지 않을 정도이상으로 마음을 비울 수 있는 여지가 어디까지인지를 반문케 하기 때문이다. 그러므로 임금이 다른 인물에게 왕위를 물려준 선양의 경우가 선비들이 벼슬과 재물에 마음을 비우고서 소박하게 살아가는 경우와 동일한 선상에 놓고서 비교되어서는 결코 안 된다. 다시 말해 민본사상의 근본을 이루는 양위의 정신은 다른 고대문명발상지에서는 결코 발견되지 않는 사상이어서, 그리하여 이 거룩한 통치사상이 기원전 2000년경에 중국 땅에서 온전히 이루어졌다는 점만 국한해서 주목하더라도, 그 사실은 실로 경탄해마지 않을 수 없는 일대사건인 것이다.

그런즉 비록 서경에 요와 순임금에 관한 기록이 많지는 않더라도, 그 속에서 왕위를 그렇게 물려준 이유를 명백히 밝히고 있기 때문에 그 짧은 서경의 기록은 중국고대사상의 핵심을 모두 담고 있는 진원지가 되는 것이다. 그런즉 유가사상의 경전이 된 대학(大學)에 수록된 『수신제가치국평천하(修身齊家治國平天下)』의 근본요체도 곧바로 서경 우(虞)서 요(堯)전에서 발견된다.

"큰 덕을 밝힐 수 있어서(克明埈德) <고조로부터 현손에 이르기까지 상복을 입는 일가인> 구족을 가깝게 하시니(以親九族) 구족이 이미 친목하거늘(九族既睦), 백성을 고르게 하고 밝게 하시니(平章百姓) 백성이 밝아졌으며(百姓昭明),

---

148) 서경 p102~103

만방을 화합하게 하시니(協和萬邦) 일반백성들이(黎民) 아!(於) 변하여 이에 화목하게 되었도다(變時雍).”[149]

그리므로 요임금의 조정은 우매한 백성들이 자연변화의 때를 놓쳐 생업에 지장이 없도록 천문의 절기를 알려주는데, 이 방식은 언제나 정치의 요체가 되어 중국고대왕조의 정치가 자연의 법칙을 중요시하는 기본노선을 확립해 주었다. 그러므로 앞서 인용한 월령 이외에도 서경은 때(時)에 맞추어 백성을 다스려 그들의 생업을 불편하게 해서는 안 되는 방침을 곳곳에 수록해 두었다.

따라서 춘추를 넘어선 전국시대에 반유가의 선비들이 주나라가 계승한 고대통치이념을 거부하고 새로운 노선을 만들기 시작한 점에 대한 비판은 당연히 그런 고대통치이념의 본질과 비교해서 이루어져야 하는데, 그러면 먼저 주나라가 고대통치이념을 제대로 수용했는지의 여부가 선결적으로 먼저 검토되어야 한다. 그런데 그 점은 주나라 무왕이 은나라의 통치이념을 수용하기 직전에 문왕과 태공망이 나눈 대화에서 살펴 볼 수 있는데, 그 대화가 은말(殷末)·주초(周初)의 인물인 태공망의 서책인 육도의 서두에 그와 같은 천명(天命)사상이 기록되어 있기에 아래에 인용한다. 특히 그 문장에서 주목되는 것은 그 일을 사관이 예측하였다는 기록이다. 더욱이 이 글이 비록 은나라의 제후국인 주나라 문왕과 태공이 나눈 대화의 내용으로서, 주나라 조정에 참여한 태공이 거짓된 내용을 기록할 이유가 없기 때문에 당연히 공식적인 역사기록의 수준으로 인정할 수 있다. 또한 이 문장이 후대에 누군가에 의해 위작으로 꾸며졌다면, 당연히 그는 나랏일에 해박한 인물이어야 하기 때문에 결코 이 서책이 후세에 누군가에 의해 위작될 수 없다. 즉 후대에 누군가가 이 서책을 위작하려면 그 내용으로 보아 유가의 인물이어야 하는데 그러나 유가에서는 그런 인물이 전혀

149) ibid p6~7

있을 리 없고, 반면에 유가의 인물이 아니라면 그가 이런 유가적인 서책을 긍정적인 입장에서 위작할 리가 전혀 없기 때문에 결단코 위작일 수가 없게 된다. 그런즉 아래의 글은 문왕이 태공망이 만나는 일이 하늘의 뜻(天命)이라고 할 만큼 군신간의 신뢰관계를 보여주는데, 협치(協治)정치는 민본주의의 이념을 실현할 바탕이다.

"장차 문왕이 사냥을 나가려 하였다(文王將田文王將田). 사관 편이 점을 흩뿌리고 나서(史編布卜) 말하였다(曰). 「위수의 남쪽 기슭에서 사냥을 하시면(田於渭陽), 장차 큰 수확이 있겠습니다(將大得焉). 용도 아니고(非龍非龍), 이무기도 아니고(非彲), 범도 아니고(非虎), 곰도 아닙니다(非羆).

<공작·후작>공후를 얻을 징조입니다(兆得公侯). 하늘이 당신에게 스승을 보내어(天遣汝師), 당신<문왕인 창>을 보필하게 하고(以之左昌), 그 베푸는 바가 삼왕까지 이를 것입니다(施及三王)」.

문왕이 말했다(文王曰). 「전조가 그렇게 나왔는가(兆致是乎)」.

사관 편이 말했다(史編曰). 「편의 조상인 사관 주께서(編之太祖史疇) 순임금을 위하여 점을 쳐서 고요를 얻었다 합니다(爲舜占得皐陶). 이번 점괘의 조짐이 그에 비길 만합니다(兆比於此)」.[150)]

특히 이 문장은 중요한 역사적 의의를 보여주는데, 그것은 사관이 점을 쳐서 문왕에게 말한 점과 더 나아가 사관의 존재가 순임금 시대에도 있었다는 것을

---

150) 육도p23

보여준 점이다. 물론 누군가가 사관에 관한 기록에 두고 위작의 의혹을 제기할 수 있겠지만, 그러나 서경의 순임금의 글에는 순임금의 왕조가 우임금을 위해 점을 친 사실이 기록되어 있으므로, 따라서 사관 주가 점을 쳤다는 그런 기록들이 육도의 서책을 위작으로 만들 수 없다.

더욱이 위의 문장에서 순임금의 고요에 비견된 태공망은 은나라까지 전승된 역사의 전통성을 확보한 주나라의 건국공신인데, 만약 그가 저술한 서책이 고대왕조의 통치이념에 부합하지 않는 서책일 경우에는 곧바로 그 책의 내용이 주나라가 고대왕조가 수립한 정통성을 거부했다는 것을 입증하는 꼴이 될 것이므로, 오히려 그 점 때문에 역설적으로 태공망의 육도의 신뢰는 더욱 확실해진다. 따라서 육도의 내용은 반드시 서경에 수록된 내용과 일치할 수밖에 없으며 또한 그 점이 주나라가 고대통치이념을 계승하였다는 사실을 입증하는 명백한 증거자료가 된다.

그런데 만약에 육도가 그런 조건을 충족하고 있지 않다면, 당연히 육도는 전국시대의 황로학이 고대왕조의 통치이념과 역사를 왜곡을 했다는 사실을 명백히 입증하는 역할을 할 수 없을뿐더러 또한 위작이 아닐 수 없게 된다. 하지만 육도의 내용이 전혀 그렇지 않기 때문에 곧 태공망의 육도는 한편으로는 서경이 수록한 왕도사상의 객관성을 명백히 확인해 줄 수 있는 역할과 다른 한 편으로는 주나라 건국의 주역인 태공망의 저서가 주나라에 발생한 역사왜곡의 진상과 잘못을 밝힐 수는 있는 역할까지 겸하게 된다.

그런즉 누군가가 육도를 위작[151]이라고 주장하더라도, 어쨌든 간에 그 책을 저술한 인물은 반드시 주나라 초기의 태공망의 사상을 간직하고 있어야 하기

151) 만약 주나라 건국공신인 태공망의 이름을 빌어서 누군가가 저술했다고 보게 되면, 그 시기는 공자이후부터 진나라가 통일한 시기사이쯤이 되어야 한다. 왜냐하면 진(秦)나라 멸망 후 초·한 전쟁 시기에 태공망이 전해준 서책으로 알려진 장량의 삼략(三略)이 등장했는데, 태공망의 전략서인 육도의 저술시기를 삼략(三略)이후로 간주하게 되면, 진나라 이후에 태공망이 저술했다는 육도가 굳이 나타날 필요가 없기 때문이다.

때문에 설사 위작인 경우일지라도, 그 내용은 여전히 참조할 가치를 충분히 지니게 된다. 그런데 이 입장에 걸림돌이 될 수 있는 엉뚱한 요인이 등장했는데, 그것은 이 서책의 전후 문맥과 전혀 맞지 않는 곳에서 이상하게도 황제의 명칭이 발견된 점이다.

> "황제가 말했다(黃帝曰). 일은 도에서 시작되는 계단이며(一者階於道), 신에서 나오는 조짐이다(幾於神)."[152]

물론 이 점을 두고서 혹자는 이 책 전부를 위작이라고 몰아 부칠 수도 있겠지만, 그러나 이 점은 후대에 누군가가 이 서책을 재차 복사하는 과정에서 삽입한 것으로서 결론지어도 결코 잘못될 여지가 없다. 곧 그 이유는 이미 충분히 밝힌 바처럼 육도의 전체의 맥락이 황제의 존재를 뒷받침할 여지가 전혀 없기 때문이다. 다시 말해 육도의 내용에는 도가나 황로학의 선비가 저술한 서책이라고 말할 여지가 결코 없다는 것이다.

그럼에도 불구하고 여전히 이 기록은 다음의 중대한 두 가지 의혹을 야기할 수 있기 때문에 그 점에 대한 논구가 불가피해진다. 그리고 그 의혹은 이 주제와 밀접한 관계가 있기 때문에 필히 여기에서 논구해야만 한다.

하나는 태공망 자신에 관한 점이고, 다른 하나는 도가와 관계되는 점이다.

첫 번째의 의혹은 태공망은 동쪽 출신으로서 서쪽의 주나라에 봉사하고 그리고 다시 동쪽의 제나라의 제후가 되어 동이족을 다스린 인물인데, 후대에 이르러 그를 황제의 자손이라고 세간에 일컬어진 점이다. 하지만 주나라 왕실의 성씨는 희(姬)씨이고 태공은 강(姜)씨이고 그리고 희(姬)씨와 강(姜)씨가 동본이라는 설이 전혀 없기 때문에 결코 태공이 황제의 후손이 될 수 없다. 더 나아가 동쪽 출신인 태공망은 명백히 왕도정치사상을 교육받은 박식한 인물이기

152) ibid p108

때문에 결코 그의 동쪽의 출신을 바꾸어 서쪽의 융족 출신으로 만들 수 없는 인물이다. 더욱이 그가 그런 지식을 교육받으려면 당연히 왕도노선을 밝힌 그런 서책을 갖추고 있는 교육여건에서 성장해야 하는데 서쪽의 융족지역에서는 도저히 불가능하기 때문에 그러하다. 그럼에도 불구하고 그를 황제의 자손이라고 의도적으로 추켜세우게 되면, 역설적으로 그러면 그럴수록 그가 후대에 일컫는 화하족의 출신이 아닌 담에야, 오히려 그가 이족 출신의 인물임을 강조하는 꼴만 될뿐더러 더 나아가 황제가 화하 족이 아닌 이족출신이라는 것을 주장하는 꼴만 된다. 그러므로 전후문맥에 전혀 걸맞지 않는 이 주장은 의도적으로 태공망을 이족의 출신이 아니게 만들고서, 태공망이 참여한 주나라 건국의 정통성을 자연스럽게 부정하려는 불순한 의도에서 비롯되었다고 추정되어진다.

두 번째의 의혹은 주나라의 정통성을 가장 확실하게 수호해야할 태공망의 육도에 황로학이 역사 전면에 내세운 황제의 이름이 왜 등장했는가? 하는 점이다. 왜냐하면 전후의 맥락을 살펴보면, 육도에는 도저히 황로학의 입장이 들어설 여지가 전혀 없음에도 불구하고, 앞에서 인용한 문장에 황제의 이름이 기록된 사실은 후대에 황로학의 노선을 따르는 선비가 태공망의 저서에 황제의 이름을 삽입한 것이라고 밖에 달리 추정할 길이 없기 때문이다. 그리고 적어도 이 추정이 잘못될 수 없는 이유는 육도의 내용이 도가와 법가의 사상으로부터 비롯된 이론이 전혀 아니기 때문이다. 만약 육도가 도가와 법가의 사상에 기반을 주고서 저술된 것이라면 당연히 모든 서술이 도가와 법가사상으로 일관되어 있어야 할 터인데, 전혀 그런 형태가 아니기 때문에 태공망의 육도에는 애초부터 전국시대의 도가와 법가의 사상이 파고들 틈이 전혀 없었다고 판단해도 무방하다.

그러므로 태공망의 사상이 담긴 육도는 다음의 두 가지의 중요한 역사적 의의를 보여 준다. 하나는 통치자의 정치이념을 수록한 서책은 서경을 빼고 나면 시기적으로 태공망의 육도가 가장 빠른 서책이라는 점이고, 또 다른 하나는 그가 주나라를 건국한 일등공신이기 때문에 멸망한 은 왕조와 새로 건국된 주 왕조가 공유한 통치이념의 내용을 여실히 살펴볼 수 있게 해 준다는 점이다. 그런즉 시기적으로는 공자의 말씀을 기록한 논어가 묵가 및 도가의 다른 서책들보다도 앞서지만 그러나 결코 태공망의 육도와 관중의 관자보다는 앞설 수 없고 또한 육도가 관자보다 훨씬 앞서기 때문에, 따라서 태공망이 육도를 저술할 능력을 갖추었다는 사실은 곧 고대통치사상이 일반선비들에게 널리 알려져 있었다는 사실을 간접적으로 입증하는 증거가 된다. 그런즉 조정의 관리가 되기 전에 일개 민간의 선비였던 태공망과 관중이 민본사상을 철저히 이해하고 있었다는 사실은 민간의 선비들이 그런 중대한 서책을 접할 수 있는 교육여건이 이미 그 당시 상당히 갖추어져 있었음을 보여 주는 객관적 증거가 된다.

따라서 위작의 시비를 빌미로 삼아 육도가 지닌 역사적 의의를 무시하게 되면, 그 점은 우선적으로 중국고대왕조의 통치이념을 전적으로 무시하는 행위가 되며 또한 그렇게 되면 공자가 왕도사상의 수호를 위해 주나라의 예를 굳이 강조한 이유조차 부정하는 행위가 되기 때문에 따라서 모든 정황상 위작시비를 제기하는 일은 잘못된 것일 수밖에 없게 된다.

그런즉 태공망의 육도에는 서경의 기록을 왜곡하려는 의도가 전혀 없기 때문에, 육도에 수록된 천명사상과 민본사상과 관련된 글은 주나라의 정통성을 밝혀주는 중요한 역사적 의의를 지닌다. 아래의 인용된 글은 바로 그 점을 여실히 보여 준다.

"문왕이 말했다(文王曰). 「어떻게 해야 민심을 거두어들이고(立斂何若) 그리고 천하가 귀속하겠습니까(而天下歸之)?」

태공이 말했다(太公曰). 「천하는 한사람의 천하가 아니라(天下非一人之天下) 곧 천하의 천하입니다(乃天下之天下也). 천하의 이득을 함께 나누려는 자는(同天下之利者) 곧 천하를 얻을 수 있습니다(則得天下). 천하의 이득을 자기 멋대로 하려는 자는(擅天下之利者) 반드시 천하를 잃게 됩니다(則失天下).」”[153]

이와 같이 문왕에게 천명과 민본사상을 설파한 태공망은 그 다음으로 인(仁)과 덕(德)과 의(義)에 대해 차례로 설명하여 왕도정치의 요체를 이해시켰다.. 그러면 마찬가지지로 아래의 문장에 대해서도 후대에 유가의 선비가 육도를 저술한 것이 아니냐는 의문을 표시할 수 있는데, 그러나 아래문장의 내용이 공자, 맹자, 순자가 설파한 내용보다는 서경의 내용에 더 가깝기 때문에 의혹은 의혹이 될 뿐이다. 왜냐하면 육도의 내용과 유가서적의 내용이 본질적인 측면에서는 결코 다를 바 없지만, 그러나 육도의 서술내용은 은나라의 무도함을 타도할 적에 처한 입장을 보여 주고, 논어의 내용은 춘추시대에 처한 입장을, 맹자와 순자의 서술내용은 전국시대에 처한 입장을 보여 주기 때문이다.

하여간 아래에 인용된 육도의 글은 서경의 요임금의 통치형태를 그대로 보여 주고 있다.

“하늘에는 <계절>때가 있고(天有時天有時) 땅에는 재물이 있습니다(地有財地有財). 사람과 더불어 그것을 공유하려는 재능이(能與人共之者) 인입니다(仁也). 인이 있는 곳에(仁之所在) 천하가 귀속되는 것입니다(天下歸之).”[154]

더 나아가 덕과 의에 관한 글도 마찬가지로 서경에 수록된 요·순·우 세 임금들이 각자 신하들과 나눈 대화의 내용을 그대로 답습하고 있다.

“사람이 죽게 된 처지를 벗어나게 하고(免人之死), 사람이 처한 어려움을 해결해 주고(解人之難), 사람이 빠진 우환을 구제해 주고(求人之患), 사람에게 닥

153) ibid p35
154) ibid p36

친 위급함을 구제해 주는 것이(濟人之急者) 덕입니다(德也). 덕이 있는 곳에(德之所在) 천하가 귀속되는 것입니다(天下歸之)."[155]

"뭇 백성들과 시름을 같이하고(與人同憂), 뭇 백성들과 즐거움을 같이 하며(同樂), 그들이 좋아하는 것을 좋아하고, 그들이 미워하는 것을 미워하면(同好同惡者), 이것이 의입니다(義也). 의가 있는 것에(義之所在) 천하가 달려가게 됩니다(天下赴之)."[156]

그 뿐만 아니라 태공망이 육도에서 설파한 도의 개념도 철두철미 고대왕조의 민본주의를 바탕으로 하여, 백성들의 삶을 윤택하게 하여 행복하게 하려는 내용으로 구성되어 있기 때문에 따라서 그 점은 후대의 황로학의 선비들이 태공망의 육도를 위작할 가능성을 도저히 있을 수 없게 만든다. 그러므로 아래의 글은 언뜻 보면 도가사상과 엇비슷할 수 있지만, 그러나 고대통치이념에 들어 있는 이용후생의 정신을 주목하면 결코 도가의 글이 아님을 직시할 수 있다

"모든 사람은 죽는 것을 싫어하고 사는 것을 즐거워하며(凡人惡死樂生), 덕을 좋아하고 그리고 이득을 따릅니다(好德而歸利好德而歸利). 애써 사람을 살리며 사람을 부하게 하려고 꾀하는 것을(能生利者能生利者) 도라고 합니다(道也). 도가 있는 곳에(道之所在) 천하가 귀의하는 것입니다(天下歸之). ………."[157]

하여간 이 절에서 태공망의 사상이 서경에 수록된 고대통치이념을 계승하고 있음을 확인하였다. 그런데 그 점은 관중의 서책인 관자에서도 고스란히 발견

155) ibid p37
156) ibid p38
157) ibid p38

되기 때문에 본서는 더 이상 관자의 내용을 언급하지 않겠다. 다만 관자에 대해 짚고 넘어갈 점은 관자도 태공망과 마찬가지로 그가 접할 수 있는 주된 서책이 서경일 수밖에 없기 때문에, 당연히 그가 고대통치사상의 두 축인 덕치노선과 법치노선을 계승하면서도 춘추시대에 걸맞게 법치노선을 덕치노선보다 더 강조했다고 판단해도 별반 문제될 리 없다는 것이다. 물론 더 나아가 그가 제나라의 첫 번째 제후였던 태공망의 저서를 참조했으리라는 추측도 무방하다는 것이다.

제2절. 홍범구주가 수렴하고 있는 중국사상의 원형

논구초점 : 게르만 민족이 로마제국을 무너뜨리고 로마의 문명사회를 다스리고자 했을 때, 소수의 게르만인은 다수의 로마인의 정신세계인 로마문화와 종교를 계승해야만 했다. 그리하여 그들은 기독교로 개종했다. 그렇게 하지 않았다면, 그들은 로마를 무너뜨릴 수 있었지만, 결코 통치할 수 없었을 것이다.

그와 유사한 경우가 그보다 훨씬 일찍이 중국고대역사에 있었는데, 그것이 곧 주나라가 은나라를 멸망시키고 나서 은나라의 왕통을 계승하지 않고서는 나라를 다스리기가 심히 어려운 처지에 봉착했을 때에 홍범구주를 계승한 상황이다.

그렇다면 이 상황은 나중에 전국시대를 종식시키고 천하를 통일한 진나라도 주나라의 경우처럼 천하를 다스릴 명분을 그처럼 확보할 수 없었을까? 하는 의문점을 발생시킨다. 바로 이 의문점이 중국역사가 왜곡된 시점을 밝히는 실마리가 된다.

하·은·주 삼대에 걸친 고대왕조의 통치이념의 역사적 정통성은 무왕이 홍범구주를 계승한 사실에 의해 명백하게 입증된다. 그런데 춘추전국시대를 지나면서 황로학이 이 이념이 간직하고 있는 정통성을 극히 부정하고 전격적으로 배척하려고 하였기 때문에 후대에 이르러 중화사상에 입각한 중국민족이 홍범구주를 어떻게 이해하고 있는가? 하는 점이 논구되지 않을 수 없다.

그런데 이 의문점이 본 주제를 논구함에 있어서 대단히 중요한 역사적 의의를 지니게 되는데, 그 까닭은 요·순임금의 시기에 이미 홍범구주가 존재했는가? 아니면 우임금이 자기 치세 때 제정한 것인가? 하는 점이 명확히 밝혀져야, 후대에 이르러 중화사상의 형성을 주도하고서 고대왕조의 역사를 왜곡한 실체가 명확히 드러날 수 있기 때문이다. 즉 이족의 왕조가 수립한 문물·제도를 후대의 왕조가 계승·발전시킨 역사가 곧 중국고대역사인가? 아니면 이족의 왕조가 수립한 문명의 역사와 무관하게 화하족이 자신들의 독자적인 정치이념을 바탕으로 하여 이족의 노선과 전혀 다른 방향으로 나아가 발전시킨 문명의 역사가 곧 중국고대역사인가? 하는 두 개의 역사관 중에서 어느 쪽이 진실인가를 명확히 밝히는 작업이 역사왜곡의 실체를 제대로 논구하는 작업이기 때문이다.

따라서 홍범구주에 담긴 중대한 두 가지 역사적 의의는 아래의 논점에 따라 철저히 규명되어야 한다.

첫째는 서쪽 지방에 위치한 제후국인 주나라가 동쪽 지방에 위치한 자신들이 속한 은 왕조를 무너뜨리고 서쪽 지방중심으로 왕조전체를 통치하려고 했을 때, 은나라의 통치이념을 그대로 계승하여 중국고대왕조의 전통을 보존하고 유지하여 왕조의 정통성을 확립했다는 점이다.

둘째는 주나라가 홍범구주에 담긴 중국고대왕조의 통치이념인 인륜의 정신을 고스란히 수용했다는 점이다. 그리하여 전대의 사상이 고스란히 응집되어 있는 홍범구주가 중국사상의 모태로서의 위상을 그대로 온전하게 보존할 수 있게 되었다는 점이다.

이 점에 대한 명백한 증거는 서경의 홍범구주에 수록된 무왕과 기자가 나눈 대화 내용인데, 그것은 중국고대왕조의 정통성과 통치의 요체를 밝힌 역사적 의의를 고스란히 그대로 보여 준다. 그러므로 홍범구주를 두고 나눈 대화의 내용은 두 가지 중대한 역사적 사실을 보여 주는데, 하나는 은나라의 탕왕이 하나라의 걸왕을 추방하고서 새 왕조를 수립했을 때에는 주나라의 무왕이 은나라의 신하인 기자에게 하문한 바와 같은 현실적인 통치문제의 어려움이 발생하지 않았다는 점이다. 또 다른 하나는 서쪽의 주나라가 홍범구주의 존재를 제대로 알지 못하고 있었다는 점이다.

그러면 위의 두 가지 점이 중화사상이 지닌 역사왜곡의 진상을 밝히는 단초가 될 수 있는데, 그 이유는 첫째 주나라가 화하족의 나라이고 은나라가 이족의 나라라고 하게 되면, 당연히 홍범구주를 제대로 모르는 화하족이 야만족이 되기 때문이다. 그리고 둘째 주나라가 홍범구주를 수용하였으므로 화하족의 문명은 독자적인 것이 될 수 없다는 점 때문이다. 끝으로 셋째 이족보다 화하족이 천하를 다스릴 통치력이 부족하다는 점을 보여 주기 때문이다. 그러므로 화하족을 내세운 중화사상의 허구성은 황로학이 결코 해서는 안 될 과오를 저지른 역사왜곡의 산물인 것이다.

어쨌든 천하를 차지했지만, 천하를 다스릴 수 없는 처지에 놓인 주나라의 조정은 정국의 어려움을 극복하고서 천하를 다스려야 할 왕조의 통치능력이 천하를 순조롭게 다스릴 수준에 미처 도달하지 못했음을 적나라하게 보여 준다. 또한 주나라가 이런 문제에 직면했다는 점은 정권을 획득한 변방의 서쪽 민족이 중앙의 기득권층의 민족을 다독거려 통치해야할 이념체제가 시급했다는 긴박성을 그대로 보여 준다. 바꾸어 말하면 그 사실은 이족의 통치이념과 체제에 익숙하지 않은 정치집단이 중앙무대에 등장했다는 것을 의미한다.

그런데 이 경우는 군사력으로 자신보다 훨씬 우월한 문명과 문화를 갖춘 집단을 정복하고 난 후, 군대를 철수하는 대신 정복지역을 통치를 하려고 작정한 민족이 흔히 직면하는 전형적인 상황이다. 따라서 주나라가 처한 경우는 마치 게르만 민족이 라틴 민족의 왕국인 로마를 멸망시키고 난 이후, 일시적인 정복이 아닌 영구적인 정착을 하여 라틴 민족을 통치하려고 하면서 그들 자신의 고유한 종교까지 버리고서 기독교로 개종한 사실과 비교된다. 그렇지만 유념하고서 두 경우를 특히 구별해야 하는데, 그 이유는 주나라의 경우가 외국의 이민족이 정복한 경우와 달리 동일한 왕조에서 제후국이 종주국을 몰아내고 그 대신으로 왕조의 자리를 차지한 경우이기 때문이다.

그러므로 주나라 무왕과 은나라 옛 신하인 기자[158]가 나눈 대화는 위에서 언급한 모든 경우의 정황을 모두 함축하고 있는데, 서경은 그 역사적 의의를 하나의 단어 속에 압축해 두었다. 그것은 아래에 인용된 문장의 첫 구절에 주나라가 사용한 년(年) 대신에 은나라가 사용한 사(祀)를 채택하고서 십삼사(十三祀)라고 기록한 점이다. 그리고서 기자가 무왕에게 홍범구주를 설명하고 통치 수단으로 채용할 것을 건의하였는데, 그런데 그가 우왕에 대해 말한 내용이 후대에 이르러 황제사관이 틈을 비집고 들어올 여지를 제공하였기 때문에, 그 점은 역사왜곡의 진상을 밝히는 작업에서 반드시 검토되어야 한다.

"심삼 년에(惟十有三祀) 왕이 기자를 찾으시다(王訪于箕子).

왕이 이에 말씀하셨다(王乃言曰). 「아(嗚呼)! 기자여(箕子)! 하늘이 드러나지 않는 가운데 하늘 아래 백성을 안정시켜서(惟天陰騭下民), 그 거처하는 바를 도와 화합하게 하시니 (相協厥居), 나는 그 인륜이 펴지게 할 바를 알지 못한다(我不知其彝倫攸叙).」

기자가 이에 말하였다(箕子乃言曰). 「내가 들으니(我聞), 옛날에 <우임금의 아버지인> 곤이(在昔鯀) 큰물을 흙을 쌓아 틀어막고서(陻洪水), 오행을 어지러이 시행하자(汨陳其五行), 제<요, 순>가 이에 진노하여(帝乃震怒) 홍범구주를 주지

---

158) 여기의 기자는 우리나라 고대사에 등장하는 기자조선의 기자이다. 비록 그 내용이 날조된 것일지라도 당시의 중국왕조와 고조선왕조 사이의 정황을 유추할 수 있기 때문에 주목해야할 인물이다.

아니하여(不畀洪範九疇) 인륜이 무너지게 되었습니다(彛倫攸斁). 곤이 벌을 받아 죽고(鯀則殛死) 우가 뒤를 계승하여 성공하자(禹乃嗣興), 이에 하늘이 우에게 홍범구주를 하사하여(天乃錫禹洪範九疇), 인륜이 펴지게 되었습니다(彛倫攸敍).」"[159]

그런데 이 기록은 언뜻 보면 "<우임금의 아버지인> 곤이(在昔鯀) 큰물을 흙을 쌓아 틀어막고서(陻洪水), 오행을 어지러이 시행하자(汨陳其五行), 제<요, 순>가 이에 진노하여(帝乃震怒) 홍범구주를 주지 아니하여(不畀洪範九疇) 인륜이 무너지게 되었습니다(彛倫攸斁)"라는 전반부와 "곤이 벌을 받아 죽고(鯀則殛死) 우가 뒤를 계승하여 성공하자(禹乃嗣興), 이에 하늘이 우에게 홍범구주를 하사하여(天乃錫禹洪範九疇), 인륜이 펴지게 되었습니다(彛倫攸敍)."라는 후반부가 서로 맞지 않고 어긋난 것처럼 보일 수 있기 때문에, 반드시 그 점이 문맥을 올바르게 이해할 수 있도록 정리되어야 한다.

그 이유는 전반부에서는 요순임금이 곤의 잘못에 진노하여 홍범구주를 주지 않아서 그 지역에 인륜이 무너진 것으로 설명하고 있고, 후반부는 곤의 아들이 치수에 성공을 거두자 하늘이 홍범구주를 주어서 그 지역에 인륜이 펴진 것으로 설명이 야기한 문제점 때문인데, 상식적으로 생각하면 당연히 우에게 홍범구주를 내려 준 당사자는 하늘이 아니라 요·순임금이라고 기록해야 마땅하다. 그런데 이 기록은 그렇게 하지 않았기 때문에 마치 이 글이 요·순임금과 우임금과의 사이에 무슨 불화가 있는 것처럼 보일 수 있게 만든다.

그러므로 누군가가 "하늘이 우에게 홍범구주를 하사하여(天乃錫禹洪範九

159) 서경 p427~429

疇), 인륜이 펴지게 되었습니다(攸敘).”라는 이 기록을 악용한다면, 이 글은 충분히 우임금이 화하족 출신이라는 역사왜곡의 근거가 될 수 있기 때문에 반드시 그 문맥의 의미를 합리적으로 해석하여 오해의 여지를 불식시켜야 한다.

첫째, 하늘이 우임금이 내린 홍범구주가 요순임금이 죽고 나서 내린 것이라면, 당연히 요순임금이 주지 아니한 홍범구주와 우임금이 하사받은 홍범구주가 서로 다른 것이라고 주장할 수 있게 되고, 그리하여 주나라가 계승한 홍범구주가 우임금의 홍범구주로서 모든 중국의 역사적 정통성이 우의 자손이 계승한 하나라에게 있고 그리고 훗날 중화사상의 토대가 된 화하 족에 대한 이야기조차 역사의 정설이라고 주장할 수 있게 된다. 그렇지만 우가 치수를 성공한 시기와 홍범구구를 하사받은 시기는 모두다 순임금의 시대이기 때문에 결코 우의 홍범구주는 순임금의 홍범구주와 결코 다른 것일 수 없다.

둘째, 순임금이 죽고 우임금이 순임금의 왕위를 계승한 이후에 홍범구주를 다시 제정하였다면, 당연히 그 내용이 서로 다른 것인지가 문제될 것이다. 그리고 또한 그것이 전면개정에 해당하는 것인지 아니면 부족한 점만 보완하여 최종적인 것으로 완성한 것인지가 논구의 대상이 될 것이다. 그런데 어느 쪽이더라도 세 임금이 홍범구주를 가지고서 인륜을 펼쳤다면, 당연히 그 사실과 부합하여 요임금에서 순임금으로, 순임금에서 우임금로 왕위가 차례로 선양되었다는 역사적 사건이 반드시 실재해야 한다. 그러므로 기자는 무왕에게 먼저 홍범구주가 지닌 통치이념의 역사적 의의부터 명확히 밝힌 것이다. 그런즉 서경의 이 글은 오히려 낙수에 거북이 등에 복희씨의 점이 드러나 우임금이 홍범구주를 만들었다고 말하는 후대의 설화가 명백한 거짓임을 증명할 수 있는 두 가지 역사적 사실을 완벽히 보여준다. 따라서 후대의 그런 설화는 누군가가 서경의 내용을 의도적으로 무시하고 고의로 구성하지 않으면 세상에 결코 등장할 수 없는 일이다.

첫째는, 우임금이전의 요·순임금시대에 이미 인륜에 관한 법이 확고히 시행

되고 있었다는 점과

둘째는, 우임금이 순임금을 뒤이어 왕이 된 까닭이 하늘의 뜻으로서 그리하여 우임금이 홍범구주의 통치이념을 계승하여 순임금을 이어서 나라를 다스리게 되었다는 점이다.

그러므로 위의 '태호복희씨(太昊伏羲氏)'의 전설은 요·순임금의 치세를 부정하기 위해 전국시대에 의도적으로 만들어진 것에 불과하게 된다. 그 이유는 요·순임금 때에 왕조를 다스릴 통치이념이 수립되어 있지 않았다면 결코 그런 홍수를 방지할 대규모 공사가 이루어지지 않았을 것이며, 또한 요임금에게 왕위를 물려받은 순임금이 홍수를 다스려 백성들을 편안하게 만들기 위해 우에게 그런 임무를 맡길 필요가 없었을 것이기 때문이다.

그럼에도 불구하고 서경의 그와 같은 기록을 도외시하고 요·순임금시대의 역사적 의의를 아예 송두리째 부정하는 신화가 등장한 사실은 중국왕조역사를 왜곡시키려는 불순한 의도를 보여 주는 객관적 증거가 아닐 수 없다. 그러므로 요·순임금의 시대보다도 우임금의 시대를 더 높이 평가한다고 하여 홍범구주가 우임금의 작품이 될 수는 없는 일이므로, 당연히 우임금에게 하늘이 홍범구주를 주었다는 글귀는 순임금이 우임금를 후계자로 삼았다는 말과 같은 의미로서 곧 후자의 표현을 전자의 표현으로 달리 기록한 것에 지나지 않는 것이다.

그리고 홍범구주와 아울러 주목해야 할 것은 바로 서경이 누누이 강조하고 있는 바로서, 왕의 통치방식은 때에 맞추어 백성을 다스리는 것이라는 사고방식이다. 그리고 그 점은 단적으로 월령이 보여 주는데, 그 이유는 월령은 왕조가 백성을 통치하려면 맨 먼저 갖추어야할 필수요건이기 때문이다. 다시 말해 월령이 없다면, 일반백성들이 계절의 변화에 맞추어 도저히 생업을 제대로 할 수 없기 때문이다. 곧 백성들이 이러한 월령에 관한 정보를 위로부터 수령하지 못할 경우에는 홍수가 잦은 수재지역을 포함하여 모든 지역에서 모든 백성들이 똑같이 제 때에 생업을 하지 못하게 되어 자연히 인륜이 무너지는 결과를 초래하기 때문이다. 그러므로 요임금에 관한 기록이 바로 이 월령의 기록으로부터 시작하는 이유가 바로 여기에 있다. 더욱이 매년 바뀌는 월령은 왕조가 직접 나서서 만들어 주지 않는 한 도저히 일반백성의 지식과 노력만으로는 결코 만들 수 없는 지난한 일이었기 때문에, 서경은 월령의 일을 가장 먼저 기록하여 후세의 왕들에게 때(時)에 관한 중요성을 일깨워 주려고 하였다.

그러므로 서경에 기록된 바처럼 이미 확고하게 월령을 비롯하여 통치에 관한 여러 이념을 무시하고서 후대에 이르러 홍범구주를 우임금이 만든 것처럼 설명하는 일은 다른 불순한 의도가 개입되지 않고서는 도저히 그렇게 될 수 없는 일이다. 또한 마찬가지로 낙서에서 발견한 거북이 등의 부호까지 내세우면서 복희씨까지 끌어들인 전설도 요·순임금이 지닌 역사성을 격하시키려는 의도가 개입되지 않고서는 굳이 만들 이유가 없는 작품이다. 그렇다면 당연히 후대에 이르러 왜 복희씨를 끌어들이고 우임금에게 그런 역사적 의의를 부여해야만 했는가? 하는 의문은 반드시 논구되어야 한다. 그러므로 그런 의혹의 의도와 배경을 미루어 짐작하려면 반드시 홍범구주의 중요성부터 이해해야 한다.

서경은 이와 같은 역사적 의의를 지닌 홍범구주를 오행(五行), 오사(五事), 팔정(八政), 오기(五紀), 황극(皇極), 삼덕(三德), 계의(稽疑), 서징(庶徵), 오복(五福)과 육극(六極)인 9종류의 범주로 구분하여 다음과 같이 수록해 두었다.

"최초의 첫 번째를 말하면 오행이고(初一曰 五行),

다음 두 번째를 말하면 사람을 공경하는 방법은 오사이고(次二曰 敬用五事),

다음 세 번째를 말하면 농사짓는 방법은 팔정이고(次三曰 農用八政),

다음 네 번째를 말하면 사람을 서로 화합하게 하는 방법은 오기이고(次四曰 協用五紀),

다음 다섯 번째는 세우기를 황극으로서 하고(次五曰 建用皇極),

다음 여섯 번째는 다스림을 삼덕으로서 하고(次六曰 乂用三德),

다음 일곱 번째는 밝힘을 의심을 살피는 것으로서 하고(次七曰 明用稽疑),

다음 여덟 번째는 생각함을 여러 징험으로서 하고(次八曰 念用庶徵)

다음 아홉 번째는 누리는 것을 오복으로서 하고, 위엄을 보이는 것은 육극으로 하는 것입니다(次九曰 嚮用五福 威用六極) ."[160]

그런데 위에서 나열한 홍범구주의 내용 중 일부는 시대가 변천함에 따라서 수정하거나 전부 다른 내용으로 바꾸어야 하기 때문에, 홍범구주 전체를 현대사회에 그대로 적용할 수 없지만, 그러나 그것이 지닌 도덕적이고 또한 정치적인 의의는 고스란히 그대로 수용될 수 있다. 곧 인륜을 밝히는 정신인데, 인륜은 인간사회의 환경이 어떻게 변하더라도 인간이 인간인 한에서는 인륜을 항상 유지되어야 한다. 만약 인륜이 허물어진다면 곧 그 현상은 인간사회의 파멸을 의미하는 것이기 때문이다. 그런즉 홍범구주에 담긴 인륜의 원칙은 오늘날까지도 여전히 동아시아민족의 의식에 자리 잡고 있는 행동지침인데, 그 뿌리가 바로 중국고대왕조의 통치사상을 집대성한 홍범구주에 있기에, 그 속에 담긴 보편성을 살펴보아야 한다. 그러므로 원점으로 되돌아가, 홍범구주의 모든 체계가 과연 요·순임금의 시기에 이루어진 것인가? 하는 의문점부터 논구해야 한다. 그런데 홍범구주의 근거가 서경의 요·순전에 있더라도, 그에 앞서 요임금 왕조에 대한 의문과 동일한 의문이 제기될 수 있는데, 여하간 그에 대한 답변은 앞선 의문과 마찬가지로 요임금 왕조의 시대이전에 홍범구주의 미성숙한 형태가 존재하고 있었지만, 그러나 그것을 왕조의 통치이념으로 완성시킨 시기는 역시 요·순임금의 시기이외에 달리 있을 수가 없다는 것이다. 즉 요·순임금이

160) ibid p430

이미 완성된 홍범구주를 고스란히 그대로 수용한 것이 아니라, 왕조를 출범하고 나서 완성시켰다는 것이다. 왜냐하면 인륜을 체계적으로 집대성한 홍범구주는 왕조가 아니면 달리 필요한 곳이 없기 때문이다.

그러면 당연히 서경의 요·순전에서 홍범구주의 근거를 밝혀야 하는데, 그 점에 대해 서경 순전은 순임금이 요임금의 직책을 계승함에 있어서, 오전(五典) 곧 오륜(五倫)에 맞게 하여 시작하였다고 명확히 기록해 두었다.

> "오전을 삼가 아름답게 하라고 하시어(愼徽五典), 오전을 알맞게 하였고(五典克從), 여러 관직의 우두머리 자리를 채용하여 모든 일을 헤아려 정돈하니(納于百揆), 여러 관직의 일이 때에 맞게 펴지고(百揆時敍), 사방의 문에서 손님을 알맞게 맞이하니(賓于四門), 사방의 문 주변이 화합하였고(四門穆穆), 큰 산 기슭에 올라섰을 때(納于大麓), 우레가 치는 비에도 혼란되지 아니 하셨다(烈風雷雨弗迷)."[161]

그런데 여기에 기록된 오전(五典)은 사람이 지켜야 할 다섯 가지의 떳떳한 도리(道理)를 뜻하는데, 그것의 구체적 내용은 훗날 공자와 유가의 선비들이 계승·수호하려는 것으로서 부자(父子) 사이의 친애(親愛), 군신(君臣) 사이의 의리(義理), 부부(夫婦) 사이의 분별(分別), 장유(長幼) 사이의 차서(次序), 붕우(朋友) 사이의 신의(信義)이다. 따라서 왕조는 백성들에게 모든 사회조직의 골간이 되는 가족 간에 아버지는 의리(義理)로서, 어머니는 자애(慈愛)로서, 형

161) ibid p22

은 우애(友愛)로서, 아우는 공경(恭敬)으로서, 자식(子息)은 효도(孝道)로서, 서로를 마주 대(對)해야 한다는 도덕적 당위성을 가르칠 수 있게 된다. 그리하여 공자와 유가들이 이 전통을 고스란히 그대로 수호하여 춘추전국시대의 난국을 극복하려고 진력하였다.

그리고 서경은 홍범구주가 오행에 해당하는 수·목·화·토·금의 이치를 해(日)와 달(月)과 더불어 칠정 속에 포함시켜 정사의 근본으로 삼았다고 기록하여, 순임금의 시기에 이미 홍범구주의 첫 번째의 규범이 제대로 확립되어 있음을 보여 주고 있다.

> "선기옥형으로 살피셔서(在璇璣玉衡) 그것으로 칠정을 가지런하게 하시다(以齊七政)."[162]

즉 혼천의(渾天儀), 혼의기(渾儀器), 혹은 줄어서 선형(璇衡)이라고 불리는 선기옥형은 백성들이 때에 맞추어 각자 생업에 적절하게 전념할 수 있도록 하기 위해 천문(天文)을 살피는 도구인데, 곧 천체의 운행을 관측하는 기구인데, 위의 기록은 옥으로 만든 혼천의를 살펴서 일곱 가지 정사인 일, 월, 화, 수, 목, 금, 토를 바로 잡았다는 것을 뜻한다. 그리고 해와 달과 다섯 가지 별을 바로 잡는 일이 칠정(七政)이 되는 이유는 임금의 정사(政事)가 바로 백성들의 생업을 보살피는 것임을 의미하기 때문이다. 그 뿐만 아니라 서경은 모든 왕조시대를 걸쳐 시행된 위계질서와 복식에 대해서도 순임금시대에 이미 확립되어 있음을 수록해 두었다.

---

162) ibid p25

"다섯 종류의 신표를 거두시니(輯五瑞), 한 달이 다 지나거늘(旣月) 날마다 사악과 여러 제후들을 만나셔서(乃日覲四岳羣牧) 신표를 여러 제후들에게 나누어 주시다(班瑞于羣后)."[163]

즉 실제인지를 확인하는 다섯 가지 물건인 오서(五瑞)는 임금이 지니는 9치의 홀(笏)인 진규(鎭圭)와 달리 제후들이 지니는 물건으로서, 다섯 계급의 제후인 공(公)·후(侯)·백(伯)·자(子)·남(男)작에 따라 환규, 신규, 궁규, 곡벽, 포벽으로 구분되는데,[164] 제후들이 그에 어울리는 홀을 지니게 되었다는 역사기록은 이미 요·순임금의 시대에 제후의 계급이 확립되었다는 사실과 그리고 그 계급에 걸 맞는 복식도 제정되어 있었다는 사실을 동시에 보여 준다.

물론 뒷부분에 첨가한 설명은 한나라 때의 주례에 기록된 바를 참고로 했기 때문에 서경의 기록이 아닌 이 기록은 진실이 아닐 수 있다는 의문이 가능해진다. 그러나 그렇게 되려면 당연히 주나라의 역사부터 의심해야 하고, 그리고 또한 그런 의심이 타당한 것으로 되려면, 먼저 다음의 조건을 충족시켜서 그리하여 서경의 기록부터 거짓이라고 밝혀야 한다. 그런데 그와 같은 조건은 주나라의 역사가 사실이라면 당연히 은나라의 역사도 사실이어야 하고, 은나라의 역사가 사실이면 하나라의 역사도 사실이어야 하고 그리하여 마침내 요·순·우 3

---

163) ibid p27

164) 두산백과 오서 : 고대 중국에서 천자가 공(公)·후(侯)·백(伯)·자(子)·남(男)의 5작위를 가진 제후에게 임명의 표시로서 준 서옥(瑞玉). 한대(漢代)의 경서 《주례(周禮)》에 "공작은 환규(桓圭), 후작은 신규(信圭), 백작은 궁규(躬圭), 자작은 곡벽(穀璧), 남작은 포벽(蒲璧)을 든다"라고 되어 있는데, 제후는 천자를 알현할 때나 공식적인 의식에는 반드시 이것을 들고 신분을 나타냈다. 규(圭)는 위가 뾰족하고 아래가 네모난 구슬이며 벽(璧)은 둥근 모양의 얇은 구슬이다.

대임금도 사실이어야 한다는 역사의 고리를 부정하는 일이다.

그리고 더 나아가 홍범구주는 덕치에 상응하는 법치의 토대인 형벌에 대해서도 규정해 두었는데, 그 규정이 지극히 인륜적이어서 오히려 고대왕조의 통치이념이 그와 같은 형법에 의해 그 속에 담긴 정치적 의의가 더욱 명확해졌다고 말할 수 있다. 그리고 형법의 담긴 그와 같은 법의 의의는 오늘날까지 전승되어 현대사회에서도 여전히 형법이 갖추어야할 법의 정신으로 작용하고 있다. 특히「보편의 형벌을 보여 준다(象以典刑)」는 그 말은 죄형법정주의와 맥을 같이 하는 의미이므로, 당연히 홍범구주의 의의를 제대로 파악하려면 보편성에 입각하여 형벌을 제정하려고 한 고대통치자들의 마음이 담긴 통치이념을 특히 주목해야 한다. 본서는 그 점을 보여 주는 서경의 글을 아래에 인용하면서, 다음의 논구로 넘어가겠다.

> "보편의 형벌을 보여주시되(象以典刑), 오형을 유형으로 감해주시며(流宥五刑), 채찍을 관의 형벌로 삼으시고(鞭作官刑), 회초리를 교육의 형벌로 삼으시되(扑作教刑), 돈으로 벌을 감하는 형벌을 삼으시며(金作贖刑), <잘못하여 허물을 저지름>과실이나 불운함으로 지은 죄는(眚災) 풀어주어 용서해주고(肆赦), 일부러 고의적으로 저지른 죄는(怙終) 죽이는 형벌을 삼으시고(賊刑) 신중하게 하시어(欽哉欽哉) 오로지 형벌을(惟刑之) 불쌍하게 여기는 마음으로 하셨다(恤哉)"[165).]

165) ibid p31 - 참고로 말하면 오형은 옛 형벌이니, 묵·의·비·궁·대벽의 다섯 가지 종류이다

제3절. 다민족을 통일할 구심점으로서의 홍범구주

논구초점 : 단일민족 간에서도 상존하는 갈등을 극복하고 통합을 꾀하려면 보편적 명분과 구체적 수단이 필요한데, 하물며 이질적인 이민족들이 함께 백성을 이루고 있는 왕조에서는 어떠했겠는가? 만약 요순 왕조가 그것을 수립하지 못하였다면, 통일왕조는 불가능했을 것이다.

고대통일왕조는 홍범구주를 만들어 그 목적을 달성했다. 그리고 그런 홍범구주에는 여러 가지 중요한 특성을 지니고 있는데, 그것은 우선적으로 중국고대왕조가 수립한 통치이념을 체계화 해놓은 점이다. 둘째는 중국고대역사가 이족의 왕조로서 시작하여 사해동포정신으로 모든 이민족을 아울렀다는 점이다. 셋째는 홍범구주에 담긴 사상이 중국민족의 문명과 문화사상의 근본토대라는 점이다.

따라서 주나라가 은나라의 홍범구주를 계승했다는 사실은 대단히 중요한 역사적 의의를 지니고 있는 사실이므로, 역사의 진실을 직시하고자하는 입장은 반드시 전국시대에 이것을 부정하려고 등장한 황로학의 사상이 곧 중국역사를 왜곡시킨 장본인인 점을 유념해야 한다.

서경의 주서에 기록된 홍범구주의 역사적 의의는 다민족을 하나의 통일국가의 동등하고 동일한 구성원으로서 결속시킬 수 있게 한 구심점의 역할에서도 찾을 수 있다. 왜냐하면 주나라의 건국은 은나라의 동쪽 주민과 주나라의 서쪽 주민의 대결 속에서 은나라의 멸망으로 이루어진 것이어서, 주나라의 초기정세가 매우 불안정했기 때문이다. 즉 은나라의 멸망으로 인해 이질적인 민족 간의 갈등이 최고조로 달했기 때문이다. 그러므로 주나라 무왕이 기자를 찾아간 후, 그의 충고대로 은나라의 통치이념을 그대로 수용한 사건에는 두 가지의 큰 의미를 담게 된다.

하나는 서쪽의 주나라 백성들은 은나라의 통치이념에 익숙한 은나라의 근본

백성인 이족들이 아니었다는 점과 그리하여 또 다른 하나는 그러기에 정통성이 미약한 주나라의 정치세력은 홍범구주를 수용하여 은나라를 대신한 통일왕조의 정통성을 계승했어야만 했다는 점이다. 즉 비록 주나라의 왕실의 인물들이 은나라의 혈통이었다고 하더라도, 은나라를 정벌하는 과정에 서쪽의 융족과 북쪽의 적족이 참여한 이상 그들과 공생하는 방법이 필요해진 점이다. 그러므로 그 점은 로마를 점령한 게르만 족들이 로마의 문화를 수용하고서 로마인들을 지배하고 공생할 수 있었든 경우와 비유될 수 있다.

즉 은나라를 무너뜨렸지만, 곧바로 은나라의 백성들을 통치할 수 있는 통치이념을 그들이 갖추고 있지 않다는 고백은 주나라 왕조가 처한 당시의 위상을 그대로 보여 주는 대단히 중요한 사건이다. 만약 주나라가 문화적으로 은나라를 능가하는 제후국이었다면 결코 무왕이 기자를 찾아갈 이유가 없었고 그리고 그런 절박한 고백과 더불어 기자의 충심어린 충고도 필요치 않았을 것이다. 그러면 주나라가 은나라를 멸망시킨 전쟁도 글자 그대로 정복과 지배를 위한 침략이었을 것이다.

그러므로 무왕이 모든 나라를 다스릴 통치이념을 갖추고 있지 않다고 말한 점은 중국고대왕조사를 파악하는 데에 있어서 그 어떤 역사적 사실보다도 중요한 전거가 된다. 왜냐하면 은 왕조를 대신하여 왕조 전체를 안정적으로 다스려야 하는 임무를 떠안은 주나라가 최우선적으로 추진해야할 과제가 바로 다민족으로 구성된 왕조의 백성들을 하나의 민족으로 통합시켜 그리고 결속시키는 일이었기 때문이다.

그리고 바로 무왕이 추진한 통일의 작업이 전국시대에 탄생한 새로운 사상들이 중국을 재차 결속시키는 통일방식에 반면교사가 되어 유가를 공박하게 된 근본계기가 된다. 즉 홍범구주로 구성된 왕도정치의 통치방식과 이념은 큰 틀에서 보면 당연히 통일왕조가 나아가야할 명분과 근본방향을 제시하는 것이긴 하지만, 그러나 전국시대에 왕을 참칭한 제후들은 그 노선을 따를 수가 없는 상황이었기 때문이다. 그러므로 통일을 위해서는 어떻게 해서든 새로운 통일의 명분을 모색해야 하는 이유를 무왕이 보여 주었기 때문에, 무왕이 그런 점에서 그들에게 반면교사가 된다는 것이다.

그런데 여기서 논구를 잠시 전국시대로 내려와, 홍범구주의 존재가 전국시대에는 진정으로 불필요한 것인지를 먼저 진단해 볼 필요가 있다. 그 이유는 유가가 홍범구주의 정신을 수호하려고 한 반면에 도가는 그것을 배척하려고 하였기 때문이다. 그러면 당연히 도가와 법가들이 결속한 황로학의 선비들이 전통적으로 지속된 왕도정치의 근본정신을 왜곡시키고 나아가려는 노선이 과연 제대로 성공할 수 있었던 길이었는지를 묻지 않을 수 없게 된다.

하지만 결과적으로 보면, 도가와 법가는 실패하였다. 왜냐하면 도가는 항상 세속에 초연한 척해야만 했고, 반면에 법가는 일시적으로는 영달을 꾀할 수 있었지만, 불신의 정국에서 그 말로가 비참하였기에 때문이다. 곧 그 점은 법가의 한비자가 순자에게서 동문수학한 이사의 계략에 말려 진왕(후에 진시황)에게 무참한 죽음을 당하는 사건에서 확연히 드러난다. 그런데 그런 정황에도 불구하고 도가와 법가는 왜 그렇게 해야만 했을까? 즉 왜 그들은 무왕의 길을 외면해야만 했을까? 다시 말해 무왕이 은나라 주왕을 죽인 일은 비난하면서 무왕이 홍범구주를 수용한 일은 본받지 않고 오히려 배척해야만 했는가? 하는 물음은 도가와 법가를 아우르고 있는 황로학이 반드시 답변해야 한다. 왜냐하면 황로학이 전면에 내건 거창한 명분과 달리 그들이 추진한 전략과 방법이 너무도 표리부동하기 때문이다. 즉 무왕은 홍범구주를 통해 모든 민족구성원을 하나로 아우르고 더 나아가 변방의 이민족까지 포용하려고 하였는데 비해, 그들은 왕조의 구성원인 민족들 간의 갈등도 아우르지 못했을 뿐만 아니라 더 나아가 변방의 이민족까지 경계하고 적대하기에 이르렀으니, 도대체 그들이 한 일이란 진나라 왕을 고작 전제군주제의 황제로 만들어 준 이외에 달리 무엇을 했는지가 의아스러워질 뿐이기 때문이다.

그러므로 전국시대의 난국을 수습하는 과정에서 전통사상을 일거에 부정한 황로학의 방식이 과연 올바른 방식인가? 하는 물음에 대해서는 역사의 이성은 단호히 아니라고 답변을 해야 한다. 그 이유는 강력한 진나라가 전국시대를 종결하여 새로운 통일왕조의 주체가 되었을 시기에 또는 그 이전 시기에, 충분히 전통의 통치노선을 수용하고서 그 방식을 답습할 여지가 충분히 있었기 때문이다. 다시 말해 한나라도 황로학을 선호하다가 뒤에 가서 동중서에 의해 유학을 채택하였기 때문인데, 그렇다면 마찬가지로 황로학식 법가에 의존하고 있는 진나라도 순자가 권유한 바대로 유가를 채택할 수 있었기 때문이다. 따라서 진나라가 그렇게 하지 않은 이유가 무엇인가? 하는 물음에 대해서는 단호하게 역사의 이성은 그들의 정치적 야욕이 지나치게 탐욕적이었다고 답변해야 한다. 그리고 비록 한나라에 의해 유학이 국학으로 채택되었다고 하더라도 이미 고대통치이념이 철저하게 황로학에 의해 유린당했기 때문에 황로학에 물든 중국왕조는 결코 제대로 된 민본주의의 왕조를 될 수 없었고 또한 그리하여 중국역사는 탐욕과 이기심에 의한 약육강식의 터전 속에서 왕조의 멸망과 교체를 역사서 속에 기록해 나가야만 했다. 이로써 도달할 수 있는 결론은 진나라에 의해 봉건제도가 부정되고 군국제도가 등장한 체제변경은 시대의 변화 물결을 자연스럽게 수용하기 위한 합리적인 결과가 아니라는 점이다.

그러면 전국시대의 분열양상을 염두에 두고, 무왕과 기자의 대화를 살펴보면 홍범구주가 지닌 정치적 의의는 실로 대단하지 않을 수 없게 된다.

서경은 홍범구주가 지닌 가장 중요한 기능을 기록해 두었다. 그것은 무왕이 기자에게 말한 인륜이다. 만약 인간사회가 인륜의 사회가 아니었다면 당연히 인간의 집단은 동물의 집단이었거나 아니면 지상에서 아예 존재조차 하지 않았을 것이다. 그러므로 인륜은 인간사회를 인간사회답게 만드는 근본요인이기에 실로 중대하지 않을 수 없다.

"아(嗚呼)! 기자여(箕子)! 오직 하늘이 드러나지 않는 가운데(惟天陰), 아래 백성을 안정시켜서(騭下民) 그 거처하는 것을 도와 화합하게 하시니(相協厥居), 나는 그 <사람으로서 지켜야 할 떳떳한 도리>인륜이 펴지게 할 바를 알지 못한다

아 부 지 기 이 륜 유 서
(我不知其彝倫攸叙)."[166]

특히 이 글은 지금 본서가 주장하는 바를 가장 잘 보여 주는 논거인데, 그 이유는 이미 말한 바처럼 주나라가 외부에서 침입한 이민족의 왕조라면 굳이 이런 내용의 기록을 해 둘 이유와 필요가 없었을 것이며 그리하여 서경이 은나라에서 종결되고 주나라 때에는 서경과 전혀 다른 논조의 기록책자가 별도로 제작되어 있어야만 정상적인 상황이 되기 때문이다. 그러므로 홍범구주를 고스란히 그대로 수용한 기록은 다름 아닌 주나라가 은나라의 제후국이었다는 점을 그대로 확인해 주는 객관적 증거가 되는 것이다.

따라서 은나라의 민족과 주나라의 민족이 서로 전혀 다른 나라의 이민족이라면, 주나라가 홍범구주를 수용한 이유가 당연히 이상해질 수밖에 없게 된다. 왜냐하면 홍범구주는 은나라가 계승한 전통적 규범이므로, 망한 은나라 백성을 위해 정복왕조인 주나라가 그들 나라의 홍범구주를 굳이 통치방식으로 채택해야 할 이유가 전혀 없기 때문인데, 그럼에도 불구하고 필히 수용해야만 했다면, 그 이유는 오로지 다음의 두 가지 경우 중 후자의 경우일 때뿐이다. 첫 번째는 주나라 백성이 외부에서 침입한 야만족인 경우이고, 둘째는 제후국의 주나라의 백성이 종주국인 은나라의 백성이긴 하지만, 그러나 서로가 각자 계통이 다른 이민족인 경우이다.

그런데 후자의 경우일지라도 왜 하필 같은 왕조의 동등한 구성인들 사이에서 이미 시행되고 있는 홍범구주를 굳이 계승한다고 해야 할 이유가 반드시 있는가? 하는 의문점은 여전히 명쾌하게 풀리지 않는다. 그러면 홍범구주가 주나라 지역에서는 제대로 시행되지 않았던 것인지, 아니면 은나라 백성이 무도해져서 홍범구주가 은나라 지역에서도 제대로 시행되지 않고 있었기 때문에 주나라가 그것을 원상으로 복구하겠다는 것인지가 먼저 구분되어야 한다. 곧 그 문제점은 주나라 백성에게 인륜이 펴지지 않는다는 것인지 아니면 은나라 백성에

166) ibid p428

게 인륜이 펴지지 않은 것인지의 문제점과 직결된다. 그 이유는 은나라가 망하고 주나라가 건국된 초기의 정국은 어쨌든 심히 어지러운 난국이므로 인륜이 펴지게 할 방법을 모르겠다는 말은 양쪽 모두에게 해당되기 때문이다.

그러면 오히려 주나라 무왕에게 홍범구주를 대신할 다른 방법이 있었는가? 하는 의문으로 그 때의 상황을 되짚어 보아야 한다. 왜냐하면 그 답변이 긍정적이 되려면, 당연히 서쪽의 주나라가 동쪽의 은나라보다도 더 나은 문명과 문화를 소유하고 있어야만 가능하기 때문이다. 하지만 그렇게 되면 서쪽 지역을 기반으로 하는 주나라가 자신들의 더 높은 규범을 제쳐두고 자신들의 것보다도 더 낮은 문명과 문화의 은나라가 시행하는 홍범구주를 결코 선택할 리가 만무하기 때문에, 따라서 그 의문은 어불성설이 된다. 다시 말해 그런 조건이라면 오히려 무왕이 은나라의 홍범구주를 폐지하고 당연히 은나라 백성에게 더 높은 수준의 자신들의 규범을 은나라 백성들에게 적용하려고 했을 것이기 때문이다. 따라서 설사 혼란이 발생한 원인이 은나라 백성들에게 있다고 하더라도, 어쨌든 주나라가 당면한 혼란을 수습할 별다른 방법을 가지고 있지 않았기 때문에 필히 주나라는 반드시 보편성을 지니고 있는 홍범구주를 수용하지 않으면 안 되었다는 결론이 내려져야 한다. 다시 말해 주나라의 초기의 혼란이 이족, 만족, 융족, 적족 간의 이질감 때문에 발생한 문제이긴 하였지만, 그러나 요·순임금이 다민족을 아우르는 보편적 통치이념을 수립하여 그것을 계승한 왕조가 다민족을 다스릴 수 있는 통치행위의 정통성을 이미 확립해 놓았기 때문에, 무왕이 그 정통성을 내세워 난국을 수습하고 그리고서 명실상부한 통일왕조의 기틀을 견고히 할 수 있었다는 결론이 타당하게 되는 것이다. 그런즉 인륜이 펴지지 않은 사건의 실체는 만(蠻)족을 포함한 동쪽의 이(夷)족과 적(狄)족을 포함한 서쪽의 융(戎)족들 간에 놓인 이질적 정서가 야기한 문화적 문제이었던 것이다. 곧 하나의 통일왕조 내의 구성원 간의 문제일지라도, 이질적 정서를 지닌 이민족끼리 서로 쉽게 동화하지 못한 탓에 생긴 사건이기 때문에 심각한 문제였던 것이다.

그러므로 앞에서 논구한 것은 다음처럼 요약될 수 있다.

첫째는 은나라를 공격한 제후국의 주나라 백성은 다른 외국에서 은나라를 정복하기 위해 침략한 이민족이 아니라 종주국인 은나라의 동일한 백성으로서의 이민족이라는 것이다. 만약 그렇지 않다면 그들은 다른 나라에서 은나라를 침공한 외적이어야 하고, 아니면 주나라에 의해 고용된 외국출신의 용병이어야 한다. 그러나 결코 그렇지 않기 때문에 당연히 그들은 은나라의 백성일 뿐이다.

둘째는 그러므로 은나라 백성의 근간이 이족이고 그에 대응하여 주나라 백성의 근간이 융족이라고 말하는 것 대신에 화하족이라고 말하게 되면, 화하족은 출신배경이 모두 다 저급한 것으로 전락하게 될 뿐만 아니라 중화사상의 모든 내용이 허구가 된다는 것이다. 왜냐하면 이족인 은나라 백성이 문명과 문화적인 수준이 높은 반면에 화하족인 주나라 백성은 그 수준이 낮고 그리하여 화하족이 어쩔 수 없어서 이족인 만든 홍범구주를 수용하게 되었다고 하면, 곧바로 중국인의 긍지인 중화사상의 골격이 여지없이 무너지기 때문이다.

더 나아가서, 황제의 인물을 내세워 중국고대왕조사를 왜곡할 때, 순임금만 제외한 나머지 요임금과 우임금과 하나라의 인물들을 모두 화하족이라고 하고 그리고 우왕이 홍범구주를 제정한 왕이라고 말하게 되면, 더 이상한 왜곡만 조성하게 된다는 것이다. 왜냐하면 화하족인 우왕이 만든 홍범구주를 수용하여 나라를 잘 이끌어 온 이족의 은나라가 비록 걸왕이 무도하여 화하족의 주나라에게 망하게 되었다고 하더라도, 왜 화하족인 주나라의 무왕이 그들의 조상인 우임금이 만든 홍범구주를 모르는 처지에서 은나라의 신하인 기자를 찾아가 홍범구주의 이야기를 들어야만 했는가? 하는 의문점 때문이다. 즉 주나라가 은나라보다도 더 많이 자신들의 자랑스러운 조상인 우임금이 만든 홍범구주에 정통해 있어야만 마땅하기 때문이다. 그러므로 중국고대왕조는 여러 이민족이 함께 어우러진 다민족사회로서, 그 곳에는 이족, 만족, 융족, 적족과 비견되는 화하족이 애초부터 없었다는 것이다.

셋째는 은나라의 백성이 도덕적으로 문란하여 혼란한 지경에 처했다고 하더라도 이미 중방 지역은 홍범구주에 의해 관리가 잘 된 지역이므로 주나라 지역보다는 상대적으로 문명과 문화의 수준이 높았음이 분명하다는 것이다. 그러므로 비록 은나라가 멸망했더라도 은나라의 사회질서는 홍범구주의 규범에 의해 원상회복이 쉬울 수 있었지만 그러나 그에 비해 제후국이었던 주나라는 그동안 홍범구주의 이념과 규범에 따라 서쪽에 치우친 자신의 영토를 다스릴 이유가 별로 없었기 때문에 주나라 백성들에게는 홍범구주가 생소한 것일 수밖에 없었다는 것이다. 그래서 주나라 백성과 은나라 백성의 수준을 동등하게 만들기 위해 홍범구주가 반드시 필요하게 된 것이다.

넷째는 인륜이 펴지지 않는다는 의미는 은나라 백성을 관리해야할 주나라의 문명과 문화적인 수준이 상대적으로 열등하기 때문에 홍범구주에 의해 다스려지지 않은 주나라 백성과 홍범구주에 의해 다스려진 은나라 백성이 서로 심각한 갈등에 직면하지 않을 수 없게 되었다는 사정을 의미하는 것이다. 그런데 정작 중요한 점은 주나라가 은나라의 백성을 차별적으로 지배하려는 의도를 가졌다면 결코 홍범구주를 수용할 리가 만무했다는 것이다. 즉 홍범구주를 당연한 규범으로서 수용했다는 사실은 더 나아가 수용할 수밖에 없었다는 사실은 고대왕조의 구성원 모두가 동등한 자격을 갖춘 백성이었음을 뜻하는 증거이기도 하다.

다섯째는 주나라 백성과 은나라 백성의 통합을 넘어서 주나라가 천하를 통치하기 위해서는 보편성을 지닌 홍범구주를 통치수단으로서 선택하지 않을 수 없었다는 것이다.

여섯째는 서로 이질적인 이민족이 서로 융합할 수 있는 통치방식이 홍범구주가 지닌 규범이라면 당연히 홍범구주의 성격은 처음부터 민족성과 상관없이 모든 이민족을 아우를 수 있는 보편적 성격의 규범이라는 것이다.

일곱 번째는 그러면 동일한 왕조의 동등한 구성원인 이족과 만족과 융족과 적족이 왜 나중에 철저히 구분되어 화하족과 전혀 다른 변방의 다른 나라의 이민족이 되어야만 했는가? 하는 의문점이 제기될 수 있는데, 주나라 초기에는 더 나아가 동주(東周)시기 전까지는 화하족의 개념이 없는 사회이기에 그런 의문이 생길 수 없었다는 것이다.

더욱이 오늘날처럼 관료체제를 거의 완벽하게 갖추고 있지 않은 고대의 시기에는 당시 9주의 제후들이 자신의 지역에 거주하는 집단의 부족장에게 질서를 유지할 자치권을 부여하고서 스스로 통솔하도록 하였기 때문에, 당연히 이민족 간의 차별성이 정치문제로 급부상할 여지가 극히 적었던 것이다. 다시 말해 광대한 중국지역에서 북쪽의 적족이 서쪽의 융족 지역에서, 혹은 북쪽의 적족이 동쪽의 이족 지역에서, 혹은 동쪽의 이족이 남쪽의 만족 지역에서 자치권을 허락받고서 거주하는 일은 충분한 가능한 일이었기 때문에 민족 간의 차별성의 문제가 통치의 주요문제로 빈발할 여지가 별로 없었던 것이다. 따라서 중국의 전 지역에는 화하족이 살고 그와 달리 중국변방을 넘어선 그 밖의 다른 지역에는 4대 이민족이 살고 있는 것처럼 말해서는 안 되며 더 나아가 화하족을 내세운 중화사상의 시각으로 각 민족들의 문명과 문화를 저급한 야만족 수준으로 말해서는 안 되는 것이다. 왜냐하면 문명과 문화의 상대성은 오늘날의 대도시와 농촌과 간의 격차처럼 지역 간의 문제이지 민족 간의 문제가 아니기 때문이다. 다시 말해 중앙지역의 문명과 문화수준과 중앙을 벗어난 지역 간의 문명과 문화수준, 그리고 제후들이 직접 통치하는 경기지역과 그 밖의 지역 간의 문명과 문화수준, 더 나아가 행정의 손길이 미치는 지역과 부족장에 의해 자치적으로 다스려지는 지역 간에 발생하는 문명과 문화의 수준 차이가 경멸의 대상이 될 수 없는 것이기 때문이다. 그러므로 고대왕조는 이런 차이점이 야기할 수 있는 문제점을 겸손과 예의로서 조정하고 조절하여 해결하였는데, 전국시대에 유가를 공격하는 측에서는 한편으로는 속된 유가의 행위만 들추고서 마치 유가가 그런 멸시와 경멸을 하는 집단인 것처럼 매도하고 다른 한 편으로는 그들이 주동이 되어 문화의 상대적 차이점을 경멸적인 감정문제로 악용하여 정치문제로 급부상시켰든 것이다. 따라서 여러 이민족 간의 문명과 문화수준의 상대적 차이점을 경멸의 대상으로 삼아 마치 고대통치노선에 그 원인이 있는 것으로 역사를 왜곡시킨 진상은 반드시 올바르게 수습되어야 한다. 즉 화하족의 개념을 만들어 민족 간에 적대적 감정을 불러일으킨 진원지를 명백히 밝혀내어 역사의 진실을 바로 잡아야 한다.

그러면 요·순임금 이래 하·은·<西周시대의>주가 자국의 영토를 결정하는 국경선을 정하고서 주변 여러 민족들을 억지로 배척하지 않았는데, 그에 반해 주나라를 뒤이은 진나라는 주변의 여러 민족을 강제적으로 배척하고서 대응하였기 때문에 왜 진나라가 그렇게 해야만 했는지는 철저히 논구되어야 한다. 특히 이 의문점은 홍범구주가 지닌 보편적 성격과 맞물려 있기 때문에 이 작업은 우선적으로 홍범구주가 지닌 보편성부터 명백히 해두어야 한다.

여하간 동아시아 지역이 홍범구주에 담긴 규범적 정신을 계승한 근본이유는 홍범구주가 모든 민족에게 보편적으로 적용될 수 있는 요소를 두루 갖추고 있었기 때문인데, 그런데 그런 방향과 달리 주나라 이후 통일왕조로 등장한 진나라는 홍범구주가 지닌 규범적 의의를 경시하였다. 그리고 그 원인은 진나라가 이민족을 규합하여 변증적인 방식의 상호발전을 도모하기보다는 오히려 새롭게 출현한 중화민족의 사관아래서 각 이민족이 지닌 고유한 가치관을 배타적으로 배척한 역사의식이었다.

따라서 진나라는 홍범구주의 보편적 가치관을 의도적으로 거부하였는데, 곧 진나라가 백성들 앞에서 철저히 겸손하려는 겸양의 마음가짐대신 백성위에 군림하려는 정치노선을 택하였기 때문에 당연히 진나라가 홍범구주를 수용하는 일은 애초부터 난망한 일이었다. 그러므로 홍범구주가 정치이념의 보편성을 표현한 표준의 용어는 중국 고대역사의 왜곡을 살피는데 있어서 중요한 판단요인이 된다. 더욱이 다섯 번째 황극에 자세히 수록된 정치적 의의는 특히 망한 은나라의 신하인 기자가 새로운 왕조의 임금인 무왕에게 홍범구주를 수용하라고 충고한 이유와 연관해서 파악되어야 하는데, 그 까닭은 기자가 무왕이 고대왕조가 각 민족을 규합하고 다스린 통치방식에 전제된 평등성과 공정성을 깨닫기 원했다고 추측할 수 있기 때문이다.

"치우침이 없으면 기울어짐이 없이 하여(無偏無陂) 왕의 의리를 따르며(遵王之義),

사사롭게 좋아함을 만들어내지 아니하여(無有作好) 왕의 도를 따르며(遵王之道),

사사롭게 미워함을 만들어내지 아니하여(無有作惡) 왕의 길을 따르십시오(遵王之路).

치우침이 없고 불공정함이 없으면(無偏無黨), 왕의 도는 넓고 원대하게 될 것입니다(王道蕩蕩).

불공정함이 없고 치우침이 없으면(無黨無偏), 왕의 도는 평평할 것이며(王道平平),

상도에 어그러짐이 없으며 삐뚤어짐이 없으면(無反無側), 왕의 도는 정직할 것입니다(王道正直).

표준에 모여(會其有極) 표준으로 돌아 올 것입니다(歸其有極)."[167)]

그리고 더 나아가 다음의 내용은 임금과 백성이 표준을 통해 일체가 될 수 있음을 보여주는 것으로서, 따라서 주나라가 이와 같은 홍범구주를 수용한 이상에는 민본사상을 수립한 고대왕조의 정통성과 민본사상을 계승한 주나라 왕

167) ibid p443

조의 정통성 간에는 한 치도 어긋남이 없음을 확인할 수 있게 된다. 그런즉 다음의 오복의 종류를 이해하게 되면, 동시에 민본주의사상이 지향하는 정치의 목적이 무엇이지를 파악할 수 있게 된다. 곧 임금과 신하와 선비와 백성이 이와 같은 정치를 통해 일체가 되는 이유를 깨닫게 된다.

> "다섯 번째 황극은(五皇極) 임금이(皇) 표준을 세우는 것이니(健其有極) 이 오복을 거두어서 펼쳐(斂時五福), 여러 백성들에게 주면(用敷錫厥庶民), 이에 여러 백성이(惟時厥庶民) 그대의 표준에 대해서(于汝極) 그대가 표준을 보전하도록 해줄 것입니다(錫汝保極)."[168]

그러므로 홍범구주는 윗글에서의 오복을 아홉 번째의 규범(九五福)으로서 구체적으로 열거하였는데, 「첫 번째는 오래 사는 것이고(一曰壽), 두 번째는 부유한 것이고(二曰富), 세 번째는 편안한 것이고(三曰康寧), 네 번째는 덕을 좋아하는 것이고(四曰攸好德), 다섯 번째는 수명을 잘 마침을 이룬 것입니다(五曰考終命)」 라고 기록하였고, 이에 반해 오복과 대립되는 육극(六極)은 「첫 번째는 잘못된 죽음과 일찍 죽음이고(一曰凶短折), 두 번째는 병이고(二曰疾), 세 번째는 근심이고(三曰憂), 네 번째는 가난이고(四曰貧), 다섯 번째는 악함이고(五曰惡), 여섯 번째는 약함입니다(六曰弱)」 [169]라고 열거하였다.

그런즉 이 규범은 중국고대왕조의 민본주의 사상의 원형을 고스란히 그대로

168) ibid p437
169) ibid p463~464

보여 주는 구체적 정황인데, 서경은 이 규범으로서 정치의 요체가 백성으로 하여금 잘 살게 하는 것임을 철저히 보여 주려 했던 것이다.

그러기에 이와 같은 구체적 내용과 취지를 갖춘 홍범구주는 철저하게 민본주의가 바탕이 되지 않으면 결코 구성될 수가 없는 규범이기 때문에 당연히 그 성격이 보편적일 수밖에 없게 되었다. 따라서 덕치주의 사고방식 대신에 형법을 통치수단의 근본으로 삼아 작동하는 고압적 법치주의 사고방식에 의한 패권주의 노선의 패왕은 백성을 근본으로 삼아 백성을 공경하는 정치를 수미일관되게 집행할 수 없었기 때문에 홍범구주를 통치이념으로 수용할 수 없게 되었던 것이다. 그리하여 백성 위에서 군림하는 전제군주로서의 절대 권력자인 황제가 모든 법질서를 벗어난 초월적 신분의 신격 존재가 되면, 당연히 그 정치체제는 그 체제의 질서 내에서 절대 권력자인 황제를 통제할 강제적 방법과 수단을 갖출 수 없기 때문에 결국 그 체제는 독재정국으로 치달으면서 마침내 불행한 파국에 이르지 않을 수 없게 된다.

따라서 이런 불행한 파국을 미연에 방지하기 위해 고대왕조가 마련된 통치방식이 곧 예법에 의한 협치(協治)의 정치방식인 것이다. 그리하여 고대왕조의 요·순 두 임금은 솔선수범하여 현대의 민주주의정치처럼 '법 앞에 만인이 평등한 원칙'을 수립하고 그리고 철저히 실현하려고 진력한 것이다. 다시 말해 통치자가 모범적으로 도덕행위의 근본이 되어야함을 실천한 것이다.

그 점은 요임금이 순임금에게 왕위를 물려준 선양이 형식적으로 시늉만 한 것이 아니기 때문에, 협치(協治)적인 분위기에서 요임금이 차기 왕으로 적합한 인물을 신하들에게 추천하도록 하고 그리고서 그 인물에 대한 적합성을 따진 연후에 마침내 신하들이 추천한 순임금을 마땅한 인물로 결정하여 마무리한 점에서 확연해진다. 그리고 그 선양의 방식은 BC200년경 이래 근대민주주의 선거제도가 탄생하기 이전까지 요·순임금을 제외하고는 그런 유례를 도대체 찾아볼 수 없을 정도의 고귀한 경우일 뿐만 아니라, 오늘날까지도 귀감이 되는 현대성을 갖추고 있기 때문에 그 방식이 지닌 도덕적·정치적 의의는 제대로 논구되어야 한다.

"………(요임금)제가 말씀하셨다(曰曰). 「드러난 사람도 천거하고(明明), 미천한 사람도 천거하라(揚側陋)」 여럿이 제에게 말씀드렸다(師錫帝曰) 「홀아비가(有鰥) 아래에 있으니(在下) 우순이라고 합니다(曰虞舜)」

제가 말씀하셨다(帝曰). 「그러하다고(兪) 내가 들었는데(予聞), 어떠한가?(如何)」

악이 말씀드렸다(岳曰). 「고의 아들인데(瞽子), 아버지는 덕과 의가 없고(父頑父頑), 어머니는 무식하며(母嚚), 아우 상은 교만한데도(象傲), 효로써 조화롭게 하고(克諧以孝) 차츰차츰 다스려서(烝烝乂) 간사한데 이르지 않게 하였습니다(不格姦).」

제가 말씀하셨다(帝曰). 「내가 그를 시험할 것이다(我其試哉).」 ………."[170]

그리하여 신하와 더불어 협치(協治)정치를 해 나간 고대왕조의 통치자는 민본주의 통치방식의 요체인 이용후생(利用厚生)·실사구시(實事求是) 정책을 집행하여 훗날 통치방식의 총체적인 대원칙인 홍범구주의 강령을 완성할 수 있었던 것이다. 왜냐하면 백성의 생활을 행복하게 하려는 민본주의 정신은 곧 요임금이 월령을 제정한 바처럼, 그런 실질적인 정책을 실현하여 백성들의 생업을 도와주려는 것이었기 때문이다.

그러므로 이와 같이 요·순 두 임금이 확립한 통치노선은 왕조가 교체될 때마

---

170) ibid p19

다 재차 확인되었고 그리고 주나라도 그 노선을 담고 있는 홍범구주를 전적으로 계승하였던 것이다. 그 점은 주나라 개국공신인 태공망의 저서 '육도'의 첫 부분에서도 확인되고 그리고 주나라의 춘추시대 초기인물인 관중의 저서 '관자'의 첫 부분에서도 확인된다. 즉 앞에 인용된 태공망의 문장에서 「천하는 군주 한사람의 천하가 아니라(天下非一人之天下) 바로 천하의 삶을 이어 받은 만민의 천하입니다(乃天下之天下也) 」[171] 라고 한 사고방식이다.

또한 그런 맥락의 선상에서 태공망보다 훨씬 이후의 인물인 관중이 춘추시대초기에 그의 서책 관자에서, 곧 국정(國政)의 요령을 개괄적으로 설명하고 있다고 하여 국송(國頌)이라고 이름 붙여진 곳의 첫머리에서, 고대왕조의 민본사상과 궤를 같이 하는 자신의 민본사상을 아래와 같이 설파하였다.

"한 국토와 백성을 다스리는 인물은(凡有地牧民者) <봄, 여름, 가을, 겨울의> 사시를 통하여 백성들이 농사에서 때를 어기지 않게 하여(務在四時), 곡식을 저장하는 창고가 채워지도록 해야 한다(守在倉廩).

나라에 재물이 풍족하게 되면(國多財) 그러면 먼 지방으로부터 백성들이 모여 들고(則遠者來), 토지가 잘 개간되면(地辟擧) 곧 백성들이 잔류하여 정착하게 된다(則民留處).

창고가 가득할 때(倉廩實) 곧 백성들은 예절을 알게 될 것이며(則知禮節), 의식이 넉넉할 때(衣食足), 곧 영욕을 가리게 될 것이다(則知榮辱). 위에서 <재물을 소비하는>정도를 지키면(上服度) 곧 일가친척<의 삶>을 군건히 할 수 있다

171) 육도 p33~35

(則六親固).

그리하여 <이렇게 생활이 안정하여> 예·의·염·치의 덕을 잘 지키게 되면(四維張) 곧 군주의 명령은 나라의 구석구석에까지 미치게 될 것이다(君令行).

따라서 형벌 같은 것을 쓸 필요를 반성한다면(故省刑之要), 무엇보다도 먼저 허례허식을 금해야 하며(在禁文巧), 나라의 제도를 잘 보존하기 위해서는(守國之度) <예·의·염·치>사유가 제대로 행해지도록 정돈해야 한다(在飾四維).…….”[172]

그리고 마침내 관중 사후 약 145년이 지난 후, 공자가 그와 같은 고대왕조의 통치이념과 방식과 노선을 계승하여 유교의 교리로 확립하였고, 더 나아가 한(漢) 무제 때에 이르러 유가의 교리는 도가의 교리를 제치고 전제군주제도의 왕조에서 통치이념으로 선택되었다.

그런데 본서는 여기에서는 이러한 중국고대왕조의 통치이념이 동아시아 주변지역에 거주한 이족들과 공유한 사고방식의 연장선상에서 꽃을 피운 것인지, 아니면 오로지 황하의 유역에 거주한 중국의 이족들이 독자적으로 형성한 사고방식인지는 따지지 않을 것이다. 왜냐하면 그 점과 상관없이 중국의 이족들이 수립한 고대문명의 사고방식은 중국의 문명을 비롯하여 동아시아의 문명 및 그 밖의 중국주변지역의 문명의 원동력이 되어 오늘날의 역사를 이루게 하였으므로, 그런 의문의 규명은 중국인에 의해 왜곡된 중국역사의 실상이 밝혀진 이후에야 비로소 가능한 작업이 될 것이기 때문이다.

172) 관자 p274~275

제5장. 중국고대왕조사는 왜 이족의 역사인가?

주목 : 중국고대왕조사 및 중국민족사에서 가장 중요한 말은 사이(四夷)라는 용어이다. 이 용어를 중화사상의 시각에 의해 변방의 미개인 내지 야만족처럼 이해하고서 우리선조가 오랑캐라고 번역하였는데 크게 잘못된 일이다. 왜냐하면 이족이 중국고대왕조를 수립한 주체이기에 사이(四夷)는 그 당시의 중국민족을 통칭하여 부르는 일반적인 용어였기 때문이다. 그 점을 유념하지 않고서 서경 및 중국고대경전을 독해하게 되면, 모든 이해가 뒤틀리게 된다.

논구초점 : 중국의 역사는 황하의 역사라고 말해도 무방하다. 왜냐하면 황하문명이 중국 전 지역으로 팽창하여 오늘날의 중국문명과 역사를 형성하였기 때문이다. 곧 그 말의 의미는 황하이외의 다른 지역에서 침략하여 무력으로 황하를 점령한 이민족이 건국한 왕조가 애초에 그들이 가져온 그들의 생활방식 곧 이질적인 그들의 문명과 문화를 바탕으로 하여 오늘날의 중국을 이룩한 것이 아니라는 것이다. 다시 말해 황하에서 문명을 이룩한 정착민족이 오랜 시간에 걸쳐 오늘날의 중국 전 지역으로 지배영역을 차츰 넓어나가면서 하나의 중국의 토대를 이룩하였다는 것이다. 그렇다면 황하의 역사를 이룬 민족은 도대체 누구이며 그리고 중국 땅에 정착한 여러 이민족이 어떤 역사적 맥락에 의해 다 함께 통일왕조의 구성원이 되었는지의 의문은 철저히 고찰되어야 한다.[173)]

173) 이 물음이 의미하는 바는 황하의 부족민이 라틴아메리카를 점령하고서 원주민을

지금껏 황로학의 사관에 물든 중국인들은 중국민족의 정체를 화하족이라고 주장하여 왔다. 하지만 그런 주장은 중국민족이 고대 로마의 경우를 범례로 삼아 화하족에 의한 정복역사를 만들지 않고서는 실로 어처구니없는 억지주장을 진실이라고 우기는 꼴만 될 뿐이다. 즉 그런 주장은 중국인들이 자기민족의 정체를 설명함에 있어서 고대의 조그마한 도시국가인 로마가 자기 이웃의 이질적인 주변부족들을 점령하면서 마침내 거대한 로마제국을 건설한 역사를 표본으로 삼아 화하족이 고대 로마인처럼 바로 이웃의 이질적인 주변부족들을 차례로 점령하면서 제국의 왕조를 건설했다고 주장하는 꼴만 된다는 것이다.

그에 비하면, 차라리 화하족의 정체를 고대의 중국 땅에 살게 된 이족과 만족과 융족과 적족을 서로 융합시켜 새롭게 거듭난 민족을 포괄적으로 수용하기 위한 명칭이라고 주장하는 것이 나름대로 그럴듯하다는 수긍을 받을 수 있게 될 것이다. 그렇지만 황로학의 황제사관은 요·순임금시대 이전의 역사를 무력화하기 위해 가공의 인물인 황제를 내세워 요·순임금이 황제를 계승하였다고 계속 억지주장을 하였다. 그리고 더 나아가 황제 이전의 시대마저 3황의 신화시대로 넘겨, 중국 전역의 고대사뿐만 아니라 동아시아 전역의 고대사까지 왜곡하였다.

따라서 이족의 역사를 밝히기 위한 논구는 시작하기에 앞서 역사왜곡의 작업방향을 가늠할 수 있는 객관적 판단기준부터 우선적으로 마련해야 한다. 그리고 그것은 다른 무엇보다는 하나라와 상나라와의 연속성을 증명할 근거를 우선적으로 제시하는 것이다.

그런데 그에 대한 확실한 자료는 상(은)나라를 건국한 탕왕의 입장인데, 그

지배하면서 새로운 역사를 만든 것이 아니라면, 그리고 유럽인들이 아메리카 인디언을 점령하고서 새로운 역사를 만든 것이 아니라면, 그리고 또 더 시대를 거슬러 올라가서 게르만민족이 라틴민족을 점령하고서 로마 영역 내에 자신들의 국가를 건설하고 역사를 만든 것이 아니라면, 또한 더 나아가 고대그리스 역사에서 에게·크레타문명을 건설한 원주민 대신 그 자리를 차지한 새로운 그리스 이주민이 완전히 새로운 문명의 역사를 만든 것이 아니라면, 도대체 그런 의문과 달리 중국민족과 그리고 그들이 이룩한 문명의 정체는 도대체 무엇인가? 하는 점이다.

점에 관한 증거인 서경 탕서(湯誓), 중훼지고(仲虺之誥)의 기록은 명백히 하나라와 상나라가 천명(天命)을 바탕으로 하여 연속된 왕조임을 분명히 천명(闡明)하고 있다.

“왕이 말씀하셨다(王曰). 「오라(格)! 너희 백성들이여(爾衆庶)! 내말을 들어라(悉聽朕言). 나 소자가 감히 난을 일으키려는 것이 아니라(非台小子 敢行稱亂), 하가 하도 많은 죄를 지어서(有夏多罪) 하늘이 명하여 처벌하게 하신 것이다(天命殛之.」[174]..

…무공을 이룬 탕임금이(成湯) 걸임금을 남소로 쫓아 보내고(放桀于南巢), 덕에 부끄러운 점이 있다고 여겨서(惟有慙德) 말했다(曰). 「나는 후세의 사람들이 나를 구실로 삼을까 두렵구나((予恐來世 以台爲口實).」

이에 중훼가 고를 지어서(仲虺乃作誥) 말하였다(曰). 「아(嗚呼)! 오로지 하늘이 낳은 백성이 욕망이 있어서(惟天生民有欲), 임금이 없으면 이내 어지러워지기 때문에(無主乃亂) 오직 하늘이 총명한 사람을 내셔서(惟天生聰明) 다스리게 하는 것입니다(時乂). 하가 덕에 어두워(有夏昏德) 백성들이 도탄에 빠지거늘(民墜塗炭) 그래서 하늘이 왕에게 용기와 지혜를 주어서(天乃錫王勇智) 만방에 본보기가 되도록 하여(表正萬邦) 우의 옛일을 잇게 하셨습니다(纘禹舊服). 이에 그 법을 따라서(玆率厥典) 천명을 받들어 따르신 것입니다(奉若天命).[175]」”

174) 서경 p203
175) ibid p210

그러면 이 기록으로부터 다음의 의문점이 가능해진다.

1. 탕임금의 백성들인 상족이 이족이라면 어떻게 이방인인 이족이 하남성 정주인 박 땅에 거주할 수 있었겠는가? 하는 의문점이고

2. 그들이 봉건제후국의 상나라 백성이면서 동시에 하나라의 백성이 아니라면 왜 처음에 하나라 걸왕을 타도하려는 탕임금의 정벌에 참여하는 것을 꺼려했는가? 하는 의문점이다.

그런데 그 점에 대해서도 서경의 중훼지고(仲虺之誥)에서 「만방에 본보기가 되도록 하여(表正萬邦) 우의 옛일을 잇게 하셨습니다(纘禹舊服).[176]」라고 기록하여, 서경은 하나라를 뒤이은 상(은)나라의 구성원이 결코 이방의 이민족이 아니고 통일왕조의 동일한 백성임을 그대로 보여주고 또한 하나라에서 상나라로 통일왕조의 이념이 그대로 계승되었음을 명확히 확인해 준다.

제1절. 이족은 중국고대왕조를 세운 민족인가?

논구초점 : 하·은·주 삼대가 하나로 연결되어 있음은 주 왕조가 은 왕조의 미자를 송나라 제후로 임명하여 은나라 제사를 지내도록 한 점에 있다. 그 때의 일은 서경 주서(周書) 미자지명(微子之命)에 잘 수록되어 있는데, 그 글은 고대왕조의 정통성을 주나라가 계승했음을 확인해 준다.

"<成王>왕이 다음과 같이 말씀하셨다(王若曰). 「아(猷)! 은나라 왕의 원자여(殷王元子). 옛날을 상고하여(惟稽古) 덕이 있는 자를 높이며(崇德), 선왕을 닮은 어진 자가 있으면(象賢), 선왕을 계승하여(統承先王) 예물을 닦아(脩其禮物)

176) ibid p209~210

임금이 그의 집에 손님이 되게 하니(作賓于王家) 나라와 더불어 아름다워(與國咸休) 영세토록 무궁하게 하라(永世無窮).」[177)]

“아(嗚呼)! 너의 할아버지이신 성탕이(乃祖成湯) 엄숙하며 성스러우며 크며 깊으시니(克齊聖廣淵) 황천께서(皇天) 돌아보고 도우시거늘(眷佑) 크게 그 명을 받으시어(誕受厥命) 백성을 어루만지되 너그러움으로 하시며(撫民以寬) 간사하고 사나움을 제거하시니(除其邪虐) 공이 당시에도 행해졌으며(功加于時) 덕이 후손에게 드리워졌다(德垂後裔).”[178)]

“공경하여(欽哉) 가서 너의 가르침을 펴(往敷乃訓) 너의 복장과 명을 삼가(愼乃服命) 상도에 따라 행하여(率由典常) 왕실의 울타리가 되어라(以蕃王室). 네 열조의 공덕을 크게 하고(弘乃烈祖) 네 백성들을 법률로 다스려(律乃有民) 그 지위를 길이 편안하게 하여(永綏厥位) 나 한사람을 도와서(毗予一人) 대대로 덕을 누려(世世享德) 만방이 본보기로 삼아(萬邦作式) 우리 주나라로 하여금(俾我有周) 싫어함이 없게 하라(無斁).”[179)]

이미 앞에서 지적한 바처럼, 화하족이라는 이름을 중앙에 놓고 그리고 사방에 동이, 서융, 남만, 북적이라는 민족이름을 배열한 연후에, 그 민족을 배척한 의도는 중국고대왕조사의 전통을 왜곡시킨 가장 잘못된 사건이다. 왜냐하면 중국이란 광대한 지역에 산재해 있는 여러 이민족을 서로 구별하기 위해 사용한 부족명칭을 새로운 왕조의 정통성을 세우기 위해 그 명칭을 배타적인 용어로

177) ibid p511
178) ibid p512
179) ibid p514~515

왜곡시킨 역사적 사건은 참으로 개탄스러운 곡학아세(曲學阿世)의 잘못이기 때문이다.

그 점에 대한 증거는 주나라 무왕이 은나라를 멸하고 난 후 소공(召公)이 무왕(武王)을 경계하기 위해 올린 여오(旅獒)의 글에서 명백히 드려나 있다. 왜냐하면 고대왕조 노선의 마지막 계승자라는 관점에서 보면, 주나라의 기록이 명확하고도 객관적인 증거가 되기 때문이다.

> "마침내 상나라를 이기니(惟克商) 구이와 팔만에 길이 통했다(遂通通于九夷八蠻). 서려가 공물로 개를 바치자(西旅底貢厥獒), 이에 태보가 여오를 지어서(太保乃作旅獒) 왕을 경계하였다(用訓于王).
>
> 「아뢰옵니다(曰). 아(嗚呼)! 밝으신 왕이 덕을 삼가시면(明王愼德) 사방 이민족이 모두 손님이 되어(四夷咸賓) 멀고 가까움 없이(無有遠邇) 모두 지방의 물건을 바치는데(畢獻方物), 오직 입는 것과 먹는 것과 그릇과 쓰는 물건뿐이었습니다(惟服食器用)」"[180]

곧 '구이·팔만에 길이 통했다(遂通通于九夷八蠻)'는 글은 은나라의 모든 지역이 주나라에 복속되어 천하가 하나로 통일되었다는 뜻이므로 오늘날의 민족 개념으로 해석하면 그 의미가 명확히 왜곡된다. 왜냐하면 서북쪽 지역의 제후국인 주나라가 종주국인 은나라의 멸망시켰지만 서북쪽 지역 이외의 동남쪽 지역이 복속하지 않으면 천하를 통일한 왕조가 될 수 없는데, 드디어 주나라가 천하통일을 완성하였기에 그것을 밝히기 위해 그렇게 표현한 것이기 때문이다.

---

180) ibid p466~467 - 底는 밑 저가 아니라 이를 지로 읽어야 한다.

따라서 그 표현을 이족과 만족을 정벌하여 정복한 의미로 확대해석해서는 결코 아니 되는 일이다. 또한 '사이함빈(四夷咸賓)'에서의 사이는 중원과 짝을 같이 하는 일반용어로서 모든 민족을 지칭하는 관례적인 용어이기에, 천하의 모든 백성이 자진해서 복속하였다는 취지를 담기 위해 함빈(咸賓)과 합성해 만든 복합어에 불과한데도 불구하고, 그 표현을 두고서 사이를 이민족으로 해석하게 되면, 그 점도 전체문장의 취지를 크게 왜곡시키게 된다.

그러므로 이글에서 사이를 글자 그대로 '사방의 이족'이라고 하든지 아니면 그 당시까지 관습적으로 사용한 의미대로 '사방 내지 모든 백성'이라고 해석해야 하는데, 그와 달리 굳이 사방의 이민족이라고 해석하니까 바로 앞의 문장에서의 '서려(西旅)'와 '구이와 팔만(九夷八蠻)'의 기록조차 왜곡될 수밖에 없게 되는 것이다. 즉 서려가 서쪽 지방의 만이의 나라 이름이고 또한 사이는 서경에서 줄곧 민족전체를 대표하여 사용한 용어이므로 이것을 특정한 민족에게 국한에서 사용하면 고대왕조의 구성원인 백성들의 정체성을 혼란시키게 된다. 그뿐만 아니라 그와 같이 동이와 남만의 용어조차 획일적으로만 해석하게 되면, 당연히 왜 동이(東夷)가 아니고 사이(四夷)가 되며 또한 왜 남쪽의 만족이 서쪽에 제후국이 되었는가? 하는 의문점과 더불어 주나라 백성은 어떤 민족인가? 하는 의문점이 연이어 발생하게 된다. 즉 상나라 당시에는 주나라가 변방 국가이었기에 만약에 주나라의 주민을 화하족이라고 하게 되면, 모든 것이 이상해지기 때문이다.

그런즉 그와 같은 점은 비록 무왕이 상나라 주왕의 아들 무경에게 상나라 백성들의 왕으로 봉했지만, 그러나 주나라 무왕이 서거한 이후 그의 아들 성왕 때에 일어난 무경의 반란을 진압할 적에 성왕이 천하에 고한 글인 서경 주서(周書) 대고(大誥)에 명백히 드러나 있다. 물론 아래의 글은 주나라 당시의 상황을 미화한 글이 아니기 때문에 전혀 의심할 여지가 없다.

"나라를 편안하게 한 무왕이(寧王) 우리에게 큰 보배인 거북을 전해 주심은(遺我大寶龜) 하늘의 밝음을 잇게 하랴 하신 것이니(紹天明), 곧 명하여(卽命) 말씀하셨다(曰). 「'큰 어려움이 서쪽 땅에 있다(有大艱于西土). 서쪽 땅의 사람들이(西土人) 또한 안정하지 못하리라(亦不靜)」고 하셨는데, 이에 이르러 준동하도다(越玆蠢).

은나라가 조금 두터워져(殷小腆) 감히 (이미 망한 나라의) 그 실마리를 크게 바로 잡으려 하고 있다(誕敢紀其敍). 비록 <은나라에> 하늘의 위엄을 내렸으나(天降威), 우리나라에 병이 있어 백성들이 편안하지 못함을 알고는(知 我國有疵民不康), 내가 회복하리라'고 말하면서(曰予復) 도로 우리 주나라를 변방으로 삼겠다고 하는구나(反鄙我周邦)."[181]

즉 주나라가 천하를 장악한 종주국이 되었음에도 불구하고 주나라 왕이 스스로 주나라를 변방으로 표현했을 정도이니, 이 글은 오늘날의 중화사상이 얼마나 잘못된 허위의식인지를 증명해 주는 객관적 자료가 된다. 이로써 현재의 중국민족이 이웃나라의 민족을 동이·서융·남만·북적이란 용어를 사용하면서 경멸하려고 하면 오히려 스스로를 경멸하는 것이 되므로 결코 그렇게 해서는 안 된다.

그런데 어쨌든 후대에 이르러 화하족으로 거듭난 중국민족들이 국경선을 정하고서 이 용어들을 새외의 민족들에게 경멸적으로 적용하였는데, 그렇게 한 의식의 근저에는 이들 민족들을 중국지역에서 철저히 배척하기 위한 악의적인

181) ibid p495~496

의도가 깔려 있었기 때문이므로, 그 실상이 역사의 진실을 위해 반드시 밝혀져야 한다.

그렇다면 왜 그런 발상이 등장해야만 했는가? 하는 의문점은 고대역사의 왜곡을 규명하는데 있어서 가장 중요한 핵심과제가 된다. 하여간 화하사상은 고대왕조의 백성들이 공유한 역사의식을 분열시켜 각 민족들이 서로 다른 타민족들에게 배타적 적대의식을 갖게 하여, 그 결과로서 전제군주가 국경선 안의 천하를 완전 장악하려고 의도에서 비롯된 반인륜적인 발상이기에 철저히 경계해야한다.

따라서 중화사상에서 내세우는 화하족의 정체는 다음의 두 가지의 관점에서 논구해 보아야 한다. 하나의 관점은 하(夏)의 개념이 민족의 개념과 전혀 상관없이 글자 그대로 '크다'를 의미하는 경우와, 또 다른 관점은 하(夏)나라의 하의 경우이다.

하나라는 우임금의 뒤를 이은 그의 아들 계의 자손들이 왕위를 세습하면서 건국된 나라인데, 하의 명칭은 우가 임금이 되기 전에 다스린 부족의 명칭이 하(夏)이기 때문에 그로부터 유래하였다는 것이다. 물론 이 설명은 후대에 이르러 나타난 것이기 때문에 신빙성은 희박하지만, 그러나 화하족의 거짓을 논구하는 작업에서는 대단히 중요하다.

첫 번째의 경우의 하는 순임금 때의 기록을 수록한 서경의 우서(虞書) 속에 있는 하(夏)의 글자이다. 이 경우의 하(夏)는 아직 하나라가 탄생하기 이전인 순임금 때의 표현이므로 그 의미를 각별히 주목해야 한다.

> "(순임금)제가 말씀하셨다(帝曰). 「고요야(皐陶)! 만과 이가 하를 어지럽게 하고(蠻夷猾夏) 겁을 주고 죽이고, 안팎으로 악한 일을 하고 있다(寇賊姦宄).」"[182]

그런데 이 글에서의 하는 대단히 중요한 역사적 관점을 보여 주는데, 그 점은 다음과 같이 정리되어야만 제대로 된 이해가 될 것이다.

첫째, 하를 어지럽게 한다는 의미를 지닌 '활하(猾夏)'에서의 하는 하나라의 하를 의미하는 것이 될 수 없기 때문에, 당연히 이 표현의 하(夏)는 순임금이 직접 다스리는 중방과 그 밖의 구주를 합친 지역을 뜻하는 용어일 수밖에 없고 따라서 그 하는 순수하게 '크다'라는 의미의 하로서 이해하지 않을 수 없게 된다. 물론 큰 지역을 의미하는 하(夏)는 그 당시 왕조의 모든 영토를 포괄하는 말이므로, 오늘날의 국가개념으로 간주하여 해석할 수도 있다. 그 근거는 주서 미자지명(微子之命)에 동하(東夏)라는 말이 기록되어 있기 때문이다. 즉 이때의 동하는 주나라 성왕이 미자에게 송나라로 제후로 봉할 때의 송나라를 의미하는 말이다. 따라서 동하(東夏)가 있으면 당연히 서하(西夏)가 있게 마련이므로, 이 경우의 하는 황하유역에서 출발한 고대 중국의 영토를 전제해야만 이해될 수 있다. 그러므로 동하에서의 하는 하나라의 하를 의미하는 것이 아니라, 순임금이 사용한 활하의 의미와 일맥상통하는 말이 될 것이다.

"………내가 너의 덕을 아름답게 여기고(予嘉乃德) 두텁게 여겨 잊지 못한다(曰篤不忘). 상제가 이에 흠향하시며(上帝時歆) 아래 백성들이 공경하고 화합하니(下民祗協) 너를 상공으로 세워(庸建爾于上公) 이 동하를 다스리게 한다(尹玆東夏)."[183]

182) ibid P41 - 陶는 질그릇 도가 아니라 사람이름 요로 읽어야 한다.
宄는 도둑 귀가 아니라 도둑 궤로 읽어야 한다.
183) ibid p514

따라서 요임금의 왕조인 당(唐)과 순임금의 왕조인 우(虞)의 명칭이 있는 한에서는 윗글의 하의 용어는 모든 지역을 아우르는 일반적 의미의 하(夏)라고 말해야 하며, 설사 이 하를 나라의 명칭처럼 취급하더라도 후일의 하나라의 하와는 구별되어야 한다. 그런즉 하의 용어는 이 경우의 하의 의미인지 아니면 하나라의 하의 의미인지가 철저히 구분되어야 한다.

둘째, 순임금의 왕조를 어지럽힌 만이(蠻夷)는 순임금의 왕조를 벗어난 지역의 이민족이 아니라, 순임금이 다스리는 지역의 백성이기에 당연히 요임금과 순임금도 화하(華夏)족이거나, 이족(夷族)이거나 그도 아니면 만족(蠻族)이어야만 한다.

그런데 순임금이 왕위에 오른 과정을 보면, 그가 토착세력의 정치권력을 배경으로 왕이 된 것이 전혀 아니므로 오히려 그의 출신 배경을 근거로 삼아 요임금과 우임금의 출신을 추론해 볼 수 있다. 하지만 그들도 당연히 순임금과 다른 출신이 될 수가 없다. 만약 다르다고 주장하게 되면, 순임금이 이족이면 그들은 만족이거나 또는 화하족이어야 하고, 그와 달리 순임금이 만족이면 그들은 이족이거나 또는 화하족이어야 하고, 그도 아니라 오히려 순임금이 화하족이 되면 그들은 이족이거나 또는 만족이어야 한다. 하지만 순임금은 만족이 아니라 이족이기 때문에 당연히 요임금과 우임금이 만족이거나 화하족이 되어야 하는데, 역시 그들도 만족은 아니기 때문에 논리적으로 화하족이어야 한다.

그렇게 되면 화하족의 요임금이 이족 출신의 비천한 이민족인 순에게 자기 두 딸을 시집보내면서까지 임금으로 삼았다는 사실은 논리적으로나 사실적으로나 있을 수 없는 일을 한 것이 된다. 따라서 화하족의 요임금이 이족의 일방백성인 순을 순순히 후계자로 삼으려고 하면, 당연히 이족과 화하족 간에는 이질적인 차별이 전혀 없어야 한다. 그런데 역설적으로 서로 간에 이질성이 없다면 당연히 화하족과 이족의 구별은 무의미해진다. 따라서 순임금의 경우를 판단기준으로 삼으면, 당연히 그로부터 이족과 화하족이 같은 종족이거나 아니면 역사적으로 화하족이 없었다는 결론이 성립하게 된다. 다시 말해 화하족은 전체 이족에 속한 또 다른 이족이거나 아니면 그런 종족은 애초부터 없었다는 결론이다.

더 나아가 요임금과 순임금과 요임금과 똑같이 종족이 아니라면, 서경에 수록된 문서의 기록이 결코 수미일관되게 작성될 수 없다. 하지만 서경의 기록이 완벽하게 수미일관되어 있기 때문에, 당연히 요임금과 순임금과 우임금은 동일한 종족출신이고 따라서 중국고대왕조를 수립한 종족은 허구의 화하족이 아니라 이족임이 틀림없다.

그 점은 순임금과 그의 신하 익(益) 두 사람의 대화를 기록한 서경(書經) 우서(虞書) 대우모(大禹謨)의 글에서 확연히 드려난다. 그런데 후대의 경서 해석가들이 이 글의 사이(四夷)를 이질적인 이민족으로 해석하는데, 그렇게 둔갑시키면 역사는 엄청나게 왜곡된다. 만약에 사이를 여과 없이 곧장 이민족으로 해석하게 되면, 그 결과로서 이민족인 된 사이(四夷)의 용어 때문에 순임금의 우(虞)왕국은 거대한 제국으로 돌변해 버린다. 그러므로 사이는 황하유역에 자리 잡은 우(虞)왕국 주변에 산재해 있는 주변의 모든 부족을 총칭하는 용어가 아니면 안 된다. 따라서 그 용어는 우(虞)왕국이 이족으로 둘려 싸여 있었다는 것을 전적으로 의미하기 때문에, 곧 사이는 중국역사의 출발이 이족에서 비롯되었다는 중대한 역사적 의의를 지닌 용어가 아닐 수 없게 된다.

"익이 말했다(益曰). 「아닙니다(吁)! 경계하소서(戒哉). 근심이 없는 것을 경계하셔서(儆戒無虞) 법도를 잃지 마시고(罔失法度), 안일함에 노닐지 마시고(罔

遊于逸), 즐거움에 지나치지 마시며(罔淫于樂), 어진 이에게 맡겨 두시되(任賢) 두 마음을 품지 마시며(勿貳) , 간사한 자를 버리되(去邪) 의심하지 마소서(勿疑). 의심스러운 계책을 이루지 말아야(疑謀勿成) 모든 뜻이 빛날 것입니다(百志惟熙).

도를 어겨(罔違道) 백성의 칭찬을 요구하지 말며(以干百姓之譽), 백성을 거슬러(罔咈百姓) 자신의 욕심을 좇지 말아야 합니다(以從己之欲). 게으르지 않고 황폐하지 않으면(無怠無荒) 사방 이민족도 와서 왕으로 받들 것입니다(四夷來王)」"[184]

그리하여 정치를 잘하면 백성들이 감읍하여 복종한다는 의미의 글이 사방의 이민족으로 해석된 사이(四夷)의 용어 때문에 자기 왕조의 백성이 아닌 다른 나라의 백성들이 감읍하여 복종하려고 온다는 엉뚱한 의미의 글로 변질되어, 그 해석은 서경이 수록한 역사의 진실을 왜곡시켜 버린다.

따라서 복종하려고 오는 경우도 두 가지로 구분하고서 살펴보아야 한다. 첫째는 통일왕조 내의 제후국 주민들이 중방으로 오는 경우이고, 둘째는 제후국의 백성이 아닌 나라 밖에 사는 이민족의 백성이 복종하려고 오는 경우이다. 그러면 첫 번째는 이민족이라고 굳이 해석해야할 이유조차 없게 되고, 두 번째는 사이(四夷)대신에 만·이·융·적의 용어를 전부 사용해야 한다. 왜냐하면 만족도 이족이고, 융족도 이족이고, 적족도 이족이 되기 때문이다. 물론 그 경우는 국경선을 지키는 군사들이 없는 상황에서 국경 밖의 이민족들이 중국왕조에 복종하려고 오는 상황이어야 한다. 그런데 그 경우는 너무도 먼 훗날의 상황이므

184) ibid p56

로 일단 여기에서 그와 같이 해석하는 것은 무리한 경우가 된다.

그 뿐만 아니라 사이를 억지로 국경 밖의 이민족으로 간주하게 되면, 진나라가 천하를 통일한 이후 장성을 쌓아 이민족을 배척해야할 이유가 대단히 궁색하게 된다. 왜냐하면 그 이전의 왕조는 스스로 복속하려고 오는 이민족을 수용하여 왕조가 힘들이지 않고서 영토를 확장하였는데, 그에 반해 진나라는 스스로 그런 평화적인 여건을 포기하고 그 대신 그들과 적대적인 관계를 형성하였다는 것이 되어, 곧 그 이유가 합리적인 것이 될 수 없기 때문인데,

그런데 실제로 고대왕조의 영토가 그렇게 확장되었기 때문에 사이의 용어는 합리적으로 해석되어야 한다. 왜냐하면 요·순임금시대의 왕국이 지금에 비하여 너무도 작아서 당시의 왕조 밖의 이민족은 지금의 국경 밖의 이민족과 다를 수가 없었기 때문이다. 그러므로 당시의 황하 강 유역의 이족과 만족이 지금의 이족과 만족과 같은 계통이었기 때문에 화하족을 내세워 만·이·융·적을 경멸하게 되면 곧 중국인이 중국인을 스스로 경멸하는 꼴만 될 뿐이다.

그런즉 진나라가 융·적과 등을 진 이유는 호경에서 낙양으로 천도하면서 주나라의 역사가 서주와 동주의 역사로 나누어진 이유와 맞물려 있는 것이어서, 후대의 황제사관에 입각하여 진나라의 통일을 합리화해 준 입장에서 사이(四夷)를 이민족으로 결코 해석해서는 안 된다. 왜냐하면 진나라는 주나라가 초래한 융·적의 난을 방어하기 위해 동주초기에 제후국으로 봉분되었음으로 당연히 융·적과 좋은 사이가 될 수 없었기 때문이다. 따라서 황로학의 사상가들은 그런 여건의 진나라를 새로운 통일왕조의 주인공으로 만들 생각을 가졌기 때문에, 그들은 도덕적 상식을 벗어나 철저히 고대왕조의 민족의식을 무력화시키는 이야기를 의도적으로 가공하게 되었던 것이다.

하여간 그런 측면에서 바라보면, 진나라는 국경 밖의 이민족을 배척했고 그리고 더 나아가 애초부터 이민족이 솔복하게 만들 정책을 포기했다고 말할 수 있다. 그런데 진나라를 이은 한나라는 서경에 기록된 솔복정책을 포기하는 정

도가 아니라 아예 무력을 앞세워 이민족을 정복하려 나섰다. 물론 일시적인 성과는 있었지만, 그러나 그 반동으로 그들에게 패배당하여 심지어 모욕까지 당하는 수모마저 치려야 했다. 그리고 한나라이후의 중국민족은 스스로 화하족이 되어 동족을 배척한 대가를 톡톡히 되돌려 받아야 했다. 다시 말해 그 결과는 중화사상을 만든 사상가들이 일반백성들에게 선사한 웃지도 못할 선물이 된 셈이었고, 그리고 중화사상에 편승한 일반백성들은 그 대가로 기막힌 선물을 받은 셈이었다.

그렇지만 황제사관에 입각한 중화사상이 화하족의 역사를 구성하더라도 서경의 역사관을 완전히 무시할 수가 없었기 때문에 일부의 세력은 서경에 기록된 미천한 순의 신분을 활용하여, 한 편으로는 요임금과 우임금을 화하족으로 그리고 순임금을 이족으로 만들어 돌파구를 마련하려고 하였다. 하지만 사마천이 황제의 계보에 요·순·우임금을 모두 포함시켰기 때문에 그런 시도도 오히려 화하사상이 지닌 역사왜곡의 실상을 스스로 폭로하는 꼴만 되었다.

그러므로 화하사상이 서경의 기록을 부정하고서 서경의 내용과 전혀 다른 내용의 우임금의 역사를 중국고대역사의 정설로 만들려면, 일단 그 내용이 모순되지 않아야 하는데, 그 사상은 어쨌거나 진실이 아니기 때문에 스스로 모순을 드러내지 않을 수 없다. 그 점은 다음의 세 가지 점에서 확인된다.

첫 번째는 우임금이 화하족의 출신이기에 중국민족은 근간은 화하족이라는 주장이 지닌 허구성이다.

우임금의 아버지 곤은 요임금이 다스리는 왕조의 신하이기 때문에 당연히 곤은 요임금의 부족민이어야 하는데, 그러면 요임금은 우임금 때문에 화하족이 될 수밖에 없다. 마찬가지로 순임금은 이족이기 때문에 당연히 이족은 화하족인 임금의 신민이 아닐 수 없다. 그럼에도 불구하고 이족의 순임금이 화하족을 다스리는 임금이 되었다. 그 과정에서 화하족과 이족이 적대적 관계라면 선양은 불가능해진다.

하지만 중화사상은 화하족을 만들고 그리고서 화하족과 이족을 적대관계로 만들었다. 그러면 요·순·우임금의 선양은 불가능해진다. 그렇다면 서경이 역사를 왜곡하고 있든지, 중화사상이 역사를 왜곡하고 있든지 간에, 한쪽이 거짓말을 하고 있다. 그런즉 중화사상은 서경이 수록하고 있는 요·순·우임금의 선양의 진위를 해명해야 한다.

두 번째는 우임금이 순임금으로부터 왕위를 순조롭게 물려받고서 모든 제도를 다시금 재정비한 사실이 서경에 기록되어 있다. 그러면 화이사상은 이족·만족·융족·적족과 적대적인 화하족의 우임금이 어떻게 순임금의 왕조를 고스란히 계승하고서 순의 왕조를 순조롭게 다스릴 수 있었는지에 대한 근거를 명확히 밝혀야 한다. 왜냐하면 우임금의 화하족과 순임금의 이족이 서로 간에 공생·공존할 수 있는 동질성과 유대감이 결여된 적대적인 관계였다면 우임금에 대한 선양과 그 이후 우임금의 통치가 결코 순조로울 수가 전혀 없었을 것이기 때문이다. 그러므로 당연히 화하사상은 이 의문을 명확히 해명해야 한다.

셋째는 순임금이 요임금의 사당에 고하고서 왕위를 물려받았고 그리고 우임금도 요임금의 사당에 고하고서 왕위를 물려받았기 때문에 궁궐이 다를 수는 있어도 요·순·우임금의 도읍지는 결코 다를 수 없다는 결론이 성립한다. 그러면 적대적인 화하족과 이족이 한 곳에서 동거하면서 평화롭게 지냈다는 것인데, 이것이 어떻게 가능했는지를 화하사상은 해명해야 한다. 그러므로 고대왕조의 주체가 이족이라는 것을 논구하는 작업에서는 요·순·우 3대 임금의 통치가 동일한 지역에서 이루어진 사실이 단연 중요해진다. 그 까닭은 외래 민족이 그 지역을 정복하여 다스린 것이 아닌 한, 그 지역의 백성은 동일한 민족이 아닐 수 없고 그리고 만약 동일한 민족이 아니라고 하면 순조로운 선양이 결코 이루어질 수 없기 때문이다.

그런데 서경이 순임금과 우임금이 동일한 지역에서 즉위하고 정사를 펼친 것을 기록하고 있기 때문에 지역의 위치가 불변적인 점을 근거로 삼아 이 논구가 갖추어야 할 논리적 타당성을 확보할 수 있다. 특히 서경(書經) 하서(夏書)

우공(禹貢)은 우임금이 구주를 행정구역을 확정하고 그리고 그곳에 공납을 부과한 사실을 자세히 수록하고 있어서, 3대 임금의 동질성을 증명하는 논구과정은 필히 그로부터 시작할 수 있다.

서경은 그 점에 대한 기록을 다음과 같이 수록해 두었다.

"기주(冀州)! 이미 호구를 다스리셔서(旣載壺口), 량과 기를 다스리시며(治梁及岐), 이미 태원 지역을 다스려서(旣修太原) 악양에 이르셨으며(至于岳陽), 담회에 물을 다스리는 업적을 이루셔서(覃懷底績) 횡장에 이르시다(至于衡漳). 그 흙은 더할 나위 없이 희고 덩어리가 없이 고운 것이다(厥土惟白壤). 그 세금은 오로지 맨 위급이고(厥賦惟上), <맨 위 등급이 아닌 경우가> 섞일 때도 있다(錯). 그 토질은 오직 중급에 중이니라(厥田惟中中).

항과 위의 물줄기가 이미 물길을 따르며(恒衛旣從), 대륙이 이미 농사를 짓게 되었다(大陸旣作).

섬에 사는 이족이 가죽옷을 입고 왔다(島夷皮服). 오른 편으로 갈석을 끼고(夾右碣石) 황하에 들어오다(入于河)."[185]

그리고 이 기록에 대한 주석에서는 "기주(冀州)[186]는 천자가 도읍한 땅이니,

185) 서경 p108 - 底는 밑 저가 아니라 이룰 지로 읽어야 한다.
衡은 저울대 형이 아니라 가로 횡이라고 읽어야 한다.

186) 한자사전 : 기주(冀州) - 중국(中國) 고대(古代)의 구주(九州)의 하나. 지금의 하북(河北)·산서(山西)의 두 성(省) 및 하남(河南)·황하(黃河) 이북(以北), 만주(滿洲) 요령성(遼寧省) 요하(遼河) 이서(以西)의 땅. 주(周)나라·한(漢)나라 때에 기주(冀州)가 있었으며, 청(淸)나라 때에는 직례에 딸렸음. 다른 기록에는 기주(冀州) - 현재의 허베이(河北) 성 중남부와 산둥(山東) 성 서부, 허난(河南) 성 북부에 존재한 중국역사상의 옛 행정구역이며, 구주 중 한 곳으로 전해내려 오는 지역이다. 후한

다른 고을을 다 거느린다. 그래서 다른 고을은 사방의 경계를 말하였으나, 기주에 대해서는 경계를 말하지 않았다. 이는 모두 산을 다스려 물을 이끌어 내는 일이다. 물은 반드시 하류로부터 다스리나, 기주는 천자의 도읍이라서 먼저 말한 것이다."[187]라고 덧붙여 놓았는데, 어쨌든 유명한 호리병 모양의 폭포인 호구(壺口)가 지금의 섬서성 의천현과 산서성 길현의 경계선에 위치에 있기 때문에, 당연히 산서성[188] 기주를 중심으로 하여 당시의 지역을 구분해서 보면 주나라의 근거지인 섬서성이 기주의 서쪽이 되고 은나라의 근거지인 하북성과 하남성이 기주의 동쪽이 된다.

더욱이 그에 대한 주석이 "구주의 토질은 구등으로 나누니, 기주의 세금은 제 일등인데, 혹은 이등으로도 되어 섞이게 된다. 토지는 제 오등이다. 다른 고을에 대해서는 먼저 토질을 말하고 다음으로 세금을 말하는데, 기주에 대해 먼저 세금을 말한 것은 천자가 도읍한 땅이어서 세금의 종류가 여러 가지이고, 그것이 토질의 문제만은 아니기 때문이다. 세금이 토질보다 높은 것은 땅이 넓고 사람이 많기 때문이다. 다른 고을에는 공물이 있고 기주에 없는 이유는 도읍한 땅에는 공물로 바칠 것이 없기 때문이다."[189]라고 설명하고 있기 때문이다. 그러므로 기주의 지역은 고대중국왕조의 정체를 파악하는데 있어서 중요한 열쇠가 된다.

그리고 또한 서경의 하서(夏書)는 기주에 대해 다음과 같이 언급하였다.

"세 번째로 말하였다(其三曰). 「오로지 저 요임금으로 인하여(惟彼陶唐 이 기주지방을 가지게 되었는데(有此冀方), 이제 그 도를 잃어서(今失厥道) 기강을 어

13주 중 한 지역이며 중심지는 고읍(高邑, 현재의 허베이 성 스자좡 시 가오이 현)이다.

187) 서경 p108~109

188) 태원(太原) - 중국 산서성 성도(省都)임.

189) 서경 p112

지럽게 하여(亂其紀綱), 그래서 멸망함에 이르렀도다(乃底滅亡).」"[190]

그러면 당연히 기주는 중국고대왕조의 변천과정을 파악하는 작업에서, 명확한 근거가 아닐 수 없다. 또한 서경은 우임금의 손자인 태강이 안일하여 정사를 돌보지 않고 도읍을 벗어나 낙수의 물 건너 사냥을 갔다고 기록하였으니, 기주와 낙수[191]를 논구의 근거로 삼으면 당연히 하나라 도읍지의 위치가 명확해진다.

그러면 하나라까지는 기주가 왕조의 중심지였지만, 은나라가 하나라를 멸망시키고 나서 왕조의 도읍지를 하남성으로 옮겼기 때문에 왕조의 영역이 변한 상황을 감안하고서 두 도읍지를 연결하면 곧바로 변천된 영역이 뚜렷하게 드러나게 된다. 또한 그 연결은 하나라의 말기의 통치영역이 어느 정도까지 확장되었는지를 가늠하게 해 준다.

특히 상(은)나라 탕왕이 하나라 걸왕을 타도할 적에 자신이 다스리는 백성들에게 고한 서경 중훼지고(仲虺之誥)의 기록은 그런 변화를 보여주는 객관적 자료인데, 그것은 탕왕이 걸왕을 남소로 쫓아버렸다는 기록이다. 왜냐하면 걸왕이 탕왕에게 추방당해 죽은 곳이 남소(南巢)인데, 그 남소는 지금은 안휘성에 위치한 남소이므로 은나라 도읍지가 있는 하남(河南)성과 하나라 걸왕이 추방당한 안휘(安徽)성의 위치를 염두에 두면, 곧 우임금시대의 구주를 벗어나 확장된 영토의 윤곽을 어림잡아 추측할 수 있기 때문이다.

그렇다면 당연히 하북성(河北省), 산서성(山西省), 하남성(河南省) 안휘성

---

190) ibid p187 - 底는 밑 자가 아니라 이룰 지로 읽어야 한다.

191) 한자사건 : 낙수(洛水) : 중국(中國)의 강 이름. 중국(中國) 섬서(陝西)·하남(河南)의 두 성(省)을 흐르는 강. 섬서성 동남부의 진령(秦嶺)에서 시작되어 하남성 낙양(洛陽)의 남쪽을 흘러 황하(黃河)로 들어감

(安徽省)을 동쪽지역으로 구분하고 그리고 그에 대응하여 섬서성(陝西省)과 산서성(山西省)을 서쪽지역으로 구분하고서 요·순 및 하·은·주 삼왕조의 영토 변화를 살펴보면, 고대왕조의 변화된 윤곽을 일목요연하게 파악할 수 있게 될 것이다.[192)]

그 다음으로 주목해야할 점은 은나라를 멸망시키고서 얼마 안 된 시기의 주나라에서 발생한 반란을 주공 단이 진압하고 나서, 하남성 은허에 거주하고 있는 은나라의 주민을 강제로 섬서성 낙양으로 이주시킨 사건이다. 서경의 주서 다사(多士)는 그 사건을 수습한 주공단의 말을 상세히 수록하였는데, 그 내용이 중국의 고대역사가 이족의 역사임을 명백히 실증한다.

그런즉 주나라 말기에 등장한 화하족의 개념은 여러 이민족들로 하여금 스스로 자신의 정체성을 포기하게 만들고 그리고 자기 조상의 옛 모습을 경멸하도록 만들고 더 나아가 자신들의 종족을 배척하도록 만들었던 참으로 가증스러운 역사왜곡의 결과물이기 때문에 그 일을 꾸민 당사자들이 누구인지를 필히 밝혀야 한다.

하지만 그런 일을 도모한 배후세력들이 정치전면이 아닌 정치장막 뒤에 숨어서 자신을 은폐하고서 역사를 왜곡했기 때문에 그들의 정체와 진면목은 그들이 처신한 가증스럽기 그지없는 이중적 행위에 가려 노자, 열자, 장자와 같은 익명성의 이름이외에는 대단히 유감스럽게도 드러낼 길이 없다. 그러므로 그런 안타까운 점은 일단 논구에서 제외하고, 어쨌든 역사왜곡의 행위는 진리의 보

---

192) 한국고전용어사전 -중국 역사상 은(殷)나라의 도읍지로 알려진 곳으로서, 3곳이 알려져 있음. 첫째는 현재 중국 하남성 상구현의 동남쪽에 위치한 곳으로 은나라의 건국 시조 탕왕(湯王)이 도읍을 세운 곳으로 알려졌으며, 일명 남박이라고도 함. 둘째는 지금의 하남 성 상구현 북쪽에 위치한 곳으로 제후들이 탕왕을 추대한 장소로 알려졌는데 일명 북박이라고 함. 셋째는 지금의 하남성 언순현 서쪽에 위치한 것으로서, 탕왕이 하(夏)나라를 멸망시키고 도읍으로 정한 곳인데, 일명 서박이라.

편적 가치를 추구하는 입장에서 보면 실로 역겨운 행위이기 때문에, 반드시 먼저 서경이 지닌 역사적 의의를 제대로 파악해 중국고대왕조의 통치이념부터 제대로 복원하여, 인위적으로 조작된 화하 족의 허구성을 증명해야 한다. 그러면 앞서 이족 중심의 고대왕조사를 규명하는 과정에서 인용된 사이(四夷來王)의 용어가 전국시대의 인물인 맹자의 서책에 기술된 이유를 해명하는 역할을 하여 그리하여 마침내 역사왜곡의 진상을 명확히 드러나게 할 것이다.

다음의 글은 양 혜왕과 맹자 간에 나눈 왕이 욕망하는 것에 대한 허실을 논한 문답을 기록한 것인데, 그 중에 중국(中國)과 사이(四夷)에 대한 용어가 기록되어 있다. 곧 봉건제도에서의 중국의 용어는 백성이 거주하는 실질적인 영토의 개념이 아니라, 모든 제후국의 지역을 아우르는 정치의 구심점인 중앙왕조를 의미하는 통치의 개념인 것이었다. 그러므로 중국의 용어를 영토의 개념으로 이해하게 되면 중국은 제한된 중방의 지역만을 의미하게 되는 것인데도 불구하고, 중방을 제후국을 통틀어 왕조의 모든 영역으로 해석하고 또한 사이(四夷)를 나라 밖의 이민족으로 해석하게 되면, "토지를 개척하여(欲辟土地) 진나라와 초나라에게 조회를 받아(朝秦楚), 중국에 임하여(莅中國) 그리고서 사방의 이족들을 어루만지고자 하시는 것입니다(而撫四夷也)."라고 한 문장의 맥락이 엉망으로 꼬이게 된다.

"<맹자께서> 말씀하셨다(曰曰). 「왕께서 크게 하고자 하시는 바를(王之所大欲) 얻어 들을 수 있겠습니까(可得聞與)?」

왕이 웃으면서 그리고 말씀을 하지 않자(王笑而不言), <맹자께서> 말씀하셨다(曰). 「살찌고 단 음식이 입에 부족해서입니까(爲肥甘不足於口與)? 가볍고 따뜻한 옷이 몸에 부족해서입니까(輕煖不足於體與)? 아니면 채색이 눈으로 보기에 부족해서이며(抑爲采色不足視於目與), 아름다운 음악이 귀로 듣기에 부족해서이며(聲音不足聽於耳與), 친숙하고 총애하는 사람들을 앞에서 사령함에 부족해서입니까(便嬖不足使令於前與)? 왕의 여러 신하들이(王之諸臣) 모두 충분히 이것을 공급하니(皆足以供之), 그러니 왕은 어찌 이 때문이시겠습니까(而王豈爲是哉)?」

<왕이> 말씀하셨다(曰). 「아닙니다(否). 나는 이 때문이 아닙니다(吾不爲是也)」

<맹자가>말씀하셨다(曰). 「그렇다면(然則) 왕이 크게 하고자 하시는 바를(王之所大欲) 알 수 있겠습니다(可知).

토지를 개척하여(欲辟土地) 진나라와 초나라에게 조회를 받아(朝秦楚), 중국에 임하여(莅中國) 그리고서 사방의 이족들을 어루만지고자 하시는 것입니다(而撫四夷也).

이와 같은 소행으로써(以若所爲) 이와 같은 소원을 구하신다면(求若所欲) 가히 나무에 올라가서 그리고 물고기를 구하는 것과 같습니다(猶緣木而求魚也).」"[193]

따라서 본서는 위의 사이(四夷)를 '사방의 오랑캐'로 번역한 것을 다시 '사방의 이족'으로 고쳤는데, 만약 오랑캐로 번역한 글을 그대로 두게 되면 여하간 모든 뜻이 왜곡되기 때문이다. 그러므로 여기에서의 이족의 의미가 서경에서의

193) 맹자 p39~38

이족의 의미와 전혀 다를 바가 없는 것이기 때문에 당연히 그 참된 해석은 당연히 「중국에 임하여 그리고서 '천하 만민'을 어루만지고자 하시는 것입니다」가 되어야 한다.

그런즉 서경의 기록한 바대로 중국역사가 중국고대왕조를 세운 중국민족의 실체가 명백히 이족과 만족인 점을 인정해야만, 비로소 중국고대왕조의 역사가 제대로 정립될 수 있게 된다. 그 점에 대한 증거는 중국고대왕조가 구주(九州)에 세금을 부과한 정치행위 속에 잘 간직되어 있다. 그리하여 아래의 글은 우임금이 구주를 확정할 적의 글이기 때문에 중대한 역사적 의의를 지니게 된다. 그 까닭은 전국시대에 이르러 등장한 황제사관의 화하족의 근거가 우임금과 하나라를 근거로 삼고 있는데, 바로 이 글이 전혀 그렇게 해서는 안 된다는 명백한 증거가 되기 때문이다.

그런데 이 문장은 다소 길기 때문에 두 개로 나누어 인용하는데, 그 증거가 되는 점은 후반부에 명백히 기록되어 있다.

"구주가 모두 함께 하는 바이니(九州攸同), 사방의 오지까지도 이미 사람이 살 수 있게 되었다(四隩既宅). 구주의 산에 이정표를 새기고(九山刊旅), 구주 하천의 근원을 깊이 파내며(九川滌源), 구주의 못에 제방을 만들었으니(九澤既陂), 사해의 물이 모여 하나가 되었다(四海會同).

육부가 잘 닦여져서(六府孔修) 여러 땅이 서로 바르게 되자(庶土交正), 재정과 세금을 삼가셨는데(底愼財賦), 땅을 모두 세 가지 등급으로 하고(咸則三壤), 왕이 거주하는 중앙의 나라에 세금제도를 만드셨다(成賦中邦). 땅과 성을 내려 주셨다(錫土姓)."[194]

---

194) 서경 p167~169 - 底는 밑 저가 아니라 이룰 지로 읽는다.

그러므로 이 문장이 밝힌 바대로 왕조는 왕이 거주하는 중앙에만 세금제도를 만들었기(成賦中邦) 때문에, 당연히 이 점을 무시하고 주변의 여러 민족들을 국경 밖의 이민족이라고 말하게 되면, 곧 그것은 성급한 결론이 된다.

그리고 서경은 더 나아가 공물을 내는 각 지역의 백성들이 누구인지를 명확히 밝혀 놓았다. 물론 그 기록이 보여 주는 바처럼 왕조는 지역을 구분하여 백성들을 다스렸는데, 그것을 두고서 민족 간의 차별을 보여 주는 증거라고 침소봉대해서는 안 된다. 그 이유는 구별과 차별은 전혀 다른 개념으로서 곧 이족이 만족보다 신분이 우위에 있음을 나타내고 그와 반대로 만족이 신분상의 불이익을 받는 그런 종족차별의 표식이 아니기 때문이다. 즉 평민들 간에 신분을 구별한 경우와 처우를 달리한 경우는 서로 구분되어야 하기 때문이다. 다시 말해 백성들 간에는 어느 쪽이 상층민이 되고 어느 쪽이 하층민이 되어 상호간에 지배와 피지배의 신분관계를 형성한 것이 아니라는 것이다. 곧 중국고대왕조사회는 외래인의 정복에 의해 이루어진 식민지의 계급사회가 아니었으므로, 마땅히 이족과 만족의 관계는 능력에 따라 차등한 관리(官吏)의 경우와 전혀 다른 경우로서 철저히 구별되어야 한다.

그러므로 왕과 귀족과 평민이 거주하는 지역을 구분하고 그리고 귀족들과 관리들이 배분받은 지역을 후복·수복이라고 부르고, 황하지역에 가깝게 거주한 이족의 지역을 요복으로 그리고 황하지역에서 멀리 떨어진 만족의 지역을 황복이라고 부르는 것은 불평등을 보여주는 전거(典據)가 아님을 유념해야 한다. 그 근거는 땅의 넓이와 거리를 나타내는 아래의 숫자가 차별적이지 않기 때문이다. 만약 고대왕조가 신분에 따른 차별적인 사회였다면, 이족과 만족이 사는 요복과 황복 지역 내에 일반백성이 사는 곳을 삼 백리이고, 죄인이 사는 곳을 이 백리라고 각각 똑같이 규정하지 않았을 것이다.

"오백 리는(五百里) 수도에서 가까운 땅인 전복이니(甸服), 백리는(百里) 세금으로 곡식을 뿌리까지 바치고(賦納總), 이백 리는(二百里) 낫으로 곡식을 베어 바치고(納銍), 삼백 리는(三百里) 곡식의 이삭을 바치고(納秸服), 사백 리는(四百里) 껍질이 있는 곡식을 바치고(粟), 오 백리는 껍질이 없는 곡식을 바친다(米).

오백 리는(五百里) 전복 밖인 땅인 후복이니(侯服), 백 리는(百里) 경대부의 식읍이고(采), 이백 리는(二百里) 남작의 식읍이고(男邦), 삼백 리는(三百里) 제후들의 식읍이다(諸侯).

오백 리(五百里)는 후복 밖의 땅인 수복이니(綏服), 삼백 리는(三百里) 벼슬이 문교가 다스리는 땅이고(揆文敎), 이백 리는(二百里) 분발하는 무위들이 다스리는 땅이다(奮武衛).

오백 리는(五百里) 수복 밖의 땅인 요복이니(要服), 삼백 리는(三百里) 이족이 사는 곳인 이고(夷), 이백 리는(二百里) 죄인을 유배 보내는 곳인 살이다(蔡).

오백 리는(五百里) 요복 밖의 땅인 황복이니(荒服), 삼백 리는 만족이 사는 곳인 만이고(蠻), 이백 리는 죄인을 유배 보내는 곳인 유이다(流).

동쪽으로는 바다에 다다르고(東漸于海), 서쪽으로는 유사에 덮이며(西被于流沙), 북쪽과 남쪽에 다다르고서(朔南暨), 명성과 교화가 사해에 이르니(聲敎訖于四海), 우가 검은 홀을 바쳐(禹錫玄圭) 그 공을 이룬 것을 고하였다(告厥成功)."[195]

---

195) ibid p170~174

따라서 만약에 이 문장들을 왜곡된 역사의 시각으로 억지로 해석하게 되면, 전복과 후복과 수복 지역은 오늘날의 한족인 화하족이 사는 지역이 되어야 하고 그 이외 요복과 황복 지역은 변방 민족들이 사는 지역이 되어야 하는데, 그러면 오복의 뜻이 엉망이 되기 때문에 따라서 결코 누구라도 그런 왜곡된 해석을 시도해서는 안 된다.

그런즉 이 문장은 먼저 다음의 세 가지 점을 명확히 인식해야만, 정당하게 해석할 수 있게 된다.

첫째는 봉건제도 하에서 왕이 거주하는 지역을 중심으로 하여 각 사방으로 각 제후들과 군신들의 영지가 포진하고 있었던 점과

둘째는 그 당시의 왕조의 주된 백성은 이족과 만족으로 구성되어 있었던 점과,

셋째는 황하를 중심으로 하여 이족이 왕도에 가장 가깝게 거주하고 있고, 남쪽의 만족이 가장 멀리 떨어져 거주하고 있었던 점이다.

그러므로 순자도 그런 맥락을 그대로 좇아 서경의 복(服)에 관한 기록을 후대역사에 고스란히 적용하여 다음과 같이 해명하였다. 곧 전국시대의 순자는 이 문장으로 중국 내의 모든 지역이 동일한 왕조의 통치대상인 동일한 백성이었다는 점을 명백히 한 것이었다. 더욱이 그 점은 순자가 「제하의 여러 나라들은(故諸夏之國) 지역도 같고 제도도 같으나(同服同儀), 만·이·융·적의 나라들은(蠻夷戎狄之國) 지역은 같지만 제도가 같지 않다(同服不同制)」고 말한 점에서 더더욱 명확해졌는데, 그 이유는 순자가 말한 제하(諸夏)는 중앙의 왕조가 관할하는 지역과 왕조와 인접한 지역을 분명히 의미하고 있기 때문이다. 만약 그렇지 않다고 부정하게 되면, 순자가 초나라와 월나라를 거론한 이유가 무색해 된다.

그런데 여하간 서경의 기록과 순자의 기록을 비교하면 사소한 차이 이외에

특이한 차이점이 나타나는데, 그것은 누누이 밝힌 바처럼 요·순·우임금의 시대에는 융·적에 관한 기록이 아예 없었지만, 그에 비해 순자의 글에는 이(夷)와 만(蠻)을 한데 묶어 만이(蠻夷)라고 하고 만 자리에 융적(戎狄)을 대신한 점이다. 그러므로 이 글은 전국시대 말기까지도 황로학의 선비들이 화하족의 개념을 확고히 정립하여 그들의 의도대로 서경이 수록한 바의 역사관을 현실정치의 한복판에서 완전히 밀어내고 그 자리에 중화사상의 역사관을 만족할 만큼 채우지 못했다는 상황을 유추할 수 있게 해 준다.

그럼에도 불구하고 훗날 중국 전역에 노자의 인물이 대중의 삶속에 터전을 잡고 있는 점을 바라보면, 그들의 작업이 실로 은밀하면서도 집요했고 또한 광범위했음이 단번에 느껴진다. 왜냐하면 아래 글에서 순자가 언급한 초나라와 월나라는 춘추전국시대에 맹활약한 나라로서, 한나라를 멸망시키고 은나라를 세운 탕왕과 은나라를 멸망시키고 주나라를 세운 무왕시절에는 아예 존재조차 하지도 않았던 제후국들이었는데, 그럼에도 불구하고 순자가 고대통치이념을 수호하기 위해 그들의 지역까지 범례로서 내세워야 했다면, 그 점은 순자가 처한 주변의 반(反)유가적인 분위기가 어느 정도인지를 느낄 수 있게 해주기 때문이다. 그 뿐만 아니라 순자가 덕치주의의 입장을 표방했는데, 반유가의 세력들이 그런 순자의 입장을 거부했었다는 것은 그들이 전통적인 봉건제도를 폐지하고 전제제도를 시행하려는 황로학적 발상을 이미 가지고 있었다는 점을 미루어 짐작할 수 있게 해 준다. 그리고 그 점은 곧이어 진나라가 천하를 통일하자마자 반(反)유가세력이 자신들의 의도대로 유가를 탄압하고서 그들의 발상을 실현한 점에서 여실히 증명된다.

"세속의 논자들이 말했다(世俗之爲說者曰), 「탕임금과 무왕은 <행동을 금지하는 법>금령을 시행하지 못하였는데(湯武不能禁令), 그것은 어째서인가(是何

也)?」

<순자가>말했다(曰). 「초나라와 월나라는 통제를 받지 않았다고 하는데(楚越不受制), 그것은 그렇지 않다(是不然). 탕 임금과 무왕은(湯武者) 천하에서 지극히 금령을 잘 썼던 분들이다(至天下之善禁令者也). 탕임금은 박(湯居亳), 무왕은 호 땅을 차지하고 있었는데(武王居鄗), 모두 사방 백 리의 땅이었으나(皆百里之地也), 천하를 통일하고(天下爲一) 제후들을 신하로 삼았으며(諸侯爲臣), 서로 통하고 연락이 되는 사람들은(通達之屬) 두려운 듯 떨면서 복종해(莫不振動從服) 이로써 <그 분들에 교화되고> 따르지 않는 사람이 없었다(以順之). 어찌 초나라와 월나라만이 통제를 받지 않았다고 할 수가 있었는가(曷爲楚越獨不受制也)?

저 왕들의 통제에서는(彼王者之制也) 각 지방의 지형과 형세를 보고(視形埶) 그리고서 기물과 용구를 제정하고(而制械用), 그 지방의 멀고 가까움을 헤아리고서(稱遠邇) 그리고 <그 실정에 알맞도록> 공물과 헌상품을 정했던 것이니(而等貢獻), 어찌 반드시 모든 것들이 같았겠는가(豈必齊哉)?……………………………

그러므로 제하의 여러 나라들은(故諸夏之國) 지역도 같고 제도도 같으나(同服同儀), 만·이·융·적의 나라들은(蠻夷戎狄之國) 지역은 같지만 제도가 같지 않다(同服不同制).

천자의 지경 안은 전복이고(封內甸服), 지경 밖에 후복이고(封外侯服), 후복을 둘러싸고 있는 지역은 빈복이고(侯衛賓服), 만이는 요복이고(蠻夷要服), 융적은 황복이다(戎狄荒服).

전복에서는 일제를 지내고(甸服者祭), 후복에서는 월사를 하고(侯服者祀), 빈복에서는 시향을 지내고(賓服者享), 요복에서는 세공을 지내고(要服者貢), 황복에서는 종왕을 지내니(荒服者終王), 일제(日祭)와 일사(日祀)와 시향(時享) 세공(歲貢)과 종왕(終王)이 있는 것이다.

이것을 두고 지형과 형세를 보아 그리고서 기물과 용구를 제정했다고 말하는 것이며(夫是之謂視形埶而制械), 멀고 가까운 것을 헤아리고서(稱遠近) 그리고서 <그에 부합되게> 공물과 헌상품을 정하였다고 하는 것이다(而等貢獻). 이것이 왕의 통제이다(是王者之制也).

초나라와 월나라는(彼楚越者) 또한 시향(且時享)과 세공(歲貢)과 <임금이 죽었을 때 한번 지내는 제사>종왕을 지내는 족속들이다(終王之屬也).

반드시 일제나 월사 같은 것으로 똑같이 지내도록 했어야만(必齊之日祭月祀之屬) 그러면 통제를 받았다고 말할 수 있는가(然後曰受制邪)?

그것은 그릇된 이론이며(是規磨之說也) 도랑 속에 빠진 거지처럼 생각이 모자라는 자들이다(溝中之瘠也). 그러니 왕자의 통제에 대해서는 논할 자격이 없는 것이다(則未足與及王者之制也)."[196]

따라서 이 글만 놓고 보면, 곧바로 반(反)유가들의 발상이 얼마나 치졸하였는지를 유추할 수 있게 된다. 곧 그 이유는 비록 주나라가 불복하는 지역을 무

---

196) 순자B p509 - 埶는 제주 예가 아니라 형세로 읽어야 한다.

력으로 복속시킨 것을 사실일지라도, 그러나 줄 곳 강제적으로 억압한 것은 아니어서 반(反)유가들이 초나라와 월나라가 강력한 왕조의 제후국이 된 배경을 제대로 해명해야 하기 때문이다. 즉 은나라와 주나라가 무력에만 의존한 것이 아니기 때문에 은나라가 영토를 확장한 방법과 주나라가 영토를 유지한 방법은 서경에서 말한 솔복(率服)의 경우이외의 다른 방법이 아니었는데, 그러면 그들이 서경이 수록한 솔복의 개념조차 무위자연의 개념으로 대체할 것인가? 하는 의문점 때문이다. 다시 말해 황로학이 내세운 황제가 주나라가 다스리는 광대한 영토를 미리 확보해준 것이 아니라면, 그들은 당연히 황제 이후의 모든 왕조의 통치자들이 황제의 무위자연의 방법으로 중국왕조의 모든 영역을 확장했다고 주장할 것인가? 하는 의문점 때문이다.

그러면 그들은 순자가 말한 천하위일(天下爲一)의 역사를 전면적으로 도가사상의 업적으로 만들고서 해명해야 했다. 또한 우의 시대에는 융족과 적족이 왕조에 편입되지 않아 서경 우전에 수록될 수 없었지만, 그 이후의 기록대로 왕조에 솔복하여 백성이 되었으므로, 당연히 도가는 무위자연의 사상을 가진 왕이 그렇게 했다고 역사를 개조하지 않으면 안 되었다.

그런데 어쨌든 간에 서경에서는 북적(北狄)의 명칭이 이(夷)와 만(蠻)과 융(戎)의 명칭과 달리 뒤늦게 은(상)나라시대의 기록인 상서(商書)에 가서야 비로소 등장하기 때문에 반드시 이점을 유념하고서 후대의 글을 해석해 나가야 한다.

> "이에 갈백이(乃葛伯) 밥 먹으로 가는 자를 원수로 삼거늘(仇餉), 처음 정벌하는 것을 갈로부터 하셔서(初征自葛) 동쪽으로 정벌함에 서이가 원망하며(東征西夷怨), 남쪽으로 정벌함에 북적이 원망하며(南征北狄怨), <서이와 북적이> 말하

였다(曰). 「어찌 유독 우리를 뒤로 하시는가(奚獨後予)?

가는 곳의 백성들이(攸徂之民) 집안이 서로 경사스럽게 여겨(室家相慶) 말하였다(曰). 「우리 임금을 기다렸는데(徯予后), 임금이 오시니(后來) 다시 살아나리라(其蘇).」

백성들이 상을 추대한 것이(民之戴商) 오래 되었습니다(厥惟舊哉)."[197]

그리고 더 나아가 이 기록은 필히 주목해야할 중대한 두 가지 사실을 보여주는데, 그 중의 하나는 바로 서융(西戎)의 명칭대신에 사용된 서이(西夷)의 명칭이다. 물론 당연히 왜곡된 사관에 함몰된 시각에서는 서이의 용어가 서융을 대신하여 잘못 기록된 것이 아닌가? 하는 의문을 제기할 수 있다. 하지만 고대의 상황에서도 전혀 그렇게 될 수 없다. 그 이유는 동쪽으로 치우친 하나라와 상나라의 경우에는 중앙으로 정해진 수도의 서쪽지역은 마땅히 이족의 지역도 되지만, 그러나 주나라에서는 수도로 정한 호경이 서쪽에 위치하고 있기에, 당연히 중앙의 수도에서 보면 과거의 서이(西夷)는 자연스럽게 동이(東夷)가 되고 그리고 수도의 서쪽 방향은 서융(西戎)족의 지역이 되기 때문이다.

또 다른 하나는 바로 북적(北狄)이 탕임금의 은나라에 복속하였다는 점이다. 특히 이 점은 대단히 중요한 역사적 의의를 지니므로 각별히 주목해야 한다. 왜냐하면 서주의 역사를 마감하고 새로 시작한 동주가 북적과의 관계에 있어서 서로 적대적인 입장으로 돌변하였는데, 그 명백한 원인이 주나라에 있음을 보여주기 때문이다. 그러므로 융·적을 견제하기 위해 주나라에 의해 제후로 봉작된 진나라의 제후는 통일왕조의 황제가 된 이후에도 계속 북쪽의 장성을 더욱

197) p215

견고히 쌓고서 그들을 적대시하지 않을 수 없었는데, 그러면 동주(東周)시대 이후 중국왕조가 융적과 그 밖의 다민족과 평화로운 관계를 원상회복시키지 못한 이유와 책임은 당연히 중국 측에 있게 된다. 그러므로 그런 중국왕조에 전혀 문제가 없다고 논구하려면, 먼저 그 논구는 중국고대왕조 시기에 이미 화하족이 있었으며, 그리고 또한 중국고대왕조국가가 4개 민족으로 구성된 다민족국가가 아니라는 점을 명백히 논증해야 한다. 그러나 요·순 사관대신에 황제사관으로 의식화한 중국왕조는 주변민족과의 관계를 평화로운 상태로 원상회복하기보다는 독선적이고, 권위적인 황제의 고압적 위상에서 그들을 지배하고 군림하려고 시도하였고 그리하여 화하족과 다민족 사이에 형성된 적대적 이질감이 더욱더 심화되어졌기 때문에, 반드시 역사를 왜곡시킨 책임소재는 명백히 가려져야 한다.

그런데 그런 정황을 유발한 역사왜곡의 증거는 곧바로 예기(禮記)의 제14편 명당위(明堂位)와 제5편 왕제(王制)의 두 기록을 비교해 보면 단번에 찾을 수 있다. 그 점은 앞서 월령(月令)에서 전대의 기록과 후대의 진나라시대의 기록을 비교했을 때처럼 꼭 같은 형태로 중국고대역사의 왜곡된 실상을 여실히 보여 준다.

예기에 실린 명당위(明堂位)는 주공(周公)이 성왕(成王 : 주 무왕<周武王>의 아들)을 도와서 제후를 명당으로 불리는 궁에 입조케 하여 존비(尊卑)의 서열대로 조회(朝會)시킨 일과 그리고 성왕이 노나라에게 왕의 예악을 하사하고 노나라가 그것을 실행한 일에 관한 기록인데, 바로 이 기록이 중국고대국가가 4개의 민족으로 구성된 다민족국가임을 분명히 확인해 준다. 그런즉 아래의 기록은 서경의 오복과 마찬가지로 왕이 거주하여 직접 다스리는 중국의 지역을 화하족이 사는 특정 공간으로 해석해서는 안 됨을 보여 주는데, 그럼에도 불구하고 그렇게 해석을 하게 되면, 곧바로 그것이 역사를 왜곡한 직접적인 증거가 되기 때문에 마땅히 그렇게 해서는 안 된다 .

"옛날에(昔者) 주공이(周公) <정치를 보살펴 성왕을 도와> 제후를 명당의 위치에 조회시켰다(朝諸侯于明堂之位).

천자는 부의를 등지고(天子負斧依) 남쪽으로 향해 그리고 섰다(南向而立).

3공은 중간계단의 앞에서(三公中階之前) 북쪽을 향해 서서 동쪽 위를 올려본다(北面東上).

여러 후작이 서는 위치(諸侯之位)는 동쪽의 계단섬돌이며(阼階之東), 서쪽을 향해 서서 북쪽 위를 올려 본다(西面北上).

여러 백작의 나라(諸伯之國)는 서쪽의 서쪽계단이며(西階之西) 동쪽을 향해 서서 북쪽 위를 올려 본다(東面北上)

여러 자작의 나라(諸子之國)는 문 동쪽에서(門東) 북쪽을 향해 서서 동쪽 위를 올려본다(北面東上).

여러 남작 나라는(諸男之國)는 문 서쪽에서(門西) 북쪽을 향해 서서 동쪽 위를 올려 본다(北面東上).

구이의 나라(九夷之國)는 동문의 바깥에서(東門之外) 서쪽을 향해 서서 북쪽 위를 올려 본다(西面北上).

팔만의 나라(八蠻之國)는 남문의 바깥에서(南門之外) 북쪽을 향해 서서 동쪽의 위를 올려 본다(北面東上).

육융의 나라(六戎之國)는 서문의 바깥에서(西門之外) 동쪽을 향해 서서 남쪽의 위를 올려 본다(東面南上).

오적의 나라(五狄之國)는 북문의 바깥에서(北門之外) 남쪽을 향해 서서 동쪽의 위를 올려 본다(南面東上).

구주의 우두머리 나라(九采之國)는 응문의 바깥에서(應門之外) 북쪽을 향해 서서 동쪽의 위를 올려 본다(北面東上).

사방의 변경(四塞)은 세대가 바뀌면 입조하여 왕에게 고한다(世告至) 이것이 주공이 제정한 명당의 위치이며(此周公明堂之位也), 제후의 높고 낮은 서열을 밝히는 것이다(明諸侯之尊卑也)."[198]

여기에 기록된 구이(九夷)의 설명은 곧 이족이 중국내에 거주하고 있는 원주민임을 확인해 주는 구체적이고 객관적인 증거가 된다. 그리고 이와 비교되는 글은 예기 왕제(王制)[199] 제21장의 기록인데, 그 해석의 여부에 따라 전혀 이해가 달라질 수 있는 글이기 반드시 참조해야 한다. 그 이유는 그 글이 중국을 중앙에 놓고 그리고 4개 민족을 중국의 주변 민족으로 기록하고 있기 때문인데, 따라서 중앙의 중국을 왕의 직할지로 이해하느냐 아니면 오늘날의 시각대로 화하족이 거주하는 중국지역으로 이해하느냐에 따라 그 의미가 엄청나

198) p 357

199) 유가인 왕제가 글을 지었기 때문에 왕제라고 불리는 글이라고 후한 때의 노식(盧植-AD159?~192)이 판정한 문장들인데, 한나라 문제(文帝)가 박사제생들에게 명령하여 저술한 글이다.

게 달라지기 된다.

그렇지만 예기의 글은 중국왕조의 각 지역 거주민의 특성을 기술하고 더불어 사는 공생(共生)의 방식을 기술한 것이지, 결코 중앙의 거주민이 우월적 마음가짐으로 주변의 거주민을 멸시하는 태도의 글이 아니기 때문에, 이 글을 왜곡되게 해석해서는 결코 아니 된다. 왜냐하면 예기는 앞부분은 각 지역의 특성을 그리고 뒷부분은 상호 평화롭게 공생하는 방법을 기록한 것이기 때문이다.

"무릇 그 땅에 사는 사람들의 재료는(凡居民材) 반드시 하늘과 땅, 추운 것, 따스한 것, 건조한 것, 습한 것, 넓은 계곡, 큰 강을 답습하므로(必因天地寒煖燥濕廣谷大川), 다르게 정하고서(異制), 백성들이 그 사이에 살고 있다(民生其間者). 풍속이 달라서(異俗) 강유경중신속(剛柔輕重迅速)도 가지런하지 않으며(異齊), 오미의 조화도 서로 다르며(五味異和), 기계의 제작도 서로 다르며(器械異制), 의복의 알맞음도 서로 다르다(衣服異宜).

그 다스림을 고르게 하고(齊其政) 그 알맞음을 바꾸지 말아야 한다(不易其宜). 중국, 융, 이, 오방지민, 모두 다 특성이 있어서(中國戎夷五方之民 皆有性也) 시간이 지남에 따라 변하여 가는 것이 불가능하기 때문이다(不可推移).

동방은 이라고 부르며(東方曰夷), 머리털을 풀어헤치고 몸에 먹실로 그림 글씨 등을 새겨 넣거나((被髮 文身), 화식을 먹지 않는 자가 있다(有不火食者矣).

남방은 만이라고 부르며(南方曰蠻), 이마에 단청을 새기고 발을 책상다리로 하여 자거나(雕題 交趾), 화식을 먹지 않는 자가 있다(有不火食者矣).

서방은 융이라고 부르며(西方曰戎), 머리털을 풀어헤치고 가죽옷을 입거나(被

髮 衣皮) 쌀을 먹지 않는 자가 있다(有不粒食者矣有不粒食者矣).

북방은 적이라고 부르며(北方曰狄), 새의 깃털로 옷을 만들고 땅굴에 살며(衣羽毛穴居) 쌀을 먹지 않는 자가 있다(有不粒食者矣)."[200]

그런 연후에 예기의 뒷부분은 고대왕조의 민본주의의 통치방식을 여실히 기록해 두었다. 그리고 특별히 주목되는 점은 언어가 다름에도 불구하고 통역을 두고서 의사소통을 한 점이다. 그런데 여기에서도 마찬가지로 첫 구절의 중국을 중방에 위치한 중앙정부로 이해하지 않고 영토개념으로 이해하게 되면, 모든 중국의 지역과 중국을 벗어난 주변 나라의 이민족이 글이 되어 황당한 해석이 나오게 된다. 곧 중국의 화하족이 이웃국가들의 이민족과 더불어 공생공영의 평화로운 상태를 유지하고 있었다는 뜻이 되는데, 그러면 중국민족의 화하족과 주변 국가의 이민족이 줄 곳 적대적인 투쟁을 일삼게 된 현실을 도저히 설명할 길이 없게 된다.

"중국과 이와 만과 융과 적(中國夷蠻戎狄)은 모두 편히 살고 있으며(皆有安居), 맛을 조화시키고(和味), 의복을 알맞게 하고(宜服) 갖추어진 기물을 이용하고 있다(利用備器).

다섯 방위의 백성들은 언어가 통하지 않고(五方之民 言語不通) 즐겨서 하려는 것이 같지 않지만(嗜欲不同), 그 뜻을 통하고(達基志) 그 바라는 바를 통한다(通其欲). 동방은 통역사를 기라고 부르고(東方曰寄), 남방은 통역사를 상이라 부르고(南方曰象), 서방은 통역사를 적제라고 부르며(西方狄鞮), 북방은 통역사를 역이라고 부른다(北方曰譯)

200) 예기 p190

무릇 백성을 살게 하는 일은(凡居民) 땅을 측량하여 읍을 만들고(量地以制邑) 땅을 적당이 헤아려서 살게 하는 것이며(度地以居民), 읍 땅에 거주하는 백성들은(地邑居民) 반드시 서로들 얻은 것에 참여해야 한다(必參相得也).

허비하는 땅이 없어야 하고(無曠土) 놀고 있는 백성이 없어야 하며(無游民), 절도에 맞게 먹고 시간에 따라 일하게 하며(食節時事), 백성들이 모두 편안히 거처하여(民咸安其居), 즐겁게 일하게 하고(樂事), 성과를 장려하여(勸功) 임금을 존경하고 윗사람과 친하게 한(尊君親上) 연후에(然後) 학교를 일으켜야 한다(興學)."[201]

그런즉 중국경서가 중국을 감싸고 있는 이·만·융·적의 백성들의 특성을 기술하고 더불어 고대왕조가 이들을 평화롭게 다스린 방법을 기술하고 있음에도 불구하고, 그와 달리 새로운 경향의 황로학의 선비들이 고대왕조를 존재하지 않은 화하족의 나라로 둔갑시켰으니 그 왜곡의 과정이 실로 얼마나 무리한 것이었는지를 미루어 짐작할 수 있다. 왜냐하면 이 글에 나타나 있는 바대로, 그들이 같은 왕조의 백성들이 아니었다면, 글의 전반부와 후반부 사이에 굳이 이렇게 기록할 이유와 필요가 도대체 있을 수 없기 때문이며, 또한 글의 후반부에서 이들을 다스릴 방법을 구체적으로 거론할 이유와 필요조차 전혀 없기 때문이다. 즉 이들이 국경 밖의 외국인이라면 문장 끝에 기술한 백성일 수가 없고 그리하여 백성을 다스리는 내용을 덧붙일 이유가 결코 없기 때문이다. 그럼에도 불구하고 그런 해석을 시도하게 되면, 그 뜻이 전혀 다르게 되기 때문에 이 문장은 역사를 왜곡시킬 수 있는 좋은 소재가 될 수 있음을 반드시 유념해야 한다.

그리고 중앙은 임금을 비롯한 지배계층이 살고 있는 지역이기에 당연히 다

---

201) ibid p190

른 지역보다는 사상적으로 개화된 문명지역임을 전제하고서 이 문장을 해석해야 한다. 그러므로 다른 여타의 지역보다는 문명이 발전한 중방인 중국을 이민족의 외국과 구별 짓는 국가개념으로 결코 해석해서는 아니 된다. 만약 그렇게 하면, 오히려 상나라시대에는 화하족이 중앙에 살고 있는 백성이 아니기 때문에 화하족이 다른 어딘가에 살고 있어야 하는데, 그러나 결코 그런 사실이 다른 경전에서 찾아 볼 수 없기 때문에 결코 그렇게 해서는 안 된다.

그리고 더 나아가 왕제 편의 글은 매우 중요한 사건을 기록해 놓았는데, 그것은 언어불통(言語不通)에 관한 기록이다. 물론 언어가 서로 다르다는 표현만을 따로 떼어서 중국의 용어와 대비하면, 이들 모두가 외국의 이민족으로 여겨지겠지만, 그러나 전후 맥락을 제대로 살피면, 그것은 실로 성급한 판단임을 즉시 깨닫게 된다. 왜냐하면 단일 언어인 한자를 공용어로 사용하는 지금에서도 중국의 각 지역 간에는 한어로서 서로 소통하기 힘들 지경인데, 그 당시 언어불통의 상황이 그들을 나라가 다른 이민족이라고 단정할 증거자료가 되겠는가? 하는 의구심 때문이다. 다시 말해 다민족 국가인 미국에서처럼 똑같은 국민이면서도 언어가 달라 의사소통이 불능한 경우와 무엇이 다를 바 있는가? 하는 의구심 때문이다. 더 나아가 방언을 사용하는 경우에는 두 말할 나위조차 없게 된다.

또한 문화수준의 차이 때문에 발생하는 차별감정의 문제에 있어서도, 수도에 사는 사람이 지방에 사는 사람에게 우월감을 가지고 반대로 지방에 사는 사람이 수도에 사는 사람에게 열등감을 가질 수 있기 때문에, 차별의식에 관한 의구심도 앞의 경우와 똑같이 제기될 수 있다. 그런데 바로 그 의문점에 대한 해명이 바로 서경, 주서 태서에 기록된 무왕의 말 속에서 명확히 드러나 있기에 아래에 인용하겠다.

그것은 은나라 마지막인 주왕인 수에게는 수억의 이족의 사람이 있다(受有

億兆夷人)[202] 는 기록이다. 곧 이 말은 자신은 융족을 거느리고 주왕은 이족을 거느리고 있다는 뜻이 아니라, 사이(四夷)와 같은 통상적인 의미의 표현으로써 수가 자신들보다 많은 백성들을 거느리고 있다는 표현일 뿐이다. 물론 이족이 고대민족의 골간이기 때문에 당연히 이 경우에서의 표현은 글자 그대로 다른 이민족과 구별된 이족으로 해석되어도 그 취지가 크게 달라지지 않는다.

하지만 만약 그렇게 되면, 은나라는 이족의 나라가 되고, 반대로 주나라는 융적의 나라가 되어, 중국고대왕조의 역사가 이족의 역사와 융적의 역사로 철저히 구분 지어야 한다. 그러므로 아래 문장에서의 이족은 민족 전체를 아우르는 일반용어로 해석되어져야 한다. 하지만 황로학은 그들의 정치적 야심 때문에 중국고대역사를 이족의 역사로 만들 수가 없어서 화하족을 내세워 역사왜곡을 감행하였다.

> "수에게는 억조의 이족 사람들이 있었으나(受有億兆夷人), 마음이 떠나며 덕이 떠났다(離心離德). 나는 어지러울 때 나라를 잘 다스릴 수 있는 신하가 열사람이 있었는데(予有亂臣十人), 마음이 같고 덕이 같았다(同心同德). 아무리 친한 사람이 널리 있다고 하더라도(雖有周親), 어진 사람만 같지 못하다(不如仁人)."[203]

그런즉 수유억조이인(受有億兆夷人)란 표현을 글자 그대로 번역하지 않고 '오랑캐'라고 번역하여 그 글의 진의를 왜곡시키면, 참으로 잘못된 일이 된다. 왜냐하면 은나라를 정벌하려 나선 무왕이 서쪽의 무리를 이끌고 있는 자신의 입장과 대비하여 은나라 마지막 왕인 주(紂)왕에게 억조의 이인이 있다고 말할

---

202) p467
203) p 393

수 있었든 까닭은 어쨌든 은나라가 바로 이족의 나라이기 때문인데, 그 점을 의도적으로 무시하거나. 혹은 애써 외면하고서, 이족을 오랑캐로 해석하게 되면, 그것은 심대한 역사왜곡의 잘못을 저지르는 것이 된다.

그리고 이 점은 더욱 더 주목해야할 의문점을 안고 있는데. 그것은 비록 무왕이 은나라를 타도하기 위해 서방의 민족을 동원했다고 하더라도, 무왕 자신의 집안은 은나라의 이족출신인 점이다. 그 점에 대해서는 맹자가 분명하게 다음과 같이 천명하고 있다. 맹자는 그 점을 자신의 저사 맹자 이루(離婁) 장귀하 1장에서 분명하게 기록해 두었다.

> "맹자께서 말씀하셨다(孟子曰). 「순임금은 제풍에서 태어나(舜生於諸馮), 부하로 옮기셨다가(遷於負夏), 명조에서 별세하셨으니(卒於鳴條), 동이의 사람이시다(東夷之人也).
>
> 문왕은 기주에서 태어나(文王生於岐周), 필영에서 별세하셨으니(卒於畢), 서이의 사람이시다(西夷之人也)」"[204)]

하지만 이 내용은 새로운 민족사관을 수립하여 고대왕조의 전통을 무너뜨리려는 황로학의 입장에서 보면 도저히 용납될 수 없는 글이다. 왜냐하면 주나라를 하나라와 연결하여 황제를 화하족의 시조로 삼으려는 입장에서 보면 가장 거부되어야할 글이기 때문이다.

따라서 맹자의 이 글이 그런 움직임에 쇄기를 박으려는 글이 되는 까닭은 맹자의 시대가 그런 움직임이 발생할 즈음의 전국시대이기 때문이다. 그래서 이 글이 맹자가 그 조짐을 알아채고서 요·순임금 이래로 주나라까지의 모든 왕조가 이족의 왕조임을 단호하게 천명한 글이 된다.

---

204) 맹자 p 229

그런즉 맹자의 서이(西夷)의 용어를 서경의 사이(四夷)의 용어와 대조해서 해석하면, 단번에 그의 의도가 파악되어 진다. 그리고 한반도의 우리 민족을 일컫는 동이족의 용어가 동아시아 문명사에서 얼마나 중대한 역사적 의의를 지닌 용어인지도 확연히 드려날 수 있게 된다.

그렇다면 그와 아울러 중국고대왕조의 백성인 만(蠻)족에 대해서도 마찬가지로 새외(塞外)의 이민족으로 다루어서는 결코 안 된다. 왜냐하면 만약 그들이 고대왕조의 당당한 구성원이 아니라면 다음과 같은 문장이 결코 서경에 수록될 리가 만무하기 때문이다. 왜냐하면 삼묘(蠻족의 부족이름)를 서쪽으로 내쫓음으로서 천하가 복속하였다는 글은 그들이 저지른 잘못에 대한 순임금의 처벌이 추방이었다는 뜻이기 때문이다.

"공공을 유주<북방 땅 끝>로 유배 보내며(流共工于幽洲), 환도를 숭산<남방 땅 끝>에 귀양 보내며(放驩兜于崇山), 삼묘를 삼위<서방 땅 끝>로 내쫓으며(竄三苗于三危), 곤을 우산<동방 땅 끝>에 억류해서(殛鯀于羽山), 네 가지로 죄를 주시니(四罪) 그리하여 천하가 다 복종하였다(而天下咸服)."[205]

만약 삼묘가 순임금이 다스리는 왕국의 국경밖에 거주하는 이민족인데 국경 안으로 침략하여 땅을 점령하였기에 그들의 땅으로 몰아낸 것이라면, 서쪽 지역이 삼묘의 본래의 땅이고 또한 그곳이 외국이 된다. 그러면 솔복의 의미가 무색하게 되므로 내친다는 찬(竄)의 말을 해석할 적에는 각별히 주의해야 한다. 그 이유는 삼묘가 이방인이든 이방인이 아니든 간에 그들이 침략자가 아니라면, 당

205) 서경 p33 - 兜는 투구 두가 아니라 도솔천 도로 읽어야 한다.

연히 찬(竄)의 용어는 삼묘가 솔복한 순임금의 백성이었음을 전제하고 있기 때문이다. 그런즉 삼묘가 타국의 이민족이 아님을 밝힘에 있어서는 또 다른 서경의 기록을 참조해야 하는데, 그 점에 대해서는 다음의 기록이 보충해 준다.

> "삼년 만에 업적을 평가하고(三載考績), 세 번 평가함에(三考) 업적이 드러난 자와 드러나지 않는 자를 내리고 올리셨는데(黜陟幽明), 많은 일이(庶績) 모두 흥성해졌다(咸熙). 삼묘를 구별하여 분리시켰다(分北三苗)."[206]

즉 이 글이 밝힌 바처럼 만약 삼묘가 국경 밖의 이민족이라면, 순임금의 군대가 굳이 남의 나라 땅에 들어가 삼묘를 구별하여 분리시킬 이유가 전혀 없는 일이고 또한 그 일을 이 글 속에 기록해 둘리가 만무하기 때문이다. 왜냐하면 다스리지 않은 이국땅에서 그 지역의 주민인 삼묘를 강제적으로 구별하여 분리시킨들 차후에 무슨 효력이 있을 것이며 또한 삼묘를 구별하여 강제로 분리시키려고 하였을 경우에는 남의 나라의 삼묘를 왜 구별하고 또한 그들끼리 왜 분리시켜야 하는지의 마땅한 이유가 있어야 할 터인데, 이 글 속에는 남의 나라에서 행한 일이라는 근거가 조금치도 없기 때문이다. 또한 가령 삼묘가 사는 지역이 이국땅이라면, 그 경우에는 순임금이 남의 나라를 침공하여 점령한 것이 되는데, 하지만 이 글은 순임금이 남의 나라에 침공하여 정복한 사건을 기록한 글이 아니기 때문이다. 오히려 이 글은 솔복하여 사는 삼묘가 잦은 말썽을 일으켜, 왕조가 그것을 해결하기 위해 삼묘를 따로 격리했다는 것이므로 어쨌든 삼묘는 그 당시 순임금의 백성이었든 것이다. 만약 그렇지 않다면 당연히 두 가지 의문점이 곧바로 제기 될 것이다.

하나는 삼묘는 언제 어떻게 하여 고대왕국의 백성이 되었는가?

다른 하나는 삼묘가 중국의 백성이 아니라면 도대체 그들이 속한 나라는 어

---

206) ibid p49

떤 나라인가?

그러므로 삼묘의 기록이 이족의 고대왕국이 기존의 영역을 확장하면서 만족과 그 밖의 이민족을 포섭해 가는 역사의 현장을 생생히 보여 주는 증거이기 때문에, 이족이 고대왕국의 주체인 사실은 이로서 명백해진다. 그런데 고대왕조의 주체를 화하족이라고 둔갑시키면 모든 기록의 해석이 엉망이 되므로, 따라서 변조된 역사는 올바르게 정정되어야 한다.

그런즉 도가인 장자의 장자(莊子) 내편(內篇) 소요유(逍遙遊)에 실려 있는 아래의 글이 정작 주목되는데, 그 이유는 아래의 글은 장자가 송나라 사람이 자유롭게 월나라에 가서 장사를 하고 있는 것을 소재로 삼은 이야기인데 역설적으로 장자가 이 글에서 이민족들이 모두 동일한 중국왕조의 동일한 백성이었음을 스스로 인정하고 있기 때문이다.

> "송나라 사람이 그곳에 전해 오는 장보라고 하는 관을 의뢰받아서 그래서 월나라 곳곳에 팔려갔다(宋人資章甫而適諸越). 그런데 공교롭게도 월나라 사라들은 머리를 짧게 자르고 문신을 하는 습관을 가지고 있었으므로(越人斷髮文身) 모처럼 가지고 간 훌륭한 관도 쓸데가 없었다고 한다(無所用之). ………."[207]

그러므로 앞에서 누누이 지적하였지만, 그동안 우리 민족은 이런 글들을 제대로 해석하지 않고 오히려 그들보다도 한 술 더 떠서 이·만·융·적을 오랑캐라는 경멸적인 말을 사용하여 야만족인 변방의 이민족으로 번역하였는데, 반성하고서 바로 잡아야 한다. 따라서 황로학자들이 처음부터 황제의 후손인 화하족이 중앙을 차지하고서 변방의 이민족을 다스려왔다고 고대역사를 왜곡시켰지만, 그러나 그들의 기록은 왜곡된 것이므로 더 이상 왜곡된 진상을 방치해서는 안 된다.

---

207) p161

제2절. 이족의 세운 정통성의 본질은 무엇인가?

논구초점 : 이족의 왕조가 세운 전통이 왕도정치사상임을 누누이 설명하였다. 그런데, 이 왕도정치사상이 모든 이민족을 규합하여 통일왕조로 나아 갈 수 있도록 한 실질적인 정책은 겸양을 바탕으로 한 문화정책이다. 이족이 세운 문화정책은 이질적인 다양성을 조화시킨 통치이념의 소산으로서 이민족 상호간에 일체감과 유대감을 갖도록 만든 근본토대이었다. 이로써 공생공영의 생존방식이 가능해졌다.

그러므로 이족이 구축한 공생의 문화정책은 훗날 우월적인 의식을 가지고서 군림하려는 패권주의가 주변 민족을 배타적으로 배척하고, 적대시하고, 억압하고, 지배하려고 한 차별노선에서 생성된 문화정책과는 전혀 다르다.

따라서 중국왕조가 이족이 구축한 정통성을 계승하여 그리하여 예를 중시하여 주변 국가와 주변 민족의 주체성을 존중하였다면, 중국은 이를 바탕으로 주변 민족들과 공동번영을 추구할 수 있었기에, 그 결과로 중국과 동아시아의 역사는 전혀 다른 양상으로 나아갔을 것이다.

중국고대왕조사를 이족의 역사로 평가해도 무방한 까닭은 중국고대문명을 건설한 주체가 바로 이족이기 때문에 그러하다. 그리고 고대문명의 명확한 본질은 우선적으로 서경이 문무겸전(文武兼全)의 중요성을 기록한 곳에서 찾을 수 있다.

"아(都)! 제<요>의 덕이 넓고 쉼 없이 운행하여(帝德廣運) 그래서 성스럽고 신묘하시며(乃聖乃神) 그래서 무가 있으시며 문이 있으십니다(乃武乃文).………"[208]

그리하여 중국고대왕조의 통치방식은 문화적인 도덕적 문치와 강제적인 형법적 법치의 통치방법을 모두 중히 여겼다 그러므로 문치가 법치보다 우월하고 법치가 문치보다 열등하다고 말해서는 결코 안 된다. 하지만 그 운용의 방법에서는 그 성격에 따라 작동의 선후가 구별되어야 한다.

그러므로 후대에 이르러 나라를 다스리는 임금이 문무겸전의 의의를 상실하고서 무를 소홀이 하고 문에 치중한 경향이 만연해 졌는데, 그것은 실로 고대왕조의 올바른 통치노선이 잘못 나아간 결과이다. 하여간 문치의 의의는 고대왕조가 수립한 빛나는 통치노선으로서 실로 그 역사적 의의는 막중하다.

"<순>임금이 말씀하셨다(帝曰). 「아(咨)! 우야(禹)! 오직 이 유묘가 명을 따르지 않으니(惟時有苗弗率) 네가 가서 정벌하라(汝徂征)」……그러므로 내가 너희 군사들을 거느리고(肆予以爾衆士) <순임금의> 명령을 받들어 쳐서 죄를 벌하고자 한다(奉辭伐罪).[209) ……………

삼십일 동안을(三旬) 묘의 백성이 명을 거역하자(苗民逆命), 익이 우를 거들면서 말했다(益贊于禹曰). 「오직 덕만이(惟德) 하늘을 움직여(動天) 먼 곳에서도 이르지 않음이 없습니다(無遠弗屆). 자만하면 손해를 부르고(滿招損) 겸손하면 유익함을 얻으니(謙受益) 이것이 곧 천도입니다(時乃天道). …………. 정성이 지극하면 귀신도 감동하는데(至誠感神), 하물며 이 유묘뿐이겠습니까(矧玆有苗矧玆有苗)? 우가 훌륭한 말에 절하며 '그렇구나.'라고 말하고(禹拜昌言曰 兪), 군대를 되돌려 정비하였다(班師振旅).

208) ibid p54
209) ibid P74

제<순>이 크게 문덕을 펴시어(帝乃誕敷文德) 간과 우를 섬돌에서 춤추게 하자(舞干羽于兩階), 칠십일 만에(七旬) 유묘가 이르렀다(有苗格).”[210]

그런데 이와 같은 문치의 노선은 훗날 중화(中華)주의의 전제왕조가 문명과 문화가 뒤떨어진 주변 나라에게 우수한 자국의 문명과 문화를 베풀어 주는 선량한 종주국인양 탈바꿈하는데 악용되었다.

그러나 서경에서의 문치의 통치노선과 중화사상에서의 문치의 통치노선에는 커다란 차이점이 있다. 그 이유는 통치권을 전제적으로 행사한 군국제도의 통치노선과 달리 공경과 겸손을 바탕으로 협치(協治)정치로 나아간 봉건제도의 통치노선이 결코 같은 성격의 노선으로 평가될 수 없기 때문이다. 곧 고대왕조의 위정자는 겸손한 자세로 정사를 펼치면서 초창기의 백성인 이족과 만족뿐만 아니라, 왕조의 통치권 밖의 융족과 적족까지도 포용하여 훗날 동일한 백성으로 삼았기 때문이다. 따라서 순임금이 말한 '식량을 마련하는 농사는 때에 맞아야 한다(食哉惟時). 먼 곳에 있는 이를 너그럽게 어루만지며(柔遠), 가까이 있는 이를 친하게 하며(能邇), 덕이 있는 이를 도탑게 하며(惇德), 인후한 사람을 믿고(允元) 능히 흉악한 사람을 거절하면(而難任人) 만족과 이족도 따라서 복종할 것이다(蠻夷率服)[211].'라는 표현처럼, 그리고 더 나아가 신하인 익이 순임금에게 말한 '도를 어겨 백성의 칭찬을 요구하지 말며 백성을 거슬려 자신의 욕망을 좇지 말아야 합니다. 게으르지 않고 황폐하지 않으면, 사방의 이족이 와서 왕으로 받들 것이다(四夷來王王)[212]'라는 표현처럼, 왕도정치이념을 담고 있

210) ibid p75
211) ibid p36
212) ibid p56

는 고대왕조의 통치노선을 백성을 공경하는 마음가짐으로 나라를 너그럽게 다스릴 여지가 추호도 없는 전제군주제의 통치노선과 같은 맥락에서 결코 평가해서는 아니 된다. 다시 말해 고대왕조의 영토 확장은 무력에 의한 침략과 정복에 의한 결과가 아니라 항상 자신들의 도덕적 행동양식을 모범으로 먼저 보여주고 그리고 끊임없이 자신의 통치행위를 스스로 반성하면서 그리고서 민본주의적 통치방식으로 그들을 포용하였기에 가능한 결과이었기 때문에, 그것이 오만한 중화사상에 의해 자행된 정복전쟁의 결과와 동일하게 취급되어서는 결코 아니 된다.

하여간 문치의 전형을 보여 주는 중방의 지역은 다른 여타의 지역보다도 제도가 잘 정비된 모범적인 지역인데, 그 특성은 순임금의 기록에 잘 드려나 있다. 그리고 바로 그 점 때문에 중국고대왕조의 출발은 요·순임금시대가 아닐 수 없게 된다.

> "……… 계절과 달을 맞추고(協時月) 날짜를 바로 잡으시며(正月), 율과 도와 양과 형을 한 가지로 같게 하시며(同律度量衡), 다섯 가지 예를 닦으시며(修五禮), 다섯 가지 그릇을 같게 하셨다(如五器). ……."[213]

그러므로 이족이 건국한 통일왕조에서는 여러 민족이 다 함께 통일왕조의 통치노선에 기꺼이 참여하여 통일왕조의 백성이 되었다. 서경은 그 점에 대한 증거로서 상나라 임금이 하나라 걸임금을 타도할 적에 탕임금의 신하 중훼(중훼仲虺)가 탕임금에게 올린 고(고誥)의 글을 명확히 수록해 두었다. 즉 "동쪽으로 정벌함에 서이가 원망하며(東征西夷怨), 남쪽으로 정벌함에 북적이 원망하며(南征北狄怨), <서이와 북적이> 말하였다(曰). 「어찌 유독 우리를 뒤로 하

213) ibid p28

시는가(奚獨後予)?"[214]하는 문장이다.

그런즉 서경에 수록된 바대로 이족이 정립한 통치노선은 다음과 같이 정리될 수 있다.

고대왕조의 요·순임금이 세운 통치노선은 인간의 지혜를 통제하는 천명(天命)사상으로부터 시작한다. 그리고 천명사상은 백성을 근본으로 삼는 민본(民本)사상과 실행방침으로 정명(正名)사상을 확립하였고 그리하여 신하들과 함께 더불어 정사를 도모하는 협치(協治) 정치를 시행하면서, 더 나아가 훌륭한 임금을 내세우기 위해 선양(禪讓)의 방식까지도 채택하였다. 그러므로 그 정치노선은 위정자와 백성들이 더불어 행복해 질 수 있는 목적을 달성하려는 취지에 맞추어 이용후생(利用厚生)과 실사구시(實事求是)의 실용적인 방식을 추구하였다. 이것이 훗날 유교가 계승한 정치노선이며 동아시아 정치사상을 주도하였던 성인(聖人)에 의한 성왕론(聖王論)의 본모습이다.

그러므로 고대왕조는 통치이념을 시행할 방법으로서 예법의 규정과 형벌의 규정을 수단으로 삼는다. 왜냐하면 양자는 모두 나라를 유지하는 필수조건이기 때문이다. 하지만 양자사이의 경중과 장단의 차이를 고려하여 통치과정에서 전자인 도덕의 덕치주의를 근본으로 삼고 후자인 형벌의 법치주의를 보완책으로 채택하여 운용의 묘를 살렸다. 그런즉 서경은 그 요체를 담은 순임금과 신하 고요의 대화를 수록해 두었다.

"고요가 말했다(皐陶曰). 「제의 덕은 허물이 없으시어(帝德罔愆)

---

214) ibid p215

아래에 임하되 간략한 것으로 하시고(臨下以簡), 무리를 통솔하되 너그러움으로 하시며(御衆以寬), 벌은 자손에게 미치지 않게 하시고(罰弗及嗣), 상은 대대로 이어지게 하셨습니다(賞延于世).

과실로 지은 죄는 용서하되 크게 함이 없으시고(宥過無大), 고의로 지은 죄는 형벌로 다스리되 작게 함이 없으시며(刑故無小),

죄가 의심스러우면(罪疑) 오로지 가볍게 형벌 하시고(惟輕惟輕), 공이 의심스러우면(功疑) 오로지 무겁게 포상하셨습니다(惟重).

사람을 죽여 죄를 묻기 보다는(與其殺不辜) 차라리 법대로 처벌하지 않은 과실의 책임을 지겠다고 하셔서(寧失不經), 살리기 좋아하는 덕이(好生之德) 백성의 마음을 적셨습니다(洽于民心).

이 때문에 백성들이 나라의 직무를 범하지 않는 것입니다(玆用不犯于有司)」"[215]

그러므로 첫 번째로 거론할 수 있는 천명사상의 의의는 인간이 하는 정치의 방향이 제 길을 찾아 제대로 나아가도록 하면서 동시에 정치의 잘못을 방지하기 위해 초월적인 근본원리를 지침으로 삼아 그 이치를 따르도록 한 점에 있다. 그 점은 이미 언급한 바대로 때(時)라는 용어를 중시하여 요임금이 월령을 확립한 과정에 확연히 드러나 있다. 왜냐하면 하늘의 이치를 본받는다는 것은 인간의 삶의 이치를 하늘의 이치와 수미일관되게 하여 나라의 평화와 개인의 행복을 다 함께 추구하려는 것이기 때문이다.

---

215) ibid p63~64 - 陶는 질그릇 도가 아니라 사람이름 요로 읽어야 한다.

"………넓고 큰 하늘을 공경히 따르며(欽若昊天), 해와 달과 별의 절기를 기록하며 모양의 변화를 살펴서(曆象日月星辰), 공경하여 사람들에게 때를 알려주라고 하셨다(敬授人時).[216] ………

……… 일 년은(朞) 삼백 육십 육일이니(三百有六旬有六日), 윤달을 써야만(以閏月) 네 계절을 정하여 한 해를 이룰 수 있다(定四時成歲). 진실로 모든 관직을 다스려(允釐百工) 여러 공적이 다 넓어지리라(庶績咸熙)![217]"

그 뿐만 아니라 덕치주의 노선은 임금이 부도덕적이거나 비도덕적인 행위를 하였을 적에, 어리석은 왕이 스스로 반성하고 거듭나게 하는 기능과 왕이 민중의 혁명에 의해 교체될 수 있게 하는 기능을 아울러 갖추고 있기 때문에 선양사상과 더불어 통치행위의 잘못을 적극적으로 방지하는 정치적 의의를 지닌다.

그러므로 전국시대 말기의 유학자인 순자는 선양제도가 지닌 정치적 의의를 깊이 통찰하고서 그것을 빗대어 전국시대의 정세를 통렬히 비판하였다. 그런데 이 글이 중요한 까닭은 순자의 제자인 이사와 한비자가 전국시대를 마감하고 천하를 통일한 진(秦)나라의 정치에 직접 관여하였기 때문이다. 더욱이 이 논리는 후왕사상의 논리와 맞물려 있기 때문에 주목받지 않을 수 없다. 왜냐하면 순자의 후왕사상은 성인이 성왕이 되어 나라를 다스려야 하고 더 나아가 전국시대의 난국도 성왕이 나서서 수습해야 한다는 사고방식인데, 황로학이 이 사고방식을 맹렬히 배척하였기 때문이다. 이 점은 나중에 자세히 논구될 것이다.

어쨌든 순자는 자신의 서책 정론(正論)에서 선양을 다음과 같이 설명하였다. 그런데 순자의 말은 언뜻 보면 선양을 부정하는 것처럼 여겨질 수 있는데, 그러

216) ibid p7~8
217) ibid p13

나 순자의 진의는 선양은 성인이 성인에게 자리를 물려준 것은 당연한 것이기 때문에 요임금이 순임금에게 양위한 것은 호들갑을 떨 사건이 아니라는 점에 있다. 그러므로 순자의 말의 근저에는 왕위의 계승이 선양처럼 이루어져야 하지만, 그러나 세습제 때문에 왕조가 자신의 핏줄에서 후계자를 정하더라도 왕조는 반드시 훌륭한 인물을 선정해야 한다는 성왕(聖王)론의 원칙이 놓여 있다.

"세속의 논자들은 말한다(世俗之爲說者曰). 「요임금과 순임금은 선양을 하였다(堯舜擅讓). 이것은 맞지 않다(是不然). 천자는(天子者) 권세와 지위가 지극히 존귀해(埶位至尊) 천하에 필적할 것이 없는데(無敵於天下), 또 누구에게 양도하겠는가(夫有誰與讓矣)?」 ....

<논자들은> 말한다(曰). 「<천자가> 죽은 다음에 그리고 선양되었다(死而擅之). 이것도 또한 맞지 않다(是又不然)..................................

성왕께서 돌아가시어(聖王已沒) 천하에 성인이 없다면(天下無聖), 고로 본디 천하를 선양할만한 상대도 없는 것이다(則固莫足以擅天下矣).

천하에 성인이 있는데(天下有聖) 그리고 그가 바로 후계자라면(而在後者) 고로 천하는 성인으로부터 떨어지지 않을 것이다(則天下不離).

조정의 천자자리도 바뀌지 않고(朝不易位) 나라의 제도도 바뀌지 않고(國不更制), 온 천하가 잘 따르고 복종하고 있는 형국이어서(天下厭然) 이전과 다를 바가 없는 것이다(與鄕無以異也). 요임금으로부터 요임금에게로 계승되는데(以堯繼堯) 무릇 또 무슨 변화가 있을 수 있겠는가(夫又何變之有矣)?...............
....

오직 조정의 벼슬자리를 바꾸고(有其徙朝) 제도를 고치는 일은 어렵다(改制爲難). 그런 고로 천자가 살아 있을 때에(故天子生) 즉 천하가 다 같이 예의를 존중하며(則天下一隆) 순종을 다하도록 하여 그리고서 다스리고(致順而治), 덕을 따져서 벼슬자리의 차례를 정하였으므로(論德而定治), <천자가> 죽으면 곧 천하를 맡길만한 사람은(死則能任天下者) 반드시 있게 마련이다(必有之矣). 대저 예의의 분별을 다하고 있는 것이니(夫禮義之分盡矣), 어찌 선양이 나쁘게 이용될 리가 있겠는가(擅讓惡用矣哉)?」"[218]

<논자들은> 말한다(曰). 「'천자가 노쇠해지자 선양하였다(老衰而擅)'. 그것도 또한 맞지 않다(是又不然). 혈기와 근력은 쇠해지지만(血氣筋力則有衰) 지혜나 생각에 의한 판단은 쇠함이 없다(若夫智慮取舍則無衰)).…………………………………

그러므로 말해진다(故曰). '제후들에게는 늙음이 있지만(諸侯有老), 천자에게는 늙음이 없다(天子無老). 나라를 남에게 물려 줄 수는 있어도(有擅國) 천하를 남에게 물려 줄 수는 없다(無擅天下).' <이 말은> 예로부터 지금에 이르기까지 한 결 같이 그러하다(古今一也).

무릇 '요임금과 순임금이 선양을 하였다'는 말은(夫曰堯舜擅讓) 헛된 말이며(是虛言也), 천박한 자가 전하는 말이요(是淺者之傳), 어리석은 자의 이론이다(陋者之說也).………"[219]

---

218) 순자 p512 - 埶는 재주 예가 아니라 형세 세로 읽어야 한다.
厭은 싫어할 염이 아니라 따를 엽으로 읽어야 한다.

그런즉 이 글의 요체는 제대로 된 임금이 정치를 하면 당연히 제대로 된 신하가 있게 마련이고 그리고서 제대로 된 신하에게 자리를 물려주면 평상시와 다름이 없을 것이고, 그러면 이 과정이 무한하게 반복될 터이므로 굳이 선양에 특별한 의미를 부여하여 그 본질을 왜곡시켜서는 안 된다는 뜻이다.

그러므로 순자의 이 글은 바로 유가의 사고방식이 현대성을 지니고 있다는 점을 고스란히 보여 주는 정치적 의의를 지니게 되는데, 그 까닭은 바로 민주주의가 최적의 지도자를 뽑아서 밝은 사회를 이끌고 가려고 하는 정치적 의의와 일맥상통하기 때문이다. 다시 말해 최적의 지도자를 뽑아야만 민본주의 정신을 충족시킬 수가 있게 되는데, 만약 그런 도덕적 의의를 전제하지 않는다면 도대체 국민이 선거권을 가지고서 자신의 지도자를 뽑아야 하는 정치적 명분이 성립할 수가 없기 때문이다. 그러므로 선양사상은 도덕적 의의가 사라진 곳에서 난무하는 선동적 중우정치를 극복할 이론적 바탕을 보여 주기 때문에 현대성을 지닌다고 평가받아 마땅하다.

그러므로 서경은 선양을 처음 시행한 요임금이 모든 민족을 포용하여 통일왕조를 이룬 통치이념의 본질을 그대로 수록하여 훗날의 귀감이 되게 하였다.

"…백성을 고르게 하고 밝게 하시니(平章百姓) 백성이 밝아졌으며(百姓昭明). 만방을 화합하게 하시니(協和萬邦) 일반백성들이(黎民), 아! 변하여 이에 화목하게 되었도다(於變時雍)."[220]

왜냐하면 통일왕조의 첫 임금인 요임금이 백성을 평등하게 통치하여 만방을 화합하게 만들었다는 치적의 글은 곧바로 후대의 모든 임금의 통치행위를 명확하게 인도하는 이정표요, 나침판이요, 등대불과 같은 의의를 지니기 때문이다.

그리고 모든 지역에 거주하는 백성들을 고르게 하여 화합하게 하였다는 것

219) 순자 p515~517
220) 서경 p7

은 서로 다른 계통의 민족 간에 부당한 차별을 하지 않았다는 것이고 따라서 훗날의 중화사상처럼 이족, 만족, 융족, 적족의 명칭을 화하족과 구별하고서 차별하는 정책이 전혀 없었다는 것을 의미한다.

그런데 이런 통치노선이 춘추전국시대 이전의 주나라 때까지 이어져 왔다가 춘추전국시대를 거치면서 급변하게 되었는데, 그 변화의 원인이 서로 다른 민족 간의 문화적 갈등에서 연유한 것이 아니기 때문에 그에 대한 원인규명이 가장 중요한 역사의 과제가 된다. 그리고 그 이유는 첫째 하·은·주 삼대에 걸친 혁명의 전례를 비추어 보건데 도저히 주나라 백성들의 의식구조를 근본적으로 허물 돌발변수가 결코 없었기 때문이고, 둘째 주나라의 통치이념을 근본적으로 변경할 목적은 특정세력에 의해 인위적으로 추진되지 않으면 불가능한 일이었기 때문이고, 셋째 그 시기가 단연코 전국시대이었기 때문이고, 넷째는 그 주동자들이 바로 황로학의 도가와 법가사상가들이었기 때문이다.

그렇다면 천명사상을 뒷받침하는 성인(聖人)론과 성왕(聖王)론이 전국시대에 황로학을 형성한 도가와 법가에 의해 부정되어야만 했던 배경과 또한 한나라 이후 중국통일왕조들이 황로학의 사상을 전면적으로 거부하지 못하고 여전히 계승해야만 했던 정황이 이로부터 명백히 드러날 수 있게 된다.

어쨌든 순자가 서경에 기록된 요·순임금의 선양행위를 위의 글처럼 해석할 수 있었던 배경은 요·순을 세상을 올바르게 다스린 가장 이상적인 통치자라는 인식과 그리고 그런 통치자를 성인으로 간주한 성왕(聖王)론이다. 왜냐하면 서경에 수록된 기록은 비록 선양이 아니고 우임금 이후의 하나라처럼 하·은·주 3대에 걸쳐 세습제를 시행했다고 하더라도, 그러나 어떤 왕조도 왕위를 물려받는 임금이 성인으로서의 성왕이어야 한다는 전통적 사고방식의 틀을 결코 벗어나지 않았음을 보여 주었기 때문이다. 곧 하나라의 세습을 마감하고 하나라를 대신하여 상나라가 세습왕조를 출범할 적에 탕 임금도 선양의 의의를 살려 마치 우임금으로부터 자신이 왕위를 물려받는 듯이 왕위에 등극했고, 마찬가지로 주나라 무왕도 세습왕조를 출범할 적에 상나라 탕왕으로부터 왕위를 물려받는 듯이 왕위에 등극한 사실이 그 점을 확인해 준다.

따라서 그런 취지를 쫓아 수록된 서경의 모든 문장에는 민본주의 사상을 바탕으로 나라를 평안하게 하고 백성의 생활을 윤택하게 하려는 정책노선과 그것을 실행하려는 왕조의 의지와 달성하려는 노력이 구구절절 절실히 담겨져 있다. 따라서 천명사상과 선양사상은 성인과 성왕(聖王)론을 구축했고 그리고 위로는 위정자인 임금과 아래로는 군자와 선비들에게까지 공유해야 하는 통치이념을 수미일관되게 하였다. 또한 이로써 성인인 성왕이 각자가 자기 직분에서 최선을 다하도록 하는 책임론에 의거한 정명사상을 통치방식의 전면에 내세우고서 신하와 더불어 협치(協治)정치를 할 수 있게 하였다.

그러므로 고대왕조의 통치이념에서 왜 선양사상이 민본사상과 직결되는가? 하는 의문점은 이로써 해소될 수 있다. 그 이유는 선양사상이 민본사상의 근간이든지 아니면 민본사상이 선양사상의 근간이든지 간에, 두 사상이 동질성을 공유한 이유가 선양의 취지가 백성을 위한 민본정치를 행하겠다는 마음가짐에서 비롯되었기 때문이다. 즉 백성을 위한 정치를 제대로 할 수 있는 인물을 선택하기 위한 방법인 선양방식은 근친인 자기자식이라도 부적격자라면 아예 배제하려는 엄격하고 단호한 행동양식이 없으면 불가능했고, 그리고 그 결정의 도덕행위는 백성을 사랑하는 민본적인 사상에 투철한 인물이 아니고서는 도저히 불가능한 일이었기 때문이다.

그렇기 때문에 선양사상은 당연히 인사정책의 극치를 보여주는 정명(正名)사상과 그리고 왕조를 교체할 명분인 혁명(革命)사상으로 나아간다. 그뿐만 아니라 이로부터 민본사상에 걸 맞는 협치(協治) 사상이 등장하게 되는데, 그 요체는 서경의 기록자체가 고스란히 보여 준다. 그리고 그 점은 다른 그 무엇보다도 군신간의 대화를 수록된 각각의 문장에서 찾을 수 있다. 왜냐하면 임금과 신하가 나눈 대화가 일방적이지 않고 서로 의논하는 방식이기 때문이다. 따라서 이와 같이 대화의 과정과 내용을 기록하는 방식은 나중에 논어를 비롯한 많은 서책이 그대로 답습하였다.[221]

그러므로 협치 사상의 의의는 신하와 정사를 논의하는 정도를 넘어서 임금 자신이 스스로 세상 사람들과 더불어 정치를 하겠다는 의지를 천명한 열린 자세에 있다. 그 증거는 서경은 요임금으로 왕위를 물려받아 첫 정사를 펼칠 적의 순임금의 통치모습을 기록한 다음의 글에서 찾을 수 있다.

> "사악과 상의하셔서(詢于四岳) 사방의 문을 여시며(闢四門), 사방의 눈을 밝게 보게 하시며(明四目), 사방의 귀를 밝게 듣게 하셨다(達四聰). 열두 목민관에게 물어보고 말씀하셨다(咨十有二牧).………"[222]

이 점은 마치 시간을 넘어서 국민의, 국민에 의한, 국민을 위한 민주정치의 정신을 보여 주는 것처럼 여겨진다. 그리고 이 입장은 곧바로 애민정신을 담은 민본주의의 근본을 보여 준다.

> "철저히 조사를 하지 않은 말은(無稽之言) 듣지 말며(勿聽), 상의하지 않는 계책은(弗詢之謀) 쓰지 말라(勿庸).
>
> 사랑할 만한 이는 임금이 아닌가(可愛非君)? 두려워할 만한 것은 백성이 아닌가(可畏非民)? 백성은 임금이 아니면(衆非元后) 누구를 받들고(何戴) 임금은 백성이 아니면(后非衆) 누구와 더불어 나라를 지키겠는가(罔與守邦)? 공경하라(欽

221) 비교 관점에서 보면 서양에서는 BC4세기에 플라톤이 그의 서책을 이와 같은 대화방식으로 저술하였다

222) ibid p35 ~36

哉). 이에 너는 지위를 삼가고(愼乃有位) 그 원하는 것을 공경히 닦으라(敬脩其可願). 사해가 곤궁하면(四海困窮) 하늘의 녹이 영원히 끊길 것이다(天祿永終)."[223]

따라서 협치(協治)적 정치방식은 민본주의 정치노선을 지향하게 되고 그리고 그것이 다시 되돌아가 임금과 신하가 일심동체가 되어 백성을 위하는 협치(協治)적 정치로 귀착되고, 이윽고 마침내 정명사상으로 나아간다. 그런즉 아래에 인용된 서경의 글은 도저히 전국시대에 등장한 한비자의 법가사상에서는 찾아 볼 수 없는 발상이다. 그 이유는 한비자의 법가사상은 스승인 순자의 유가사상이 아니라 도가의 황로학에 경도되어 있었기 때문이다.

"순<임금>이 말씀하셨다(帝曰). 「신하는(臣) 나의 다리와 팔과 귀와 눈이 되어야 한다(作朕股肱耳目).

내가 백성을 도우려고 하면(予欲左右有民), 네가 도와라(汝翼). 내가 사방에 힘을 베풀고자 하면(予欲宣力四方) 네가 행하라(汝爲).

내가 옛사람의 모습을 보고(予欲觀古人之象), 해·달·별·산·용·꿩을 그리고(日月星辰龍華蟲 作會), 종묘의 그릇·마름 풀·불·쌀·보·볼을 다섯 가지 채색으로 수놓고(宗彝藻火粉米黼黻 絺繡 以五采), <무늬>문채는 오색으로 드려내어 옷을 만들고자 하면(彰施于五色 作服), 네가 명료하게 드려나도록 해라(汝明).

내가 육률과 오성과 팔음을 듣고(予欲聞六律五聲八音), 소홀히 다스린 것을 살피기 위하여 <인·의·예·지·신으로 지은 시>오언을 내었다 들이고자 하면(在治

223) ibid p68~69

忽以 出納五言), 네가 판정하라(汝聽)」"[224]

그리고 또한 민본사상을 바탕으로 한 '군군신신부부자자(君君臣臣父父子子)'의 정명사상은 순임금 다음번 임금인 우임금을 기록한 대우모(大禹謨)의 글에 잘 드러나 있다. 곧 이 책임사상은 각 분야의 담당자들이 자신에게 부여된 제 역할을 다하지 않으면 유기적 사회구조의 체제가 제대로 작동될 수 없다는 점을 일깨워주는 사상으로서, 따라서 누구라도 자신이 맡은 바의 임무에 최선을 다해야 한다는 점을 강조한 도덕의식이었던 것이다.

"<우가> 말하였다(曰). 「임금이 임금의 자리에 있는 것을 어렵게 여길 수 있고(后克艱厥后), 신하가(臣) 신하의 자리에 있는 것을 어렵게 여길 수 있어야(克艱厥臣) 정사가 잘 다스려져(政乃乂) 백성이 덕에 빠르게 감복할 것입니다(黎民敏德).

<순>임금이 말씀하셨다(帝曰). 「그러하다(兪)! 진실로 이 같이 하면(允若玆) 아름다운 말이 숨겨지지 않고(嘉言 罔攸伏嘉), 들에는 버려진 어진 이가 없이(野無遺賢) 만방이 다 편할 것이다(萬邦咸寧). 여러 사람을 살펴서(稽于衆) 자신을 버리고 남을 따르며(舍己從人) 무고한 자들을 학대하지 않으며(不虐無告) 곤궁한 자를 버리지 않는 것은(不廢困窮) 오직 제요만이 할 수 있는 일이셨다(惟帝時克).」"[225]

224) ibid p92~93
225) ibid p52~53

그런즉 이와 같은 정명사상의 특성은 임금이 현명한 인재를 선발하여 적재적소에 배치하는 인사정책에서 찾을 수 있다. 그리고 그 범례는 서경이 글의 첫 부분에서 수록한 인사배치의 모습으로서 곧 월령을 제정할 적에 희화(羲和), 희중(羲仲), 희숙(羲叔), 화중(和仲), 화숙(和叔) 등에 명하여 계절의 변화를 살피게 한 기록이다. 이 기록은 언뜻 보면 단순해 보일지라도 그러나 그들의 부여받은 임무와 직책을 두고 보면 민본주의를 실행하려는 요임금의 인사정책을 적나라하게 보여 주기 때문에 대단한 비중의 정치적 의의를 갖게 된다.

그리고 그 다음으로 나온 인사기록은 바로 황하치수를 담당할 인사의 추천과 임명 그리고 실패에 대한 처벌 및 재임명에 관한 것인데, 그 기록의 중요성은 실로 막중하다. 왜냐하면 그 기록이 요·순의 시대가 왜 중국고대왕조의 출발점이 되어야 하는가에 대한 의문을 풀어 주는 실마리가 되기 때문이다. 즉 황하치수의 성공이 명백하게 중국고대왕국의 출범시기를 보여 주는 객관적 증거라는 점을 일깨워 주는 기록이기 때문이다.

하여간 서경은 순임금이 먼저 12주를 구획하고 그리고 나중에 9주(九州)로 변경하였고, 또 다시 우임금이 그 구주를 재조정한 것을 기록해 두었다.

> "비로소 열두 주를 두시고(肇十有二州) 열두 산을 봉하시며(封十有二山) 하천을 깊이 파서 물길을 인도하였다(濬川)."[226]

그 다음으로 요임금이 보여 준 인사정책의 백미는 바로 자기 자신의 후계자를 선발하고 인계한 선양방식이다. 이것이 모든 인사정책의 요체가 되는 이유는 최고 위정자가 아랫사람의 보필을 받는다고 하더라도, 그가 무능하면 국정의 혼란을 야기 할 수 있기 때문이다. 즉 여러 견해를 하나로 통일시킬 중심이

226) ibid p30

흩뜨려지면 반드시 당파와 생기고 정책의 혼선을 빗게 되고 그리고 그 피해를 고스란히 백성들이 감수해야 했기 때문이다. 그러므로 국정의 중심에서 모든 정국을 통일적으로 관장할 최고 위정자를 아래 사람들로부터 추천받아 민본주의의 바탕을 기준으로 삼아 인재를 선택하고 그리고 그 인재의 자질과 능력을 철저히 검증한 연후에 최종적으로 그에게 최고위정자의 자리를 승계하는 절차가 너무도 현대적인 것이어서, 따라서 그 점으로부터 고대통치이념이 편파적이 아닌 보편적인 것임을 객관적으로 이해할 수 있게 된다.

그리고서 서경은 순임금이 차례차례로 관직의 임무와 책임자를 임명한 경우를 수록해 두었는데, 그 임명과정의 절차가 바로 공자가 제자들에게 가르친 민본사상과 정명사상의 확실한 본보기가 되었음을 파악할 수 있게 해 준다.

"순<임금>께서 말씀하셨다(帝曰). 「아! 사악아(咨四岳)! 능히 힘껏 수고하여(有能奮庸) 임금의 일이 흥성할 수 있도록(熙帝之載) 여러 관직의 우두머리 자리에 임용하고서(使宅百揆), 할 일을 밝게 하여 같은 무리를 따르도록 하리라(亮采惠疇)」

여럿이 말했다(僉曰). 「뛰어난 우를 사공으로 삼아야 합니다(伯禹作司空)」

임금이 말씀하셨다(帝曰). 「그러하다(兪)! 아(咨)! 우야(禹)!. 네가 물과 땅을 다스렸으니(汝平水土) 이에 힘쓰라(惟時懋哉)」

우가 절하고 머리를 숙여(禹拜稽首), 직과 설 및 고요에게 양보했다(讓于稷契).

임금이 말씀하셨다(帝曰). 「그러하다(兪)! 네가 가라(汝往哉)」"[227]

227) ibid p37~38

그리고 차례차례로 관직을 임명한 사실을 기록해 두었는데, 그 점에서 존경하지 않을 수 없는 특성은 모든 인사를 신하들의 추천을 받은 인재의 자질과 능력에 맞게 실행하였다는 점이다. 특히 말미에 당부의 말은 국정관리가 민본적임을 단적으로 보여 준다.

"<순>임금이 말씀하셨다(帝曰). 「기야(棄)! 백성이 굶주림에 걸려 있는데(黎民阻飢), 네가(汝) 농사를 담당하는 벼슬을 하였으니(后稷), 때에 맞게 온갖 곡식을 뿌려라(播時百穀)」"[228]

"<순>임금이 말씀하셨다(帝曰). 「설아(契)! 백성이 친하지 아니하여(百姓不親) 다섯 관계가 순조롭지 아니하니(五品不遜), 네가 사도가 되었으니(汝作司徒) 다섯 가지 가르침을 공경하여 펴되(敬敷五敎), 너그럽게 하라(在寬).」"[229]

그런데 순임금의 인사과정은 후세에 귀감이 될 두 가지 중요한 도덕의식을 보여 주기 때문에 마땅히 주목해야 한다. 그것은 하나는 순임금이 협치 정치에 부합되게 적재적소에 배치할 마땅한 능력을 가진 인물을 신하로부터 추천받고서 그리고 타당성을 판단한 연후에 임무를 수행하도록 한 위정자의 책임의식을 보여준 점이고, 또 다른 하나는 임명을 받은 신하가 겸양한 마음으로 사양을 한 책임의식이다. 그리고 이런 입장의 도덕의식이 훗날 예법사상의 뿌리가 된 점이다. 곧 아래에 차례로 인용한 서경의 기록이 그 점을 잘 보여 준다.

"<순>임금이 말씀하셨다(帝曰). 「누가 공공의 직책을 이어서 잘 따라 할 수 있을까(疇若予工)?」. 여럿이 말했다(僉曰). 「수입니다(垂哉」.

228) ibid p39
229) ibid p40

임금이 말씀하셨다(帝曰). 「그러하다(兪)!. 아 수야(咨垂)! 네가 공공이다(汝共工)」.

수가 절하고 머리 숙여(垂拜稽首) 수와 장과 기백여에게 사양하였다(讓于殳斨曁伯與).

제가 말씀하셨다. 「그러하다(兪). 가서 네가 고르게 하라(往哉汝諧)」."[230]

<순>임금이 말씀하셨다(帝曰). 「누가 나의 하늘과 땅에 있는 초목과 조수를 본성에 따라 잘 기를 수 있겠는가(疇若予上下草木鳥獸)」. 여럿이 말했다(僉曰). 「익입니다(益哉)」……사양하였다(讓)………. 임금이 말씀하셨다(帝曰). 「그러하다(兪). 가서 네가 고르게 하라(往哉汝諧)」."[231]

"<순>임금이 말씀하셨다(帝曰). 「아(咨)! 사악아(四岳)! 나의 삼례를 맡을 수 있는 사람이 있느냐(有能典朕三禮)?」 여럿이 말했다(僉曰). 「백이입니다(伯夷)」.………사양하였다(讓)…………. 임금이 말씀하셨다(帝曰). 「그러하다(兪). 가서 네가 고르게 하라(往哉汝諧)」."[232]

그러므로 그와 같은 예법정신으로 인사가 진행되는 과정에서, 임금이 직접 '네가 가서 고르게 하라(往哉汝諧)'라고 말하여 최선을 다해 임무를 수행하도록 사명감과 책임감을 일깨워 주는 통치방식은 훗날 임금은 임금다워야 하고, 신하는 신하다워야 한다는 정명사상의 기초가 되는 것이다. 더욱이 화동(和同)

230) ibid p42
231) ibid p43
232) ibid pp44

한다는 의미의 해(諧)의 글자는 구성원사이에 소외(疎外)현상이 없도록 하여 구성원들의 화합을 도모하려는 통치자의 사상을 담고 있기 때문에 그 도덕적 의의에 숙연해지지 않을 수 없게 된다.

따라서 모든 직책의 담당자에게 민본사상을 고취시킨 순임금이 공정하게 업적을 평가하여 잘한 인물과 못한 인물에 대해 그에 걸 맞는 대우를 한 방식은 시대를 초월하여 직업 관료들을 다스리는 적절한 것으로서, 고대왕조가 확립한 공정한 인사정책은 훗날 과거제도에 의한 관료조직이 탄생할 초석이 되었다고 말할 수 있게 된다. 서경은 그에 대한 기록을 다음과 같이 잘 기록해 두었다.

> "(순)임금이 말씀하셨다(帝曰). 「아! 너희 스물두 사람아(咨汝二十有二人)! 공경하여(欽哉) 때에 맞추어(惟時) 하늘의 일을 밝게 하라(亮天功).
>
> 새 해만에(三載) 업적을 평가하고(考績), 세 번 평가함에(三考) 업적이 드러난 자와 드러나지 않는 자를(黜陟幽明) 내리고 올리셨는데(庶績), 여러 일이 다 넓어졌다(咸熙). 삼묘를 구별하여 등지게 하시다(分北三苗)」"[233)]

그런데 마지막의 구절에서의 "삼묘를 구별하여 남게 할 부류와 이주할 부류를 나누어 분리시켰다(分北三苗)"는 기록이 삼묘를 나라밖으로 쫓아내는 것을 의미하는 글이 아니라면, 당연히 그 기록은 그들이 이전부터 순임금의 백성임을 확실히 증명하는 자료가 된다. 더 나아가 그들 중의 일부를 순임금의 왕조에 받아들이고 나머지를 왕조 밖으로 추방했다고 해석하더라도 그 결과는 마찬가지의 결론에 도달하게 된다. 곧 그들 모두를 왕조 밖으로 추방하지 않은 한에서는 만(蠻)족인 삼묘(三苗)족이 중국왕조의 백성이 아닐 수 없기 때문이다.

233) ibid p48~49

그 다음의 이용후생(利用厚生利用厚生)의 실용적 사고방식은 순임금과 훗날 임금을 계승한 우와 나눈 대화의 내용에 실려 있다. 그리고 이 사상은 평상시에는 군주들이 경세제민의 토대로 활용하였지만, 춘추전국시대와 같은 난세에서는 군주들이 부국강병의 토대로 활용하였다. 곧 그 점은 앞에서 인용한 바의 서경의 글에 잘 드러나 있다.

"우가 말하였다(禹曰). 「아(於)! 제여(帝)! 생각하소서(念哉). 덕은 정사를 훌륭하게 하고(德惟善政) 정사는 백성을 기르는데 있습니다(政在養民). 수와 화와 금과 목과 토와 곡을 오로지 잘 닦고(水火金木土穀 惟脩), 덕을 바르게 하고 씀씀이를 이롭게 하며, 삶을 두텁게 하는 것이(正德利用厚生) 오로지 조화되어(惟和) 아홉 가지 공이 오로지 펼쳐져(九功惟叙) 아홉 가지 펼쳐진 것을 오로지 칭송하고(九叙惟歌), <안일해지는 것>용후를 경계하시고(戒之用休) <권세를 부리는 것>용위를 감독하시고(董之用威) 구가로서 근면하시어(勸之以九歌) 무너지지 않도록 하소서(俾勿壞)」"[234]

또한 우의 충언에 대해 순임금이 황하의 홍수를 다스린 우의 치적을 칭찬함과 동시에 삼사(三事)라는 말로서 이용후생의 사상을 강조한 바가 기록되어 있다.

"<순임금>제가 말씀하셨다(帝曰). 「그러하다(兪)! 땅이 잘 다스려지고 하늘이 이루어져서(地平天成), <수, 화, 금, 목, 토 곡>육부와 <정덕, 이용, 후생>삼사가 진실로 잘 다스려져서(六府三事允治) 만세가 길이 힘입게 될 것이니(萬世永賴)

234) ibid p58

이것이 너의 공이다(時乃功).」"[235]

그리하여 비록 선양제가 우임금 때에 끊어지고 왕위계승이 세습제로 바뀌었지만, 요·순임금이 수립한 이러한 통치이념과 노선은 이후의 왕조가 혁명사상의 명분에 의해 교체되지 않을 수 없게 만들었다. 또한 위로는 성왕이 되기 위한 각고의 수양과 아래로는 나라에 충성하기 위한 선비들의 철저한 수양에 의해 정치의 기틀이 유지될 수 있도록 만들었고, 상하가 모두 겸손하게 자기반성을 통해 민본주의의 정치노선에서 이탈되는 행동을 통제할 수 있도록 만들었다.

따라서 춘추시대에 이르러 심히 무너져 내린 전통사상을 계승하여 수호하고 복구하려는 공자의 의도와 가르침을 이해하려면, 반드시 먼저 중국고대왕조의 역사가 이족의 역사라는 점부터 먼저 이해해야 하고, 그런 연후에 논어에 실린 공자의 말씀의 뜻을 헤아려야만, 비로소 전후의 맥락을 일관되게 바라 볼 수 있게 된다. 더욱이 구이의 용어는 이미 337페이지에서 인용한 바의 글처럼, 국경 밖의 이민족이 아니기 때문에 더더욱 그 점을 유념하고서 공자의 말의 의도를 직시해야 한다.

"공자께서 구이에 살려고 하시니(子欲居九夷), 혹자가 말하였다(或曰). 「누추하니(陋) 어떻게 하시렵니까(如之何)?」 이에 공자께서 말씀하셨다(子曰). 「군자가 거주한다면(君子居之), 무슨 누추함이 있겠는가(何陋之有)?」"[236]

왜냐하면 위 글에서의 구이(九夷)를 화이사상에 입각하여 억지로 오랑캐나 국경 밖의 이민족으로 무리하게 해석하면 본래의 뜻을 왜곡시키기 때문이다. 왜냐하면 구이(九夷)족을 국경 밖의 이민족이라고 해석하게 되면, 당연히 그 당시

---

235) ibid p 59
236) 논어 p174

에는 외국에 구이(九夷)족이 결코 있을 수 없는데도 불구하고 마치 구이(九夷)족이 외국에 존재하는 것처럼 되기 때문이다. 그러므로 당연히 구이(九夷)족은 중국 역내에서 중국왕조의 백성으로서 살아 온 구이(九夷)족이어야 한다. 또한 그렇게 되면, 당연히 그 명칭에 해당하는 구이(九夷)족은 필히 공자이전시대의 구이(九夷)족이어야 하고 따라서 위의 문장에서의 구이(九夷)족은 주나라시대 이전에 그처럼 불렸던 이족이어야 한다. 따라서 요·순·우 시대에 구주(九州) 안에 살았던 이족이나 아니면 안팎의 모든 지역에 살았던 이족을 지칭할 적에 사용한 말을, 전제군주시대이후에 국경 밖에 거주한 이민족으로 해석하게 되면 큰 혼동이 발생하게 된다. 그러므로 공자의 시대가 진·한시대가 아닌 한, 시점을 무시하고서 공자의 말을 그와 같이 해석하면 안 된다.

그리하여 공자가 그 시절로 돌아가 살고 싶다고 말하니까, 과거시절이 누추할 수가 있는데 어떻게 그런 시절로 돌아가 살려고 하십니까? 라고 혹자가 반문했고, 그에 대해 이족이 고대왕조를 수립한 사실을 알고 있는 공자는 어떤 특별한 설명을 가하지 않고 단순히 지금의 주 왕조에서 여러 제후국들이 지배하는 어디엔들 살아도 별 문제가 없다는 말투로 답변한 것이거나 아니면 주나라의 정국이 혼란스러워졌기 때문에 옛날이 그립다고 말한 것에 지나지 않은 대화를 억지로 무리하게 해석을 하게 되면, 구이(九夷)족의 용어가 전혀 가당치도 않는 문제를 유발할 수 있게 된다. 그러므로 이족에 대한 언급을 중화사상의 입장에 서서 무리하게 해석하게 되면, 그 의미가 심히 왜곡될 수 있기 때문에 대단히 신중해야 한다. 어쨌든 중국인의 전통문화와 중국인의 전통사상의 근원이 고대왕조의 통치이념에서 연유했고 그리고 그 주체가 이족인 점만은 변함없는 역사의 진실인 것이다.

제6장. 백이·숙제의 인물은 왜 중요한가?[237)]

주목 : 백이·숙제가 동아시아 역사를 논구하는데 있어서 대단히 중요한 의의를 지니는 이유는 그의 출생지인 고죽국이 요서에 위치한 이족의 나라이기 때문이다. 곧 백이·숙제가 중국경전에서 공인된 인물이 될 수 있었던 객관적 근거는 곧 BC1100년경에 요서에 이족의 나라가 있었고 그리하여 요동에도 이족의 나라인 고조선이 존재하고 있었다는 점 때문이다. 즉 이 시기의 객관적인 기록의 역사가 어디에도 없기 때문에 백이·숙제만이 이 시기의 역사를 타당하게 증명해 줄 수 있고 따라서 요동의 고조선을 동방예의지국으로 판단할 여지가 이로부터 충분해진다. 그 이유는 중국의 다른 변경지역에서는 현인이 등장하지 않는데 비해 요서지역의 이족에서 현인이 출현한 것을 중국문헌이 입증해주고 있기 때문이다. 따라서 이로부터 동북아시아에서 고조선의 실체가 대단히 중요해진다.

논구초점 : 백이숙제의 역사적 의의를 제쳐두고는 고대왕조의 정치사

---

237) * 동방예의지국의 의미
* 고조선과 BC 2333년의 의미
* 고조선의 도읍과 멸망의 장소 - 1000명으로 집권한 위만조선이 오만 명의 한 무제의 군대를 이기고 있었다는 것은 앞뒤가 맞지 않는다(방어적인 위만조선).
* 도대체 얼마큼의 강력한 주둔군이어야 5만의 정병을 막아낸 토착민을 억누르고 통치할 수 있었을까?
* 한 무제는 왜 고조선 지역에 한사군을 설치해야만 했을까(무역의 경제적 이득 때문에?)?
* BC 108년은 사마천(BC 145?~ 86?)이 살아 있었던 시기인가? 그렇다면 위만조선의 정벌과 멸망 그리고 한사군의 설치를 알았을 터인데 왜 기록이 부실할까?
* 철기문화와 청동기 문화 사이에서 보면, 청동으로 만든 무기가 철기로 만든 무기보다 저급한 무기였을까?
* 토착민이 그 세력이 어떻게 얼마나 강했기에 한사군을 얼마 안가서 폐지해야만 했을까?

상의 실체가 제대로 드려날 수가 없다. 왜냐하면 훗날 사마천이 백이숙제를 비난한 까닭 때문이다. 즉 그가 황로학의 노선에 발맞추어 전통사상의 실체를 왜곡시키려고 하였던 이유 때문이다.

그런 맥락에서 보면, 더 더욱 백이숙제의 존재는 이족의 역사가 정확히 파악할 수 있는 중요한 단서가 되는데, 그 이유는 그들의 출생지인 고죽국이 상나라의 제후국으로서 요동과 인접한 요서지역에 위치하고 있었기 때문이다. 즉 이 지역성이 지닌 중대한 역사적 의의는 고죽국이 멸망한 이후에는 중국동북부의 요서와 만주의 요동지역이 상호 공동번영을 구가하지 않고 적대적인 대립국면으로 치달은 점 때문이다. 다시 말해 서주시대까지에는 요서지역에서 민족 간의 갈등과 분쟁이 없었다는 것을 증명하며, 그 갈등과 분쟁의 시작이 서주의 호경에서 도읍지를 낙양으로 천도한 동주시대 이후라는 점 때문이다.

그러므로 춘추전국시대의 혼란의 틈을 타고서 정치전면에 급부상하기 시작한 억압적인 패도정치의 노선이 훗날 국경선 밖의 모든 이민족을 배타적으로 배척하고 적대시한 이유를 입증하는데, 백이·숙제의 인물이 중대한 근거가 제공하기 때문에 동아시아 역사탐구를 위해서는 단연코 두 인물은 중시되어야 한다.

백이·숙제의 두 인물은 유가에서는 대단히 중요한 인물일 뿐더러 동아시아의 고대역사를 파악하는 데에서도 대단히 중요하다. 문헌에서는 고죽국이 BC664년 연(燕)과 제(齊)의 연합군에 의해 멸망당했다고 기록하고 있다. 그런데 고죽국에 관해서는 주나라의 무왕이 은나라를 멸하고 BC1111년에 주나라를 건국했을 때 고죽국의 백이숙제가 무왕에게 부당함을 간하다가 수양산에서 굶어 죽었다는 속설만 존재한다. 하지만 고죽국이 은나라의 제후국이면서 또한 주나라의 제후국도 될 수가 있었기 때문에 왜 무왕에게 달려가 그런 행동을 했는지가 의아스러워 진다. 따라서 본서는 이런 의문점을 바탕으로 하여 중국고대왕조의 이족의 역사를 논구하려고 한다.

백이숙제의 두 인물은 서경에는 기록되어 있지 않지만 논어와 맹자에는 수록되어 있는 인물이다. 논어는 두 사람을 은나라의 현인으로 규정하였다. 하지만 도가의 장자는 이 두 인물을 도가사상이 유가사상보다 시기적으로 앞선 중국사상의 원류로서 가공하는 작업에 이용하였다. 그리고 전국시대가 끝난 이후 한나라 무제 때의 역사가인 사마천은 자신이 저술한 사기의 열전 첫머리에 이 두 인물을 기록하였는데 그 내용이 지극히 부정적이다. 특히 사마천이 왜 열전의 첫머리를 이 두 사람으로 시작해야만 했는가? 하는 의문점이 실로 중대한 문제가 아닐 수 없는데, 사마천은 그곳에서 가장 의미심장한 말을 기록해 두었다. 그것은 그들이 자신들의 행위를 후회를 했을 것이라는 반문(反問)이었다. 하지만 그것은 오로지 사마천이 바라본 관점에서 비롯된 의미일 뿐이다.

따라서 본서는 사마천의 사기의 그 구절이 반(反)유가 선비들이 중국역사를 왜곡한 진심을 담고 있다고 여기기 때문에 그 글의 의도를 논구하려고 한다. 하여간 그런 맥락에서 고죽국의 두 인물이 지닌 역사적 비중은 대단치 않을 수 없다. 그러므로 논어가 백이·숙제를 평한 공자의 말을 수록해 둔 바의 역사적 의의는 대단히 중요해진다.

> "제경공이(齊景公) 말 사천 필을 소유하였으나(有馬千駟) 죽는 날에(死之日) 백성들이 덕을 칭송함이 없었고(民無德而稱焉) 백이와 숙제는(伯夷叔齊) 수양산 아래에서 굶주렸으나(餓于首陽之下) 백성들이 지금에 이르도록 칭송하고 있다(民到于今稱之)."[238)]

특히 위의 글은 논어에 수록된 여러 말 중에서도 다음의 기록 때문에 눈길을 끈다. 그 이유는 다음과 같다.

---

238) 논어 p336

하나는 제나라 26대 경공(BC?~490년 - 재위 548~490년)을 언급한 점이다. 곧 노나라의 공자가 노나라 임금이 아닌 제나라 임금을 거론한 점이다. 여기에는 여러 가지 역사적 의의를 지니고 있는데, 우선 제나라가 태공망(BC?1156~?1017년)이 제후가 된 나라로서 이족의 지역인 점이다. 그리고 제나라는 환공(BC716~643년) 때에 관중(BC? 723 또는 716~645년)이 백이·숙제의 고국인 고죽국(BC?~664년)을 멸망시킨 제후국인 점이다.

다른 하나는 제나라 백성이 자기나라 임금이었던 경공을 칭송하지 않고 고죽국의 인물을 칭송한 점이다.

마지막으로는 다른 때도 아닌 공자가 살아 있는 시기인(BC551~479년) '지금도(到于今)' 그러하다고 한 점이다. 곧 경공이 사망한 시기인 BC490년은 공자가 살아있을 때이므로 위의 기록은 결코 거짓된 내용이 될 수 없는 점이다. 그 다음으로 전국시대의 난세에 백이·숙제를 통해 주나라의 정통성을 강조한 점에서 두드려 진다. 특히 맹자는 북해(北海)라는 말을 사용하여 고죽국이 요서지역의 발해만 인근에 위치한 왕조임을 암시하였다. 그리고 맹자는 백이숙제와 태공을 동급으로 하여 그들을 천하의 존경받는 노인이라고 하였고 또한 천하의 아버지라고 하여 천하의 민심을 대변하는 인물로 묘사했다.

그러므로 유가와 도가 그리고 사마천이 중시한 이 두 인물이 역사왜곡의 한 복판에 서야만 했던 이유를 밝히면 역사왜곡의 윤곽이 명백히 드러날 것이다.

"맹자께서 말씀하셨다(孟子曰). 「백이는 걸왕을 피하여(伯夷辟紂) 북해의 물가에 살더니(居北海之濱) 문왕이 일어났다는 말을 듣고(聞文王作) '기뻐하며 말했다(興曰) 내 어찌 그에게 돌아가지 가지 않겠는가(盍歸乎來). 내가 들었다(吾聞) <문왕>서백은 늙은이를 잘 봉양한다(西伯善養老者).

태공이 주왕을 피하여(太公辟紂) 동해의 물가에 살더니(居東海之濱) 문왕이 일어났다는 말을 듣고(聞文王作) 기뻐하며 말했다(興曰). '내 어찌 그에게 돌아가지 가지 않겠는가(盍歸乎來). 나는 들었다(吾聞)<문왕>서백은 늙은이를 잘 봉양한다 (西伯善養老者)

두 노인은(二老者) 천하의 존경받는 노인인데(天下之大老也而歸之), 이것은(是) 천하의 아버지가 <문왕인 서백에게>돌아간 것이다(天下之父歸之也). 천하의 아버지가 돌아갔으니(天下之父歸之) 그 자식들은 어디로 가겠는가(其子焉往)」."[239]

제1절. 이족의 제후국인 고죽국 인물이 왜 고대중국역사의 중심 인물이 되었는가?

논구초점 : 이족 출신인「고죽국의 백이·숙제」의 인물은 동아시아 역사 가 지닌 갖가지 의문을 해명작업에 대단한 중요한 역할을 지니고 있다. 왜냐하면 고죽국과 백이·숙제의 인물이 황제사관으로 요순사관을 부정하고 주나라를 전복하려는 황로학의 의도를 명백히 밝힐 수 있는 객관적 증거자료가 되기 때문이다. 더 나아가 백이·숙제와 고죽국은 상나라 탕왕이 건국한 상나라의 실존을 밝히는 중요한 단서가 되어, 그리하여 하나라와 요·순 왕조의 역사를 밝히는 작업에 일조를 할 수 있기 때문이다. 그 뿐만 아니라 백이·숙제와 고죽국의 존재는 요서와 요동지역에서 진행된 정세변동의 원인을 올바르게 밝히는 작업에 이정표의 역할을 할 수 있기 때문이다.

239) 맹자 p214

중국고대왕국의 역사를 이(夷)족의 역사이고 그리고 더 나아가 중국고대사의 주체가 이(夷)족이라고 규정하려면, 마땅히 그에 대한 논구는 백이·숙제(伯夷叔齊)의 인물을 면밀히 검토해야 한다. 그 이유는 첫째 이 두 인물이 동이족의 나라인 요서(遼西)의 고죽국 출신이면서도 오늘날의 중국 지역의 동쪽에 위치한 상(商, 은<殷)>나라를 멸망시킨 서쪽 지역의 주나라 2대 무왕에게 그 정벌행위의 부당함을 규탄하였기 때문이며, 둘째는 이 두 인물이 중국경전과 역사서에 수록되어 있는 중요한 인물이기 때문이다. 그러므로 중국고대왕조의 전개과정을 올바르게 파악하기 위해서는 반드시 백이·숙제의 두 인물을 수록한 역사적 의의를 정확히 짚어보아야 한다. 그와 아울러 고죽국이 역사적 의의도 짚어보아야 하는데, 그 이유는 고죽국은 동아시아 이족의 역사를 살펴보는데 있어서 크게 두 가지 의미를 제기하기 때문이다.

첫째는 요서 지역에 중국 밖의 이족이 거주하고 있었다는 점이다.

둘째는 순수한 이족의 왕국이 요서 지역에서 사라짐으로서 중국대륙의 왕조와 요동을 차지하고 있는 고조선이 충돌하게 되었다는 점이다.

그런데 이 논구를 시작하기 전에 먼저 다루어야할 점은 사마천이 이 두 인물을 자신의 저서인 사기열전에서 맨 먼저 올려놓고 그리고 혹독하게 비난한 점이다. 그 점이 매우 중대한 이유는 사마천의 역작인 사기가 지닌 역사적 비중 때문이다. 물론 사마천을 옹호하려는 입장은 백이·숙제의 인물의 출생시기가 사기열전의 다른 인물보다 연대가 앞섰기 때문이라는 궁색한 변명을 내놓고서 그 중요성을 무시할 수도 있겠지만, 그러나 실상은 전혀 그렇지 않기 때문에 그 점이 먼저 중점적으로 언급되어야 한다.

오늘날의 시각에서 보면, 이방인에 불과한 백이·숙제보다도 훨씬 비중이 높은 중요한 인물들이 중국 땅에 대단히 많이 있었음에도 불구하고, 이족 출신의 이방인인 백이·숙제를 열전의 첫머리를 올려놓은 사마천의 결정은 좋은 취지 대신에 불순한 의도를 가지고서 선택하지 않는 이상 결코 어림없는 일이었다. 왜냐하면 중화사상이 중국역사의 중심부에 확고히 터전을 잡도록 결정적인 역할을 한 사마천이 자기 손으로 직접 동이족 출신의 이방인을 중국역사에서 가장 중요한 인물을 기록한 사기열전의 첫 인물로 기록해야할 긍정적인 이유가 결코 있을 리 만무하기 때문이다. 그럼에도 불구하고 사마천이 열전에서 맨 첫 인물로 백이·숙제를 거론해야만 했었다면, 다시 말해 눈길조차 주지 않고 무시할 수 없었다면, 당연히 그 까닭은 중국고대왕조사의 정통성을 부인하지 않으면 안 될 긴급한 정치적 의도 이외에 다른 것이 결코 될 수 없다. 곧 사마천의 의도에는 그가 역사를 왜곡하려는 불순한 동기이외에 다른 배경이 결코 있을 리 만무하다는 것이다.

따라서 그런 정황을 외면하고 사마천의 기록을 신봉하는 역사가들은 전혀 그렇지 않다고 반박을 시도하겠지만, 그러나 백이·숙제의 존재를 아예 역사에서 지우지 않는 한 오히려 그런 반박은 사기의 가치만 더욱 졸렬하게 만들 뿐이다. 왜냐하면 사마천이 중국고대왕조사를 정리하는 과정에서 백이·숙제의 존재가 걸림돌이 된 이유는 그를 폄훼하지 않고서는 황제사관을 순조롭게 기술할 수 없었기 때문이다. 다시 말해 공자가 백이·숙제를 높이 평가한 반면에 장자가 그들을 극히 폄하했기 때문에 그 사실을 무시하고서는 도저히 자신의 역사관을 제대로 수립할 수 없었기 때문이다. 따라서 사마천은 장자의 견해를 쫓아 그들을 평가 절하한 것이었다. 그런즉 장자가 공자를 배격하기 위해 공자가 칭송한 백이숙제를 비난하지 않았다면, 사마천이 사기열전의 첫 인물로 그들을 거론하지 않았을 것이다.

그 점은 사마천이 공자에 대해 취한 지극히 비우호적인 태도에서 여실히 드러난다. 즉 그가 사기 열전의 첫 순서로 백이·숙제를 올려놓고 나서 그들의 행적을 기록하는 과정에서 공자의 입장을 매우 부정적으로 비판하였기 때문인데, 그 대목은 아래와 같다.

"<사마천>태사공이 말했다(太史公曰). 「내가 기산에 오른 적이 있었는데(余登箕山), 그 정상에 아마 허유의 무덤이 있을 것이라고 하는 말을 들었다(其上蓋有許由冢云).

공자는 옛 인자성자현자를 차례로 열거하고(孔子序列古之仁聖賢人), 함께 오나라 태백, 백이의 도리를 자세하게 서술했다(如吳太伯伯夷之倫詳矣). 그런데 내가 들은 바로는(余以所聞) 허유와 무광의 절의도 극히 고결하지만(由·光義至高), 공자의 글에서 그들에 관한 개략조차 조금도 보이지 않으니(其文辭不少概見) 어찌된 일인가(何哉)」."

위의 글은 사마천의 의도가 공자를 비판하려는 정도가 아니라 아예 비난하려는 수준임을 보여 준다. 허유와 무광은 요임금 때와 하나라 때의 인물로 알려져 있지만 그들의 출처는 도가 이외에는 아무도 모르는 인물들이다. 특히 허유는 장자의 양왕(讓王)[240]에서 요임금을 멸시하고 그의 자리를 거부하였다는 인물로서, 도가들이 요임금과 요임금에게서 왕위를 물려받은 순임금을 싸잡아 매도하기 위해 꾸민 가공의 인물이다. 그러므로 사마천이 유가를 공격하는 도가의 입장을 내세워 유가가 현인으로 내세운 백이·숙제를 격하하려고 한 의도는 곧 도가의 시각으로 요·순임금의 통치이념을 수호하려는 공자와 유가를 폄하하기 위함이다. 그런즉 이 문장은 사마천의 사기는 요순의 시대가 지닌 역사적 의의를 부정하고 그들이 가공한 황제의 역사를 고대중국의 역사로 대체하려는 역사서임을 보여 주는 객관적 증거가 된다. 그리고서 그는 아래 글에서 백이·숙제의 충절이 위선적임을 우회적인 표현으로 꼬집고 있다.

240) 장자 p528

“공자는 말했다(孔子曰). 「백이·(伯夷)숙제(叔齊)는 지난날의 미움에 개의치 않았으며(不念舊惡), 그런 까닭에 누구를 원망하는 마음이 거의 없었다(怨是用希). 인을 추구하여 인을 얻었으니(求仁得仁) 또 무엇을 원망하랴(又何怨乎)?

나는 백이의 심경에 동정을 금치 못한다(余悲伯夷之矣). <채미가>시경에 실리지 않은 시를 자세히 보면(睹軼詩) 원망함이 없었다고는 말할 수 없을 것이다(可異焉)」.”[241]

그러므로 이와 같은 문장들이 단적으로 그가 백이·숙제의 입을 빌어 주나라 건국의 도덕적 명분을 부정하려고 한 점과, 그리하여 주나라의 정통성을 옹호하는 공자와 유가를 배척하려고 한 점과, 끝으로는 공자가 현인으로 칭송한 백이 숙제를 역으로 격하하여 새로운 시대의 도래를 거부한 유가의 확고부동한 태도를 폄하하여 유가의 잔존세력을 무력화하려고 한 점을 여실히 증명해 준다. 곧 이 문장들이 그가 주나라를 대신하여 진나라를 옹립한 황로학자들의 곡학아세한 행동을 변명하려고 한 그의 노골적인 속셈을 그대로 보여주고 있는 것이다.

그런즉 사마천이 사기열전에서 백이·숙제를 앞세우고는 공자를 심히 비판한 글과 뒤이어 노자열전에서 노자를 공자보다 더 앞선 인물로 가공하여 공자의 스승으로 소개하였던 글은 황로학이 가공한 이야기를 옮겨 놓은 것으로서, 따라서 그 글은 황로학이 꾸민 거짓된 이야기를 역사적 사실로 둔갑시키려고 한 명백한 증거가 되는 것이다. 더 나아가 이 글은 사마천이 스스로 자신의 역사관이 도가 쪽으로 치우쳐 있는 정도가 아니라 아예 자기 자신이 황로학자임을 밝힌 증거이기도 하다. 또한 그가 황로학자라는 점이 곧 그가 전국시대의 열자와 장자가 춘추시대의 공자를 공박하기 위해 내세운 도척의 이야기를 백이·숙제의 열전에서 인용해야 했던 까닭을 명쾌히 이해할 수 있게 해준다. 왜냐하면

241) 사기 p13~16

사마천이 열전의 첫 인물인 백이·숙제 편에서 도척을 인용할 각별한 이유가 전혀 없었기 때문이다. 따라서 사마천이 하필이면 왜 백이·숙제를 도척에 견주어 일방적으로 폄하했는가? 하는 궁금증은 곧바로 역사왜곡의 진원지를 추적하도록 안내하는 도화선에 불을 붙이는 촉발제인 것이다.

"어떤 이는 말한다(惑曰). 「하늘의 이치는 누구를 편드는 법이 없으며(天道無親), 항상 착한 사람과 함께 한다(常與善人)」

이에 백이·숙제는(若伯夷叔齊) 말하자면 착한 사람들이라고 말 할만하다(可謂善人者). 그렇지 않은가(非邪)? 인덕을 쌓고 행실을 깨끗이 함이 그와 같았지만(積仁行如此) 그러나 굶어 죽었다(而餓死).

또한 칠십 명 제자들 중에(且七十子之徒) 공자가 안연만을 학문을 좋아한다고 평가하였다(仲尼獨薦顔淵爲好). 그러나 안회는 늘 가난하여(然回也 屢空) 술지게미나 겨조차 마다하지 않았는데(糟糠不厭), 그런데도 젊은 나이에 일찍 죽었을 따름이다(而卒蚤夭).

하늘이 착한 사람에게 보답을 한다고 하는데(天地報施善人), 어찌 이런 일이 있을 수 있는가(其何如哉)?

도척은 날마다 죄 없는 사람을 죽이고(盜蹠日殺不辜) 사람의 <간>살을 회치는 등(肝人之肉), 포악 방자하였지만(暴戾恣睢), 수천 명의 무리를 모아(聚黨數千人) 천하를 제멋대로 활보하다가(橫行天下) 종내 천수를 다하여 죽었다(竟以壽終). 이것은 그가 어떤 덕행을 따랐기 때문인가(是遵何德哉)..................... 나는 매우 의심하지 않을 수 없는데(余甚惑焉),

만약 이러한 것이 천도라고 한다면(儻所謂天道), 옳은 것인가? 그른 것인가? (是邪非邪)"[242)]

그런데 사마천은 위의 문장처럼 자신의 의도를 은밀하게 관철하려고 시도했지만, 그와 달리 사마천에 앞선 인물인 전국시대의 한비자는 법가사상가의 입장에서 백이·숙제를 지극히 혹독하게 폄하하는 표현을 사용하여 배척하면서, 그들에게 부여된 도덕적 의의에 대해 노골적인 경계심을 드러내었다.

"옛날 백이와 숙제가 있었다(古有伯夷叔齊者). <주>무왕은 <이 두 사람에게> 천하를 양보하려 했으나(武王讓以天下) 그러나 이를 사퇴하고(而弗受) 두 사람은 수양산에 들어가 굶어 죽었다(二人餓死首陽之陵). 그러한 신하는(若此臣) 중형을 무서워하지 않고(不畏重誅), 중상을 탐하지 않기 때문에(不利重賞), 벌로서 억누를 수도 없고(不可以罰禁也), 상으로서 부릴 수도 없다(不可以賞使也). 그와 같은 위인을 무익한 신하라고 하는 것으로서(此之謂无益之臣也) 나의 생각 같아서는 형편없는 치들이라고 능히 배척하고 싶다(吾所少而去也). 그런데 세상 군주들은 <그러한 신하를> 중히 여기고 그리고 구하는 모양이다(而世主之所多而求也)."[243)]

곧 한비자의 이런 혹독한 시각을 고스란히 사마천이 자신의 사기에 투영하였기 때문에 두 사람이 모두 공통적으로 황로학의 선비라는 점을 특히 유념하지 않을 수 없게 된다. 물론 사마천을 변명하기 위해 사마천이 당시의 황제인

---

242) 사기 p19~20 - 絜은 헤아릴 혈이 아니라 깨끗할 결로 읽어야 한다.
243) 한비자 p80 - p205

한(漢) 무제(武帝)가 당시에 유행했던 황로학을 제키고 오히려 유학을 국학으로 삼은 점 때문에 그가 그에 대한 반동으로 그처럼 기록했었다고 가정해 볼 수도 있다. 그러나 그런 가정과 상관없이 정작 이 기록이 반드시 비판받아야 하는데, 그 이유는 사마천의 역사기록이 진실을 왜곡하고서 고대왕조의 근본골격을 확실히 붕괴시키려고 뒤흔들었기 때문이다. 그러므로 사마천이 열전에서 제일 먼저 선택한 백이숙제의 인물이 지닌 역사적 의의가 너무도 중요하지 않을 수 없게 된다.

하지만 백이·숙제가 고대왕조의 역사와 깊이 연관된 중대한 역사성을 지니고 있더라도 서경에 직접 기록된 인물이 아니기 때문에, 역설적으로 그에 대한 역사적 의의는 다음과 같은 의문제기를 통해 명확히 정리되어질 수밖에 없다.

첫째, 동이족의 고죽국의 인물이 왜 그리고 어떻게 상(商)·주(周) 두 왕조의 교체기에 등장하여 주 무왕의 행위를 규탄할 수 있었는가?

둘째, 만약 그들이 변방의 동이족에 불과했다면, 어떤 연유 때문에 그와 같이 따진 행위가 무왕에게 처벌되지 않았을 뿐만 아니라 오히려 중국 지역 내의 수양산에 머물 수 있었겠는가?

셋째, 그런 이방인의 행위를 두고서 왜 후대의 중국사상가들이 극명하게 상반된 평가를 하게 되었는가?

그렇다면 중화사상의 시각으로서는 도저히 이해하기 어려운 그런 의문점을 규명하려면 반드시 우선적으로 사마천의 사기열전에 실린 백이·숙제의 실존여부부터 검토되어야 한다. 그리고 난후 여러 경전에 실린 백이·숙제에 대한 상반된 평가를 상호 비교하게 되면, 비로소 동이족의 고죽국 인물이 어떻게 중국정사(中國正史)의 한복판에 우뚝 서게 된 연유를 살펴볼 수 있게 된다. 그 이유는 논어와 맹자의 기록이 사마천의 기록보다 시기적으로는 앞서지만, 그러나 중화사상의 옹호론자들이 그가 실재한 인물인가? 하는 정체성의 문제를 제기할 것이기 때문이다. 사마천은 그의 사기에 백이·숙제를 다음과 같이 기록해 두었다.

"………전하는 바에 의하면(其傳曰), 백이·숙제는 고죽국 군주의 두 아들이었다(伯夷叔齊孤竹國之二子也). 부군은 아우인 숙제를 후사로 내세우려고 하였으나(父欲立叔齊) 부군이 죽자(及父卒), 숙제는 <형인> 백이에게 양보하려고 했다(叔齊讓伯夷). <그러자> 백이가 말했다(伯夷曰). 「네가 위에 오르는 것은 부군의 명이다(父命也)」하고 끝내 국외로 도망가 버렸다(遂逃去). 숙제도 또한 위에 오르기를 수긍하지 않고(叔齊亦不肯立) 그래서 도망해 버렸으므로(而逃之) 고죽국의 사람들은 두 사람의 중간을 군주로 세웠다(國人立其中子).

이에 백이·숙제는(於是伯夷叔齊) <주의 문왕이 된> 서백 창이 노인을 잘 모신다는 소문을 듣고(聞西伯昌 善養老) 가서 거기에 귀속하려고 했다(盍往歸焉). 허나 막상 당도하고 보니(及至) 서백은 죽었고(西伯卒) <그의 아들> 무왕이 나무로 만든 위패를 수레에 싣고(載木主), 부왕의 시호를 문왕이라 일컬으며(號爲文王) 동진하여 <은의> 주왕을 치러가고 있었다(東伐紂).

백이·숙제는 <무왕의> 말을 붙들고(伯夷叔齊叩馬) 그리고 간하면서 말했다(而諫曰). 「아버지가 세상을 떠났는데 장례도 치르지 않고(父死不葬) 곧바로 방패와 창을 잡는 것을(爰及干戈) 효라고 할 수 있겠습니까(可謂孝乎)? 신하의 몸으로 군주를 시해하려고 하시는데(以臣弑君) 이 어찌 인이라 할 수 있겠습니까(可謂仁乎)?」.

<그러자 무왕의> 좌우 신하들이 <이 두 사람을> 베려고 하자((左右欲兵之),

태공이 말했다(太公曰). 「이들은 의로운 사람들이다(此義人也)」. 그들을 부축하여 그리고 떠나가게 했다(夫而去之). 무왕이 이윽고 은나라의 어지러움을 평정하자(武王已平) 천하는 주나라를 종주로 삼았다(天下宗).

그러자 백이와 숙제는 이를 부끄럽게 여기고(而伯夷叔齊恥之) 의롭게 주나라 곡식을 먹으려 하지 않고(義不食周粟) 수양산에 몸을 숨기고(隱於首陽山) 고사리를 캐서 그리고 먹다가(采薇而食之) 굶어서 또한 죽게 되었을 때(及餓且死) 노래를 지었다(作歌).

그 가사는 말하기를(其辭曰), 「저 서산에 올라(登彼西山兮) 고사리를 뜯었네(采其薇矣). 폭력으로 폭력을 바꾸었건만(以暴易暴兮), 그 잘못을 모르는구나(不知其非矣). 신농, 우, 하나라시대는 홀연 사라졌으니(神農虞夏忽沒兮), 우리는 어디로 돌아가야 하나(我安適歸矣). 아아(于嗟)! 죽음뿐(謂兮). 운명도 다했구나(命之衰矣)」.

마침내 수양산에서 굶어 죽었다(遂餓死於首陽山).

이렇게 볼 때(由此觀之), 원망하는 것인가? 아닌가?(怨邪非邪)"[244)]

그런데 백이·숙제가 「그들이 신농, 우, ·하나라의 호시절은 홀연히 사라졌으니(神農虞夏忽沒兮)」 라고 탄식하였다는 가사에서 두 가지 점이 눈길을 끄는데, 하나는 순임금의 왕조 우(虞) 앞에 신농씨를 먼저 거론하고 있는 점이고, 다른 하는 고죽국을 제후국으로 봉한 은(殷)나라를 빼고 있는 점이다. 그 뿐만

244) ibid19

아니라 더 나아가 「폭력으로 폭력을 바꾸었건만(以暴易暴兮)」는 표현이 도가인 장자가 양왕(讓王)편에서 백이숙제의 입을 빌어 말한 「혼란을 가라앉히기 위해 폭력을 바꾼다(是推亂以易暴也)」 표현과 같은 내용이어서, 곧 이 말이 사마천의 입장이 황로학이라는 점을 미루어 짐작할 수 있게 해 주기 때문에 눈길을 끈다.

어쨌든 이 글은 사마천의 속내를 철저히 보여 주는데, 당연히 사마천의 입장에서는 춘추전국시대의 혼란을 유발한 근원은 고대왕조의 통치이념에 있고, 따라서 사회혼란의 근본책임은 그것을 수호하려는 유가가 마땅히 져야하고, 그러므로 당연히 통일왕조에서 배척받아야할 유가가 통일왕조의 국학으로 채택해서는 안 되는 일이었던 것이다. 그런즉 이 문장은 그의 황로학적 입장을 보여 주는 충분한 증거인 것이다. 또한 그런 맥락에서 바라보면, 그가 백이·숙제와 같은 삶의 자세를 가르치는 유가의 태도를 완전히 위선적이라고 꼬집기 위해 말미에 「원망하는 것인가? 아닌가(怨邪非邪)?」 하는 냉소적인 의문을 표시해 두었다고 당연히 여기지 않을 수 없게 된다.

그런데 사마천의 이 기록은 중국고대시기의 이족의 존재를 살펴보는데, 정작 필요한 몇 가지 중요한 단서를 제공한다.

1. 사마천은 백이숙제가 도망쳐 온 중국을 외국이라고 말한 점.

2. 문왕의 소문을 듣고서 중국으로 귀순하려는 두 사람이 효와 인의 정신을 내세워 무왕의 행위를 규탄한 점.

3. 태공망이 이들을 의로운 사람이라고 하고서 이들을 보호한 점.

그런즉 고죽국의 역사는 동아시아 이족의 역사를 살펴보는데 있어서 크게 두 가지 의미를 제공한다.[245]

---

245) 고조선이 중국과 마찰을 일으킨 긴장관계는 주로 주나라의 제후국인 연나라 사이에서 비롯된 것이므로 중국고대왕조와 고조선의 관계를 살펴보려면 일단 연나라와

하나는 고죽국의 사람인 백이숙제의 두 형제가 왜 중국문헌에서 그렇게 많이 인용되며 또한 공자와 맹자가 그렇게 높게 평가하는데 비해 사기를 쓴 사마천은 왜 그와 정반대로 그렇게 심하게 폄하하는가? 하는 점이다.

다른 하나는 중국내에 이족과 달리 그렇게 멀리 떨어진 우리 민족을 동이족으로 불렀다면, 중국대륙과 만주와 한반도 사이에 연결고리로서의 어떤 접점이 있어야 하는데, 도대체 역사에서 왜 그 점이 무시되었는가? 하는 점이다.

왜냐하면 지금의 중화사상을 바탕으로 하여 이해를 시도하면, 도대체 백이·숙제에 관한 내용의 앞뒤가 서로 잘 맞아 들어가지 않기 때문이다. 따라서 앞서 제기된 의문점 중에서 우선적으로 논구되어야 할 사안은「그가 외국인인데도 불구하고 인(仁)과 효(孝)의 정신을 내세워 무왕을 규탄했다」는 관점이다. 즉 외국인으로서의 고죽국의 인물이 당당하게 그처럼 무왕을 규탄했다면, 그런 도덕적 의식을 무왕도 마찬가지로 동일하게 공유하고 있지 않으면 결코 불가능하기 때문이다. 다시 말해 고죽국의 통치이념과 생활방식이 중국왕조와 똑같이 않았다면, 도저히 백이·숙제가 그와 같이 말할 수가 없는 일이며 또한 그렇게 말할 자

고조선과의 관계를 살펴보아야 한다. 그런데 그렇게 하려면 선결적으로 먼저 주나라이전에 요서지역에 존재하고 있었던 이족의 왕조인 고죽국을 고찰해야 한다. 물론 고죽국이 고조선의 제후국이 아닌 한에서는 고조선의 역사와 외견상으로는 구별되어야겠지만, 그럼에도 불구하고 고죽국이 대단히 중요한 두 가지 역사의 관점을 제공하기 때문에, 그 점은 각별히 고려되어야 한다. 하나는 주나라 이전의 상나라와의 관계이고 또 다른 하나는 고죽국의 영토가 만주와 인접한 요서지방이라는 점이다. 어쨌든 우리민족이 동아시아 고대사를 하나라와 상나라(은나라)를 중국사의 관점에서만 바라보고, 중국과 요서 그리고 요서와 요동 간에 존재한 이족끼리의 연관성을 동아시아 역사탐구에서 완전히 배제하였고, 더 나아가 그 매개적인 역할을 지닌 요서지방의 역사마저 외면하였기 때문에, 곧 우리민족이 중국고대역사에 우리고대역사가 예속되는 왜곡을 방치하였기 때문에, 그리하여 스스로 사대주의로 나아가게 되었던 것이다. 그리하여 단군조선의 역사적 실체마저 방치하기에 이른 것이었다. 그런 점을 염두에 두고 요동과 요서가 긴박한 대립국면으로 나아간 실상을 따지게 되면, 그 진실이 진시황이 만리장성을 쌓아야 했던 이유와 맞물려져 있기 때문에, 여하간 우리민족이 동아시아 역사의 진실을 밝히려면 고대시기의 정세변동을 제대로 논구해야 한다. 더욱이 진시황제의 장성이 수비적이고 방어적인 입장인데 비해, 한 무제의 원정이 선제적이고 공격적인 입장을 고려하면 그 둘의 차이점이 우리민족으로 하여금 고조선의 실체에 선뜻 다가 설 수 있게 할 것이다.

격조차 없는 일이기 때문이다. 더욱이 고죽국은 요서 지방에 위치해 있었기 때문에, 당연히 무왕 당시의 주나라의 초기의 주변정세가 고죽국 멸망 이후의 춘추전국시대의 주변정세처럼 적대적인 관계였다면, 어떻게 그들이 자신들의 망명지를 동쪽의 고조선지역이 아니라 서쪽의 주나라지역을 선택할 수 있었으며, 어떻게 그들이 무왕에게 아무런 제지도 받지 않고 나아갈 수 있었으며, 어떻게 태공망이 그들을 의로운 사람이라고 평가하고서 무사하게 물려나게 할 수 있었으며, 어떻게 수양산에서 죽을 수 있었으며, 어떻게 중국의 경전에 주요인물로 수록될 수 있었겠는가? 하는 갖가지 의문점들이 도저히 풀릴 길이 없게 된다.

하여간 그들이 중국서책에 수록된 이유는 그들이 중국고대왕조의 통치이념을 고스란히 실천한 인물이기 때문인데, 그렇다면 외국인인 그들이 왜 꼭 그렇게 행동해야만 했으며, 더 나아가 중국인들이 그런 외국인을 현인으로 존중해야 할 마땅한 이유가 도대체 무엇인가? 하는 의문점이 고죽국이 중국고대왕조와 무관한 경우에서는 도저히 해명될 수 없게 된다.

그러므로 오히려 사마천이 그들을 외국인이라는 기록한 점이야말로 가장 주목되는 역사연구의 핵심과제로 당연히 급부상할 수밖에 없게 된다. 왜냐하면 그 당시 그들이 외국인으로서 주나라의 중국 땅에 망명하려고 한 자들이라면, 도대체 그런 무모하고 위험한 정치적 일을 무리하게 감행해야할 이유가 도무지 있을 리 없기 때문이다. 또한 그들의 행위가 결단코 그렇게 하지 않으면 안 되는 당위적인 동기에서 비롯되었다면, 그들이 국외자인 한에서는 그렇게 해야 할 적절한 동기는 반드시 중국고대왕조의 정통성에 있어야 하기 때문이다.

따라서 이 점이 단정적으로 거짓이 되려면, 그들의 행위에는 후대의 사마천이 결코 무시할 수 없을 정도의 어떤 역사적 의의와 가치가 있어서는 안 되며, 더 나아가 사마천이 국외자인 그들의 행적을 자신의 사기에 수록해야 할 어떤 동기도 있어서는 안 된다.

그렇다면 그 의문점을 해명할 수 있는 실마리는 역으로 그들이 외국인이 아니라 당시의 은나라 백성이었다는 사실에서 찾아야 한다. 다시 말해 그들이 은나라와 무관한 타국의 인물이 아니라 바로 은나라 제후국의 인물이었다는 사실이다. 왜냐하면 그들이 은나라의 백성이 아니라면, 설사 그들이 인과 효의 이념을 알았다고 하더라도 외국인인 그들이 무왕에게 자신이 알고 있는 고대통치이념으로 무왕의 면전에서 그를 심하게 비판하는 일은 어불성설일 뿐만 아니라, 설사 그들이 통치이념에 정통했다고 하더라도 남의 나라의 일을 두고서 왈가왈부할 처지도 아닌 외국인이 그렇게 나선다는 자체는 결코 용납될 수 없는 무례하고 주제넘은 일이기 때문이다.

그럼에도 불구하고 혹자가 내국인이 아닌 외국인인 백이·숙제가 한 그런 행동이 그 당시에 충분히 가능한 일이었다고 옹호하려든다면, 오히려 그런 주장은 중국역사를 천하의 조롱거리로 만들 뿐이다. 왜냐하면 그 이유는 망명을 하려온 외국인이 그런 일을 감행할 정도로 당시의 중국에 의로운 인물이 도대체 없었다는 점을 스스로 인정하는 꼴이 되기 때문이다.

그런 맥락으로 백이·숙제의 인물을 이해한다면, 당연히 주나라시대의 고죽국의 존재는 실로 대단히 중요한 역사적 의의를 지니게 된다.

그런데 그 명백한 근거는 다름 아닌 바로 관중의 저서인 관자에 수록되어 있다. 즉 고죽국의 이름이 밑 부분에 구체적으로 기록되어 있는 점이다.

"적인이 제를 침공해 왔다(狄人伐). 환공이 제후들에게 고하고서 말했다(桓公告諸侯曰). 「침공에 대해 우리를 구조해 주시기 바랍니다(請救伐). 제후들은 허락해 주십시오(諸侯許諾). 대국의 제후는 전차 2백승에 병사 2천명(大侯車二百乘 卒二千人), 소국의 제후는 전치 백승에 병사 1천명(小侯車百乘 卒千人).」 제후들이 모두 허락했다(諸侯皆許諾).……적인을 깨뜨릴 수 있었다(敗狄). …….

북쪽 제후들은 원군을 보내오지 않았다(北州侯莫來). 환공은 남쪽 제후들과 소릉에서 만나서(桓公遇南州侯於召陵) 말했다(曰). 「적인이 무도한 짓을 서슴지 않아서(狄爲無道) 천자의 명령을 침범하고(犯天子令) 이로서 작은 나라를 침공하였습니다(以伐小國).

그래서 나는 천자의 분부를 받들고(以天子之故), 하늘의 뜻에 따라(敬天之命), 침공을 구원하라는 명령을 내렸습니다(令以救伐). 북쪽의 제후들은 끝내 이르지 않았습니다(北州侯莫至). 이는 위로는 천자의 분부를 거역하고(上不聽天子令), 아래로는 다른 제후들에게 무례한 행위라 아니할 수 없습니다(下無禮諸侯). 과인이 감히 북쪽의 제후들을 문책하고자 합니다(寡人請誅於北州之侯).」 제후들이 허락했다(諸侯許諾).

환공은 이에 제후들의 군대를 이끌고 북상하여 영지를 쳤다(桓公乃北伐令支). 부지산으로 내려가(下鳧之山) 고죽을 정벌하고(斬孤竹) 산융을 굴복시켰다(過山戎)."[246)]

따라서 관자의 이 글이 한나라 무제 이후에 위조된 것이 아니라면, 이 글은 너무도 중대한 몇 가지 역사적 사실을 보여 준다.

첫째는 천자가 지닌 의미이다. 이 말은 춘추시대의 초기가 여전히 봉건체제임을 여실히 보여 준다.

둘째는 북쪽 제후가 지닌 의미이다. 이 말은 춘추시대의 초기에 왕조의 제후국들이 서로 분열된 모습을 보여 준다.

셋째는 적(狄)이 동주시대에는 중국왕조와 적대적으로 돌변했다는 점이다. 이 점은 진시황이 만리장성을 쌓고서 변방 부족민을 배척하고 경계를 한 이유를 단적으로 보여 준다.

---

246) 관자 p415~416

그러므로 백이·숙제는 크게 두 가지 점에서 주요한 역사적 사실의 입증자료가 되는 것이다.

하나는 주나라 초기에는 이족의 고죽국과 중국왕조와의 관계가 우호적이었다. 그러므로 요서가 평안했기 때문에 중국왕조와 이족의 고조선 간에 마찰이 발생할 여지가 전혀 없었다.

다른 하나는 요서와 요동의 대립국면은 춘추시대 초기에 제·연연합국에 의해 고죽국이 멸망하고 나서, 요서가 연나라 지역으로 편입한 이후부터이다. 그리고 그 원인이 적족에 있기 때문에 서주(西周) 마지막 임금인 유왕의 피살사건과 적족이 배척된 이유를 제대로 조명해야 한다. 그 이유는 고대왕조가 수립한 통치이념이 무너지는 계기가 거기에 있었기 때문이다.

따라서 백이·숙제의 존재를 한 치라도 소홀이 다루어서는 결코 아니 된다.

제2절. 유가와 달리 황로학의 도가는 왜 백이숙제의 인물을 폄하하는가?

논구초점 : 그들은 중국고대왕조가 수립한 통치이념과 정통성을 거부하고, 배척하기 위해서 서경의 사관을 대신할 황제사관을 가공했다. 그리하여 그들은 그것으로 전국 시대의 열 왕들의 탐욕을 합리화시키고, 더 나아가 약육강식의 승자가 새로운 왕조의 주인이 되게 할 혁명의 명분을 제공하려고 했다. 이것이 황로학이 조장한 역사왜곡의 실체이다.

그런데 정론을 변조하고 왜곡시키는 비정상적 작업에는 우여곡절이 따르기 마련이다. 백이·숙제의 경우는 그 걸림돌 중의 중요한 위치를 차지한다. 그 이유는 그들이 타도해야할 핵심인물인 공자와 그리고 그의 제자들이 함께 대화한 내용을 기록한 논어에서 백이·숙제는 현인으로 추앙받고 있는 인물이기 때문이다. 그러나 그것만으로는 폄하할 이유가 불충분하다. 오히려 그보다도 더 중요한 이유는 그들이 확실한 이족이기 때문이다. 만약 그들이 중국인이었다면 그렇게 매도대상이 되지 않았을 것이다. 그럼에도 불구하고 그것도 폄하할 이유로써 충분하지 않다. 그들이 그렇게 해야 할 진정한 이유는 그들이 황제사관으로 교체하려는 중국고대왕조의 역사가 이족의 역사이기 때문이다. 그래서 그들이 백이·숙제를 매도대상으로 삼지 않을 수 없었든 것이다.

백이·숙제는 서경에 직접 기록된 인물이 아니다. 그러나 고죽국의 존재가 관자와 논어에 기록되어 있고 또한 고죽국의 두 인물이 논어·맹자 및 장자 등에 직접 거론되고 있는 한에서는 그에 대한 역사적 객관성은 전적으로 허위인 것으로 부정될 수 없다. 왜냐하면 그들의 존재가 전적으로 유가가 허위로서 꾸민 가공의 인물이라면, 당연히 유가를 공박하는 도가의 서적과 사마천의 사기에 실존인물로 결코 취급될 수가 없기 때문이다. 즉 당시의 무왕과 태공망과 백이·숙제의 인물이 실존한 인물이 아니라면, 논어와 맹자, 장자, 사기의 경서가 그를 실존한 역사적 인물로 기록할 수 결코 없는 일이기 때문이다. 다시 말해 주나라의 정통성을 옹호한 공자가 주나라의 건국을 위해 진군한 무왕에게 무도함을 간언한 두 인물을 은나라의 현자로 칭송한 것은 서로 모순될 수 있는 일이기 때문이다. 따라서 백이·숙제의 이야기를 거짓된 허위로서 부정하게 되면, 그 모든 기록이 도대체 어불성설이 된다.

그렇게 되면 정치력 혼란이 가중되어 가고 있는 동주의 춘추시대에 공자가 주나라의 무왕의 정벌을 비난한 백이·숙제를 왜 칭송하게 되었는가? 하는 의문점 때문에, 공자를 비롯한 유가들이 두 인물을 칭송한 이유가 대단히 의아스럽게 된다. 다시 말해 주나라를 인정하지 않고 산서성(山西省)의 수양산(首陽山)에서 죽었다는 인물을 왜 춘추시대의 인물인 공자가 극구 칭송하게 되었는가? 하는 의문점 때문이다. 그러므로 이 의문점은 곧 유가가 지향하는 이상적인 선비의 모습을 그들이 보여 주었다는 점 이상의 다른 역사적 의의를 지니고 있는가? 하는 또 다른 의문점으로 귀결된다.

마찬가지로 백이·숙제의 인물을 부정적으로 평가한 도가들이 논어에서 거론된 백이·숙제의 인물을 허구의 인물로 치부하기에는 도저히 불가능하여 그리하여 인정하지 않을 수 없었다면, 그 이유도 마땅히 의문의 논구대상이 된다. 즉 도가들이 주나라를 대신하여 새로운 왕조를 내세우려고 하는 입장이라면, 그들의 입장은 무왕의 정벌을 비난하고 주나라를 거부한 두 인물을 칭송했어야 하는데도 불구하고 왜 부정적으로 평가했는가? 하는 의문점에 대한 이유이다. 다시 말해 주나라에 대한 혁명을 도모하는 그들이라면, 오히려 백이·숙제는 그들에게 활용가치가 충분히 있는 인물들인데, 그럼에도 불구하고 그들은 백이·숙제를 왜 배척해야만 했는가? 하는 의문점이다. 곧 유가가 그들을 현인으로 칭송했기 때문에 도가가 거부했다는 그런 수준의 이유는 적절한 설명이 될 수 없기 때문에 그러하다. 다시 말해 도가의 인물들은 단지 그런 정도의 이유만으로 백이·숙제를 비난하기에는 그들은 너무도 웅대한 목적과 탁월한 능력을 지닌 선비들이었기 때문이다. 즉 그런 정도의 근거는 결코 설득력 있는 합당한 이유가 될 수 없다.

그러면 도가가 그들로부터 느낄 수 있는 불편함은 역사해석에 있어서 정통성에 관한 문제이외에 달리 또 다른 그 무엇이 있을 수 없게 된다. 즉 유가에게는 은나라에서 주나라에로의 왕조교체는 이족에서 이족으로 이동한 역성혁명이었겠기에, 무왕이 은나라 주왕을 타도한 명분과 나란히 무왕의 진군을 무도하다고 직설한 백이·숙제의 충절을 다 함께 칭송할 수 있었겠지만, 그에 반해 황제사관을 내세운 도가의 입장은 결코 그런 사실을 용납할 수 없게 된다. 따라서 무왕과 함께 백이·숙제도 동시에 다 함께 비난대상이 되는 것이다. 하지만 황제사관만으로 모든 의문이 다 해소되는 것은 아니다. 왜냐하면 세속의 초월을 주장한 그들의 입장에서는 권력을 무시한 백이·숙제의 처신은 칭찬 대상이 되어야 하기 때문이다. 만약 그렇지 않다고 말하게 되면, 세속을 달관한 듯이 말한 그들의 말은 전적으로 자의적이고 이기적인 것이 될 뿐이다. 다시 말해 은나라를 타도한 주나라를 극구 비판한 후 곧바로 은거한 백이·숙제의 태도를 고스란히 자신들에게 그대로 적용하면, 자신들도 주나라를 타도하려는 열왕을 비판하고 곧바로 은거해야만 마땅하기 때문이다. 따라서 그들은 이런 점까지 고려하여 자신들의 정체를 철저히 은폐시키고 한편으로는 속세를 달관한 도인처럼 위장하고, 또 다른 편으로는 황제사관을 내세워 가장 적나라하게 현실정치를 비난한 이중적 처세를 했다고 비판되어지는 것이다.

그렇다면 백이·숙제에 대한 인물평가가 유가와 도가가 서로 상반되는 이유는 결국 고대왕조의 통치노선을 고수하려는 입장과 그렇지 않은 입장과의 차이 때문이라고 정리되어야 한다. 또한 그렇게 되어야만 당연히 백이·숙제의 조국인 이족의 고죽국과 인접한 고조선이 중국고대왕조와 통치이념을 공유하고 있었다는 결론이 나올 수 있다.

그럼에도 불구하고 백이·숙제가 서경의 주서에 전혀 기록되어 있지 않은 인물이기 때문에, 당연히 그들을 고대통치이념의 관점에서 논구하는 것은 전혀 설득력이 없다는 반박에 곧장 직면할 수 있게 된다. 하지만 그 반박에 대해서는 오히려 그 관점이 그렇지 않다는 해명의 여지를 충분히 갖추고 있으므로 별반 문제가 되지 않는다. 곧 그 해명의 여지는 과거 상나라 탕왕이 하나라 걸왕을 타도할 적과 주나라 무왕이 상나라 주왕을 타도할 적의 상황이 비교해 볼 적에 두 상황이 엇비슷하다고 말할 수 없는 여건 때문에 가능하다. 더욱이 이 여건을 별다른 역사적 의의가 없다고 제쳐버리면, 오히려 역으로 그런 반박의 입장이 앞서 제기한 의혹을 더욱 부추겨 그 동안 주목받지 않았든 역사적 의의마저 일깨울 수박에 없기 때문에 특히 그러하다. 그러므로 그 관점은 무시되거나 더 나아가 방기되어서는 결코 안 된다.

그 이유는 무왕이 주왕을 정벌할 정당한 명분이 부족하였다고 하게 되면, 백이·숙제의 만류가 도덕적인 의의를 가지게 되고, 또한 무왕의 정벌이 정치적 명분은 나름대로 갖추었지만 그러나 상나라 백성들이 걸왕의 타도를 반길 정도로 심히 거부하지 않은 형세였다면, 그의 무력정벌은 혁명이 아니라 반란이 될 수 있기 때문이다. 물론 무왕이 주왕을 시해하고 주나라를 건국한 이유가 걸왕의 무도함 때문이라는 평가가 주나라 시대에는 당연한 상식이 되었기 때문에 그 점에 대한 새로운 역사의 평가는 실로 무망한 것일 수밖에 없었지만, 그러나 무왕의 정당성을 옹호할 분위기가 상나라의 탕왕 때와는 사뭇 다른 것이어서, 백이·숙제의 경우는 무왕의 정벌이 지녀야할 정당성에 대해 석연찮은 느낌을 야기할 충분한 계기가 된다.

그리고 그런 석연찮은 의혹을 뒷받침할 여지는 무왕에 대한 서경의 기록에서 곧바로 찾을 수 있다. 그것은 무왕이 주왕 수가 자신보다도 훨씬 많은 백성과 군사를 가지고 있음을 말하고 더 나아가 자신을 지지한 세력이 오로지 서쪽 지역에 국한되어 있음을 말한 점이다.

> "힘이 같으면(同力) 덕으로 헤아리고(度德), 덕이 같으면(同德) 의로 헤아릴 것이니(度義), 수는 신하 억만을 두었어도(受有臣億萬) 마음이 억만 갈래이지만(有億萬心), 나는 신하 삼천을 두었어도(予有臣三千) 마음이 하나이다(惟一心)."[247] ……………………
>
> 「아(曰嗚呼)! 서쪽 땅의 무리여(西土有衆). 모두 나의 말을 들어라(咸聽朕言).[248]」 ………."
>
> <무왕>왕이 말씀하셨다(王曰). 「아(嗚呼)! 우리 서쪽 땅의 군자여(我西土君子). 하늘에는 드러난 도가 있으며(天有顯) 의리가 매우 밝은데(厥類惟彰), 이제 상나라의 왕인 수가(今商王受) 오상을 함부로 업신여기며(狎侮五常), 돌보지 않고 게을리 하며 공경하지 아니하며(荒怠弗敬) 스스로 하늘과 끊어지게 하였으며

247) 서경 p384
248) ibid p387~389

(自絶于天) 백성에게 원망을 맺었다(結怨于民)."[249]

그러면 무왕의 말이 석연찮은 의혹을 일으킬 만한 타당한 근거가 되는지부터 따져보아야 한다. 그 까닭은 바로 선왕인 부친 문왕에 대한 무왕의 언급 때문이다. 즉 그의 아버지 문왕이 덕이 세상에 널리 유포되었다면 당연히 탕왕처럼 자신이 정벌하는 대열에 서쪽 무리 이상의 제후들이 참여해야 마땅하기 때문이다. 더욱이 그가 그 전투에서 이기지 못할 시에 대비하여 말한 대목은 여전히 상나라의 대단한 위세를 가늠할 수 있도록 만들기 때문이다.

"아(嗚呼)! 오로지 나의 문덕이 있는 아버지가(惟我文考) 해와 달이 비추어 임하는 것과 같으셔서(若日月之照臨) 사방에 빛나시며(光于四方) 서쪽 땅에 드러나셔서(顯于西土) 우리 주나라는 많은 지방을 크게 받을 것이다(惟我有周 誕受多方).

내가 수를 이겨도(予克受) 나의 무력 때문이 아니라(非予武) 오직 나의 문덕이 있는 아버지가 죄가 없기 때문이며(有朕文考無罪), 수가 나를 이겨도(受克予) 나의 문덕이 있는 아버지가 죄가 있으셔서가 아니라(非朕文考有罪), 오로지 나 소자가 훌륭하지 못하기 때문이다(惟予小子無良)."[250]

그러면 상나라가 하나라를 전복할 적의 경우에는 이족에서 이족으로 왕조가 교체되는 성격을 지니고 있었지만, 주나라가 상나라를 전복할 적의 경우에는 이족에서 이족으로 교체되는 성격이 은나라의 경우보다 강하지 못했다고 말할 수 있게 된다. 물론 주나라의 왕조가 융족이 아닌 서이(西夷)족의 왕조이기에

249) ibid p397~398
250) ibid p 402~403

문제의 소지가 전혀 없다고 말할 수 있겠지만, 그러나 정벌에 참여한 제후들과 많은 군사들이 서이(西夷)족이 아닌 융(戎)족과 적(狄)족이기 때문에 이(夷)족의 상나라를 정벌하는 일에는 적잖은 무리가 따르지 않을 수 없었다. 더욱이 그 점은 위에서 지적한 바대로 전적으로 상나라 백성들이 상나라를 거부하지 않았던 사실 때문이다.

그러므로 인구의 수와 문화적인 수준의 차이에도 불구하고 열등하고 열악한 변방의 주나라가 일단 군사적으로 승리를 하였지만, 상나라 백성들이 호락호락 승복하지 않은 상황에서는 통일왕조의 국정이 순탄할 수가 없게 되었다. 그리하여 주(紂)왕 수(受)의 아들 무경(武庚)으로 하여금 비록 제후국이긴 하지만 은나라 군주가 되게 하여 그 나름대로 멸망한 상나라의 백성들과 타협을 추구하였다. 그러다가 무왕이 서거한 후, 무왕의 동생인 삼숙(管叔, 蔡叔, 霍叔)이 은나라 군주 무경과 연합하여 일으킨 반란을 진압하고서 그런 연후에 마침내 상나라 주민들을 강제로 낙양으로 이주시키면서 비로소 주나라가 왕조의 기틀을 제대로 수립할 수가 있게 되었다. 따라서 서경의 홍범구주가 기록한 바대로, 주나라의 문물이 상나라 문물을 고스란히 수용하여 이루어진 것이기 때문에, 주나라가 요·순·우 세 임금 및 하나라, 상나라 두 나라의 전통을 순순히 이어받은 정통왕조라는 점은 역사의 사실로서 의심할 바 전혀 없다.

그렇게 되면 백이·숙제가 보인 충절은 주나라의 혼란기에도 절실히 요구되는 일이기 때문에 사마천의 비판은 자칫하면 상식과 동떨어진 이상한 논리가 될 수 있다. 다시 말해 멀리 떨어진 고죽국의 인물이 달려와서 무왕에게 정벌의 부당함을 간하는 충절과 그리고 끝내 주나라의 신하가 되는 것을 거부한 절개는 절개가 굳은 선비라면 누구라도 높이 평가해야 마땅할 사안인데 오히려 사마천이 극구 비난을 하였기 때문이다.

이로써 백이·숙제의 경우가 주나라를 타도하고서 새로운 나라를 건국하려는 세력에게는 대단히 위협적인 역사적 사례였음이 명확해진다. 즉 도가들에게는 백이·숙제를 제대로 비판하지 못하면, 새로운 통일왕조의 건국을 위해 활동하는 자신들의 명분이 구차해질 수밖에 없기 때문이다. 다시 말해 선불리 정면으로 비난을 시도하다가 실패하면 무왕의 무력정벌의 정당성만 훼손하는 꼴이 되고, 더 나아가 자칫하면 자신들이 몸담은 왕조에 대한 지지마저 상실할 수 있기 때문이다. 그러므로 어쨌든 새로운 왕조를 수립하려는 반(反)유가세력은 무왕이 이어받은 고대왕조의 정통성을 무력화하면서 동시에 백이·숙제의 충절을 폄하해야하므로 대단히 주의를 기우려 유가가 칭송한 두 인물을 격하시킬 논리를 개발해야만 했다.

따라서 이와 같은 의문점들은 다음의 두 가지 서로 상반된 의문으로 정리될 수 있다. 하나는 걸·주 두 왕에 대해 부정적인 평가를 하는 유가들이 도대체 왜 고죽국의 인물을 칭송하는가? 하는 점이고, 반면에 다른 하나는 도가들이 걸·주에 대해서는 부정적인 역사의 평가조차 희석하고서 거꾸로 백이·숙제에 대해서는 폄하를 시도하는가? 하는 의문점이다.

그런데 도가가 한 결 같이 수미일관된 행동을 취한 것이 아니라, 자신들의 필요에 따라 백이·숙제의 인물을 부정과 긍정의 양방면으로 활용하여 자신들의 입장을 강화하려고 하였기 때문에 그 점을 유해해야만 혼동이 일어나지 않게 된다. 즉 그것은 아래의 장자의 글속의 '무도한 주나라'의 표현이 주나라의 정통성을 부정할 경우와 유가를 폄하할 경우가 구분된다는 것이다. 여하간 아래의 장자의 글은 새로운 왕조의 출현을 강조한 의미로 해석될 여지가 충분하다.

> "예전 주나라가 일어날 무렵(昔周之興), 두 사람의 선비가 고죽국에 살고 있었는데(有士二人 處於孤竹), 형을 백이, 동생을 숙제라고 했다(曰伯夷叔齊). 둘이 서로 이야기 했다(二人相謂曰). 「소문에 들으니 서쪽에 도를 체득한 것

으로 보이는 사람이 있다더군(吾聞西方有人似有道者). 시험 삼아 가보지 않겠는가(試往觀焉)?」 그리하여 두 사람은 기산 남쪽까지 왔다(至於岐陽).………… 지금 천하는 평온하지만(今天下闇) 주의 덕은 쇠하다(周德衰). 이런 세상에 무도한 주와 함께하여 내 몸을 더럽히는 것은(其竝乎周以塗吾身也) 차라리 이를 피해서 내 몸을 결백히 하려고 가는 것과 같지 않다(不如避之以潔吾行).…….”[251]

하지만 이런 장자의 전략적 입장은 사기의 열전에는 보이지 않고, 오로지 사마천은 일면적으로 유가에 대해 지극히 부정적인 자신의 입장만 보여 주었는데, 그것은 사기의 열전에서 그가 논어 7편 술이(述而) 14장에 수록된 백이·숙제를 지극히 부정적으로 비난한 점에서 단적으로 입증된다. 즉 공자가 「백이·숙제가 원망하지 않았다」 고 말한 것을 굳이 「백이·숙제가 원망했다」 고 단정하려는 그의 왜곡된 시각 때문이다. 곧 사마천의 의도가 확연하게 아래의 논어의 글과 배치(背馳)되기 때문이다. 더욱이 사마천이 도가의 입장을 그대로 수용하여 사기열전에서 공자를 노자의 제자로 폄하하고 더 나아가 노자를 관중의 바로 뒤의 세 번째 차례에 「노자한비열전(老子韓非列傳)」으로 기록하고서 극구 칭송한 반면에, 공자를 아예 열전에서 배제하고 단지 사마양저, 손자, 오자, 오자서의 병가의 순서를 뒤이은 여덟 번째 열전에서, 그것도 그의 제자들을 소개하는「중니제자열자(仲尼弟子列傳)」편에서 그의 제자들을 기록한 글에 공자의 말을 덧붙여 놓은 점을 두고서는 사마천의 의도를 더 이상 달리 생각할 여지가 추호도 없게 된다.

---

251) 장자 p512~513

“염유가 말했다. 「부자께서 위나라 군주를 도우실까(冉有曰 夫子爲衛君乎)?」.

자공이 말했다(子貢曰). 「좋습니다(諾). 내 장차 여쭈어 보리라(吾將問之)」.

<자공이>들어가서 말했다(入曰). 「 백이와 숙제는 어떤 인물이었습니까(伯夷叔齊 何人也)?」.

<공자께서> 말씀하셨다(曰). 옛날의 현인이시다(古之賢人也)」.

<자공이>말했다(曰). 「원망하셨습니까(曰怨乎)?」.

<공자께서> 말씀하셨다(曰). 「인을 구하고자 하여 그래서 인을 얻었으니(求仁而得仁), 다시 어찌 원망하였겠는가(又何怨)」.

<자공이> 나와서 말했다(出曰). 「부자께서는 그를 돕지 않으실 것이다(夫子不爲也)」.”[252)]

이 문답에 담긴 정치적·도덕적 의의는 명분을 갖추지 않은 군주에게는 어떠한 협력을 해서는 안 된다는 입장을 백이·숙제의 인물을 통해 천명하고 있는데, 전국시대의 강자를 적극 지지하는 황로학의 입장에서는 실로 난처하기 짝이 없는 대화의 내용이다.

따라서 도가의 입장에서는 그와 같은 취지를 도저히 받아들일 수 없기 때문에 위의 의의를 전혀 배제하고서, 오로지 개인의 도덕적 성향인 청렴도에만 초점을 맞추어 위의 대화내용을 아래의 글로서 격하시켰다. 그 글은 열자 7 양주(楊朱) 편에 기록되어 있다.

---

252) 논어 p134

"양주가 말했다(楊朱曰). 「백이는 욕심이 없었던 것은 아니다(伯夷非亡浴). 청렴을 지나치게 자랑하다가 보니(矜淸之郵) 굶어 죽게 된 것이다(以放餓死). 전계는 정욕이 없는 것은 아니다(展季非亡情). 정결을 지나치게 자랑한 끝에(競情之郵郵) 그 자손을 쇠미하게 만든 것이었다(以放寡宗). 청렴이니 정결이니 하는 것의 과오의 심함이(淸情之誤 善之) 이와 같다(若此).」"[253)]

그러므로 공자를 스승으로 모시고 있는 유가가 백이·숙제를 처음으로 인용(認容)한 책인 논어에 기록된 공자의 말은 대단한 주의를 기우려 이해하지 않으면 크게 그 의의가 왜곡될 수 있다. 즉 논어5편 공야(公冶)장 22장에 기록된 공자의 말씀을 이해하는 일이 바로 그런 경우에 해당된다.

"공자께서 말씀하셨다(子曰). 백이와 숙제는(伯夷叔齊) 남이 옛날에 저지른 잘못을 생각하지 않았다(不念舊惡). 이 때문에 원망하는 사람이 드물었다(怨是用希).」"[254)]

특히 이 글 속에서의 불념구악(不念舊惡)의 의미가 대단히 중요한 의미를 띠고 있기 때문에 그러하다는 것이다. 왜냐하면 이 말이 먼저 백이·숙제가 무왕이 저지른 정벌을 비록 잘못된 것이라고 여기지만 그러나 더 이상 잘잘못의 시비를 가리지 않고 주나라의 건국을 받아 들었다는 의미이고, 그 다음으로 따라서 원망하는 사람이 드물었다는 의미는 그가 비록 수양산에서 죽음을 맞이했지만 더 이상 주나라를 원망하지도 않았고 마찬가지로 자신들의 행위에 대해서

253) 열자 p233
254) 논어 p100

도 후회하지 않았다는 것을 의미하는 것이기 때문이다. 그럼에도 불구하고, 사마천이 장자가 그들의 의로운 죽음이 무의미하고, 무가치하다는 말을 쫓아서 진실을 왜곡하였기 때문에 마땅히 지탄받아야 한다.

따라서 논어가 순수한 도덕적인 입장에서 백이·숙제의 인물평을 수록하였다는 증거는 논어 제18 미자 편 8장의 글귀에 여실히 드려나 있다.

"학문과 덕행이 있으면서 초야에 묻혀 벼슬하지 않는 사람은(逸民) 백이와(伯夷) 숙제(叔齊)와 우중(虞仲)과 이일(夷逸)과 주장(朱張)과 유하혜(柳下惠)와 소연(少連少連)이었다.

공자께서 말씀하셨다(子曰). 「그 뜻을 굽히지 않고(不降其心) 그 몸을 욕되게 하지 않는 자는(不辱其身) 백이와 숙제뿐이다(伯夷叔齊與).

유하혜와 소연을 평하셨다(謂柳下惠少連). 「뜻을 굽히고 몸을 욕되게 하였으나(降志辱身矣) 말이 윤리에 맞으며(言中倫) 행실이 사려에 맞았으니(行中慮行中慮) 이런 점일 뿐이다(其斯而已矣)」.

노중과 이일을 평하셨다(謂虞仲夷逸). 「숨어 살면서 말을 함부로 하였으나(隱居放言), 몸은 깨끗함에 맞았고(身中淸), 벼슬하지 않음도 권도에 맞았다(廢中權)」.

「나는 곧 이와 달라서(我則異於是) 가한 것도 없고 불가한 것도 없다(無可無不可)」."[255]

그렇다면 공자의 이런 평가를 전적으로 무사하고서, 후대의 황로학자들이 백

255) ibid p366

이·숙제와 공자를 싸잡아 부정적으로 평가하지 않으면 안 되었든 처지는 실로 궁색하고 치졸한 것이 아닐 수 없게 된다. 더욱이 장자에 실린 백이·숙제에 관한 내용은 유가의 것을 빌려 유가를 폄하하는데 역으로 활용한 전략적 방법이었기 때문에 그들의 부도덕성에 대해서는 더 이상 거론할 바가 없다. 왜냐하면 장자가 경멸의 대상인 도척을 입을 빌어 유가를 폄하하고 또한 마찬가지로 백이·숙제를 유가를 배척하기 도구로 활용한 의도와, 그리고 사마천이 장자에 뒤이어 장자의 노선에 따라 백이·숙제와 도척을 한 곳에 모아 유가를 조소하고 비아냥거리고 폄하한 점이 한 결 같았기 때문이다.

하여간 장자가 가공한 도척의 이야기가 유가의 노선을 극구 비난하고 배척하기 위한 것이었기 때문에, 따라서 사마천이 하나라와 상나라의 인물을 제쳐두고 사기열전의 첫 순서로 선택한 백이·숙제를 도척과 견주어 비판한 이유는 대단히 중요한 역사적 의의를 지니게 된다. 왜냐하면 황제의 인물과 그의 계보조차 억지로 가공하여 그들을 중국고대역사의 출발로 삼은 사마천이 하나라, 상나라를 제쳐두고 곧바로 상나라와 주나라의 교체시기의 인물인 백이·숙제를 선택하고서 그를 비난한 이유가 역사를 왜곡하려는 의도이었다는 것을 장자가 확실히 증명해주기 때문이다. 곧 먼저 백이·숙제를 아래처럼 묘사한 장자의 글은 사마천과의 사상적 연결을 고스란히 보여 준다.

"세상에서의 소위 현인인 백이·숙제는(世之所謂賢士 伯夷叔齊) 고죽국의 왕위를 사양한 끝에(辭孤竹之君) 마침내 수양산에서 굶어 죽고 말아(至餓死於首陽之山) 그 시체는 묻히지도 않고 버려졌다(骨肉不葬). 포초(飽焦),…. 신도적(申徒狄),… 개자추(介子推),… 미생(尾生)…. 모두 다 명성에 얽매여 죽음을 가벼이 알고(皆離名輕死) 다 타고난 생명의 존귀함을 생각하여 수명을 유지할 줄 모른 사람들이다(不念本養壽命者也)."[256]

그리고 그 다음으로 의아스러운 점은 유가의 도덕적인 가치관을 무력화시키는 것이 도가의 목적이라고 하더라도 하필이면 왜 도척을 이용하여 그를 격하시켜야만 했는가? 하는 의문점이다. 그런데 그 이유는 단적으로 말해, 도가들이 전국시대의 뭇 제후들을 도척과 같은 무리라고 비난하려는 의도보다도 오히려 유가가 뭇 제후들의 도덕성을 비난할 자격이 없다는 것과, 그러므로 당연히 난세의 수습방법은 오로지 자신들이 내세우는 황로학의 방법뿐이라는 점을 주장하려는 것이었기 때문에, 따라서 도가의 의도는 이것 이외에 달리 마땅한 이유를 내놓을 수 없는 한 이로써 명백해진다.

그렇지만 여하간 사마천이 백이·숙제에 관한 기록을 그런 방식으로 기술하지 않았다면, 그들의 의도가 일목요연하게 노출될 수 없었던 점에서는 매우 역설적이다. 즉 황로학의 도가선비들이 백이·숙제를 그처럼 폄하하지 않았다면, 역사왜곡을 주도한 그들의 진정한 의도가 무엇을 겨냥하고 있는지가 사기가 명확히 보여주지 못했을 것이다. 즉 도척을 등장시켜 유가의 스승인 공자를 극히 폄하하면서 공자의 가르침을 무력화시키려는 작업이 없었다면, 그들이 새로운 통일왕조의 탄생에 필요한 정치명분을 일반백성에게 유포한 전략적 방법이 은폐되었을 것이다.

그런즉 장자가 도척을 노나라 현인 유하계의 동생으로 설정하고 그리고 노나라의 대부인 공자가 도척을 만나서 이야기를 나눈 것으로 꾸며서, 유가를 극단적으로 폄하하고 격하시킨 점은 도의적으로 용납될 수 없는 일이므로 마땅히 비판되어야 한다. 더구나 학문의 도의상으로 보면 그 태도와 방식은 도저히 논평할 여지가 없을 정도로 저급할 뿐만 아니라, 더 나아가 자신들의 목적을 위해서는 수단과 방법을 가리지 않는 전형적인 선동가의 태도는 지극히 혐오스러울 뿐이다.

어쨌든 장자에서 도척이 공자를 두고서 말한 내용은 곧바로 도가가 유가를 공격하고자 하는 바의 내용들인데, 그 중에서 특히 주목되는 글은 황제에 대한 언

256) 장자 p520

급이다. 그 점이 정작 중요한 까닭은 무조건 황제를 무위자연의 통치자로 칭송하는 것이 아니라, 유가에 의해 타락된 세상의 출발지점으로 삼고 있는 점 때문이다. 그리고서 장자가 무위자연의 사고방식을 앞세워 자연스럽게 서경의 요·순역사관을 자신들이 가공한 황제의 역사관으로 대체하여 한 점 때문이다. 그 뿐만 아니라 유가에게 혼란의 모든 책임을 전가하고 동시에 일반백성에게 중국역사의 기원이 황제라는 인식을 심어 자신들의 의도를 관철시키려한 장자의 탁월한 책략이 한 결 같이 돋보인다는 점 때문이다. 곧 대중들의 심리를 일거에 사로잡을 수 있는 방법의 효과를 더욱 극대화하기 위해 다른 그 무엇보다도 도적인 도척을 내세운 치밀함에 대해서는 실로 탄복하지 않을 수 없기 때문이다. 그리고 중국의 고대역사를 왜곡시킨 그들의 영향력이 실로 대단하다는 것은 탁록에서 황제가 치우와 싸웠다는 이야기가 장자의 글에서 발견되기 때문이다.

"공자와 <노국의 현인>유하계는 친구이다(孔子與柳下季爲友). 유하계의 아우는(柳下季之弟) 이름이 <유명한 도적인>도척이라고 불린다(名曰盜跖).

도척은 졸병 구천 명을 이끌고(盜跖從卒九千人) 천하를 횡행하고(橫行天下) 제후들을 침노하여 사납게 굴었다(侵暴諸侯)………………………

공자가 유하계에게 일러 말했다(孔子謂柳下季曰). 「……….나는 선생을 위해 <도척을> 찾아가 설득을 해보고자 합니다(<공자>丘請爲先生往說之).」

유하계가 말했다(柳下季曰). 「……… 선생님께서는 반드시 가지 마시길 바랍니다(先生必無往).………」

<도척이> 말했다(曰). 「그 놈은 노국의 사기꾼 공구임에 틀림없으렷다(此夫魯國之巧僞人孔丘非邪). 나를 위해 <이렇게> 전해라(爲我告之). '너는 조작된

말을 만들어 말하고(爾作言造語), 문왕의 도가 이렇고 무왕의 도가 저렇다고 망령된 말만 하고 다닌다(妄稱文武). 머리에는 나무가지를 벗겨서 만든 관을 쓰고(冠枝木之冠), 허리에는 죽은 소의 옆구리 가죽으로 만든 띠를 차고서(帶死牛之脅) 되지도 않는 잘못된 소리를 많이 하고 다니면서(多辭謬說), 농사짓는 일은 안 하면서 밥은 먹고(不耕而食), 길쌈은 하지 않으면서 옷은 입고(不織而衣), 입술을 놀리고 혓바닥을 움직여서(搖脣鼓舌), 제멋대로 시비를 가려(擅生是非), 천하의 군주들을 어리둥절하게 만들고 있다(以迷天下之主).

천하의 선비들로 하여금(使天下學士) 도의 근본으로 돌아가지 못하게 하고(不反其本) 효제를 <도덕으로> 착각하게 만들고서(妄作孝弟) 그리고 제후가 되고 부귀를 부렸으면 하는 생각을 품게 하였다(而徼倖於封侯富貴者也)

너의 죄는 크고 허물은 무겁다(子之罪大極重). 우물대지 말고 속히 꺼져라(疾走歸). 그렇지 않으면(不然), 내가 장차 그의 간을 도려내어 점심상 반찬으로 보탤 것이다(我將以子之肝益晝脯之膳)'」……………………

그 후 신농씨가 다스릴 때만해도(神農之世), …………이것이 지극한 덕의 융성이다(此至德之隆也).

그러나 시대가 내려와 황제는 덕으로서 다스릴 수가 없었다(然而黃帝不能治德). <황제는> 치우와 탁록의 벌판에서 싸워(與蚩尤戰於涿鹿之野) 피가 흘러 백 리를 물들이기에 이르렀다(流血百里).

요와 순이 만들어 많은 신하를 임명했다. ……. 탕왕, 무왕이래로 사람들은 모두 다 난신적자의 무리이다(湯武以來 皆亂人之徒也).

그런데 지금 너는 문왕무왕의 엉터리 도를 배워 가지고(今子修文王之道) 천하의 언론을 장악해서(掌天下之辯) 후세를 가르치고 있다(以敎後世). 바느질한 옷에 얇은 띠를 두르고(縫衣淺帶) 터무니없는 말과 위선적 행위로(矯言僞行) 천하의 왕들을 미혹하여(以迷惑天下之王) 그리고 부귀를 얻고자 하고 있다(而欲求富貴焉). 도둑이라면 너 만한 큰 도둑이 없다(盜莫大於子). 그런데 세상 삶들은 왜 너를 도구라 아니 하고(天下何故不謂子謂盜丘) 도리어 나를 도척이라고 부르는구나.(而乃謂我爲盜跖).

....

세상에서 높이 치는 인물로는 황제만한 이가 없다(世之所高 莫若黃帝).

더욱이 황제조차도 덕을 완전히 할 수 없어서(黃帝尙不能全德), 그래서 탁록의 들판에서 싸우고서 피가 백 리까지나 흘렀다(而戰涿鹿之野 流血百里).

요는 자식에게 인자하지 못했고(堯不慈), 순은 어버이에게 불효한 사람이었다(舜不孝). 우는 자신을 혹사하여 반신불수가 되었으며(禹偏枯), 탕은 그 주군을 추방하고(湯放其主), 무왕은 주<왕>을 죽었고(武王伐紂), 문왕도 유리에 감금되었었다(文王拘羑里).

이 여섯 인물은(此六子者) 세상이 존경하는 바이다(世之所高也). 자세히 따지고 보면(孰論之), 모두 이익 때문에 그 진실을 어지럽히고(皆以利或其眞), 그리고 그 성정에 반대로 거슬렸다(而强反其性情). 도리어 그 행위는 심히 창피스러운 것들이었다(其行乃甚可羞也).”[257]

이와 같이 장자를 포함한 황로학의 입장이 한 결 같이 유가들이 전국시대를 비판할 타당성과 자격이 없다는 것이었기 때문에 따라서 전통적 통치이념과 통치방식 및 통치노선 대신에 전국시대에 부응하여 현실적인 실용성을 추구한 한비자의 법가사상의 방식과 노선과 서로 합류하지 않을 수 없게 된다. 따라서 그들은 시류에 영합하려는 기회주의적인 그들의 행동양식을 무위자연(無爲自然)의 미명으로 포장하고 그리고 그런 사고방식이 바탕이 된 무위자연의 사상을 전국시대를 수습할 대안으로 내세우고서 열 왕에게 다가가려 한 자신들의 의도를 자신들의 글 속에서 한 편으로는 은밀하게 그리고 다른 편으로는 노골적으로 표출하였다.

그런즉 결국 백이·숙제의 인물이 그들에게 비난받아야 했던 역사적 배경은 결국 아래의 세 가지 입장으로 요약될 수 있다.

하나는 백이·숙제의 인물의 충절을 그대로 인정하면, 당연히 새로운 왕조에 참여하려는 반(反)유가 성향의 선비들에게 부담이 된다는 것이고, 다른 하나는 주나라의 무왕이 행한 무력정벌의 부당함을 간언한 백이·숙제의 행위를 그대로 수용하게 되면, 마땅히 주나라를 무력으로 정벌하여 새로운 통일왕조를 수립하려는 전국시대의 왕들에게는 부담이 된다는 것이고, 마지막으로는 그렇기 때문에 주나라의 정통성과 공자와 유가의 완강한 입장을 철저히 격하하고 완전히 배격하려면, 당연히 역으로 그들의 입을 통해 하는 것이 전술·전략적으로 더 효과적이라는 것이다.

257) 장자 p515~521

제3장. 백이·숙제의 기록은 동아시아 고대역사에서 왜 중요한가?

논구초점 : 백이·숙제의 이야기가 논어, 맹자, 장자, 사마천의 열전에 기록되어 있었어도, 우리 민족은 그들과 그의 고국인 고죽국의 존재를 주목조차 하지 않았다. 그 이유는 비록 논어에 앞선 관자에 고죽국이 언급되어서도, 오로지 후대의 중국역사서의 기록만을 동아시아 역사의 진실로 받아들였기 때문이다.

하지만 중국의 대표적인 역사서인 한서와 후한서는 한나라 이후에 집필된 것이어서 서주(西周) 이전 시기의 역사는 서경과 시경에 수록된 내용만이 가장 확실할 뿐이다. 따라서 이들 경전의 기록과 전혀 다른 내용의 기록은 사실적인 근거에 의거한 것이 아니라 전승된 이야기를 후대에 취합한 것에 지나지 않으므로, 그 점을 간과하고 중국의 기록을 객관적이라고 내세우면 참으로 어리석은 우를 범하게 된다. 왜냐하면 사마천의 사기도 주나라 이전의 역사를 날조하거나 기록조차 못했는데, 하물며 다른 서책은 두말할 필요조차 없기 때문이다.

그러므로 백이·숙제와 고죽국의 이야기를 부정하려면 그 근거가 있어야 하는데, 사실상 그런 것이 있을 리가 만무하니 역설적으로 모든 성인의 글이 거짓이라고 해야만 가능해진다. 즉 관자와 공자와 맹자, 사마천이 거짓말쟁이라고 해야만 가능해진다.

그렇지 않다면, BC1045년경의 백이·숙제와 요서(遼書)땅의 고죽국의 기록은 동아시아 역사에서 가장 중요한 의의를 지닌 역사적 기록이 된다. 왜냐하면 중국 측의 문헌이 이 사실을 객관적으로 기록해 두었으므로, 이를 바탕으로 하여 중국과 요서 그리고 요동과 만주 및 한반도의 사정을 제대로 구성할 수 있기 때문이다. 곧 고조선의 이야기를 부언확대해서 이야기할 필요가 없고, 반대로 중국고대역사를 과장에서 이야기할 필요가 없이 제대로 구성할 수 있게 된다. 다시 말해 후대의 날조된 이야기를 바탕으로 자기중심적 역사를 가공할 근거가 없게 된다.

백이·숙제가 이(夷)족의 제후국인 고죽국 출신임에도 불구하고, 공자와 맹자는 그들을 높이 평가하고 그에 반해, 후대의 사마천은 지극히 폄하하는 것인가? 다시 말해 이족이 그렇게 배척되어야할 타민족이었다면, 어떻게 그리고 왜 공자와 맹자가 그런 이민족의 인물을 거부감 없이 그렇게 높게 평가해야만 했는가? 하는 의문점이 논구쟁점으로 부각되지 않을 수 없다. 왜냐하면 고죽국 출신이 어떻게 중국의 왕조교체의 그런 중요한 과정에 극적으로 등장할 수 있었겠는가? 하는 의문점 때문이다.

따라서 백이·숙제의 출생지인 고죽국의 존재는 대단히 중요한 역사적 의의를 지니게 되는데, 그 까닭은 동이(東夷)족으로 구분된 우리 선조들이 현재의 요령성의 요동반도와 만주 그리고 한반도에 걸쳐 분포되어 있었으므로 당연히 그 중간인 요령성의 요서 지방에 누가 존재했는가? 하는 의문을 고죽국이 채워줄 수가 있기 때문이다. 즉 고죽국이 존재해야만 중국과 한국 그리고 일본을 연결하는 동아시아의 고대문명이 이족의 중심으로 형성되었다는 점을 증명할 수 있기 때문에 그러하다. 또한 고죽국이 실재하지 않았다면 모든 동아시아의 고대사는 중국인들이 왜곡한 그대로 구성될 수밖에 없으며 그리하여 찬란한 동아시아의 역사의 실체를 제대로 파악할 수 없게 될 것이기 때문에 그러하다.

누구나 쉽게 찾아 볼 수 있는 백과사전에 수록된 고죽국[258]에 관한 기록은

258)한국민족대백과, 두산백과, 위키 백과사전에 수록되어 있음. 고죽국의 바른 정체에 대해서는 여러 가지 학설이 제기되었지만, 여기서는 오로지 백이·숙제의 인물이 실존인물이었다는 점과 그리고 고죽국이 이족의 국가라는 점에 초점을 맞출 뿐이다.

다음과 같이 요약된다.

- 은나라 탕왕 때 제후국의 하나로 책봉되었으며 성(姓)은 자(子)이고 씨(氏)는 묵태(墨台)씨임.

- 발해만 북안일대 요서군 영지현(令支縣), 하북성 노룡현(盧龍縣), 산해관 부근 조양현(朝陽縣) 서남지구 등으로 추정됨.

- 세력범위가 난하(灤河) 하류에서 대릉하(大凌河)에 걸치는 발해만 북안일대이고 그 중심지는 대릉하 상류인 요녕성(遼寧省) 객좌현(喀左縣) 지역이었든 것으로 추정됨.

- 중국 상(殷)과 주나라 시대에 요서 지역에 위치했던 제후국으로 기원전 664년 주혜왕 13년에 산융이 연으로 출병하자, 연이 제나라에 구원을 요청했고, 제 환공이 출병하여 연과 제과 합동으로 산융을 물리치면서 산융의 영향 하에 놓인 고죽국이 멸망당함.

그러므로 만리장성이 이북에 거주한 동이족과 중국 본토에 거주한 이족 사이에는 어떤 관계에 있는가? 하는 의문은 동아시아 고대역사를 제대로 밝히는데 결정적인 실마리가 된다. 그러므로 강단 역사학자들은 대부분 별다른 관계가 없다고 평가하는데 반해, 소수의 재야 역사가들과 민족종교의 연구자들은 이족들 상호간에는 깊은 연관성이 있다고 주장한다. 그리하여 뒤늦게 오늘날에는 약간의 절충안을 내놓고서 서로 이족인 것은 사실이지만 그러나 별다른 연관성은 없는 상호 독자적인 존재이고 그리하여 중국 내의 그들과 우리 조상을 연결시키는 것은 무리라는 규정을 내놓았다.

과연 그럴까? 오히려 역설적으로 과거의 우리 조상이 취한 사대적 행위를 비판적인 시각으로 바라보게 되면, 바로 그 곳에서 진정한 해답을 발견할 수

여하간 1970년에 요령성 객좌(喀左)현 지역에서 고죽국과 관련된 유물이 많이 출토되었다.

있게 될 것이다.

가령 기자조선과 위만조선의 역사를 근거로 우리의 조상들이 중국인들에게 지배당했고 그리하여 우리의 고대사가 심히 부끄러운 역사라고 평가절하하고서, 한나라 이후의 중국왕조와 대등하게 경쟁했던 고구려 역사에만 집착한 점들이다. 물론 당연히 그런 점 때문에 고조선의 역사[259]를 홀대하고서, 고대민족 역사에 무관심해서는 안 된다. 왜냐하면 고조선의 역사를 경시하고서 소홀이 취급하게 되면, 한 무제가 고조선을 멸망시키고 군사적으로 강력한 한사군을 설치했을 때에 고조선의 유민들은 격렬하게 저항하고서 곧이어 낙랑군을 제외한 나머지 한사군을 폐지하게끔 만든 민족동질성의 저력을 도저히 설명할 길이 없게 되기 때문이다. 그런 맥락에서 보면 기자조선의 역사적 이야기를 역사의 정설이 아니라고 부정하더라도, 어쨌든 중국 사람인 기자가 고조선으로 이주하여 고조선 사람들을 손쉽게 지배했다고 하는 그런 맥락의 설정은 어불성설인 것이기 때문에, 오히려 역설적으로 그런 설화적인 이야기 속에 잠겨 있는 은폐된 역사의 진실을 직시하려고 노력해야 한다. 왜냐하면 그렇게 판단할 수 있는 타당한 역사적 근거는 이족의 고조선 백성들이 도저히 풍습과 언어가 전혀 다른 남의 나라의 인물을 자발적으로 자신들의 왕으로 순순히 모신다는 것은 앞뒤가 전혀 맞지 않은 사대적 발상이기 때문이고, 또한 고조선 백성들이 그런

---

259) 오늘날 고조선의 대한 역사의 출처는 하나는 유물에 근거한 것이고 다른 하나는 중국의 고대문헌에 근거한 것이다. 그 밖에는 정통 역사학계가 거부하는 환단고기(桓檀古記)와 같은 전래의 문헌이다. 하지만 중국의 문헌에 의존하여 우리의 기록을 무시한 삼국사기의 기록으로는 우리민족의 고대사를 제대로 파악할 수가 없다. 그렇다면 고조선의 역사를 재구성하는 작업에 있어서 가장 확실한 지침을 마련하고자 한다면 당연히 논어와 같은 중국경전이 제공하는 역사적 실마리를 논구의 출발점으로 삼아야 한다. 왜냐하면 중화사상에 물들어 왜곡된 기록 대신에 동이족에 대한 순수성을 지닌 논어가 진실을 보여주기 때문이다. 그리고 논어와 같은 경전의 기록은 후대의 역사서의 기록에 왜곡되지 않은 기록이면서 동시에 경전의 기록들이 다른 그 무엇보다도 시기적으로 훨씬 앞서 작성된 기록이기 때문이다. (설사 혹자가 환단고기<桓檀古記>가 후대에 작성되어 위서에 가깝다고 주장하더라도, 논어 등과 비교하면서 그 기록 속에서 동이족의 역사의 흔적을 찾아야 한다).

한심한 작태를 결코 용납했을 리 만무하기 때문이다. 다시 말해 중국인인 기자를 자기 나라의 통치자로 옹립한 것을 손쉽게 용납한 백성들이 훗날에 한나라의 강력한 군사력에 저항한 사실과 그리고 고조선이 멸망당한 이후에는 서로 뭉쳐 한사군의 한나라 군대를 고조선영역에서 내몰았든 사실은 서로 이율배반적인 경우가 되기 때문이다.

그렇다면 기자조선의 사실여부와 별개로 이 이야기의 속의 기자가 고조선 백성들의 통치자로 쉽게 등극할 수 있었던 배경이 무엇인가? 하는 점은 논구되어야 한다. 곧 주나라 무왕에게 홍범구주를 권유했던 기자가 고조선으로 이주하여 고조선의 왕이 되었다는 이야기를 두고서, 고조선이 은나라의 속국이거나 아니면 고조선의 지역이 은나라의 영토라는 가설을 내 놓을 수가 있는데, 그것은 결코 설득력을 갖춘 주장이 될 수 없다. 그 이유는 기자동래설(箕子東來說)을 수록한 중국서책은 상서(尙書) 곧 서경(書經)과 그리고 사마천의 사기(史記)인데, 곧 기자동래설이 기록된 상서 곧 서경은 분서갱유(焚書坑儒)때 소실되지 않은 고문상서가 아니기 때문이다. 다시 말해 비록 서경의 고문이 분서갱유로 인해 많이 손실되었지만, 그럼에도 불구하고 분서갱유에 의해 소멸되지 않은 서경 홍범(洪範)의 고문(古文)에는 무왕에게 홍범구주를 권유한 기자의 기록은 있어도 기자동래설은 없기 때문인데, 그러면 기자동래설과 기자조선은 실로 후대에 조작된 이야기가 아닐 수 없게 된다. 또한 기자동래설과 기자조선이 한(漢)무제 때에 복원된 금문(今文)상서와 같은 시기의 서책인 사마천의 사기의 송미자세가(宋微子世家)에 기록된 이야기이므로, 단정적으로 그 이야기는 한 무제의 고조선 정벌과 고조선 멸망과 연관해서 꾸며진 위작이라고 말할 수 있게 된다. 그리고 기자동래설이 기록된 사기 송미자세가(宋微子世家)의

미자(微子)는 서경 미자지명(微子之命)에 기록된 송나라 제후이고, 그리고 그를 기록한 미자지명(微子之命)은 무왕의 아들인 성왕이 은나라 주왕의 아들인 무경을 죽인 후 그를 대신하여 은나라 왕족인 미자를 은나라 백성을 다스리도록 배려하여 송나라 제후로 임명한 것을 기록한 문서인데, 미자지명(微子之命)은 고문으로 쓰인 문서는 존재하는데 반해 금문으로 쓰인 문서는 없다. 따라서 미자지명(微子之命)의 글은 사실이고 그와 반대로 기자동래설의 글은 거짓이라고 단정할 수 있다.

그러면 서경의 고문에도 없는 내용이 한나라 시대에 복원된 서경 금문에 등장하였고, 또한 사마천의 사기에서는 그 내용이 기자(箕子)가 아닌 그와 동시대의 인물인 미자(微子)에 기록되어 있는 점은 결코 한나라의 고조선 동정(東征)과 분리해서 생각할 수 없다. 그러므로 이 기록은 크게 다음과 같은 문제점을 스스로 야기한다.

우선은 주 무왕이 기자를 조선의 제후로 봉함에서 신하로 대우하지 않았다는 모순점이 곧장 중화사상의 허구를 입증하는 증거가 되는 점이다. 그 이유는 상나라 탕왕이 고죽국을 제후국으로 삼았던 사실을 뒤이어 주나라 무왕이 고조선을 제후국으로 삼았다는 이야기는 어불성설이기 때문이다. 만약 그것이 사실이라면, 당연히 무왕에게 조회까지 한 주나라 제후국인 (古)조선(朝鮮)도 주나라 제후국인 진(秦)나라처럼 당당하게 중국왕조의 주인이 될 수 있게 된다. 또 다른 점은 한나라가 고조선을 봉건제도의 제후국으로 삼은 정도가 아니라, 전제군주제도의 군·현제도를 시행하여 직접 다스릴 명분을 삼기 위해 기자 동래설과 기자조선의 이야기를 꾸몄더라도, 그러나 그 가공의 이야기가 오히려 중국고대왕조가 고죽국, 고조선과 마찬가지로 이족의 왕조이었음을 스스로 인정하는 꼴만 되는 점이다. 곧 기자동래설의 이야기가 거꾸로 중화사상을 구상한 인물들이 이족의 역사를 익히 알고 있었다는 점을 보여 주고 또한 그들이 그 사실을 타파하려는 의도를 가지고서 기자조선의 이야기를 정교하게 가공했다는 점을 입증할 뿐만 아니라 더 나아가 거짓된 발상으로는 이족의 왕조가 중국고대역사의 진실임을 결코 무너뜨릴 수 없다는 도덕적 의의를 보여 준 점이다.

끝으로 이 글이 한나라가 주변 이민족 국가를 다스린 졸렬한 방식을 그대로 보여 주는 점이다. 즉 마치 모든 주변의 이민족 국가들이 한나라의 제후국인 것처럼 만든 방식이다. 이 방식은 철저한 중화사상으로 물든 전제군주왕조가 시행한 대외정책의 전형인데, 기자조선을 꾸민 사건은 한나라 이후의 중국왕조가 자신을 모든 주변 나라의 종주국인양 기록한 최초의 선례에 해당한다.

곧 사마천 사기 송미자세가(宋微子世家)에 기록된 내용은 그 점을 함축하고 있는데, 그 내용은 다음과 같다.

"무왕이 은나라를 무너뜨리고 나서(武王개旣克殷) 기자를 방문했다(訪問箕子). 무왕을 말했다(武王曰).……

기자가 대답하여 말했다(箕子對曰).……………

이에(於是), 무왕은 즉시 기자를 조선을 조선에 봉했다(武王乃封箕子於朝鮮). 그러나 그를 신하로 대우하지 않았다(而不臣也). 그 뒤 기자가 주왕을 조회하기 위하여(其後箕子朝周) 옛 은나라 도읍지를 지나가다가(過故殷虛), 궁실을 훼손되어 벼와 기장이 자라고 있는 것을 보았다(感宮室毁壞 生禾黍). 기자는 상심하여(箕子傷之) 소리를 내어 울고 싶었으나 그럴 수 없고(欲哭則不可), 울먹이려니 아녀자들 같아서(欲泣爲其近婦人), 이에 '맥수라는 시를 지어 노래했다(乃作

맥秀之詩以歌詠之). 그 시에서 말했다(其詩曰). 「보리 이삭은 점점 끝이 뾰족해지고(麥秀漸漸兮), 벼와 기장은 싹이 올라 밝고 밝구나(麥秀油油). 저 교활한 아이가(彼狡僮兮) 나에게 친하게 대하지도 않네(不與我好兮)」.

여기서 말하는 교활한 아이는(所謂狡童者) 주왕을 가리킨다(紂也). 은나라 백성들이 듣고는(殷民聞之) 모두가 눈물을 흘렸다(皆爲流涕)."[260]

따라서 사마천이 중화사상에 입각하여 거짓의 이야기를 꾸몄다고 하더라도, 그것은 거짓된 발상이기 때문에 시간이 지나면 역사의 진실은 반드시 밝혀지게 마련이다. 그러므로 사마천이 가진 고대시기의 요서와 요동의 지식은 여하간 전래한 고죽국의 이야기를 바탕으로 한 상식적인 수준일 터인데, 어떻게 관자와 논어에도 없는 이야기가 어떻게 한(漢)대 초기에 불쑥 나올 수 있었는지 의아스럽지 않을 수 없게 된다. 그러나 그들이 모두 황로학의 인물이라면 전혀 사정이 달라진다. 곧 그들이 역사를 날조하는데 뛰어난 인물이었기 때문이다. 그럼에도 불구하고 주나라 초기의 인물인 기자가 고조선으로 이주한 후 고조선의 왕이 되어 고조선을 다스렸다는 이야기는 한 무제가 고조선을 정벌하기 위해 군대를 파병한 후 한사군을 설치한 사실과는 엄청난 괴리감이 있기 때문에 자연히 논리의 허점을 드러내지 않을 수 없다. 즉 그들이 중화사상을 내세우기 위해 기자동래설과 기자조선을 가공했을지라도 기자가 쉽게 고조선의 왕이 된 이유를 제대로 가공할 수 없기 때문이다. 곧 고조선을 수립한 동방예의지국의 민족이 자기 나라로 망명한 타국의 귀화인에게 왕위를 고스란히 바친다는 것은 결코 있을 수 없는 일이기 때문이다. 그러므로 그들은 마치 후대에 일본이 조선을 강제로 합병할 적에 황국사관을 만들어 내세운 것처럼, 고조선 지역을 미개지역으로 만들고서 현명한 기자가 고조선 왕이 되어 미개한 고조선을 문명사

260) 사기 세가 p249

회로 바꾼 것처럼 가공했다. 그러나 도리어 그 구성이 황로학적 중화사관에 의한 사고발상임을 객관적으로 보여 주는 명백한 증거가 된다. 그 까닭은 기자가 중국문명을 전파하여 고조선이 개화되었다면 당연히 고조선문화는 중국문화가 되어야 하고 또한 고조선 민족이 사용하는 말도 중국 은나라 말이 되어야 하기 때문이다. 그러므로 기자동래설과 기자조선의 이야기는 매우 어설픈 이야기만 될 뿐이다.

그렇지만 그들의 이야기를 거꾸로 되짚어 보면 오히려 그 이야기가 요·순사관의 진실을 보여 주기 때문에 다른 관점에서 그 이야기가 마땅히 검토되어야 한다. 왜냐하면 기자가 다른 곳도 아니고 고조선으로 이주했다는 이야기는 우리 민족으로 하여금 은나라 민족과 고조선 민족의 사상적 그리고 문화적 원류가 서로 이질적이라는 관점대신에 동질적이라는 관점에서 사태를 바라보게끔 해주기 때문이다. 곧 고조선 백성들이 기자를 이질적 문명의 타국에서 망명한 이민족으로 간주한 것이 아니라 동질적인 사고방식을 가진 이족의 이주민으로써 간주한 경우이다. 그러면 타민족이 이주하면서 곧바로 왕이 되는 그런 모순된 입장은 이민족인 경우보다 더 쉽게 해소될 수 있다. 하지만 여전히 그런 논점을 제쳐두고 오로지 고조선이 이미 중국에 예속된 지역이었기 때문에 기자가 무왕에 의해 고조선의 제후로 봉해질 수 있었다는 억지 주장을 늘어놓게 되면, 그런 주장은 구체적인 역사의 정황이 없는 한에서는 결코 역사적 사실로 수용될 수가 천부당만부당할 뿐이다. 왜냐하면 한나라 이전에 진나라의 진시황이 만리장성을 쌓고서 북방 민족을 배타적으로 배척하였는데, 그 연장선상에 놓인 요동 지역의 고조선이 결코 진나라의 영토가 될 수 없었기 때문이다. 그런즉 진시황이 불로초를 구하려 제나라 사람인 서불(徐市)을 바다 건너 동방으로 출항시켰다고 알려진 지역이 서해건너 고조선지역인 만큼 결코 고조선의 땅이 중국인들에게 정복당한 식민지 땅이 될 수 없는 일이다. 더욱이 그런 억지주장이 도저히 성립할 수 없는 근본이유는 이미 중국에 예속된 고조선 지역을 재차 정복하기 위해 한 무제가 강력한 군대를 동원하여 그렇게 힘든 원정을 감행할 리가 결단코 있을 수 없기 때문이다. 따라서 고조선이 중국지역에 예속되었다는 그런 정황은 역사에서 도대체 존재할 리 만무하기 때문에 그런 억지주장을 역사의 진실로서 기록한 사마천의 작태는 심히 비난받아야 한다.

그렇다면 당연히 한 무제가 고조선 원정을 감행해야만 했던 타당한 이유가 반드시 있어야 하는데, 그 경우에는 춘추·전국시대 이래로 한나라와 한나라의 영토와 인접하고 있는 고조선 간에 발생한 양국 간의 이해다툼이 더욱 치열해진 정세 이외에 달리 생각할 여지가 없다. 왜냐하면 비록 고조선과 한나라의 국경지역의 정세가 평화적인 상태가 아닐지라도, 고조선이 한나라를 선제적으로 위협을 가할 정도의 국력을 갖춘 나라가 아닌 한에서는 한나라가 굳이 많은 병력을 동원하여 원정을 감행하고 그리고 더 나아가 고조선을 멸망시킨 이후에 철수하지 않고 도리어 한사군을 설치하여 그 지역을 직접 다스리려고 이유가 달리 있을 수 없기 때문이다. 곧 한나라가 고조선의 세력을 경계했다고 판단되어진다.

그렇다면 상나라 때에 제후국인 요서의 고죽국과 상나라와의 관계는 주나라 때의 고죽국을 병합한 요서지역의 연나라와 요동지역의 고조선과의 불편한 관계 및 그 연장선상에 놓인 한나라와 고조선과의 불편한 관계와는 사뭇 다르다고 보아야 한다. 왜냐하면 전국시대 이후의 관계는 주나라 초기에 고죽국 출신의 인물인 백이·숙제가 보여 준 공생의 정세가 아니기 때문이다. 그러므로 고죽국은 그 점에서 대단히 중요한 두 가지 역사적 사실을 확인해 준다. 하나는 주나라 이전의 상나라와의 관계이고 또 다른 하나는 고죽국의 영토가 만주와 인접한 요서 지방인 점이다.[261)]

그런데 우리나라의 고대사는 하나라와 상나라(은나라)를 중국사의 관점에서

261) 지리상으로 보면, 중국내의 하·은·주의 왕조와 요령지역의 고죽국 그리고 요동지역과 만주 그리고 한반도를 아우르는 고조선이 서로 맞물려 있는 상황이 당시의 동아시아의 모습이다.

만 바라보고서 요서 지방의 동이족의 역사를 우선적으로 배제하였기에 왜곡되었다고 말할 수 있다. 곧 중국왕조와 고조선 간의 매개적인 역할을 하였던 요서 지방의 역사를 철저히 외면한 결과 때문에 우리 민족의 역사관이 줄곧 중화사상의 역사관에 예속된 점이다. 그리하여 우리의 역사의식은 중국역사에 기록된 동이족과 몽고와 만주에 분포된 동이족을 서로 무관한 관계로 치부하였고 그리하여 끝내 단군조선에 깃든 역사관을 스스로 묵살하고 외면하였다. 그런데 그런 왜곡된 역사관에 함몰된 배경을 따져 보려면, 먼저 진시황이 만리장성을 쌓지 않으면 안 되었던 이유부터 검토해 보아야 한다. 그리고 그 경우에는 진시황이 수비적이고 방어적인 입장을 취했는데 비해 한 무제가 선제적이면서 공격적인 원정을 감행해야 했던 이유를 서로 구별할 수 있는 역사적 안목부터 갖추어야 한다.

하여간 고죽국은 관자의 문헌에서는 BC664년 연과 제의 연합군에 의해 멸망당했다고 기록되어 있으며 그리고 그런 고죽국은 주나라의 무왕이 은나라를 멸하고 BC1111년에 주나라를 건국했을 때 고죽국의 백이·숙제가 무왕에게 부당함을 간하다가 수양산에서 굶어 죽었다는 다른 기록을 통해서도 확실히 증명된다. 만약 그 점을 의아하게 여기게 되면, 은나라의 제후국으로서 고죽국이란 나라가 존재한 사실조차 없게 되는데, 그러면 단연코 어떻게 그런 인물이 왜 무왕에게 달려와 그런 짓을 했다고 고대경전이 기록했는지가 의아스럽지 않을 수 없게 된다. 더 나아가 무왕이 동시대의 인물인 기자를 고조선으로 보내 고조선 제후로 봉했다는 이야기가 거짓임을 밝힐 객관적 역사의 근거조차 사라지게 된다.

그런데 오늘날 현존하는 고조선 역사의 출처는 하나는 유물에 근거하는 것이고 다른 하나는 중국의 고대문헌에 근거한 것이다. 그 밖에는 역사학계가 거부하는 환단고기(桓檀古記)라는 전래의 우리문헌이다. 물론 환단고기도 중국역사의 기록을 참조하고 있기 때문에 논란의 여지가 대단하다. 그럼에도 불구하고 환단고기는 매우 특이점을 보여 주기 때문에 필히 주목해야 한다. 그것은 북방의 고구려와 발해의 역사가 고조선의 역사를 중국역사보다도 앞섰다고 기록한 점이다. 비록 그 책이 발해시대에 한문으로 엮어졌기 때문에 많은 논란거리를 보여 주고 있지만, 그러나 중국인이 도저히 알 수 없고 그리고 후대에 도저히 꾸밀 수 없는 왕조의 내력을 완전하게 기록해 두었기 때문에 결코 그 내용을 모조리 가공된 것으로 치부해서는 안 된다. 만약 모조리 가공되었다고 말하려면, 역사를 가공한 인물인 사마천의 사기를 참조하고서 말해야 한다. 왜냐하면 자신들이 모르는 역사를 거짓으로 꾸미는 인물이 당대에 현존하는 역사기록을 전부 무시하고 그리하여 아예 무지한 채로 환단고기에 수록된 그 많은 구체적인 이름의 왕들을 모조리 가공했다는 것은 도저히 불가능하기 때문이다.

그러므로 후대에 중화사상의 중국의 문헌에 의존하여 만들어진 삼국사기의 기록은 중국민족사관에 함몰되어 있기 때문에 우리 민족의 고대모습을 제대로 파악할 수 없게 해준다.

그렇다면 우리의 역사를 재구성하는 작업에 있어서 가장 확실한 지침을 세우려면, 오히려 역설적으로 중국 서책인 고대경전을 이족의 역사를 풀어줄 실마리 삼아야 한다. 왜냐하면 중화사상에 물들어 왜곡된 기록 대신에 이족의 순수성을 간직한 고대경전이 진실을 보여 주기 때문이다. 그리고 고대경전이 왜곡되지 않은 기록일 뿐만 아니라, 더 나아가 다른 무엇보다도 그 기록이 한나라 때에 등장한 역사서들보다도 앞서 있기 때문이다.

그렇다면 고죽국의 존재가 동아시아의 역사에 있어서 어떤 의의를 지니고 있는지는 다음의 몇 가지 관점으로 정리되어야 한다.

첫째, 요·순시대로부터 주나라의 초기까지 중국고대왕조에서 국경선 바깥에서 중국왕조와 군사적 충돌을 야기할 나라는 뚜렷하게 고조선 밖에 없는데, 그러나 고조선은 고죽국이 가로 막고 있어서 전혀 그럴 처지가 아니었기 때문에 중국고대왕조와 고조선과의 민족갈등은 존재하지 않았다고 말할 수 있다.

더욱이 고죽국이 은나라 탕왕에 의해 은나라 제후국이 되었다가 주나라 때에 제·연 두 나라 동맹군에 의해 멸망당한 왕조라면, 당연히 그 세월동안 요서지역은 이족의 고죽국이 다스렸다는 것이다. 더 나아가 그 점은 탕왕에 의해 상나라의 제후국이 되기 이전부터 요서 지방에 거주하고 있었다는 것을 의미한다. 그 이유는 중국왕조가 이족이고, 요동을 차지하고 있는 고조선이 이족인데, 그 중간의 요서에 이족이 거주하고 있지 않았다는 것은 어불성설이기 때문이다.

그런데 요서 지역이 은나라 초기에 중국의 제후국이 되었다는 점은 동아시아 정세에 엄청난 역사적 의의를 지닌다. 왜냐하면 그 이유는 훗날 중국이 요서지역을 차지할 수 있게 한 역사적 계기가 되었다는 점과 그리고 고조선의 국력도 요동 지역에까지만 영향을 미칠 정도였다는 것을 증명하는 사례이기 때문이다. 곧 고죽국이 은나라 초기에 제후국이 되었다는 사실은 황하 유역에서 시작하여 영역을 넓혀 나간 중국고대왕조가 하나라 말기 및 상나라 초기에 이르러 요서 지역과 직접교류가 가능할 정도의 인구(人口)와 물산(物産)을 갖추었다는 사실을 보여 주는 근거이기 때문이다. 그리고 그 사실은 역설적으로 중국왕조의 국력도 요서를 직접 다스릴 능력이 되지 못했고, 마찬가지로 고조선의 국력도 요서를 다스릴 정도의 국력이 되지 못했다는 것을 간접적으로 입증한다.

더 나아가 요서의 고죽국이 고구려에 복속하지 않고 은나라의 제후국이 되었다는 사실은 첫째 은나라가 요서 지역까지 봉건제도를 실시할 정도로 왕조의 영토가 확장되었다는 점과, 둘째 그에 비해 고조선의 사정은 그럴 정도가 안 되었다는 점과, 셋째 요서의 이족이 고조선의 이족보다 중국의 이족에 다가간 결정적 이유는 은나라의 영향력이 고조선의 영향력보다는 더 강해졌다는 점을 보여준다. 즉 은나라에 다가가는 것이 고죽국에 더 유리했었다는 것이다.

둘째, 요서 지역의 고죽국이 상나라의 제후국 되었다는 사실이 은나라와 고조선 두 나라 사이에 민족적 갈등과 마찰이 없었다는 증거인데, 곧 그 점은 중국의 사료가 명백히 입증해 준다. 왜냐하면 서경 상서 탕서(湯書), 중훼지고(仲

虺之誥), 탕고(湯誥)가 탕왕이 고대통치노선을 철저히 따른 인물임을 명확히 입증하는데, 그런 기질의 탕 임금에게 무력으로 요서를 정벌하거나 무력으로 고조선과 영역다툼을 할 동기가 전혀 없었고 또한 그런 무모한 전쟁을 감당할 능력조차 당시의 은나라에게 없었기 때문이다.

그러므로 당연히 고죽국의 이족을 인접한 고조선도 이족국가인 만큼 요서 지역의 고죽국이 상나라와 관계가 원활했다면, 당연히 요서의 고죽국과 요동의 고조선이 대립적인 적대관계가 아닌 한에서는 고조선과 상나라도 적대적 마찰을 서로 일으킬 이유가 하등 없게 된다. 만약 고조선과 중국고대왕조 사이에 적대적인 마찰관계로 인한 군사적 충돌이 발생했다면, 오히려 그 충돌은 고조선과 고죽국간의 충돌이거나 아니면 중국고대왕조와 고죽국 간의 충돌이어야 한다. 즉 중간의 고죽국을 배제하고서 고조선과 중국고대왕조 간의 직접적 충돌은 불가능했기 때문에 고죽국이 중국왕조 측이거나 아니면 고조선 측이어야만 중국왕조와 고조선이 직접 충돌할 수 있게 된다. 하지만 은나라, 고죽국, 고조선이 모두 다 평화를 지향한 나라였기 때문에 적대적 충돌이 발생할 리 만무했다. 그런데 그 점의 증거는 상나라의 제후국인 고죽국을 무왕이 멸망시키지 않고 그대로 존속시킨 점에서 찾을 수 있다. 다시 말해 무왕이 설사 백이·숙제에 대한 불쾌한 감정이 있었더라도 어쨌든 고죽국에 대해 불리한 조치를 하지 않았고, 그 뿐만 아니라 무왕이 그의 동생 소강공(召康公) 석(奭)을 연나라 제후로 임명하였지만 그러나 상나라 제후국인 고죽국이 여전히 존속했다는 사실 때문에 서주(西周)와 요서 지역의 이족국가인 고죽국 간에는 전혀 갈등이 없었다는 사실은 그대로 확인된다. 더 나아가 주나라가 제후국인 고죽국을 존속시켰다는 그 사실은 곧 요동의 이족국인 고조선과의 관계도 별다른 마찰 없이 순조로웠다는 점을 간접적으로 증명해 주는 역사적 자료인 것이다.

셋째, 고죽국이 멸망한 이후의 요서 지역을 곧바로 연나라가 전적으로 다 차지할 수 없었다면, 당연히 그 사실은 그 지역을 두고서 고조선과 연나라가 직접적으로 충돌하지 않을 수 없게 되었다는 상황을 그대로 보여 준다. 그렇다면 당연히 고죽국의 멸망시기와 그 멸망의 원인이 역사적으로 대단히 중요해진다.

넷째, 고죽국의 멸망이 고죽국이 견융에 의해 지배당한 상황에서 견융이 제·연 연합국에 의한 무력에 의해 퇴패함과 동시에 이루어진 만큼, 고죽국의 이후의 북방민족의 움직임은 곧 동아시아 역사를 규명하는 가장 중요한 실마리가 된다. 왜냐하면 서주시대를 동주시대로 전환하게 만든 결정된 동인이었던 융·적의 호경(鎬京)침입에는 북방민족인 흉노(匈奴)가 포함되어 있지 않기 때문이다. 그리고 그 시기에는 여전히 요서 지방에 고죽국이 존재하고 있었기 때문이다.

그런데 전국시대 말기 그리고 진·한 통일왕조의 북방문제는 적(狄)족에 속하는 흉노족에 의한 것이었다. 그렇다면 그로부터 흉노를 북방에서 견제할 세력이 전혀 없었다는 결론이 나오게 된다. 곧 주나라로부터 배척된 북방의 부족들이 주나라와 적대관계를 형성하게 된 상황에서 북방에 흉노족이 등장했다면, 주나라가 스스로 근본원인을 제공한 꼴인데, 따라서 그 점은 철저히 논구되어야 한다. 그리고 그 실마리는 고죽국이 멸망한 이후에 요서지방에서 연나라와 고조선이 대립한 정황에서 철저히 찾아보아야 한다. 즉 이 시기의 고조선이 주변의 북방 민족과 연합하여 연나라를 견제한 사실로부터 그 근거를 찾아 볼 수 있기 때문이다.

그렇다면 고죽국이 지닌 동아시아 역사의 의의에 걸맞게 다음의 문제점과 그에 대한 결론을 마땅히 짚고 넘어가야 한다. 곧 고죽국의 역사는 중국고대역사에서 동이족과의 연관성을 밝힐 수 없는 통로인데, 백이·숙제의 존재를 근거로 해서 주나라 초기의 백성들을 고찰하게 되면 화하의 용어를 표현한 중국고대왕조의 역사가 스스로 모순을 범하게 되는 점이다.

하여간 앞서 지적한 바대로, 고죽국이 상나라시대에 제후국이 되었고 그리고 이족의 왕조이기에 당연히 상나라조차 이족의 왕조라고 간주하게 되면, 그 결론은 논리적으로나 사실적으로나 별다른 문제를 야기하지 않는다. 그러나 무리하게 하나라를 세운 민족이 화하족이라고 규정하고서 그런 연유에 주나라가 화하족의 나라로서 상나라를 타도했다는 억지주장을 펴게 되면, 그 역사관은 논리적으로나 사실적으로나 모순점에 봉착하지 않을 수 없게 된다. 즉 중국고대역사를 화하족과 이족의 대립국면으로 끌고 가게 되면, 당연히 그 논법은 커다란 무리를 범하지 않을 수 없게 된다.

그 다음으로 검토되어야할 점은 후대에 와서 정립된 화하족의 역사관으로, 중국북방민족과의 갈등을 단적으로 중국민족과 중국바깥의 이민족 간의 충돌사태로 규정한 역사관이 과연 타당한 주장인가? 하는 점이다. 왜냐하면 북방의 문제가 중국 내의 문제가 아니라 중국바깥의 이민족이 침략한 심각한 국경문제이었다면, 결코 중국왕조의 백성으로서의 이족, 만족, 융족과 적족의 기록이 가능할 수가 없게 되어 그렇게 되면 당연히 서경을 비롯한 고대경전의 기록에 대한 진정성이 논란거리가 될 수밖에 없기 때문이다.

그러므로 중화사상에 결핍된 수미일관성은 황로학의 선비들이 주나라 유왕과 포사를 역사의 죄인으로 몰고 간 봉화(烽火)의 기록이 편향된 입장만 반영한 왜곡된 결과물인지를 전혀 고려하지 않은 탓인지를 따져보아야 한다. 왜냐하면 봉화는 변란 따위를 알리기 위해 봉홧둑에서 올리는 횃불을 의미하는데, 주나라 왕도인 호경 주변에 있는 봉화가 타국의 이민족의 침략을 대비한 것인지 아니면 그것도 포함하여 자국 내의 반란을 대비하기 위한 것인지를 무시한 채 일방적으로 유왕과 포사 그리고 융·적만 잘못된 것으로 단정한 기록에는 많은 의문점이 있음에도 불구하고 황로학이 그 점을 무시한 태도와 그리고 동주시대의 통치세력에 의해 이루어진 일방적 판정이 훗날 춘추전국시대를 초래한 단초이었는지를 황로학이 외면한 태도 때문이다.

물론 봉화는 두 가지의 경우를 모두 포함하는 것이지만, 그러나 유왕의 경우는 봉화가 국경 밖의 견융이 성도로 침략(侵掠)하는 것을 알리기 위해 올린 것인지 아니면, 국경 안의 견융이 난을 일으켜 성도를 침입(侵入)하는 것을 알리기 위해 올린 것인지에 따라 역사 이해의 차이점이 극명하게 달라질 수 있으므로 이 문제점은 당시 사관에 의해 객관적으로 상세히 다루어져야 했다.

왜냐하면 무왕을 도와 주나라에 공을 세운 서융족이 어떻게 국외의 이민족이 되며, 그리고 주나라가 적대적인 이민족이 거주하는 섬서성에 굳이 왕도를 정해야 했는지, 또한 이민족인 서융이 왕도가 있는 섬서성에 어떻게 함께 동거할 수 있는지가 엄청난 의문점이 되기 때문이다. 다시 말해 주나라와 서융이 서로 적대감을 가지고서 마찰과 충돌이 잦았다면 주나라가 어떻게 그 지역을 다스리는 제후가 되었는지, 더 나아가 그 당시 서융은 제후국인 주나라의 백성이 아니었는지가 중대한 의문점이 되기 때문이다.

어쨌든 서경은 그 당시를 간단히 기록해 두었다. 그것은 서경의 문후지명(文侯之命)인데, 그 글은 유왕의 태자였든 의구(宜臼)를 평왕(平王)으로 앉힌 진(晋)나라 문후에게 동도(東都=洛邑)로 천도하여 방백(方伯)을 삼을 때 내린 책서(策書)이다. 거기에 융(戎)의 침입이 간단히 언급되어 있다.

> "아(嗚呼)! 불쌍한 나 어린 아들은 (閔予小子) 왕위를 이어받은 초기에 하늘의 큰 허물을 만나(嗣造天丕愆) 재물과 은택이 아래 백성들에게 끊겼습니다(殄資澤于下民). 융족이 우리 나라를 크게 침범하였는데 (侵戎我國家純) 나를 돕는 어사들 중 나이가 많고 뛰어난 자가 업무에 있지 않고(卽我御事罔或耆壽俊 在厥服) 나도 또한 능력이 없습니다(予則罔克).……"[262]

262) 서경 p888~889

그리하여 융족의 침범한 이 사건으로 인해 주왕조가 섬서성 <西安부근>호경에서 하남성 낙읍으로 천도를 하게 되었고, 그리고 진(秦)나라가 견융의 침입을 방어한 공로로 섬서성의 제후국이 되었다. 그렇게 되면 당연히 진(秦)나라와 섬서성 태원(太原)지역에 거주하는 서융(西戎)과의 관계는 불가피하게 적대적일 수밖에 없게 된다. 그리고 진나라의 무력에 의해 섬서성 태원에서 쫓겨난 산융(山戎)은 군사적으로 가장 취약한 동쪽의 요서 지역의 고죽국 영역으로 나아가 중국에로의 진출을 모색하였다. 그리고 또한 역사는 실제로 그렇게 진행되었다. 그리하여 고죽국이 제나라와 연나라의 연합국에 의해 멸망하게 되었다. 그리고 그 지역을 차지한 연나라와 중간의 조나라 및 서쪽의 진나라에 의해 중국진출이 완전히 봉쇄당한 융적의 무리들은 중국과 선린우호의 문화적 교류관계 대신에 군사적으로 적대적인 긴장관계를 촉발시켰다. 그런 여건 속에서 북방 지역의 여러 부족들의 움직임 특히 전국시대에 출현한 흉노족의 움직임은 급기야 중국과 북방 민족 간의 관계를 초긴장상태로 돌변시켜 버렸다.

그러므로 중국왕조가 스스로 야기한 책임부분은 쏙 빼버리고, 일방적으로 북방 민족에게 모든 잘못을 전가하면서 '존왕양이(尊王攘夷)'의 기치를 드높인 중화사상의 역사관은 태동부터 모순으로 가득 찬 역사관이 아닐 수 없게 된다. 바로 이런 모순을 가장 잘 보여 주는 사례가 바로 백이·숙제의 경우이므로 특별히 유념하고서 주목해야 한다. 왜냐하면 백이·숙제와 고죽국의 역사가 중국고전에 명백히 수록되어 있는 한, 황제사관을 앞세운 중화사상이 동아시아 역사를 함부로 날조해서는 안 되기 때문이다.

그러므로 중국인이 올바른 이성과 양식을 가졌다면 스스로를 부끄럽게 여기고서 자진해서 날조하고 왜곡시킨 고대역사를 바로 잡아야 한다.

제2부. 요·순의 왕도정치사상을 부정해야만 하는 춘추 이후의 전국시대

논점제시 : 화이사상(華夷思想)은 중국문명의 원형을 창조한 이족의 역사를 배척하였을 뿐만 아니라 더 나아가 그로부터 야기된 부정적 파장이 중국에서 멀리 떨어진 요동지역에 거주하고 있었던 동이족인 우리 조상들까지도 경멸하게 만든 가공의 잘못된 사상이다. 그러므로 당연히 화이사상은 그 당시부터 지금에 이르기까지도 우리 민족에게는 결코 좋은 사상일 수 없다.

그 뿐만 아니라 지금 시점인 21세기에서 앞으로 나아가야할 미래를 위해서도 대단히 부정적이다. 다시 말해 전국시대가 낳은 패권주의적 패도사상에서 발전지향적인 요인을 찾아보려고 해도 여전히 부정적일 뿐이다. 왜냐하면 오늘날의 중화민족사관의 근저에 놓인 편견과 오만감에는 아시아 공영을 함께 추구할 여러 민족들의 자긍심에 심리적 갈등을 유발할 저해요인으로 가득 차 있기 때문이다.

그러므로 당연히 이 사상은 철저한 비판을 거쳐 올바르게 교정되어야만 한다.」

화이사상은 후대에 이르러 송(宋)대에 형성된 것으로 알려져 있다. 만약 널리 알려진 바대로 송나라의 유학자 혹은 신유가의 태두로서 알려진 주자(朱子)가 그런 발상을 하였다면, 실로 주자는 유학의 본질을 어지럽힌 학자가 될 것이다. 그 이유는 황로학이 공자를 비롯한 유가들이 혼신의 노력을 기우려 고수하려고 한 고대왕조의 통치이념과 노선을 부정한 결과가 곧 중화사상의 핵심이 된 전제적이고 절대적인 체제의 통치노선이었기 때문이다. 그리고 더 나아가 또한 그로부터 야기된 부메랑이 이른바 중국과 북방민족 간에 형성된 극한 대결이었기 때문이다. 그럼에도 불구하고 유학의 가르침을 따르는 주희가 그 책임의 원인을 전적으로 북방민족에게 전가하였으니 실로 개탄스러울 뿐이다.

제1절. 요순의 선양사상을 부정해야할 시대상황

논구초점 : BC 453년 진(晉)나라[263]가 삼분되어 한·위·조 삼국이 새롭게 탄생되었고 그리고 BC403년에 주왕실로부터 삼국이 정식으로 제후국

---

263) 진(晉) : BC 6세기 중기에는 국내 귀족인 범(范)·중행(中行)·지(智)·한(韓)·위(魏)·조(趙)의 6경(六卿)의 권력이 증대해지고 그 중에서도 한·위·조 3씨가 남았다. BC 453년에 한강자(韓康子)가 조씨(趙氏)·위씨(魏氏)와 함께 진의 지백(知伯)을 멸하고 영토를 3분하여, BC 403년에 주(周)의 위열왕(威列王)으로부터 제후로 승인되어 독립국이 되었다. BC 403년 이 '3진(三晉)'은 정식으로 제후의 인정을 받게 되었고 BC 376년에 이르러 진나라 공실(公室)은 멸망하였다. 춘추 시대 말 전국 시대 초기 진(晉)나라 사람. (출처 :두산백과)

지백(知伯) - 지앵(知罃)의 현손이다. 진 출공(晉 出公) 17년 조(趙), 한(韓), 위(魏)와 함께 범씨(范氏)와 중행씨(中行氏)의 땅을 나눠 읍(邑)으로 삼았다. 나중에 한, 위와 함께 조양자(趙襄子)를 공격해 진양(晉陽)을 포위하고 물을 부어 넣었다. 조양자가 밤에 맹담(孟談)을 시켜 한, 위와 합세하여 물을 끌어들여 지요의 군대에 부어넣어 군중(軍中)에서 살해한 뒤 지씨(知氏)를 멸족시켰다.(출처: 중국역대인명사전)

으로 봉해지면서 춘추시대와 구별되는 전국시대가 열렸다. 그런데 이 일이 비록 정식적인 절차를 거쳤다고 하더라도, 그와 같은 무도한 일은 주나라의 봉건제도를 완전히 부정하는 사건으로서, 그리하여 제후의 자리를 차지한 군주들이 더 이상 주나라의 신하로서의 제후가 아니라 스스로 왕이라고 참칭하기에 이르게 되었다. 그리고 마침내 천하는 무도한 왕들이 난무하는 난세의 터전이 된 것이다. 그런즉 춘추와 전국의 차이점은 단적으로 구분된다.

그것은 춘추시대의 오패는 주나라를 대신할 스스로 왕이 될 생각이 없었지만, 전국시대의 칠웅은 주나라를 대신하여 천하의 왕이 되려고 한 점이다. 그러므로 전국 칠웅이 스스로 왕이 되려고 한 자들이기에 어떤 경우에서라도 요·순의 선양사상의 미덕을 결코 존중할 수 없었다.

묵자의 겸애설과 양수의 이기설처럼 극단적이라고 평가받는 사상이 전국시대의 민중들에게서 대단한 지지를 받았다는 사실은[264] 역설적으로 그들의 사상이 그만큼 고달픈 삶을 살아가는 민중들의 도피처 내지 안식처가 되었다는 증거가 된다.

그러므로 힘없고 어리석어 보이는 민중들은 한 편으로는 이기적으로 자신을 보호하려고 하면서, 또 다른 편으로는 "문왕을 기다린 뒤에(待文王) 그리고 흥기하는 자는(而後興者) 일반백성이니(凡民也), 호걸의 선비로 말하면(若夫豪傑之士) 비록 문왕과 같은 성군이 없을지라도(雖無文王) 오히려 흥기한다(猶興)."[265]라고 맹자가 말한 바처럼, 한 편으로는 절대적 강자가 자신들을 편안하게 보호해 주기를 바라고, 그리고 또 한편으로는 스스로 흥기하려는 이중적인

264) 춘추시대의 공자의 논어에는 묵자와 노자 및 양수의 사상은 전혀 보이지 않고 전국시대의 맹자의 저서와 열자의 서적에 묵자와 양수의 사상을 비난하거나 인용하는 글이 등장하게 된 점으로 보아 그러하다.

265) 맹자 p380

태도를 취했다.

그런즉 양주의 이기설은 난세의 혼란에 놓인 민중들에게 누구도 믿지 말고 오직 스스로 자신의 안전과 안위를 해결해야 한다고 가르쳤고, 그와 대조적으로 묵자의 겸애설은 위정자가 힘없는 민중들을 무차별적으로 동등하게 대우해 주어야 한다고 가르쳤다.

그리하여 전자인 양수의 이기설은 학설자체가 이기적인 만큼 이기적인 개인들을 규합하여서 정치적 영향력을 행사할 파벌(派閥)을 결코 만들 수 없었던 반면에, 후자인 묵자의 겸애설은 누군가가 그렇게 해 주기를 바라는 민중의 심리상태를 적절히 이용하여 정치적 영향력을 행사할 수 있는 학파까지 만들 수 있었다. 하지만 평상시에는 물밑에서 잠잠하다가 사회가 혼란스러우면 언제든지 수면으로 떠올라 기승을 부리곤 하는 극단적 이론들이 그들의 지나친 주장이 스스로 자초한 여론의 비난 때문에 시간이 지남에 따라 어느 듯 대중의 눈앞에서 사라져 버리는 일상적인 현상처럼, 묵가의 겸애설이이나 양주의 이기설도 어느 듯 사회여론을 대변하는 뭇 선비들의 비난 속에서 대중의 관심 밖으로 떨어져 나갔다.

그러므로 맹자는 그런 양자와 묵자에 대해 다음과 같이 평했다.

"양자는(楊子) 자신을 위함을 취하였으니(取爲我), 하나의 털을 뽑아서(拔一毛) 그래서 천하가 이롭더라도(而利天下) 하지 않았다(不爲也).

묵자는(墨子) 겸애를 하였으니(兼愛), 이마를 갈아 발꿈치에 이르더라도(摩頂放踵) 천하에 이로우면(利天下) 하였다(爲之).

자막은(子莫) 그 중간을 잡았으니(執中), 중간을 잡는 것은 도에 가까우나(執中爲近之), 중간을 잡고 저울질함이 없는 것은(執中無權) 한쪽을 잡는 것과 같다(유執一也).

한쪽을 잡는 것을 미워하는 까닭은(所惡執一者) 도를 해치기 때문이니(爲其賊道也), 하나를 들고(擧一) 그리고서 백 가지를 폐하는 것이다(而廢百也)."[266]

그리고서 다음처럼 그들의 활동을 금지시켜야 한다는 극단적인 평까지 하였다.

"묵적에서 도피하면(逃墨) 반드시 양수로 돌아가고(必歸於楊), 양수에서 도피하면(逃楊) 반드시 유학으로 돌아올 것이니(必歸於儒), 돌아오면(歸) 받아 줄 뿐이다(斯受之而已矣).

지금에 양수·묵적의 학자들과(今之與楊墨) 변론하는 것은(辯者) 마치 뛰쳐나간 돼지를 쫓는 것과 같으니(如追放豚), 이윽고 그 우리로 들어오면(旣入其苙) 다시 따라가서 능히 발을 결박해야 한다(又從而招之)."[267]

따라서 이래도 고달프고 저래도 고달픈 민중들은 당연히 그와 같은 겸애설과 이기설 대신에, 자신들의 고달픈 삶을 수습해 줄 실질적인 역량을 갖춘 사상을 기대하지 않을 수 없게 되는데, 맹자는 세상 사람들에게 유가의 가르침을 내세우지만 그와 반대로 도가와 법가는 유가의 가르침을 배척하고 자신들이 규합한 황로학의 가르침을 내세운다.

따라서 전국시대에 그런 정치적 역량을 갖춘 사상은 기존의 왕도사상을 수호하려는 유가와 그리고 왕도사상을 대신하여 패도사상을 지향하는 법가 및 법가와 더불어 유가의 왕도사상을 비난하면서 황제의 무위정치사상을 내세운 도

---

266) ibid p394~395
267) 맹자 p431

가로 압축된다. 하지만 전통적인 법가의 패권적 정치노선은 기존의 왕도정치노선을 춘추시대상황에 맞추기 위해 변형된 것에 지나지 않으므로, 관중과 같은 초기의 법가들은 공자가 등장하기 이전에 정치권력을 장악하려고만 하였지, 왕도사상의 요체인 요·순임금을 극렬히 비난하면서 배척하려고 하지 않았다. 그에 반해 전국시대에 새롭게 거듭난 법가노선은 유가대신 도가를 추종하였는데, 그 도가가 유가의 요·순 사관을 정면으로 부정하고, 배척하려는 이론을 제시하였으므로, 한비자와 관중의 이론은 그 내용도 다르고 그 품격도 전혀 다르다.

따라서 전국시대의 특성을 규명하려면 필히 도가가 유가를 공박한 배경에 정확히 초점을 맞추어야 한다. 왜냐하면 도가사상가들이 계획적으로 구상하여 마침내 후대에 결실을 맺은 화이사상은 고대의 이족이 주변의 여러 민족을 화합시켜 하나의 통일왕국을 이룩한 통치이념을 거부하는 사상이기 때문이다. 그러므로 그 근저에는 춘추전국시대의 분열양상을 그 통치이념으로 극복하려는 공자와 맹자의 의도를 전면적으로 부정하고 극단적으로 배척하려는 도가의 의도가 명백히 깔려 있다. 그런즉 도가사상가들은 자신의 그런 의도를 관철하기 위해 가공의 우화를 만들거나 역사를 변조하여 글로써 세상에 널리 유포하였다. 그러므로 그들을 철저히 검토하여야 한다.

곧 아래에 인용한 문장은 그런 목적으로 장자에 꾸민 이야기로써 전국시대 말기의 '여씨춘추(呂氏春秋)'와 한대 초기의 '회남자(淮南子)'에도 실려 있는데, 지극히 선양사상을 부정하고 배척하기 위해 가공된 글이다. 더욱이 장자가 보여준 부정의 극치는 선양을 모독하기 위해 자기 목숨을 버렸다고 이야기를 구성한 곳에 고스란히 드러나 있다. 왜 그 점이 지나친 것인지는 유가를 배척하기 위해 인명을 담보한 예가 삶의 가치와 생명을 중시하는 인륜을 모독한 것이기 때문이다.

"순이 황제의 자리를 그 친구 북인무택에게 양보하려 하자(舜以天下讓其友北

人無擇), 북인무택이 말했다(北人無擇曰). 「이상도 하군(異哉). 임금인 당신은 (后之爲人也)) 밭두둑 한가운데에 살면서(居於거어畎畝之中) 그리고 요임금의 문을 드나들더니(而遊堯之門), 이와 같이 되지 않았는가(不若是而已). 또 다시 그 더러운 행위로 나까지 욕되게 하려 하다니(又欲以其辱行慢我), 나는 만나는 것조차 수치스럽다(吾羞見之). 그 때문에 스스로 맑고 차가운 물에 몸을 던졌다 (因自投淸冷之淵)」"[268]

그럼에도 불구하고 전국시대의 종말은 도가들이 원했던 바대로 진행되지 않았으니까 참으로 아이러니컬하다. 왜냐하면 춘추전국시대의 상황을 놓고 보면, 도가사상가들은 그들이 화이(華夷)사상을 조장하여 왕도사상의 역사적 정통성을 타파하고서 전국시대를 종식할 수 있는 사상적 기반을 마련해주었다는 찬사와 더불어 그에 상응하는 대가로 통일왕조의 전면무대의 전면에 급부상해야 했음에도 불구하고 그렇게 되지 않았기 때문이다. 즉 전국시대의 난립한 여러 제후국들을 복속시켜 하나의 왕조로 통일한 진나라가 얼마 안가 멸망하고 주나라의 통일왕조를 뒤이은 한나라가 전국시대 말기에 득세한 황로학의 노선을 통치이념으로 채택하기 않았기 때문이다. 다시 말해 한나라 5대 무제가 진나라의 시황제가 분서갱유의 사건을 자행하면서까지 극구 배척한 유학의 이념을 오히려 국학으로 채택하였기 때문이다. 그런즉 진시황이 불로(不老)약을 갖고 싶어 한 정황이 보여 주듯이, 도가가 진나라의 천하통일을 통해 천하대세를 장악했음에도 불구하고 곧 진나라가 멸망하여 덩달아 자신들의 득세기간도 너무도 짧아졌기 때문에 도가로서는 그 점이 참으로 억울한 일이 아닐 수 없게 된다.

그런데 역사의 아이러니컬한 점은 도가의 그런 억울한 운명과 마찬가지로, 비

268) 장자 p510

록 표면적으로는 유가의 이념이 한 무제에 의해 통일왕조의 통치노선으로 채택되었을지라도, 오히려 그 선택 때문에 어처구니없게 도가에 의해 잉태되고 영글어진 화이사상의 진원지라는 오명을 뒤집어쓰지 않을 수 없게 된 것이다. 물론 유가와 도가의 양쪽에서 보면, 그 결과는 서로에게 각각 용납할 수 없는 일이긴 하지만, 그러나 양 당사자가 그 결과를 모두 결코 수용할 수밖에 없었다. 왜냐하면 왕도사상을 지향하는 유가는 얼토당토않게 화이사상을 고취한 사상으로 내내 오인 받게 되었을지라도, 그와 반대로 도가는 자신들이 전국시대를 수습할 수 있는 사상적 기반과 통일을 위한 정치적 토양을 마련했음에도 불구하고 그 공로와 치적을 제대로 평가받을 수 없게 되었을지라도, 유가는 무제에 의해 국학으로 채택되었고, 도가는 무제에 의해 도관을 설치 받았기 때문이다.

그러므로 분서갱유 이후에 그 맥이 거의 단절되다시피 한 유가에서 그나마 잔존한 인물들이 자기보존을 위해 화이사상의 역사관에 거의 굴복해 버렸기 때문에, 그런 수준의 유가의 인물에 의해 왜곡된 역사가 시정될 것을 기대하는 것은 난망한 일일 뿐이었다. 하지만 화이사상 곧 중화사상은 정말 잘못된 역사관으로서 반드시 바로 고쳐져야 할 왜곡된 사상의 발로이다. 그리고 그런 왜곡된 진상이 불식되기 위해서는 왜 도가가 유가를 그렇게 집요하게 공격하였는지 또 공격할 수밖에 없었는지가 제대로 논구되어야 한다. 또한 그렇게 되어야만 공자의 인(仁)의 사상이 단순한 도덕적 가르침이 아니라 이족이 모든 중국민족을 단결시키고 또한 더 나아가 모든 주변의 이웃 민족과 화평을 추구하려고 한 민본주의 통치노선의 정치사상임이 제대로 밝혀질 수 있게 된다. 그리고 더 나아가 그 순수성이 일반 대중들에게 올바르게 이해되어야만, 유가사상에 담긴 현대성이 드러날 수 있게 되며 그리하여 그 현대성이 지금의 인류가 나아가야 할 바람직한 미래사회를 위해 긍정적인 길잡이의 역할을 유감없이 발휘할 수 있게 된다.

따라서 동아시아 민족은 중국고대왕조의 역사를 수록한 서경이 요·순임금의 기록으로부터 시작한 역사적 의의를 지극한 관심을 가지고서 주목해야 한다. 왜냐하면 서경이 보여주는 요·순 왕조의 인륜적인 모습과 그리고 그들이 수립한 민본주의 통치이념은 여타의 다른 국가의 왕조들이 수립한 건국신화와 통치이념과 극히 대조적이기 때문이다. 그러므로 이 점이야 말로 서경의 기록이 역사적으로 명확한 실증적 근거를 확보하고 있다는 점을 의미하는 것이기 때문에 그 역사적 의의가 제대로 파악되어야 한다. 즉 서경은 신화에서처럼 실존하지 않았든 가공의 인물과 또한 실재하지도 않았든 가상의 왕조를 역사의 실체로서 기록한 것이 아니기 때문에 그 내용에 담긴 교훈의 하나하나가 신중히 검토되어야 한다.

그런 역사적 의의를 지닌 서경이 첫 순서로 수록한 요(堯)전에서 요임금이 자신의 아들에게 제위를 물려주지 않고 그 대신 순임금에게 양위한 것과 그리고 그 과정에서 요임금을 보필하는 다른 신하들조차 요임금을 본받아 요임금이 권유한 왕위를 극구 사양하면서 순임금을 대신 천거한 경우를 기록한 점은 너무도 극적인 장면으로서, 그것에는 서경이 후대의 위정자들에게 통치이념의 근본을 보여주려는 배려가 적나라하게 드려나 있다. 다시 말해 중국고대왕조의 수립한 통치이념이 선양제도를 통해 계승되었다는 사실이 후세의 위정자에게 귀감이 되게 하려는 의도이다. 즉 인문사상으로서 가장 가치 있는 민본사상이 지닌 정치적 의의를 후대 왕조가 필히 본받도록 하기 위한 의도이다.

따라서 앞서 논구한 바대로 요임금의 기록이 함축하고 있는 역사적 의의가 첫째 민본주의의 통치노선과, 둘째 가장 민주적인 통치방식인 협치(協治) 노선과, 셋째 그런 정신을 구현하기 위한 최상의 실천방법으로 선택한 선양방식에 있는 것이기 때문에, 당연히 그것을 부정하지 않으면 안 될 정치적 상황이 제대로 논구되어야만 역사왜곡의 진상이 드려날 수 있게 된다.

그런즉 우선적으로 우임금이 선양방식 대신에 자신의 아들인 계에게 양위를 계승시켜 그리하여 순임금이 자신을 왕으로 만들어준 선양방식을 거부한 점에 대한 도덕적 의의는 필히 논구되어야 한다. 왜냐하면 그 점은 두 가지 점에서 명쾌히 정리되어야 하기 때문이다.

첫째는 자식이라도 그 일에 합당하면 대의를 위해 임명해야 한다는 것이다. 그러므로 우임금이 그의 아들 계에게 임금의 자리를 물려준 것은 선양의 조건에 벗어난 것으로서 시비대상이 될 수 없다.

둘째는 비록 우임금이 자기자식 계에게 왕위를 물려 줄 수밖에 없었다고 하더라도, 계는 우의 손자인 자기 자식에게 선양의 방식을 적용했어야 마땅한 것이다. 물론 계에게도 훌륭한 아들이 있었다면 선양방식을 통해 물려 줄 수 있었겠지만, 그렇지 않다면 반드시 훌륭한 인물에게 왕위를 물려주어야 했을 것이다. 그런데 우가 그렇게 조치하지 않았기 때문에 요·순임금에 버금가는 왕일 수가 결코 없다.

그리고 이 점에서 특히 유념해야할 점은 선양은 임금이 살아 있을 적에 후계자를 선발하고 그리고 왕이 해야 할 바를 미리 수업하게 한 후 비로소 왕위를 계승하도록 한 것이기 때문에 후대에 왕이 죽고 난 뒤에 왕을 선발하는 경우와 전혀 다르고 또한 그런 과정에서 발생하는 불상사를 미리 방지한다는 점에서 세습제의 그런 경우와 전혀 다르다는 점이다.

그러므로 요임금과 신하들 간에 대화를 나눈 아래의 글이 주목된다. 그 대화의 내용은 첫 번째는 신하에게 후계자를 추천하도록 하문할 글이고, 두 번째는 자기 아들이 적절치 않다는 점을 밝힌 글이고, 세 번째는 신하인 악이 왕위를 사양하면서 신하들이 순임금을 추천하는 글이다.

"제가 말씀하셨다(帝曰). 「누가 때에 따라 일을 잘 할 수 있는 사람인지를 상의해서(疇咨若時) 그 인재를 골라서 쓰고(登庸)」.

방제가 말했다(放齊曰). 「맏아들(胤子) 주가(朱) 열려 있고 밝습니다(啓) 제가 말씀하셨다(帝曰). 「아니다(吁)! 말이 미덥지 않고 다투기만 하는 사람이니

(嚚訟) 되겠는가(可乎)?」."[269]

"제가 말씀하셨다(帝曰). 「누가 내 벼슬을 이을 인물인지를 상의하노라(疇咨若予采)」.

환도가 말하였다(驩兜曰). 「아(都)! 공공(共工)이 지금 한창 공적이 모여서 보일 수 있게 되었습니다(方鳩僝功)」.

제가 말씀하셨다(帝曰). 「아니다(吁)! 침착하게 말을 잘 하지만(靜言) 등용해서 일을 시켜보면 일치하지 아니하고(庸違), 하늘을 채울 정도로 얼굴만 공경하느니라(象恭滔天)」."[270]

"제가 말씀하셨다(帝曰). 「아(咨)! 사악아(四岳)! 내가 자리에 있은 지가 일흔 해이고(朕在位七十載), 네가 나의 명을 능히 따랐으니(汝能庸命), 나의 자리를 사양하겠노라(巽朕位)」.

악이 말했다(岳曰岳曰). 「덕이 없기 때문에(否德) 임금의 자리를 욕되게 할 것입니다(忝帝位)」.

제가 말했다(曰). 「드러난 사람도(明明) 미천한 사람도 천거하라(揚側陋)」.

여럿이 제께 말했다(師錫帝曰). 「홀아비가(有鰥) 아래에 있으니(在下) 우순이라고 합니다(曰虞舜)」."[271]

이로써 서경은 통치자가 어떤 마음가짐으로 나라를 다스려야 하는지를 단적

---

269) 서경 p14~15
270) ibid p15 - 兜는 투구 두가 아니라 도솔천 도로 읽어야 한다.
271) ibid p19

으로 선양방식을 통해 확실히 밝혀 두었다.

그렇다면 그 다음으로 상나라의 탕왕이 하나라의 걸을 타도하기에 이르기까지 발생한 많은 우여곡절에도 불구하고 왜 세습제인 하나라가 왕통을 유지할 수 있었겠는가? 하는 의문점이 해명되어야 한다. 그 이유는 전국시대 상황을 빗대어서, 하 왕조시대에는 탕왕 이외에도 그리고 은 왕조시대에는 무왕 이외에도 다른 인물에 의해 왕조가 얼마든지 교체될 수 있었다고 말할 수 있기 때문이다. 그런데도 불구하고 동일한 혈통 간의 왕위교체는 있었어도 다른 혈통에 의한 왕조교체는 은나라의 탕왕과 주나라의 무왕에 의한 혁명 이외에는 결코 이루어지지 않았다. 따라서 필히 세습과 혁명과의 역사적 의의는 논구되어야 한다.

그러면 당연히 서주 시대에 접어들어 등장한 춘추시대의 패자들과 달리 마침내 주왕조의 왕과 동등한 왕을 참칭한 전국시대의 제후들이 은의 탕왕과 주의 무왕과 같은 왕조교체의 명분을 전면에 내세울 수가 없었든 이유가 명확히 드려나야 한다. 그런데 그 점은 요가 남긴 역사적 의의를 정확히 파악하지 않고서는 제대로 논구될 수 없다.

아래 글은 상나라의 고종이 그의 신하 열에게 탕왕 때의 이윤을 빗대어 격려하는 글인데 그 속에 요·순이 남긴 통치이념의 역사적 의의를 단적으로 파악할 수 있는 중요한 대목이 기록되어 있다.

> “ <고종이 신하 부열에게 말했다>, 옛 선대의 장관인 신하 <이윤>보형이(昔先正保衡) 우리 선왕을 일으키고 나서 이에 말했다(作我先王 乃曰), 「저는 임금으로 하여금 요·순과 같이 되게 하지 않으면(予弗克卑厥后 惟堯舜), 마음의 부끄러움이 시장에서 종아리를 맞는 것과 같았으며(其心愧恥 若撻于市), 한 사람이라도 제 자리를 얻지 못하면(一夫不獲) 이것은 나의 죄라고 하였습니다(則曰

時予之辜)」.

<고종이 신하 부열에게 말했다>, 「그리하여 우리 열조를 도와서(佑我烈祖) 황천에 다다르게 하였으니(格于皇天), 네가 나를 밝게 보존하여(爾尙明保予), 아형으로 하여금(罔俾阿衡) 상나라에서 아름다운 명성을 혼자 차지하도록 하지 마라(專美有商)」.”[272]

그러므로 요임금이 순임금에게 선양(禪讓)을 단독으로 하지 않고 두루 신하들과 의논하고서 신하의 추천과 동의를 거쳐 결정한 절차가 얼마나 중요한 역사적 의의를 지니고 있는지를 후대의 이 글이 절감하게 해 준다.

그런즉 요순임금시대가 확립한 왕도정치노선이 전국시대의 군주들이 취한 패도정치의 노선과 본질적으로 얼마나 크게 차이가 나는지는 서경과 맹자의 기록을 참조하면 확연히 드러나게 된다.

그것은 우임금의 아들인 계가 하나라를 세운 후, 계를 이어 왕위를 계승한 태강(太康)이 무능하여 결국 그는 하북(河北) 지역의 유궁(有窮)의 왕(后)인 예(羿)에 의해 교체 당했는데, 그 때의 내용이 후대의 전국시대와는 판이하게 다르다는 점을 명백히 보여 주기 때문이다.

그런즉 태강이 폐위될 위험에 처하자. 그의 동생 5인이 그의 모친을 모시고 낙수에서 태강을 기다리다가 우(禹)의 훈계에 덧붙어 다음의 노래를 지었는데, 그 내용이 백성을 근본으로 삼는 정치 곧 민본사상이어서, 곧 그 점이 자신의 이익을 먼저 추구하는 전국시대의 군주들의 사고방식과 크게 다름을 보여 준다(비록 이 글은 앞에서 인용되었지만 민본사상의 진수를 보여 주는 점에서 재차 인

272) ibid p351

용한다).

"첫 번째의 말이다(其一日). 「황조께서 훈계를 하셨으니(皇祖有訓), 백성은 가까이 할 수 있어도(民可近) 아래로 낮추어 볼 수는 없다(不可下). 백성은 나라의 근본이니(民惟邦本) 근본이 튼튼해야만 나라가 편안하니라(本固邦寧).

내가 천하를 보니(予視天下) 어리석은 남녀가 한사람이라도 나를 이길 수 있다(愚夫愚婦一能勝予). 한사람이 세 번씩이나 잘못을 하면 (一人三失) 원망하는 마음이 어찌 드러나지 않겠는가? 보지 않도록 꾀해야 한다(不見是圖).

내가 많은 백성들에게 임하되(予臨兆民予臨兆民) 썩은 새끼줄로 여섯 말을 모는 것과 같이 두려워하니(懍乎若朽索之馭六馬) 사람의 윗사람이 된 자가 어찌 공경하지 않겠는가(爲人上者 奈何不敬)?"[273]

이런 맥락의 연장선상에서 보면, 왕도사상을 왕조의 통치이념으로 삼은 하나라와 상나라의 정치풍토에서는 당연히 걸·주가 탄핵되지 않을 수 없게 된다. 또한 그 점과 전국시대의 양혜왕의 생각을 대조해서 보면, 단번에 요순 이래로 전승된 왕도사상과 전국시대의 패도사상 사이에 너무도 큰 간격의 괴리가 있음을 느끼지 않을 수 없게 된다.

아래 글은 맹자의 첫머리에 수록된 맹자와 양 혜왕의 대화내용이다.

"맹자께서 양 혜왕을 뵈시니(孟子見梁惠王), 왕이 말씀하셨다(王曰). 「노인께서 천리를 멀다고 여기지 않고서(叟不遠千里) 그리고 오셨으니(而來), 또한 장차 내 나라를 이롭게 함이 있겠습니까(亦將有以利吾國乎)?

273) ibid p184~190

> 맹자께서 대답하셨다(孟子對). 「왕은 하필 이를 말씀하십니까(王何必曰利)? 또한 인의가 있을 뿐입니다(亦有仁義而已矣).
>
> 왕께서 어떻게 하면 내 나라를 이롭게 할까 하시면(王曰何以利吾國), 대부들은 어떻게 하면 내 집안을 이롭게 할까 하며(大夫曰何以利吾家), 선비와 일반백성들은 어떻게 하면 내 몸을 이롭게 할까 하여(士庶人曰何以利吾身), 윗사람과 아랫사람이 서로 이를 취한다면(上下交征利), 그러면 나라가 위태로울 것입니다(而國危矣).
>
> 만승의 나라에 그 군주를 시해하는 자는(萬乘之國 弑其君者) 반드시 천승을 가진 집안이며(必千乘之家), 천승의 나라에 그 군주를 시해하는 자는(千乘之國 弑其君者) 반드시 백승을 가진 집안이니(必百乘之家), 만승에 천승을 취하며 천승에 백승을 취함이(萬取千焉 千取百焉) 많지 않은 것은 아니지만(不爲不多矣) 만일 의를 뒤로 하고(苟爲後義) 그리고 이를 먼저 하면(而先利) 빼앗지 않으면(不奪) 만족하지 않을 것입니다(不饜).」"[274)]

그러므로 대표적인 유가사상가인 맹자가 이 내용을 상세히 기록한 의도는 전국시대에 왕이 오로지 부국강병의 방책에만 집착하고 있었기 때문에 자신이 환영을 받지 못한 사정을 밝히려고 한 점 보다는 그것이 타당한 사고방식이 결코 아니라는 점을 후대에 명백히 알려주기 위함이었다. 왜냐하면 양주의 이기설마저 난무하기에 이른 전국시대에는 일반백성은 물론이고 더 나아가 심지어 선비조차 대의를 위한 봉사와 희생보다 자기 자신의 이익과 목숨부터 중히 여

---

274) 맹자 p15

겨 먼저 챙기려고 하였기 때문이다.

그런데 이 점으로부터 특히 논구되어야할 의문점은 다름 아니라, 공자의 사상이 당시 혼란스러운 전국시대를 마감하기 위해 강력한 군사능력과 아울러 통일이념을 갖추어야 하는 왕조에게는 결코 걸맞지 않는 사상이었다는 관점에 대한 반론이다. 즉 유가의 방책이 눈앞에 닥친 난국을 헤쳐 나가기 위해 부국강병책을 추구하여 군사강국이 되어야할 왕조의 시급한 목적에 부합하는 방책이 전혀 아니라고 생각하는 그런 입장에 대한 반론이다.

그러면 그 의문은 다음의 두 가지 요건을 먼저 살펴야 한다.

첫째는 전국시대의 상황에서는 분열된 왕조를 통일한 강력한 통일왕조의 출현이 필요했고,

둘째는 그러한 강력한 통일정권을 원하는 쪽은 오히려 정치적 기득권을 지니고 있는 제후들이 아니라 정치의 희생양이 되고 있는 일반민중이라는 점이다.

이 관점은 한나라시대에 일반민중의 신앙으로 자리 잡은 도교에서 그와 같은 민중의 염원을 확인할 수 있기 때문에 더욱 그러하다. 하지만 그렇게 되면 오히려 중국민중의 밑바닥에 놓여 있는 중화사상의 사고방식도 대단히 혼란스럽게 된다. 왜냐하면 황로학이 강력한 통일왕조를 새롭게 만들려는 의도가 민본사상과는 너무도 거리가 멀기 때문이다. 그러므로 이 혼란은 한 무제가 유학을 국학으로 선택한 이래로 오히려 유가가 중화사상의 근원이 되고 도리어 도가가 중화사상의 피해자가 된 형국이어서, 각별한 주의를 기하지 않으면 제대로 그 원인을 규명할 수 없게 된다.

그러나 민본주의를 실현하려는 유가사상을 강력하게 비난하고 나선 도가사상이 무위자연사상을 내세워 전란에 시달려 온 민중들에게 다가가서 그들의 한복판에 우뚝 서게 되었기 때문에 따라서 다른 무엇보다도 도가사상에 깃든 전략부터 먼저 검토되어야 한다.

그러면 도가사상은 유가사상보다 더 높은 민중의 지지를 얻기 위해서는 먼

저 민중의 고정관념부터 무너뜨려야 하는데, 그러면 도가가 노자의 존재가 공자의 존재보다도 더 앞선 인물로 만들어야만 했던 이유를 납득할 수 있게 된다. 하지만 그런 사실조작은 엄청난 역사왜곡이기 때문에 극심한 무리가 따른다. 그럼에도 불구하고 도가는 그렇게 하였다. 그리고 그것이 진실이 아니기 때문에 다음과 같은 허점을 보여 준다. 그런데 그런 허점에도 상관없이 대중은 도가의 심리적 전략과 전술에 말려들어 도가의 말을 신봉하게 된다. 곧 거짓이 진실을 이기는 순간을 만든 것이다. 그리고 거짓을 진술로 둔갑시키는 그들의 탁월한 전략과 전술은 후대에 민중의 심리를 교란시키려는 세력에 의해 가장 유효한 교본이 되었다.

여하간 그들의 이야기가 거짓된 것임은 다음의 의문점 때문에 숨김없이 드러난다. 우선 전한의 사마천이 사기열전에서 기록한 바대로, 노자가 공자보다 선배이고 그리고 관령 윤희가 노자의 글을 받아서 그의 사상을 후세에 전파시켰다면, 당연히 그 시대에 곧바로 도가학파가 형성되었어야 마땅할 것이다. 또한 그렇게 되었다면 그 즉시 공자와 그의 제자들과 충돌이 잦았어야 마땅할 것이다. 더 나아가 공자가 노자의 제자들로부터 그런 비난을 직접 비난받았다면 공자의 제자들이 결코 그런 사실을 묵과하지 않았을 것이다. 그런데 그런 흔적은 어디에도 없다. 단지 전국시대에 도가의 사상가들이 집요하게 그들의 저서를 통해 공자의 사상을 비난한 사실만 존재한다.

물론 공자가 생존한 당시에 공자와 노자의 제자들이 서로 비난한 사실이 발견되지 않는다고 하여 곧바로 그것을 노자의 존재를 부정할만한 근거로 삼을 수 없다. 왜냐하면 공자가 찾아가 한수 배우고 존경을 표현한 노자를 유가의 제자 중에서 누가 감히 나서서 비난할 수 없기 때문이다. 그러나 사마천이 한 걸음 더 나아가 공자가 깊은 존경을 표했는데도 불구하고 오히려 노자는 공자의 그런 겸양의 태도를 일방적으로 무시하고 공자를 심하게 비난한 도덕경을 남겼다고 기술했기 때문에 객관적 정황이 완전히 달라진다. 곧 도덕경의 실체가 논자의 존재를 적당히 얼버무릴 수 없게 만든다. 왜냐하면 논어를 작성한 제자들이 도덕경이 나오자마자 곧바로 도가의 이론에 반격을 취하지 않았다는 것은 상식적으로 도저히 있을 수 없기 때문이다. 그러므로 노자가 공자와 동시대의 인물일 수가 결코 없다. 그 뿐만 아니라 춘추시대에 관령 윤회와 그의 제자들이 도덕경을 바탕으로 하여 공자를 정면으로 비난하였다면, 공자의 제자들이 듣고서 가만있지 않았을 것이다. 그 뿐만 아니라 공자의 말씀을 논어에 기록한 제자들이 자신들이 존경하는 스승이 노자를 직접 찾아가 그와 더불어 담론한 내용과 그리고서 그에게 존경을 표한 내용을 논어에 기록해 두지 않는 것은 결코 있을 수 없다. 만약 공자와 노자의 만남이 사실이라면 그리고 공자의 제자들이 그 사실을 고의적으로 숨긴 것이라면, 공자의 제자들은 부도덕한 인물로 지탄받아야 하고, 논어자체의 이미지가 실추되어야 마땅하고, 마침내 그 어록의 진실성은 더 이상 신뢰되어서는 안 된다.

그런데 실제로 공자의 생존 당시에 그런 일이 결코 없었기 때문에, 그런 가정은 아예 무시되어야 한다. 거듭해서 말하자면, 공자의 생존 시기에 도가의 인물들이 혼란한 정국을 수습할 무위자연의 방법을 피력하고 다닌 적이 전혀 없었기 때문에 노자가 공자와 더불어 춘추시대의 인물이라는 관점은 도대체 따질 이유조차 없다.

더욱이 그런 관점은 다른 경우와 비교하면 더욱 뚜렷해진다. 가령 유가를 맹공격한 묵가만 하더라도 공자가 서거한 BC479년에 출생하였기 때문에 공자자신은 묵가를 알 리 만무했었지만, 그와 달리 묵가는 공자를 알았기 때문에 공자를 심하게 매도할 수 있었다. 그렇다면 당연히 그런 묵가가 공자보다 나이가 많고 더 나아가 공자가 경의를 표시할 정도로 춘추시대의 가장 탁월한 사상가인 노자가 설파한 무위자연의 사상을 자기생전에(BC479~381년) 당연히 알았을 것이다. 그러면 그가 도덕경의 내용에 대해 가타부타하지 않을 리 없었을 것이다.

따라서 공자의 사상이 전국시대의 난국을 수습할 적격이 아니라고 생각한 인물들은 후일에 이르러 도가가 꾸민 이야기에 전적으로 세뇌된 반(反)유가의 도가선비들이 아닐 수 없게 된다. 하지만 그들의 입장은 착잡하지 않을 수 없었을 것이다. 왜냐하면 전국시대를 수습한 것은 자신들의 덕분이라고 여길 수밖에 없는 도가이기에 국학의 지위는 당연히 도가의 몫이 되어야 했는데, 오히려 결과는 도가가 정치의 한 복판에서 소외된 채 도가의 선비들은 도관의 도사가 되어야만 했고, 그에 반해 훗날 화이사상의 진원지라는 오명을 뒤집어쓴 유가가 국학의 지위를 차지하여 그 덕택으로 유가의 선비들은 정치의 중앙무대에 우뚝 서게 되었기 때문이다. 결과적으로 보면, 마치 그들의 처세가 표면적으로 아예 정치에 무심한 듯이 자처한 탓 때문에 역설적으로 그들이 도사가 되지 않으면 안 된 것처럼 되었다. 그러나 그 결과는 도가들이 승복하기에는 너무도 억울한 상황이다. 왜냐하면 그들의 정치사상이 유가의 예법사상이 아니었으므로 다른 무엇을 보여주어야 했는데, 무위자연사상으로 얼버무리던 도가가 결국 보여준 것은 곧 전제왕조의 황제사상이었다. 그럼에도 불구하고 그들이 유가와 달리 도관의 도사가 되어야 했으니 실로 기가 막하지 않을 수 없었을 것이다.

따라서 전국시대의 난세를 왕도사상으로 수습하는 것이 불가능하다고 가정하는 것은 크게 잘못된 판단이다. 왜냐하면 비록 전국시대가 열 왕들이 수습하여 새로운 왕조를 출범할 수밖에 없는 상황이긴 했지만, 그러나 열 왕 모두가 왕도노선을 기피하고 거부해야 할 이유가 필히 있었던 것은 아니기 때문이다. 물론 여러 가지 장애물이 있긴 했지만, 어차피 주나라도 서쪽의 변방 무리를 규합하여 은나라를 무너뜨렸으므로 그들도 그 경우에 부합하는 명분을 갖추면 되는 것이었기 때문이다. 그러면 통일왕조를 이루기 위해서는 먼저 주나라를 대신할 명분이 필요한데, 그것은 왕도정치에 민본사상이 있으므로 충분히 가능하다. 다시 말해 비록 주나라의 임금이 걸·주가 아니더라도 백성들이 너무도 긴 세월동안 민생고(民生苦)에 빠져 있었기 때문에, 천하의 안정을 위한 명분을 내세우면 새로운 통일왕조의 등장은 충분히 합리화될 수 있다. 그런데 그렇게 하려면 당연히 각 열 왕들은 눈앞의 이익을 포기하고 그 대신 왕도사상이 추구하는 민본주의 정치를 추구해야 한다. 물론 모든 열 왕들이 모두 민본주의 정치로 나아가게 되면, 오히려 통일왕국의 성취는 시간이 걸리게 되겠지만, 천하는 즉각 안정될 것이다. 또한 비록 주나라가 국세가 미약해졌더라도 그 중심에서 다시 조정역할을 할 수 있게 되어 새로운 형태의 공동연합체의 왕국이 탄생할 수도 있다. 그러면 천하는 공동번영을 추구할 수 있는 여지를 마련할 수 있고 곧 안정될 수 있게 된다.

그럼에도 불구하고 전국시대에는 왕도노선의 추구가 도대체 불가능하다고 주장하게 되면, 그것은 참으로 어불성설이 된다. 곧 불가능하다는 그 말은 천하를 통일하기 이전의 진나라가 춘추시대 환공의 제나라처럼 어지러운 세상을 수습할 진정한 패자의 의식이 전혀 없었다는 주장과 같아지기 때문이다. 다시 말해 그 말은 진나라건 제나라건 간에 전국의 열 왕은 무력으로 천하를 복속시켜 주나라를 대신한 왕이 되겠다는 자기욕심 때문에 어느 누구도 공동으로 천하이익을 도모할 생각이 추호도 없었다는 주장인 것이다.

그런데 여하간 무력과 권모술수로써 진나라가 마침내 천하를 통일했다. 하지만 얼마 안 있어 혼란에 빠지고 곧 자신이 천하에 행한 그 방식대로 무력에 의해 멸망당했다. 그리고 민중봉기에 의해 제후출신이 아닌 평민 출신인 유방이 황제가 되었다. 더 나아가 황제사관을 내세운 황로학 대신 유가가 국학이 되었다. 그러나 그 결과는 모순을 감춘 형태로서 중국역사의 내용을 외세에 시달리는 역사로서 기술하게 만들었다. 그런 모순의 잉태는 국학의 자리를 유지하기 위해 공자를 비롯한 유가의 선인들이 힘껏 견지하려던 요·순의 역사관을 도려낸 황제사관에 유학의 후진들은 합류했기 때문이다. 곧 분서갱유를 당할 정도의 올곧은 의식이 소멸한 유가의 잔존세력이 황로학이 저지른 역사왜곡의 실체를 묵과하고 더 나아가 황로학을 대신하여 중화사상의 오명까지 덮어썼기 때문이다. 이것이 유가가 곡학아세한 대가(對價)의 중국역사이다.

만약 통일왕조가 고대왕조가 수립한 통치노선을 다시 선택하였다면. 그러면 오만하게 군림하려는 패권사상의 중화주의가 주변국가와 긴장관계를 유발하지 않았을 것이고 따라서 주변국과 더불어 공동번영을 추구할 수 있는 길을 열었을 것이다.

제2절. 이족의 왕도정치의 역사성을 부정해야할 정치상황

논구초점 : 군주를 시해하고서 신하가 왕위를 찬탈하고서는 스스로 왕이라고 참칭한 시대가 전국시대였지만, 그러나 그런 천하도 안정을 되찾기 위해서는 누군가에 의해 통일되어야만 했다.

하지만 주나라의 정통성을 대신할 명분이 사라진 천하에서 명분 없는 그들이 도대체 무슨 명분을 어떻게 만들어 천하를 평정하고서 새로운 통일왕조를 이룩할 수 있게 만들까? 하는 문제는 실로 어려운 과제였다. 특히 주나라의 정통성을 계승할 수 없는 이민족 출신의 군주에게는 더더욱 그와 같은 새로운 신분증이 필요하였기 때문이다.

그렇다면 이족이 확립한 정통성을 계승할 처지가 아닌 그들에게 오로지 가능한 유일한 방법이 가능하다면, 그것은 이족이 아닌 전혀 새로운 민족을 인위적으로 탄생시켜 자신이 그 민족으로 천하를 움켜질 명분을 세우는 길이다. 즉 도가가 만든 가공의 이야기대로 아무도 화하족이 아니기 때문에 누구도 화하족이 될 수 있고, 더 나아가 그 화하족의 근원인 황제는 요·순의 시대를 앞서고 더 출중한 인물이기 때문에 도가가 헌상한 황제사관은 그들에게 더 이상 바랄 수 없는 금상첨화의 선물이었던 것이다.

이미 앞장에서 지적하였듯이 고대중국왕조의 통치이념은 천명사상을 바탕으로 형성된 것이다. 그런데 천명을 왕조 교체의 명분으로 내세우려면, 당연히 이족이 수립한 왕위계승의 수순을 따라야 하는데, 도무지 그렇게 할 수없는 처지의 제후가 탐욕을 부려 무리하게 왕이 되려고 하니까, 우선적으로 이족이 수립한 요·순의 정통성부터 부정해야 하는 일이 급선무가 되었다. 그러나 그 일은 은밀히 추진되어 결코 노출되어서는 안 되는 부도덕한 작업이었다.

물론 유가의 노선을 부정하는 반(反)유가의 입장은 전국시대의 혼란을 수습하길 바라는 백성들의 입장은 제자백가들이 요·순을 인정하건 부정하건 간에 상관없이 현명한 지도자가 등장하여 혼란을 수습해 주길 바랐다고 주장할 것이다. 그렇지만 민본주의의 통치이념이 결여된 인물은 혼란을 수습할 현명한 지도자가 결코 될 수 없다. 그러나 오로지 임금이 되고자 탐욕을 부리는 인물에게는 요·순의 통치이념을 따를 것인지 아니면 그것을 부정하고 또 다른 이념을 따를 것인지가 급선무가 아니라, 어떻게 하면 통일왕조의 왕이 될 수 있는지가 관심사의 대상일 뿐이다.

그런데 천하의 혼란 속에서 묵자는 후대의 도가들의 부정적인 역사인식과 달리 선대의 유가와 마찬가지로 요·순의 고대왕조에 대해서는 대단히 긍정적이다. 그는 왕조의 출현 이전과 이후로 구분하고서, 고대왕조의 출현을 높이 평가했다.

"묵자는 다음과 같은 말을 하였다(子墨子言曰). 옛날 백성이 처음으로 생겨나(古者民始生) 법과 정치가 있지 않았을 적에는(未有刑政之時) 대개 그들의 말은 사람마다 뜻이 달랐다(蓋其語人異義).

그래서 한 사람이면 곧 한 가지 뜻이 있었고(是以一人則一義), 두 사람이면 곧 두 가지 뜻이 있었으며(二人則二義), 열 사람이면 곧 열 가지 뜻이 있었고(十人則十義), 그 사람들이 많아지면(其人玆衆) 그들이 말하는 뜻도 역시 많아졌다

(其所謂義者亦玆衆)

그리하여 사람들은 자기의 뜻을 옳다고 하면서(是以人是其義) 남의 뜻은 비난하였으니(以非人之義) 그래서 사람들은 서로 비난하게 되었다(故交相非也).

그리하여 안으로는 부자나 형제들이 원망하고 미워하게 되어(是以內者父母兄弟作怨惡) 서로 흩어져 떨어져 나가 서로 화합하지 못하였다(以散不能相和合).

천하의 백성들은(天下之百姓) 모두가 물과 불과 독약으로써 서로 헤치며(皆以水火毒藥相虧害), 남는 힘이 있다고 하더라도(至有餘力) 서로 도와주지 못하고(不能以相勞) 썩어빠지는 남는 재물이 있어도(腐巧餘財) 서로 나누어 갖지 않으며(不以相分), 훌륭한 도를 지닌 이들은 숨어(隱慝良道) 서로 가르쳐 주지를 않게 되기에 이른다(不以相敎).

천하의 혼란은(天下之亂) 마치 새나 짐승들 같이 된다(若禽獸然)."[275]

그리고 위의 진단과 더불어 내놓은 묵자의 해법은 요·순의 왕도정치를 그대로 답습한 것이어서, 그러므로 묵가의 주장은 난국에 처한 입장에서 요·순의 통치이념을 실현하는 방식을 두고 유가와 차이를 드러내었을 뿐이라고 말할 수 있다. 그러나 황제의 무위자연의 정치를 내세운 도가들은 유가와 묵가와 크게 차이가 난다. 곧 이론의 도입부에 있어서 묵가의 입장은 도가와 전혀 다르다는 것이다.

"천하가 혼란해지는 까닭을 밝혀 보면(夫明虖天下之所以亂者), 그것은 지도자가 없는데서 생겨난다(生於無正長).

---

275) 묵자 p116 - 慝은 사특할 특이 아니라 숨길 닉으로 읽어야 한다.

그러므로 천하의 현명하고 훌륭한 사람을 골라(是故選天下之賢可者), 천자로 만들어 세워 놓는다(立以爲天子).

천자가 세워져도(天子立), 그의 능력만으로는 불충분함으로서(以其力爲未足), 다시 천하의 현명하고 훌륭한 사람들을 선택하고서(又選擇天下之賢可者) 그 위치를 세워 삼공으로 삼는다(置立之以爲三公).

천하와 삼공이 섰음에도(天下三公旣以立) 천하는 넓고도 크기 때문에(以天子爲博大) 먼 나라의 다른 고장의 백성이나(遠國異土之民), 옳고 그름과 이해관계의 분별을(是非利害之辯), 하나 둘씩하면서 분명히 아는 것은 불가하다(不可一二而明知).

그러므로 만국으로 구획을 나누어(故畫分萬國) 여러 제후국의 군주를 내세운다(立諸侯國君).

제후국 군주가 선 다음에도(諸侯國君旣已立) 그들의 힘만으로는 불충분하기 때문에(以其力爲未足), 다시 그 나라의 현명하고 훌륭한 사람들을 선택하고서(又選擇其國之賢可者) 그 위치를 세워 지도자로 삼는다(置立之以爲正長)."[276)]

그러므로 요·순임금의 왕도정치의 이념노선을 결코 수용할 수 없었든 도가일지라고, 그러나 그들도 어쩔 수없이 고대왕조의 출현만은 긍정적으로 설명해야했기 때문에, 요순의 시기에 앞선 새로운 왕조를 가공하고서 요·순임금 자리에 황제를 앉히고서 모든 지금의 혼란의 원인과 책임을 황제 대신에 요·순임금과 그를 추종하는 유가에게 몽땅 뒤집어씌우지 않을 수 없었던 것이다.

---

276) ibid p117

그리고 더 나아가 그들은 전통을 단절시키기 위한 구체적인 행동으로 유가가 가르치는 예를 집중적으로 공박했다. 곧 도가들은 예법이 너무 번잡하면 오히려 상하를 막론하고 모두가 기피하는 심리적 경향이 널리 확산된다는 점을 교묘히 이용했다. 더욱이 그 예법이 계층에 따라 더 세밀히 구분되어 있다면, 그 공격의 효과는 더욱더 극대화 된다.

그러나 도가가 그토록 비난한 공자의 예법은 민중들을 차별하려는 것이 아니라 오히려 민중들을 보호하려는 인의 마음이 바탕을 두고 있었기 때문에 자신들의 의도대로 되지 않았다. 왜냐하면 대단히 역설적으로 무위자연을 주장하는 도가는 사욕에 사로잡혀 있고 반면에 무위자연의 공격대상이 되는 공자는 오히려 사욕을 벗어나 있었기 때문이다.

인과 예의 관계는 논어 제12 안연 편에 매우 자세히 수록되어 있다.

> "안연이 인에 대해 묻자(顔淵問仁), 공자께서 말씀하셨다(子曰). 「자기의 사욕을 이겨 예로 돌아감이 인을 행하는 것이다(克己復禮爲仁)」"[277]

그러므로 도가가 자신의 목적을 달성하기 위해 공자와 유가를 비난한 점은 너무도 궁색한 것에 지나지 않게 된다. 따라서 관중이 환공과 대화한 내용과 대략 145년이 지난 후에 탄생한 공자가 왕도에 관해 언급한 내용을 서로 연결해 놓고 보면, 그 결론이 단번에 왕도정치노선을 여전히 견지한 춘추시대와 왕도정치노선을 전면적으로 거부한 전국시대 사이에 왜 많은 시간이 걸렸는지의 이유를 파악할 수 있게 해 준다.

다음의 글은 관중이 환공에게 설명한 왕자(王者)와 패자(覇者)의 차이점을 보여 주는데, 특히 이 글이 주목되어야할 이유는 그 답변을 관중(管仲)과 포숙(鮑叔)이 한 것이 아니라 빈서무(賓胥無)가 대신한 사실이 그 만큼 그 내용이

277) 논어 p228

개인의 자의적인 발상이 아니라 그 시대의 정론인 점을 보여 주기 때문이다.

“환공이 묻고 관중이 말했다(桓公問管仲曰). 「과인은 패자가 되고 싶어 했었는데(寡人欲霸), 그대들 몇 사람의 도움으로(以二三子之功) 이윽고 패자를 달성하였소(旣得霸矣). 지금은 나는 왕이 되고 싶은데(今吾有欲王). 장차 어떻겠소(其何乎).」

관중이 대답하여 말했다(管仲對曰). 「군주께서는 마땅히 포숙(鮑叔)을 불러 그리고 물으시기 바랍니다(公當召叔牙而問焉)」.

포숙이 도착하자(鮑叔至) 환공이 다시 물었고(公又問焉), 포숙이 대답하여 말했다(鮑叔對曰). 「군주께서는 마땅히 빈서무(賓胥無)를 불러(公召賓胥無) 그리고 물으시기 바랍니다(而問焉)」.

그는 잔걸음으로 뛰어가(賓胥無趨) 그리고 앞으로 나아갔다(而進). 환공이 다시 물었고(公又問曰), 진서무가 대답하여 말했다(賓胥無對曰). 「옛 왕들을 뵈옵건데(古之王者), 마땅히 임금은 재덕이 매우 크고(其君豊) 마땅히 신하들은 지시를 잘 받들었습니다(其臣教). 지금 군주의 신하들은 공보다 재덕이 뛰어났는바(今公之臣豊), 그들도 조정에서는 도에 어긋남이 없이 처신하지만 일단 물러나 집에 있는 것을 보면 어긋남이 많습니다(公遒遁繆). 그런데 <공께서는> 그 신하들보다도 못하십니다(然遠二三子). <이 과업은>두루 서서히 실행하여(遂徐行) 그리고 나아가야 합니다(而進)」.

환공이 말했다(公曰). 「<주왕실의> 옛 대왕은 현덕을 지닌 분이었소(昔者大

王賢). (대왕의 2남)왕계가 현덕을 지녔고(王季賢), 문왕이 현덕을 지녔고(文王賢), 무왕이 현덕을 지닌 분들이었소(武王賢). 무왕이 은을 정벌해 이룩하였소(武王伐殷克之). 재위 7년 만에 무왕이 붕어하시자(七年而崩), 주공 단이 성왕을 보필해(周公旦輔成王) 그리고서 천하를 다스려(而治天下), 가까스로 사해의 안을 통제할 수가 있었소(僅能制於四海之內矣). 지금 과인의 아들은(今寡人之子) 과인보다 못하고(不若寡人), 과인도 그대들 몇 사람보다 못하오(寡人不若二三子). 이로 미루어 볼 때(以此觀之), 곧 내가 왕이 필히 될 수가 없소(則吾不王必矣)」."[278]

즉 이 글은 춘추시대에는 감히 왕이 되려는 생각을 쉽게 가질 수가 없었던 정황이 바로 이런 점에서 연유한다는 것을 단적으로 보여 주는 사례이다. 그러므로 이런 여건을 고려하면, 남방의 초나라가 춘추시대 초기인 BC704년에 웅통(熊通)이 스스로 무왕(武王)이라고 칭했다가 거두어들인 이유를 직시할 수 있게 된다.

그리고서 관자에 실린 글과 다음의 공자가 말한 글을 연결해 보면, 오랜 춘추시대를 거치고서 비로소 최악의 단계에 이른 전국시대가 시작된 배경을 단번에 파악할 수 있다. 논어 제13편 자로에 공자의 말씀이 수록되어 있다.

"공자께서 말씀하셨다(子曰). 선인이 나라를 다스리기를 백 년 동안 하면(善人爲邦百年), 가령 잔학한 사람을 교화시키고 사형을 없앨 수 있다고 하니(亦可以

---

278) 관중 p537~538 - 繆는 얽을 무가 아니라 어그러질 류, 위배할 류로 읽어야 한다.

勝殘去殺矣(승잔거살의)), 참으로 옳구나(誠哉(성재)), 이 말이여(是言也(시언야))!"[279]

그리고 논어의 자료에는 이 점을 뒷받침하는 더 중요한 공자의 말을 기록해 두었는데, 그 말은 오늘날에도 그대로 통용되어진다. 곧 나라가 시행한 교육정책 등은 곧바로 그 결과가 드러나는 것이 아니라, 오랜 시간이 경과하여 한 세대 30년이 지난 후에 비로소 그 성패가 드러난다는 점이다. 그러므로 위정자는 정책을 수립하고 실행할 적에는 통찰력을 발휘하여 성심성의껏 신중을 기해야 하는지를 각별히 유념해야 한다.

> "공자께서 말씀하셨다(子曰(자왈)). 「만일 왕도를 추진하는 왕이 있다 하더라도(如有王者(여유왕자)), 반드시 한 세대가 지난 뒤에야 그리고서 백성들이 자애로워 질 것이다(必世而後仁(필세이후인))."[280]

마찬가지로 이와 같은 유가의 확고한 전망은 패도로서 일시적으로 천하를 통일시킨 진나라와 왕도로서 천하를 다스리겠다는 노선을 택한 한(漢(한))나라의 운명에서 고스란히 확인된다. 다시 말해 이 점을 역으로 생각해 보면, 한(漢(한))나라 이후의 중국통일왕조가 그나마 유지될 수 있었던 이유는 역설적으로 원했던 원치 안했든지 간에 상관없이 왕조가 적어도 이 노선을 필히 따라 가지 않으면 안 되었던 정국 때문이었던 것이다. 그러면 중국왕조가 유가의 입장을 표면적으로나마 수용하지 않을 수 없었던 배경도 확실해진다.

하여간 명확한 사실은 황제와 화하족의 인식이 없었든 춘추시대는 겸양의 미덕으로 백성의 안위를 보살핀 민본주의노선을 추구한 반면에 자신이 주나라를 대신하여 천하의 왕이 되고자 하는 전국시대는 오로지 자기왕국의 번영만 추구

---

279) 논어 p260
280) ibid p261

하였다는 점이다. 그리고 그 차이점 때문에 춘추와 전국시대의 정국은 본질적으로 전혀 다른 양상으로 전개되지 않을 수 없었다. 그러면 필히 같은 부국강병의 정책이라도 시대에 따라 상이한 차이가 나는 이유가 논구되어야 한다.

그런데 그 이유는 너무도 싱거울 정도로 단순한 것으로서, 위정자가 민본주의를 제대로 추구하려는 의지에 따라 부국강병정책의 성격과 추진방향도 전혀 달랐다는 점이다. 다시 말해 민본주의정책에 충실히 따른 왕조는 백성들이 고루 잘 살 수 있도록 토지를 적절히 분배하여 백성들을 잘 살게 하려고 한 반면에, 민본주의의 정신이 희박하거나 상실한 위정자의 왕조는 백성들이 잘 살게 하려는 것 대신에 오직 자신의 왕조만 부유하게 하도록 할 뿐이었다는 점이다. 그리하여 전국시대의 모든 왕조가 추진한 부국강병정책이 일반백성들의 희생을 강요하는 억압적인 정책으로 돌변하자마자 곧장 왕도정치의 가망성도 사라져 버렸다.

따라서 일반백성이 왕을 선출할 권리가 없는 고대시기에 이런 폐단을 극복하려는 왕도정치의 이념은 대단히 중요한 역사적 이의를 지닌다. 그리고 마찬가지로 왕도노선을 좇아가려는 패도정치는 그런 의식이 상실된 억압적인 패도정치와 차별된다.

그러므로 전국시대의 특성은 일단 왕도정치의 노선이 거의 유명무실해졌다는 점에서도 주목된다. 즉 그 요점은 진국이 한·위·조 삼국으로 분할되어 시작된 전국시대는 하 왕조에서 상 왕조로 그리고 다시 상 왕조에서 주 왕조로 이어진 그런 방식의 역성혁명이 전혀 불가능해지게 된 점이다. 비록 선양이 아닌 무력에 의한 교체일지라도, 하의 마지막 왕인 걸과 은의 마지막 왕인 주의 폭정을 종식시킨 탕왕과 무왕의 혁명방식이 더 이상 불가능해졌고, 약육강식의 정글의 터전에서 오로지 자신이 확보한 힘만으로 여러 왕국을 복속시켜 천하를 쟁패하는 길 밖에는 다른 여지가 전혀 없게 된 점이다. 다시 말해 주나라로부터 제후로 봉해지지 않은 무도한 제후들이 굳이 주나라를 받들 이유가 없어진 점이다. 즉 주나라 대신 중국천하의 패권을 장악한 진나라도 주나라 초기에 봉해진 제후국이 아니라 서주에서 동주로 천도할 시기에 서융을 방어한 공로로 봉해진 제후국이어서 굳이 주나라를 끝끝내 받들 이유가 없는 제후국이었고, 그리고 그 밖의 제후국들의 입장도 진나라와 대동소이했다. 그리하여 당대의 선비들은 주나라의 권위를 무시하고 시작된 전국시대에 거꾸로 주나라의 예법으로 돌아가자고 하는 유가의 주장을 시대정신에 걸맞지 않는 허망한 주장이라고 여기게 되었다. 그리고 마침내 전국시대에 이르러서는 서로가 서로를 불신하고, 호시탐탐 힘의 우위로 천하를 통일할 기회를 엿보는 갖가지 권모술수의 책략이 등장하였지만, 그러나 그런 경향은 도덕적 비난거리의 대상조차 되지 못했다.

그렇다고 하더라도 천하를 놓고 보면, 제후국에 불과한 나라가 천하를 다스리기 위해서는 여전히 천하 만민을 복속시킬 명분이 있어야 했고, 더욱이 통일왕조가 여러 이민족을 규합해야 했기 때문에 역설적으로 그런 명분은 무도한 군주에게 오히려 더 필요한 것이 되었다. 그러므로 통일왕조에 대한 야망을 가진 군주는 무엇보다도 우선적으로 명분이 약한 자신의 약점부터 극복해야만 했다. 그리하여 이족이 세운 왕도정치사상의 통치이념과 명분을 자신에게 유리하도록 조작해야할 필요성이 그들에게 생긴 것이다. 특히 그 과정에서 무엇보다도 시급한 작업은 자신의 출신배경이 지닌 약점을 극복하는 것이었는데, 그러기 위하여 누군가가 자신을 대신하여 먼저 고대왕조의 주체를 자신과 비슷한 이민족으로 일단 격하시켜주어야 했다. 왜냐하면 고대통치노선을 그 상태로 두고서는 정당한 명분을 도저히 내세울 수 없었던 군주의 궁색한 처지에서 생각할 수 있는 가능한 돌파구는 오로지 이족의 정통성을 대신할 새로운 민족개념을 인위적으로 만드는 길 뿐이었기 때문이다. 그리하여 황로학이 그런 군주를 위하여 화하족을 탄생시킨 것이다. 그리고 화하족을 탄생시키기 위해서는 요·순임금의 역사관을 송두리째 뒤엎을 역사의 인물도 함께 마련해야 했다. 그리하여 황제를 가공하여 역사의 전면에 등장시킨 황로학은 전국시대의 밑바닥에서 은밀하면서도 착실하게 새로운 왕조와 새로운 시대를 열기 위한 역사개조의 작업을 빈틈없이 진행하였다.

만약에 황제와 화하족의 개념이 등장하지 않았다면, 본서는 여기에서 중국고대사가 진실로 왜곡되었다는 점을 수미일관되게 논구하기가 힘들었을 것이다.

제3절. 패왕의 패도사상에 의한 춘추전국시대의 특성

> 논구초점 : 자신이 무도한 행위를 저질렀는데, 어떻게 남에게는 그렇게 하지 말라고 할 수 있겠는가? 내가 했으면 네가 할 수 있고 네가 했으면 나도 할 수 있다. 그러므로 아무도 믿을 수 없고 단지 자신의 힘만 믿을 수 있을 뿐이다. 이것이 전국시대에 횡행한 도덕관이다.
>
> 그럼에도 불구하고 만백성을 위해 난세가 평정되어 천하는 안정되어야 한다. 그리하여 통일왕조를 탄생시킬 방법이 제자백가들에 의해 줄 곳 모색되었다. 그러나 주나라가 계승한 그런 명분을 더 이상 계승할 수 없는 그런 왕들에게 솔깃한 방법은 오로지 천하의 권력을 오로지 독식할 수 있게 해주는 방법뿐이었다. 즉 천하를 힘으로 쟁패하고서 권력을 독식하는 길로 나아간 패도정치의 통치방식이었다.
>
> 그리하여 새로운 통일왕조가 수립한 정통성은 진시황이 만든 왕중왕(王中王)인 황제라는 어좌이다. 그러나 황제의 어좌는 중국왕조의 권력을 허장성세의 길로 나아가게 했고, 백성을 위한 왕조가 아니라 백성 위에 군림하는 왕조로 내몰고 갔다.

춘추시대와 달리 전국시대에는 여러 제후들이 주나라의 왕처럼 자신을 왕으로 참칭하였기 때문에 결국 난국의 수습방안은 결국 주나라를 다시 통일왕조의 주체로서 복원시킬 것인가? 아니면 새로운 왕조를 내세울 것인가? 하는 갈림길에서 하나를 선택해야할 지경에 이르렀다. 그러므로 비록 주나라가 멸망하지 않고 존속하고 있긴 하지만, 그러나 더 이상의 통일왕조의 권위를 유지할 여력을 상실한 만큼 유가 및 그 밖의 여러 학파의 선비들은 새로운 왕조의 가능성을 타진하기 위해 여러 제후국들을 순방하였고 그리고 나서 그 면담의 내용을 자신의 저서에 글로서 기록해 두었다.

그런데 어쨌든 간에 새 시대를 향한 움직임은 전통방식을 고수하려는 유가의 노선과 유가로부터 벗어난 법가와 도가의 사상이 서로 연합하여 새로운 통일왕조를 옹립하려는 의도에서 구축된 황로학의 두 노선으로 압축되어진다. 그리고 그런 방향으로 나아간 전국시대의 특성은 우선적으로 맹자의 저서에서 확연히 드러나 있다. 즉 새로운 왕조에 대한 정황이 맹자와 양 혜왕과의 문답에서 확인된다.

"맹자께서 양 혜왕을 만나보시고(孟子見梁惠王) 나와서 말씀하셨다(出語人曰). 「바라보아도 군주같이 않고(望之不似人君), 그 앞으로 나아가도 그리고도 두려워할 만한 바를 발견할 수 없었는데(就之而不見所畏焉),

갑자기 묻었다(卒然問曰), '천하가 어디에 정해지겠습니까(天下惡乎定)?' 나는 대답하였다(吾對曰). '한 곳에 정해질 것입니다(定于一)'.

'누가 능히 통일시키겠습니까(孰能一之)?'」

<나는>대답하였다(對曰). 「'사람 죽이기를 좋아 하지 않는 자가 능히 통일할 수 있습니다(不嗜殺人者能一之)」

<왕이 물었다> 「누가 능히 따르겠습니까(孰能與之)?」

<나는>대답하였다(對曰). 「천하 사람이 따르지 않는 리가 없을 것이니(天下莫不與也), 왕은 벼 싹을 아십니까(王知夫苗乎)? 7·8월 사이에 날씨가 가물면(七八月之間旱) 곧 벼 싹이 마르다가(則苗槁矣) 하늘이 유연히 구름을 일으켜

(天油然作雲) 패연히 비를 내리면(沛然作雨) 곧 벼 싹이 발연이 일어납니다(則苗浡然之矣). 이와 같으면(其如是) 누가 이것을 막겠습니까(孰能禦之)?

지금 천하의 임금이(今夫天下之人牧) 사람 죽이기를 좋아하지 않은 자가 있지 않으니(未有不嗜殺人者也), 만일 사람을 죽이기를 좋아하지 않는 자가 있으면(如有不嗜殺人) 곧 천하의 백성들이(則天下之民) 모두 목을 늘이고 그리고 바라 볼 것입니다(皆引領而望之矣).

진실로 이와 같다면(誠如是也) 백성들이 그에게 돌아감은(民歸之) 물이 아래로 내려가는 것과 같으니(由水之就下), 세차게 내리는 물을(沛然) 누가 능히 막겠습니까(誰能禦之)?」"[281]

하지만 위의 글에서 맹자가 희망한 바와 달리 전국시대를 주도한 각국 왕들의 정치노선은 양 혜왕처럼 무력으로 나라를 유지·보존하려는 경향이었기 때문에 맹자는 그런 정치무대에서 소외당할 수밖에 없었다. 즉 군사력으로 바탕으로 하여 국익을 최우선적으로 도모하는 정치상황은 어디 한 곳에서도 맹자에게 발붙일 여지를 주지 않았던 것이다. 더구나 당대의 군주들이 차지하고 있는 자리가 과거 주왕실로부터 정식으로 부여받은 자리가 아니라 도중에 찬탈한 정당치 못한 자리였기 때문에 신하와 더불어 믿음으로 나라를 경영하는 일은 애초부터 기대조차 할 수 없는 난망의 일이었다.

그러므로 시대를 편승하려는 도가는 시대를 편승하지 못한 유가와 달리 은·주 두 왕조 사이의 교체기에 맹활약한 태공망의 정치사상뿐만 아니라 춘추시대 초기에 제나라에서 맹활약한 관중의 정치사상과는 전혀 다른 내용을 설파하였다. 그런즉 전국시대는 고대왕조의 정통성을 부정하지 않는 입장과 정통성을

281) 맹자 p29~30

거부하려는 입장으로 확연히 구분되었다. 다시 말해 주나라의 개국공신인 태공망은 말할 것도 없고, 춘추시대 초기의 인물인 관자도 여전히 탕왕과 문왕의 역성혁명의 의의를 계승한 전통적인 입장인 반면에 전국시대의 도가는 전혀 그렇지 않았던 것이다.

어쨌든 전통사상을 고수하고 있는 관중의 그런 입장은 환공에게 패자(覇者)를 설파한 말 중에 여실히 드러나 있다. 곧 춘추시대까지의 모든 사상가의 특징은 일단 하나라를 멸망시키고 새로운 왕조를 열더라도 그러나 그 입장은 하나라를 계승하는 것이고, 은나라를 멸망시키고 새로운 왕조를 열더라도 그러나 그 입장은 은나라를 계승하는 것임을 명확히 밝혀, 고대왕조가 수립한 통치이념을 정치의 근본으로 삼아 모든 백성을 하나로 아우르는 방식을 고스란히 유지하였는데, 관중도 그 정통성을 존중한 인물로서 그가 보여준 법치사상은 고대통치이념을 벗어난 의외의 통치사상이 아니었다.

"환공이 말했다(桓公曰). 「옛 삼왕은(昔三王也) 이미 자기 나라 임금을 시살한 사람들이요(其弑其君). 그런데 지금 인의를 말함에 있어서는(今言仁義) 곧 반드시 삼왕으로서 법도를 삼고 있습니다(則必以三王爲法道). 그 까닭이 무엇인지를 알지 못하겠군요(不識其故何也)」.

"<관중이> 대답하였다(對曰). 「옛적에(昔者) 우<왕>는 천하를 평정하여 세상을 잘 다스렸으나(禹平治天下), 걸<왕>의 때에 이르러서 그리고 이를 혼란에 빠뜨렸습니다(及桀而亂之). 탕<왕>이 걸<왕>을 추방하여(湯放桀), 우<왕>의 공적을 안정시켰습니다(以定禹功也).

탕<왕>은 천하를 평정하여 잘 다스렸으나(湯平治天下) 주<왕>의 때에 이르러서 그리고 이를 혼란에 빠뜨렸습니다(及紂而亂之). 무왕이 주<왕>을 정벌하여 탕(왕)의 공적을 안정시켰습니다(武王伐紂以定湯功也).

게다가 선이 불선을 정벌하는 것은(且善之伐不善也) 옛날부터 지금까지(自古지今) 바뀐 일이 없었습니다(未有改之). 군주께서는 무엇을 의문스러워하십니까(君何疑焉)?」”[282]

그리고 더 나아가 관중은 왕조 몰락의 원인을 진단하는 기준으로서 전통사상의 통치노선을 내세웠다. 이것은 중국왕조사를 이해하는 데에 있어서 매우 중요한 사항인데, 추후에 유가와 도가의 입장을 상호 비교할 수 있는 객관적 틀로서 작용할 수 있기 때문에 특히 주목할 필요가 있다.

“<환>공이 다시 묻고자 말했다(公又問曰). 「옛적에 나라를 망친 일은(古之亡) 무슨 실책에서 비롯된 것인가(其何失)?」

<관중이> 대답하여 말했다(對曰). 「땅과 보물을 얻는 일에는 생각하면서도(計得地與寶), 그러나 여러 제후들의 지지를 잃는 일에는 생각하지 않는 것(以不計失諸侯). 재물과 양곡을 얻는 일에는 생각하면서도(計得財委), 백성을 잃는 것은 생각하지 않는 것(以不計失百姓). 남에게 잘 보이려고 생각하면서도(計見親) 그러나 남이 혐오하는 것을 생각하지 않는 것(而不計見棄).

세 가지에 속하는 것에서(三者之屬), 어느 하나만으로도 삭감되어(一足以削) 두루 미치면 그러면 나라를 망하게 할 것입니다(遍而有者亡矣)」.”[283]

---

282) 관자 p426
283) ibid p427

이 글에서 피력한 관중의 기본사상은 서경에서 말하고 있는 바의 민본주의와 겸양사상에서 조금도 벗어나 있지 않다. 그런데 서주 왕조를 마감하고 시작된 동주 왕조의 초기에는 관중이 설파한 패왕사상이 그런대로 통할 수 있었던 시대였지만, 그러나 동주 왕조의 말기인 전국시대에는 그런 사상이 더 이상 받아들이지 않았던 시대였기 때문에, 춘추시대의 그런 패왕사상도 전국시대에서는 한비자의 법가사상가들에 의해 난세의 왕에게 알맞도록 변질되어 전혀 다른 모습이 되었다. 그러므로 겉모습이 패자의 이론일지라도 춘추시대의 관중과 전국시대의 한비자의 이론은 도저히 같은 선상에서 논구될 여지를 갖고 있지 않다. 왜냐하면 아래의 글 속에서 보듯이 전국시대의 왕들은 결코 춘추시대의 환공과 같은 입장을 취할 리 전무하였기 때문이다. 그러므로 관중의 패자이론이 결코 통하지 않는다는 현실적 상황은 곧 주 왕실을 부정하고 등장할 새로운 왕조의 탄생을 예고하는 서곡인 셈이었다.

그런데 관중의 입장과 묵자의 입장을 대조해 보면, 오히려 그 점은 전국시대의 처한 선비들의 입장을 객관적인 시선으로 바라볼 수 있게 해준다. 그 이유는 이미 앞 장에서 인용한 관자에서의 글과 춘추말기의 인물인 묵자의 글을 비교해 보면, 여전히 춘추시대까지는 고대의 전통이 대체로 고수되고 있는 점을 확인할 수 있기 때문이다. 그러므로 춘추시대와 달리 전국시대가 야기한 역사왜곡의 동기가 가장 중요한 핵심과제가 아닐 수 없게 된다.

앞장에서 인용한 관자의 글과 비교되는 묵자의 글은 다음과 같다. 그리고 이 글은 묵자의 뿌리가 공자와 마찬가지로 고대통치에 있음을 그대로 보여 준다.

"묵자가 정자와 토론하다가(子墨子與程子辯) 공자를 칭찬하였다(稱於孔子).

정자가 말하였다(程子曰). 「유가를 비난하면서(非儒) 무엇 때문에 공자님을 칭찬하십니까(何故稱於孔子也)?」

묵자가 말하였다. 「이것은 합당한 일로서 그래서 바꿀 수가 없는 것입니다(是

其當而不可易者也).

지금(今) 새들은 땅이 가뭄으로 뜨거운 것을 알고 걱정하게 되면(鳥聞熱旱之憂) 곧 높이 날아오르고(則高),

물고기들은 물이 가뭄으로 뜨거운 것을 알고 걱정하게 되면(魚聞熱旱之憂) 곧 물아래로 잠깁니다(則下).

이것에 대해서는(當此) 비록 우임금과 탕임금이 꾀한다고 하더라도(雖禹湯爲之謀) 반드시 이치를 바꿀 수 없는 것입니다(必不能易矣).

새가 물고기가 어리석은 것들이라고 말할 수 있는데도(鳥魚可謂愚矣) 우임금과 탕임금은 그대로 따르고 있습니다(禹湯猶云因焉).

지금(今) 저도 공자를 어찌 칭찬하지 않을 수 있었겠습니까(翟曾無稱乎孔子乎)? 」”[284]

하여간 묵자는 춘추 말기 및 전국 초기의 난맥상을 수습하기 위해 자신이 생각한 해결방법을 내세웠는데, 그것은 공자를 위선적인 인물로 격하하는 작업과 더불어 당대의 허례허식적인 예를 집중적으로 들추어 비난하고 또한 배격하면서 겸애설을 내세웠다. 그렇지만 묵자의 사상에는 이미 지적한 바대로 백묘(白描)든 흑묘(黑描)든 결과만 좋으면 좋다는 태도의 사고방식이 깔려 있다. 즉 목적달성을 위해 수단을 가리지 않는 실용노선으로써 시류에 영합하려는 의도까지 포함되어 있다. 그럼에도 불구하고 주나라 왕조를 전복할 의도가 전혀 없었기 때문에 그의 생각은 관중의 사고방식처럼 민본주의적 사고방식에서 벗

284) 묵자 p236

어나지 않았다. 그래서 춘추시대의 오패(五覇)를 두둔하였다. 그러므로 묵자의 입장은 유가를 비판하는 경우에서는 도가와 같은 처지라고 말할 수 있겠지만, 지향하는 바의 노선에서는 도가의 입장과 크게 차이가 나기 때문에 묵자를 해석하는 입장은 그 점을 특히 유념해야 한다.

"……묵자가 말했다(子墨子曰). 「옛날에 제나라 환공은(昔者齊桓公) 높은 관을 쓰고 넓은 띠를 띠고서(高冠博帶) 금 칼을 차고 나무방패를 들고(金劍木盾) 그의 나라를 다스렸는데(以治其國) 그 나라는 잘 다스려졌소(其國治).

옛날 진나라 문공은(昔者晉文公) 거친 천으로 만든 옷과(大布之衣) 암양 갖옷을 입고(牂羊之裘) 가죽끈으로 칼을 띠에 차고서(韋以帶劍), 그의 나라를 다스렸는데(以治其國), 그 나라는 잘 다스려졌소 (其國治).

옛날 초나라 장왕은(昔者楚莊王) 화려한 관에 색실로 짠 관끈을 달고(鮮冠組纓) 풍성한 웃옷에 넓적한 용포를 입고서(縫衣博袍), 그의 나라를 다스렸는데(以治其國) 그 나라는 잘 다스려졌소(其國治).

옛날에 월나라임금 구천은(昔者越王句踐) 머리를 깎고 문신을 하고서(剪髮文身) 그의 나라를 다스렸는데(以治其國), 그 나라는 잘 다스려졌소(其國治).

이 네 임금은(此四君者) 그들의 옷이 같지 않았지만(其服不同) 그들의 행동은 한 결 같았소(其行猶一也). 나는 이것으로 행동은 옷에 달려 있지 않다는 것을 잘 알고 있소(翟以是知行之不在服也)」"[285]

---

285) ibid p233 - 縫衣博袍에서 봉은 꿰멜 봉임. 꿰멜縫은 꿰멜 봉(■)과 같은 의미의 글인데, 원문에서는 봉(■)으로 기록되어 있다.

그런 고로 전국시대의 도가사상가들은 묵자의 기회적인 입장을 더욱 강화하여, 역사의 흐름을 완전히 다른 방향으로 전환시키려는 의도를 실현하려고 나섰다.

그런데 도가사상가들의 주장이 자신들의 정치적 목적을 달성하기 위해 그와 같은 주장을 펼쳤지만 그러나 지향하는 바의 정치노선의 구체적인 내용을 살펴보면 별반 고대왕조의 노선을 크게 벗어난 바가 없었기 때문에 따라서 유가와 묵가가 지향한 정치적 목적과 크게 다르지 않았다고 평가해도 무방하게 된다. 왜냐하면 민본주의의 정치노선을 벗어나서는 어떤 정치적 이념과 노선도 선뜻 대중에게 다가가 그들의 호응과 지지를 결코 받을 수 없었기 때문이다.

그래서 도가는 이중적인 태도를 취할 수밖에 없게 되었는데, 우선은 그들이 유가를 무너뜨리고 대신 그 자리를 차고 들어가야 했기 때문에 아래와 같은 극단적인 표현으로 유가를 매도하여 대중들이 유가를 불신하도록 유도하였다. 그러나 그 다음에 가서는 표면적으로 민본주의 정치를 내세울 수밖에 없었기 때문에 필요에 따라서는 슬며시 유가의 노선과 엇비슷한 말을 꺼내 들었다. 단지 유가와 차이점이 있다면, 그것은 그들이 전통적인 천명(天命)의 도를 단지 무위자연(無爲自然)의 도로 각색한 것뿐이었다. 그런즉 유가 선비의 위장된 모습이 곧 도가 선비의 은폐된 모습이 되는 것이다. 그 점은 도덕경 18, 54장에 잘 드러나 있다.

> "큰 도가 없어지면(大道廢) 인의가 있고(有仁義), 지혜가 나오면(智慧出) 큰 거짓이 있다(有大僞). 육친이 불화하면(六親不和) 효도와 사랑이 있고(有孝慈), 국가가 혼란하면(國家昏亂) 충신이 있다(有忠臣)."[286]

---

286) 도덕경 p118

그런데 이 글은 전체적으로는 반(反)유가적이지만 그러나 아래 글은 유가의 수양(修養)론을 연상시키기 때문에 도가의 선비들이 유가의 가르침에 정통한 선비들이거나 아니면 유가에 몸담은 유가의 인물이라고 유추하게 된다. 왜냐하면 당시의 여건으로 보아서는 유가의 가르침을 정통하려면 도저히 유가의 인물이 아니고서는 불가능하므로 당연히 도가의 선비들은 유가에서 이탈한 유가의 선비이거나 아니면 유가이면서 유가의 신분을 은폐하고 있는 인물이라고 말할 수밖에 없기 때문이다.

"잘 서 있는 것은 뽑히지 않고(善建者不拔), 잘 안는 것은 떨어지지 않는다(善抱者不脫). 자손이 그로써 제사하고 그치지 않는다(子孫以祭祀不輟).

몸을 닦으면(修之於身) 그 덕이 참되고(其德乃眞), 집에 닦으면(修之於家) 그 덕이 곧 남고(其德乃餘), 고을에 닦으면(修之於鄕) 그 덕이 길고(其德乃長), 나라에 닦으면(修之於邦) 그 덕이 넉넉하고(其德乃豊), 천하에 닦으면(修之於天下) 그 덕이 넓다(其德乃普).

그러므로(故) 몸으로써 몸을 보고(以身觀身), 집으로써 집을 보고(以家 觀家), 고을로써 고을을 보고(以鄕觀鄕), 나라로써 나라를 보고(以國觀國), 천하로써 천하를 본다(以天下觀天下). 내 무엇으로써 그것을 알리요(吾何以知天下然哉). 이것으로 그러하다(以此)"[287]

그리고 위 글 마지막 구절의 이것(此)은 앞의 53장의 내용인데, 그 내용은 너무도 상식적인 것이지만 오히려 그 점 때문에 도가의 진면목을 파악할 수 있

287) ibid p288

게 된다. 왜냐하면 만약 이렇게 적나라하게 비판하는 도가가 다른 속셈을 지니고 있지 않았다면, 곧 그들이 모든 열 왕을 배격하고 유가가 말하는 성인을 왕으로 내세우려고 했다면, 굳이 유가가 견지하려는 왕도정치를 배격하지 않았을 것이고 또한 더 나아가 주나라를 배격하고, 요·순 사관대신 황제사관을 내세우지 않았을 것이기 때문이다.

> "………조정은 심히 더럽고(朝甚除), 밭은 심히 거칠고(田甚蕪), 창고는 심히 비었는데(倉甚虛), 무늬 채색을 입고(服文綵), 날카로운 칼을 차고(帶利劍), 음식에 물리고(厭飮食), 재화가 남음이 있다(財貨有餘). 이것을 도둑의 사치라 이른다(是謂盜夸). 도가 아니다(非道也哉)."[288]

그러므로 도가의 무위자연의 핵심도 마음을 비우고 정치를 하게 되면 모든 문제가 절로 해결될 수 있다고 주장했지만, 나라를 다스리는 구체적인 통치방법에 대해서는 전통적인 예법과 다른 방식을 달리 내세울 수 없었기 때문에 그들은 스스로 이중적인 입장을 취하지 않을 수 없었다. 곧 노자는 총론에서는 무위자연의 이론을 마치 모든 다른 유파의 한계를 극복한 이론인 것처럼 말했지만, 그러나 각론에서는 현실의 혼란을 수습할 명쾌한 개선방법이 도대체 무엇인지를 구체적으로 제시하지 않았다.

그런데 도가가 의도하는 바는 정작 다른 곳에 있었기 때문에, 난세를 유발한 위정자들에 대한 책임문제에 있어서는 유가와 전혀 다른 입장을 취했다.

즉 도가가 말하는 바대로, 누군가가 마음을 비워야 하는데, 그러면 당연히 누가 마음을 비워야만 하는가? 하는 물음에 대해 도가가 내린 답변은 너무도 상식을 벗어난 해법으로서, 곧 마음을 비워야 할 대상이 난세의 통치자와 위정자들이 아니라 오히려 유가의 선비들이라는 것이었다. 그리고 이어서 줄곧 그

288) ibid 281

들은 유가의 선비들이 주나라의 법통을 고집하지 말고 새로운 왕조를 받아들어야 한다고 강변하였다. 그런 도가의 의도는 도덕경의 다음 글 속에 잘 함축되어 있다.

"어진 것을 숭상하지 않으면(不尙賢) 백성들을 다투지 않게 할 수 있고(使民不爭), 얻기 어려운 물건을 귀히 여기지 않으면(不貴難得之貨) 백성을 도둑질하지 않게 할 수 있고(使民不爲盜), 하고자 하는 것을 보이지 않으면(不見可欲) 마음을 어지럽히지 않는다(使心不亂).

이로써(是以) 성인의 다스림은(聖人之治) 그 마음을 비게 하고(虛其心), 그 배를 차게 하며(實其腹), 그 뜻을 약하게 하고(弱其志), 그 뼈를 강하게 하며(强其骨), 항상 백성으로 하여금 앎도 없고 욕심도 없게 하여(常使民無知無欲), 아는 자로 하여금 감히 하지 못하게 한다(使未知者不敢爲也). 무위로 하면(爲無爲) 곧 다스려지지 않는 것이 없다(則無不治)."[289]

하지만 주나라를 멸망시키려면, 그것으로만 부족하고 그 이론에 부합하는 별도의 정당한 명분을 따로 내세워야만 했다. 그러므로 전국시대의 도가의 선비들은 무위자연의 이론을 바탕으로 하여 전면적인 역사개조작업인 황제사관을 만들게 된 것이었다.

이에 대해 유가의 입장을 철저하게 방어한 인물이 곧 순자이다. 그는 알 수도 없는 시대의 인물인 황제를 내세워 새로운 정치노선을 수립하려고 도가들에게 후왕(後王)사상을 내세워 철저한 반성을 촉구하였다. 즉 그는 황제사관처럼 모르는 시대의 모호한 정치도리를 반박하고, 정통성을 갖춘 주나라의 예법노선

289) ibid p43

을 회복하여 전국의 난세를 수습하자는 입장을 내세워 도가적 경향을 철저히 반박하였던 것이다.

그러므로 그의 사상이 전국시대의 도가의 의도를 저지하려는 전국시대의 철저한 유가사상이기에 당연히 중국역사가 변질된 모습이 확연히 드려나려면, 순자의 사상이 필히 검토되어야 한다.

그런데 유가의 순자와 황로학적 도가의 장자의 입장이 극단적으로 대립하는 차이점은 2권에서 자세히 논구할 것이므로 여기서는 간단히 언급할 뿐이다. 하여간 도가의 움직임을 반박하는 순자의 후왕(後王)사상은 다음의 글속에 명확히 드려나 있다.

"나라라는 것은 천하의 큰 그릇이요(國者天下之大器也) 무거운 짐이니(重任也) 좋지 않은 것은 아니 되므로(不可不善) 선택을 잘 하고서 그리고 그 이후에 그것을 놓아두지 않으면 안 된다(爲擇所而後錯之). 험난한 곳에 놓아두면 곧 위태로워지기 때문이다(錯險則危險則危). 좋지 않은 것은 아니 되므로(不可不善) 길을 잘 가리고서 그리고 그런 연후에 그 길을 따라 정치를 하지 않으면 안 된다(爲擇然後道之). 길이 지저분하면 곧 막혀버리게 되고(涂薉則塞), 위태롭게 막히면 곧 나라가 망한다(危塞則亡)··

그처럼 나라라는 것은 무거운 짐이다(故國者重任也). 오랜 동안 유지할 방법으로 다스리지 않으면 능히 존립할 수가 없다(不以積持之則不立). 그러므로 나라라는 것은(故國者) 소이 시대에 따라 새로워지는 것이므로(世所以新者也), 임금도 바뀌고 집행도 바뀌게 된다(改王改行也).

그러므로 <나라를 다스리는> 세월도 짧고(故一朝之日也) 사람의 수명도 짧은데(一日之人也), 그러나(然而) 안전하게 천 년이 이어지는 나라가 있는 것은 어째서인가(厭焉有千歲之固何也)? 말인즉(曰) 천 년을 두고 믿게 되는 법도를 원용하여 나라를 유지하기 때문이고(援夫千歲之信法以持之也), 천 년을 두고 믿게 될 선비와 더불어 안정되게 정치를 하기 때문이다(安與夫千歲之信士爲之也)……………………………………………………………………………

그런고로(故) 예의를 쌓아가는 군자와 더불어 정치를 하면(與積禮義之君子爲之) 즉 왕이 되고(則王), 바르고 성실하며 신의가 온전한 사람과 더불어 정치를 하면(與端誠信全之士爲之) 즉 으뜸가는 제후가 되고(則霸), 권모를 쓰며 못된 짓을 일삼는 사람과 더불어 정치를 하면(與權謀傾覆之人爲之) 즉 나라가 망하게 되는 것이다(則亡).…….”[290]

이에 반해 도가는 철저히 서주시대의 정국 즉 춘추전국시대의 혼란의 책임을 일방적으로 유가에게 전가시키면서, 자신들이 의도한 바대로 민중에게 다가서는 전략을 착실히 진행시켰다. 어쨌든 자신들의 정치적 야심 때문에 도가사상가 내지 선비들이 당대의 혼란에 대한 책임을 유가에게 전가시켰는데, 그 작업의 모습은 노자의 도덕경에서도 유감없이 드러나 있다. 곧 앞에서 인용한 18장에 뒤이어 19장에서도 유가에게 모든 혼란의 책임을 더 넘기고 있다.

“성을 끊고(絶聖) 지를 버리면(棄智) 백성의 이익이 백배가 되고(民利百倍), 인을 끊고(絶仁) 의를 버리면(棄義) 백성이 효도와 사랑으로 돌아가고(民復孝慈), 교를 끊고(絶巧) 이를 버리면(棄利) 도적이 있는 일이 없다(盜賊無有). 이

290) 순자 p 315~316 - 錯는 어긋날 착이 아니라 둘 조로 읽어야 하다.

셋으로는(此三者) <무위를 설명하는>글이 부족하게 된다(以爲文不足). 그러므로 <다음 글을> 붙여 둔다(故令有所屬).

소를 나타내고 박을 품어(見素抱樸) 사를 적게 하고 욕심을 적게 해야 한다 (少私寡欲).[291]”

그런데 오히려 도가의 한계는 이런 점 때문에 명확히 드러난다. 곧 도가의 내세운 바의 목적도 백성들로 하여금 평화롭게 잘 살게 하는 것이므로 당연히 세상에 그렇게 할 수 있는 구체적 방법을 제시해야 하는데, 그런데 도가의 주장은 오로지 유가의 방법을 부정하면 모든 혼란의 수습된다는 논리에만 초점을 맞추고 있었기 때문이다. 그리고서 그들은 이중적 처세관에 입각하여 사태를 관망하였다.

“굽으면 곧 온전하고(曲則全), 굽히면 곧 곧으며(枉則直), 우묵하면 곧 차고 (窪則盈), 낡으면 곧 새로워지며(敝則), 적으면 곧 얻고(少則得) 많으면 곧 어지럽다(多則惑). 이로써 성인은(是以聖人) 하나를 안아(抱一) 천하의 방법이 된다 (爲天下式).

스스로 나타내지 않는지라(不自見) 그러므로 밝고(故明), 스스로 옳다고 하지 않는지라(不自是) 그러므로 나타내며(故彰), 스스로 뽐내지 않는지라(不自伐) 그러므로 공이 있고(故有功), 스스로 자랑하지 않는지라(不自矜) 그러므로 오래다 (故長). 오직 다투지 않는지라(夫惟不爭) 그러므로 천하가 능히 더불어 다툼이 없다(故天下莫能與之爭).

291) ibid p121

옛날의 이른바 굽으면(故之所謂曲) 곧 온전하다는 말이(則全者) 어찌 헛말이겠는가(豈虛言哉). 진실로 온전히 하여(誠全) 그리고 이를 되돌린다(而歸之)."[292]

그런즉 이 글은 도가의 처세관이 누구를 그리고 무엇을 겨냥하고 있는지는 확연히 보여 주는데, 그것은 유가를 직접 겨냥하여 고대통치사상을 견지하는 입장을 포기하라는 것이다. 곧 요·순 사관과 주나라의 계승한 왕도(王道)정치의 정통성을 고집하지 말라는 것이다.

그러면 왜 사상이 이렇게 전환되어야만 했는가? 의문점이 어쨌든 크게 두 가지로 압축된다.

하나는 전국시대의 양상으로 보아, 이족의 정통성을 계승할 왕조가 더 이상 불가능해 졌다는 점이다. 즉 출신 민족이 서로 다르다는 점이다.

다른 하나는 주 왕조의 정통성을 계승할 봉건제후의 맥이 단절되었다는 점이다. 즉 주 왕조가 봉토한 제후의 후손들이 그 가신들의 반란으로 시해당하고 그리하여 마침내 주 왕조를 떠받쳐주어야 할 제후들이 주나라와 왕과 동등한 왕을 참칭하기에 이르렀다는 점이다.

그러므로 이 상황이 전국시대의 모습이며 그리고 서방의 진나라가 중국천하를 움켜질 수 있는 토양이 되었고 더 나아가 황로학이 발호할 수 있는 기회를 제공한 것이다.

하여간 여러 가지 사상을 융합한 도가의 무위자연의 이론은 실로 교묘하기 짝이 없는 이론이다. 그 이유는 자신이 먼저 형태를 보이는 것이 아니라 그 형태에 대응하여 자신의 형태를 맞추기 때문이다. 곧 형태 없는 물이 곧 그들의 처세법인 것이다. 곧 그들은 자신의 의도는 감추고서 반대로 남들이 약점을 드러내고 실수하면 그것을 집요하게 공박하여 굴복시키고, 남들이 잘하면 덩달아 참여하여 그것을 자신의 공으로 만들면서, 그 때마다 그 상황에 맞추어 공격과

292) ibid p141

방어를 결정하는 기회주의적인 행동을 하기 때문이다. 그러므로 도가를 제대로 상대하려면, 우선적으로 그들이 갖가지로 변신할 여러 가지 요소를 자신들의 이론에 적절히 감추어 두고서 변신하는 점을 미리 예측하지 않을 수 없게 된다. 그런 연후에 도가의 최대약점인 현실적인 해결방법을 먼저 내놓게 하여 도가의 방식대로 도가를 역공하는 것이다. 즉 물이 얼어버리면 파괴되듯이 그들이 사태의 해결방책을 스스로 내놓고서 비판받도록 공개적인 장소로 내몰고 가는 것이다. 곧 그들이 자신의 은폐된 모습을 더 이상 감추어 못하고 공개된 장소에 떳떳하게 나서도록 만드는 것이다. 그러면 역사를 왜곡시킨 그들의 모습이 수면위로 드려날 것이다.

여하간 유가를 무력화시키고 대중의 마음을 파고 들어가는 도가의 처세법은 열자의 양주(楊朱)편에 잘 드려나 있다. 곧 그 점은 지나친 예법에 불편해하거나 식상해하는 대중들의 마음을 사로잡기 위해 도가가 펼친 쾌락주의적인 사고방식이다. 이것은 철저히 의도된 전략적 방법의 소산으로서, 도가가 그런 편의적이고 이기적이고 기회주의적 사고방식을 무위자연의 미명으로 포장하여 유가의 사고방식을 무력화하려고 하였다. 그러므로 유가가 견지하는 예법사상에 얽매이지 않는 이기적인 행동양식을 자유의 관념으로 미화시켜 일반대중들이 신선한 역발상으로 느끼게 만든 그들의 전술·전략적 방법은 실로 경탄해마지 않을 수 없는 발상이다.

"양주가 말했다(楊朱曰). 「만물이 다른 모습을 띠고 있는 것은 살아 있을 동안이지만(萬物所異者生也), 죽으면 다 같아진다(所同者死也). 살아 있을 적에 곧 현명하고, 어리석고, 귀하고, 천한 것(生則有賢愚貴賤) 그것은 다르다(是所異也). 죽었을 적에 곧 썩어 없어지는 것(死則有臭腐消滅) 그것은 똑같다(是所同也) 비록 그렇다고 하더라도(雖然) 현우귀천은 능히 <제 힘으로>할 수 있는 것은 아니다(賢愚貴賤 非所能也). 취부소멸도 역시 <제 힘으로>할 수 있는 것은 아니다(臭腐消滅 亦非所能也). 그런 고로(故) 태어나고자 해서 태어나는 것도 아니고(生非所生) 죽고 싶어서 죽는 것도 아니다(死非所死) 현명해지려해서 현명해지는 것도 아니고(賢非所賢), 어리석어지고 싶어서 어리석어지는 것도 아니다(愚非所愚). 귀해지려해서 귀해지는 것도 아니고(貴非所非) 천해지려 해서 천해지는 것도 아니다(賤非所賤). 그러나(然而) 만물은 다 같이 나고 죽고(萬物齊生齊死), 다 같이 현명하고 어리석고(齊賢齊愚), 다 같이 귀하고 천하다(齊貴齊賤). 십년을 살아도 역시 죽고(十年亦死) 백년을 살아도 죽는다(百年亦死). 자애로운 성인도 죽고(仁聖亦死) 흉악하고 어리석은 인물도 역시 죽는다(凶愚亦死). 살아 있을 적에는 곧 요순이지만(生則堯舜) 죽으면 곧 부골이고(死則腐骨), 살아 있을 적에는 곧 걸주이지만(生則桀紂) 죽으면 곧 부골이다(死則腐骨). 부골은 똑 같다(腐骨一矣). 누구나 이 차이를 알 것 같으면(孰知其異) 우선 당장 살아서 할 바를 쫓아야 한다(且趣當生) 어찌 죽은 이후의 일로 허둥될 것인가(奚遑死後)?」."[293]

293) 열자 p221~222

제2장. 진·한 두 통일왕조를 거쳐 착근된 전제군주제도와 패권적인 중화사상

논구초점 : 패권주의의 산물인 진나라의 군현제도가 곧이어 한나라의 군국제도로 고착되면서 마침내 중화사상도 영글게 되었다. 그리고 패권주의에 입각한 배타적인 중화사상은 동아시아의 정세를 공생공영의 평화보다는 배척과 군림에 의한 적대적 대립의 구조로 정착시켰다.

패권주의에 입각하여 승자로서의 모든 것을 독식한 진나라의 통치노선과 방식은 중국뿐만 아니라 동아시아 정국을 긴장시키는 약육강식의 패도적인 정책을 추진하였는데, 그 추진의 의도와 결과는 다음의 두 가지로 압축된다.

하나는 국경선을 획정하고 그리고서 국경 밖의 부족민을 적대적으로 배척한 점이고

다른 하나는 소수가 다수를 다스리는 명분을 확보하기 위해 중화사상의 길로 나아간 점이며,

그리고 그 점은 다음의 구체적인 역사적 사건에서 분명히 확인된다.

첫째는 중국을 통일한 진나라 왕 영정이 자신의 호칭을 왕 대신 황제라고 정하고 진시황이 되면서부터 이후의 모든 역사적 흐름이 패권주의 노선의 정국으로 진행된 점.

둘째는 한나라의 무제 때 사마천은 자신이 저술한 사기에 황제(黃帝)의 족보를 기술하여 중국역사의 근원을 중화사상의 맥락으로 확고하게 왜곡시킨 점.

셋째는 한 무제가 흉노족을 정벌하고 그리고 동이족의 고조선을 멸망시키고서 그 지역에 한사군을 설치한 점들이다.

이 주제는 상당한 논란을 야기할 수 있는 극히 예민한 주제이긴 하지만, 중국고대사를 정확하게 파악하기 위해서는 반드시 논구되어야 주제이다. 즉 동아시아의 고대정세를 올바르게 이해하기 위해서는 결코 피해갈 수 없는 주제인 것이다. 특히 이 주제는 왜곡된 시각으로 기록된 중국고대 역사문헌에 함몰된 입장에서는 수용할 수 없는 주제일 수 있기 때문에 더더욱 그러하다. 그러므로 본서는 서두의 출발에서 밝혔듯이 역사서가 없었던 시기에 역사서였던 고대경서에서 그 근거를 밝혀 동아시아의 역사의 근본과 그 역사의 참 의의를 밝히려는 것이다. 하여간 전국시대의 봉건제도의 특성을 잘 보여 주는 기록은 역시 전국시대의 맹자의 글에서 찾을 수 있다. 다음은 맹자 양 혜왕(梁惠王) 하편에 수록되어 있다. 그 뿐만 아니라 아래 글은 맹자가 군주가 자신의 사욕을 위해 백성을 곤궁에 빠뜨려서는 안 된다는 민본주의의 사상을 철저히 보여 준 글이다.

> "신이 처음 <위나라>국경에 이르러(臣始至於境) 제나라가 크게 금지하는 것을 물은 뒤에야(問國之大禁然後) 감히 들어 왔습니다(敢入). 신이 그때 들으니(臣聞) 교외에 있는 검문소 이내에(郊關之內) 동산이 방 사십 리인데(有囿 方四十里) 동산에 있는 사슴을 죽이는 자를(殺其麋鹿者) 살인의 죄와 같이 다스린다고 하였습니다(如殺人之罪). 곧 이는(則是) 방 사십리로(方四十里) 나라 가운데 함정을 만든 것이니(爲阱於國中) 백성들이 크다고 여김이(民以爲大) 당연하지 않습니까(不亦宜乎)?"[294]

그런데 우선 이 글에서 주목되는 것은 제나라와 위나라의 경계선을 두고서 양국의 법이 서로 다르다는 점이다. 그리고서 두 사람은 아래의 글에서처럼 인

294) 맹자 p48

접국 간의 교류문제를 소국이 대국을 섬기는 문제로서 토론하였다.

"제나라 선왕이 물어 말했다(齊宣王問曰). 「이웃나라와 사귐에 도가 있습니까(交隣國 有道乎)?」

맹자가 대답해 말했다. 「있습니다(有). 오직 인자만이(惟仁者) 대국을 가지고서 소국을 섬길 수 있습니다(爲能以大事小). 이런 고로(是故) 탕왕이 갈 나라를 섬기시고(湯事葛), 문왕이 곤이를 섬기신 것입니다(文王事昆夷). 오직 지자만이(惟智者) 소국을 가지고서 대국을 섬길 수가 있습니다(爲能以小事大). 그런 고로(故) <고공단보>태왕이 <北狄人>훈육을 섬기시고(大王事獯鬻) <월나라>구천이 오나라를 섬긴 것입니다(句踐事吳)」"[295]

그러므로 이 내용은 실로 대단히 중요한 정치적 의의를 보여 주는데, 그것은 봉건제도의 의의를 간과한 전국시대의 선비들이 자신도 의식하지 못한 채, 엄청난 실책을 저지른 점이다. 곧 지방분권적 봉건군주정치이거나 중앙집권적 전제군주정치이거나 간에 중앙권력이 무기력해지면 곧바로 왕조 전체가 위기로 내몰리게 되는 결과는 마찬가지였지만 그러나 그 이후의 전개양상이 전혀 달랐던 점이다. 그 점은 다음과 같이 정리될 수 있다.

전자인 봉건제도는 중앙의 왕실이 무기력해지면, 나라의 형태를 갖추고 있는 주변의 제후국들이 나서서 혼란을 수습하게 되는데, 그 경우에 탕왕과 무왕과 같은 출중한 인물에 있어서 사태를 재빨리 수습하면 좋은 경우가 되고, 반대로 그런 인물이 없어서 전국시대의 난국으로 치닫게 되면 최악의 경우가 된다.

그에 비해 후자인 전제군주제도는 지방의 성(省)이 독립적인 나라의 기능을

295) ibid p48~49 - 大는 클 대가 아니라 클 태로 읽는다. 훈육은 전국, 진, 한 시대에 흉노에 해당함

갖추고 있지 않기 때문에 지방에 주둔하고 있는 군대가 나서거나 아니면 무장한 민중들이 나서서 혼란을 수습하게 되는데, 그 두 집단이 잘 숙련된 정치조직이 아니기 때문에 수습의 전망이 심히 불투명해지게 된다.

따라서 주나라의 봉건제도를 폐지하고 들어선 진나라의 전제군주제도가 보여준 문제점도 역시 크게 두 가지로 정리될 수 있다.

하나는 각 제후들의 반란을 방지하기 위해 만들어진 중앙집권제도는 왕도정치노선을 거부한 체제였기 때문에 전제군주제도의 황제가 무조건 한비자의 법가노선으로만 일로매진해야 했던 점이다.

다른 하나는 봉건제도에서는 외세의 침략에 의한 왕조의 몰락과 외세의 지배가 거의 없었지만, 중앙집권제도에서는 외세의 침략에 의한 왕조의 몰락과 외세의 지배가 다반사로 되풀이하게 된 점이다.

물론 그 이유는 봉건왕조의 왕은 변방에서 야기될 수 있는 이민족과의 분쟁을 일단 그 지역의 제후들에게 맡김으로서 왕조의 직접적 위험을 분산시킬 수 있었고 더 나아가 그들의 노력에 의해 왕조의 전체 지배영역까지도 평화롭게 확장할 수 있었지만, 그러나 중앙집권적 전제왕조의 황제는 반란을 염려하여 지방군왕들에게 결코 그런 독자적인 권한을 위임하지 않았기 때문이다. 따라서 지방군왕은 중앙에서 파병된 군대의 결정을 무조건 따라야만 했고, 더 나아가 적군과 교전 직전의 긴장국면에 처해서도 전쟁을 방지할 교섭권이 전혀 없어서 전쟁이 발발하면 지역민과 더불어 그 피해를 고스란히 감수해야 했을 뿐이었다. 다시 말해 봉건제도에서는 모든 분쟁문제의 피해를 일차적으로 제후국이 져야했고 그리고 이차적으로 제후국들이 연합해서 짊어져야했기 때문에 그리하여 중앙왕조는 직격탄의 피해를 피할 수 있었지만, 그와 달리 중앙집권의 전제군주제도에서는 모든 분쟁문제의 피해를 오로지 중앙의 왕조가 떠 맡아야했기 때문에 중앙의 왕조가 분쟁의 직격탄을 피할 수 없었던 것이다. 따라서 중앙의 왕조가 외세의 침략을 당해 위기에 내몰리더라도, 지방의 군왕이 황제를 더 받쳐줄 힘과 방법이 없어서 속수무책으로 당할 수밖에 없었다.

그러므로 훗날 중화사상에 의해 조성된 조공외교는 화려한 겉모습은 달리 내면의 실상은 오히려 심히 어두웠다. 왜냐하면 국경의 불안한 긴장상태가 촉발할 전쟁을 대비하기 위한 막대한 군비조달문제는 통일왕조의 재정(財政)상태를 악화시켰고 그리고 끝내 통일왕조의 정국마저 위태롭게 만들었기 때문이다. 그리고 심지어 중화사상에 의해 형성된 중국민족과 이민족 간의 갈등 때문에 봉건제도를 채택하였던 동주(東周)시대와 달리 전제군주제도를 채택한 진나라 이후의 모든 통일왕조를 주변나라의 이민족에게 침략당하고 그리고 그들에게 지배당하는 불행한 사태마저 되풀이하여 겪었다. 곧 항상 발생하는 이민족 사이의 분쟁사태와 달리 국경 밖의 이민족의 왕조에게 중국민족이 오랫동안 지배당하는 사태를 맞이하게 되었던 것이다.

그런데 이 점에 대해서도 결코 그렇지 않다는 반론이 가능한데, 그렇게 하려면 그 반론은 어떻게 조그마한 이족의 통일왕조가 대규모 정복전쟁을 감행하지 않고서도 주나라 때에 이르기까지 거대한 영토를 확보해 나갔는지를 먼저 해명하고 나서 제기되어야 한다. 즉 동이·서융·남만·북적의 지역을 비교적 순조롭게 편입시켜 통일왕조의 영토를 확장할 수 있었는지를 설명해야 한다. 다시 말해 고대통일왕조가 봉건제도를 바탕으로 하여 이민족들을 편입시키면서 왕조를 확장해 나가듯이, 전국시대이후의 전제군주들이 주변의 이민족들에게 왜 그렇게 할 수 없었는지를 해명해야 한다. 왜냐하면 고대왕조는 오로지 개인의 왕의 자질 때문에 스스로 무너진 것이었지만, 그와 달리 진나라 이후의 시대에는 왕의 자질 뿐만 아니라 외세의 침략에 의해 무너진 경우도 허다했기 때문이다. 물론 이 점에 대해서도 여전히 반론을 펼 수 있겠지만, 그러나 화하족의 개념이 없는 상태의 경우와 화화족을 가운데 두고서 나머지 민족을 변방의 이민족으로 취급한 경우는 국경문제를 해결하는 데에 있어서 천양지차(天壤之差)의 간격이 있었기 때문이다.

그럼에도 불구하고 전제군주제도에서의 왕조도 봉건제도의 왕조처럼 덕치노선을 걸었다고 강변할 수 있겠지만, 그러나 군림과 억압, 경멸의 입장에서 이민족들을 다루려고 한 이상에는 그런 억지주장은 통할 수 없다. 더욱이 사대(四大) 이민족이 중화사상에 전혀 동화될 수 없었기 때문에 비록 중국민족을 지배하면서 자연스럽게 동화되었을망정, 중국지역을 벗어난 지역에서는 결코 그와 같이 동화되지 않았던 점을 아울러 설명해야 한다. 만약에 현재의 화하민족이 지금의 통일된 중국의 모습을 가지고서 견강부회(牽强附會)의 설명을 하려고 하면, 그 입장은 오늘날의 중국을 만들어준 주체가 바로 이족인 청나라 민족임을 먼저 상기해야 한다.

제1절. 봉건제도와 전제군주제도

논구초점 : 전국시대의 패도정치사상은 급기야 천하를 독식하려는 사상으로 변질되어 결국 중국의 왕조를 허장성세의 길로 걷게 하여 민중을 억압하고 곧이어 정국을 혼란에 빠뜨렸다.

과거 하·은·주 삼대가 계승한 통치노선을 추종하는 위정자들은 설령 걸·주와 같은 무도한 왕이 등장했더라도 그들 타도할 정당한 명분이 충분치 않으면 그가 통치하는 왕조를 전복할 혁명의 깃발을 만천하에 내걸지 않았고 또한 하지 못했다. 그러나 춘추전국시대에 이르러서는 비록 걸·주와 같은 폭군의 치세가 아니더라도 권력에 눈이 먼 야심가들은 호시탐탐 기회만 주어지면 민본사상의 명분을 위한 혁명을 도모한 것이 아니라 오로지 자신들의 야욕에 따라 권력찬탈을 위한 반란을 도모하였다.

따라서 후대에 역사가들이 전대의 지방분권적 봉건제도와 진시황 이후의 중앙집권적 전제군주제도를 비교하면서 후자의 유리한 장점을 역사전면에 내세워 체제의 전환의 이유를 옹호하여도, 그 정도의 이점(利點)은 봉건제도에서도 능히 가능한 것들이어서 결코 설득력을 갖출 수 없다. 그러므로 군현제도를 바탕으로 한 중앙집권적 전제군주제도는 오로지 권력욕에 의한 정치적 산물로서, 중국민족이 마땅히 나아가야 할 바른 역사의 길만 오도시켰을 뿐이다.

봉건제도와 군현제도의 차이점은 무엇인가? 이 물음은 대단히 중요한 역사적 의의를 담고 있다. 왜냐하면 중화주의에 입각한 중국사관은 봉건제도의 봉토보다는 황제가 직접 관할하는 군현제도를 역사발전의 필연적 단계의 산물로 설명하면서, 결론적으로 중국민족뿐만 아니라 더 나아가 그런 중국역사관에 물들어진 동아시아의 주변 민족들에게 봉건제도는 낡고 진부하여 전국시대의 난국을 수습할 능력이 도저히 없는 제도인 것처럼 의식화시켰기 때문이다. 즉 주변 민족으로 하여금 중국을 자연스럽게 패자(霸者)로서 간주하게 하여 중국을 숭배하도록 유도하였기 때문이다.

그러면 당연히 과연 그럴까? 하는 의구심을 해소해야 한다. 물론 어느 정도의 차이점은 있긴 하지만, 그 본질적인 측면만 고려하면, 미국이 제국(帝國)적인 총독(總督)제도가 아닌 독립적인 연방제(聯邦制)를 효율적으로 운영하고 있는 경우가 이 경우와 비견되는 비교 대상이 될 수 있다.

곧 로마가 구축한 제국을 답습한 유럽 국가들이 식민지에 총독을 파견하여 직접 통치한 방식과 달리, 미국이 왜 그런 방식을 전제적인 방식을 거부하고 분권적 연방제를 채택하여 오히려 성공하였는가? 하는 관점이다.

다시 말해 중화사관의 역사발전의 관점에서 보면, 미국식 연방제는 극복되어야할 봉건제도처럼 취급되어야 하는데, 그럼에도 불구하고 미국은 왜 몰락하지 않고 도리어 번영을 구가하였는가? 하는 관점이다. 그리고 오히려 역설적으로 전제군주제와 비슷한 구소련의 소비에트체제가 왜 몰락하였는가? 하는 관점이다.

그런데 이 주제는 다음 제2권의 도가사상에 관한 논구에서 계속될 것이므로 여기에서는 총론적인 입장에서 개괄적으로 언급하겠다. 봉건제도에 관한 직접적이고 구체적인 언급은 태공망이 저술하였다는 육도(六韜) 대기(大紀)에 기록되어 있다.

"옛 성인은(古之聖人) 사람들을 모아 그리하여 집을 이룩하고(聚人而爲家), 집을 모아 그리하여 나라를 이룩하고(聚家而爲國), 나라를 모아 그리하여 천하를 이룩하여(聚國而天下), 이를 나누어 어진 이에게 봉하여(分封賢人) 여러 나라를 이룩하였습니다(以爲萬國). 이를 일러 대기라고 합니다(命之曰大紀)."[296]

그리고 전제적인 중화사상이 얼마나 허구적이고 작위적으로 만든 사고방식인 점은 태공망이 대기(大紀)에 연이어 주나라 문왕에게 설파한 대정(大定)에서 잘 드러나 있다. 즉 대정이 여러 민족이 어울러 중국고대왕조를 구성하고 있는 점을 여실히 보여 주기 때문이다.

"그 정치와 교육을 폄에 있어서(陳其政敎), 그 민속을 좇으면(順其民俗), 무리를 지어 굽은 이들이 바르게 되며(群曲化直), 모습도 바꾸게 되며(變於形容), 만국이 서로 넘나들지 않고(萬國不通), 각기 그 있는 곳을 즐기게 되며(各樂其所), 사람들은 그 위를 사랑하게 됩니다(人愛其上). 이를 일러 대정이라 합니다(命之曰 大定)."[297]

그러므로 주나라 시대에 누군가가 전제군주제도의 군현·군국제도를 미리 비

296) 육도 p134
297) ibid p135

교·연구하여 봉건제도를 버리고 중앙집권적 전제군주제도로 나아가야 한다고 직접 주장하지는 없었지만, 그러나 위의 태공망의 글은 간접적으로 전제군주제도에서의 군·현제도에 관한 연구가 왜 필요 없었는지에 대한 이유를 명확히 보여준다. 왜냐하면 전제군주제도는 봉건제도에 비해 특별히 거창한 정치제도가 아니라 전제군주제도의 황제가 봉건제도의 왕이 각 제후국에게 나누어준 통치권을 회수하여 모든 권한을 직접 행사하기만 하면 되는 제도였기 때문이다. 간단히 말해 지방에는 명목상의 통치권자인 군왕을 임명하고, 모든 행정권은 왕조에서 직접 파견한 관리가 중앙의 지시를 받아서 행사하면 되는 제도이기에 특별한 연구가 필요치 않은 점이다. 왜냐하면 지금껏 논구한 바대로 명목상의 위정자와 실질적인 위정자를 서로 구분한 전제군주제의 이원적 통치방식은 그 조직구성이 어려웠던 것이 아니라, 그렇게 해야 할 명분을 만드는 작업이 어려웠던 것이다. 더욱이 전국시대에 이르러서는 열 왕이 주변의 소국을 병합하면서 그곳을 직할지로 관리하기 위해 군·현제도를 이미 시행하고 있었기 때문에 전국시대의 열·왕들의 탐욕의 산물인 군·현제도는 봉건제도하에서의 행정단위가 군주제도하의 행정단위로 전환된 것 이외에는 별다른 역사적 의의를 지니고 있지 않다. 왜냐하면 군·현제도자체가 봉건제와 군주제를 택하는 일에 결정적 요인이 아니었기 때문이다. 즉 통일왕조가 된 진나라가 봉착한 문제는 봉건제도를 채택해 독자적으로 통치권을 행사할 제후를 임명하느냐 아니면 전제제도를 채택해 명목상의 제후를 둘 것인가의 선택의 문제였지 군·현제도를 두느냐 폐지하느냐의 문제가 아니었던 것이기 때문이다. 다시 말해 제후에게 권한을 주면 군·현에 대해서는 제후들이 알아서 할 것이고, 제후들에게 권한을 주지 않으면 군·현의 책임자부터 왕조가 임명해야 하는 것이기 때문에 제후에게 통치권을 주느냐의 정치문제는 지역을 어떻게 편성하느냐의 행정문제와는 처음부터 전혀 다른 별개의 사안이었던 것이다.

그러므로 진나라가 통일을 하자마자 봉건제도를 폐지하고 전제군주제도를 전격적으로 시행하려고 작정한 사실은 진나라가 반드시 그렇게 해야겠다는 이유,

필요성, 명분, 방법까지를 오래전에 미리 준비했었다는 것을 의미하게 된다. 왜냐하면 이 작업은 고대통치이념을 수호하려는 유가의 세력을 제거하지 않으면 결코 달성할 수 없는 일이었기 때문이다. 그러므로 반유가 세력들은 오랜 기간에 걸쳐 그 작업을 준비해 왔으며 그리하여 자신들의 목적을 달성하기 위해서는 일차적으로 기존사회를 분열시키고, 이차적으로 그들을 자기를 지지하는 세력으로 만들려고 활동하였던 것이다. 다시 말해 그들은 바로 전통적인 사고방식으로 사회를 결속시키고 있는 유가들을 걸림돌로 여기고서 배척하거나 제거하려고 행동했던 것이다. 즉 춘추전국시대에 횡행한 제후들의 반란을 방지하고서 강력한 통일왕조를 구축하려는 반유가 세력 곧 황로학의 선비들이 이 일의 걸림돌로 간주한 유가를 타도하려고 주도면밀한 전략을 구사하였던 것이다.

그러므로 그들은 유가라는 큰 난관을 극복하기 위해서는 두 가지 커다란 걸림돌을 제거하려고 했는데, 그것이 다음의 내용이다.

첫째는 전래의 통치이념을 전면적으로 부정하고서 새로운 통치이념으로 교체시켜야 하는 점이다.

둘째는 이질적인 구성원들인 여러 민족들을 하나의 뿌리를 가진 민족에게 예속시켜야 하는 점이다.

그리고 그들은 여러 이민족을 융합시켜 하나의 왕조를 구성하고 있는 봉건제도에서 왕으로부터 부여 받은 제후들의 자율적 통치권을 회수하기 위한 구체적이고 현실적인 방법을 구상했는데, 그것이 바로 강력한 중앙집권적 통치방식이다.

하지만 어연 2000년 가까이 내려온 봉건제도와 그 통치이념을 순조롭게 바꾼다는 일은 실로 난망한 일이 아닐 수 없는 작업이었다. 즉 명분이 뚜렷하지 않은 점 때문이다. 그러면 가장 좋은 방법은 기존의 유가를 역이용하는 방법인데, 그래서 그들은 먼저 유가에게 저급한 선비의 이미지를 씌우고 그리고 그 이미지를 활용하여 유가의 신뢰도를 떨어뜨려 대중들로 하여금 그들을 불신하게 만들고, 마지막 단계로 그 불신감을 근거로 삼아 유가가 수호하려는 고대통치이념을 정치무대의 전면에서 사라지게 하려고 계획했다.

그런데 그 방법의 효능은 시기적으로 절묘하게 이미 묵자가 보여 주었기 때문에 유가를 타도하려는 세력은 그로부터 새로운 공격방법을 알맞게 구상할 수 있었다. 즉 기존의 복잡한 예법에 적응하지 못하는 민중들의 거부감을 교묘하게 이용하는 방법인데, 미리 묵가가 그들 앞에 그 길을 터 준 셈이었다.

그리하여 새로운 세력인 도가사상가들은 자신들의 정체를 숨기고서 민중들의 가슴에 파고들기 위한 전술을 구사할 수 있었다. 곧 한편으로는 정론을 펴는 척 하면서 묵가와 양주를 비난하고, 또 다른 편으로는 거꾸로 묵가와 양주가 민중에게 다가선 바대로 그렇게 번잡해진 예를 기피하고 이기적인 처세를 추구하려는 민중들에게 무위자연의 논법으로 그들의 환심을 사려고 나아갔다. 즉 도가의 사상가들은 양동작전을 구사하면서, 내부적으로 묵가와 양주의 이론을 자신의 사상 틀에 알맞게 개조하여 마침내 그것으로 민중들의 가슴속으로 파고 들어간 것이다.

그러므로 도가사상가들은 유가의 천명사상보다 다 나은 이론을 내세우기 위해 무위자연의 사상을 가공하여 세상에 유포하였고, 그리고 요·순임금의 역사보다는 더 앞서면서 중국왕조를 건국한 인물로서 황제를 가공하여 역사의 전면에 내세웠다. 이런 모든 일련의 과정은 음양사상가, 도가사상가, 형명학의 법가사상가들이 종국적으로 하나로 뭉쳐 황로학을 결성하면서 완성되었는데, 그 과정을 제대로 비판하려면 당연히 그 논구는 전국시대의 마지막 유가사상가인 순자를 반드시 논구해야만 한다. 그 이유는 제나라 직하 궁에서 오랫동안 머물렀던 순자의 사상이 곧 그들에게 유입되었기 때문이다.

그러므로 도가의 사상가들이 결코 유가와 무관한 사상가들이 아니라는 점을 밝히는 작업이 전적으로 필요하게 된다. 그 이유는 우선 그들이 유가가 아니라면 유가의 내용을 그렇게 정통할 리가 만무하기 때문이다. 그 다음으로는 그들이 진정한 유가였다면, 결코 그렇게 무례하게 타 사상가들을 희화하고, 우롱하고, 조롱하고, 비꼬고, 비난하는 이야기를 심하게 가공하여 모욕하고, 모독하는 일을 함부로 자행하지 않았을 것이기 때문이다. 그리고 또 다른 점은 그들이 유가를 반박하면서 거론한 지역이 주로 제나라, 노나라, 위나라로 한정되어 있었기 때문이다. 즉 그들이 자신들의 글 속에서 거론한 정치무대가 주로 유가들이 포진하고 있었던 지역들이었고 또한 그 밖에 거론된 지역의 특정한 정보를 쉽게 얻을 수 있는 교통의 요지였기 때문이다. 그리고 더 나아가 그들이 그렇게 고급정보를 얻기 위해서는 왕조의 높은 위치에 있지 않으면 안 되는데, 바로 그 조건이 그들이 유가와 깊은 연관을 가진 고위층의 인물이거나 아니면 그들과 직접 연관된 관리이어야 함을 보여 주기 때문이다.

또한 그들이 유가를 폄하하고 배척하기 위해 노자를 내세워 공자의 위상을 극단적으로 격하시켰는데, 그러나 그것은 있지도 않은 사실이기 때문에 오히려 그것은 남들이 자신들의 정체를 알게 만드는 또 다른 실마리가 된다. 왜냐하면 이런 엄청난 가공의 이야기를 꾸밀 수 있는 인물은 오로지 유가와 무관한 지식인들에게서는 전혀 불가능한 일이었기 때문이다. 그리고 더 나아가 엄청난 그 일은 비호하는 정치세력이 없이는 더더욱 불가능한 작업이었기 때문이다. 만약 이들의 정체가 당시에 분명하게 드러났다면, 결코 정통유가들이 가만히 있지 않았을 것이다.

그런데 역설적으로 전국시대의 초기 인물인 맹자의 글에는 도통 도가사상가들이 거론되고 있지 않기 때문에 더더욱 그런 심증이 굳어진다. 또한 그 사실은 곧바로 맹자의 시대에는 도가사상가들에 의한 황로학이 결코 발호하지 않았다는 점을 분명히 보여 주는 객관적인 증거이기도 하다.

그러므로 맹자를 통해 확인할 수 있는 점은 다음과 같다.

우선 맹자시대에 이런 일이 벌어졌다면 결코 맹자가 이 일을 거론하지 않을 리 만무했다는 점이다. 그리고 그런 인물들은 적발되었다면 곧장 유가에서 파문당했을 것이다. 하지만 맹자가 활동한 시기에는 그런 일이 결코 없었다. 오히려 춘추시대부터 도가사상가들이 공개적으로 활동하였다면, 맹자가 일찍이 만났던 전국시대의 임금들이 맹자보다 앞서 무위자연의 사상을 모를 리 없었을 것이다. 그리고 그들은 맹자에 앞서 도가사상가들을 이미 만났을 것이다.

그러나 그와 달리 맹자 이후의 시기에 가서야 비로소 도가사상가들이 등장하여 맹렬히 자신들의 사상을 세상에 공개하였기 때문에 맹자는 도가사상과 그 인물들을 전혀 몰랐던 것이다. 그러므로 맹자를 기점으로 하여 맹자이후에 도가사상가들이 등장한 시기를 가늠해보면, 도가가 등장한 모든 정황이 당시의 역사현장과 꼭 맞아 떨어지면서 도가의 출현시기가 명확해진다. 왜냐하면 도가사상가들의 지식은 이미 유가와 묵가사상가들이 거론한 것들이었고 그리고 도가사상가들이 이를 뒤집어 우화를 만들었기 때문인데, 따라서 그 점이 그들의 등장시기를 명확히 밝혀주는 계기가 된다.

그런데 그 점에 대한 객관적인 증거는 서경보다는 시경이 더 적합할 수 있다. 왜냐하면 요·순의 역사보다도 훨씬 앞선다는 황제의 이야기가 사실일 경우에는 반드시 시경에 기록되어 있어야만 마땅하기 때문이다. 즉 달리 말하자면 정치적인 의도 때문에 황제의 기록이 서경에서 제외되었다고 하더라도, 주나라 초기의 시가집(詩歌集)인 시경에는 어쨌든 황제와 그들이 이야기가 수록되어 있어야 마땅하기 때문이다. 만약 그렇지 않다면 도대체 서경과 시경에도 없는 황제의 이야기가 도대체 어디에서 발생했는지가 심히 의아스럽게 된다.

따라서 시경의 국풍(國風) 중에서 당풍(唐風)의 내용이 바로 이 의혹을 풀어주는 객관적인 자료가 된다. 왜냐하면 시경의 당풍이 시경에 황제의 기록이 없음을 보여줌과 동시에 중국고대왕조가 요임금에서 시작되었음을 명백히 보여주기 때문이다, 다시 말해 아래의 당풍이 요 왕조가 위치한 황하유역을 설명하고 있는데, 그 내용이 서경의 내용과 별반 다르지 않기 때문이다. 곧 서경의 고문의 내용과 시경의 내용이 일치한다는 사실은 서경의 요전 앞에 황제의 글이 없었다는 것을 간접적으로 입증하기 때문이다. 만약 공자가 서경을 편집할 적에 요전 앞이 있는 황제의 글을 빼버렸다면, 시경에 반드시 그 흔적이 발견되었을 것이다. 즉 시경에 있는 황제의 글을 동시에 없애지 않는 한에서는 시경에 반드시 황제의 흔적이 남아 있어야 마땅하기 때문이다. 그런데 시경은 이와 같이 황제의 존재를 어느 곳에서도 결코 보여주지 않는다. 그러므로 분서경유이전의 서경도 당연히 요전의 기록에서 시작한 것이 분명해진다.

> "당(唐)은 나라 이름이니, 요(堯)임금의 옛 도읍이다. 우공(禹貢)의 기주(冀州)의 지역 태행산(大行山) 항산(恒山) 서쪽 태원(大原) 대악(大岳)의 들에 있으니 주나라 성왕(成王)이 이곳에 아우 숙우(叔虞)를 봉하여 당후(唐侯)로 삼았다.
>
> 남쪽에 진수(晉水)가 있는지라, 아들 섭(燮)에 이르러 나라 이름을 진(晉)이라 하였고, 후에 곡옥(曲沃)으로 옮기고 또 옮겨 강(絳)땅에 살다가, 그 땅이 흙은 메마르고 백성은 가난하여 부지런하며 검소하고 질박하며 근심이 깊고 생각이 멀어서 요(堯)임금의 유풍(遺風)이 있었다.
>
> 그 시를 진(晉)이라 하지 않고 당(唐)이라 이름 한 것은 대개 그 처음 봉한 옛 이름 때문이다. 당숙이 도읍한 바는 이제 태원부(大原府) 곡옥(曲沃)과 그리고 (絳) 땅에 있으니 모두 지금의 강주(絳州)에 있다."[298)]

그런즉 이로부터 도달할 수 있는 결론은 유가의 사상 즉 고대왕조의 통치이념과 그 역사에 정통하지 않은 인물이 아니고서는, 곧 서경과 시경의 내력과 내용에 정통한 특출한 지식인들이 아니고서는, 왜곡된 황제사관의 역사를 결코 인위적으로 가공하여 만들 수 없었다는 것이다. 따라서 그런 점을 정리해 보면, 다음과 같은 결론이 성립한다.

1. 노자의 존재를 춘추시대인 공자의 생존시기로 잡았기 때문에 그 이전에는 도가사상은 존재하지 않았다. 즉 하·은·주 삼대의 시대를 극구 부정하는 도가의

298) 시경 p443 - 大는 클 대가 아닌 클 태로 읽는다.

주장이 하·은·주시대에는 불가능하기 때문에 도가사상가들이 가공한 역사는 실제의 역사가 아니다.

2. 도가사상가들의 출현을 공자의 시기로 잡은 이유는 유가를 매도하고 배척하려는 의도 때문인데, 오히려 그 점이 자신들이 유가사상에 정통한 지식인들이라는 점을 거꾸로 입증한다.

3. 도가사상가들은 자신들의 정체를 은폐하고서 활동한 인물들이기에 실제로는 정치권력에 가장 가까운 현실적인 인물들로 구성된 세력들이다.

그리고 그 이유는 두 가지 점 때문인데, 첫 번째는 그들이 현실정치에 연루되지 않았다면 세속의 일에 그렇게 관심을 자지고서 나설 이유가 도통 있을 수 없기 때문이다.

두 번째는 도가의 족보가 실제로는 전혀 상식적이지 않기 때문이다. 즉 노담으로 간주된 노자가 공자와 같은 시기의 인물이라면, 당연히 전국시대의 인물인 열자와 장자가 학문적으로 분명하게 노자와 연결되어 있어야 하는데, 그럼에도 불구하고 전혀 그런 연결고리가 없기 때문이다. 오히려 열자와 장자의 존재는 그들이 가공한 비실제적 인물들을 스승으로 삼고 있기 때문에 더더욱 그러하다. 다시 말해 열자와 장자가 노자와 직접 연결되지 있지 않더라도, 어쨌든 그들의 학문적 스승은 노자와 관계가 있어야 하는데 도대체 그런 연관성이 전혀 없기 때문에 그러하다. 더 나아가 노자가 사라질 때에 도덕경을 전수받았다는 관령 윤희가 도가의 시발점이었다면, 그와 열자 및 장자의 두 스승과의 관계가 있어야 하는데 전혀 그런 것도 없었기 때문에 그러하다. 더구나 너무도 의아한 점은 노자의 가르침이 어떤 경로로 전해졌든지 간에 사제지간의 족보가 있었다면, 반드시 논어에서처럼 스승과 제자 간에 나눈 문답이 세세하게 기록되어 있어야 마땅한데, 도가사상가들의 저서에는 전혀 그런 것이 없었기 때문에 그러하다. 오히려 노자와 공자의 대화, 노자와 공자제자의 대화, 공자와 제자의 대화, 그리고 가공의 인물과 열자와 대화, 또는 그들과 장자와의 대화를 만들면서도 반면에 노자와 그의 제자, 열자와 그의 제자, 장자와 그의 제자가 나눈 이야기를 전혀 만들지 않고서 자신들의 정체를 철저히 은폐시킨 점 때문에 다른 그 무엇보다도 더 그러하다.

4. 도가사상가들의 의도가 너무도 권력적이라는 점은 그들의 무례한 입장에서 여실히 드러난다. 그리고 그런 점을 두고서 그들의 정체를 유추하면, 그들은 실제로 권력에 아주 가까이에서 최고 권력자를 보좌한 인물이고 그리하여 그 학문의 뿌리가 기존의 유가에 있다고 말해도 틀릴 바가 없게 된다.

그 점은 첫째 그들이 너무도 유가의 배척에 집착하고 있으며, 둘째 그들이 유가에 대해 너무도 정통해 있으며, 셋째 그들이 가공의 인물과 가공의 사실과 가공의 역사와 당시의 정세에 너무도 정통하다는 이유 때문이다. 곧 그들의 가공한 이야기들의 소재가 속세에서 떠난 인물들에게서는 도저히 나올 수 없는 것들이기 때문에, 당연히 그들은 가장 권력에 밀접한 입장에서 주나라를 대신할 새로운 왕조를 열려고 의도한 가장 우수한 지식인들의 집단이 아닐 수 없게 된다.

더욱이 그들이 중국고대왕조의 정통성을 전면적으로 고스란히 부정하고서 유가를 악의적으로 배척하기 위해 공자와 노자와의 대화를 지나치게 무례하게 가공했기 때문에, 그들의 부도덕한 사고방식은 그들의 인격을 의심하지 않을 수 없게 만든다. 곧 그들의 그런 행위를 본받아 유가의 어떤 누군가가 공자와 노자, 맹자와 열자, 순자와 장자의 이야기를 그럴 듯하게 가공하고서 그리고 그곳에서 도가의 이론을 천하를 어지럽히는 허구적이고 민중을 기만하는 사기라고 비하하였다면, 과연 그 내용을 접한 당시의 도가사상가들이 그것을 그대로 묵과하고 방치할 수 있었겠는가? 하는 역지사지(易地思之)의 의구심 때문이다. 그런데 일반상식과 달리 도가사상가들이 유가의 입장을 전연 개의치 않고 세상사람들 앞에 그런 무례하고 파렴치한 행위를 거리낌 없이 전개하였으니, 당연히 그들의 말뜻을 제대로 이해한 사람이라면 누구라도 그들의 비상식적인 권력의 집착에 전율을 아니 느낄 수 없을 것이다.

5. 도가사상가들이 유가가 수호하려는 예법정신을 비난하면서 대중에게 다가간 방법은 묵가사상가들에게서 답습한 것이라고 보아야 한다. 그 이유는 도가 이전에 공자를 신랄하게 비난한 선비가 없었기 때문인데, 묵자가 그 범례를 보여 주었다.

6. 도가에는 무위자연의 이론을 정식으로 가르친 인물, 시기, 장소, 배운 제자들의 계보가 도대체 없다는 사실은 곧 도가가 비조직적인 학문집단임을 의미하는 것이 아니라 역설적으로 훨씬 더 잘 짜인 조직적인 집단임을 보여 준다. 그 이유는 크게 두 가지로 요약될 수 있다.

하나는 노자의 도덕경의 내용은 너무도 현학적이어서 일반인들이 도저히 자력으로 그 의미를 깨우칠 수 없는 글이기 때문이다.

둘째는 그러므로 열자와 장자의 등장은 바로 이 현학적인 약점을 보충하기 위한 것인데, 구체적인 이야기로 구성된 수많은 우화는 비조직적인 개인이 가공하기에는 실로 난망한 것이기 때문이다. 그런즉 세속을 초월한 것처럼 위장한 그런 표현에 현혹되어 도가의 정체를 잘못 판단하는 우를 결코 범해서는 아니 된다.

그러면 이와 같은 결론의 근거를 찾아보기 위해서는 어쨌든 전국시대 말기의 유가사상가인 순자를 주목해야 한다. 그 이유는 순자가 유가사상가이면서도 후왕사상을 내세워 새로운 왕조의 출현도 가능하다고 본 인물이었는데, 바로 그 사상을 배워서 천하를 통일한 진시황제를 보좌한 인물이 바로 그의 제자였기 때문이다. 더욱이 그의 제자인 한비자가 그의 사상을 활용하여 법가사상을 편성하고 그리고 더 나아가 다시 그 사상에 도가사상까지 곁들여 황로학자가 되었기 때문이다. 따라서 순자와 그의 제자인 한비자와의 관계는 황로학의 실체를 밝힐 수 있는 가장 확실한 실마리인 셈이다. 그런데 이 점을 논구하려면, 우선적으로 한비자의 저서가 순수 법가사상의 서책인지 아니면 유가사상의 아류인지, 그도 아니면 황로학에 입각한 새로운 내용의 법가서책인지부터 결정해야 하는데, 그 점은 3권에서 재차 다룰 것이므로 여기에서는 일단 그 논구는 생략하고 곧바로 다음의 문제를 검토하겠다.

우선 주목해야할 점은 한비자는 도가의 사상을 누구에게 어떻게 배웠는가? 하는 의문점이다. 곧 순자가 아니라면 도대체 누구란 말인가? 하는 의문점이다. 만일 한비자에게 도가사상을 전수해 준 인물이 있었다면, 곧바로 그 인물은 역사에 기록되었을 것이다. 마찬가지로 한비자가 도가사상을 독학으로 깨우쳤다면 그런 사실도 밝혀졌을 것이다. 그런데 그런 점은 도대체 드러나 있지 않다.

그러면 순자가 유가사상가로서 행세하면서 자신의 정체를 숨긴 도가사상가였단 말인가? 하는 의문이 가능해진다. 그러나 결코 그런 일은 가능하지 않다. 또한 그런 일은 있지도 않았다. 그렇다면 황로학에 물든 한비자의 입장을 두고서 유추할 수 있는 경우는 크게 두 가지이다. 하나는 법가사상도 유가에 뿌리를 두고 있고, 또 다른 하나는 역시 마찬가지로 도가사상도 유가사상에 뿌리를 두고 있는 경우이다. 물론 그렇게 말할 수 있는 배경과 이유는 수명을 다하여 더 이상 유지될 수 없는 주 왕조를 대신하여 등장할 새로운 왕조에 대한 당시 선비들의 동향 때문일 것이다. 따라서 순자의 후왕(後王)사상은 이런 상황을 밝힐 수 있는 중요한 근거가 되기 때문에 반드시 검토되어야 한다.

어쨌든 통일왕조를 위해 헌신하는 사상가들이 전국시대의 열 왕을 위해 마땅히 준비해야할 점은 당연히 통일왕조가 또 다시 분열되어 혼란스러운 난세인 전국시대로 되돌아가는 일을 방지하는 방책이었다. 즉 제후들이 반란을 일으켜 왕으로 참칭하면서 중앙왕조에 대항하는 일을 방지하는 방법이었다. 하지만 새로운 통일왕조의 기반을 착실히 다져나가는 과정에서 미리 그와 같은 패권적 중앙집권방식의 왕조체제를 밝히게 되면, 곧 그것은 다른 여러 왕들로부터 공분을 사고 그리하여 천하를 적으로 돌리는 치명적인 타격을 입게 되었을 것이다. 따라서 우회적인 방법으로 착실히 그 기반을 조성하지 않으면 안 되었다. 그리고 그 방법은 곧 대중들로 하여금 거부감을 불려 일으키지 않게 하면서 동시에 모든 정국을 장악할 수 있게 만들려는 최상의 방책이어야 했다. 그리하여 도가로 자처한 지식인들이 최상의 방책으로 무위자연의 이론을 만들어 세상에 출현하였다. 그런데 그 이론은 모든 내막을 감추고 교묘하게 도덕론으로 위장한 최고단계의 정치론이기 때문에, 최상의 방책이라고 불려도 전혀 손색이 없다. 그 이유는 무위자연의 방책은 교묘하게 치고 빠지는 수법을 바탕으로 삼고 있기 때문인데, 그리하여 도가사상가들이 한편으로는 하·은·주 삼대에 걸쳐 내려온 전통적 봉건왕조 체제를 백성들이 거부하도록 만드는 전략을 구사하였고, 다른 편으로는 새로운 중앙집권방식의 체제에 백성들이 거부감을 가지지 않도록 만드는 전략을 구사하였다. 그리고 더 나아가 한편으로는 그들은 전혀 정치에 무관심한 인물로 위장하고서 백성들의 신뢰와 지지를 획득하면서, 다른 편으로는 모든 정국의 혼란의 책임을 유가에게 뒤집어 씌어서 정치무대에서 사라지게 하려는 양동작전을 구사하였다. 하여간 도가사상가들은 자신의 실체가 드러나지 않도록 교묘하게 신분을 위장한 탓에, 어떤 이들은 속세의 일에는 전혀 관심이 없는 양 위장한 상태에서 유가에 대한 공격을 일방적으로 자유롭게 할 수 있었고, 또 어떤 이들은 유가로서 그대로 행세하였고 또 어떤 이들은 한비자와 이사처럼 형명학자 내지 법가사상가로 둔갑하였다. 그런즉 그들을 기회주의적인 처신에 능한 지식인이라고 말해도 결코 틀린 말이 아니게 된다.

여하간 이렇게 말해도 무방할 수 있는 사실적 근거는 유가와 법가의 입장이 마치 학문을 배우는 스승과 장소를 따져서 쉽게 구분되어질 정도의 엄격한 차이점이 있는 것이 아니기 때문이다. 그 점은 바로 순자에게서 면학을 한 한비자가 후대에 이르러 법가사상가로 분류되는 점에서 명백해진다. 그리고 더 나아가 한(漢)무제 때의 사마천이 '춘추좌씨전(春秋左氏傳)'에 정통한 유가인체 하면서 실제로는 황로학의 신봉자인 점도 그와 같은 맥락에서 명백해진다. 그러므로 유가가 법가일 수 있고 또한 법가가 유가일 수 있는 점이 바로 유가와 법가의 관계라고 보면, 도가와 도가의 무위자연의 도의 정체를 미루어 짐작할 수 있게 된다. 다시 말해 무위자연의 이론이 유가의 통치이념을 크게 벗어날 수 없고 또한 법가의 통치방식에 전적으로 의존할 수밖에 없는 특성을 감안하면, 도가사상가들의 뿌리가 어디에 있는지를 미루어 짐작할 수 있게 되는 경우이다. 물론 그런 짜깁기식의 통치방식을 두고서 왕도정치와 패도정치가 조화롭게 절충된 융합방식의 이론이라고 극구 미화시킬 수도 있겠지만, 그러나 그런 짜깁기 이론은 냉엄한 현실의 여건에서 결코 제대로 작동될 리가 만무하다. 실제로는 전제군주제도의 황제는 겉치레의 유가와 달리 공공연하게 그 방식을 충실히 가동했는데, 그 후유증이 실로 만만찮게 나타났다. 그 점이 지금까지 논구한 내용들이다

그런데 그 이유는 너무도 명확하게 파악되어진다. 왜냐하면 하·은·주의 삼대에 걸쳐 계승된 왕조의 정통성이 지닌 역사적 의의와 통치이념이 지닌 정치적 의의를 너무도 안이하게 판단해서는 안 되는 일임에도 불구하고, 도가사상가들과 법가사상가들은 자신들이 달성하려는 목적에 맹목적으로 집착하여, 오랜 세월을 두고서 이루어진 고대통치이념의 본질을 너무도 쉽게 간과했기 때문이다. 다시 말해 도가사상가들이 정통성이 지닌 역사적 의의를 간과한 가장 중요한 실책은 다름 아닌 통치의 근본을 무시한 점이었다. 그런즉 논어에서 수록된 바처럼, 근본이 바로 서야만 도가 생긴 듯이 왕조가 나아가야할 올바른 길, 백성들이 따라야할 모범적인 규범들이 흩뜨려지면, 곧바로 그 순간부터 왕조가 오래 지탱하지 못한 점을 너무도 안이하게 여겼기 때문이다. 곧 고대왕조가 덕치와 법치를 다 함께 중시한 이유를 제대로 깨닫지 못하고, 법치주의에 치중하고 더 나아가 권모술책(權謀術策)을 더하게 되면 충분히 나라를 다스릴 수 있다고 여긴 오만함 때문이었다.

그런데 만약 전국시대를 마감한 새로운 왕조가 무위자연의 사상을 통치이념을 내세우려고 하였다면, 그것은 지극히 잘못된 결정이 되었을 것이다. 왜냐하면 무위자연의 사상은 결코 후대까지 이어질 적절한 명분을 갖춘 정치사상이 결코 될 수 없기 때문이다. 적어도 통일왕조를 제대로 꾸려나가려고 하는 군주

라면, 당연히 그는 하나라 이후 주나라 때까지의 왕조가 비록 요·순임금과 달리 세습왕권을 자식에게 물려주었더라도, 그러나 언제나 왕위를 물려받은 통치자가 세습의 정당성을 뒷받침하는 천명을 두려워하면서 그리하여 끊임없이 겸손한 자세로 자신의 부족한 통치행위를 반성하면서 현명한 신하와 더불어 백성을 위한 올바른 정치를 하려고 노력하였던 점을 반면교사로 삼아야 했기 때문이다. 그러므로 하·은·주 삼대는 왕조를 교체하는 과정에서 항상 백성을 위한 올바른 정치를 하겠다는 명분을 천하백성들 앞에 내걸은 점이 대단히 중요해진다. 그런데 전국시대를 통일하는 과정에서는 그런 통치명분을 어느 누구도 내세우려 하지 않았다. 오히려 진시황은 겸허해야 한다는 천명을 거역하고 스스로 오만의 극치인 황제가 되었다.

그러면 이런 사실은 과연 전국시대의 난국이 그런 명분을 결코 내세울 수 없었는가? 하는 의문점을 당연히 발생시킨다. 그런데 후왕사상을 내세운 순자의 입장을 살펴보면, 후왕사상은 그 명분을 충분히 내세울 수 있었다고 말하고 있다. 하지만 패도주의에 매료된 전국시대의 위정자들은 그런 전통을 고수하려는 유가의 예법정치론보다는 그런 전통을 배격하는 도가의 무위정치론에 매료되어 전통적 명분을 내세우는 행위를 생각조차 하지 않게 되었다. 하지만 결점이 다소 많은 왕들이기 때문에 그런 명분 쫓아가는 일이 힘겨울 수 있었겠지만, 그럼에도 불구하고 유가의 시도는 충분히 가능했던 일이었다.

그런데 진나라가 그 전통을 배격하고서 받은 대가는 너무도 컸다. 그것은 크게 두 가지로 요약되는데 하나는 다음 장에서 언급되는 중화사상의 폐단이고, 다른 하나는 화하사상에 입각하여 배척한 이민족들에게 천하를 빼앗기고도 그들에게 그들의 침략행위를 질책할 도덕적 명분을 내세울 수 없게 된 약점이었다. 즉 그들 스스로가 신하가 임금을 배반을 하고서 왕권을 빼앗은 커다란 잘못을 무위자연의 운명론으로 덮어버렸기 때문에 이민족이 중국민족을 정복하고서 통치하는 행위를 천하를 다스릴 명분론으로 탄핵할 수 없는 꼴이 되어 버린 것이다. 더욱이 민본주의의 천명(天命)론을 거부하였기 때문에 그들에게 중국 백성을 위한 민본주의정치를 하라는 요구조차 할 수 없게 된 점이다.

따라서 적극적으로 왕조의 잘못을 미연에 방지하고서 올바른 정치를 추구하려는 유가의 사고방식을 부정하고, 거부하고, 배척한 도가는 유가와 달리 기회주의적이고 이기적인 처세로 일관하면서 외세의 왕조가 몰락할 때만을 기다리는 입장이 되었다. 그런데 이와 같이 도가사상가들의 이율배반적인 모습이 비록 반유가적일지라도 이미 황로학을 수용한 유가의 입장에서는 그들을 달리 비난할 자격이 없긴 마찬가지였을 뿐이다. 그런데 역설적으로 전국시대의 도가들이 이기적으로 자신의 보신만 추구하는 그런 자신들의 태도를 때를 기다리는 현명한 처신인 것처럼 호도하면서 그리고 그런 처신이 마치 무위자연의 사상인 양 민중의 가슴 속에 자리 잡게 하고 또한 머릿속에 의식시킨 탓 때문인지 하여간 중국민족들은 외세의 지배를 꾹 잘 참고 견뎠다. 그리하여 중국민족은 그 모든 참상을 달이 차고 기우는 것처럼 무위자연의 운명론에 맡기고 오로지 억압을 감수하는 방법 이상의 행동을 하지 않았다. 즉 자신들의 왕조가 몰락한 방식대로 이민족의 왕조도 스스로 몰락하여 더 이상 자신들을 통치할 수 없을 때까지 기다렸다가, 마침내 그런 시기가 오면 전처럼 반란을 일으켜 원상복구하는 방식을 택했다. 그런즉 중국민족이 지닌 기회주의적인 이중적인 인격과 처세술은 도가로부터 비롯되었다고 말해도 무방하게 된다.

그런데 봉건제도를 폐지한 진시황의 군현제도가 역사의 필연적인 발전의 모습이 아니라, 오히려 역사를 후퇴시킨 작업이었다는 점을 논구하려면 먼저 봉건제도 하에서의 제후들이 어떻게 중앙의 왕조를 섬길 수 있었는지를 논구해야 한다. 즉 봉건제도를 논하기 위해서는 먼저 봉건왕조를 유지할 수 있었던 근거를 살펴보아야 하는데, 그 점에 있어서는 유자의 글이 적격이다.

다음의 글은 논어에 수록된 유자의 말이다.

"유자가 말하였다(有子曰). 「예의 활용은(禮之用) 화가 귀함이 되니(和爲貴), 선왕의 도는(先王之道) 이것을 아름답게 여겼다(使爲美). 그리하여 작은 일과 큰 일은 모두 이것을 따른 것이다(小大由之).

행하지 못할 것이 있으니(有所不行), 화가 알아서 그래서 화만 하고(知和而和知和而和), 예로서 절제하지 않는다면(不以禮節之) 이 또한 행할 수 없는 것이다(亦不可行也)."[299]

이 글은 정치의 모든 행위는 예로서 진행되지만, 그러나 예의 본질인 조화의 이치를 제대로 깨닫지 못한 인물이 오로지 조화만 이루면 좋은 것이라고 여기고서 고지식하게 겉모습의 조화만 추구하게 되면, 오히려 그것이 예의 본질을 망치게 되는 것임을 훈계한 글이다. 곧 속으로는 곪고 있는데도 불구하고 겉모양만 화합된 모습으로 위장하려는 마음은 진정한 화를 도모하는 마음가짐이 아니라는 것이다. 다시 말해 속과 겉이 일치하는 진정한 조화를 이루려면, 판단과 행동을 함에 있어서 반드시 절제와 절도를 갖추어야 한다는 교훈이다. 그러므로 유가는 예가 화합을 도모하기 위해서는 중용의 절제를 갖추어야함을 유념했고 마찬가지로 절제가 지나치지 않기 위해 모든 일을 두루 포용할 수 있는 인의 정신을 갖추어야 함을 유념했다.

그렇다면 예법의 번잡함을 트집을 삼아 왕도정치사상의 노선을 거부한 법가와 도가는 반대급부로 민중들을 편안하게 하기 위해 어떤 방책을 내놓았는지가 논구대상이 아니 될 수 없다. 그런데 법가는 덕치와 법치의 조화를 꾀한 왕도정치 노선에서 법치에 치우진 편향된 패도정치의 노선을 추구하여 대단히 역설적이고, 도가는 아예 무위정치를 내세워 민중을 위한 구체적 방책을 내놓지 않았으니까 대단히 역설적이다. 그런데 정치의 속성상 예법을 당연히 갖추어야 하므로, 유가

299) p27

를 비난하고 거부한 도가는 당연히 법가의 패도노선을 따르게 된다.

그러므로 표면적으로는 법가와 도가가 도저히 융합될 수 없는 것처럼 여겨짐에도 불구하고 두 사상이 한데 어울려 중화사상을 태동시킨 점은 대단히 역설적이다. 물론 법가가 도가처럼 앞장서서 황제사관을 직접 내세운 것은 아니지만, 그러나 춘추전국시대를 주도한 패권사상의 토양을 제공하여 도가와 더불어 중화사상의 배후인 황로학을 태동시켰기 때문에 두 사상이 한데 어울릴 수밖에 없었던 불가분의 배경은 반드시 논구되어야 한다. 곧 도가가 내세운 무위자연사상이 법가가 내세운 부국강병사상과 외관상으로는 전혀 어울리지 않음에도 불구하고 어우린 접점이다.

그런데 그 접점은 법가보다는 도가 자신의 진면목에서 찾아야 하는데 그것은 다음의 두 가지 점이다.

하나는 도가가 자신의 진정한 모습을 세상에 끝내 드려내지 않았던 점이다. 곧 노자의 정체, 열자의 정체, 장자의 정체가 모두 확연치 않은 점이다. 그렇지만 그들이 유가에 뿌리를 둔 황로학자이외의 다른 인물이 결코 될 수 없음은 명백하다. 만약 그들이 탈세속인이었다면 결코 세속의 일에 그렇게 관여하지 않았을 것이고, 반대로 그들이 그런 방대한 글을 제작할 학문적, 경제적 능력이 전혀 없는 속세의 평범한 인물이었다면 그들의 서책이 세상에 나타날 수도 없을 것이다. 그러므로 당연히 그들은 세속에서 권세를 지닌 고도의 지성인이 아닐 수 없게 된다. 왜냐하면 고도의 지적 능력을 배양하기 위해서는 고도의 학습을 거쳐야 하는데, 하지만 그런 일은 일반백성들에게 언감생심이기 때문이다. 따라서 그들이 그 당시 죽간에 글을 써서 세상에 알린 정도의 능력을 겸비한 인물이었다는 점은 곧 그들이 스스로 자신들의 신분을 제대로 밝히지 않았더라도 스스로 자신들의 정체를 충분히 밝힌 셈이다.

다른 하나는 그들의 행동성향이 대단히 권력지향적인 점이다. 곧 그 점은 그들이 내세운 모든 학설이 진나라의 통치에 그대로 반영되었던 점에서 여실히 증명된다. 곧 진나라 왕 영정(嬴政 후에 진시황)이 3황5제의 전설을 자연스럽게 이용하여 초대 황제의 자리에 오른 점이 단적인 예다.

그런즉 도가의 무위자연의 사상을 면밀히 뜯어보면, 이외로 무위정치사상이 강력한 힘을 바탕으로 한 법치노선의 정치사상임이 단번에 드러난다. 왜냐하면 도가 인물들이 무위자연의 도에 입각하여 마음을 비워야 한다고 누누이 강조한 말은 사실상 도가가 천하를 장악하려는 욕망을 품은 열 왕들에게 진정으로 천하를 움켜질 야심을 포기하도록 종용한 말이 아니었기 때문이다. 다시 말해 만약 도가 사상가들이 자신이 말한 무위자연의 도를 실천하는 비속세인이었다면, 그들은 결코 무위의 정치를 거론조차 하지 않았을 것이고 더 나아가 황제의 인물을 정치의 전면에 내세우지도 않았을 것이기 때문이다. 또한 만약 그들이 진정으로 자유인의 이상을 추구하는 그런 인본주의적 인물이었다면, 그들은 맹자가 양 혜왕을 만나 사욕을 버리라고 충고했듯이 진나라 왕 영정(嬴政 후에 진시황)을 만나 천하를 무력으로 움켜지려는 욕심을 버리도록 충고했어야 했기 때문이다. 그런데 그들은 결코 그런 일을 하지 않았다. 그 이유는 곧 그들이 권력자의 옆에서 무위자연에 걸 맞는 권모술수의 정치를 구사하고 있었기 때문이다. 만약 그들이 그건 방식의 정치권력과 무관했다면, 진시황이 불로장생을 구하려는 생각과 거대한 진시황릉을 축조하려는 생각을 반대하고서 극구 못하게 말렸어야 했을 것이다.

그러므로 여러 상황을 종합하여 진시황을 둘려 싼 세력을 고려하면, 곧 그들이 황로학의 세력임을 간파할 수 있게 된다. 그리고 그 증거는 단적으로 진시황이 춘추전국시대를 종식하고 천하를 차지한 즉시 봉건제도 대신에 군현제도 제도를 실시하려고 했을 때 극렬하게 반대한 유가에 대해 분서갱유(焚書坑儒)의 지독한 처벌을 내린 사건에서 명확해진다.

그런데 그 사건은 두 가지 사실을 보여준다. 하나는 황로학의 본색을 고스란히 그대로 보여준 점이다. 다른 하나는 황로학의 세력이 마지막까지 유가를 파멸시키려고 한 점이다. 곧 분서갱유의 사건은 유가를 말살하려는 악의적인 발상에서 비롯된 사건인데, 진시황을 부추겨서 그 사건을 일으킨 주모자들이 무엇을 의도했는가? 하는 의문점에 해명이 그처럼 너무도 단순해지기 때문이다. 다시 말해 거짓된 이야기를 진실인양 가공한 도가사상가의 반사회적 행위와 그리고 동문수학한 한비자를 함정에 빠뜨려 죽인 이사의 부도덕한 행위의 사고방식이 이 사건의 배후에서 작동한 사고방식과 공통된 사고방식이기 때문이다. 곧 그 사고방식은 권력지향적인 인물이 보여주는 탐욕스러운 모습, 곧 자신들의 목적을 위해서 수단과 방법을 가리지 않는 부도덕한 모습의 사고방식이다.

그러므로 분서갱유의 사건은 그런 그들의 성향이 한꺼번에 표출된 가장 악랄하고 반인륜적인 사건이 아닐 수 없게 된다. 곧 그들은 사람을 죽이는 정도를 넘어서 자신들의 학문적 허점을 감추기 위해 유가의 학문자체를 말살하려고 하였기 때문이다. 여하간 도가가 분서갱유를 소극적으로 묵인했거나 아니면 적극적으로 가담했건 간에, 어느 쪽이라도 해도 도가의 진면목은 법가와 더불어 반인륜적이고 반지성적이라는 점에는 변함이 없다.

하지만 거꾸로 그렇게 집요하게 다른 유파에 의해 공박당한 진시황에게 왜 분서갱유의 사건을 왜 당해야 했는가? 하는 의문점은 BC212년의 분서갱유(焚書坑儒)의 역사적 의의를 반추하지 않을 수 없게 만든다. 그 점은 도가와 법가가 유가를 완벽히 제압하여 이미 그 세력을 지리멸멸하게 만들었다면 결코 분서갱유의 사건이 발생하지 않았을 것이 아닌가? 하는 의아스러움 때문이다. 물론 도가와 법가가 거의 와해된 유가를 확인사살하려고 저지른 사건이라면 도저히 용납할 수 없는 일이지만, 그러나 그렇지 않고 진시황제의 왕국에 여전히 유가가 존속하고 있어서 발생하였기 때문이다. 그러므로 분서갱유의 참담한 사태는 도가와 법가의 눈에 유가가 여전히 제거되어야할 정도의 세력을 구축하고 있는 것으로 보였기 때문에 발생한 것이 아닌가? 하는 의구심이 오히려 더 설득력을 지닐 수 있게 된다.

그리고 주목되어야 할 또 다른 사안은 정치권에 밀려나기 시작한 황로학이 후일에 등장한 민중반란의 배후에 도사리게 되었는가? 하는 의문점이다. 즉 황로학이 진나라 말기에 「왕후장상의 씨가 따로 있느냐」라고 선동하면서 반란을 일으킨 진승과 오광의 두 인물이 일으킨 민중봉기의 직접적인 밑거름이 되었는가? 하는 의문점이다. 물론 그런 정황이 있는지는 단정적으로 말할 수 없지만, 그러나 전국시대 내내 일반평민에게 주입시킨 반유가적 사상이 그들의 의식에 충분히 작용했었다고 미루어 짐작할 수 있다. 여하간 이 반란이 도화선이 되어 발생한 숱한 민중봉기덕분에 평민출신인 유방이 한 왕조를 창건할 수 있었던 점은 매우 역설적이다.

따라서 백성이 만방의 근본이라는 점에서만 보면 민중봉기의 뿌리가 유가의 혁명 사상에 근거를 두고 있는 것처럼 여길 수 있지만, 그러나 평민들이 규합하여 왕조를 전복할 반란을 일으켰다는 점에서 바라보면 황로학이 그 원인이 되었는지를 살펴보지 않을 수 없게 된다. 물론 반란의 도화선인 원인은 단순할 수도 있고 또한 복잡할 수도 있다. 그러나 그 원동력이 유가의 혁명사상과 도가의 혁명사상 중의 하나라면, 어느 쪽이든 대단한 역사적 의의를 지니게 된다.

그런데 그 원동력이 도가라고 한다면, 그것은 대단히 역설적인 경우가 된다. 그 이유는 그들이 통일왕조의 진나라를 태동시킨 주역들인 점과 그리고 전제군주제도를 제대로 착근시켜 대대로 이어지게 하려는 주체들인데, 민봉봉기에 의해 무너져 내리게 되었다면 역설적인 경우가 되기 때문이다. 더구나 진나라의 혼란을 수습하고 건국한 한나라가 전제군주왕조의 국학을 유가로 채택하였기 때문이다.

그러므로 한 무제의 결정은 크게 두 가지 역사적 의의를 지니게 되는데, 그것은 전제군주제도가 지닌 이중적인 측면을 고스란히 반영한 점이다.

첫째는 중앙집권을 통해 지방제후들이 반란을 방지하려고 한 점이다.

둘째는 황로학 대신 유가를 선택하여 민중봉기를 방지하려고 한 점이다.

그런즉 유가의 충·효사상은 지방제후와 민중이 왕조에 전복하거나 항거하는 반란과 봉기를 차단하는 예방책의 역할을 담당하게 된 꼴만 되었다.

만약 한 왕조의 유방이 민중출신이 아니고 더 나아가 한 왕조가 민중봉기 덕분에 탄생하지 않았다면, 당시의 정치풍토로 보아 황로학이 유학대신 국학으로 채택되었을지도 모를 일이다.

그러므로 역사왜곡은 봉건제도 대신에 전제군주제도를 채택한 황로학의 인물들이 저지른 작품임이 이로써 명백해진다. 물론 봉건군주제도를 대신한 전제군주제도에도 나름대로의 장점이 있었지만, 그러나 고대왕조가 확립한 왕도정치노선을 단절시킨 점에서는 어떤 장점을 내세워도 변명이 되지 않는다. 그리고 한 무제가 유학을 국학을 내세운 점을 두고 누군가가 전제군주제도가 왕도정치를 단절시킨 아니라 계승·발전시킨 것이라는 반론을 제기할 수 있겠지만, 그러나 그 반론이 정당성을 지니려면, 그 반론은 다른 무엇보다 우선적으로 전제군주제도가 걸어간 길이 진정한 왕도노선이었는지부터 해명해야 한다. 또한 더불어 황제사관의 역사관이 진실이라는 점을 마땅히 증명해야 한다.

제2절. 패도적인 중화사상이 잉태한 배타성의 문제점

논구초점 : 베를린 장벽 같은 배타적인 국경선이 한 공간 내에 처지면서 상호교류를 막는다면, 서로 간의 생활방식을 이해하고 상호공존을 위한 가치관이 서로 달라질 수 있게 된다. 그리고 경계선이 배타적인 목적을 띠고 있다면, 당연히 같은 계통의 민족도 적대적인 이민족처럼 변할 수밖에 없는데, 하물며 생활풍속이 매우 다른 부족들 간에는 두말할 여지도 없이 적대적인 관계로 돌변하지 않을 수 없게 된다.

그런데 그런 상황에 사용하는 언어조차 서로 달리해야 한다면, 그 경우는 돌이킬 수 없는 파국을 낳게 될 것이다. 그리고 그런 상황의 정국에서는 오로지 약육강식의 전쟁터에서만 통용되는 강자의 논리만이 돋보일 수밖에 없게 된다.

정치는 상황의 논리에 충실해야 하기 때문에 반드시 이것일 수는 없다. 그러나 정도를 벗어난 모든 행위의 결과는 역시 원점으로 되돌아 갈 수밖에 없고 또 되돌아간다.

그리하여 공자가 살았던 춘추(春秋)시대의 정국과 사뭇 다른 상황을 맞이한 전국(戰國)시대는 왕도와 궤를 같이하고 있는 또 다른 축의 패도가 아닌 전국시대에 걸맞게 가공된 패도의 길이 득세한 시기였는데, 전국시대의 맹자가 일찍 그런 조짐을 무시하고 유가의 노선만 충실히 강조하였기 때문에 배척당하지 않을 수 없었다.

"맹자께서 말씀하셨다(孟子曰). 「힘으로써 인의 행위를 빌린 자는(以力假仁者) 패자이니(覇) 패자는 반드시 대국을 소유하여야 하고(覇必有大國),

덕으로써 인을 행한 자는(以德行仁者) 왕이니(王), 왕은 대국을 필요로 하지 않는다(王不待大).

탕왕은 70리를 가지고 하셨고(湯以七十里), 문왕은 백 리를 가지고 하셨다(文王以百里).

힘으로써 남을 복종시키는 자는(以力服人者) <상대방이> 진심으로 복종하는 것이 아니라(非心服也), 힘이 부족해서요(力不贍也),

덕으로써 남을 복종시키는 자는(以德服人者) 마음 한 가운데서 기뻐하여 그리고 진실로 복종함이니(中心悅而誠服也),

70제자가 공자에게 심복함과 같은 것이다(如七十子之服孔子也).

시경이 이르기를(詩云). '서쪽에서 동쪽에서(自西自東) 남쪽에서 북쪽에서(自南自北) 복종하지 않으려는 생각을 가진 이가 없다(無思不服)'고 하였는데, 이것을 두고 말한 것이다(此之謂也)」"[300]

어쨌든 글자 그대로 나라끼리 전쟁을 하는 시대인 전국시대에서는 부국강병책을 바탕으로 한 패자의 사상이 한결 돋보일 수밖에 없는 터였다. 더욱이 전국시대의 패도사상이 관중이 설파한 그런 통치방향으로 나아가지 않고 오로지 도가사상이 지향하는 통치방향으로만 치달았기 때문에 도가가 의도한 바대로 전국시대 이후의 중국왕조의 정치체제는 일인천하의 중앙집권적 전제정치의 체제로 바뀌게 되었다. 물론 전제왕정과 절대왕정과는 개념적으로는 구별되는 제도이긴 하지만, 그럼에도 불구하고 중앙집권적 왕권은 패권적이었기 때문에 전제제도는 출발부터 절대적일 수밖에 없는 제도였다.

그런데 전국시대가 철저히 패도의 길을 따라간 진나라에 의해 마침내 종식되었기 때문에 그 결과는 충분히 유가의 입장을 무색하게 만들지 않을 수 없었다. 더구나 새로운 통일왕조로 등장한 진나라는 시작부터 지극히 오만하고 무례한 왕조였다. 그리하여 유가의 바람과 정반대로 진나라는 오히려 전래의 봉건제도를 전제제도로 바꾸고 더 나아가 왕의 호칭조차 황제의 호칭으로 바꾸어 자신만을 유독 신격으로 격상시켰다.

그리고 그 과정에서 진시황제는 중앙집권적 전제정치를 채택하기 위해 가장 걸림돌로 작용하는 유가들의 반대와 저항을 분서갱유의 사건을 일으켜 폭압적인 방법으로 제거해 버렸다. 그리고서 그 자신이 통치하는 왕국의 영역의 안과 밖을 철저히 구별하는 폐쇄적이고 차별적인 정책을 감행하였는데, 그 쇄국정책의 산물이 곧 만리장성이다. 물론 방어용인 장성은 하·은 및 서주시대에는 거

300) p97

의 없었던 것이지만, 전국시대에는 봉건제후국끼리 서로 적대적인 전쟁을 하였기 때문에 각 제후들이 자신의 영토를 보전하기 위해 경계선 지역에 쌓은 역사적 산물이었다. 그러므로 군·현제도를 채택한 중앙집권적 통치방식과 황제 및 만리장성은 황로학에 젖은 통일왕조의 첫 작품인 셈이다.

그런데 분서갱유의 사건의 발단이 통일왕조가 통치체제를 군현제도로 추진하려고 했을 때, 그에 정면으로 맞서 유가들이 봉건제도의 회귀를 주장하는 과정에서 황로학으로 의식화된 황제와 법가들이 유가들을 무력으로 제압한 사건인 만큼 그 이면을 철저히 검토되어야 한다. 그리고 진시황이 만리장성을 쌓아야만 했던 이유와 필요성도 다른 각도에서 다른 관점으로 세밀히 검토되어야 한다.

그러므로 그 점을 차근히 논구하려면, 최소한 먼저 서주의 마지막 왕인 유(幽)왕의 몰락부터 살펴 보아야한다. 물론 이 문제는 근원적으로 주나라의 성립 때부터 따져야 할 것이지만, 그러나 이미 앞에서 주나라 무왕이 은나라 주왕을 타도할 적의 상황이 검토되었기에 여기는 유왕과 포사(褒姒)의 몰락과 동천의 경위만 거론하겠다.

유명한 고사의 내용에 따르면, 서주의 유왕은 천하미인 포사 때문에 저지른 폭정으로 인하여 스스로 자신의 죽음을 자초한 것이지만, 그러나 그 몰락과정에서 주목되어야 할 점은 자신의 전 왕비인 신(申)씨의 친정 나라인 신(申)국의 제후인 신후(申侯)가 유왕을 공격하기 위해 견융을 불러 들인 점이다. 그러면 당연히 견융이 어떻게 신후와 더불어 주나라의 수도 호경(鎬京)을 공격할 수가 있는가? 하는 의문점에 대한 논구가 대단히 중요해진다. 즉 그 당시의 견융은 진나라 시황제와 무관한 민족인데, 오히려 그 사건 때문에 진나라가 제후국이 되었으니 참으로 역설적이다.

역사적으로는 견융은 견이(犬夷), 곤이(昆夷)라고 알려진 종족으로서, 시경과 서경에서는 험윤(玁狁), 험윤(獫狁), 귀방(鬼方) 등으로 기록된 대표적인 서융족이다. 그리고 이들이 견이, 곤이로 불렀기 때문에, 상대적으로 그만큼 사이(四夷)의 의미가 중요해진다.

그런데 주나라 유왕 때의 신(申)국은 하남성(河南省)의 남양(南陽)에 위치해 있고, 견융은 섬서(陝西), 산서(山西)성 태원(太原)지역에 거주하고 있었으므로, 두 지역은 지리상으로는 대단한 멀리 떨어져 있다. 그렇지만 호경이 동일한 섬서성에 위치하고 있었기 때문에 이 두 지역의 부족민이 연합만 하면 호경을 공략할 수 있었다. 그러므로 실제로 그렇게 되어서 견융에 의해 호경은 함락되었고 유왕은 피살되었다.

그러면 이 점에서는 가장 중대하면서도 민감한 의문점이 발생하게 된다. 그것은 어떻게 경지지방의 수도권지역에 이방인이 함께 거주할 수 있었는가? 하는 점이다. 견융이 가장 위험한 적대적 이민족이었다면 이전에 당연히 이들을 경기지역 밖의 다른 지역에 거주하게 하였거나 아니면 아예 주나라 왕조와는 무관한 변방지역에 살게 만들었어야 정상적인 조치가 된다. 곧 한 무제가 흉노족을 변방으로 내쫓아버린 것과 같은 결과이어야 정상적이라는 것이다. 그런데 유(幽)왕에 앞선 목(穆)왕 때에 기껏 견융을 무력으로 섬서성의 태원(太原)지역으로 내몬 것이 전부였다. 그렇다면 목왕 때의 그 사건은 이민족인 견융족을 국외로 추방한 역사적 사건이라기보다는, 오히려 섬서성 안의 거주민인 견융족이 처우문제 때문에 불만을 가지고서 일으킨 반란을 섬서성을 직접 다스리는 주 왕실이 무력으로 진압하여 그들을 강제로 복속시킨 일이라고 해석함이 마땅할 것이다. 왜냐하면 역사적으로 어느 나라든지 왕조에 가장 위험이 되는 이민족을 왕실의 직할지역인 경기지역에 거주시킨 예가 도대체 없었기 때문이다.

다시 말해 왕조를 전복할 정도의 무장을 하고 있는 이민족을 자국민에게만 허용되는 왕도(王都)의 거주민으로 허용한 예가 전혀 없었던 것이다. 그럼에도 불구하고 그들이 주나라 백성이 아닌 이민족임에도 불구하고 경기지역에 거주할 수 있었다면, 그것은 철저한 감시받아야 할 노예와 같은 종속신분이 아니고서는 도저히 불가능하다. 그러나 그들은 그런 상태의 노예가 아니었다. 그렇다면 그로부터 내릴 타당한 결론은 당연히 하나뿐이다. 그것은 그들이 경기 지역 내에 거주하는 또 다른 주나라 백성이었다는 점이다. 비록 그들이 혈통과 풍속이 이족과 만족과 더 나아가 적족과는 다를지언정 어쨌든 그들은 다 함께 주나라 백성이었던 것이다. 그 점에 대해서는 본서가 이미 앞에서 충분히 거론하였기에 여기서는 더 이상 거론하지 않겠다.

그런 점에서 보면, 견융은 주나라 백성의 신분에서 신후의 모반에 동참하게 되었던 것이다. 그리고 그 점에 대한 이유가 아래와 같이 너무도 명백하기 때문에 결코 부정될 수 없다.

첫째, 하남성에 위치한 신국의 제후가 모반을 일으키기 위해 동원할 군사가 섬서성의 호경에서 너무 멀리 떨어져 있었다면, 시간과 공간의 제약 때문에 결코 그 모반이 성공할 수 없다. 왜냐하면 호경의 왕조가 신후의 군사의 움직임을 재빨리 파악하여 제압하였을 것이기 때문이다.

둘째, 하남성에 있는 제후가 멀리 떨어진 경기지역인 섬서성 내의 노예들 내지 하층민을 동원하여 모반을 일으키는 일은 도저히 있을 수 없다. 왜냐하면 노예들이 중무장을 하고서 다른 지역의 제후와 함께 궁중모반을 일으킨다는 것은 아예 불가능하기 때문이다. 그렇게 되려면 섬서성에서 먼저 노예반란이 일어나야 하고 그리고 그 노예들이 탈취한 무기를 가지고서 중무장할 수 있어야 하기 때문이다.

셋째, 견융이 주나라 백성이 아닌 이민족이라면 결코 주나라의 저항이 없이 순식간에 수도를 유린할 수 없다. 왜냐하면 주나라의 제후들이 이민족을 침략을 방치하고서 서로 양분하여 내전을 치룰 이유가 없기 때문이다. 그러므로 당연히 견융은 섬서성에 거주하는 주나라 백성으로서 하남성의 신국 제후의 제의를 받고서 모반에 가담했다고 보아야 제대로 된 해석이 된다.

따라서 이런 논점을 바탕으로 하여 두 가지 문제를 논구해야 한다.

하나는 과연 유왕의 행위가 걸·주와 같은 정도의 폭정으로 간주될 수 있으며, 그리하여 제후들이 더 이상 그들 왕으로 떠받들 수 없을 정도로 난국을 조장하였는가? 하는 점이다. 비록 유왕이 포사 때문에 하지 말아야 할 부도덕한 행위를 했다고 하더라도 그것이 유왕이 신하의 모반에 의해 피살되어야할 정도의 사건인가? 하는 점이다. 그런데 이 사건은 나라를 위태롭게 할 정도의 폭정을 하고 있다는 세상의 불안 때문에 발생한 경우라기보다는 오로지 유왕과 그의 왕비인 신씨와 그의 아들인 태자, 그의 후비인 포사와 그의 아들, 신왕후의 친정아버지인 신국의 제후 간에 발생한 왕실의 문제이었을 뿐이다. 즉 유왕의 통치가 걸·주의 폭정 때처럼 천하의 제후들과 백성들을 불안하게 만들어, 그들로 하여금 탕왕과 문·무왕이 등장하기를 학수고대하게 만든 상황도 아니었고, 또한 탕왕과 문왕처럼 천하의 인심이 신후나 그 밖의 다른 제후에게 쏠린 것도 아니었고, 천하의 제후들이 유왕의 타도에 나선 것이 아니었고, 단지 신국제후와 그의 제의를 받아들인 섬서성의 견융이 기습적으로 일으킨 사건이었기 때문에 결코 탕왕과 무왕이 타도한 걸·주의 사건이 될 수 없는 것이다. 따라서 이 사건은 하극상의 모반일 뿐만 아니라 더 나아가 결과적으로는 장인이 사위를 살해하고, 부인이 남편을 살해하고, 아들이 아버지를 살해한 존속살해의 모반일 수밖에 없게 된다.

그렇다면 이 사건은 명백한 모반으로서, 도덕적으로 있어서는 안 될 패륜적 사건이다. 왜냐하면 그 이후에 전개된 정국혼란이 이런 평가를 뒷받침할 객관적인 판단근거를 확연히 보여 주기 때문이다. 즉 그것은 신왕후의 아들인 태자가 동주의 평왕으로 왕위에 오르자마자, 그를 인정하지 않는 다른 제후들이 유왕의 또 다른 아들을 새로운 왕으로 옹립하고서 한 동안 두 세력이 치열한 전투를 벌인 점 때문이다. 그러므로 비록 평왕 측의 승리로 왕조의 분열은 일단 수습이 되었지만, 그러나 이 모반의 사건은 왕조와 왕을 교체할 천명의 명분과 전혀 상관없이 사건이었기 때문에 사후에 엄중한 도덕적 잣대로서 비판받아야만 마땅했다. 왜냐하면 오로지 사욕과 개인감정 때문에 장인이 무력으로 사위인 왕을 피살하고 그 왕위를 찬탈하여 외손자에게 준 하극상이었기 때문이다.

하지만 평왕이 즉위하고 승리한 상황에서 평왕을 아버지를 죽인 주범으로 내몰 수가 없었기 때문에 준엄한 도덕적인 비판이 현실적으로 사실상 불가능했다. 그 대신에 피살된 유왕과 포사만 책임을 덮어쓰고 국정을 어지럽힌 원흉으로 내몰렸을 뿐이다.

그렇지만 모반이 그와 같이 수습되었기 때문에 비극적인 이 사건은 얼마 안 가서 춘추전국시대를 여는 단초가 되었다. 즉 어쨌든 간에 아버지를 죽이고서 왕이 된 평왕의 입장은 도덕적으로 옹호되고 두둔 받을 여지가 거의 없어졌기 때문에 평왕은 정사를 봄에 있어서 도덕적 권위와 도덕적 명분을 내세울 수 없게 되었다. 그리하여 평 왕은 훗날 자신을 옹립한 제후들이 저지르는 부당한 행동에 대해 도덕적으로 그들 치죄하고서 여러 제후들로 하여금 그를 벌하도록 명령할 명분조차 미약해져서 마침내 왕의 권위마저 상실할 정도에 이르렀다. 다시 말해 이기면 충신이고, 지면 역적이 되는 정국을 공공연히 공인한 꼴이 되어버린 것이다.

그리하여 왕실에서의 골육상잔에 의한 배덕의 모반사건은 점차로 신하가 군주의 차지를 찬탈하는 하극상의 모반사건으로 치닫게 되고, 급기야 제후들이 주나라를 종주국으로 전혀 인정하지 않고 스스로를 왕이라 참칭하고서 그리고 새로운 통일왕조의 주인이 되려고 하는 정국으로 치닫게 되면서, 그리하여 동주시대는 마침내 춘추전국시대의 난세로 치닫게 되었던 것이다.

그렇다고 하더라도 당연히 주 왕실은 그간의 경위가 어떻든 간에 유왕을 피살한 부덕한 왕실의 사건에 대해 진심어린 반성을 하고서 백성들에게 지속적으로 도덕적인 근본을 보여 민심을 수습하는 일에 전력을 다해야 했음에도 불구하고 그 성의의 정도가 너무도 미약했기 때문에 호경에서 낙양으로 동천한 이후의 주 왕실은 스스로 몰락의 길을 자초하는 형국으로 접어들게 되었다.

그런데 여기에서 각별히 유념하고서 주목해야 할 특이점은 왜 주 왕실이 급격히 몰락하지 않고 동천 이후에도 500년을 넘게 유지할 수 있었는가? 하는 점이다. 그 다음으로는 진시황제시대에 이르러 진왕조가 스스로 결정한 국경선 밖으로 왜 이들을 이민족이라고 규정하고서 내몰아야만 했는가? 아니면 왜 내몰지 않으면 안 되었는가? 하는 의문점이다.

그리고 이 의문점에는 겉보기와 달리 역사왜곡에 관한 의문점이 내포되어 있다. 즉 봉건왕조의 방식에 의해 그들을 수용하면 될 터인데 굳이 그런 방법을 채택하지 않고 강제적으로 그들을 추방하려고 한 이유가 무엇인가? 하는 의문점이다. 그리고 더 나아가 한 무제 때에 이르러 스스로 자신들이 정한 국경 밖으로 직접 나아가 무력으로 그들을 정벌하고, 복속시키고, 추방하려고 하는 지경에까지 이르렀는데, 한나라도 굳이 그렇게 해야 할 이유가 도대체 무엇인가? 하는 의문점이다.

그런즉 위의 모든 의문을 종합하면, 그 의문은 과거에는 동일한 백성이었는데, 왜 그 시점에 이르러서는 동일한 백성으로 보지 않고, 국경선 밖의 전혀 다른 나라의 전혀 다른 이민족으로 차별하려 했는가? 하는 의문점으로 귀결된다. 즉 과거처럼 동일한 백성의 입장에서 공존번영을 추구해도 무방할 터인데도 불구하고, 굳이 따로 구분하여 추방하고 배척하려고 했는가? 하는 의문점이다.

이러한 의문점은 여러 민족이 더불어 살고 있는 다민족 국가에서 대규모의 폭동이나 시위가 발생했다고 하더라도, 그런 이유 때문에 그들을 이민족이라고 규정하고서 추방한 예는 거의 없었기 때문에 필히 논구되어야할 문제이다. 왜냐하면 진시황이 만리장성을 쌓은 경우는 동일한 영토 내에서 폭도들을 강제로 이주시킨 경우와 전혀 다른 경우이며, 또한 정복민인 로마인이 피정복민인 유태인을 유태인의 땅에서 추방한 경우와 전혀 다르기 때문이다. 즉 동일한 백성으로서 함께 공동역사를 이루었음에도 불구하고, 어떤 시점에 이르러 왕조의 정치적 의도 때문에 한 쪽이 다른 쪽을 이민족으로 취급하여 영토 밖으로 내쫓고서 접근을 불허한 경우는 역사상 전혀 뜻밖의 일이 아닐 수 없기 때문이다.

그러면 진시황의 만리장성의 문제가 과연 중국민족과 이민족간의 갈등의 문제인가? 하는 의문제기가 마땅히 가능해진다. 그리고 그 의문을 역으로 제기하면 그 의미가 더 명확해진다.

즉 만약 진시황이 전제제도를 실시하지 않고 봉건제도를 유지했다면 어떻게 되었을까? 하는 가정이다. 특히 이 의문은 진시황의 시대에 이르러 잦은 북방의 이민족의 침입을 막기 위해 장성을 쌓았다는 후대의 기록이 황로학적 시각에 의한 일방적인 견해일 뿐이기에 가능한 것이다.

왜냐하면 진시황이 봉건제도에서 중앙집권방식의 군현제도로 급격히 방향선회를 한 배경은 지방제후들이 이 두 번 다시 통일왕조에 반역을 획책하지 못하도록 하기 위한 것이었는데, 진시황을 보좌한 법가들이 그 목적을 실현할 수 있는 최선의 방법으로 모든 지역을 중앙에서 직접관리하고 통제할 수 있는 전제군주제도를 건의했기 때문이다. 그런데 그 방향으로 줄달음질치게 한 배후의 정치사상이 황로학이었는데, 이 정황을 법가사상이 확연히 보여 주기 때문에 단연코 그렇게 말할 수 있다.

어쨌든 전제군주제도의 특징은 중앙이 모든 일을 통제해야 하는 체제이다. 그러므로 중앙에서 모든 지방 군주들의 영토를 직접 통제하기 위해서는 각 지역이 명백히 구분되어 통제 가능한 지역으로 결정되어야 한다. 즉 중앙에서 모든 지역사정을 낱낱이 파악할 수 있는 제도와 조직을 갖추어야 한다. 그리고 중앙에서의 통제가 불분명한 지역은 최우선적으로 왕조의 영토에서 배제시켜야 한다. 그렇게 되면 각 지역에 대한 경계선을 명확하게 확정해야 하고 그리고 그 경계선에 벗어난 지역은 통치영역에서 배제시켜야 한다. 그러면 당연히 배제된 지역은 다른 제후국들끼리의 경계선과 다르게 이민족과 대치하는 국경선이 되는 것이다. 그리고 대내적으로는 반란을 획책하는 지방 제후들의 움직임도 신속하게 파악하고서 초동단계에서 수습할 수 있게 되는 것이다.

더욱이 진시황의 천하통일은 오로지 무력에 의한 통일일 뿐이고, 전통의 방식대로 통일의 명분을 만천하에 내걸고서 통일한 방식이 아니기 때문에 통일왕조의 기반이 허약하고 안정적일 수 없었다. 그런즉 언제라도 다시 전국시대로 되돌아가 지방제후들이 진나라를 대신하여 통일왕조의 주인이 되려고 반란을 준비할 수 있었던 것이다. 그러므로 진나라는 각 지역의 동향을 철저히 감시하고 감독하지 않을 수 없었다.

그런데 이런 진시황의 패권적이고 패도적인 통치방식은 지방제후들의 반란이 도화선이 되어 붕괴된 것이 아니라, 억압받고 있는 민중들의 반란에 의한 것이었기에 실로 역설적이지 않을 수 없다. 즉 진승과 오광의 반란이 진나라의 붕괴의 도화선이 된 것이다. 다시 말해 민본주의 통치노선을 벗어난 강압적 통치방식이 결국 민본주의의 주체인 민중에 의해 거부된 것이다.

그러므로 진나라의 몰락은 당연히 세 가지 중국고대 왕조의 통치노선은 상기시켜 준다.

하나는 사해동포노선이다.

둘째는 무력에 의한 방식이 통제방식이 아니라, 문화에 의한 평화노선이다.

셋째는 상호존중을 위한 예법에 의해 이루어지는 공생과 공영의 노선이다.

그런데 이와 같은 노선의 역사적 의의는 현대의 미국의 경우를 참조하면 뚜렷하게 드러난다. 왜냐하면 중국고대왕조가 왕국의 영토를 9주로 형성한 방식과 미국이 오늘날의 50개주로 형성한 방식에는 현격한 차이점이 있기 때문이다.

즉 미국의 성립은 미국 땅에 발을 디딘 이주민들이 동부에서 남부로, 동부에서 서부로, 동부에서 북부로 개척의 길을 떠나 정착하여 이루어진 것이지만, 그러나 그 역사의 과정은 이주과정에서 외래인인 백인들이 원주민인 인디언을 무참히 학살하고 그리고 노동력을 확보하기 위해 아프리카에서 납치한 흑인들을 노예로 사들여 노역시킨 사실에 바탕을 두고 있기 때문에, 단연코 중국고대왕조의 역사와 크게 대별된다. 다시 말해 정치적인 의미에서의 중앙을 차지한 왕조가 영토를 구주로 편성하고 그리고서 점차 그 영토를 확장해 나간 통치방식이 미국의 경우와 전혀 다르다.

중국의 고대영토에는 오늘날의 이족, 만족, 융족과 적족에 해당하는 이민족들이 산재해 있었지만, 고대왕조는 이들을 한 데 엮어 하나의 왕조백성으로 만들기 위하여 오로지 무력에만 의존하지 않았다. 만약 무력에 의한 정복이었다면 당연히 정복민족과 피정복민족으로 나뉘어 지배자와 피지배자의 상하관계가 형성되었을 것이다. 그러나 서경의 기록이 보여 준 바는 중국고대왕조를 구성한 여러 민족들끼리는 정복과 피정복에 의한 지배자와 피지배자 간에 형성된 그런 수직관계가 아니라 평등사상에 의해 공생을 도모한 왕조의 동등한 백성들이었다. 왜냐하면 만약 이들이 동일한 자격의 구성원이 아니라면, 서경은 통치자의 덕치에 의해 사해에 널리 산재한 여러 민족들이 스스로 복종하려고 온다는 표현을 결코 사용할 수 없었을 것이기 때문이다. 만약 그렇지 않고 중국이 인도의 경우처럼 유럽 인종인 아리아족이 인더스 강 지역을 침공하여 원주민을 지배하고서 계급적인 신분사회를 만든 그런 경우였다면, 서경은 결코 사해동포의 정신이 담긴 글을 수록할 수 없었을 것이다.

물론 고대왕조의 통치과정에서도 복속한 이민족들의 저항은 당연히 있었겠지만, 그러나 그런 저항의 마찰은 국경선 밖의 이민족이 약탈을 위해 도발한 침략전쟁이 아니었기 때문에 후대에 이르러 진시황이 국경선을 정하고서 그들을 이민족으로 취급하면서 발생한 전쟁과는 전혀 성격이 다르다.

그러므로 고대왕조의 문화정책은 그 효능을 제대로 발휘하여 주변의 여러 민족들을 스스로 왕조에 복속할 수 있게 하였고 또한 그 방식을 통해 영토를 지속적으로 확장해 나갈 수 있었다. 따라서 다민족 왕조에서 특정 민족이 변란을 일으켰다고 하여 그것을 침략전쟁으로 규정할 수 없는 만큼, 중화사상에 입각하여 중국고대역사를 국경선 안의 중국민족과 국경선 밖의 이민족의 투쟁사로 이해하려고 한다면, 그것은 지극히 잘못된 발상으로 치닫게 된다.

오히려 역으로 주목해야할 점은 고대왕조의 통치자가 여러 이민족들이 서로의 이질성을 극복하고, 서로가 존중하고, 서로 간에 예의를 지키도록 하였기 때문에 각 민족들이 자신의 풍습을 고스란히 보존하면서 왕조의 통치노선에 따라 공생공영의 길을 걸어갔던 점이다. 따라서 이런 문화정책이 가능한 이유를 주목해야만, 위에서 중앙왕조가 무력보다 문화로써 그들을 포용하고서 공영을 도모한 점과, 아래에서 여러 이민족들이 그 정책에 부응하여 스스로 우수한 문화를 답습하려고 자진해서 왕조에 복속한 점이 아울러 보이게 된다. 그런즉 상호공영의 평화체제를 열어갈 통치방법을 끊임없이 모색한 통치자의 모습을 제대로 볼 수 있어야만 비로소 고대왕조의 올바른 역사를 찾아갈 수 있게 된다.

그렇다면 역으로 만일 주변의 여러 민족들에게 우수한 문화를 공유할 기회를 박탈하고서 더 나아가 그들을 수직적으로 지배하려고 한다면 어떻게 되었을까? 하는 가상의 의문점은 필히 따져볼 필요가 있다. 그러면 당연히 그들이 극렬히 저항하려고 했을 것이다.

더 나아가 그들이 사는 지역의 경계선에 높은 장성을 쌓고서 출입을 통제하게 되면 어떻게 될까? 하는 가상의 의문점도 따져 볼 필요가 있다. 그 경우는 마치 동베를린과 서베를린 사이에 장벽을 쌓고서 출입을 통제했을 때의 사정을 통해 유추해 볼 수 있다. 그러면 당연히 생활에 불편함을 당하게 되는 측에서 반발하고서 저항하였을 것이다.

따라서 진시황의 진나라가 국경 밖의 이민족을 배척한 역사를 중화사상의 시각으로 바라보면서 일방적으로 국경선 밖의 민족을 침략민족으로 매도하게 되면, 그 태도는 중화민족의 역사관에서는 그럴 듯해 보일지라도, 그러나 고대왕조가 수립한 사해동포(四海同胞)의 역사관에서는 오히려 그런 태도는 심히 비난받아 마땅할 뿐이다. 왜냐하면 진나라가 사이(四夷)가 모두 복속하도록 만든 덕치주의의 통치노선을 그대로 답습하였으면, 굳이 만리장성을 집요하게 쌓으면서 백성들의 원망을 살 필요가 전혀 없었을 것이기 때문이다.

그러므로 어차피 무력으로 완전히 통제할 수 없는 북방의 이민족을 무력으로 억압하려고 하면 곧바로 엄청난 반발만 불러 일으키게 될 것을 사전에 미리 예상했음에도 불구하고, 전제왕조의 통치자가 그렇게 하지 않았기 때문에 잘못되었다는 것이다. 그 뿐만 아니라 북방의 이민족의 영토와 중국통일왕조의 영토 사이에 인위적인 국경선을 강제로 설정하게 되면 엄청난 비용을 감당할 수밖에 없는데, 그것이 오히려 중국왕조의 민족뿐만 아니라 주변민족들에게 엄청난 고통과 불행을 초래할 수밖에 없기 때문에 잘못되었다는 것이다.

그럼에도 불구하고 진시황의 노선을 그대로 답습한 한나라는 무제 때에 이르러 북방 이민족을 무력으로 토벌하고서 굴복시키려 했는데, 그 방식이야말로 거꾸로 자신들에게 치명적인 독이 되어 그 이후에 그 방식이 중국민족에게 부메랑이 되어 돌아와 그들에게 되갚음을 얼마나 당해야했는지는 중국역사가 여실히 보여 준다. 다시 말해 중국왕조가 이민족을 사해동포의 이념에 입각하여 포용하고 그리고 그들과 더불어 공생공영의 평화를 도모할 수 있었을 터인데도 불구하고 거꾸로 무력의 수단으로 배타적으로 배척하면서 심지어 한 발 더 나아가 차별적으로 대우하면서 지배하고 군림하려고 하였기 때문에, 역으로 새외의 이민족에게 침범당하고 오히려 그들이 중국민족의 지배자가 되어 중국민족을 차별하면서 통치하는 그런 지독한 수모와 치욕을 당하게 되었던 것이다.

그렇지만 중국왕조에게는 그 사실에 대해 올바른 명분을 정정당당하게 내세우고서 이민족을 극구 비난해야할 이유가 전혀 없다. 왜냐하면 중국왕조가 여전히 봉건제도를 시행하면서 그리고 덕치주의로 그들을 포용하였음에도 불구하고, 그들이 무도(無道)하게 중국왕조를 핍박하려고 하였다면, 당연히 주변의 여러 다른 민족들이 일제히 가세하여 그들의 부도덕한 행동을 비난하고서 그들의 행동을 제지하려고 했을 것이기 때문이다. 그러나 중국왕조가 그런 통치방식을 포기하고 그 대신 패권적이고 패도적인 노선으로 나아갔기 때문에 '이에는 이', '눈에는 눈'처럼 사방의 이민족들이 중국왕조를 역습해도 무력 이외에 달리 그들의 침범행위를 제지할 방법과 수단이 없게 되었다. 그 점은 한 나라 이후의 중국 왕조가 북방의 이민족에게 유린당한 역사를 쭉 나열하면 곧바로 확인된다. 물론 중국왕조가 과거방식을 답습하여 북방민족을 회유한 사실을 늘어놓고서 반론을 펼칠 수 있겠지만, 그러나 고압적인 태도로 군림하려고 하는 중국왕조에게 진심으로 솔복하려는 이민족이 없었기 때문에 그런 반론에는 알맹이가 빠져 있어서 결코 타당할 수 없다.

그리고 마지막으로 반드시 짚어야 할 것은 전제군주인 황제가 등장한 패권정치의 군국제도 하에서의 유가는 진정한 유가가 아니었다는 점이다. 왜냐하면 분서갱유의 엄청난 탄압을 통해 무력하게 된 유가가 더 이상 그런 억압적인 전제군주제도에서는 왕도정치사상의 본질을 제대로 수호할 수 없었기 때문이다. 그러므로 유가가 비록 한나라 무제에 의해 소생의 길을 열긴 열었지만, 그러나 그것은 겉모습만 그럴 듯해 보였을 뿐 실은 반쪽짜리 모습의 유가였던 것이다. 즉 그 길은 진정한 유가의 길이 아니라, 오히려 진정한 유가의 정신이 상실된 길이었든 것이다. 다시 말하면 유가가 수호하려는 고대왕조의 통치이념이 왜곡된 길속에서 황제사관에 이끌러 간 오욕의 길이었든 것이다. 그런즉 패도정치의 억압적 정치풍토 속에서 후대의 유가들은 공자가 계승한 진정한 왕도정치사상을 펼치는 대신에, 한편으로는 자신들을 억압하고 있는 전제군주를 위해 충과 효를 외치면서, 또 다른 편으로는 자신들의 반쪽자리 유가의 모습을 공자의 진짜 유가의 모습인양 둔갑시키려고 진력했던 것이다. 그러므로 반쪽짜리 유가들이 기껏 할 수 있었던 운신의 폭은 송나라 때 이르러 신유가라고 불리는 이기설을 제기할 정도였을 뿐이다.

그런데 공자를 비롯한 법가와 도가 및 모든 제자백가사상의 바탕이 고대왕조가 이룩한 통치이념의 사상이었고, 또한 마찬가지로 그 모든 사상이 자신의 뿌리를 고대왕조의 통치이념에서 찾아야 하는 만큼, 앞선 시대의 그들 사상보다 특별난 것이 딱히 없는 신유가의 사상에 대해 가히 창조적 발상이라고 말하는 것은 심히 쑥스럽지 않을 수 없게 된다. 오히려 송나라의 유가는 더욱더 철저하게 황제사관이 구축한 국수주의적인 길만 걸었을 뿐이다.

물론 그나마 그런 유가가 있었기에 중국왕조가 지탱할 수 있었다고 오늘날의 유가는 스스로 그렇게 자평할 수 있겠지만, 그러나 그 모습은 정치의 속성 때문에 당연히 이루어진 결과일 뿐 더 나은 결과가 아니었기 때문에 부질없는 평가만 될 뿐이다. 이로서 본서는 1권을 끝맺고, 2권과 3권을 논구하려고 한다.

그런데 사족이 될지라도 본서는 우리민족이 유념해야할 점을 지적하고자 하는데, 그것은 우리의 학계가 지금까지 실증사학이란 미명하에서 요·순사관이 아닌 황제사관의 중국역사를 정사(正史)로 삼아 우리민족의 역사를 재단한 점이다. 곧 진실 아닌 진실을 정사의 평가기준으로 삼은 점이다. 다시 말해 왜곡된 중화사상의 역사를 바탕으로 하여 우리역사를 재단하려고 한 점이다. 그리하여 진상에 입각하여 올바른 역사를 기술하려는 학문적 작업이 오히려 날조된 황제사관과 중화사상 및 전제군주제도 하에서 오로지 황제일인을 위한 충성을 유가의 본질인양 오도하였으니, 반드시 우리의 학계는 그 점을 돌이켜 반성하고서 그 점을 반드시 시정해야 한다.

인용경전 :

서경. 유교문화연구소 역, 성균관 대학교 출판부

시경. 유교문화연구소 역, 성균관 대학교 출판부

육도<삼략>. 세계병법대전집, 이 상옥 역, 하서출판사

관자·열자. 이 원섭 역, 현암사

논어. 전통문화 연구회, 동양고전국역총서 1. 성 백효 역.

묵자. 김학주 역, 대양서적

맹자. 전통문화 연구회, 동양고전국역총서 2. 성 백효 역

순자. A 김 학주 역, 대양서적

B 김 학주 역, 을유문화사

예기 상·하. 사서오경, 김 영수 역, 한국교육출판 공사

노자. 송 지영 역, 동서문화사

장자. 이 원섭 역, 대양서적

장자. 신동준 역, 인간사랑

한비자 A. 김 학주 역, 대양서적

B. 세계병법대전집, 김 상일 역, 하서출판사

C. 명역고전, 김 원중 역, 휴머니스트 출판그룹

D. 중국역대명저전집총서, 장 각 역, 귀주인민출판사

사마천. 사기 본기·열전· 세가, 김 원중 역, 민음사

사마천. 사기 열전, 최 익순 역, 백산서당

자사. 대학(The chinese classics 1권), James legge 역, Clarendon press

지은이 이 현모

1974년 성균관 대학교 철학과에 입학하여 동 대학에서 학사, 석사, 박사를 취득한 후, 1984년 이래로 현재까지 국립 강릉원주(江陵原州) 대학교 철학과 교수로 재직

中華思想의 實體 I

초판 1쇄 2017년 8월 30일

지은이 이 현모

펴낸이 장 석홍

펴낸곳 도서출판 장서원

주소 서울 용산구 한강대로 88길 21-5 (201호)

전화 703-5362 팩스 713-7436

등록 제 03-01213호

E-mail shjang1011@hanmail.net

정가 30,000원